经纶済世

建德尚美

贺教育部

秦大项目

成王立业

教育部哲学社会科学研究重大课题攻关项目

自主创新战略和国际竞争力研究

STUDY ON ENDOGENOUS INNOVATION STRATEGY
AND INTERNATIONAL COMPETITIVENESS

吴贵生
等著

经济科学出版社
Economic Science Press

图书在版编目（CIP）数据

自主创新战略和国际竞争力研究/吴贵生等著. —北京：经济科学出版社，2011.8
ISBN 978 – 7 – 5141 – 0645 – 9

Ⅰ.①自… Ⅱ.①吴… Ⅲ.①技术革新 – 发展战略 – 研究 – 中国②技术革新 – 国际竞争力 – 研究 – 中国 Ⅳ.①F124.3

中国版本图书馆 CIP 数据核字（2011）第 076836 号

责任编辑：吕　萍　于海汛
责任校对：刘　昕
版式设计：代小卫
技术编辑：邱　天

自主创新战略和国际竞争力研究
吴贵生　等著
经济科学出版社出版、发行　新华书店经销
社址：北京市海淀区阜成路甲 28 号　邮编：100142
总编部电话：88191217　发行部电话：88191540
网址：www.esp.com.cn
电子邮件：esp@esp.com.cn
北京中科印刷有限公司印装
787×1092　16 开　38.25 印张　730000 字
2011 年 8 月第 1 版　2011 年 8 月第 1 次印刷
ISBN 978 – 7 – 5141 – 0645 – 9　定价：96.00 元
（图书出现印装问题，本社负责调换）
（版权所有　翻印必究）

课题组主要成员

（按姓氏笔画为序）

王　毅　　刘建新　　李习保　　李纪珍
吴灼亮　　汪　涛　　梁　玺　　董广茂
蔺　雷　　魏守华

编审委员会成员

主 任 孔和平　罗志荣
委 员 郭兆旭　吕　萍　唐俊南　安　远
　　　　文远怀　张　虹　谢　锐　解　丹

总　序

哲学社会科学是人们认识世界、改造世界的重要工具，是推动历史发展和社会进步的重要力量。哲学社会科学的研究能力和成果，是综合国力的重要组成部分，哲学社会科学的发展水平，体现着一个国家和民族的思维能力、精神状态和文明素质。一个民族要屹立于世界民族之林，不能没有哲学社会科学的熏陶和滋养；一个国家要在国际综合国力竞争中赢得优势，不能没有包括哲学社会科学在内的"软实力"的强大和支撑。

近年来，党和国家高度重视哲学社会科学的繁荣发展。江泽民同志多次强调哲学社会科学在建设中国特色社会主义事业中的重要作用，提出哲学社会科学与自然科学"四个同样重要"、"五个高度重视"、"两个不可替代"等重要思想论断。党的十六大以来，以胡锦涛同志为总书记的党中央始终坚持把哲学社会科学放在十分重要的战略位置，就繁荣发展哲学社会科学做出了一系列重大部署，采取了一系列重大举措。2004年，中共中央下发《关于进一步繁荣发展哲学社会科学的意见》，明确了新世纪繁荣发展哲学社会科学的指导方针、总体目标和主要任务。党的十七大报告明确指出："繁荣发展哲学社会科学，推进学科体系、学术观点、科研方法创新，鼓励哲学社会科学界为党和人民事业发挥思想库作用，推动我国哲学社会科学优秀成果和优秀人才走向世界。"这是党中央在新的历史时期、新的历史阶段为全面建设小康社会，加快推进社会主义现代化建设，实现中华民族伟大复兴提出的重大战略目标和任务，为进一步繁荣发展哲学社会科学指明了方向，提供了根本保证和强大动力。

高校是我国哲学社会科学事业的主力军。改革开放以来，在党中央的坚强领导下，高校哲学社会科学抓住前所未有的发展机遇，紧紧围绕党和国家工作大局，坚持正确的政治方向，贯彻"双百"方针，以发展为主题，以改革为动力，以理论创新为主导，以方法创新为突破口，发扬理论联系实际学风，弘扬求真务实精神，立足创新、提高质量，高校哲学社会科学事业实现了跨越式发展，呈现空前繁荣的发展局面。广大高校哲学社会科学工作者以饱满的热情积极参与马克思主义理论研究和建设工程，大力推进具有中国特色、中国风格、中国气派的哲学社会科学学科体系和教材体系建设，为推进马克思主义中国化，推动理论创新，服务党和国家的政策决策，为弘扬优秀传统文化，培育民族精神，为培养社会主义合格建设者和可靠接班人，做出了不可磨灭的重要贡献。

自 2003 年始，教育部正式启动了哲学社会科学研究重大课题攻关项目计划。这是教育部促进高校哲学社会科学繁荣发展的一项重大举措，也是教育部实施"高校哲学社会科学繁荣计划"的一项重要内容。重大攻关项目采取招投标的组织方式，按照"公平竞争，择优立项，严格管理，铸造精品"的要求进行，每年评审立项约 40 个项目，每个项目资助 30 万~80 万元。项目研究实行首席专家负责制，鼓励跨学科、跨学校、跨地区的联合研究，鼓励吸收国内外专家共同参加课题组研究工作。几年来，重大攻关项目以解决国家经济建设和社会发展过程中具有前瞻性、战略性、全局性的重大理论和实际问题为主攻方向，以提升为党和政府咨询决策服务能力和推动哲学社会科学发展为战略目标，集合高校优秀研究团队和顶尖人才，团结协作，联合攻关，产出了一批标志性研究成果，壮大了科研人才队伍，有效提升了高校哲学社会科学整体实力。国务委员刘延东同志为此做出重要批示，指出重大攻关项目有效调动各方面的积极性，产生了一批重要成果，影响广泛，成效显著；要总结经验，再接再厉，紧密服务国家需求，更好地优化资源，突出重点，多出精品，多出人才，为经济社会发展做出新的贡献。这个重要批示，既充分肯定了重大攻关项目取得的优异成绩，又对重大攻关项目提出了明确的指导意见和殷切希望。

作为教育部社科研究项目的重中之重，我们始终秉持以管理创新服务学术创新的理念，坚持科学管理、民主管理、依法管理，切实增强服务意识，不断创新管理模式，健全管理制度，加强对重大攻关项目的选题遴选、评审立项、组织开题、中期检查到最终成果鉴定的全过程管理，逐渐探索并形成一套成熟的、符合学术研究规律的管理办法，努力将重大攻关项目打造成学术精品工程。我们将项目最终成果汇编成"教育部哲学社会科学研究重大课题攻关项目成果文库"统一组织出版。经济科学出版社倾全社之力，精心组织编辑力量，努力铸造出版精品。国学大师季羡林先生欣然题词："经时济世　继往开来——贺教育部重大攻关项目成果出版"；欧阳中石先生题写了"教育部哲学社会科学研究重大课题攻关项目"的书名，充分体现了他们对繁荣发展高校哲学社会科学的深切勉励和由衷期望。

创新是哲学社会科学研究的灵魂，是推动高校哲学社会科学研究不断深化的不竭动力。我们正处在一个伟大的时代，建设有中国特色的哲学社会科学是历史的呼唤，时代的强音，是推进中国特色社会主义事业的迫切要求。我们要不断增强使命感和责任感，立足新实践，适应新要求，始终坚持以马克思主义为指导，深入贯彻落实科学发展观，以构建具有中国特色社会主义哲学社会科学为己任，振奋精神，开拓进取，以改革创新精神，大力推进高校哲学社会科学繁荣发展，为全面建设小康社会，构建社会主义和谐社会，促进社会主义文化大发展大繁荣贡献更大的力量。

教育部社会科学司

前 言

一、研究背景

自主创新已确定为国家战略。为了落实国家战略决策，需要产业界、科技界及社会各界的共同努力，其中，对自主创新展开研究是必要的一环。在这一研究中，自主创新战略研究在国家自主创新战略启动的初期具有特别重要的现实意义。为此，教育部社会科学司于2005年发布了人文社会科学重大课题攻关招标项目——"自主创新战略和国际竞争力研究"（项目批准号：05JZD0014）。教育部人文社会科学重点研究基地清华大学技术创新研究中心申请并承担了这一项目。该项目旨在通过对我国自主创新战略和国际竞争力展开系统的理论和实证研究，总结、提炼我国自主创新的实践，提出自主创新战略和政策建议。本书正是在该项目的研究成果上加工完成的，撰写工作仍由教育部人文社会科学重点研究基地清华大学技术创新研究中心负责。

二、研究过程

项目自2006年1月启动，2009年1月完成。在2009年4月通过专家验收后，又根据专家意见进行了修改，并在项目结题总报告的基础上，撰写了书稿。整个研究过程分为八个阶段：

第一阶段（2006.1～2006.4）：文献研究阶段

在这个阶段，搜索研读了三个方面的文献：创新管理文献、战略管理文献、国际竞争力文献；全面、系统回顾了创新管理理论、战略管理理论和国际竞争力理论的发展脉络和主要观点，弄清了现有研究存在的不足，撰写了初步的文献综述。

第二阶段（2006.5~2006.8）：初步理论研究阶段

这个阶段构建了两个理论框架：自主创新战略理论、自主创新与国际竞争力关系理论，重点是自主创新战略理论的构建。理论研究是与实证研究交互进行的，是一个不断修正、验证的过程，因此理论研究持续到第六阶段。

第三阶段（2006.9~2008.2）：实地调研阶段

在这个阶段，首先，制定调研计划，确定案例行业：汽车业、通信设备业、装备制造业、彩电业和光纤光缆业；在每个行业中选取若干代表性企业。其次，搜集拟调研行业和调研企业的资料；制定调研计划，拟定调研提纲；对个别企业展开预调研，对调研计划进行调整。最后，研究团队分为若干项目组，展开历时1年零8个月的大规模企业实地调研，涉足全国16个省、市、自治区，获取了大量资料。所调研的地区和企业、协会、政府机构名录见附录C。

第四阶段（2008.3~2008.5）：案例撰写阶段

在这个阶段，根据调研结果，拟定行业案例和企业案例的写作分析框架，撰写5个行业的案例研究报告，在调研的企业中挑选了11家企业作为案例企业，撰写了企业案例研究报告。

第五阶段（2008.6~2008.10）：大样本统计研究阶段

这个阶段开始之前，已与国家统计局共同进行了一系列研讨。在此基础上，首先，根据理论研究成果和案例研究成果，构建大样本实证研究的"环境—战略—能力—竞争力"框架，提出有待检验的若干假设；其次，由国家统计局正式发文对42个城市样本企业实施问卷调查；最后，对回收问卷进行统计分析，检验提出的假设，并对研究结果加以解释。

第六阶段（2008.1~2008.12）：战略研究阶段

在这个阶段，建立国际竞争力分析模型，以高技术产业为对象，收集数据，进行高技术产业国际竞争力定量、定性分析。战略研究是与第四、第五阶段交叉进行的。根据理论和实证研究成果，进行自主创新战略研究，提出国家层、产业层、区域层和企业层面的自主创新战略与对策。

第七阶段（2008.10~2009.3）：总报告撰写阶段

在这个阶段，综合以上六个阶段的研究成果，分理论篇、实证篇、战略篇和案例篇撰写完成总报告。

第八阶段（2009.4～2009.12）：根据评审组意见所做的修改和书稿撰写阶段

在这个阶段，根据评审组所提的意见和建议，对项目结题报告进行了认真修改，形成最终的项目结题报告。在该结题报告的基础上，课题组又经过修改，形成了本书稿。

三、研究内容

全书共四篇、十三章，每篇章节安排及简要内容介绍如下。

（一）自主创新理论：界定与构建

该篇是自主创新的理论篇，由第一至第三章构成。本篇提出中国自主创新的理论，构建自主创新与国际竞争力的关系模型。

第一章揭示自主创新理论的困惑与挑战。第二章阐述自主创新概念的内涵和外延；提出中国自主创新的理论框架；论述自主创新理论即"六论"：创新壁垒论、创新实践论、广义轨道论、能力阶段论、开放创新论和创新意志论。第三章综述国际竞争力理论，构建自主创新与国际竞争力的关系模型。自主创新的理论篇，提出中国自主创新的理论，构建自主创新与国际竞争力的关系模型。

（二）自主创新演进：历史与现状

本篇是中国自主创新的实证篇，由第四至第六章构成。本篇概述中国自主创新的现状，分析样本企业自主创新调查的结果，研究我国产业国际竞争力现状，检验自主创新与国际竞争力的关系。

第四章概述我国自主创新活动在国家层面、产业层面、区域层面的现状。第五章基于2008年全国42个城市的创新调查数据，揭示中国自主创新的特点。第六章运用统计数据，剖析我国产业整体的国际竞争力特征，并以高技术产业为例评价我国产业的国际竞争绩效和国际竞争动力因素，实证检验自主创新与国际竞争力的关系。

（三）自主创新战略：路径与对策

本篇是中国自主创新的战略篇，由第七至第十一章构成。本篇在前两篇理论研究和实证研究的基础上，对我国自主创新战略的路径展开研究。

第七章构建自主创新战略的分析框架和技术路线，提出自主创新战略判断，分析自主创新战略的焦点、历史演进和未来走向。第八章运用案例研究方法，提出自主创新战略路径的相关假设，对自主创新战略路径展开实证检验。第九章运用问卷调查方法，分析自主创新战略的环境和企业创新战略的选择。第十章对自主创新政策的演进、结构和协同性展开分析和讨论。第十一章从国家和产业层、区域层以及企业层提出自主创新的战略要点和政策建议。

（四）自主创新实践：产业与企业案例

本篇是中国自主创新的案例篇，由第十二至第十三章构成，包括"产业案例"和"企业案例"两部分。

第十二章"产业案例"以汽车业、机床业、通信设备业、彩电业和光纤光缆业5个代表性产业为对象，运用产业创新系统的理论框架剖析各产业的技术演变历史过程、影响因素及国际竞争力现状。第十三章"企业案例"对主要来自5个案例产业中的11家典型企业展开研究，考察每家企业在自主创新战略制定、能力成长和竞争力获取等方面的做法和经验。

四、致谢

本书的完成得到了政府、学术界和产业界等各方面的大力支持。国家教育部社会科学司立项资助，司领导亲临开题报告会给予直接指导，组织中期检查，对研究加以把关，在整个研究过程中对项目研究方向和进度给予了高度关注、指导和帮助。

案例调研企业和有关行业协会给予了大力配合、协调和支持。由于给予帮助的企业太多，恕不再此一一列举，谨向这些企业、协会和接受访谈的领导和管理者表示衷心的感谢！没有他们的热情支持，本项目是不可能完成的。

感谢国家统计局和清华大学技术创新研究中心的鼎力支持，是国家统计局正式发文对全国42个城市展开自主创新企业问卷调查，使我们获得了宝贵的第一手资料。

学术界的同行对本课题提出了许多中肯的建议和意见，对本课题的顺利完成发挥了重要作用。本书引用了大量文献，这些文献是本项目研究的起点和基础。在此，向所有专家学者表示诚挚的谢意！

课题组成员三年来倾注了大量的心血，常常夜以继日、通宵达旦地工作。本书是集体智慧和心血的结晶。除了前面列出的 10 位主要完成人外，还有其他重要参与人，列示如下（按姓氏拼音排序）：安萱，高建，高旭东，胡左浩，金占明，李显君，林斌，刘洪伟，鲁琨，毛凯军，蒲欣，苏楠，仝允桓，汪樟发，王彦，魏丹，武康平，谢伟，熊鸿儒，杨德林，杨武，杨艳，张洪石，张军，张治河，朱恒源。

由于作者学术水平有限，书中的疏漏之处在所难免，敬请读者批评指正！

摘 要

本书对我国自主创新战略和国际竞争力展开系统的理论和实证研究，构建中国自主创新理论，实证分析我国自主创新和国际竞争力现状，揭示我国自主创新的路径，提出自主创新战略和政策建议。全书包括理论研究、现状研究、对策研究和案例研究四个部分。

一、理论研究

开放条件下的自主创新是世界性难题，因此要首先构建自主创新理论。本书建立了中国自主创新的理论构架，该构架由"六论"构成，即创新壁垒论、创新实践论、创新意志论、广义轨道论、开放创新论和能力阶段论。

创新壁垒论指出，自主创新必须面对自然壁垒和开放条件下外国跨国公司在中国垒筑的人为壁垒，因此"破壁"是中国自主创新的基本使命和战略焦点。创新意志论指出，突破创新壁垒需要足够的原动力，它来源于后发国家、产业、企业通过创新实现赶超的意志，由国家、产业和区域、企业三个层次构成。创新实践论认为，突破壁垒的根本途径是创新实践，为此，要把握创新实践的机会并实实在在地开展创新活动。广义轨道论认为，已有理论指出的技术轨道变迁所带来的"机会窗口"有限。本书提出的广义轨道，包括技术轨道、市场轨道、技术组织轨道、商业模式轨道等，可以扩展创新机会空间。能力阶段论认为，创新能力的提升不是线性过程，而是阶梯式跃迁过程，能否实现创新能力跃升是严峻的考验。开放创新论探讨开放环境下后发国家如何降低开放对自主创新带来的不利因素，利用开放提供的有利条件。

本书还构建了自主创新与国际竞争力的关系模型，指出自主创新影响国际竞争力的路径是：产业国际竞争动力因素（包括产业要素、国内市场需求、产业竞争结构与企业策略、产业网络体系、国家基础设施和政府政策）在互动作用中推动产业创新，创新又作用于竞争绩效的直接来源因素（如价格、质量、结构、服务、产品差异化、响应性/交货期、标准化），最终推动产业竞争绩效的提升。

二、现状研究

通过大量现场访谈、大样本问卷调查等多种渠道收集定性和定量资料，运用案例研究、统计研究等方法，揭示中国自主创新的现状及自主创新与国际竞争力的关系。主要研究发现概述如下：

国际技术供给组织体系已经或正在发生重大变化，为中国多元化地利用外部技术资源提供了有利条件；直接从国外引进技术的难度加大，但通过合作研发、兼并的方式获取技术的空间也在增大。产业间联系弱是中国国家创新体系最突出的缺陷之一，严重制约了我国自主创新；而产学研合作不畅仍是中国国家创新体系一个突出缺陷。产业共性技术供给缺位，威胁了现有产业升级和新兴产业的发展；当高设立成本、高转换成本、高不确定性叠加时，将严重阻碍自主创新的进程，可能断送战略机遇。被国际理论界公认的转换成本可以为后发国家带来的后发优势，但在中国正在发生逆转，对已经建立起来的生产能力产生破坏作用，逐渐成为我国实现赶超的负担。

我国42个城市企业自主创新调查表明，中国企业自主创新已较普遍地开展，并取得一定成效，但也存在明显局限性：在战略取向上，"规模导向"和"市场导向"突出，企业行为短期化倾向明显。利用统计数据所做的计量经济分析表明，虽然国际竞争力和创新能力的进步速度很快，但二者的绝对水平仍较低；而中国高技术产业竞争绩效的提升主要源于规模扩张。

三、对策研究

本着"未来战略要以过去实行的战略为基础来指导"的指导思

想，基于中国实际的自主创新战略并不明朗的现实，本研究以极大的精力追踪、揭示中国自主创新的历史战略路径。研究发现：

在"与狼共舞"的竞争环境下，处于弱势地位的本土企业普遍实行"低端切入"的战略路线，采用广义轨道策略，用低端技术创新绕开技术壁垒，用"农村包围城市"的策略绕开市场壁垒。在产业价值链和技术链条上，常选择"逆向创新"的路线，以在发展初期绕开壁垒。在面对复杂技术产业（产品）时，采取"拆解—集成"创新策略，以降低壁垒。降低成本的创新是最普遍采用、也是最有效的创新策略。与掌握核心技术的国外企业合作，形成利益共同体，在合作中学习和掌握核心技术，可在一定程度上化解壁垒。通过制造与服务融合，开辟制造企业创新的新通道。

对自主创新政策的研究表明：我国的经济政策、科技政策和创新政策之间不够协调，削弱了我国自主创新政策合力；在动力机制上，需求拉力的作用大于技术供给推力的作用，但在政策设计上却以供给侧为主。

基于"破壁是战略的基点"的观点，本研究提出了未来自主创新的战略思路：突破自主创新壁垒的四个方向（绕开壁垒，降低壁垒，化解壁垒，强攻壁垒）现阶段及今后相当长的时期内要在延续历史经验的基础上，更高水平地全方位展开；继续采用绕开和降低策略，但重点将逐渐移向化解和强攻。要加强产业间的创新合作；改善经济、科技、创新政策之间的协调性；促进产学研更高水平的合作；建设产业共性技术开发供给体系；建立产业重大创新基金，重点支持投资量大，风险性大的重大产业技术创新项目；建立产业重大技术预警机制。应当敢于和善于在高度开放条件下对自主创新给予适度保护；要丰富和发展现广泛流行的自主创新"三模式"（引进消化吸收再创新，集成创新，原始性创新）；对现在受到广泛批评的"以市场换技术"方针，应予以重塑。

本研究提出了自主创新的政策建议，涵盖指导方针、体系建设、要素培育、制度与机制建设等各个方面。

四、案例研究

案例研究包括5个代表性产业的案例研究和11家典型企业的

案例研究。运用产业创新系统的理论框架剖析了各产业的技术演变历史过程、影响因素及国际竞争力现状；总结了案例企业在自主创新战略制定、能力成长和竞争力获取等方面的做法和经验。上述产业和企业案例研究为理论研究、现状研究和对策研究提供实证依据。

Abstract

This book deals with the crucial issue of China's endogenous innovation strategy and international competitiveness based on comprehensive theoretical and empirical studies. More specifically, we constructed theoretical framework for China's endogenous innovation, analyzed the current situation of endogenous innovation and international competitiveness, revealed the innovation path and put forward the policy proposal for China's endogenous innovation in the future. Next we will briefly introduce the main findings.

I. Theoretical study

Endogenous innovation under open environment is a worldwide challenge, which makes it urgent need to construct the theory about endogenous innovation chiefly. This book proposed a theoretical framework which consisted of "six theories" to analyze China's endogenous innovation. They are theory on innovation entry barrier, theory on innovation practice, theory on innovation volition, theory on generalized innovation trajectory, theory on open innovation, and theory on competency evolution, respectively.

Theory on innovation barrier suggests that, endogenous innovation must overcome not only natural barriers but also artificial barriers which are created by foreign multinational corporations in China under open environment. Therefore, breaking barriers to realize entry into industry is a fundamental mission and strategic focus for China's endogenous innovation. Theory on innovation volition emphasizes that, enough motive power is required to break innovation barriers for latecomers, whereas the motive power roots in the volition to catch up and surpass leaders through innovation. Innovation volition is reflected in three layers: national layer, industrial and regional layer, and firm layer. Theory on Innovation practice points that innovation-based practical activity is the basic way to break barriers. Thus, it would be particularly important to grasp the opportunities and conduct innovation-based activities firmly and steadily. Generalized trajectory theory proposes that the opportunity window brought by technology trajectory change raised in traditional theory is fairly finite. Generalized trajectories include technology trajectory, market trajectory, technical organization trajectory, and business model trajectory, which would expand spaces for innovation opportunity. Theory on innovation competence evolution proposes that upgrade of innovation capability is not a linear process, but a stepped rising process. Realizing upgrade of innovation capability would be baptism for endogenous innovation. Theory on open innovation discusses the issue on how to fully utilize the advantages and cutting down the disadvantages brought by openness in late-comer countries.

In addition to the theory construction of endogenous innovation, this book also constructed the relationship model between endogenous innovation and international competitiveness, which indicated endogenous innovation would influence international competitiveness through an indirect path described below. Firstly, the interaction among different competitive industrial dynamical factors (e.g. industry factors, domestic market demand, industry competitive structure and firm strategy, industry network system, national infrastructure and government policy) would drive industrial innovation. Then industrial innovation would exert its influence on direct source factors of competitive performance (e.g., price, quality, structure, service, product differentiation, responsiveness/date of delivery, standardization), which would promote industrial competitive performance in the end.

II. Study on current situation

By utilizing various methods to gather qualitative and quantitative data from different data sources, including large-scale interviews and questionnaire surveys, this book revealed the current conditions of China's endogenous innovation, as well as the relationship between endogenous innovation and international competitiveness. Main findings are summarized as below.

Organizational system of international technology supply has been under great change internationally, which would provide advantages for utilizing external technology resources diversely for China. It has become more and more difficult to introduce foreign technology directly and effectively. However, access to technology through cooperated R&D and merger is becoming more widely available. Weak inter-industry linkage is a prominent defect that seriously restricted China's endogenous innovation, while poor industry-university-research cooperation is still a particular flaw in China's national innovation system. Supply shortage of industrial generic technology would threaten the upgrade of current industries and development of new industries. Furthermore, the combination of high establishment cost, high transfer cost, and high uncertainty, would seriously hinder the process of endogenous innovation and kill possible strategic opportunities. Advantages of latecomer which brought by low transfer cost suggested by internationally accepted theories are now in reverse. This would inevitably destroy established production capacity and be serious burden to realize catch-up in China.

Survey studies on firm's endogenous innovation conducted in 42 cities indicate that, though indigenous firms have carried out endogenous innovation activities more generally and achieved certain results, there still exist many limitations. For example, scale-orientation and market-orientation are prominent in firm's strategy orientation, while firm's short-term behavior is still significant. Econometric analysis using statistics data reveals that, absolute level of international competitiveness and innovation competence in China's industries are still relatively low despite its rapid progress. Furthermore, econometric analysis also suggests that the improvement in competitiveness performance in high-tech industries is mainly from the scale expansion.

III. Policy study

According to the guiding ideology that "future strategy should be based on past implemented strategy", as well as the reality of absence of a clear endogenous innovation strategy in China currently, this study makes tremendous efforts to trace and reveal the historical strategic path of China's endogenous innovation. Main findings are reviewed as below.

Under the competitive condition of "dancing with wolves", indigenous firms in weak position would implement the strategy of "entry from low-end" and adopt generalized trajectory to avoid both technology barrier and market barrier that is based on the tactics of "using the rural areas to encircle the cities". Firms often choose to follow the tactics of "reverse innovation" to avoid barrier during the initial stage. Facing complex industrial product, firms often adopted the tactics of "disassembly-integration" to lower barriers. Cost-reduction innovation is the most commonly used and effective innovation tactics adopted by indigenous firms. Moreover, by cooperating and forming interest community with foreign firms that grasp core technology, indigenous firms would relieve barrier to some extent so as to learn and grasp core technology. Indigenous firms would also like to adopt service-enhancement manufacturing strategy to innovate and compete.

The study on endogenous innovation policy indicates that, the incompatibility between economic policy, science and technology policy, and innovation policy would weakened the integrating power of endogenous innovation policy. What's more, the effect of demand-pull is stronger than that of supply-push in dynamics mechanism, whereas the policy design is based on the principle of supply side.

According to our viewpoint that "breaking barrier is the base point to formulate strategy", this research proposes the following key points. Firstly, four ways to break endogenous innovation barriers (avoiding barrier, lowering barrier, relieving barrier, attacking barrier) should be implemented in the long run with higher level and on all sides. In addition to adopting the strategy of avoiding and lowering barriers continually, the emphasis should be transferred gradually to relieving and attacking barriers. Secondly, we need to strengthen the inter-industry innovative cooperation, improve the compatibility among economic policy, science and technology policy, and innovation policy, promote industry-university-research cooperation to a higher level, found supply system for industry general technology, set up key innovation funds for industry development, aid financially especially for those industrial technologies innovation projects with more risks and investments, and establish warning mechanisms for major industry technologies. Lastly, we ought to protect moderately the endogenous innovation with courage and intelligence under the high-level open environment, enrich and develop alleged traditional and widespread accepted "three kinds of models" of endogenous innovation (primitive innovation, integrative innovation, and innovation based on introduction, digestion and absorption), and refigure the "market for technology" policy that is widely criticized in the past.

This research also put forward policy suggestions which contain such aspects as guidelines, system construction, factor cultivation, and institution and mechanism so as to implement endogenous innovation in China.

IV. Case study

5 industry-level cases and 11 firm-level cases are included in our case studies. Borrowing from the theoretical framework of innovation system in industry, we analyze deeply the technology evolution process, influential factors, and current situations of international competitiveness in each industry (automobile industry, machine tool industry, telecommunication equipment industry, TV industry, and optical fibers and cables industry). In firm-level case study, we sum up the valuable practices and experiences of case firms in its endogenous innovation strategy formulation, capability growth and competitiveness gain. Both industry-level and firm-level cases provide powerful empirical evidences for foregoing theoretical study, current situation study and policy study.

目 录

第一篇 自主创新理论：界定与构建

第一章 ▶ 自主创新理论的困惑与挑战　3

第一节　自主创新概念的困惑　3

第二节　中国自主创新的理论困惑与挑战　8

第二章 ▶ 中国自主创新理论　21

第一节　自主创新的概念界定　21

第二节　中国自主创新的理论框架　27

第三节　创新壁垒论　29

第四节　创新实践论　38

第五节　广义轨道论　41

第六节　能力阶段论　49

第七节　开放创新论　55

第八节　自主创新意志论　57

第三章 ▶ 自主创新与国际竞争力理论　62

第一节　国际竞争力理论　62

第二节　自主创新与国际竞争力的关系模型　74

第二篇

自主创新演进：历史与现状

第四章 ▶ 自主创新现状：宏观和中观层面 91

    第一节 国家层面 91
    第二节 产业层面 106
    第三节 区域层面 112

第五章 ▶ 自主创新现状：微观层面
          ——基于企业调查数据的分析 125

    第一节 研究设计 125
    第二节 企业创新对象及其特点 135
    第三节 企业创新活动及其特点 146
    第四节 企业创新的投入和产出 151
    第五节 企业创新的影响因素 158

第六章 ▶ 自主创新与竞争力关系研究 174

    第一节 我国产业整体的国际竞争力特征 174
    第二节 我国产业的国际竞争力评价：以高技术产业为例 180
    第三节 自主创新与国际竞争力的关系 209

第三篇

自主创新战略：路径与对策

第七章 ▶ 自主创新战略分析 221

    第一节 自主创新战略的分析框架与技术路线 221
    第二节 自主创新战略的判断 225
    第三节 自主创新战略的演进 231

第八章 ▶ 自主创新战略路径的实证研究：案例研究 240

    第一节 研究设计与实证框架 240

第二节 "进得去"的实证研究　244

第三节 "立得住"的实证研究　260

第九章 ▶ 自主创新战略路径的实证研究：问卷调查研究　275

第一节　企业的创新环境　275

第二节　企业的战略选择　284

第十章 ▶ 自主创新政策的实证研究　294

第一节　政策的演进与结构分析　295

第二节　政策的协同分析　302

第十一章 ▶ 自主创新的战略要点与对策　314

第一节　自主创新的战略结构　314

第二节　自主创新的战略要点：国家和产业层　316

第三节　自主创新的战略要点：区域层　322

第四节　自主创新的战略要点：企业层　328

第五节　对中国自主创新的政策建议　332

第四篇

自主创新实践：产业与企业案例

第十二章 ▶ 产业案例　337

产业案例一：汽车业案例　337

产业案例二：机床业案例　358

产业案例三：通信设备业案例　382

产业案例四：电视机产业案例　408

产业案例五：光纤光缆业案例　439

第十三章 ▶ 企业案例　448

企业案例一：浙江吉利公司　448

企业案例二：一汽集团商用车　454

企业案例三：上海通用泛亚　459

企业案例四：东风猛士　465

企业案例五：沈阳机床　471

企业案例六：陕西鼓风机（集团）有限公司　478

企业案例七：大型液压支架国产化　482

企业案例八：重大装备——三峡水轮发电机组与高速铁路　489

企业案例九：通信设备制造企业　501

企业案例十：第三代移动通信标准 TD-SCDMA 的诞生　524

企业案例十一：长虹电视　543

参考文献　550

附录 A　42 城市制造业企业跟踪调查问卷　563

附录 B　访谈提纲　578

Contents

Part I
Endogenous Innovation Theory: Basic Definition and Theory Construction

Chapter 1　Puzzles and Challenges to Construct Endogenous Innovation Theory　3

　　Section 1　Puzzles in Definition of Endogenous Innovation　3
　　Section 2　Challenges in the Construction of China's Endogenous Innovation Theory　8

Chapter 2　Endogenous Innovation Theory　21

　　Section 1　Definition on Endogenous Innovation　21
　　Section 2　Theoretical Framework on Endogenous Innovation in China　27
　　Section 3　Theory on Innovation Barrier　29
　　Section 4　Theory on Innovation Practice　38
　　Section 5　Theory on Generalized Trajectory　41
　　Section 6　Theory on Competence Evolution　49
　　Section 7　Theory on Open Innovation　55
　　Section 8　Theory on Endogenous Volition　57

Chapter 3　Endogenous Innovation and International Competitiveness　62

　　Section 1　Theory on International Competitiveness　62

　　Section 2　Relationship Model between Endogenous Innovation and International Competitiveness　74

Part II
Evolution on Endogenous Innovation: History and Present Status

Chapter 4　Current Situation Analysis of Endogenous Innovation on Macro & Meso Level　91

　　Section 1　Analysis on National Level　91

　　Section 2　Analysis on Industrial Level　106

　　Section 3　Analysis on Regional Level　112

Chapter 5　Current Situation Analysis of Endogenous Innovation on Micro Level　125

　　Section 1　Research Design　125

　　Section 2　Firm Innovation Typologies and its Characteristics　135

　　Section 3　Firm Innovation Activities and its Characteristics　146

　　Section 4　Innovation Input and Output　151

　　Section 5　Influencing Factors of Firm Innovation　158

Chapter 6　Relationship between Endogenous Innovation and International Competitiveness　174

　　Section 1　General Characteristics of Competitiveness in Chinese Industries　174

　　Section 2　Evaluation on International Competitiveness of Chinese Industries: Based on High-tech Industries　180

　　Section 3　Relationship between Endogenous Innovation and Competitiveness　209

Part III

Endogenous Innovation Strategy: Paths and Policies

Chapter 7 Analysis on Endogenous Innovation Strategy 221

    Section 1 Framework to Analyze Endogenous Innovation Strategy 221

    Section 2 Basic Propositions on Endogenous Innovation Strategy 225

    Section 3 Evolution on Endogenous Innovation Strategy 231

Chapter 8 Empirical Study on Strategy Path Evolution: Case Study 240

    Section 1 Research Design and Empirical Framework 240

    Section 2 Empirical Study on Barrier-overcoming and Entry into Industrial Competition 244

    Section 3 Empirical study on Innovation Development and Competence Evolution 260

Chapter 9 Empirical Study on Evolution Path of Innovation Strategy: Based on Questionnaire 275

    Section 1 Innovation Milieu 275

    Section 2 Strategic Choice of Sample Firms 284

Chapter 10 Empirical Study on Endogenous Innovation Policy 294

    Section 1 Evolution and Structure of Innovation Policy 295

    Section 2 Synergy Analysis among Innovation Policies 302

Chapter 11 Strategic Focus of Endogenous Innovation 314

    Section 1 Structure of Endogenous Innovation Strategy 314

    Section 2 Strategic Points of Endogenous Innovation: National and Industrial Level 316

    Section 3 Strategic Points of Endogenous Innovation: Regional Level 322

    Section 4 Strategy Points of Endogenous Innovation: Firm Level 328

    Section 5 Policy Proposals on China's Endogenous Innovation 332

Part Ⅳ
Endogenous Innovation Practices: Industry and Firm Cases

Chapter 12　Case Study on Industrial Level　337

　　Case 1: China's Automobile Industry　337

　　Case 2: China's Machine Tool Industry　358

　　Case 3: China' Communication Equipment Manufacture Industry　382

　　Case 4: China's Television Industry　408

　　Case 5: China's Fiber-optic Cable Industry　439

Chapter 13　Case Study on Firm Level　448

　　Case 1: Zhejiang Geely Holding Group Co., Ltd.　448

　　Case 2: Commercial Vehicle in China FAW　454

　　Case 3: Pan Asia Technical Automotive Center (PATAC) in Shanghai GM　459

　　Case 4: Development of "Brave Warriors" in Dongfeng Motor Goup　465

　　Case 5: Shenyang First Machine Tool Plant　471

　　Case 6: Shaanxi Blower (Group) Co., Ltd.　478

　　Case 7: Localization of Large Scale Mining Sydraulic Support　482

　　Case 8: Major Equipment: Hydroelectric Generating Set in the Three Gorges and Rapid-transit Railway　489

　　Case 9: Communication Equipment Manufacturers in China　501

　　Case 10: Birth of the 3rd Generation Mobile Communication Standard TD-SCDMA in China　524

　　Case 11: Strategic Transfer of Sichuan Changhong TV Company　543

References　550

Appendix A: Questionnaire Surveyed in Manufacturing Firms in 42 Cities in China　563

Appendix B: Interview Outlines　578

第一篇

自主创新理论：
界定与构建

本篇是自主创新的理论篇，提出中国自主创新的理论，构建自主创新与国际竞争力的关系模型。

第一章揭示自主创新理论的困惑与挑战。第二章阐述自主创新概念的内涵和外延；提出中国自主创新的理论框架；论述自主创新理论即"六论"：创新壁垒论、创新实践论、广义轨道论、能力阶段论、开放创新论和创新意志论。第三章综述国际竞争力理论，构建自主创新与国际竞争力的关系模型。

第一章

自主创新理论的困惑与挑战

中国的自主创新是开放条件下实现追赶的实践过程。到目前为止，还没有任何一个后发国家在高度开放条件下成功实现创新和追赶，这意味着我们没有现成经验可供借鉴。因此，中国自主创新理论构建是一个世界性难题。本章旨在揭示构建中国自主创新理论存在的一系列困惑和挑战，以便为理论构建提供前提。

第一节 自主创新概念的困惑

"自主创新"已经成为近几年我国经济、科技乃至政治领域使用频率最高的词汇之一，但国际学术界和实业界并无这一说法。人们在使用这一词汇的时候，都在表达自己的一种观点或者理念，在多数情况下，读者或听众也能领会其所传达的精神。但是，如果追究其含义，不难发现，不同的人所做出的解释并不相同，甚至大不相同，这为学术研究和实际管理工作带来不便。研究自主创新理论的前提是对自主创新概念的内涵和外延进行恰当的界定。在缺乏得到普遍认可的统一定义的情况下，对"自主创新"概念进行辨析和界定非常必要。

一、如何定义自主创新的困惑

给某个概念下定义是为了界定该概念的内含和外延，并为行动提供指南。

创新、技术创新是外来语，其存在已有近百年的历史，其含义早已为国际学术界和产业界所熟知。而国际学术界和产业界并无"自主创新"的说法，那么，中国为什么要独创一个"自主创新"的概念呢？

从纯学术的意义上来讲，创新自然是自主的，因为创新是创新主体的一种行为。在这个意义上，"自主"只是附加的一个定语，并无实质性含义。但是，中国提出自主创新有其深刻的含义。其意义首先不在于重新定义创新，而在于传达一种理念、意志和意图。

因此，自主创新的定义的第一个功能是传达战略意图。它表明，中国要摆脱技术依赖，自强自立，实现经济社会发展的战略转型。这一点从自主创新国家战略的确定得到了充分的体现。

如果问题到此为止，自主创新的定义就不需要讨论了，因为，从语意上讲，"自主"仅仅是为了加强语气，使其达到传达新信息的目的，在具体内容上并不赋予新的含义。

但是，"自主创新"概念已经在中国广泛使用，成为和"创新"并列的概念，如果不给出确切定义，可能会产生概念混乱；同时，在中国现实情况下，还要探究其是否存在具体意义；另外，在实施过程中，还存在与实际行动"对号"的问题，例如，有企业问：究竟怎样做、做到什么程度才算自主创新？因此，我们必须讨论自主创新定义的第二个功能——内容界定功能。

在讨论基于自主创新第二个功能定义之前，首先，要明确的是，自主创新是作为技术创新的一个类型（即技术创新是大概念，自主创新只是其中的一个分支），还是作为取代技术创新的一个新概念？

我们不妨将自主创新是技术创新的一个分支的界定称为"狭义自主创新"，这在学术上是能自圆其说的。但问题是，学术定义本身不是目的，定义的主要目的在于指导行为。显然，在自主创新已经上升为国家战略、在我国实际已用自主创新概念代替技术创新概念的情况下，狭义自主创新就不适用了。因此，我们的任务实质上是界定一个适用于中国的自主创新概念，用它来取代普遍定义的技术创新概念。我们不妨将其称为"广义自主创新"。

其次，如何界定"广义"的自主创新？有几种可能的思路：一是从内含上界定，如前述有学者强调创新的内生性；二是从"自主"成分界定，即有多少自己研究开发及商业化的成分才能界定为自主创新。

目前被广泛采用的自主创新定义实际上是从外延上界定的，即自主创新包括原始性创新、集成创新、引进消化吸收再创新。这种外延的界定主要是基于技术创新的技术来源的分类而做出的，其优点是通俗易懂，易于为社会各界所理解。其不足是，未对"自主"做出解释，同时，用三种模式来定义也存在"遗漏"

的风险,随着形势的发展,可能出现新的模式,至时,还要修改定义。因此,仍然有必要对自主创新的定义加以讨论。

二、已有的自主创新定义的分歧

(一) 国内学者关于自主创新的定义

国内有不少学者对"自主创新"给出了定义,概括如表1-1所示。

表1-1　　　　　　　国内部分学者关于自主创新的定义

学者	自主创新的定义
杨德林、陈宝春(1997)	企业自主创新是指依靠自身力量独自研究开发、进行技术创新的活动。自主创新的显著特点包括:核心技术上的自主突破;关键技术的领先开发;新市场的率先开拓。
柳卸林(1997)	自主创新是企业创造了自己知识产权的创新,主要有基于模仿、基于技术引进和基于技术轨道几种形式的自主创新。
傅家骥(1998)	自主创新是企业通过自身的努力或联合攻关探索技术的突破,并在此基础上推动创新的后续环节,完成技术的商品化,获得商业利润,以达到预期目标的一种创新活动。
施培公(1999)	自主创新具有不同层次的含义,当用于表征企业创新活动时,自主创新是指企业通过自身努力,攻破技术难关,形成有价值的研究开发成果,并在此基础上依靠自身的能力推动创新的后续环节,完成技术成果的商品化,获取商业利润的创新活动。当用于表征国家创新特征时,是指一国不依赖他国技术,而依靠本国自身力量独立研究开发,进行创新的活动。
万君康(2000)	通过本国自身的学习与R&D活动,探索技术前沿,突破技术难关,研究开发具有自主知识产权的技术,形成自主开发的能力。
陈劲(2001)	自主创新是在引进、消化以改进国外技术的过程中,继技术吸收、技术改进之后的一个特定的技术发展阶段。
彭纪生(2003)	自主创新是主要依靠企业自身的力量完成技术创新全过程,关键技术上的突破由本企业实现。
尚勇(2005)	自主创新需要重点提高三个方面的能力:原始创新能力、集成创新能力、引进消化吸收再创新能力。这也是目前应用最广的定义。

续表

学者	自主创新的定义
王瑞杰（2005）	企业通过自身的研究与开发，攻破技术难关，形成技术上的突破，进而实现产业化。它能形成相对的竞争优势和广泛的产业关联等。其基本的标志之一是在技术创新过程中拥有自主知识产权。
周寄中（2005）	自主创新是指通过提高科技原始性创新能力、集成创新能力和引进消化吸收能力，因而拥有一批自主知识产权，进而提高国家竞争力的一种创新活动。
路风（2005）	创新只能自主，这对技术先进者来说是理所当然、不言而喻的，但对技术落后者来说，必须强调自主是因为赶超需要勇气。
刘凤朝	自主创新是创新主体依靠自身（或主要依靠自身）的力量实现科技突破，进而支撑和引领经济社会发展，保障国家安全的活动。自主创新是一个综合性的概念，对应于不同的实现主体，自主创新又有不同的内涵。比如有国家自主创新能力和企业自主创新能力之分。
温瑞珺（2005）	自主创新分为两类：第一类是渐进的自主创新，就是通过原有技术的融合或引入来建立新的技术平台；第二类是根本的自主创新，就是通过自己的研究，发明全新的技术，由此开发出全新的或新一代的产品。两者的共同点就是拥有自主知识产权的独特的核心技术以及在此基础上实现新产品的价值。
余江、方新（2005）	自主创新"能独立进行产品技术、工艺技术（的能力）的研发乃至开发出面向市场的有竞争力的全新产品"。
金吾伦（2006）	自主创新是指企业依靠自己的力量独立完成创新工作，技术创新所需要的资源由企业投入，企业对创新独立进行管理，具有技术突破的内生性、技术与市场开发的率先性、知识和能力的支持内在性三个特点。
杨起全（2006）	自主创新是科学发展观的重要内涵，它所阐述的绝不是简单的技术来源问题，也不是一种政治口号，而是具有明显时代特征的发展战略层面的一个重要核心理念。自主创新就是自己主导的创新。自主创新的实质是掌握发展的主导权、主动权，增强未来发展的选择空间。
邬贺铨（2006）	自主创新实际上是国家的自主……国际自立于世界之林能力上的自主。
王志新（2006）	科技自主创新应包括三个方面：首先是基础研究——指以探索和揭示自然界规律为目的的研究工作；其次是应用基础研究——指在基础研究所取得的成果基础上，根据我国工业、农业和国防等行业发展的需要所进行的科学研究；第三是应用研究——指在前两类研究的基础上根据生产和实际的需求所进行的科学研究，这类研究完全以市场和产品为导向，与国民经济的发展密切相关。

续表

学者	自主创新的定义
王玉、文丰（2006）	自主技术创新是以企业为主体，利用各种资源，通过多种方式，获得对技术（特别是核心技术）及其发展的主导权（包括拥有知识产权），并在此基础上形成自己的技术轨道，发展出拥有自主概念的产品，从而为企业在竞争中带来战略性的优势，为其良性发展提供支持和保障。
李具恒（2007）	广义而言，自主创新是创新主体受其意志支配，依托创新能力，将新的事物成功实现于市场，创造出新的社会经济价值的创新过程。狭义而言，自主创新是创新主体受其意志支配，依托创新能力，将具有技术先进性或可获得全部或部分自主知识产权的技术成果成功实现于市场，创造出新的社会价值的创新过程。

资料来源：该表引用了教育部人文社会科学重点研究基地《〈技术引进与自主创新：边界划分、过程转换和战略措施〉》课题研究报告中所写章节的有关内容。

（二）对现有定义的分析

表1-1所列各位学者对自主创新的定义仁者见仁、智者见智，这表明对自主创新的理解相当离散。对纷繁的定义进行分析，可以将上述各种不同的定义归纳为三类：基于技术来源角度的定义、基于主导权的定义和基于发展阶段的定义，较为集中的定义是前两类。

1. 基于技术来源角度的定义

从技术来源角度，又有关于创新主体对"自主"程度不同而做出的不同定义，大体有以下三种：

第一种：研究开发及全部创新活动完全由创新主体完成，这种定义，基本上可以简化为：自主创新＝自己创新。可以说，这是"自主"程度最高的创新。

第二种：强调获得自主知识产权，甚至掌握核心技术、创造自己的"技术轨道"。这是"自主"程度次高的创新，但强调了技术自主的关键——知识产权。

第三种：给出了自主创新的三种模式：原始性创新、集成创新和引进消化吸收再创新。从技术来源的角度看，既包括自己原创性研发，也包括从外部获取后自己集成，还包括了直接引进后消化吸收再创新。可见，这种定义所囊括的范围更广、更全面。

2. 基于主导权角度的定义

这类定义着重强调创新活动的主导权及自立自强的意志和勇气。

3. 基于发展阶段角度的定义

这类定义实际上认为，在发展的初期阶段，即在我国改革开放后的二三十年里，由于技术基础薄弱，与国外差距大，要以引进消化吸收为主；到了现阶段该转向自主创新为主了。

是囊括不同角度做出综合性定义还是挑选一种角度做出定义？在选定角度下，又如何处理多种情况？都是要回答的问题。

第二节　中国自主创新的理论困惑与挑战

中国自主创新的根本目的是实现对发达国家的追赶甚至超越。然而，中国的自主创新是在没有现成经验可供借鉴情况下的后发国家实现追赶的摸索、实践过程，现有的理论体系还不足以有效解释、指导中国的自主创新活动。因此，中国的自主创新理论构建存在一系列困惑，面临诸多挑战。

一、后发国家自主创新的理论困惑

（一）后发国家创新保护与不保护的困惑

1. 理论观点回顾

有关经济发展战略的选择，一直存在着强调自由市场效率与提倡通过政府计划和指令控制市场活动的两种观点之间的重大对峙（速水右次郎著，李周译，2003）。后发国家的追赶理论，也一直在政府是否应该干预、在多大程度上干预等方面存在争议。当然，无论是从主流的理论观点还是后发国家成功的追赶实践来看，政府对于后发国家社会经济发展的保护和干预都是必须的。

政府干预经济的主要原因是出现了市场失灵。一般说来，一个国家越不发达，信息越不充分，市场体制就越不完善，越容易出现市场失灵。这是后发国家的追赶需要政府干预的根本出发点。最早提出后发国家追赶需要保护的是德国经济学家李斯特（List, 1841）的幼稚产业保护理论。幼稚产业理论认为，发展中国家发展新兴行业即"幼稚工业"的经验少、效率低，而且这种情况会持续多年。随着对幼稚工业边干边学的过程，各种生产要素效率会逐步提高，新的企业最终会在世界市场上获得一定的竞争力，它们可能在没有关税保护的情况下与进口商品竞争，甚至有可能向外出口。然而，在这些新的行业获得足够的经验之前，企业不可能有较高的效益和较强的竞争力。因此，幼稚工业的成长壮大到成熟并最终能进行有效的竞争，必须依靠政府强有力的支持，这种支持包括提供补贴、实施关税保护和设置非关税壁垒等措施。

发展经济学是第二次世界大战以后以欠发达国家和地区的经济发展作为研究焦点的新兴经济学科，早期发展经济学的主要思想就是以计划管理或者规划为中心，突出国家干预的作用，认为政府干预是第三世界摆脱"贫困陷阱"所必需的，计划经济是不发达国家取得经济和社会进步不可缺少的条件（Barran，1957）。这种经济思想一方面源于资本主义大危机和20世纪30年代苏联进行的相对成功的社会主义工业化；另一方面源于凯恩斯所主张的国家干预以及经济增长理论中的投资决定论。

瑞典经济学家冈纳·缪尔达尔（Myrdal，1957）认为，市场力量是使国际不平等状况逐步加剧的一个原因，而第三世界抗衡国际剥削体系的一个重要途径是实行全面的国民经济计划，并组成强有力的谈判联盟与发达国家针锋相对，以打破富国对国际秩序的操纵。阿根廷经济学家劳尔·普雷维什主张，"外围"国家政府应实行贸易保护主义政策，以建立本国的民族工业并减少对进口的依赖；实施的具体措施包括关税和配额、限制性投资法规等，为面向国内市场的国营或私营企业创造一个避免竞争的环境和条件。

经济史学家亚历山大·格申克龙（Gerschenkron，1962）在自己建立的追赶理论中特别强调了追赶的困难。他认为，对于追赶者而言，非常重要的是将追赶目标定位于持续改进的、动态变化的产业，并对更为先进的设备/工厂投资以参与全球化竞争。因此，为了实现成功的追赶，追赶国家需要"采取工业化国家未曾采取过的新制度手段"。在格申克龙看来，技术转移和扩散对技能和基础设施有特别的需求，因此，市场力量本身对成功的追赶难以起到重要作用，相反，一些组织创新或政府作用对追赶的顺利进行则十分必要。

如果发展中国家想发展知识和人力资本密集型的现代高技术产业，它们就应借助于边境保护、为私人研发提供补贴及向基础研究和科学教育等公共品投资等手段促进国内生产（Krugman，1987；Grossman and Helpman，1991；Young，1991）。

2. 国外的实践

从后发国家的追赶实践看，19世纪末经济迅速发展的主要经济体如德国、美国和日本都无一例外遵循了幼稚产业保护理论。德国在俾斯麦的领导下实现国家统一并开始工业化时，政府就向包括技术教育和应用性研究与开发的工业基础设施大量投资，并设置了关税壁垒以抵制制造品进口。日本明治维新时期的发展战略效仿了德国模式，政府通过建立引进技术的示范工厂和向目标产业发放补贴来促进工业化，后来随着关税自主权的恢复又开始逐步提高重化工业的保护性关税（Yamazawa，1984；Shimbo，1995）。美国于19世纪上半叶就建立了"美国体制"，即利用关税措施保护国内工业，再用关税收入修建运河、公路等公共设施，从而把边远地区整合到统一的国内市场中。

第二次世界大战之后最成功的追赶实践是日本在 20 世纪 60 年代的飞速发展以及以中国台湾、韩国为代表的东亚新兴工业化国家和地区在 20 世纪 70~80 年代的高速经济增长。在这些国家和地区的追赶成功经验中，国家干预和政府保护起了非常重要的作用。

日本加快市场开放的步伐始于 20 世纪 60 年代，韩国和中国台湾地区则是从 80 年代开始大力加速市场开放步伐。但是在此之前的赶超阶段，借助于关税、进口配额、外汇控制、指令性贷款和国有企业等手段，这些国家和地区都对目标产业实行严格的保护。在对目标产业保护的同时，还制定了诸如为出口汇单打折扣的低利率政策、加速折旧的公司收入税估算办法、为生产出口商品使用的进口物资退税等。

日本政府为了贯彻贸易立国的发展战略，对本国的贸易活动进行了全面的干预，主要反映在关税壁垒和非关税壁垒两个方面。在实施关税保护过程中，日本政府所强调的不是名义关税水平的高低，而是关税的有效保护程度，而且根据不同产业所需保护程度的不同给予不同的保护。在多边贸易协定的约束下，尽管日本的进口关税总体水平趋于下降，但有效保护率却始终维持在较高水平，这种关税内部结构的设定对民族产业的保护起到了重要的作用。日本在非关税壁垒方面主要采取了严格的外汇管制、复杂的进口配额制度、带歧视性的政府采购，严厉的安全和技术标准等来限制进口。日本的政府管制借助进入控制和卡特尔等手段，涵盖了国内经济活动的很大范围，包括银行、保险、交通和运输等。日本政府的干预模式主要通过对话、说服和信号，诱导私人工商业去落实政策目标。

相比较而言，韩国的政府控制更为直接和强烈。例如，所有正式贷款都要按照政府意愿通过国有银行配置到目标产业。这些指令性贷款的主要接受者是作为工业化主要推进者的大企业。不仅正式的国内储蓄，而且国外贷款都主要由国有银行分配，直接的外国投资更被控制得很紧。这个战略也造成了韩国工业的生产高度集中在少数大企业中（Cole and Park, 1983; Amsden, 1989）。中国台湾地区的政府干预也很直接，主要上游产业都是国营企业，大多数银行也都是国有的，它们贷款大多都直接贷给国营企业（Wade, 1990）。

与日韩成功追赶的实践形成鲜明对比的是，拉美国家的进口替代战略被认为是失败的。虽然自 20 世纪 50 年代至 80 年代初，拉美国家保持了很高的经济增长率，然而，这一进程始终伴随着周期性的外部不平衡（国际收支困难）和内部不平衡（通货膨胀和收入分配悬殊）的问题。尤其是在 80 年代拉美国家被迫创造持续的贸易顺差来偿还国际债务款项，被认为导致发展进程耽误了 10 年（杰里菲，1996）。拉美国家中巴西和墨西哥的追赶战略被认为比较适合国情和发展需要，而拉美南锥体国家（主要有智利和阿根廷）的自由化政策遭到了普遍诟病，被认为是造成国家陷入过重的债务负担和支付困难的罪魁祸首。智利计划是自由化政策的典型代表。该计划的基本要素包括"对外贸易完全自由化"，"政府对经济的干预降到最低限度，不仅在调节和传统的控制方面，而且在诸如鼓励投资和社会发展等领域"，"取消有关外资进入的任何限制"。这种绝对的自由放任模式所采取的措施导致了自由化的金融陷阱（杰里菲，1996）。

当相同的政策从 1976~1981 年被运用于阿根廷时，导致了阿根廷半个世纪历史上从未经历过的最持久、最严重的危机，制造业部门受的影响尤为严重，1980 年的工业生产总值低于 1974 年（Ferrell，1980）。

3. 发展中国家关于全球化的争论

全球化理论的倡导者为人们展现了一幅全球化趋势带来的完美画卷：资本、技术、信息、管理和劳动力等生产要素以空前的速度和规模在全球范围内自由流动，从而扩大了国际市场、加强了国际分工，促使各国经济更加开放和一体化，在全球范围内形成一个相互依存共同发展的全球化经济。

毫无疑问，经济全球化的趋势不可逆转，但全球化为发展中国家的追赶进程究竟带来了什么，存在不同评价。

持自由主义观点的学者认为全球化主要为后发国家带来了正向效应，代表人物为 K. 欧玛和 W. 格瑞德（K. Ohmae and W. Grieder，1997）。他们认为，经济全球化就是全球经济和市场一体化，是世界资源的优化组合，绝大多数国家将在经济全球化过程中得到长远的比较利益。他们还强调市场的作用，通过生产要素在市场上的自由流动达到资源的有效配置。经济全球化意味着贸易、资本、技术、信息等冲出国界，生产国际化达到了前所未有的程度。他们还认为，自由贸易有利于发挥各国比较优势，而国际化生产能够实现生产要素的国际间最优配置，形成新的国际劳动分工，从而创造更多的利润，推动经济增长。

P. 赫斯特和 G. 桑普森（P. Hirst and G. Thompson，1996）对全球化持怀疑的态度，他们认为全球化只是一种发达国家之间的国际化，或只是一种区域化而已，它是欧洲、亚太和北美三大区域的金融与贸易的合作（Boyer and Drache，1996）。有学者认为，国际化没有使南北差距、不平等消失，相反，它意味着许多第三世界国家经济边缘化的发展，因为贸易和资本更多的在发达国家间流动，并由此产生更强大的"排弱"效应（Hirs and Thompson，1996）。所谓的经济全球化只能导致更极端的民族主义的兴起，促使世界文明分解成不同文化、宗教和种族的独立领地，而不是世界大同、全球文明一体化的出现（Huntington，1996）。

也有部分学者对于全球化持比较中立的观点，如安东尼·吉德斯（Anthony Giddens）、J. A. 斯科特（J. A. Scholte）和 M. 卡斯特尔斯（M. Castells）等。他们认为,经济全球化是推动社会、政治和经济转型的主要动力,并正在重组现代社会和世界秩序(Giddens,1996)。经济全球化一方面正在产生一种强大的"转型"力量,导致世界秩序中的社会、经济与制度的剧变(Giddens,1996);另一方面,这种世界秩序的剧变又充满着变数,因为经济全球化在本质上是一种偶然的历史进程,谁都无法预测它的发展方向与它所构建的新世界政治经济秩序(Ruggie,1996)。如表1-2所示。

表1-2　　　　　　全球化对于发展中国家影响的代表性观点

影响	代表人物	主要观点
正面	K. 欧玛和 W. 格瑞德	经济全球化就是全球经济和市场一体化,是世界资源的优化组合;有利于发挥发展中国家比较优势,实现生产要素的国际间最优配置
负面	P. 赫斯特和 G. 桑普森　S. 阿民(S. Amin)、A. 卡林尼科斯(A. Callinicos)和 S. 基尔(S. Gill)	第三世界国家经济边缘化的发展,因为贸易和资本更多的在发达国家间流动,并由此产生更强大的"排弱"效应;西方文明的全球性扩张
中立	安东尼·吉德斯、J. A. 斯科特和 M. 卡斯特尔斯	全球化导致世界秩序的剧变充满着变数,经济全球化在根本上是一种偶然的历史进程,无法预测

资料来源:作者根据相关文献整理(2008)。

中国的发展和追赶是在改革开放的总方针指导下展开的,这意味着,我们基本上撤除了保护的屏障。由此产生了第一个理论困惑:中国的自主创新要不要保护,在没有保护的条件下如何自主创新?

(二)后发国家如何追赶的困惑

1. 现有后发国家创新追赶理论的适用性

后发国家创新追赶理论从 20 世纪 80 年代开始由关注国家宏观层次的经济增长转变到关注技术追赶和产业层次的追赶。这种从技术视角出发的创新追赶理论认为,成功的追赶发生不是自然而然的,而需要一定的条件和努力。

佩雷兹(Perez)和苏伊特(Soete)的研究从技术轨道的角度对追赶的可能性进行了分析。当技术被理解为一个累积性的、单向的过程时,技术追赶被认为是在一个固定的轨道上各国的相对速度差异导致的位次变化(Perez and Soete,1988)。在产品生命周期的不同阶段,后发企业进入的成本有不同的特征和变化规律。导入期和成熟期是最容易突破进入成本门槛的阶段,但是两者本身的成本结构又不相同。在导入期，进入者没有资本和经验，成本要求较高；但是对科技知识的成本和地方优势的成本要求较少。在成熟期，进入者可以依赖比较优势的转移和地区优势，但是在投资和技术上需要较大的资金支持（Perez and Soete，1988）。

卡斯特莱西（Castellacci，2002）指出技术追赶得以实现的过程并非是无条件的，也不可能是及时的。为了达到技术追赶的目的，落后经济体必须拥有一定的技术能力。麦休斯（Mathews，2000）对后进企业的追赶做了如下的判断：（1）后进企业后进入一个行业不是由战略选择决定而是由历史条件决定的；（2）后进企业最初是资源贫乏的，如缺乏技术和市场渠道；（3）后进企业的战略意图是追赶发达国家的先进企业；（4）发展中国家中的绝大多数企业都可以被看作是后进企业，尽管存在一些不利于创新的环境，但是一些后工业化国家中的后进企业已经通过技术创新实现了技术追赶与经济增长。技术学习被认为是成功实现技术追赶的关键因素。除了合适的宏观条件，还需要企业制定明确的战略以获取发达国家的技术知识，同时以创新的方式在后发国家加以实现，以获取后发优势（Mathews，2007）。

追赶在所有产业之间具有不同的过程和特点，它受到技术特性差异的影响。布拉斯切等（Breschi et al.，1998）认为一个产业组织技术创新活动的特定方式，是受技术性质决定的不同技术模式影响导致的结果，他从后进国家后进企业技术追赶角度将产业技术模式定义为四个要素的组合，分别是技术机会、创新的独占性、技术进步的积累性以及知识基础的特征。帕克和李（Park and Lee，2004）在以上四要素的基础上，补充了对后进国家技术追赶非常重要的四个新要素：外部知识的可获得性、技术轨迹的不确定性（或流动性）、知识的最初存量以及技术生命周期。

追赶过程和路径以及相应的战略选择是技术视角的关注重点。金（Kim，1997）从技术学习特性、技术环境、企业技术努力和技术引进四个层次构建了分析韩国技术追赶路径的研究框架，并且提出了韩国的追赶过程体现出逆 A - U 模型的特点，即从技术获得到消化吸收再到创新改进的过程。李和利姆（Lee and Lim，2001）通过对韩国汽车、通信电子产品等六个产业的观察，总结了韩国三种不同的技术追赶模式：路径跟随、路径跳跃和路径创造；其中路径跟随和路径跳跃更容易在创新不太频繁、累积性不强、创新轨迹容易预测情况下发生，路径创造更可能是在技术流动性和风险都很高的情况下通过公私合作来实现。李根（Lee Keun）在随后的研究中指出，设计能力匮乏的危机是技术蛙跳的推动因素，新技术范式是技术蛙跳的拉动因素；而技术蛙跳的两个风险在于选择合适技术的风险和开创初始市场的风险（Lee，2005）。

霍伯戴（Hobday，1995）总结了后发国家市场和技术追赶的五阶段模型，指出成功的后发企业需要制定战略以便使技术学习与创新与出口销售（需求市场）相联系相匹配。后发国家获取外部技术的机制如外商直接投资（FDI）、合资（JV）、授权（Licensing）、代工生产（OEM）、贴牌生产（ODM）、外包、外国和本土客户、非正式机制（海外培训、雇佣、海归）、海外收购和投资、战略联盟等，多数具有双重的目的，即同时打开了市场和技术的入口。

凯米斯（Kemmis，2007）构建了后发国家的学习体系框架，将企业战略、能力和学习几个关键的追赶要素融于一个循环的模型之中。企业的总体战略受到宏观和中观环境的影响，对于企业的竞争战略和学习战略具有指导性作用。在具体的循环中，企业的能力存量决定了企业的竞争战略，企业的竞争战略影响了企业的学习战略，企业的学习战略决定了企业的学习行为、学习方式和学习机制，而这些学习的要素导致了企业的能力发展和演化，企业的能力发展和演化又可以改变企业的能力存量。

上述理论从不同的视角对后发国家追赶进行了论述，为本课题的研究提供了基础和借鉴，但这些论述均未涉及开放条件下的追赶问题。对于中国这样的高度开放条件，上述理论是否适用、要建立什么样的新理论，是要回答的问题。

2. 后发优势还是后发劣势

（1）后发优势。后发性概念的提出，源于约翰·斯图亚特·穆勒对不同国家经济发展问题的考察。一般认为，后发优势的概念是20世纪上半叶由出生于俄国的美国经济学家亚历山大·格申克龙提出的，他将后发优势解释为后发国家在推动工业化方面所拥有的由后发国家的地位所致的特殊益处，这种益处既不是先发国家同样能够拥有的，也不是后发国家通过自身努力创造的，而完全是与其经济的相对落后性共生的。后发优势具体表现为：引进先发国家的技术和装备，学习和借鉴先发国家的成功经验，吸取先发国家失败的教训，以及后发国家特有的对经济落后和寻求工业化发展的强烈的社会意识等。

美国经济学家列维（Levy，1966）将后发优势的外延进一步延伸，认为后发国家现代化的后发优势包括：（1）后发国家实现现代化的理论准备要比先发国家充分得多；（2）后发国家还可以大量借鉴采用先发国家已形成的比较成熟的制度、技术、设备以及与其相适应的组织结构；（3）后发国家可以跳跃过先发国家的一些发展阶段，尤其是在技术方面；（4）先发国家的发展水平已达到较高程度，可以使后发国家对自身现代化进程有清晰的预测；（5）后发国家可以获得先发国家资本与技术上的帮助。

阿伯拉莫维茨（Abramovitz，1989）的潜在后发优势理论基于其追赶假说，即一国经济发展的初始水平与其经济增长速度呈反向关系。他认为，后发国家要将这种潜在的经济追赶的优势转变为现实还必须具备一定的条件。这些条件是：（1）技术差距，即后发国家与先发国家之间存在技术水平的差距；（2）社会能力，即通过教育等形成的不同的技术能力，以及具有不同质量的政治、商业、工业和财经制度；（3）历史、现实及国际环境的变化。

日本学者南亮进（1992）以日本为背景，探讨了日本的后发优势从产生到消亡的过程。他认为，日本20世纪50~60年代的高速增长主要是从后发优势中受益，具体体现为丰富的人力资源、现代化的经营组织、发达的信息产业和装备制造业，这是日本发挥后发优势、实现经济追赶的必要条件。但是，随着技术差距的缩小或消失，日本依靠引进技术、实施追赶的机会日益减少，日本就此失去了所谓的"后进性利益"。

伯利兹和克鲁格曼等（Brezis and Krugman et al.，1993）在总结后发国家成功经验的基础上提出了基于后发优势的技术发展的"蛙跳"模型。这是指在技术发展到一定程度、本国已有一定的技术创新能力的前提下，先发国家的技术水平可能会因为技术惯性而被锁定在某一范围内小幅度的变化，在这种情况下，后发国家可以直接选择和采用某些处于技术生命周期成熟前阶段的技术，在某些领域和产业实施技术赶超，从而超过原来的先发国家。

范艾肯（R. Van Elkan，1996）根据全球化、信息化条件下后发优势的新变化，强调南北国家之间经济发展的趋同，即经济欠发达国家可以通过技术的模仿、引进或创新，最终实现技术和经济水平的赶超。

国内学者从20世纪90年代起即开始关注后发优势理论并进行分析。

施培公（1999）认为模仿创新是后发者的创新。他认为，模仿创新在技术方面的优势主要体现为技术开发方面的低投入、低风险和高效益；在生产成本方面的优势主要体现于能够充分学习、吸收率先者生产中的经验教训，避免率先者探索中的失误，包括早期投资方面的失误，并且能够通过大量使用新装备、大力推进工艺创新使生产过程更趋优化，物质消耗和劳动消耗更趋节约；模仿创新在市场方面的后发者优势表现为节约了大量新市场开发的公益性投资，能够集中投资宣传推介自己的产品品牌，并且模仿创新产品由于入市晚，还有效回避了新产品市场成长初期的不确定性和风险，更重要的是模仿创新产品本身也能够拓展市场，挖掘新的消费群体，导致新产品市场扩容。

李清均（2000）利用后发优势理论分析了后发国家工业化和落后地区的经济发展，将后发优势的类型界定为：资源型后发优势、联动型后发优势、机遇型后发优势、创新型后发优势和干预型后发优势。陈明森（2001）认为与先进入者相比，跟进者具有以下优势：低进入成本优势；技术优势；学习优势。郭熙保（2000，2002，2004）从发展经济学的基本理论出发，研究了西方的经济追赶理论，认为后发优势主要体现为 5 个方面，即技术的后发优势、资本的后发优势、人力的后发优势、制度的后发优势、结构的后发优势。

（2）后发劣势。列维（1966）在关注后发优势的同时，也指出后发劣势在后发国家在现代化进程中同样存在。劣势主要包括：（1）在现代化的范围与速度方面，后发国家必须由政府组织大规模的行动来实现这个过程，这很可能影响民主政治的发展，而民主是实现现代化的一个前提；（2）在社会中各种因素的相互依赖方面，后发国家往往容易看到先发国家取得的成果，却没有考虑形成这些成果的因素和条件以及成果与社会其他因素之间的内在联系；（3）先发式现代化与后发式现代化之间无论在经济方面还是在社会转型方面都存在很大差距。

早期的后发劣势理论主要从资本积累的角度出发，比较有影响的有四种。缪尔达尔的"循环积累因果关系"论认为，在动态发展中各种因素相互影响，并呈现循环积累变化态势，因此先进国家的连续累积性扩张会造成落后国家工业和贸易的萎缩及人均收入、生活水平和就业状况的相对恶化，于是发展中国家总是陷入低水平收入和贫困的累积性循环困境不能自拔。纳克斯的"贫困的恶性循环"理论认为，发展中国家由于资本匮乏、收入低下，既造成低水平的供给，又造成低水平的需求，供给方面和需求方面两个恶性循环的相互作用，形成牢固的死圈，导致经济的停滞。纳尔逊的"低水平均衡陷阱"理论认为，发展中国家人口的过速增长是阻碍人均收入迅速提高的陷阱，必须进行大规模的投资，使投资和产出的增长超过人口的增长，才有可能冲出陷阱。利本斯坦的"临界最小努力"理论认为，必须首先使投资率大到足以使国民收入的增长超过人口的增长，从而人均收入水平得到明显提高，即以"临界最小努力"使经济摆脱极度贫穷的困境。

近年对后发劣势的研究主要从制度后发劣势和技术后发劣势两个视角展开。

制度后发劣势的概念由澳大利亚华裔学者杨小凯教授提出，该理论源于美国经济学家沃森提出的"后发者劣势"理论和"对后来者的诅咒"的概念。其核心思想是：落后国家发展比较晚，自然有很多东西可以模仿发达国家，但是由于模仿的空间很大，落后国家模仿技术比较容易，模仿制度比较困难，因为改革制度总是会触犯一些既得利益。因此，即使落后国家单凭技术模仿可以在短期内取得很好的发展，但可能会给长期发展留下隐患，甚至导致长期发展的失败。

技术后发劣势的研究以高旭东基于通信产业提出的"后来者劣势"概念最具有代表性。高旭东（2005）的技术开发"后来者劣势"理论是指，即使我国企业在核心技术开发上取得了突破，同跨国公司相比，也往往更不容易被市场接受。他将产生后来者劣势的原因归纳为三点：第一，进攻者优势理论的使用范围有限；第二，后来者劣势的存在还在于先行者优势的广泛存在；第三，后来者劣势的存在也是由于先行者劣势对我国企业的帮助有限。

后发优势论和后发劣势论体现了对后发追赶的决然不同的认识，也使后发者陷入理论的困惑之中；另外，这两种理论也从不同的视角提供了一定的启示。对于中国来说，如何认识后发优势和后发劣势？如何发挥后发优势、克服后发劣势？是尚未回答而又亟待回答的问题。

（三）复杂技术成熟产业追赶可能性的困惑

1. 理论困惑

在产业层次的追赶理论研究中，一般认为新兴产业可以为后发国家提供实现技术赶超的机会。佩雷兹（Perez）和苏伊特（Soete）是较早提出新兴产业追赶机会的学者，他们认为在成熟技术领域，现有产品是建立在以前产品已经积累起来的经验的基础之上的，这就决定了发展中国家的企业很难在成熟技术上同发达国家的企业竞争。相反，在新兴技术领域，发展中国家的企业存在赶超机会，因为无论是发达国家的企业还是发展中国家的企业，都在探索阶段，进入壁垒较低，发展中国家的企业有学习和创造的机会，如果有比较充足的、合格的人力资源等条件，就可以迎头赶上，因此，尽早进入新兴技术领域是发展中国家追赶过程的关键因素。

高旭东（2006）将新兴技术的开发和应用相对于成熟产业的优势/机会总结为四种：学习性机会、动力性机会、组织性机会和文化性机会。

学习性机会来源于低进入壁垒。新兴技术的一个重要特点是其进入壁垒比较低，因此很多企业都有机会尝试各种方法去发展新兴技术（Abernathy and Utterback, 1978; Utterback, 1994; Perez and Soete, 1988; Tushman and Rosenkopf, 1992; Lee and Lim, 1998; Hobday, 1990）。这就意味着发展中国家的企业也可以利用这种低的进入壁垒在新兴技术领域作各种尝试，不断积累知识，取得突破，甚至可以超越跨国公司，率先在新兴技术开发上取得成功。

动力性机会来源于发展中国家的企业可能具有的开发和使用新兴技术的动力优势。现有的领先企业一般都存在开发和使用新兴技术动力不足的问题，因为新兴技术的开发和使用会对这些企业的现有业务造成威胁（Foster, 1986; Henderson, 1994）。由于发展中国家的企业相对于跨国公司而言都是跟随者，因此对这种威胁的担心较小，而对开发和使用新兴技术的动力更大。

组织性机会来源于发展中国家的企业可能具有的开发和使用新兴技术的组织优势。现有的领先企业在开发和使用新兴技术上面临很多组织障碍。比如，现有的组织结构和程序很可能使企业难以察觉结构性的技术变化（Henderson and Clark, 1990），或难以安排适当的资源和采取必要的组织措施开发与使用新兴技术（Christenson and Rosenbloom, 1995; Clark, 1985; Christensen and Bower, 1996; Tushman and Rosenkopf, 1992）。发展中国家的企业在开发和使用新兴技术时受到现有组织结构和程序的阻碍相对要小得多。

文化性机会来源于发展中国家的企业具有的开发和使用新兴技术的文化优势。现有的领先企业在开发和使用新兴技术上面临文化障碍，他们不会认真考虑其他企业拥有最先进的知识和技术的可能性（Katz and Allen, 1982; Cohen and Levinthal, 1990; Hamel et al., 1989）。发展中国家的企业受到上述文化影响的可能性要小，因而更有可能感知到新兴技术的发展，从而采取相应的措施。

柳卸林（2008）认为新兴产业而不是传统产业是后发国家企业进行追赶创新的重要部门。理由有三点：第一，新兴产业是一个技术不断变化的产业，甚至是主导设计还没有形成的产业，在这些产业领域，创新的机会和空间要远高于传统产业。第二，新兴产业意味着一个新兴市场，许多产品的设计也在不断变化之中，产品体系设计的开放性给了后进入者更多的机会进行基于现有产品体系的创新。第三，新兴产业往往是基于科学的产业，它们依赖科学甚于技术；后发国家可以集中一些资源，在某些科学领域实现突破，从而可以实现快速追赶。基于对新兴产业追赶机会的判断，因此，后发国家对高技术领域的有力支持是合理的，后发国家需要对一些科学领域进行重点或倾斜支持是合理的。

认为新兴产业更易于追赶的观点，强调了新兴产业的动态性和低壁垒两个主要特征，而动态性是后发优势理论中强调的追赶机会，低壁垒则规避了后发劣势理论指出的追赶障碍和不利因素。

上述理论都有一个共同的结论：新兴产业更易于追赶，而成熟产业则不然，尤其是复杂技术成熟产业。那么，复杂技术成熟产业有没有可能实现追赶？怎样实现追赶？这些问题就严峻地摆在我们面前。

2. 先发展国家的实践

日韩追赶比较成功的产业，如电子元器件产业等都是当时的新兴产业，这是新兴产业追赶更易于成功的有力例证。韩国机床业作为复杂技术成熟产业，其追赶过程则提供了另一方面的例证。

韩国机床工业（Kim and Lee, 2008; Lee and Lim, 2001; Kong, 1996）取得了不错的发展绩效，但是远远没有达到像电子元器件、汽车产业那样突出的追赶效果。韩国机床工业的发展起步较晚，自20世纪70年代起，韩国所有的机床都从国外进口，一直到90年代中期，韩国每年仍然不得不承担数额相当大的机床贸易赤字。从90年代后期开始，得益于世界其他新兴经济体的产业发展，尤其是中国汽车产业的发展，韩国机床工业的出口实现了迅速的增长。然而从韩国与日本机床业的进出口比较的分析可知，韩国仍然承担着沉重的进口负担，主要原因是机床制造的核心零部件必须从日本进口，依赖程度较高。因此，韩国的机床工业与中国机床工业类似，依然停留在价值链的低端。

韩国机床工业追赶不太成功的原因主要有以下几个方面：第一，韩国机床工业的客户主要是本土制造消费品的大型企业如三星和LG等，这些大型企业经常以国内机床企业生产的产品质量差、精确度低为由拒绝使用，即使是鼓励采用国产机床的政策也往往难以奏效。在机床这个缄默知识和经验积累非常重要的产业，韩国国内企业因为没有客户而失去了创新实践的机会。第二，韩国机床企业一般规模较小，与大型客户相比在采购合同中处于劣势地位，经常被迫承担产品货款的大幅让利或者延迟支付，造成的结果是企业研发费用的支出经常得不到保证，这伤害了企业进行创新研发的积极性。第三，韩国机床企业还不得不面对跨国企业设置的各种壁垒和障碍，比如经常会通过设置掠夺性价格来遏制国内企业的进入和发展；在国内企业成功克服价格壁垒之后，跨国企业又会通过专利策略等对国内企业进行第二轮的攻击。

韩国机床业的实践更进一步加剧了对后发国家复杂技术成熟产业成功追赶的疑虑。中国有没有可能突破？这成为压在我们心头的一块石头。

二、中国自主创新的理论挑战

上面，从后发国家创新追赶理论上来看我们面临的困惑和挑战；下面从中国自主创新实际需要提出的理论挑战，这一挑战集中体现在三类矛盾中。

（一）坚持开放与创新保护的矛盾

一方面，自改革开放后我国就将对外开放作为一项基本国策；在加入WTO（世界贸易组织）之后更是将国内企业与国外企业放到同一个舞台上竞争。开放条件和全球化趋势为中国带来了资本、技术、人才更便利的流动，创造了很多发展机会，有助于国际竞争力的形成。但同时也造成了至少两个与封闭条件相比较的不利因素：一是向国外企业完全放开了市场，外资企业可以通过合资、合作、独资的方式进入中国市场；二是政府不能通过关税、配额等贸易手段保护国内企业，维持国内产品的竞争力。更有甚者，由于长期招商引资政策的惯性，很多国外企业享有比国内企业更多的优惠。

另一方面，从理论上，后发国家幼稚工业创新需要保护；从实际情况看，由于新中国工业发展基础薄弱，很多产业与国际先进水平存在较大差距，处于需要保护的"幼稚阶段"。而很多新兴产业由于我国基础研究的水平落后，单凭企业的实力很难与国外同行企业竞争，也需要政府给予技术支持和市场保护。

由此产生了自主创新需要保护和开放条件下不能保护、保护手段有限之间的矛盾。

(二) 机会有限性与快速追赶的矛盾

现有的技术追赶理论指出，只有在出现新技术轨道时才打开了后发者追赶的机会窗口，后发者才更容易实现成功的追赶。因此，技术轨道理论实际上是一种机会有限论。技术轨道是产业技术变迁的一种现象，发生技术轨道的变迁概率是非常有限的，尤其是在一些技术相对稳定的产业，很可能几十年内也不会出现新技术轨道。按照现有理论，后发国家成功追赶的机会非常有限。

但是中国高速的经济增长持续了三十年，各个产业都基本上渡过了初期发展阶段，进入提升阶段，迫切需要实现快速追赶，如果等待新技术轨道的出现，将错失发展的战略机遇期，国家整体经济的追赶目标也将被贻误。

由此，自主创新快速追赶的需要与传统理论追赶机会有限论形成了矛盾。新技术轨道的机会远不能满足中国创新追赶的期望，存在巨大的"机会期望缺口"。

(三) 新兴产业追赶与全面追赶的矛盾

如前所述，很多学者认为后发国家只有在新兴产业才易于追赶，并且认为政策应该重点向新兴产业进行倾斜性扶持。中国一些新兴产业，如通讯设备制造业的创新追赶实践也给人们以很大鼓舞，以华为、中兴为代表的国内企业让国人看到了在该产业成功超越的希望。

但是，作为具有完整产业体系的大国，中国不允许放弃任何重要产业的竞争力；在像装备制造业、汽车业这样市场大、产业关联性和带动强的产业中，中国企业必须占有一席之地；而对关系国计民生和国家安全的产业比如国防工业，中国必须具备绝对的控制力。这些重要产业往往都是技术相对成熟的产业，属于现有理论认为不易追赶的产业，但却是国家创新资源必须进行投入和支持的、力图追赶的产业。

由此形成了中国产业需要全面追赶与只有新兴产业才易于追赶理论之间的矛盾。

综上所述，中国自主创新的战略目标和现有的追赶理论存在着矛盾，出现这些矛盾的主要原因在于原有的追赶理论和创新理论均是基于当时环境提出的，而针对我国开放条件下的自主创新尚无现成理论。研究中国自主创新战略必须首先面对这些理论挑战，创建适合于中国的自主创新理论。

第二章

中国自主创新理论

本章对自主创新概念进行界定；构建中国自主创新理论框架，阐述构成理论的六论：创新壁垒论、创新实践论、广义轨道论、能力阶段论、开放创新论和自主创新意志论。

第一节 自主创新的概念界定

一、对自主创新提出背景的再认识

要认清自主创新的含义，就必须从这一概念提出的背景和动机说起。自主创新概念之所以被提出并被广泛接受和使用，要从经济发展、国家安全和民族精神三个方面来诠释。

（一）经济发展

自主创新与我国经济发展的重大问题紧密相关。以下从经济发展的可持续性、技术来源的充足性及经济合理性几方面加以说明。

1. 可持续问题

第一，投入的可持续性。实现经济发展的投入要素主要有资金、自然资源和人力资源等。我国的经济发展长期过度依赖自然资源，而多数自然资源是不可再生的，我国已经面临严重的资源制约。我国人力资源丰富，但依靠劳动密集型产业取得国际竞争优势也是不可持续的；"人口红利"将消失，老龄化正在到来，我国面临的挑战日益显现。

第二，产出不断扩大的可持续性。改革开放后的相当一段时期内，我国处于短缺经济状况，巨大的本国需求为经济发展提供了动力。随着产能的扩大，国内市场逐渐饱和，于是不断扩大出口，进而使外贸依存度达到很高的水平。世界金融危机和经济危机为中国敲响了警钟。

第三，环境的可持续性。我国长期粗放式的经济增长方式已经对环境造成了严重的破坏，"世界工厂"将世界能源和环境压力转向中国。环境承载能力已不能持续承担不断增加的环境负担。

第四，从根本上说，经济的持续发展依赖于本国的能力。长期依靠技术引进容易形成我国经济的技术依赖性，这是对我国创新能力的腐蚀。一个缺乏创新能力的经济是不可能持续的。

因此，我国经济发展必须实现战略转型，为此必须实现产业和技术升级。自主创新则是产业和技术升级的必由之路。

2. 技术外源能否满足经济发展需要的问题

改革开放30年来，我国主要依靠技术引进满足经济发展的技术需要。在我国产业技术十分落后的情况下，技术引进对我国经济迅速崛起发挥了极为重要的作用，30年的技术引进基本上是成功的。然而，随着我国技术和经济水平的提高，情况发生了显著的变化：

第一，我国早期引进的发达国家成熟的甚至是过时的技术，与发达国家不存在竞争问题，因此可以顺利实现技术引进。随着我国技术水平的提升，很多产业的企业正逐渐成为发达国家企业的竞争对手，需要引进国外企业正在使用的先进技术。我们已经发现很多国外企业已不愿再出让技术。

第二，即使能够引进技术，如果缺乏技术创新能力，就难以进行持续的改进创新，仍然无法形成竞争力。

第三，科技的发展日新月异，已有产业可能发生技术变革，很多新兴产业应运而生。在这种情况下，我国与发达国家实际处于同一起跑线上，需要实现同步创新，是不可能依靠技术引进发展新兴产业和实现已有产业突破性创新的。

3. 经济合理性问题

即使能够顺利引进技术，还需要考虑技术经济合理性。宏基集团创始人施振荣（1996）提出了著名的"微笑曲线"，意指在价值链中，附加值更多体现在前端的设计和后端的销售、服务环节，处于中间的制造环节附加值最低。技术引进意味着放弃了前段价值链,结果是技术供给者控制着附加值高的环节,我国企业只能在低附加值环境苦苦经营,有些企业因此陷入困境。例如,国外数字化视频光盘(DVD)核心技术拥有者向我国 DVD 制造企业索取高价的专利费用,致使中国众多企业退出市场。

4. 发展机会问题

技术创新理论和大量实践证明,技术轨道变迁和新技术革命是后发国家追赶的难得的机会窗口,一旦错过这样的机会可能会导致长期疲于追赶。靠技术引进不可能抓住这种机会,只有主动地、前瞻性地开展创新,才可能获得追赶先机。

(二) 国家安全

1. 经济安全

国家经济安全,是指一国经济系统运行和持续发展状态及经济利益处于不受威胁的状态。在创新能力薄弱的情况下,只能依托低端产业和附加值低的制造环节,导致大量基础原材料和能源依赖进口,其价格急剧上涨,给我国相关产业带来巨大压力;从长远看,威胁了这些产业的安全。例如,铁矿石连年大幅涨价,已经显露出其威胁性。依靠技术引进的产业结构和技术结构已使我国经济发展难以持续,对我国持续发展构成威胁。体现核心技术的关键设备、元器件时常受到"禁运"、"禁售"限制,制约了产业高端的发展。经济安全最集中的表现是国际竞争力,在跨国公司垄断核心技术的情况下,我国不可能具有真正的国际竞争力。

2. 国防安全

一旦涉及国防,引进技术问题就变得十分敏感,关键技术、重要技术一般都被禁止向中国转让。因此,靠技术引进提高国防能力是极为有限的。新中国成立初期,我国加强国防建设的战略规划就包含着极为丰富的自主创新思想。独立自主、自力更生发展国防科技事业,以尖端技术为重点实行"跨越式"的国防科技发展路线,以长远规划引领国防科技发展的战略举措等,对我国国防建设,发挥了极其重要的作用。现阶段我国国防科技与世界先进水平相比仍有较大差距,在涉及国防安全的关键领域,如果我国不掌握更多的核心技术,不具备强大的创新能力,就很难在全球竞争中把握机遇,甚至有可能威胁维护国防安全的战略主动权。

3. 政治安全

政治安全是国家安全的象征,是经济安全、国防安全的集中体现。只有提高创新能力,才能提高我国的综合国力,为维护政治安全提供坚实的物质保障。技术依赖难免走向经济依赖,一个技术和经济依赖的国家,政治安全就难以保证。

(三) 民族精神

古语云："天行健，君子以自强不息"（《易经》语）。古往今来，中华民族铸就了自强自立的精神，拥有悠久的创新历史，中国长时间处于世界最发达国家之列；以四大发明为代表的发明创造成为中华民族的骄傲。由于种种原因，近几百年中国落伍了。急起直追，自立于世界民族之林，成为中华民族共同的目标。

改革开放是新时期找到的可能的追赶之路，技术引进在其中发挥了不可否认的作用。创新精神是中华民族精神的一部分，是中华民族振兴与持续发展的动力之源和必由之路。因此，技术依赖与自强自主的民族精神是存在矛盾的。近年来，不仅要做"制造大国"而且要做"制造强国"、不仅要"中国制造"而且要"中国创造"的呼声越来越强烈，这不仅反映了国人不甘居于价值链低端、为人"打工"的地位，而且反映了自强自主的民族心态。

综上所述，自主创新概念是在我国经济社会发展进入新阶段后诞生的，是对历史发展的反思和对未来发展思考的产物。2006 年颁布的国家中长期科学与技术发展规划及"十一五"规划中正式将自主创新列入国家战略。由此可见，"自主创新"一词传达的不仅是加强技术创新的决策，而且是新的战略思想，也渗透了自强自立的信念。

二、自主创新的定义

以下试图给出自主创新的可能的定义。在给出自主创新定义之前，首先要回到问题的原点：为什么要加上"自主"二字？如前所述，"自主"二字有传达战略意图的作用，自主是相对不自主而言的，那么，不自主又指的是什么？

从现实状况看，"不自主"主要表现为技术依赖和缺乏创新行动的话语权与决策权。具体来说，主要表现有：一是依靠技术引进，如有学者反复批评的"引进—落后—再引进"的循环就是典型的表现；二是依赖合资的外方，在相当多的情况下，合资中方实际上失去了技术的话语权，更谈不上创新的决策权。

其次，定义的复杂度，即：是做出一个简短定义（"短"定义）还是做出一个既包括内涵又包括外延的冗长定义（"长"定义）？从易于被理解和记忆的角度，以简短为好；从严密性和可操作性角度，不可避免地要做出相对冗长的定义。二者各有利弊。

本书在借鉴已有定义以及作者对自主创新实践观察和思考的基础上，给出如下自主创新的定义：

自主创新是在创新主体主导下的创新。

这一定义只是对创新前面的"自主"进行具体化，将自主解释为自己主导。这里的"主体"可以是企业，也可以是国家、行业或区域。"主导"则表明了话语权和决策权。对"创新"概念未做新的界定，意味着引用已有的成熟定义（包括技术研发、产业化和商业化）。这一定义是对创新主体在创新自主权上的强调，是对自主创新定义第一个功能的回应。

至此，似乎已经完成了自主创新的定义。但是，从操作性上看，还未给出可用于鉴别自主创新的标准，即未能界定"自主程度"。为此，再给出延伸定义。

延伸定义一：自主创新是在创新主体主导之下的、由该主体完成部分或全部创新活动的创新。

延伸定义二：自主创新是在创新主体主导之下的、由该主体完成部分或全部创新活动且拥有自主知识产权的创新。

延伸定义三：自主创新是在创新主体主导之下的、由该主体完成部分或全部创新活动且掌握核心技术并拥有自主知识产权的创新。

延伸定义一至定义三附加的限定，反映的是创新主体的创新深度（自主程度）。具体表现是：第一，创新主体在创新过程中扮演的角色除决策之外，还实施了多少创新活动。强调这一点是因为，有些企业虽然自主做创新决策，甚至拥有自有品牌，但将全部创新活动委托给企业外（通常是国外）来完成。虽然这符合定义，但对企业成长创新能力、摆脱依赖的作用不大，因而与真正实现"自主"仍然有距离。第二，借鉴不同学者对自主创新程度的界定要素，在延伸定义二和定义三中分别附加了关于知识产权和核心技术的界定。

三、关于企业对自主创新理解的调查

清华大学技术创新研究中心与国家统计局合作（本书作者是主要主持者之一），于 2008 年 10 月由国家统计局正式发文在全国 42 个城市以问卷形式抽样调查了 1 680 家制造业企业，获得有效问卷 1 401 份。

在问卷中特别列出一个题项："您认为以下哪些属于自主创新"（可多选）：

A. 技术完全自己开发

B. 核心技术自己开发

C. 部分技术自己开发

D. 拆解分包给企业外开发，自己集成

E. 基本外部开发，但拥有自主品牌

回答的结果如表 2-1 所示。

表 2-1　　　　国内企业认为属于自主创新的活动（可多选）

题项	回答企业数	占企业总数比例（%）
完全自己开发	899	65.2
核心技术开发	1 097	79.6
部分开发	505	36.6
分包集成	259	18.8
外部开发	234	17.0

注：有效问卷中共 1 378 个企业回答了该题项。

从上述回答可以看出：

第一，企业对不同程度的自主创新都有所回应；

第二，企业对自主创新中核心技术由自己开发有很高的认同度。

这一调查从一个侧面反映，从"自主程度"上界定自主创新符合现实的需要。

四、对自主创新概念的把握

"自主创新"这一中国独创的概念，不是"文字游戏"，而是有其深刻含义。对自主创新概念要从两个层面解析：第一个层面为理念层面，表达自强、自主的理念并传达新的战略意图；第二个层面为学术和操作层面，表达具体的内容。

从本书对自主创新概念提出背景的回顾可以看出，第一个层面的含义十分鲜明，在实践中发挥了实在的作用。第二个层面的含义目前尚处于未达成共识、较为模糊的状态，仍有待探讨和认识的深化。观点分歧的焦点在"自主程度"上。

就自主程度的高低下定义，就会有"松"、"紧"程度的差异。本书尝试给出了自主创新的一个总定义和三个延伸定义。总定义适用于一切形式的自主创新，三个延伸定义一个比一个"紧"。

本书认为，关于松紧程度的把握，现阶段在学术上不必强求统一，只是个人在论及自主创新时要明确自己指的是什么。在实践上，在现阶段也不宜过"紧"，以免把大量的包含创新的活动排斥在自主创新之外，毕竟我国企业的自主创新还处于初级阶段。

第二节 中国自主创新的理论框架

一、中国自主创新理论构成——自主创新"六论"

第一章提出了中国自主创新理论的若干困惑与挑战,中国自主创新理论面临三大矛盾。本节针对这些困惑、挑战与矛盾,尝试提出中国自主创新的理论框架。这一理论框架由"六论"构成,即创新壁垒论、创新实践论、广义轨道论、能力阶段论、开放创新论和自主创新意志论,如图2-1所示。

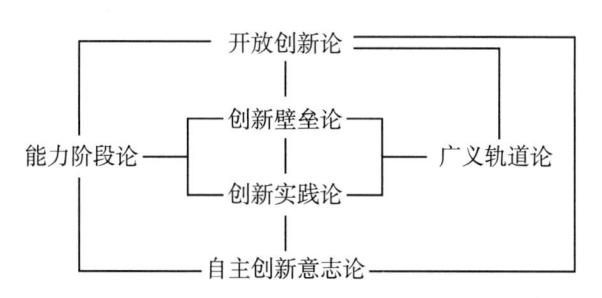

图 2-1 中国自主创新理论框架

创新壁垒论:本书认为,中国自主创新的障碍可以归结为"壁垒",包括创新的自然壁垒(如创新所需要达到的投入阀值,必须具备的科学技术基础等)和开放条件下外国跨国公司在中国垒筑的人为壁垒。因而中国自主创新的基本任务是突破各种创新壁垒。

创新实践论:突破壁垒的根本途径是创新实践。创新成长过程可以划分为两个主要阶段:进入阶段(进入被跨国公司封锁的产业和市场)和成长阶段。只有敢于创新并实实在在地开展创新活动,才谈得上破壁的希望,才有可能成长创新能力。为此,要把握创新实践的机会以获得产业进入和提升创新能力。

广义轨道论:现有的创新理论指出,技术轨道变迁是赶超的"机会窗口"。但是这种机会是非常有限的,远远不能满足中国自主创新的需要,为此要寻找新的机会理论。本书提出广义轨道理论,相对于传统的技术轨道理论,可以扩展创新机会空间,为我国产业和企业抓住和创造更丰富的创新机会提供理论支持。

能力阶段论:创新能力是实施自主创新的基础和条件,提升创新能力既是创新的需要,也是发展的目标之一,对建设创新型国家、企业至关重要。本书认为,创新能力的提升不是线性过程，而是阶梯式跃迁过程，每一次从低一级台阶跃升到高一级台阶都会将大多数企业淘汰出局。因此，能否实现创新能力跃升是严峻的考验。

开放创新论：创新理论指出，处于弱势地位企业的自主创新需要有一定的保护环境，把弱势企业的创新产品置于强势跨国公司的竞争之中将难以生存。然而，中国已将改革开放列为基本国策，将长期坚持不断扩大开放的方针，这是中国自主创新必须面对的基本大环境。因此，我们必须寻求高度开放环境下自主创新的道路，这是前人没有走过的道路，要解决的是世界性难题。开放创新论将探讨开放环境下后发国家如何降低开放对自主创新带来的不利因素，利用开放提供的有利条件，为开放环境下后发国家的自主创新提供理论支持。

自主创新意志论：开展自主创新、突破创新壁垒需要足够的原动力，本书认为，后发国家创新原动力仅靠市场力是远远不够的，原动力的核心是后发国家、产业、企业通过创新实现追赶超越的意志，即自主创新意志。自主创新意志由国家、产业和区域、企业三个层次构成。

二、自主创新六论之间的关系

创新壁垒论、创新实践论、广义轨道论、能力阶段论、开放创新论和自主创新意志论不是相互独立的，而是相互关联的。

创新壁垒论指出壁垒是创新要突破的对象，为如何突破壁垒指示方向；而突破壁垒要靠创新实践。

自主创新意志为实施创新实践、突破创新壁垒提供动力；也是推动创新能力由低一级向高一级跃升的动力；反过来，创新实践的成效、壁垒的突破会强化创新意志；创新意志还为开放环境下敢于创新提供勇气。

创新能力是突破创新壁垒的基础和条件，不同层级的能力与相应层级的壁垒相对应；创新实践是提升创新能力的基本途径，同时创新能力又为创新实践提供条件；创新能力提升要与开放环境相适应，要寻求开放环境下创新能力提升的路径；创新能力还对创新意志起反馈作用，能力的提升会强化意志，能力的停滞会打击意志。

广义轨道为创新实践、突破壁垒提供广阔的机会空间；同时，广义轨道受开放环境的制约，也接受开放环境提供的机会。

开放创新论揭示开放所产生的壁垒及开放环境下创新能力成长条件和特征；还对自主创新意志起反馈作用，开放创新的成功会坚定创新意志，反之，开放创新的挫折会打击自主创新的信心。

第三节　创新壁垒论

创新壁垒论阐述开放条件下自主创新所面临的各种壁垒。在开放条件下，后发企业的自主创新面临的壁垒来自两个方面：一是产业固有的创新障碍，如技术复杂、规模经济效应等；二是还必须化解在位者的作为强者的跨国公司垄断地位所造成的各种人为壁垒。自主创新的壁垒有多种，包括技术壁垒、资金壁垒、创新网络壁垒、无形资源壁垒和管理壁垒等。

一、技术壁垒

本书提出的技术壁垒不同于传统意义上的贸易型技术壁垒，它是指后发者在掌握产业关键性技术过程中所面对的各种技术难度和获取障碍。在自主创新的多个壁垒中，最核心的、同时攻克难度最大的是技术壁垒。技术壁垒的形成既与技术本身的特性，如技术的复杂性、实践性和技术知识的积累性有关，也与外部知识获取的难易程度有关。与之相对应，降低技术壁垒的策略就必须减少技术特性对获取技术、提升技术能力的不利影响，如降低技术的复杂性、增加技术实践的机会和知识累积的机会。另外，建立更广泛的外部知识获取渠道，增加在外部知识转移中的谈判地位都可以有效降低技术壁垒。

（一）技术的复杂性壁垒

技术的复杂性是由英国学者克鲁夫特和卡什在将复杂性概念应用于技术创新过程的研究中提出来的（Rycroft and Kash，1999）。这一概念的提出为技术创新的复杂性研究提供了新的思路，同时也为技术创新的实践提供了一个不容忽视的问题，即创新主体必须对技术复杂性有更深入的了解，才可能解决复杂技术创新的各种问题和障碍。

技术复杂性的表现形式主要包括：（1）技术要素的复杂性。技术所依托的科学理论的深奥性、认知技术要素对手段的高要求、掌控技术技巧的缄默性等，都使掌握核心技术变得困难，如超大规模集成电路技术。（2）产品复杂性。例如，先进制造系统集成的要素之间通过互动作用产生复杂的结构，其中要素的变化就会带来整个产品结构的变化，单个要素通过动态的非线性集成的方式形成丰富多彩的定制化、高附加值的产品，而且这种产品具有复杂的体系结构，如飞机等。(3) 过程复杂性。例如，产品开发的过程中，每个阶段和环节都相互联系和相互作用，阶段和环节经过动态反馈，产生各环节的协同作用，就体现了过程的复杂性。(4) 产品与过程交互复杂性。因为产品和过程的不可分性，越来越多的技术复杂性表现为产品与过程的交互复杂性，而这种交互作用会引致更大的复杂性。

由于技术的复杂性，创新系统内部各个要素之间的相互作用呈非线性，后发国家的自主创新必须面对过程中各个阶段、各个环节的交互作用，而不能仅仅关注简单的线性过程，这是技术复杂性造成的障碍之一。技术复杂性强调技术创新的整体行为，因此自主创新过程必须将技术研发、生产经营管理融于一体，而且要求技术创新系统之间协调和同步，以及创新决策者、管理者和创新实施者之间的协同作用，这是技术复杂性造成的障碍之二。技术复杂性要求创新过程拥有动态反馈机制，通过正反馈打破静态均衡，走向动态进化；而不能停留在原有的静态均衡阶段，这是技术复杂性障碍之三。同时，技术复杂性具有不可预测性，由此导致创新的风险，创新主体都有寻求合作以降低风险的需求，在复杂的社会网络中不易寻求恰当的合作及合作过程可控的有限性是技术复杂性障碍之四。

(二) 技术的累积性壁垒

技术存在累积效应，这是技术在发展过程中由于技术的连续性和继承性及量的不断增加而导致自身以及自身以外其他相关因素相应变化的一种效应。这种技术累积性在企业持续技术创新过程中的作用体现在，累积的技术知识往往是企业技术创新的前提。如果将技术创新的过程看成是一个发现问题并设计解决方案的过程，那么只有全面了解掌握现有产品生产过程及相关技术领域的知识，充分了解市场需求信息和技术发展最新动向，才能对现有产品和生产工艺提出改进方案或推出全新的产品和工艺。

在一些技术复杂而且技术进步具有连续性的产业，技术的累积性显得尤为重要。比如机床、汽车等产业，产业技术知识中缄默性知识占有很大比例，企业的创新活动高度依赖以往活动中积累的经验，如新产品开发流程、工艺流程、质量改进等。企业如果没有相应技术知识的积累，往往难以进行创新或者影响创新产品的质量，比如国内汽车产业就非常缺乏产品设计开发积累的数据库，这造成国内企业在产品设计开发以及检测方面存在很大的能力差距。

我国的自主创新起步较晚，知识基础薄弱，很多产业缺乏基本的技术知识积累，因此在自主创新过程中必然面临技术累积性壁垒。

(三) 技术垄断壁垒

英国著名跨国公司理论专家、联合国跨国公司与投资司首席顾问约翰·邓宁 (Dunning, 1992) 和金德尔伯格认为，跨国公司最大的优势是技术垄断优势，这是跨国公司跨国经营的立身之本。因而，后发国家的自主创新在进行技术引进和技术学习的过程中必须克服巨大的技术垄断壁垒。

垄断的目的是维持竞争优势，因此，跨国公司技术垄断战略的制定与实施也受到跨国公司在全球竞争过程中所面对的不同竞争状况的影响。跨国公司可以有多种选择：新技术可以自己实施也可以握在手中不用；在投资国生产或在国内生产然后出口产品；对外直接投资或技术转让；在发达国家投资或在发展中国家投资；建立独资企业或建立合资企业，等等。通过技术垄断战略，跨国公司可以维护其技术垄断地位，通过延长新技术产品的使用寿命周期，不仅可以收回投资研发成本，还可以从技术的不断利用中取得更多的市场"租金"。而后发者在技术垄断战略引导的全球技术转移和技术扩散中始终处于被动地位。

跨国公司的技术垄断战略包括垄断性技术研发、技术垄断性控制及技术的垄断性利用等多个方面。跨国公司通过各种方式达到技术封锁和控制的目的，形成了后发国自主创新的技术垄断壁垒。如图 2-2 所示。

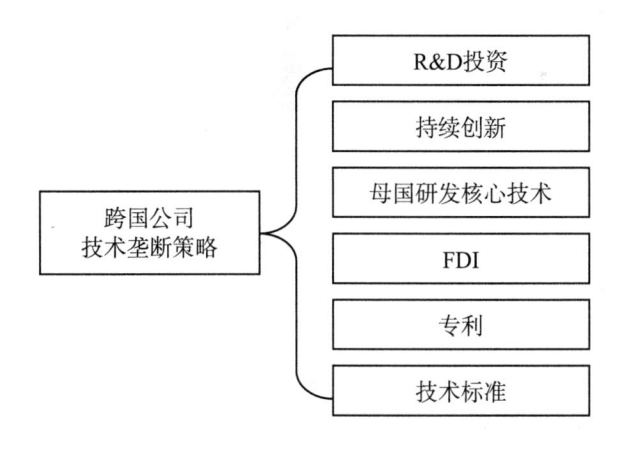

跨国公司技术垄断策略：
- R&D 投资
- 持续创新
- 母国研发核心技术
- FDI
- 专利
- 技术标准

图 2-2 跨国公司技术垄断的主要方式

(1) 跨国公司对研究与开发 (R&D) 投资导致的垄断性。由于跨国公司具有超强的经济和技术实力，其在国内或全球 R&D 投资总量中占有绝大部分份额，从而对新技术研发构成了实际的控制与垄断。

有关资料表明，目前跨国公司控制着全球 80% 以上的新技术、新工艺的开发，以及 70% 的国际技术转让。从目前世界 R&D 支出分布来看，经济合作与发展组织（OECD）国家约占世界 R&D 总支出的 90%，发展中国家占 R&D 总支出比例则不超过 6%。从研发费用支出看，跨国公司体系内部的研发费用约占全球民用研发支出的 75%～80%，大型跨国公司的研发支出更是保持着较高的研发投入比例，如美国通用技术公司、国际商务机器公司（IBM）、韩国三星等都维持研发投入占销售收入较高的比例。跨国公司还是技术创新的中坚力量，是工业部门绝大多数技术的最早开发者、垄断者和利用者。在钢铁、石油、制药和化学工业等行业，51%～94% 的重大技术创新都是由跨国公司引入生产和市场的，其中化学工业部门的重大技术创新几乎全部来自跨国公司。由于 R&D 投资规模的控制，全球每年产生的新技术和新工艺的 71% 控制在跨国公司手中，西方发达国家的 500 家最大的跨国公司集中控制着母国 90% 以上的生产技术。

（2）跨国公司通过持续创新策略，在激烈的全球技术竞争中持续不断地进行改进型或替代型技术创新，实现对战略技术的长期垄断。

例如，在电视机行业平面显示技术的竞争中，从普通阴极射线管（CRT）到纯平 CRT，从纯平 CRT 到液晶显示屏（LCD）、等离子显示以及有机发光材料显示技术等，从 15 英寸到 19 英寸及更大屏幅，从低辐射到无辐射，从亮度限制到亮度自由调节，等等，索尼、飞利浦、LG、日本电气公司（NEC）这些著名跨国公司采取持续的替代型创新策略，牢牢控制着平面显示器的前沿核心技术。中国彩电企业即使能够取得在 CRT 技术中的低成本竞争力，在新的显示技术上又不得不受制于这些跨国公司。

（3）跨国公司将核心技术的研发活动和关键器件、零部件主要集中于母国进行，控制核心技术的溢出，增加技术模仿者的"模仿时滞"；通过关键器件、零部件的出口获取超额利润并形成对高新技术产品市场的垄断。

（4）跨国公司通过国外直接投资（FDI）的方式将产品生产过程转移到成本低、靠近市场的后发国家，但对拥有的技术保持控制和垄断，实现产品和市场全球化的条件下保持技术垄断的优势。

正如联合国贸发会议《1992 年世界投资报告》（UN，1992）所指出的："技术是跨国公司竞争优势的重要组成部分，许多公司选择对外直接投资为其海外市场服务，不仅仅是为了发挥这一优势，同时也是为了对技术进行控制，跨国公司往往把最新技术转移给自己的分支机构，而把较陈旧的技术卖给或以许可证形式转让给当地公司或合资公司"。实践反复验证了这一论断，比如在我国汽车产业的合资公司中，外方始终控制着设计开发的核心技术以及关键零部件总成的设计制造技术，并且限制中方在该领域的创新，以达到其持续技术垄断的目的。

（5）跨国公司实施专利战略，通过法律手段和途径保护技术垄断地位。

因为专利具有排他权、独占权，未经专利人许可，任何单位或个人都不得以生产经营目的制造、使用、许诺销售、销售、进口其专利产品、方法和外观设计，否则被视为侵权行为，可追究其法律责任。特别是专利制度可以从法律上确定原创者的技术垄断地位，保护创新者的权益，由此形成了新技术的法律垄断。跨国公司是当今世界产业技术产权的主要垄断者，据估计，目前跨国公司控制着全世界专利技术的75%。跨国公司掌握的专利成为垄断产业技术、高筑技术壁垒的重要武器。

（6）跨国公司实施技术标准战略，实现对技术群的垄断和新兴产业市场的垄断。

技术标准有别于专利，专利对应的是一种产品，而技术标准对应的是一个技术群落，它决定着某一行业的技术路线，并最终决定企业的产品发展方向，它影响的是一个产业甚至一个国家的核心竞争力。技术标准这一规则性特性，决定了它影响市场、控制市场的能力非同寻常。所谓"赢者通吃"，正是对标准战略赢家的形象描述。谁掌握了标准的制定权，谁的技术成为标准，谁就在很大程度上掌握了技术和经济竞争的主动权。

技术标准战略是一种围绕技术标准而制定的使企业在竞争中处于有利地位的总体谋划。近年来，世界标准之争空前激烈，仅一项第三代移动通信技术（3G）移动通讯标准之争，就可能决定数千亿美元资金的流动。发达国家及其跨国公司具有技术标准竞争的绝对优势，他们遵循"技术专利化—专利标准化—标准产业化（即，将构成标准的技术变为产品，进而形成产业）—市场垄断"的路线，通过技术标准的控制实现垄断。技术标准的竞争是更高层次的技术和市场竞争。例如，高通公司实施的技术标准战略，就是以其拥有的CDMA国际移动通讯标准背后的1 400多项专利为依托的，它每年收取的专利使用费高达10亿美元左右；日本丰田公司的总裁奥田硕在回答将如何面对21世纪的竞争时强调，"今后，丰田必须在制定汽车工业技术标准中掌握主动权"；美国仅靠微软和英特尔的技术标准垄断壁垒，就控制了世界软硬件市场60%~80%的市场份额；诺基亚、摩托罗拉、爱立信等巨头手中也都掌握有大量专利，都是为了抢占国际标准的制高点，建立有利于自己的"游戏规则"。后发国专利水平低下，在技术标准竞争中处于绝对劣势地位，从而难以获得制定技术、产业和市场发展规则的话语权。

二、资金壁垒

进入一个产业，必须达到一定的设立成本"阈值"，规模经济效应使大规模投资、生产者具有成本优势的其他优势。设立成本是指进入某一产业的初始投入,由于资产的不可分性,初始投入必须达到一定的规模。例如,一套乙烯装置不可能拆开使用,必须整套安装使用。跨国公司凭借其雄厚的经济实力,可以轻易越过设立成本,并建立规模经济优势。后发国家企业则面临规模经济壁垒和绝对成本壁垒,其背后则主要体现为资金壁垒。

(一) 规模经济壁垒

贝恩(1956)指出,规模经济性是决定进入壁垒的主要因素。如果一个最小最优规模工厂的产量是一个竞争价格水平上的需求量的重要组成部分,那么进入者如果以一个较大的规模进入市场,必定会招致在位企业的注意和反击。而如果以一个较小的规模进入市场,那么只能以比在位企业更高的成本进行生产。从这个意义上说,规模经济是造成新进入企业进入壁垒的重要原因。斯蒂格勒(Stigler,1968)认为,如果进入者与在位企业的成本曲线是相同的,那么规模经济就不构成贝恩意义上的进入壁垒。此外,规模经济对所有厂商都可能存在,因此它并不构成新厂商的进入壁垒。在斯蒂格勒之后,鲍默尔、潘扎和威利格(Baumol et al.,1982)的可竞争市场理论提出了沉没成本的概念,认为只有能造成沉没成本的规模经济才是形成进入壁垒的决定性因素。对规模经济的新研究表明,规模经济在生产上的优势相当有限。新企业为进入而需要投资大量固定成本所产生的规模效应才是值得关注的,斯坦克尔伯格—斯宾塞—迪克西特模型(Dixit,1989)表明,如果新厂商进入市场需要支付固定进入成本 f,则进入的困难程度随着 f 的增加而增大。当 $f=0$,新厂商没有进入成本,在数量竞争下,新厂商得到的利润总是正的,必然会进入市场。如果新厂商的进入成本比较低,在位厂商必须投资很多才能使新厂商的利润降低到进入成本之下,从而阻挠其进入。如果新厂商的进入成本很高的话,在位厂商只要选择垄断生产能力就可自然地阻挠新厂商进入,甚至不用采取策略性行为。

根据盖罗斯基(Geroski,1991)的观点,规模经济通过"资本要求效应"和"百分率效应"对新厂商的进入施加负面影响。资本要求效应指出,假如某行业具有规模经济的结构特征,这通常要求新厂商以较大的投资达到生产的最小有效规模(MES),从而形成能与在位者相抗衡的成本条件,由此产生相应的资本要求。如果潜在进入者很难或无法筹集到进入该产业所需的大量资本,那么在位厂商便能长期获得垄断利润,这种必要资本的要求就会成为进入壁垒。造成这一进入壁垒的原因,目前有两种观点:一种观点认为,因为进入者不如在位者知名,银行不愿向进入者提供贷款;另一种观点认为,在位者为了降低新投资者的融资能力,会在产品市场上令进入者蒙受损失从而阻碍了进入者的成长。规模经济"百分率效应"的机理首先由贝恩(Bain,1954)提出,该理论认为,假如最小有效规模下所提供的产量在行业产量中占有相当的比重,以至于潜在进入者预期进入后的价格将跌至其平均成本以下,那么进入将被阻止。

(二) 绝对成本壁垒

影响进入壁垒的第二个因素是绝对成本优势。如果在位企业的单位成本曲线始终位于新进入企业单位成本曲线的下方,则在一定范围内,在位企业能够把价格定位在稍高于新进入企业的成本之上,而又不会吸引进入,这样在位企业就具有绝对成本优势。造成这种绝对成本优势的原因主要有:(1)原有企业控制了各种稀缺原料以及支持生产的基础设施和产品的销售。例如,1870~1930年,由于制铜业和铜矿业形成了纵向一体化,美国铜制品的生产规模变得很大,资本的密集程度也越来越高,它确保了同期高额利润的获得(Schmitz,1986)。(2)在位企业拥有某种优越的生产技术,这种生产技术可能是通过经验(干中学)或通过研究与开发(从而取得专利)学来的。假如在位者获取了某种先进技术的关键专利,那么在相当长的时间内在位者可以保持成本的优势地位,从而限制新厂商的进入。

我国企业创新过程中的资金壁垒非常明显,这主要体现在我国企业规模和国外厂商之间还存在很大差距。例如,在传统上认为规模经济效应最明显的汽车产业中,国内自主品牌奇瑞、吉利在设立初期只有几千辆、上万辆的生产规模。即使经过了数年的发展,这些国内自主品牌企业仍然规模实力有限,与丰田和通用等国际厂商接近千万辆的产销量相比较,差距很大。大规模生产和销售支撑的是企业的高额销售收入,而研发支出往往是销售收入中的一个固定比例,因此,规模上的巨大差距意味着我国企业与国外厂商相比存在较大的研发资金投入差距。这种资金壁垒也体现为较低的风险承受能力,尤其是研发风险,因为企业资金的捉襟见肘,难以承受研发失败的结果,这也降低了企业进行创新的动力。

三、创新网络壁垒

在技术快速变迁的知识经济时代,随着产品模块化趋势的增强以及知识分散在不同的组织中,企业越来越需要与其他企业建立正式或者非正式的合作关系。在很多情况下,创新已不再是个人和单个企业能够独立完成的任务,而是高度依赖于企业能够获取的外部创新资源。在大多数产业内,企业所处的网络成为企业在寻求创新外部资源的重要支撑(Nieuwenhuis,2002;Streb,2003)。在很多产业中,企业在网络中的活动也被认为是创新成果和企业竞争力的重要推动力(Ahuja,2000;Powell et al.,1996)。

这种创新网络可能包括上下游供应关系，比如通信设备的制造就需要引入很多不同的子系统供应商。这种关系中，既包括互补技术的发展，如激光在光纤被发明出来之后才得到广泛的应用；也包括与本产业关联的其他产业的发展，如电视机产业的发展受到材料技术的影响；汽车产业尤其是电动汽车的开发形成了对电子工业的高度依赖。近二十年的全球化进程，将这种创新网络从一国范围已经推向世界范围，形成了全球化的创新网络。实际上控制着全球网络的主要是来自发达国家的跨国企业。

跨国公司的全球供应链管理体系能够突破跨国公司内部资源和企业边界的局限，供应链中的所有企业将产品和服务的最终消费者对成本、质量、服务等要求看成是所有参与者共同的目标，并能对供应链中的所有关联者进行积极主动的管理。跨国公司通过对全球供应链的管理能够强化业务伙伴关系，更便捷、经济地获取创新所需资源，从而增强自己的核心能力。

跨国公司的网络优势还体现在对全球创新知识和人才资源的掌控能力和协同效应。跨国公司在世界各地设有分部或者子公司，而各个子公司中专业人才的技能和知识结构具有差异性，跨国公司可以通过企业内部的全球人才流动实现创新资源的流动和扩散，这对创新非常重要。从组织角度看，跨国公司主要通过策略性技术联盟来实现研发、生产与营销领域的密切技术合作。有资料表明，进入冷战时代，世界跨国公司间的策略性技术联盟迅速增加。在这些策略性技术联盟中，95%以上在美、日、欧等国家的企业间建立。其中，25%左右的技术联盟分布在化工、航空与国防、汽车、重型电器设备等四个产业部门，70%以上的技术联盟分布在高技术产业，特别是信息产业与生物产业（赵昌平，2005）。缔结战略伙伴关系的跨国公司不仅影响到代用品发明的速度，还可能在新产品尚处于发明阶段就确立行业技术标准；这些技术标准的设立可能会阻碍代用品的开发，导致未来的市场垄断。

中国企业的自主创新还处于明显的网络劣势地位，不仅没有国际市场的创新供应链、人才与技术知识网络支撑，而且由于国内企业大多定位在低端市场，因此，企业能够获取的国产配套体系支持也相当薄弱。例如，国内自主品牌的汽车企业寻求国际汽车零部件巨头的支持代价高昂，而国内的零部件体系对于其新产品开发的支持力度非常有限，很多零部件的开发还必须由整车厂商投入资金，这使得整车厂商的创新面临着较高的创新网络壁垒。

四、无形资源壁垒

品牌是市场竞争的利器，一个国家品牌的分量和数量的多少是其经济发展水平和经济竞争力的直接参照物。我国开放条件下的自主创新势必面临品牌、商誉等诸多跨国公司在位造成的无形资源壁垒。

联合国工业计划署20世纪90年代的调查表明，名牌在全球品牌的比重虽然不到3%，但其市场占有率高达40%以上，销售额占50%以上。拥有巨大经济和技术实力的跨国公司往往拥有世界知名品牌。品牌不仅代表一定的经济规模、市场信誉和社会知名度，还是高技术含量的象征。一般来说，品牌的市场占有率越高，品牌的市场价值越大。品牌的市场价值虽然是企业在长期经营过程中不断进行资本投入的结果，但从技术进步的角度来看，技术的积累、提升与垄断是品牌得以维持和品牌知名度得以提升的根基。我国自主创新的资本投入和技术积累程度还存在不足，因此处于市场竞争中显著的品牌劣势地位。

高品牌定位是跨国公司品牌战略的重要组成部分。从一开始进入中国市场，跨国公司就以其优异品质赢得了中国消费者的认可。在改革开放头几年，国际品牌在中国消费者心目中树立了高品质的形象。跨国公司还通过不断的广告宣传强调产品的和服务的高档特征，如松下称自己的产品是"国际化认证、国际化品质"；LG则打出"LG电子与世界同步，活得更好"；伊莱克斯的诉求点是"国际品牌，全球信赖，备受人爱"；戴尔则宣传"国际品质、本土价格"。

不仅如此，跨国公司还通过品牌本土化策略和品牌进攻策略来逐渐侵蚀本土品牌的市场地位。跨国公司的品牌本土化策略包括产品的本土化（如肯德基推出符合中国人饮食特色的"芙蓉素菜汤"）、命名本土化（如七喜、家乐福等中国化的名字）和品牌形象传播本土化（如可口可乐邀请刘翔代言，GE（通用电气）、摩托罗拉设立校园奖学金等）。而跨国公司品牌进攻的一个重要策略就是收购中国品牌，这种做法既买了一个好的商标，也消灭了一个强有力的竞争对手。

在跨国公司的高端定位和品牌渗透的战略影响下，国内企业的生存空间受到严重挤压。自主创新的产品和服务被市场接受的基础，是品牌和商誉的无形资源必须发挥重要作用。如果不能逐步树立本土企业品牌的高质量形象，那么企业的技术创新成果就很难赢得市场的认可。这种无形资源壁垒的克服，具有比克服有形的壁垒更高的难度，需要长时期的资金投入和技术积累来破除。

五、管理壁垒

我国企业还面临着管理壁垒。国外企业已经积累了技术管理、供应商管理、消费者管理等方面的丰富经验，并在中国本土市场实现了效果较好的本土化适应性管理。我国企业发展历史较短，虽然积累了一定的市场管理经验，但是在技术管理、战略管理和组织管理等方面还存在明显不足。尤其是通过管理实现技术知识的编码化，以及知识从个人向组织的转移管理上，我国企业的管理水平还较差，这直接影响了自主创新活动的效率和效果。

首先，我国企业的研发与生产流程管理水平还较低，效率不高。很多管理环节和管理内容还停留在对国外同类管理经验的学习和模仿阶段，还未做到因地制宜地创新发展。例如，汽车产业中对于设计开发的知识管理，主要依靠聘请国外技术专家强制性贯彻管理理念和推行管理规则，企业人员仍然表现出对于先进管理方式的不理解、不适应，更谈不上根据本企业特点进行创新，难以做到以管理促创新。

其次，在战略管理和组织管理上，我国企业的管理水平也与跨国企业存在较大差距。战略的预测和前瞻能力是创新决策的前提，这是我国企业较薄弱的环节，例如，电视机行业和手机行业都暴露了这个弱点。在电视机行业的竞争中，国内企业将战略关注点放在如何降低成本以获取价格战中更有利的地位，却忽略了对新兴技术的前瞻性关注，结果在技术变革到来时措手不及，陷入追赶陷阱；手机行业显示了同样的情景，没有前瞻性战略管理的手机企业只能昙花一现。组织管理的差距主要体现在对创新型人才的管理和激励方面，跨国公司建立了一系列完整的人才培养和激励体系促进创新，我国企业在这个方面的管理体系还不健全。

管理知识和管理经验也是一种缄默性知识，主要依靠个人和组织的体验实现积累。我国企业规模小、成立时间短，在很多管理领域尚处于初期甚至空白阶段。克服管理壁垒的根本途径在于实践，在实践中积累管理经验，提升管理能力；对跨国公司管理经验的适应性学习也是提高管理经验积累效率的途径。

第四节 创新实践论

创新在本质上是一种实践性的活动，无论是创新壁垒的突破，还是能力的提升，都必须经历实践过程。下面从知识和学习这两个重要概念切入展开分析。

一、知识转化理论

简单地说，知识就是有价值的信息，是一种包含了结构化的经验、价值观、关联信息以及专家见解等要素的流动态的混合物。知识包括显性知识和隐性知识。显性知识是指可用语言、文字、数字、图表等清晰表达的知识，也叫编码知识，由于其明确的编码特征，因此易于在个人和组织之间沟通和共享。隐性知识是指难于清晰表达、隐含于过程和行动中的知识，由于其高度个人化和不易表达的特征，因此不易实现个人之间的共享。在一定条件下，显性知识和隐性知识之间可以相互转化。

知识转化有四种基本的模式：从隐性知识到隐性知识；从隐性知识到显性知识；从显性知识到显性知识；从显性知识到隐性知识。

社会化：从隐性知识到隐性知识。社会化是个体之间分享经验的过程，一个人可以不通过正规化的语言直接从他人那里获取隐性知识。例如，学徒可以通过观察、模仿、实践，从师父那里学到手艺。在企业里，在岗培训就是运用这种方式实现知识转化。获取隐性知识的关键是经验，没有个体之间经验的共享，一个人很难从别人那里获得隐性知识。

外部化：从隐性知识到显性知识。外部化是挖掘隐性知识并将其发展成显性概念的过程。在这个过程中要运用一系列方法，如隐喻、类比、假设和模型等。用语言描述或书面表达的概念描述是这种转化过程中所采取的主要行动。在企业里，通过制度实现个人生产和管理经验的书面表达是将个人的隐性知识转化为组织的显性知识的重要方式。

组合化：从显性知识到显性知识。组合化是把概念转化为系统知识的过程，这个过程包含了不同的显性知识体系。组合的方式包括文件、会议、电话沟通及计算机化的网络沟通等。现有的显性知识通过分类、重组，可以重新构建产生新的知识。

内部化：从显性知识到隐性知识。内部化是使显性知识经过理解和体验转化为隐性知识的过程，这是一个"通过做而学习"的过程。在内部化的过程中，较广范围内的亲身体验、通过获取经验而得到知识显得非常重要。个人经验在经历了社会化、外部化和组合化以后，再内部化为个人的隐性知识，存在于人的大脑中，这时从外部获得的经验就变成了个人的有价值的知识资本。

企业的知识存量表现为解决各种问题的一系列常规和办法，这些常规和办法通常被定义为企业的能力（Winter，2003）。因此知识的创新实际上就是企业能力的提升。能力也具有实践性，体现为企业创新能力的来源和形成过程离不开企业运行、改进和创新的实践经验。因为企业活动存在路径依赖，所以能力主要以团体行为中蕴含的缄默知识为载体（路风，2005）。获得缄默知识的途径只能从实践中学习而来，进一步增强企业缄默知识的深度和广度只能依靠组织和人员的创新实践。这种能力只能由企业组织内生发展而来，没有任何外部力量和过程可以替代（Nelson and Winter，1982）。这种能力是在产业环境中稀缺和难以模仿的，是能给企业带来可持续的竞争优势的核心能力。

企业获取显性知识同样有难度。与隐性知识相比，显性知识虽然具有编码化、易于传播等优点，但企业获取和利用显性知识必须具备一定基础。因为知识具有融合性，而知识的掌握和创造是一个显性知识与隐性知识不断转化的过程。从创新实践看，显性知识只有与隐性知识结合才能被深刻地理解，也只有和隐性知识结合才能有效实现转化的效果。甚至存在显性知识利用的悖论：可以从外部获得的显性知识对企业运营来说价值有限，而有价值的显性知识通常是由企业内部组织的编码化得来，因而难以获取。不仅如此，由于能力目标在不同的情境下具有差异性，因此即使利用显性知识来解决面临的实际问题，也不可避免地会引入很多企业内化的具体因素，这样创新实践就成为必不可少的环节。

二、学习理论

技术学习是组织利用内部和外部有利条件获得技术的行为；是一种体现主体激励、能力和获得技术的集合行动。技术学习是新熊彼特主义研究发展中国家追赶问题的核心（谢伟，1999）。技术学习强调知识的获得和技术的转移是一个学习而且要付出成本的过程，强调无论是领先者或者落后者，如果要想提高技术能力或维持技术领先地位，学习是一个必要机制。

在现实经济中，企业技术知识和能力的获得，必须通过建立企业的学习机制来实现。1962年，阿罗（K. J.，Arrow）发表了《边干边学的经济含义》一文，提出了"边干边学"的概念，并认为边干边学是经验的产品，只发生于解决问题的尝试中，因而只存在于解决这些问题的生产活动中。经验具有递增的生产力，随着经验知识的积累，单位产品成本随生产总量递减，这一结论来自飞机制造工程师莱特（T.，Wright）的经验研究。莱特发现美国空军飞机生产中的劳动时数耗费是以前所生产飞机总数的递减函数，即生产第 n 架战机的劳动需要量是已生产飞机总数 n 的立方根，这一关系被称为"学习曲线"或进步比率。该曲线表明：第一，边干边学首先必须获得干的机会然后才能学习；第二，企业的知识存量/能力随着学习实践的深入而不断提升。

传统的学习理论一般认为，后发国家的学习会经历简单的模仿学习和创新性模仿学习两个阶段。在简单模仿学习阶段，技术学习主要以"干中学"和"用中学"的方式进行，即通过生产过程中工人操作技能的提高来提高产品质量、降低生产成本；同时，在用户使用经验的基础上，进行产品工艺的部分调整，这是企业学习设计技巧的第一步。

创造性模仿的学习一般通过"研究开发中学习"和"合作中学习"进行。

研究开发中的学习可以从简单模仿延伸过来，但直接的延伸往往不会有效，因为它对设计原理的掌握、对产品构架的整体理解和对用户需求了解的要求，都远远超过简单模仿时的个别技巧。因此，通过与国外企业的合作设计或者引入高水平的研发人员，是获取设计技能与产品构架知识的重要途径。当然，此时的合作通常不是平等意义上的合作，而是一方通过参与设计，学习另一方的经验与方法。另一方面，企业与产品用户的密切联系和合作，是获取用户和市场知识、通过产品变异赢得竞争优势的捷径。因此，可以将设计知识和需求知识的获取过程称为"参与式学习"，包括企业派出研发人员参与国外企业的研发、引入国外研发专家以及用户参与研发中等。

知识转化和学习实践是创新的必由之路。因此，企业只有获得、把握创新实践的机会，才能在实践中不断进行学习、获得和创造知识，实现企业知识存量的持续增加和企业能力的全面成长。如果放弃了创新实践的机会，那么知识的创造循环就将中断，学习也失去了基础条件，企业的知识就难以积累，企业能力也就不可能实现稳定的成长。

第五节　广义轨道论

技术轨道理论是对技术发展规律的概括，有很强的实践意义，已成为后发者实现赶超的指导理论。现有理论普遍认为，已有技术轨道的变迁和新技术轨道的出现是后发者追赶的"机会之窗"。基于轨道理论的追赶机会仅限于此。但是，如果回归到熊彼特关于创新本质的阐述和创新定义，就有可能拓展轨道理论；如果拓展了轨道理论，就有可能扩展机会窗口。这不仅可能对创新理论的发展做出贡献，而且对处于后发地位的中国具有十分重要的实际意义。

一、技术轨道理论

1. 技术轨道

到目前为止，创新领域中"轨道"是指技术轨道。纳尔逊等人（1982）最早提出了自然轨道的概念，他用自然轨道的概念来描述产业技术发展的某些特征，例如，对规模经济的追寻等。最早提出技术轨道的是意大利经济学家多西（Dosi, 1982），他从库恩的科学范式概念中得到启示，提出了技术范式的概念，指出技术范式是"解决选择技术问题的一种模型或模式"，技术轨道则是"由范式决定的常规的解决问题的活动",它是一组可能的技术方向,而它的外部边界则由技术范式本身决定。

多西又进一步把技术轨道定义为,经过经济和技术的要素权衡、由技术范式所限定的技术进步的轨迹。技术轨道并不是线性的确定性选择,它们可能处于不同的分支上,即它们可能有不同的技术定位、方向和能力。在技术发展过程中既有新旧技术范式的竞争,也有各种新技术范式之间的竞争,而选择的限定性在逐渐增加,即存在严格的标准来选择和确定技术轨道。技术发展过程是在技术范式规定下,沿技术轨道发展的一种强选择性的进化活动(Dosi,1988)。还有学者把技术轨道定义为"追循一项技术发展的一系列路径依赖的经历"(Dierickx and Cool,1989)。

傅家骥等(2003)指出,两种基本的技术活动决定了技术轨道的发展方向。一种是在常规科技进步的推动下,由确定的技术范式导致的连续累积性的技术创新,这种"常规"的解题活动可以认为是顺沿技术轨道的演变,体现了技术轨道的"刚性"。另一种是在反常的技术变迁中出现的技术路径的转换,这种情况往往被认为是技术轨道"根本性"的、"革命性"的变化,是对原有技术轨道的"突破"。

已有研究指出,出现新技术轨道的条件通常是产业技术环境或者市场环境发生重大转变,这种重大转变的机会在产业发展过程中通常较少。傅家骥等认为,出现行业新技术轨道主要是由于"作为特定行业发展基础的科学研究、技术攻关的新进展"、"市场需求的重大变化"和"主导企业的技术轨道发生了跳跃性的变化"。柳卸林(1997)认为导致出现新技术轨道的因素主要包括:(1)产业的重大技术突破;(2)行业的重大技术突破,如信息技术给其他产业带来的巨大影响;(3)消费观念的转变,如环保意识、保健意识的提高;(4)国内外政治、经济形势的改变,如中东石油危机对汽车发展产生了很大冲击。

2. 技术轨道和追赶机会

佩雷兹和苏伊特(1988)基于技术轨道的概念对后发者进入壁垒和进入成本的问题进行了研究。他将后发者面对的进入壁垒描述为后发者必须付出的进入成本,并将处于追赶地位的企业进入成本总结为以下四种:固定资本投资的成本,如购买机器设备的成本;创新成本,即为了获取基础的科学技术知识而付出的成本;经验成本,主要是获取基本的运营经验和市场经验的成本;为了适应本土需求如满足基础设施及制度需求的成本。

通过产品生命周期和技术生命周期的分析,佩雷兹和苏伊特指出,在出现新技术轨道的时候,后发者需要付出的四种成本处于比较低的水平。这意味着出现新技术轨道时,后发企业面临更低的进入壁垒,更容易突破壁垒,由此涌现出

"机会之窗"。后来的研究也都肯定了苏伊特对机会之窗的论述。

李根对韩国六个产业创新追赶的实证研究指出,韩国企业实现创新追赶的方式主要有路径跟随、路径跨越和路径创造三种,并以路径跨越和路径创造更有成效。要取得路径跨越和路径创造,企业需要开辟新的技术轨道或者技术子轨道,韩国的追赶实践证明了新技术轨道对于成功的创新追赶的重要性。

李浩和戴大双(2002)认为面临新技术轨道,后发企业容易追赶的原因主要有:(1)旧轨道上的成功企业从感情上不愿意在新的轨道生长点上创新;(2)旧轨道上的企业在已有产业进行了大量沉淀投资,不愿意承担产业调整产生的转换成本;(3)新轨道技术一开始显现不出多大优势,难以引起老企业的注意。柳卸林(2008)的研究也支持了关于新技术轨道的判断,即中国在出现新技术轨道时,在新兴产业中存在较低的进入壁垒和更好的追赶机会。

二、广义轨道理论

(一)对技术轨道理论的反思

技术轨道理论为技术创新战略提供了新的指引,尤其是为后发者(后发国家、后发企业)实现追赶提供了新的理论支持和指导。但是,当深入思考这一理论之后,会发现它存在如下局限性。

1. 技术轨道理论所提示的创新机会

如前所述,新技术轨道的出现(或原有技术轨道的改变)是后发者追赶的"机会之窗",而新技术轨道是很有限的。在很多领域,新技术轨道十几年、甚至几十年才出现一次,成熟产业更是如此。按照这一逻辑,必然得出结论:后发者的"机会之窗"很稀少。这会产生一个疑问:后发者追赶机会如此之少,实现追赶的可能性还有多大?限于技术轨道理论会不会错失追赶机会?

2. 从创新概念的角度审视技术轨道及追赶机会

创新是指技术创新(姑且称之为"狭义"创新),它是一个包括从产生技术创新构想、研究开发、到实际应用的全过程,包含研究开发、生产、销售等多个创新环节,这已得到普遍认可。由此产生一个问题:将"轨道"定位于"技术",是不是有所局限?在技术创新的其他环节有没有类似技术的"轨道"?

熊彼特(1934)认为,创新是一种突破"固有经济生活循环流转"的尝试,是一种新组合,是生产函数的移动。熊彼特列举了新组合的五种情况:(1)引进一种新的产品;(2)采用一种新的生产方法;(3)打开一个新的市场;(4)控制原材料或半制成品的某种新的供给来源;(5)新的组织。按照这种理解,创新（姑且称之为"广义"创新）的范围更宽，技术只是其中的一个层面，即不仅包括（"狭义"）技术创新，还包括市场创新、组织创新、供应链创新等。从这个角度看，技术轨道会不会只是多种轨道中的一种？有没有可能从更广的视野来认识"轨道"？

（二）广义轨道

本书基于以下认识提出"广义轨道"的概念：第一，创新活动是从构想到实现的全过程，包含多个环节，要从全部环节去考察轨道；第二，回归熊彼特对创新本质的理解，要扩展创新的范围，以此扩大对"轨道"的搜寻空间。

本书所说的广义轨道是指创新活动所涉及领域的演进路线。对此，做两点说明：第一，研究轨道是为了探索事物发展规律，同时特别重视轨道变迁和新轨道的涌现，以期为创新活动提供指引。因此，广义轨道限定于创新领域。第二，"演进路线"是指受各种因素的作用，某项行为（活动）已经经历的轨迹及沿这条轨迹延续或变迁的路线。如果某项活动的路线不同于同类活动的路线，就认为创造了新轨道；如果某项活动离开了原有路线，就认为是轨道变迁。

根据我们的初步研究，除技术轨道外，还有市场轨道、技术组织轨道、商业模式轨道、业务组合轨道等。

1. 市场轨道

市场轨道是指创新产品（包括过去的和现在的）的市场演进路线。如果创新产品沿着已有的同质市场发展，即使规模扩大了，但未发展至新型市场，那么认为创新是沿着已有市场轨道演进；如果创新满足新需求，开拓了不同于已有市场的新市场，则认为出现了新市场轨道。在新的市场轨道中，因为消费者的需求尚未被在位企业开发，因此后发企业无需面对较高的无形资源（如品牌）壁垒，相反可以比较顺畅地建立与消费者之间的联系。在新的市场轨道中，后发企业还可能适当降低进入的资金壁垒和技术壁垒，因为新市场轨道中的消费者对于产品和服务功能的需求差异（如低于已有产品市场对功能的需求），可能会降低资金和技术资源的投入要求。

新市场轨道可能涉及产品技术的创新，甚至依托新技术轨道，例如，3G 手机的创新可能开发出新型的手机用户；但新市场轨道也可能不涉及产品技术轨道变迁的创新或只有渐进性创新。

克里斯滕森（Christensen，2001）讲述了磁盘驱动器创新的生动案例：一代代更小尺寸的驱动器创新者打败领先者共发生了 5 次，8 寸取代了 14 寸，5.25 寸又取代了 8 寸，然后 3.5 寸又取代了 5.25 寸。按照罗伯特等人（Robert et al.，2004）的观点，新一代磁盘驱动器并不是核心技术的突破，而只是实现了"构架创新"。新一代磁盘驱动器很少创新,之所以能够战胜老一代领先者,关键在于"市场创新"。8 寸盘先在 14 寸盘主流市场——大型机之外,找到了小型机市场;5.25 寸盘则在当时的主流市场——大型机和小型机之外,找到了台式个人电脑(PC)机市场;3.5 寸盘又找到了当时的非主流市场——便携式 PC 机市场。

这是一个构架创新和市场创新相结合的著名案例。此处的"市场创新"不是一般意义上的市场营销创新,而是市场轨道的创造。从整个演进过程来看,是市场轨道发生了系统变迁。从这个案例可以看出,在创新与追赶上,市场轨道的作用并不亚于技术轨道。

2. 技术组织轨道

技术组织轨道是指在一个产业内技术研发和供给组织模式的演进路线。传统上,很多产业按垂直一体化模式组织技术活动,一个企业必须研究开发产品的全部或主要组成部分。这对企业资源和研究开发能力提出了很高要求,给后发企业进入造成很大障碍。模块化是另一种模式,是技术变迁和产业组织变革的一个重要趋势。鲍德温和克拉克(2000)认为,模块化是指用每个可以独立设计的、并且能够发挥整体作用的更小的子系统来构筑复杂产品或业务的过程,因此模块化是一种有效组织复杂产品和过程的战略。朗格洛瓦(1999)认为,模块化是管理复杂事务的一整套规则,它将复杂的系统分为独立的部分,各部分在结构内部可通过标准界面进行交流。青木昌彦(2003)认为,把一种复杂的组织或工程,按一定规则分解成半自律的下层组织,就叫模块化。

随着经济全球化以及通信技术的发展,国际制造业正经历着一场深刻的结构变革。不少产业的组织模式开始从传统的垂直一体化结构向垂直分离结构和价值链模块化演变。这种产业价值链的模块化的前提是技术上的可分解性,即产品系统能被分解成若干部件又可以进行重新组合,并且在这一过程中不会失去原有的功能。综观模块化产业的发展历程,模块化程度很高的产业(比如计算机产业、汽车产业、飞机产业等),无一不是在技术上可分解的。

技术的模块化可能伴随产品价值链模块化而诞生,例如,PC 机原本是按垂直一体化模式开发生产的,在 IBM 将该产业模块化后,构成 PC 机的构件及相应技术也被模块化,如芯片、主板、显示器、鼠标、操作系统等。当然,产品价值链的模块化并不必然伴随技术的模块化研发和供给,例如,汽车的零部件按模块化方式组织生产后,汽车的研发仍按照一体化方式进行。随着模块化的深化,一大批专门从事发动机、变速箱、汽车电子技术研发的公司应运而生。

产品价值链模块化和技术的模块化,不仅使后发企业克服复杂技术系统壁垒、以集成技术模块的方式进入产业成为可能,而且这种新的组织模式既能够降低后发企业获取基础技术知识的成本,还能够在一定程度上降低固定资产投资的成本。IBM 推动的 PC 机的模块化,使台湾宏碁及一大批生产兼容机的企业涌现出来。表 2-2 列举了一些模块化设计的实例。

表 2-2　　　　　　　　　　模块化产品设计实例

产品	模块化设计的形式
电动工具	布莱克(Black)和戴克(Decker)在 20 世纪 80 年代设计了一套电动工具,可以把各种各样的共同模块进行整合。
软件	软件的模块化设计:一个模块的编写无须知道其他模块的编码;一个模块可能重装或重置,而无须改变整个系统。行动和逻辑分离是美国宇航局、辰方科技和其他公司采用的构成方法。
个人电脑	个人电脑通常是由硬盘、显示器、存储器等模块与微处理芯片等组成。
日常用品	通用电气在发动机、封闭系统、电路等配置不变的情形下,通过安装新的模块化门和控制系统,创造出了几款新的洗碗机。
电子消费品	索尼随身听(Walkman)有 160 多个变种,是通过为数不多的模块化产品设计进行集成、匹配实现的;索尼数码摄像机(Handycam)摄像机的几款升级模式都是在初始系统上通过引入新的模块实现的。
飞机	波音、麦道、空客用相同的机翼、噪声装置、尾部零件等制造出不同长度、不同运载能力的飞机。
汽车	福特可以用相同的模块制造出不同的发动机。1992 年的 4.6 升 V-8 引擎是福特第一次生产的模块化引擎;克莱斯勒 LH 卡车是模块化卡车,它由几个相同的动力火车发动机组成的模块组成,每个模块包括四个很容易组装的模块,由不同的供应商提供。

资料来源:Sanchez, Ron and Joseph T. Mahoney (1996). "Modularity, flexibility, and knowledge management in product and organization design", *Strategic Management Journal*, Vol. 17 (winter special issue), pp. 63-76.

3. 商业模式轨道

商业模式是对组织如何行使功能的描述。它定义了企业的客户、产品和服务,还勾画了企业如何组织以及创收和盈利的方式,是关于企业做什么、如何做、怎样盈利的模式。商业模式的改变就是一种创新。商业模式轨道是指商业模式的演进路线。商业模式的演进可能沿着完善、强化已有模式的路线发展,也可能以创造新模式、颠覆旧模式的方式演进。后一种情况就是商业模式轨道变迁。后发企业通过商业模式的创新有可能颠覆产业原有的传统思维,获取竞争的优势。

例如，戴尔改变了 PC 业传统上的代理分销模式，创造了直销商业模式。戴尔通过电话、邮件、互联网以及面对面与顾客直接接触，根据顾客的要求定制电脑；通过直接接触，掌握第一手的顾客需求和反馈信息，为顾客提供"一对一"的服务；戴尔打造了整合采购、装配、输出的高效的运转链条，将电脑送到顾客手中。戴尔的直销模式，去除了中间商所赚的利润，降低了成本，取得了巨大的竞争优势。戴尔的直销商业模式就是相对于传统的代理分销商业模式的新商业模式轨道的创新。

4. 业务组合轨道

业务组合是指企业或企业集团经营业务的组合。业务组合轨道指企业业务组合的演进路线。如果企业强化已有的业务组合或对已有业务组合做一定的改进，则是沿已有轨道发展；若企业对业务组合做重大改变，则是业务组合轨道的改变。以制造业为例，常见的业务组合是相关多元化及非相关多元化，但近年来服务与制造的融合、服务业务与制造业务的组合受到重视，产业界和学术界纷纷提出"服务增强型制造"、"产品服务增强战略"、"产品服务化"、"制造业服务化经营"等概念（蔺雷、吴贵生，2008），一些企业因而实现重大战略转型，这就是业务组合轨道变迁的表现。

三、广义轨道理论的实践意义

作为一个后发大国，中国面临着通过创新追赶甚至超越发达国家的历史性使命，实现这一使命是中国长期奋斗的目标。"技术轨道"理论提供了极具启发意义的思想：新轨道出现或旧轨道变迁是重大机会窗口。如何发现、利用、创造新轨道是经济、技术发展的战略性问题。

在这方面，我们面临着战略愿景、现实情况与现有理论之间的严重矛盾：

第一，新技术轨道出现的频率在不同产业有较大差异。一般而言，新兴产业的新技术轨道会较频繁地出现，成熟产业则较少出现。现有研究也指出，新兴产业较易实现追赶。但中国现行的产业结构中，占支柱地位的是成熟产业，我们更为迫切的是实现支柱产业的追赶、超越。按现有轨道理论，很难实现战略愿景。

第二，中国已是一个高度开放的国家，拥有绝对技术优势和经济实力的跨国公司全面进入中国市场，在相当多的产业占据了垄断地位，中国本土企业在绝对劣势的条件下如何寻找战略机遇？现有轨道理论尚不能提供战略思路。

广义轨道理论有望打开理论缺口，为中国创造追赶机会展现希望之光：

1. 创造新的市场轨道，打开突破口

在跨国公司占领、甚至垄断本国市场的情况，本土企业既无技术能力、又无经济实力、更无品牌支持，几乎处于绝境，但却创造了从低端市场切入、"农村包围城市"的新路径，一步步成长，最后夺取了"城市"。通信设备曾经被"七国八制"占领了中国 100% 的市场，但一批本土企业从低端农话市场打开缺口，避开了与跨国公司的直接竞争，在创新实践中增长了能力，终于取得本土市场竞争优势，华为、中兴已成为国际同领域的佼佼者。

2. 利用新的技术组织轨道，突破技术垄断

乘用车（轿车）产业以技术密集、资金密集、规模经济效应显著、品牌影响大著称，我国本土在这些方面均处于劣势。我国曾寄希望于"以市场换技术"，但在占领中国迅速成长的市场以后，尝到了甜头的以合资方式进入的跨国巨型汽车企业不愿再转让技术。

在逆境中，奇瑞、吉利、比亚迪等一批本土汽车企业却异军突起，其重要原因之一是找到了国际汽车技术组织新轨道，绕过了跨国汽车企业集团，与专业汽车技术开发公司合作，开发设计出自己的汽车。

3. 开拓业务组合轨道，提升竞争力

我国已成为世界"制造基地"，在欣赏成功的同时，很快痛感处于价值链低端的尴尬。施振荣的"微笑曲线"形象地描述了产业价值链上价值分布的规律。价值链两端上翘、中间低垂，中间正是制造环节，两端则可用"服务"来概括。有关实证研究表明，我国服务与制造的结合能提升制造企业的竞争力（蔺雷，2005）。陕西鼓风机（集团）有限公司（简称陕鼓）原来的主导产品是轴流压缩机。2001 年以后，企业高层认识到发展中潜在的危机，制定了"两个转变"的新发展战略：从出售单一风机产品向出售成套机组和解决方案及系统服务转变，从产品经营向品牌经营转变。陕鼓不仅开发了能量回收装置新型产品，而且开拓了一系列与产品经营相关的服务，包括：（1）系统解决方案，除为客户提供自产主机外，还负责设备成套（包括系统设计、设备提供、安装调试等）和工程承包（包括基础设计、厂房、外围设施建设等）；（2）专业化维修服务；（3）远程设备状态管理服务；（4）系统备品、备件物流服务；（5）现金流和融资的集成服务。通过一系列与产品经营相关服务的开拓，企业竞争力大幅度提升，成为同行业效益最好的企业。

4. 寻找新的商业模式轨道，实现异军突起

近年来，商业模式受到关注，在服务业尤其受到重视。商业模式的创新往往能产生出人意料的效果，寻找、创造新的商业模式轨道是后发者异军突起的机会。

例如，旅店业的常规商业模式是按一星至五星酒店建造、经营的，一般是以单个酒店为独立经营单位。经济型酒店打破了这种传统模式，采用连锁经营模式。如家连锁酒店的创业者以几十万元资本起步，联合合作伙伴和战略投资者，以低投资成本、低经营成本、连锁经营的方式迅速扩张，成为我国经济型酒店的领先者。如家的创业者原来经营携程网，是酒店业的"外行"，但却抓住了经济型酒店发展机遇，而"业内"经营者却"忽略"了这一发展机遇而致不起眼的外行夺取了大块市场。重要原因在于如家找到了不同于传统旅店业的新的商业模式。

5. 抓住技术轨道变迁机遇，实现阶跃

应当指出，技术轨道变迁仍然是后发者实现追赶和超越的基本机会，因为后发者的追赶最终要落实到技术能力的提升和掌握核心技术。在没有新技术轨道出现的情况下，后发者赶上和超过先行者的难度很大；相对而言，借助新技术轨道，可以实现阶跃式的追赶，有可能大大缩短追赶的进程，甚至跨越到领先者的行列。

四、总结

技术轨道理论不仅是对技术发展规律的概括，更重要的是它有很强的实践导向意义，实际上已成为后发者追赶、超越的指导理论。但在人们广泛将其用于管理实践的情况下，如果把它当作后发者赶超的唯一"机会之窗"，就有可能将该理论绝对化。基于此，本书提出广义轨道理论，作为技术轨道理论的补充，意在开阔后发者追赶机会识别的视野。从作者对企业实践的观察，尤其是对中国企业实践的考察中，我们相信广义轨道是存在的。

如前所述，后发者追赶的普通障碍可以归结为"壁垒"，轨道为突破壁垒提供了极为重要的思路。突破壁垒的途径应当是多维的，也是有层次的。后发者不大可能一举突破所有壁垒，更可能的是先突破较低的壁垒，再向更高壁垒发起进攻。

广义轨道理论有望为突破不同层次壁垒提供不同维度的途径。在某种意义上，上述市场、技术组织、业务组合、商业模式轨道，对后发者来说更容易利用，但利用这些轨道突破的壁垒可能相对较低。即便如此，这对后发者也是极为重要的，在取得第一步成功之后，积累能量就可能上升到高一级阶梯。

第六节 能力阶段论

一、能力发展的一般规律

自 20 世纪 80 年代资源基础观（Resource-based View，RBV）提出之后，能

力日益成为战略管理领域重要的研究焦点。

核心能力理论（Prahalad and Hamel，1990）认为战略业务单元的经营管理应该转向以核心能力为中心，这种核心能力是使企业提供附加价值给客户的一组独特的技能和技术，这实际上是根据对企业经营的重要性对能力进行了划分。之后针对核心能力刚性约束提出的动态能力概念（Teece，1997），认为企业具有的动态能力可以进行企业资源和基础能力的配置与整合来满足环境变化的需求，能力由此具有了动态维度的内涵。有学者将能力维度的不同层次比喻为一个阶梯，基础能力处于阶梯第一层，能够满足企业基本的经营活动需求；核心能力处于阶梯第二层，是使企业能够在某个时期获得竞争优势的一组能力集合；动态能力处于阶梯的第三层，是企业能够适应环境变化，持续获得竞争优势的能力（Wang，2007）。

亨德森（Henderson，1994）将能力划分为两大类：组件能力（Component Competence）和架构能力（Architectural Competence）。组件能力，即对于日常解决问题的基础的局部能力和知识，包括其他学者所说的"资源"、"知识和技巧"或"技术系统"；架构能力，或称为使用"组件能力"的能力，包括其他学者所说的"能力"、"整合能力"、"动态能力"、"隐性"或"集体"知识、"组织架构"、"组合能力"、"管理系统"、"价值和规范"和"看不见的资产"。

企业的组件能力由于企业运营的复杂性也存在很多维度。例如，将企业的功能简单划分为制造产品和将产品传递给消费者，那么功能能力就可以划分为技术能力和市场能力。从企业的价值链和技术链角度划分，又可以分为研发能力、制造能力、营销能力、售后服务能力等。

国内学者在消化吸收国外学者研究的基础上进行了大量中国化的改良式研究，其最重要的原则就是将能力理论与我国企业管理实践相结合，开放条件下利用内外部资源以实现持续竞争力的企业整合能力成为能力研究的关注焦点。

王毅（2000）从核心能力理论与我国企业相结合的实际需要出发，提出企业整合能力的概念，并指出企业整合能力不断发展的三种不同形态：基本能力、次核心能力、核心能力。他认为可以根据基本能力、次核心能力、核心能力与竞争优势之间的关系作为判别准则来区分这三种能力层次，如表2-3所示。基本能力能够创造价值，为社会提供价值是企业能够生存的基础，因此，能否创造价值是判别企业是否具有基本能力的准则。次核心能力不但要创造价值，而且要具有可扩展性，能够成为企业不断发展的基础。核心能力不仅要具备创造价值和可扩展的特性，还必须难以模仿，这与普拉哈德（Prahalad）和汉莫尔（Hamel）二人提出的得到广泛接受的核心能力判别准则也是一致的。

表 2-3　　　　　　基本能力、次核心能力与核心能力的特征

	创造价值	可扩展性	难以模仿
基本能力	√		
次核心能力	√	√	
核心能力	√	√	√

资料来源：王毅：《企业核心能力与技术创新战略》，中国金融出版社 2004 年版。

王毅将整合能力具体分解为战略整合能力、组织整合能力和技术整合能力。他认为企业正是通过各个不同维度的整合能力逐渐增强，实现从基本能力到次核心能力再到核心能力的动态转移。

二、中国企业的使命

（一）能力发展阶段

开放条件下，后发的中国企业自主创新的目标，是企业必须度过生存和发展中的三道关口：进得去、立得住、站得稳。这与王毅（2000）提出的中国企业经历基本能力、次核心能力与核心能力的能力成长是相对应的。

进得去，是指企业必须能够进入产业，进行产品和服务生产并提供给客户，占领一定的市场。开放条件下跨国公司进入中国市场后已经营造了较高的进入壁垒，企业必须通过自身能力克服诸多进入壁垒，才能实现"进得去"的目标。此阶段需要企业能够完成创造价值并传递给客户的过程，要求企业具备基本能力。

立得住，是指企业在完成行业和市场进入之后，能够有所成长和发展。这种成长和发展可能是企业能够持续推出一定的新产品，也可能是企业在原来的销售区域之外开拓新的市场。"立得住"的能力除了要求基本的创造价值和传递价值之外，还要求企业具备复制的能力，包括产品开发本身的复制和地域上的复制；还要求企业能够有业务组合管理的能力。这是一种更高的能力层级，即次核心能力层级。

站得稳，是指企业不仅有简单复制成功的能力，而且能够体现出明确的发展战略和良好的成长趋势。不仅如此，企业还需要具备对环境变化的预知判断和应变，在与竞争对手的较量中显示出独具特色的资源和能力。做到站得稳的企业，势必在自身的能力结构中有带来竞争优势的因素，这种因素是企业所独有的，其他企业难以模仿。达到这种能力层级的企业就具备了核心能力。

【实例：三个产业的成长】

国内产业的发展历史体现了自主创新过三关的历程。以通信设备制造业为例，它在十几年的发展过程中经历了进得去、立得住、站得稳的典型过程。在进得去阶段，有企业打破了"七国八制"的外国产品一统天下的局面，挤进了市场，接着一批企业涌入，160多家企业具备了生产小容量用户程控交换机的能力，但仅有20家左右的企业能够制造3 000门左右的农话程控交换机。这些企业主要由代理商和自主品牌企业构成，它们形成基本能力的方式主要是通过模仿形式的开发。在立得住阶段，通过产品升级和农村包围城市的竞争，仅剩下"巨大金中华"5家企业能够制造市话万门交换机，它们的次核心能力体现为基于战略规划、融资和开发能力。在站得稳阶段，企业必须面对成长壮大的各种问题，而且需要与国外厂商进行正面竞争，产业中只有华为、中兴两家企业具备了制造移动、数据、光传输、软交换等通信设备的能力，跻身于世界最强企业之列，它们的核心能力体现为基于全面能力提升基础上的创新能力。

手机产业发展的过程是一个浓缩的能力成长三部曲。产业发展初期，多达50~60家企业通过贴牌或者委托设计的贴牌生产实现了进得去的目标，它们进入的基本能力体现为大规模生产制造的能力。在激烈的价格和品质竞争之后，大约10余个手机品牌在产业中立住，它们具备的次核心能力主要是功能设计和渠道建设的能力。在受到国外手机厂商的技术冲击之后，只有联想等几家重视研发的手机厂商走向站稳阶段，它们所依赖的核心能力主要是核心部件的设计能力和品牌运营管理的能力。

彩电业经历的产业发展历程更加耐人寻味。在进得去阶段，企业通过引进消化吸收和模仿具备了在产业中生存的基本能力。在激烈的价格战之后，一批企业被淘汰，具备工艺创新能力和零部件配套能力等次核心能力的企业成功在产业中立住，甚至具备了创新能力。但是，当出现显示技术从传统的CRT向液晶和等离子转变的技术变革时，国内企业普遍显现出了核心能力缺失的劣势，关键的面板和芯片资源受制于国外厂商，陷入发展困境，因此还没有真正站稳。

（二）能力阶段的壁垒

从通信业、手机业和彩电业的产业演化过程看，并非所有企业都能顺利完成了能力层次的转移，一批企业在基础能力向次核心能力升级的过程中被淘汰，又有一批企业在次核心能力向核心能力升级的过程中退出了产业舞台。这充分说明，进得去、立得住、站得稳这三个能力层级之间存在转换壁垒。

能力阶段的壁垒是影响产业组织结构的重要因素。产业中企业数目的增减，企业的进入与退出，直接与企业能否克服能力壁垒相关。产业集中度、产业并购重组的变化也都与企业受到的能力壁垒制约有关。能力阶段的壁垒关乎企业的生死存亡。

能力壁垒的重要特征是，随着能力层级的提高，能力壁垒的阻碍作用会增强，克服壁垒的难度加大：基础能力壁垒最低，次核心能力壁垒次之，核心能力壁垒最难逾越。这从产业演化中企业数目的变化情况可见一斑，大量的企业较轻松地获得了基础能力，因此在产业发展初期纷纷进入并获得一定发展；随后是大浪淘沙过程，能够克服次核心能力壁垒的企业以几何级数的量级减少；最后真正突破了核心能力壁垒的企业凤毛麟角。我国目前的许多产业中，甚至还没有涌现真正突破核心能力壁垒的企业，这也反映了核心能力壁垒的难度。

我们可以将三个能力层级的壁垒差异用整合能力的结构加以说明。基本能力只需要战略整合能力、组织整合能力和技术整合能力具备一般水平即可，不需要任何其中一个表现为强；次核心能力是战略整合能力、组织整合能力、技术整合能力中至少有一个表现为强；核心能力则要求战略整合能力、组织整合能力与技术整合能力中有两个甚至三个同时表现为强。

我们认为，三个层级能力壁垒存在难度差异的原因，可以从克服能力壁垒的动因和克服能力壁垒的努力两个关键角度来分析。企业克服能力壁垒的动因主要表现为企业战略，企业战略指导企业实现能力的不断爬坡；而企业战略在克服三个不同的能力阶段壁垒过程中具有不同的要求。在进得去阶段，企业战略只需要考虑如何寻找出一条能够创造出客户价值的路径并努力实现这条路径；立得住阶段，企业战略就要开始设计如何扩大规模、增加新的产品生产线、开拓新的市场，企业战略需要考虑的头绪变得纷繁复杂；站得稳阶段，要求企业战略对行业的技术发展趋势和市场成长趋势有判断和预测能力，而且能够通过战略指导使企业适应环境的变化，这是对战略更高层次的要求。

企业克服能力壁垒的努力表现为提高核心能力的途径，这种途径可以归纳总结为内部整合与运用以及外部整合。同样地，三个层级的能力在两种途径的使用上也存在难度差异。从外部整合看，基本能力仅与创造价值的知识和技能有关，易于在企业之间传播和扩散，企业获取和学习的成本很低；次核心能力加入了可扩展性，增加了企业之间扩散的难度，而且随着能力价值的提升，企业从外界获取和学习的成本变得更高；至于核心能力，由于具有难以模仿性，很难在企业间实现转移。从内部整合与运用来看，随着能力层级的提升，对应的知识和技能的显性程度越低，实践性和累积性的要求越高，因此企业通过内部整合的方式提升能力的难度越大。因此，基本能力可以通过较短期的实践和积累就能掌握和具备，而核心能力往往是需要长时期的实践和积累，通过隐性知识的不断增长甚至是隐性知识和显性知识的循环转化才能形成。

【实例：机床数控系统】

中国的机床数控系统的开发经历了"屡战屡败、屡败屡战"的"五打祝家庄"的艰难发展历程，"五打祝家庄"是借用典故对数控系统利用五个五年计划进行科技攻关久攻不下但最终突破的形象化描述。

"六五"、"七五"期间国家在引进日本等国先进技术的基础上，组织了数控技术的科技攻关，投入数百万元，将二十余个数控技术及数控系统攻关专题列入国家科技攻关项目。特别是安排了"数控机床引进消化吸收重大项目"和"柔性制造技术和设备开发研究"两个重点项目，进行数控技术的攻关。虽然科技攻关有效提高了国产化率和技术水平，但是对于机床数控系统的支持成效有限。

"八五"、"九五"期间的科技攻关在结合"六五"和"七五"引进消化吸收和自行攻关开发的基础上，结合我国实际情况，独立自主地自行开发出了具有自主版权的中档和高档数控系统。但是由于找不到愿意试用"首台首套"的用户，导致国产数控系统产品的质量、可靠性和适用性没有得到充分验证，仍然缺乏市场竞争力。

"十五"期间，由于我国机械行业的整体快速发展，中高档数控机床关键技术通过自主创新也有了较大突破，创造了一批具有自主知识产权的研究成果和核心技术，打破了国外的技术封锁，在五轴联动加工机床、车铣复合加工机床、高速加工机床等重大数控装备上均有突破，促进了数控机床产品的结构升级和产业化。中高档数控系统研发与应用成果显著。如武汉华中数控公司、北航数控公司、西南自动化所等单位开展了开放式数控系统体系结构和软硬件平台的研究，开发了数控系统运动控制、可编程控制器等，并基于这些功能组件建立了满足三类操作系统开放式数控系统平台。

机床业数控系统开发的历程说明，克服能力壁垒的过程是一个艰难的过程。这一历程还说明，从低一级能力向高一级能力跃升可能存在"僵持期"，能否在"久攻不下"的僵持期坚持下来，是对企业和产业的严峻考验。数控系统的开发如果不经历从"六五"到"九五"阶段的僵持经历，那么即使在"十五"出现市场拉动力的时候也很难从技术上突破。能力僵持期的长短受到很多因素的影响，比如企业积累的能力存量，企业面临的能力壁垒高度，产业环境中需求、竞争者的因素等。指出能力僵持期的重要性在于引起企业战略的高度重视,企业如果坚持投入、度过最艰难的时期,就可能取得能力爬坡的成功。

第七节 开放创新论

一、开放创新概念

加州伯克利大学的切斯布朗（Chesbrough,2005）从创新产生的角度提出开放式创新的概念,认为有价值的创意可以从公司的外部和内部同时获得,其商业化路径可以在公司内部进行,也可以在公司外部进行。陈劲（2006）指出,在开放式创新范式下,企业边界是模糊的。创新思想主要来源于企业内部的研发部门或其他部门,但也可能来源于企业外部。企业内部的创新思想可能在研究或发展的任何阶段通过知识的流动、人员的流动扩散到企业外部。有些不适合于企业当前经营业务的研究项目可能会在新的市场发现其巨大的价值,也可能通过外部途径使之商业化。陈钰芬（2008）将开放式创新模式定义为企业在技术创新的过程中,同时利用内部和外部相互补充的创新资源实现创新,在创新链的各个阶段与多种合作伙伴多角度的动态合作的一类创新模式。开放式创新和传统的封闭式创新的创新原则差异如表2-4所示。

表 2 - 4　　　　　封闭式创新和开放式创新的差异

基本原则	封闭式创新	开放式创新
公司精神	我们能创造出行业中最多最好的创意和产品	最佳的创意可能来自于别处
创新空间范围	重视企业内部资源,如果我们自己进行研究,就能最先把产品推向市场	我们不是非要自己进行研究才能从中受益,可以整合全球资源实现创新
核心能力	产品和服务设计的垂直一体化	外部资源的搜寻、识别、获取和利用,内外资源的整合能力
研发的功能和运作	设计、开发和商业化源自内部的发明,从研发中获利	整合内外创新资源使公司的资产产生最佳绩效;为识别和分享外部研发的价值,必须进行足够的内部研发

续表

基本原则	封闭式创新	开放式创新
员工职责	完成自上而下的工作任务	企业创新的主体
用户角色	被动接受我们的产品	企业创新的主体
创新成功的测度	利润、销售收入，进入市场的时间，市场份额	研发的投资回报率，突破性的创新产品或商业模式
对知识产权的态度	拥有和严格控制知识产权	购买别人的知识产权，出售我们的知识产权从中获利

资料来源：陈钰芬、陈劲：《开放式创新：机理与模式》，科学出版社2008年版。

二、弱势地位企业的开放创新

本书提出的开放创新基本遵从切斯布朗开放式创新概念的内涵，但更加强调自主创新中弱势地位企业的开放创新。弱势地位企业的开放创新由于处于产业中特殊的位置，因此，可能体现出与一般条件下的开放创新不同的特征。由于国内企业的能力普遍较跨国公司弱，因此，关注弱势地位企业的开放创新对于我国自主创新实践更具有现实意义。

开放创新是一种新的创新思路，其主要特征是用外部资源的整合去替代企业部分内部的创新活动，因此，企业能够整合的外部资源数量和质量就成为开放创新中的关键因素。如果把企业生存的环境比作一张社会网络，企业在网络中拥有更多的网络联系就有更多接触和获得外部资源的可能性。弱势地位的企业由于发展历史比较短，而且对于所处网络的价值非常有限，因此不可能处于网络中靠近中心的位置，从而影响了企业能够建立联系的网络关系数量及在网络中的地位。

因此，弱势地位企业的开放创新需要开拓性和灵活性，开拓的目的是能够建立更多的外部联系，灵活的目的则是提高现有资源的利用效率。例如，从技术来源上看，国内企业可以充分利用国外厂商的技术外溢，也可以通过技术合同引进国外独立技术供应商的技术解决难题，还可以通过合作的方式在与国外技术供应商的共同开发中"干中学"、"交互中学"。既可以广泛网罗创新人才，在全球范围内引入一些专业技术人才，解决创新中可能出现的技术障碍；也可以直接从竞争对手，特别是从跨国公司和合资企业引进人才，这些人才在自主创新过程中发挥着关键作用。开放创新还可以是对供应商、用户、合作者等以一种全新方式的利用，比如供应商的供货模式、用户购买的配送渠道以及合作者联系和收益分配的形式等。

弱势地位企业开放创新的一个突出劣势是在合作中企业谈判地位往往较低，不易取得控制权。因为弱势地位企业综合实力较差，在开放创新的合作中话语权弱，如果处理不当，就可能沦为开放创新中强势企业的附庸。要想避免开放创新合作中独立自主权的丧失，弱势地位企业必须牢牢把握开放创新中自身的优势，利用这种优势强化合作中的话语权，以真正达到开放创新中企业的利益诉求。

基于开放创新的理念和弱势地位的现实，我国的开放创新需要注意以下几点：

引进消化吸收可以认为是开放创新的一种形式，但是，以依赖性和被动接受为基本特征的引进不是真正的开放创新，开放创新要树立以我为主、为我所用的观念，要以更积极的态度来利用外部资源。

要善于把握和利用新的合作创新方式。如前文广义轨道论所指出的，全球技术组织方式正在发生重要变化，模块化技术组织方式的兴起，为我国提供了合作创新的新机会。我们可以充分利用这种新方式，开拓开放创新的新局面。

要扬长避短，善于发现和发挥己之所长，提升在合作谈判中的地位，例如，我们可以利用中国巨大市场这一"筹码"，创造"市场换技术"的新的合作模式。

第八节　自主创新意志论

自主创新意志是指创新主体的自主创新愿望、决心和勇气。在这里，创新主体有不同的层次，在宏观上是国家，微观上是企业，介于二者之间的中观层次是产业和区域。本书认为，自主创新意志对任何国家都是重要的，但对后发国家尤为重要。因为后发国家在创新要素的禀赋上存在显著的劣势，并受到发达国家构筑的创新壁垒的严重制约；更为危险的是，后发国家通常存在利用劳动力成本优势而甘居国际产业价值链低端的"退路"。如果因此而丧失自主创新、奋起赶超的追求，那就有可能永远堕入落后的深渊。

一、战略转型的阻力

改革开放30年来，我国产业和企业主要依靠技术引进获得新技术，这是技术进步的捷径，确实取得了巨大的成功。但长期的技术引进也产生了一定的负面效应——技术依赖。自主创新则是对技术依赖的突破，是重大战略转型，这种突破和转型必然会遇到阻力。

阻力来自于惯性,组织惯域理论可用来对此进行理论解读。

惯域理论的研究始于20世纪80年代美国堪萨斯大学教授泊朗俞(Po-Lung Yu)对个人惯域的研究,他建立了个人惯域的理论,并应用于决策科学。第一次正式提出组织惯域概念的是冯俊文博士在2001年发表的《习惯域理论》一文,他界定的组织惯域(Organization Habitual Domains,OHD)内涵是"每个组织所具有的各种知识、管理方法和技巧、组织结构、工作业务流程、组织文化、领导风格、报酬与奖惩系统、对环境的适应性等(统称为组织的知识)"。经过相当的时间以后,组织如果没有重大事件的刺激,没有全新信息或知识的进入,其总体将处于相对稳定的状态。知识一经稳定,对问题,对其他组织环境反应,包括认识、理解、判断、做法等,就具有一种习惯性,也就是说组织将具有比较固定的行为框框或称模式、定式。这种组织的习惯性行为,就是组织惯域的具体表现(冯俊文,2001)。

组织惯域的变化是由技术依赖转向自主创新的战略转型产生的土壤。组织惯域对自主创新战略转型造成妨碍的根本原因在于"连续性"。转型是对连续性的破坏,必然遇到阻力。其阻力来自于结构惰性、文化惰性和资源依赖。

以技术引进为主的技术能力积累过程中,企业会建立相应的组织结构、业务流程和系统。这些结构和系统相互缠结在一起,使变革实施起来更加困难,成本更高,时间花费更多。于是,结构上的惰性成为一种对变革的抵制,这种抵制根植在组织结构、系统以及正式操作流程等的规模、复杂性和相互依存之中。在这一过程中,管理者虽然可能进行持续的、渐进性的变革,但这些变革相对来说比较小,因而它们所引发的不一致是可以控制的,对人产生影响而引发的不确定性也是可以忍受的。

与结构上的惰性相比,意义更为广泛的,是随着组织的年龄增长和成功而带来的文化上的惰性。组织长期形成的非正式规范、价值观、群体网络以及英雄人物把一部分认识拘囿于如何行事的共同期望之中。组织的过去越是成功,越会助长文化上的惰性和组织的自满。在相对稳定的环境中,企业的这种文化是它取得成功的主要因素。这种文化提供了一种不必改善或强化其正式的控制系统,就可以有效控制和协调员工的方式。然而,一旦面临突变,这种曾经培育了成功的文化会迅速成为变革的主要障碍。

技术依赖除了带来阻碍自主创新的结构惰性和文化惰性外,还会形成"资源依赖"的价值体系。克里斯腾森(2000)依据资源依赖理论提出了"价值体系"的概念,认为创新的失败常常不是技术原因,而是创新带来的价值体系与原有"资源依赖"的价值体系不一致造成的。价值体系是公司识别用户的需要并做出反应、解决问题、获得输入、对竞争者做出反应并且努力创造利润的体系。在一个价值体系之内，每家公司竞争的策略，特别是它过去对市场的选择，决定它对一种新技术的经济价值的理解。这些理解反过来形成不同公司对通过创新与不创新而获得的报酬的预期，预期的报酬反过来驱使资源分配向既定的方向集中。这种资源分配的模式常常不利于向自主创新配置资源。

二、战略转型的动力——自主创新意志

克服组织惯域和战略转型的阻力，要依靠组织内在动力，这种动力是一种意志力。这种意志力在一定的条件下，转化为战略意图和战略行动。由技术依赖转向自主创新意志力在宏观上来自于国家，在微观上来自于企业，在中观上来自于介于国家和企业之间的产业与区域。

（一）自主创新的国家意志

自主创新的国家意志是指一国由技术依赖转向自主创新的决心、勇气和信心以及由此产生的国家战略。改革开放以来，我国大力引进国外先进技术，全面改造现有产业，大大缩小了与发达国家的差距。在这种情况下，是继续30年成功的道路，还是改变战略路线，是摆在我国面前的重大战略选择问题。从世界经济和科技发展历史看，多数后发国家都未能成功实现创新追赶，更未能转型为创新型国家；少数国家，如日本、韩国，从后发地位异军突起，与其立志于通过自主创新实现赶超的国家意志是分不开的。

中国向何处去？实际上，无论在学术界还是在产业界都存在不同的看法，有人主张中国应在国际分工中发挥劳动力成本比较优势，继续从事加工制造，而不必强调自主创新；有人则主张向自主创新转型。这表明，道路的选择不是自然发生、轻而易举的事，也不是可以通过精确的经济论证来决定取舍的。要不要自主创新涉及全局利益与局部利益、长远利益与短期利益的博弈与平衡，国家意志影响和决定了平衡的天平向哪边倾斜。我国在反复权衡利弊得失后终于旗帜鲜明地将自主创新作为国家发展战略，按照胡锦涛主席的话，这是"面向未来，实现中华民族伟大复兴的重要抉择"（胡锦涛，2006）。增强自主创新能力不仅上升为中国的国家战略，而且把自主创新能力和民族复兴、国家竞争力紧密联系在一起。这实际是崛起中的中国拒绝成为技术和经济的"附庸"、希望跻身现代化国家和自立于世界民族之林的国家意志的生动体现。

自主创新的国家意志要由战略和实施战略的政策、措施来贯彻。以美国为例，第二次世界大战后的50年间，美国联邦政府的投入占美国全部R&D投入的

1/2~2/3；政府力量对美国技术进步的直接作用，不仅体现在投入上，还体现在需求拉动上，政府采购的一个重要作用就是为新技术的应用提供市场，在美国半导体工业发展的早期，其产品几乎没有民用市场，全部是由国防部采购；IT、通讯、装备工业、航空制造、材料、生物工程等托起高技术和新经济这一美国发展新引擎，也都脱胎于美国政府的鼎力支持。日本、韩国在崛起的关键时期也都制定和实施了相应的战略和政策。

（二）自主创新的企业意志

处于技术落后、管理落后、经济实力薄弱地位的我国本土企业在跨国公司垄断技术和近乎垄断中国市场的情况下，敢不敢、能不能自强自立，自主创新的企业意志起着相当重要的作用。

本书提供的案例和从众多同类企业中脱颖而出的创新型企业，无一不是在还很弱小的时候奋然自立的。从传统的管理理论看，弱小的中国本土企业应当通过引进、学习、积蓄力量，成长壮大后再谈自主创新；我国大多数企业也是这样想、这样做的，结果是，众多企业在同一水平上血拼，残酷的价格战终将多数企业打垮。从企业发展史上看，至少在中国，自主创新不是成长起来再干，而是在干中成长的。创新型企业之所以没有陷入恶性竞争的泥潭，就在于选择了与众不同的道路。意味深长的是，这些企业往往不是比同类企业强，而是比同类企业弱。万向从被同行业不屑一顾、排挤在门外，成为行业龙头；华为在十分弱小、非常困难的情况下，毅然大幅增加研究开发投入，并将其写入"华为宪法"，坚持不懈，终于成长为同行业世界领先企业；上海振华港机在国内同行企业林立的状况下起步，异军突起，成为国际绝对领先企业；奇瑞、吉利在跨国公司绝对垄断的强大压力下，在国内外学者、企业家普遍认为不可行的氛围中，扛起民族汽车的旗帜，从零起步，自主创新创业，开辟了新天地。这些企业不是因为与同行相比更具备自主创新的条件，而是在相对劣势的情况下开创新路的，这不能不归功于这些企业的勇气，这种勇气集中表现为由企业家精神体现的企业意志，并具体化为企业的战略决策。

（三）自主创新的产业和区域意志

产业是生产同类主导产品和配套产品的企业集合，但是产业又不是企业的简单相加，因为产业中除每一单个企业作用外，还存在企业的集合效应；政府的产业主管部门还会对整个产业施加影响。因此，产业意志是在国家意志和企业意志共同作用下的产物。类似地，区域意志是国家和地方（由地方政府代表）意志与区域内企业意志作用的产物。

国家出于政治、经济、国防等的需要，会着力发展某一个或一些产业。例如，中国航天工业发展的里程碑——"两弹一星"工程，就是基于国家安全的需要在冷战时期美苏对我进行严密封锁下独立自主取得巨大成功的。改革开放以后，世界航天大国出于对潜在的竞争对手的戒备心理，仍不愿与中国合作，美国航天飞机从来都不邀请中国宇航员搭乘。在这种情况下，中国继续坚持自主发展航天工业的战略方针，取得了载人航天的新突破。载人航天工程涉及众多高新技术领域，包括近代力学、天文学、地球科学、航天医学、空间科学以及系统工程、自动控制、计算机、推进技术、通信、遥感、新能源、新材料等学科，是技术高度密集、难度极高的重大科技工程，中国取得成功并跻身于少数国家的先进行列，充分彰显了自主创新的产业意志（在此例中是国家意志的转化形态）的强大力量。

对大多数产业而言，与航天业不同，产业意志常常是由国家意志、企业意志相互作用的结果，尤其是竞争性产业是如此。国家从全局考虑，要加强一个产业的发展，企业从抓住发展机会的目的出发，会力图取得突破，二者的动机相互激励，形成产业意志。例如，我国高速铁路装备制造业在行业主管部门的支持和干预下，企业积极进取，成功实现"市场换技术"，进而以我为主自主创新，已使该行业达到世界领先水平。又如，我国通信设备曾被"七国八制"垄断，出于满足迅速增长的需求、保障国家安全的考虑，国家和产业主管部门大力鼓励、积极支持自主创新，但由于产业技术壁垒过高，一时难以突破；在市场需求的拉动下，一批本土企业在政府的支持下，主要依靠自己的力量勇闯难关，"巨大中华"脱颖而出，中兴、华为进入世界先进之列，大唐领衔开发出中国的3G世界标准。该产业的成功实际上已成为后发国家产业自主创新的榜样，也是国家力量和市场力量结合形成产业意志发挥作用的典范。

在我国的经济、技术发展进程中，区域的地位十分突出，地方政府的发展冲动非常强烈；聚集在区域内的企业在地方政府的鼓励、支持下，兴起、成长，企业和政府相互影响，形成区域意志。一批产业集群成长壮大，一些产业集群内的创新十分活跃，创新型城市开始涌现，一个个区域经济崛起；在经济转型、产业升级的压力下，地方政府和企业越来越意识到要依靠自主创新求得新的发展。区域自主创新意志发挥了重要作用，并将发挥更大的作用。

第三章

自主创新与国际竞争力理论

本章从理论层面研究自主创新与国际竞争力的关系。第一节综述国际竞争力的基本理论,阐述创新与国际竞争力的关系理论。第二节构建自主创新与国际竞争力关系的理论模型。

第一节 国际竞争力理论

一、国际竞争力概念回顾

(一) 国际竞争力的内涵

国际竞争力是一个复杂的多维度概念,具有经济、社会和政治等方面的含义。比如,从企业角度看,国际竞争力意味着采取全球战略而获得在世界市场上的竞争能力;从宏观管理部门角度看,国际竞争力意味着国家有贸易顺差;从经济学家角度看,国际竞争力意味着以汇率调整的单位劳动的低成本。

从宏观、中观和微观三个层面可将国际竞争力分为三个关联紧密的层次:国家层次的国际竞争力、产业层次的国际竞争力和企业层次的国际竞争力。其中,关于国家层次的国际竞争力的提法存在各种争论（Krugman，1994；金碚，1996；波特，2002），关于产业和企业层次的国际竞争力的争议较少。

波特（2002）认为，产业是指一群通过向市场提供类似或可替代产品或服务进行竞争的企业集合。产业竞争力是通过本产业的企业来实施、并通过其提供的满足市场需求的产品和服务来完成的。基于该定义，产业的国际竞争力是指某国产业获得对其他国家类似产业的竞争优势的能力，而这种能力最终取决于产业的生产力，并最终表现在它所提供的产品和服务的成本和质量上。

樊纲（1998）认为，竞争力的概念最终可以理解为"成本"概念，即能以较低的成本提供同等质量的产品的能力，或反过来，能以同样的成本提供质量更高的产品的能力。金碚（1996）将产业的国际竞争力定义为产业通过在国际市场上销售其产品和服务所反映出的生产力，这个定义强调的是产业的生产效率和市场营销能力。路风和慕玲（2003）则根据动态能力的观点将产业竞争力定义为国家、产业和企业三个层次的学习过程（包括创新、模仿以及组织或制度的变化等）的结果。藤本隆宏（2007）认为，竞争力就是产业或企业在市场上与竞争对手进行竞争并生存下去所需的力量（能力），而这种能力又取决于产业和企业构筑在组织惯例（Routine）体系以及包括生产效率和研发效率、速度等在内的深层竞争力上的能力竞争。

产业国际竞争力的各种定义从不同程度上反映了竞争优势和竞争力两者之间的密切关系。例如，波特的定义强调了产业之间的"竞争"属性，以获得竞争优势，即具有比竞争对手更强的竞争力为目标，以利润作为竞争力的主要衡量标准；金碚的定义则强调了国际竞争力中"力"的一面。由于企业能力的异质性，在竞争中落后的企业或产业不一定马上退出市场（藤本隆宏，2007），因此，在整个国际市场上会同时存在具有不同竞争力的产业和企业。我国大部分产业的国际竞争力处于较低的水平，因此这个定义隐含地强调通过竞争力成长获得更高竞争力、并进而获得国际竞争优势的含义，更适合像我国这样的发展中国家的情况。事实上，对竞争力本身的研究目的就在于如何提高竞争力以获得竞争优势，因此竞争优势是竞争力高于一定水平后的一种状态。

虽然产业的国际竞争力最终将通过企业的国际竞争力来实现，但产业并不是该产业内企业的简单汇总。事实上，每个产业以及该产业中的企业都嵌入在特定的产业链之中，每个产业也都有不同的产业结构和竞争规则，这些因素决定了产业的基本特点，是产业竞争力的决定因素（波特，2002；张小蒂、孙景蔚，2006）。

（二）国际竞争力的表现形式

产业和企业国际竞争力的载体是为国际市场提供的产品或服务（樊纲，

1998；波特，2002），因此，国际竞争力体现在产品或服务的两端：一端是这些产品或服务在国际市场上的表现，这从根本上取决于产品或服务的质量和成本，另一端是决定这些产品或服务的质量和成本的生产率方面的因素。

在市场表现方面，国际市场的市场份额是一个重要指标，它常常通过国际贸易的形式表现出来（张小蒂、孙景蔚，2006；姚洋、章林峰，2008）。但由于国际贸易可能受到出口导向、贸易保护主义或人为的货币贬值等的影响，因此一国的贸易水平和贸易平衡状况并不能完全反映其国际竞争力水平（Krugman，1994；波特，2002）。在全球化的今天，国内市场已成为国际市场的一部分，尤其像中国这样巨大的市场。在国内市场上表现出的国际竞争力，即本土产业和企业与国外产业和企业在本土市场上表现出的竞争力也是中国产业和企业国际竞争力的重要组成部分，而且是在整个国际市场上获得国际竞争力的重要前提（波特，2002；Zeng and Williamson，2007）。中国产业和企业在国内市场的份额能部分反映其国际竞争力。有研究表明，中国本土企业已在部分产业和地区对国外企业产生了挤出效应，从而在国内市场获得一定的国际竞争力（Chang and Xu，2008）。

在生产率方面，产业和企业的国际竞争力通过国家层面人均GDP（国内生产总值）、产业和企业的R&D投入水平和专利数、新产品开发数、竞争环境及其性质、显示性比较优势指数等来体现（波特，2002；张小蒂、孙景蔚，2006；姚洋、章林峰，2008）。

二、国际竞争力的基本理论

（一）传统比较优势理论

1. 从绝对优势到比较优势

古典贸易理论从各国劳动生产率和资源禀赋差异的角度揭示国际贸易产生的动因，这两种差异正是产业国际竞争力的直接来源。

（1）绝对优势论。绝对优势理论指出，国与国之间发生贸易的根本原因在于国家间生产成本的绝对差异，这种绝对成本的差异既可能来自先天的自然优势，如气候、地理和土壤条件，也可能是由资本积累和技术进步形成的获得性优势。生产成本的绝对差异导致了两国生产同一产品价格的绝对差异，使产业的国际分工和专业化成为必要。通过自由贸易，可以发挥各国的绝对优势，实现分工和专业化的利益。从绝对优势理论可以看出，产业竞争力的来源应归因于各国劳动生产率的绝对差异，一国具有绝对优势的产品具有国际竞争力，绝对优势是产业竞争力的直接表现。

（2）比较优势论。大卫·李嘉图从相对生产率的角度提出了比较优势原理，认为即使一国在两种商品的生产上较之另一国均处于绝对劣势，仍有可能有互利贸易。一个国家可以专门生产、出口它的绝对劣势相对小一些商品（这是其有比较优势的商品），同样能获得贸易收益，提高社会福利。大卫·李嘉图的比较优势论继承了亚当·斯密劳动分工和自由贸易的思想，进一步扩展了劳动生产率差异作为国际贸易动因和竞争力来源的适用范围。

2. 要素禀赋理论

要素禀赋论认为，假定不同国家生产同一种产品的技术相同，劳动生产率相同，则各国要素禀赋上的差异可以形成比较优势。原因在于：（1）各国生产要素丰裕度上存在相对优势。由于自然条件和历史演进的差异，各个国家生产要素禀赋的相对丰裕程度有所不同，有的国家自然资源丰富，有的国家劳动力丰富，有的国家资本丰富，有的国家技术丰富，等等。（2）生产各种商品所需投入的生产要素组合比例（即要素密集度）不同。如有些商品生产的技术密集度高，可称为技术密集型产品；有的商品生产的资本密集度高，可称为资本密集型产品；有些商品生产的劳动密集度高，可称为劳动密集型产品。一般说来，一国会生产密集使用该国相对丰裕要素的产品，从而形成比较优势；而密集使用该国相对稀缺要素的产品则处于比较劣势地位。各国应该出口其相对丰裕要素密集型产品，进口其相对稀缺要素密集型产品。要素禀赋理论表明，要素数量和价格的差异是各国比较优势和竞争力形成的重要条件，一国应重点发展本国最丰裕要素的产业。

（二）动态比较优势理论

动态比较优势理论的主要观点是：比较优势可以通过后天的专业化学习获得，或通过投资创新与经验积累人为地创造出来。

1. 动态规模经济带来的动态比较优势

克鲁格曼把规模收益递增、外部效应与比较优势联系起来，发现存在动态规模经济的产业，通过一个正反馈过程，能创造自己的比较优势。其原理是随着新兴产业规模的扩大，劳动生产率沿学习曲线上升，规模的外部经济性也会逐渐显现出来。这里的外部经济性主要有技术外部经济和金融外部经济两种。技术外部经济是指知识在厂商之间的扩散，即厂商之间可以相互学习，一个强大的产业能够形成全国范围内的知识基础，从而加强该产业的优势。金融外部经济取决于市场规模，一个强大的本国产业为专业化的劳动和供应商提供了广阔的市场，而灵活的劳动大军和高效的生产者基础又能加强产业的力量（波特，2002）。以上原理为政府扶持本国特定产业提供了理论根据,即使对新兴产业的保护会导致静态资源配置的损失,但只要产业成熟后所产生的利益超过当前损失,则从动态和长期的观点看,就应该保护,否则一国产业尤其是落后产业会陷入"比较优势陷阱"。

2. 专业化分工深化带来的动态比较优势

以杨小凯为代表的新兴古典贸易理论内生化了个人专业化,将个人专业化视为动态比较优势的来源。该理论认为,即使没有外生比较优势,但只要每个人选择不同的专业,就会形成内生比较优势。内生比较优势就是动态的。新兴古典贸易理论形式化了动态的、内生的比较优势,说明了分工经济的存在,与这种分工经济相对应的是源于选择不同专业化的内生比较优势。这种比较优势一方面使得从事专业化分工的个人活动范围缩小,另一方面使得工厂的活动范围扩大。从这个角度来看,个人专业化与规模收益递增的内涵是一致的。当个人专业化于某一行业时,在"干中学"效应的作用下,他就会比外行获得更高的生产率;但同时随着专业种类数的增加,交易费用可能上升。杨小凯以交易效率的提高来折衷这一两难:随着交易效率不断地改进,劳动分工深化会发生,而经济发展、贸易和市场结构变化等现象都是这个深化过程的不同侧面。

3. 技术进步带来的动态比较优势

把技术作为内生变量的贸易理论研究了技术变动的原因,以及技术进步作为生产和贸易的结果对贸易模式与社会福利的影响等。技术进步有两种方式:一是从技术外溢获得;二是技术创新。技术外溢又可分为国际技术外溢、国内技术外溢、行业间技术外溢和行业内技术外溢。技术创新是主动投资、开展研究和开发的结果。新技术开发的作用主要表现为:(1)要素生产率的提高,即用有限的资源生产出更多的产品,或在保证产量的情况下,使用更少的资源;(2)产品质量的提高和新产品的开发。与接受技术外溢不同,技术创新或开发型技术进步需要大量投资,只有保证投资能够获利,企业才会研发新技术。因此,一国能否获得大幅度的开发型技术进步,需要两个必要条件:一是对知识产权的保护,因为没有保护的话,企业开发新产品所冒的风险与其收益不对称,也就没有动力支持投资、研发;二是鼓励对科研的投资。罗斯曼和赫尔普曼指出在知识积累和创新方面具有初始先天优势的国家,其创新率和增长率就更快。对于落后国家要改变"一朝落后、处处落后"(Once Behind, Always Behind)的被动局面,政府必须给研发部门提供足够的补贴以弥补初始劣势。

技术创新与国际贸易存在一种互动关系,贸易不仅通过国际市场竞争激励各国努力开发新技术、新产品,也通过国际技术外溢给各国互相启发的机会,新技术开发不再是个别国家的行为,而成为各国的共同努力。贸易和技术的国际流动不仅形成R&D的规模经济而降低各国R&D成本,技术创新也会影响贸易模式。

综上所述，动态比较优势理论对产业国际竞争力研究的理论含义在于：第一，产业国际竞争力不只受劳动力成本、资源禀赋等的影响，产业的规模经济、专业化分工网络、交易成本、技术创新等因素都会对其产生影响。第二，一国特定产业的发展不能只拘泥于先天的比较优势，而更应注重后天培育的动态比较优势。其主要途径包括加大人力资本投资，增强人的素质和活动能力，促进科学研究和技术创新，加强基础设施建设，建立有利于分工深化的各种制度安排等。

（三）竞争优势理论

哈佛大学波特教授在多国案例研究的基础上，对传统比较优势理论提出了质疑，并于1990年提出了竞争优势理论来解释一国产业的竞争优势。

竞争优势理论的核心内容体现在"国家钻石模型"中，该模型由四个基本因素和两个辅助因素构成。其中，四个基本因素是生产要素，需求条件，相关产业和支持产业，企业战略、结构和竞争；两个辅助因素是政府和机遇，它们影响四个基本因素，也对一国产业国际竞争力产生影响。这六个因素相互影响、相互加强，共同构成一个动态的激励持续投资和创新的竞争环境，由此构成一国产业国际竞争力的来源。产业竞争优势的基本要素和辅助要素如表3-1所示。

表3-1　　　　　　　　产业竞争优势的基本要素和辅助要素

生产要素（基本因素）	生产要素包括人力资源、物质资源、知识资源、资本资源、基础设施等。要素可分为初级要素和高级要素。初级要素是被动继承的，它们的产生需要较小的或不那么复杂的私人投资和社会投资，如自然资源、气候、地理位置、简单劳动力等。高级要素需要长期地对人力资本、物质资本的投资才能得到，如通讯基础设施、复杂和熟练劳动力、科研设施以及专门技术知识。高级要素对竞争优势具有更重要的作用，在当前的国际竞争中扮演着十分重要的角色。
需求条件（基本因素）	国内市场的需求状况对一个国家的竞争优势具有很大作用。它对竞争优势最重要的影响是通过国内买主的结构和买主的性质实现的。不同的国内需求使公司对买方需求产生不同的看法和理解，并做出不同的反应。在国内需求给当地公司及早提供需求信号或给当地公司施加压力，要求它们比国外竞争者更快创新，提供更先进的产品时，国家最可能获得竞争优势。波特认为，如果一国国内市场上有老练的、挑剔的买方和前瞻性的买方需求，会使该国的公司获得国际竞争优势。另外，国内独立的买方数量、需求的增长速度、需求的规模以及市场饱和的时间也会对一国公司的竞争优势产生影响。

续表

支持性产业和相关产业（基本因素）	这是指国内是否存在具有国际竞争力的供应商和相关辅助行业。支持性产业以下列几种方式为下游产业创造竞争优势：以最有效的方式及早地、迅速地为国内公司提供最低成本的投入；不断地与下游产业合作；促进下游产业的创新。相关产业是指因共用某些技术、共享同样的营销渠道或服务而联系在一起的产业或具有互补性的产业。一个国家如果有许多互相联系的有竞争力的产业，该国便很容易产生新的有竞争力的产业。具有竞争优势的相关产业往往同时在一国产生并趋向集中，形成具有竞争优势的产业群，如美国的半导体、电脑、软件、网络设备，丹麦的奶制品、酿制品和工业酶等。
企业战略、结构和竞争（基本因素）	这是指企业建立、组织和管理的环境以及国内竞争的性质。不同国家的企业在目标、战略和组织方式上都不相同，国家竞争优势来自于对它们的选择和搭配。波特特别强调，激烈的国内竞争是创造和保持国家竞争优势最有力的刺激因素，国内同行业的激烈竞争是该产业产生竞争优势并强盛不衰的重要条件。
机遇（辅助因素）	机遇包括重要的新发明、重大技术变化、投入成本的剧变（如石油危机时）、外汇汇率的重要变化、突然出现的世界或地区需求、战争等。机遇可能打断事物的发展进程，改变公司的竞争优势。但机遇的影响不是决定性的，能否利用机遇以及如何利用，还取决于前述四种决定因素。
政府（辅助因素）	政府对国家竞争优势的作用在于对四种决定因素的影响，它可以通过政策选择来增强国家竞争优势，如制定教育政策等可以影响要素条件，政府采购政策可以影响国内需求条件。但由于政府的影响是通过四种决定因素间接实现的，所以其本身不是决定因素。政府要在"干预主义"和"自由放任主义"之间折衷，政府政策的宗旨在于为企业创造有利的外部竞争环境。

资料来源：作者根据相关文献整理（2008）。

四个基本因素之间的关系是：对于生产要素来说，国内需求的成长和变化会影响投资生产要素的优先顺序；相关支持性产业能够刺激创造出可转换的生产要素。对于市场需求，激烈的竞争使得国内需求增加及需求层次和水平提升；专精生产要素的创造能更好地满足不断升级的国内外需求；相关产业生产出互补的产品，实现国内外市场的需求扩张。对于相关与支持性产业，专用型生产要素可转移并促进其发展；国内激烈的竞争会鼓励发展更专业的供应商并促进相关产业的发展；大规模的、成长中的国内市场需求能刺激供应商成长。对于产业竞争，充沛的生产要素或专用型生产要素的创造机制能吸引新的竞争者加入产业竞争；相关产业与支持性产业会出现新进入者；客户也会被激发而加入上游产业的竞争。

钻石体系是动态的，产业因此也需要持续进化以回应环境中的改变。另外，在国家经济中，钻石体系会形成"产业集群"，即优势产业以族群的方式，借助各个环节联系在一起，而不是平均分散在经济体中。产业集群能够增强钻石体系内部各关键因素之间的互动，从而推动产业竞争力的提升。

(四) 比较优势和竞争优势理论的比较与评论

1. 同一对象，不同的衡量方式

比较优势是一种二维相对数比较，可以进行国内和国际双重比较，进而揭示国际交换价格的形成机制。竞争优势是基于国际交换价格的一维绝对数比较，可明确国际间竞争地位。

2. 比较优势和竞争优势都受大量共同因素的影响

这些共同因素，包括资源禀赋、技术创新、规模经济、分工网络、市场需求、政策和制度等资源、能力和制度等，是影响比较优势和竞争优势的共同因素，如图 3-1 所示。

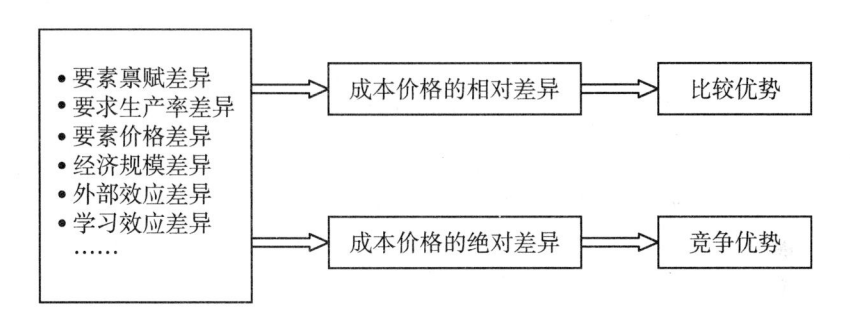

```
• 要素禀赋差异
• 要求生产率差异        成本价格的相对差异 ⟹ 比较优势
• 要素价格差异
• 经济规模差异
• 外部效应差异          成本价格的绝对差异 ⟹ 竞争优势
• 学习效应差异
  ……
```

图 3-1　比较优势和竞争优势的影响因素

资料来源：作者根据相关文献整理得到（2007）。

两者虽然有许多共同的来源基础，但核心区别不在于分析中引入要素的类别及其多寡上。很多情况下把资源要素等同于比较优势并不确切；但因为某些单一因素（如资源禀赋、规模经济等）不能完整解释产业竞争力而否定比较优势理论的作用，也有失偏颇。

3. 作用范围不同，因而二者应协调配合

比较优势理论着眼于世界经济系统的静态、均衡和可持续循环的分析，说明国际贸易、竞争发生的原因、利益分配关系以及可能的均衡状态，而国际贸易和国际竞争是如何推进的不是比较优势的研究范畴。竞争优势理论采用的是一种非均衡的动态分析和局部分析方法，强调的是动态的机会把握、战略突破以及双方力量的消长。因此，在进行特定产业的国际竞争力分析中，应该将二者有机结合

起来，在产业竞争优势研究中必须加入产业比较优势分析；在比较优势分析中应明确竞争优势的变动趋势等内容。

4. 逻辑基础相异

比较优势理论采用了经济学的逻辑，其论证的核心问题是，在自由贸易条件下如何充分发挥市场价格机制的作用以实现稀缺资源在国际范围内的最优配置，侧重于强调"看不见的手"——市场价格机制所起的作用。只要存在资源稀缺性，比较优势就会不以人的意志为转移而客观地发生作用。但是这一概念忽视了"看得见的手"——竞争主体的作用。事实上，现代企业可以通过有意识的战略选择来配置稀缺资源，人为创造比较优势。竞争优势理论采用的是管理学的逻辑，其论证的核心问题是，为什么一国能在某个特定产业获得长久的国际竞争力；侧重于对企业、产业及政府等组织"看得见的手"作用的研究，强调的是非价格竞争和创新竞争。因此，不能将两者对立起来，在战略选择上也不应用竞争优势战略替代比较优势战略（陆奇岸，2005）。

三、创新与国际竞争力的关系理论

关于创新与国际竞争力的关系，现有文献主要集中在以下几方面：创新对国际竞争力的直接作用；创新在比较优势转换为国际竞争力中的作用；影响创新与国际竞争力关系的环境因素等。

（一）创新对国际竞争力的直接作用

国内学术界关于创新对国际竞争力的直接作用方面的观点，可以分为两类：一类主张应以前沿、尖端、核心技术等为目标，并采用自主创新的方式（路风、封凯栋，2005）；另一类则认为应通过技术引进、合作创新，通过合资企业等联盟形式获得创新能力并在前沿技术上进行创新（樊纲，1998；林毅夫、张鹏飞，2006）。大多数后发国家的产业都很自然地采取了模仿、改进和赶超的创新战略，而不是采取创新领导者战略（Hobday et al., 2004），这些企业倾向于在现有产业之内竞争，缺少通过新型技术重新定义市场和创造新市场机会的能力。

由于发达国家已处于创新驱动的发展阶段（Cho and Moon，2000），因此其国际竞争力是一个从创新、投资、再到生产的过程，其生产往往也外包给具有相对比较优势的国家或地区，或者在国外进行本地化生产，发展中国家获得国际竞争力的顺序则相反（Özçelik and Taymaz，2004）。例如，韩国产业竞争力的发展就采用了"反向"的发展路径，即先通过反向工程组装进口零部件，然后进行从低技术含量到高技术含量的部件开发，学习现有产品的设计并进行修改，最后再进入创造新产品设计的阶段（Lee and Lim, 2001）。但这不是说，发展中国家应优先选择生产而不是知识系统的建立（Özçelik and Taymaz, 2004）。一个国家及其产业和企业可以通过知识溢出、技术转移、FDI和合作等形式快速和低成本地进行知识积累（Ernst and Kim, 2002; Hobday et al., 2004）。创新与知识积累之间的互补关系说明，在从生产、投资到创新的发展阶段中，通过产业内部以及企业外部获得知识对产业和企业获得国际竞争力必不可少，并且是有效的（金仁秀，2000; Chang and Xu, 2008）。当然，通过这种方式能否获得核心技术并进而获得国际竞争力还存在很大争议（路风、封凯栋，2005）。

通过对韩国几个主要产业的研究，金仁秀（2000）提出了一个通过复制性模仿、改进、创造性模仿再到（自主）创新的创新模型。在发达国家产业进入成熟期后，产品的功能、技术和工艺已非常稳定，在这一阶段发达国家或地区会将已无成本优势的制造部门通过代工、合资企业等方式向后进地区和国家转移。由此，后发国家和地区可以从发达国家和地区获得知识转移的好处（Ernst and Kim, 2002）。在通过专业化期的知识积累后，后发国家和地区具备了消化和吸收发达国家更先进工艺的学习能力，最终后发国家和地区有能力利用发达国家中尚处于产业形成期的大量的知识转移和创新机会，选择适合本国要素禀赋的产业（金仁秀，2000；林毅夫、李永军，2003）。通过不同阶段的获取知识、消化吸收和改进，后发国家和地区的要素禀赋得到提升，进而使这些后进国家和地区获得产业升级和国际竞争力的基础。这些研究表明，后发国家和地区的产业升级和获得国际竞争力的路径几乎与发达国家的产业竞争力发展路径相反。

值得注意的是，针对特定技术或市场的创新的影响范围往往会超出该技术、市场或产业本身。亨德森和克拉克（Henderson and Clark, 1990）将产品创新分为渐进创新、模块（部件）创新、结构性创新和根本性创新四类，其中以模块创新对产业结构和竞争地位的影响最为引人注意。模块化本来是企业的一种为应对产品或技术的复杂性、或因其超出市场需求的过度创新而将该产品或技术进行分解、并由不同企业来生产和创新的方法，随后则演变成一种管理隐性知识、适应市场需求多样性和使企业战略更具灵活性的创新战略（Henderson and Clark, 1990）。例如，中星微电子就是通过数字多媒体芯片方面的模块创新成为国际产业标准的制定者，并获得了行业内的竞争优势（Zeng and Williamson, 2007）。克里斯滕森（1996）在关于颠覆性创新的研究中指出，在利用新技术或针对较低端市场或产品的创新中，尽管一开始产品或技术的质量或性能并不令人满意，但其低价、易用等特点，再加上通过不断的渐进创新和模块创新得以改进的质量或性能，会使在位企业在向更高端市场移动（Up-market）的过程中处于被动，甚至最后失败而退出该产业。例如，韩国根据不同产业的知识基础、技术轨道的可预测性等,在电子、通讯等行业分别采取了另辟蹊径式、跳跃式和跟随式三种赶超方式,获得了相应产业的国际竞争力(Lee and Lim,2001)。

(二) 创新在比较优势转换为竞争力中的作用

学术界早就开始关注从比较优势到竞争优势的转换问题(洪银兴,1997;柳卸林,1999;波特,2002),目前形成了两类完全不同的理论观点。一类认为通过比较优势不可能获得竞争优势,因此必须摆脱对比较优势的依赖,而要通过创新来获取核心技术来提高我国国家、产业和企业的国际竞争力(路风、封凯栋,2005)。这是一种"直取"、"强攻"的理论观点。另一类观点认为,比较优势与竞争优势并不对立。作为国际竞争力成长的初始条件,根据我国目前的竞争力水平,现有的比较优势必须加以利用,并以此为基础创造竞争优势(洪银兴,1997;林毅夫、李永军,2003)。藤本隆宏(2007)根据比较优势原理认为,每个国家和产业应开发具有比较优势领域的专业化能力。例如,根据日本与中国不同的初始条件,日本应通过集成度较高的产业(如汽车业)的能力构筑和创新而获得国际竞争力,中国则更可能在具有模块化特点的产业上构筑国际竞争力。这是一种"迂回"、"渐进"的观点。

第二种观点又分为两种情况,一种是将比较优势的资源基础动态化、扩大化,即试图通过产业和企业层面的创新、投资以及国家创新系统等方式形成某些要素上的比较优势。侯经川等(2007)将创新引入到从比较优势到竞争优势的转换问题中,他们将熊彼特的创新分成"效率改进型创新"和"产业垄断型创新"后发现,两类创新对相对竞争力水平提升的效果相同,但对绝对竞争力水平的影响各不相同。就效率改进型创新而言,顺势创新(强化已有比较优势)与导致比较优势逆转的"逆势创新"(将比较劣势转换为比较优势)均具有类似的双赢效应,但前者更强;如果逆势创新不能使比较优势逆转,这种创新就具有双输效应。

另一种则认为应将比较优势与技术引进和自主创新相结合来获得竞争优势。林毅夫、李永军(2003)认为从比较优势向竞争优势的转换并非是要摆脱已经具有的比较优势,或者用竞争优势替代比较优势。林毅夫、张鹏飞(2006)的研究表明,发展中国家在遵循基于要素禀赋的比较优势的基础上,完全可以利用发达国家技术前沿以内的技术,甚至无需研发和引进国外的最先进技术。如果发展中国家采用了与自己要素禀赋结构相一致的最适宜技术,那么发展中国家的技术变迁速度就会超过发达国家的技术变迁速度,并最终使其技术水平和人均收入水平收敛到发达国家的水平。通过对大量中国企业的案例研究,曾和威廉姆森(Zeng and Williamson,2007)认为,通过成本创新创造比较优势、而不是利用已有的比较优势正是许多中国企业获得国际竞争力的重要因素。

(三) 影响创新与国际竞争力关系的环境因素

波特的钻石模型指出,产业和企业必须将生产要素、需求条件、相关与支持性产业以及企业的战略、结构和竞争的状况等四个方面交错运用,在形成自我强化和竞争对手无法模仿的优势后才能获得国际竞争力。钻石模型中的这四个方面及其互动关系决定了产业和企业国际竞争力基本的环境因素。

我国庞大的国内市场在创新激励上的重要作用已引起了学者们的高度重视(Xie and Wu, 2003)。波特(2002)强调,不仅在价格上、而且在产品和服务的质量、性能等方面苛刻和难缠的消费者也会对企业形成创新和升级的压力。国内市场的激烈竞争不仅培育了国内企业的国际竞争力,而且正是国内市场上的激烈竞争迫使国内企业必须通过产品和技术创新适应这种竞争压力。曾和威廉姆森(2007)的研究就表明,庞大的国内市场需求和激烈竞争是许多中国企业练就成本创新能力并获得国际竞争力的基本因素。对处于赶超阶段的国家而言,通过采用适宜技术和自主创新以使自身的资源禀赋结构得到提升也是获得国际竞争力的重要途径(林毅夫、李永军,2003;藤本隆宏,2007)。

在创新与国际竞争力关系的决定因素中,政府的作用十分重要。政府可以通过推动国家创新系统的建设来提高本国产业和企业的创新能力(波特,2002;弗里曼,苏特,2004)。根据 Perez 和 Soete(1988)的观点,对发展中国家而言,真正的赶超是获得技术创新和技术改进的创新能力,而不是利用现有的技术。因此,政府可以通过重大科研攻关、在基础科学上进行大量持续的投入、提高在各类教育尤其是在高等教育上的质量、推动企业和大学的合作等来解决产业和企业自主创新能力不足的问题。在现阶段,基础科学和高等教育上的投资还可以极大地提高产业和企业吸收、消化引进技术的能力,并已成为建立合作研发等联盟的基本条件(Cohen and Levinthal, 1990; Ernst and Kim, 2002; 弗里曼、苏特,2004; Freeman, 2004)。

波特(2002)认为,创新是产业和企业所必须面对的竞争压力和挑战的结果。虽然政府并不能直接为产业和企业带来其所需的国际竞争力,但它可以通过创造创新的压力、加强对知识产权的保护、执行严格的产品安全和环境标准及反垄断法等方式提供产业和企业进行竞争和创新的环境。由于创新具有很大的风险和不确定性,只要企业仍有利可图,它就不太愿意进行创新(谢伟,2006a),在这种情况下,政府必须创造充分竞争的环境以形成创新的压力。事实上,对韩国企业创新的研究表明,韩国在汽车、半导体等产业能够获得国际竞争力的重要决定因素之一就是其政府通过各种"强悍"的"逼迫"手段形成了企业不得不进行创新的压力(金仁秀,2000)。

第二节 自主创新与国际竞争力的关系模型

一、竞争要素分析

竞争力是对竞争主体竞争状态的反映（陈卫平，2005）。因此，明确竞争的概念内涵是分析创新和产业国际竞争力间关系的前提。

斯蒂格勒指出："竞争系个人（或集团或国家）间的角逐；凡两方或多方力图取得并非各方能获得的某些东西时，就会有竞争"（新帕尔格雷夫经济学大辞典，1992）。由该描述可知，竞争的内涵包括四个要素：一是存在利益独立的竞争主体，即谁与谁竞争；二是要有竞争对象，即竞争什么；三是竞争能力，即竞争主体在竞争过程中所显现出来并达到某竞争结果的力量；四是竞争结果或竞争绩效，即在竞争过程中或竞争最后利益或对象是如何分配的。

从竞争的四要素出发，本书对产业国际竞争做如下界定：

(1) 竞争主体：产业竞争主体表现为参与国际市场竞争的各国产业。

(2) 竞争对象：产业的竞争对象常常表现为国际产业市场份额，实际上产业的竞争对象应该是国际市场价值增值份额[①]，围绕上述竞争对象会衍生出产业资源要素（如技术、人才、品牌等）等的外围间接竞争对象。

(3) 竞争能力：产业国际竞争的竞争能力反映的是竞争主体自觉或不自觉地得到某竞争结果所体现的能力、素质或实力。产业竞争力研究核心是研究竞争能力。不少学者认为，竞争能力主要体现在各国向市场提供的产品的结构（原材料、核心部件、最终产品等）、价格、质量、响应性和创新性等方面。

(4) 竞争绩效：产业竞争绩效体现为产业竞争主体对竞争对象占有的多寡和可持续性。直观来看，产业国际竞争绩效常常表现为一国所生产的产品在国际市场上占有的市场份额，其本质表现为一国产业占有国际市场价值增值的份额。

现实中，学术界、产业界和政府部门在讨论产业国际竞争绩效时，不仅首先涉及竞争结果，即一个竞争周期结束时对竞争对象占有的多寡，而且还会涉及在

---

① 在产业和市场的供求合作中必定会创造价值增值，从产业的国家福利效应上说，产业国际竞争的根本目标是价值增值，从而有效提高国民、政府、产业中的企业等的福利水平。

产业国际竞争过程中的态势特征。这些状态特征和最终结果一起能更好地反映竞争绩效的全貌，克服了竞争结果可能的偶然性，更具有稳定性。

二、自主创新和国际竞争力分析模型

（一）国际竞争力分析框架

从前述国际竞争力内涵可以看出，在竞争主体和竞争对象既定的情况下，产业国际竞争力分析重点在于竞争绩效和竞争能力因素及其相互关系分析。而影响产业竞争绩效的竞争能力因素又是错综复杂的。从影响竞争绩效的直接性、对应相关性，以及揭示因果关系的视角（微观/宏观）来看，可分为直接影响因素和间接影响因素（金碚，1997）。大部分现有文献探讨的都是间接影响因素，并围绕间接影响因素构建模型。借鉴现有研究成果，本书认为影响产业国际竞争绩效的因素包括直接来源因素和动力因素（Drivers）[①]。图3-2表示了竞争绩效、直接来源因素和动力因素之间的关系。

产业竞争动力因素 → 产业竞争力直接来源因素 → 竞争绩效

图3-2 国际竞争力基本分析框架
资料来源：作者根据相关文献和研究提出并绘制（2007）。

（二）创新和国际竞争力模型

被广泛接受的波特钻石模型可以作为自主创新与国际竞争力模型的基础，但根据自主创新的特点需要对波特模型进行调整和补充。调整和补充的内容主要有以下三点。

[①] 联合国工业发展组织（UNIDO）的工业绩效计分牌中就把该类因素称为动力因素（Drivers）。本书认为动力因素的提法突出了政府、企业等主体的主动性和进取性（Initiative）以及因素变量的相对可控性，故把高技术产业竞争力的影响因素称为动力因素（Drivers）。

第一,政府制度应该单独作为一个独立决定因素。波特把政府作为产业国际竞争力的外生变量,理论和实践上都有偏颇。首先,国际竞争力竞争主体是国家的产业,而组织者、战略、制度、规则的制定者或提供者就是政府,因此必须把政府作为一个内生变量;其次,政府的政策及行为要受到产业的影响,现今产业(尤其是国家的战略产业)、产业联盟、产业中的大企业对政府政策制订和执行影响很大,因此,政府政策和行为与其他因素之间存在密切的互动关系。

第二,基础设施应该单独作为一个决定因素。波特提出的生产要素涵盖非常庞杂,包括人力资源、天然资源、知识资源、资本资源和基础设施等五类。其中,将公共基础设施纳入产业生产要素范畴欠妥,其核心在于掌控的主体不同,产业或产业内的企业不能直接掌控公共基础设施的建设和运作,而只能起间接影响作用。因此,基础设施应该作为产业国际竞争力的单独决定因素。从五类生产要素的具体内容归类看,也要作一定的调整,其中的知识资源包括高等院校、政府研究机构、私人研究单位、职业培训机构、政府统计单位、商业与科学期刊、市场研究机构、行业协会等,宜作适当调整。我们认为,在对产业进行国际竞争分析时,将政府部门、教育和科研机构纳入产业要素不如纳入基础设施中更合理;同样,投融资体系也宜作为基础设施,对产业要素的形成提供支撑。

第三,相关性和支持性产业应该扩大外延。波特认为相关性和支持性产业是休戚与共的优势网络,但在该因素的分析中仅仅涉及上下游产业关联,以及相关产业的"提升效应"。对现今的产业而言,这种分析遗漏了优势网络的很多方面,例如在全球经济一体化背景下,产业网络的完整性、高度化,以及分工进一步细化带来的产品内工序分工的网络特征等。另外,波特虽然重视产业集群,但并没有把它明确归入某一项决定因素中。事实上,产业集群属于产业网络的空间集聚的一种形式,应该纳入产业网络体系之中。

基于上述修改,构建自主创新与国际竞争力的理论模型如图3-3所示。

1. 竞争绩效

关于产业竞争绩效学术界争论较大。金碚强调用市场份额来度量产业竞争绩效,他认为一个国家的某种工业品的国际竞争力的强弱,可以从结果和原因两个方面来分析。从结果分析,工业品竞争力直接表现为一国工业品在市场上的占有份额。一国的某种工业品在该种产品市场上占有的份额越大,因而获得的利润越多,表明该国的这种工业品的国际竞争力越强[1]。他所指的市场份额既包括国内

---

[1] 金碚:《中国工业国际竞争力——理论、方法和实证研究》,经济管理出版社1997年版。

市场也包括国际市场份额。持有类似观点的学者大有人在，不少学者在具体实证分析中，甚至简化到仅用出口额来度量产业竞争绩效。例如，波特认为国家竞争优势最终应当表现在国家创造其收益的能力上，国家竞争力最恰当的定义应当是生产率。但是他在《国家竞争优势》一书后面的实证分析中却没有使用收益指标和生产率指标，而是简单使用出口指标来作为判断是否存在竞争优势的标准（波特，2002）。尽管他是因为数据不可得以及统计口径问题不得已而为之，但这表明他是认可用出口指标作为竞争绩效的衡量指标的。有学者认为测度一国高技术产业竞争力（绩效）的最好指标就是该国高技术产业持续稳健的出口表现（Belay Seyoum，2004）。他采用高技术产业的出口值作为高技术产业竞争绩效的代理指标。

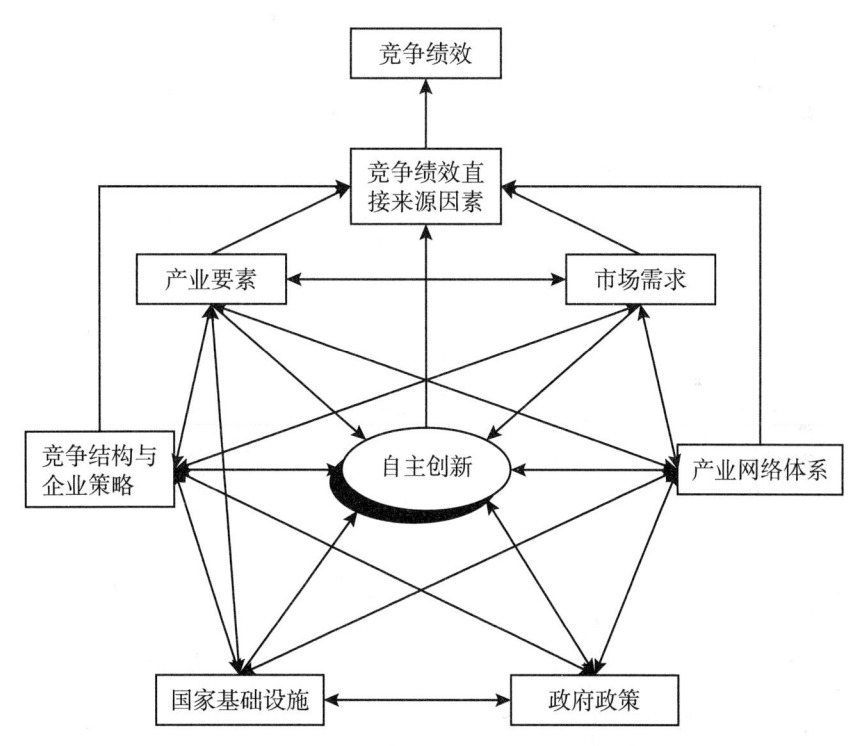

图 3-3　自主创新和国际竞争力理论模型

资料来源：作者根据自己研究提出并绘制。

由于市场份额指标存在一定的局限性，所以，在计量产业竞争绩效时，除运用市场份额指标外，还必须运用效率指标。但就像市场份额指标不能单独计量我国高技术产业竞争绩效一样，纯粹的效率指标也无法全面计量我国高技术产业竞争绩效。20 世纪 80 年代中期，麻省理工学院组成了美国产业竞争力研究小组，该小组研究认为尽管生产率很重要，但生产率只是影响企业业绩的因素之一。一个企业的成功与否也许同样（或者更大程度上）取决于企业的产品质量和为用户提供的售前售后服务。企业的响应时间也许和产品价格及质量同等重要。是否具有竞争力也许取决于新概念变成可制造产品并进入市场的速度，取决于企业根据变化中的市场情况，从一个产品系列转移到另一个产品系列的灵活性，或者取决于公司收到客户下的订单后交付产品的速度。企业的市场定位也是一个关键问题；如果企业不生产客户想要的产品，那么效率、质量和速度根本没有价值。虽然原则上，生产率的度量应该反映这些因素。提高质量和改进服务应该增加产品的市场价值，而较高的市场价值又应该自动在生产率增长度量值中反映出来。但实际上，生产率发展趋势并不会告诉我们有关企业或者产业在创新、生产和竞争力方面的所有情况。除了劳动生产率、综合生产率等指标外，还必须运用质量、创新或产品开发速度等方面的指标，但是这些指标的数据很难获得（德托佐斯，1998）。不过，这些因素都能通过市场份额占有的高低反映出来。所以，为了全面计量我国制造业的国际竞争力，同时运用市场份额指标和效率指标是必要的（张其仔，2003）。

2. 竞争绩效直接来源因素

产业国际竞争力体现的是在市场竞争中的比较关系，因而高技术产业国际竞争绩效直接来源于其市场表现，市场表现的核心是创造顾客让渡价值①。顾客让渡价值是顾客整体价值和顾客整体成本之差。因为高技术产业国际竞争绩效直接来源于其在市场上增加顾客整体价值缩小顾客整体成本的直接表现。一般来说产业在市场上顾客让渡价值直接体现在产品价格、质量（性能）、响应性、品牌和差异化等方面比竞争对手所具有的优势表现。因而高技术产业国际竞争绩效的直接来源主要包括价格、质量（性能）、结构、服务、产品差异化、响应性/交货期、标准化等方面（Rosenzweig and Roth，2004）。

（1）价格。一般来说决定产品国际竞争绩效的第一因素是产品的价格，即相同的产品，在同一市场上，价格较低就具有较强的竞争力，就能获取更大的市场份额和盈利。但在把握价格这一直接绩效来源时，应该注意以下问题：第一，垄断价格的问题。有些产业常常因为其技术和知识产权方面的密集性和排他性，而具有垄断性，可以寻求垄断价格，进而获取更高的竞争绩效。第二，产品类型的问题。产品在档次上可以分为创新型产品和功能型产品。创新型产品是指处于市场导入期的产品，顾客需求的价格弹性相对较小，可以采用撇脂定价策略寻求更高的绩效。功能型产品是指处于成熟期功能已经定型的"大路货"，唯有定低

---

① 科特勒认为顾客整体价值包括产品价值、人员价值、服务价值、形象价值、网络价值等；顾客整体成本包括货币成本、时间成本、精力成本、体力成本、转换成本等。高技术产品的消费常常构成网络型消费，具有锁定效应（Lock-in Effect），因而网络价值和转换成本也是产业国际竞争绩效的直接来源。

价才能扩大销售寻求绩效。我国产业整体上以生产功能型产品居多，因而以低价策略寻求竞争绩效。产业国际竞争中以低价格占有更大市场份额是一种竞争策略，但出口价格与进口价格之比（贸易条件）的增加，也能体现产业价值链升级和产业竞争力的提升。

（2）质量。质量是产业竞争力的功能性要素。质量既是产品在市场上交换的基本前提，也是企业实现价值的决定性因素。在其他条件相同的情况下，质量高的产品具有较高的市场竞争力。产品质量的一致性、稳定性和有效性是顾客价值重点关注的方面。当然，产品质量是一个远比价格复杂的因素，一方面，产品质量的评价并不只是其物理性能和技术等级问题，而且取决于用户对产品质量的要求和认同，用户不需要的过高"质量"，会成为一种"过剩质量"，不能充分实现其价值。现代质量观已从符合转向满意，即衡量质量不仅仅是符合标准，而且要使用户满意，用户满意的产品才是质量好的产品。

（3）性能。性能越高、功能越多，并不意味着产品水平越高。满足各种不同需求层次的用户，生产相应功能层次的产品，并且具有较高的性能/价格比，才真正体现出产品的竞争力。性能价值常常通过产品系列化来扩大市场渗透，提高绩效。有学者调查研究了高技术电子产业330种新产品，发现产品性能及其用户价值显著地影响产品的盈利率（Zirger and Maidique，1990）。

（4）品牌。产品的品牌或商标越来越成为反映产业竞争力的重要变量。品牌是商品的识别标志，名牌产品可使自己与其他同类产品区别开来，产生一种特有的竞争力（科特勒，2000）。品牌向顾客直接让渡的是形象价值和服务价值，减省顾客的精力成本（因为对高品牌产品有更高的信念）。品牌是高技术产业新产品开拓市场的利器，品牌是高技术产品获得溢价定价的基础，因而品牌是国际竞争绩效的直接来源之一。

（5）结构。结构一词的含义非常宽广，就产业竞争力而言，结构主要包含产业内部的不同产品的结构。主要表现在两类结构，一类是同类产品的高中低档次之分和构成；另一类是产业不同环节的不同产品，如核心元组件（组分）、一般零部件和成品等。很显然无论是哪种产品结构都直接体现价值结构或产业价值链中的位置，进而影响市场竞争绩效。在经济全球化国际分工格局下，一国产业的竞争力高低越来越表现在特定产业的特定产品或特定环节、工序上，而不是完整的系列产品或所有的价值链环节。产品结构的不同常常反映出产业内部不同环节，如研发、制造加工、服务等不同环节的竞争力高低。

（6）响应性。响应也许和产品价格及质量同等重要。一个产业是否具有竞争力的一个直接方面也许取决于新概念变成可制造产品并进入市场的速度，取决于企业根据变化中的市场情况，从一个产品系列转移到另一个产品系列的灵活性，或者取决于收到客户下的订单后交付产品的速度（德托佐斯，1998）。对高技术产业来说，由于技术和市场的不确定性较一般产业更大，产业内企业对顾客需求的响应性效率直接影响产业竞争绩效。响应性包括"推式"、"拉式"两种类型，"推式"是指通过创新开发出新产品和服务然后进行市场开拓，寻求竞争绩效的模式（德托佐斯，1998）；"拉式"是指在市场需求的拉动下，通过创新开发出相应的产品和服务满足该类需求的模式。现实中，"推式"、"拉式"是相辅相成互相促进的。响应性的最高要求是在合适的时间、合适的地点、合适的价格以及合适的方式向顾客提供产品和服务。现实中的企业通过加强创新和管理向该目标逼近。通过定制化能够提高响应性，戴尔电脑公司就是通过向市场提供定制化产品和服务取得良好竞争绩效的。对于承接 OEM 较多的高技术产业起步国家来说，一般生产的是成熟的功能性产品，创新的响应性并不突出，时间响应性（交货期）要求较高，因而交货期就成为影响订单获取的重要因素。

（7）标准化。由于复杂性和多样性广泛存在于高技术中，为了获取规模效益和网络效益，各国、国际组织、产业协会、企业联盟等纷纷推出技术和产品标准。标准化成为高技术产业的重要特征。一国产品或服务如能引领国际标准化取向，无疑就占领了产业竞争的高端，进而大获其利。对于标准化追随国来说，生产和提供标准化产品和服务是进入国际市场参与国际竞争的入门证。

一般来说，上述七个方面对竞争力都会产生重要的直接影响，但是，具体产业结构特性和产业发展阶段的不同会导致上述因素的影响程度的差异。与发达国家相比，中国价格和时间响应性是直接的优势来源；市场竞争绩效直接来源因素中的劣势因素主要在于标准化、结构、创新响应性以及品牌上。要改善这些劣势因素，我们必须洞察其后的动力因素，并制定和采取相应的战略措施。

3. 自主创新

产业/企业进行自主创新的主要目的在于不断提高经济效益，加速产业/企业的发展。创新之所以能够提升产业/企业的竞争力的主要原因是通过创新可以实现上述竞争力直接来源因素朝着企业竞争优势的方向转化，比如价格更具竞争力、质量和性能更高、品牌价值更高、结构更完整、响应性更快、标准化程度更高等。

我们仍然遵循熊彼特对于创新广泛的定义，包括以下五种情况：引进新产品；引进新技术，即新的生产方法；开辟新市场；控制原材料的新供应来源；实现企业的新组织。创新的五种可能类型对于竞争力直接来源因素具有不同的推动作用（见表 3-2）。

表3-2　　　　　　　自主创新影响竞争力直接来源因素

创新类型	价格	质量	性能	品牌	结构	响应性	标准化
引进新产品	√	√	√	√	√	√	√
引进新技术	√	√	√	√	√	√	√
开辟新市场				√			
新原材料供应	√	√	√			√	√
实现新组织		√				√	√

资料来源：作者根据相关资料和实际调研得到（2008）。

4. 竞争力动力因素

前文分析表明，波特的产业国际竞争优势"钻石"模型"经济学分析范式"（Paradigm）已越来越多地被学者们参照、借鉴运用于不同国家不同产业的国际竞争力分析。但波特的国家竞争优势模型不是一个尽善尽美、不可更改的模型。本节从三个方面修正波特的钻石模型，使该模型更符合高技术产业国际竞争现实。一是基础设施从生产要素中单列出来，作为一项独立因素；二是扩充空泛的相关性和支持性产业因素为涵盖四方面内容的产业网络体系因素；三是将政府政策作为内生因素纳入评价体系中。

这样一来产业国际竞争动力因素可归纳为六个方面，依次是产业要素、国内市场需求、产业竞争结构与企业策略、产业网络体系、国家基础设施和政府政策。各因素相互之间的关系及其对竞争力的直接来源因素和竞争绩效的作用可用表3-2表示。模型中各动力因素在互动作用中推动产业创新，由创新作用于竞争绩效直接来源因素提升，进而推动产业竞争绩效的提升。

（1）产业要素。产业要素是指参与竞争的各种投入，如人力、天然资源、知识、技术、资本资源等（Porter，1990）。诸如地理位置、气候、自然资源和半熟练劳动力等的基本要素主要对采掘业和农业显得重要。而对于技术密集型产业，创造诸如高级熟练劳动力、技术研发等之类的高级要素，对产业竞争优势的获取和提高尤为关键（Porter，1998）。例如，日本通过大量培养高级电气工程师，在诸如机器人和消费电子类的众多产业取得了竞争优势。相反，由于缺乏专门人才，日本在软件和飞机制造产业处于劣势（Porter，2000）。莫厄里和纳尔逊（2003）研究的案例中，有些产业劳动力资源在产业领先地位的转换中发挥了主要作用。

产业要素条件不仅涉及产业要素的投入量的扩张，还涉及产业要素的提升，即要素升级。莫厄里和纳尔逊（2003）认为产业领先伴随着产业要素从原始要素和能力向标准化、常规化要素和能力，乃至最终不断向创新型要素和能力升级的过程。从机理上看，要素量的扩张能增加一国的生产能力，而要素升级则带来产品创新，进而带来更大的价值增值，两种情况都能提升产业竞争绩效。产业要素量的扩张和质的提升都要依赖要素创造。要素创造最为重要的一方面是，不断升级人力资源促进 R&D 的成功（姚战琪，2002）。

在全球经济一体化的竞争环境下，一国的产业要素也不仅仅限于国内，获取国际产业要素既是其初期最佳的切入方式，也是后期竞争力提升的重要依赖因素（Rugman，1991）。[①] 当然国际产业要素中，发展中国家引入最多的是外国直接投资和技术。许多发展中国家在需要很高的知识技能，生产过程复杂的产品的竞争方面面临挑战。FDI 在这方面能有所帮助，跨国公司在国际技术转移和贸易方面发挥着重要作用。跨国公司不仅可以在这类国家建立先进的制造设计和开发的能力，还可以通过它们的全球营销网络扩大该国的出口机会。跨国公司的营销网络使外国分支机构能够进入公司内部和公司外部的国际市场。相应地，本土企业就也可以通过分包或者其他的安排，融入这类国际网络，扩大国际市场。

综上所述，影响国际竞争绩效的产业要素主要包括人力资源、资本要素和技术要素等；产业要素主要来源于国内，也可以来源于国外，这取决于国家的吸引力和控制力；产业要素的创新升级与产业要素的数量规模同等重要，甚至更重要。

（2）市场需求。波特和纳尔逊等都认为本土市场是产业竞争力提升最基本的竞技场。新产品在开拓国际市场前导入期的测试和商业化都要在这个竞技场完成。因而本土市场需求特点，是产业竞争力的重要影响因素。莫厄里和纳尔逊（2003）认为需求、知识型顾客和使用者之间频繁的互动行为会提高供应商的创新和竞争绩效；市场需求规模是决定高固定成本（如高研发成本）行业重要因素。

一般而言，一个国家的本土需求能更早给本土某些产业的企业描绘出一幅更清晰的购买者需求图谱，该国这类产业就能够取得竞争优势。本土需求也能帮助把本国产品和服务推向海外。本土购买者也可能是在不同国家都有分支机构的跨国公司，他们通常愿意购买母国供应商的产品或服务。这种偏好产生于方便沟通、规避风险的愿望和在任何地方都采用一致性投入品所产生的效益（波特，2002）。

[①] 尽管波特认为只有流出的 FDI 对一国竞争力有价值，流入的 FDI 并不是完全健康的（Not Entirely Healthy）。外国分支机构并不是竞争优势的来源，因为外国分支机构是进口者（事实上，外国分支机构也会出口，甚至和进口一样多）。他提出应该对外国分支机构的竞争绩效和管理自治进行检验，但没有指明应该怎么检验。波特认为依赖于自然资源、非技能型劳动力和简单技术是不会形成竞争力的。更多的研究揭示从国外引入的要素包括 FDI 对产业竞争力提升有效。

尽管也有学者指出有许多跨国企业是如此的多国化,以至于本土需求对竞争力作用甚微,该类企业可以用市场调研、竞争者情报和竞争标杆等方法来弥补外国市场经验不足的缺陷(Dunning,1992),但对于初创企业和幼稚型产业寻求竞争优势而言,本土需求最为重要。从波特研究结论可以推出对于高 R&D 投入、高不确定性的产业,要取得竞争力,本土需求是很重要的。因为早期本土需求有助于本土企业比国外竞争者更早采取行动,从而确立在产业中的地位,并参与国际竞争。对于有国际需求的产业或产业环节来说,大的本土需求无疑是一个优势(Freeman,1988)。可以合理地认为大的本土市场需求能够激励高技术产业投资和出口。许多研究结果都表明,技术创新在本土市场被接受是其国际竞争力的必要条件。迄今,大多数创新仍然基于本土市场。那些率先接受国际成功创新的国家常常成为"领导型市场"(Lead Markets)(European Competitiveness Report,2006)。

以上分析表明,国内市场需求确实是国际竞争中的重要动力因素,那么在评价国内市场需求时需要考察哪些方面呢?波特指出作为一国竞争能否成功的重要决定因素的本土需求具有三个方面的属性:本土需求的性质和构成,规模和成长模式以及本土需求偏好传播到国外市场的机制(波特,2002),即是说国内市场需求的规模、性质和国内需求偏好的国际推广是衡量的主要方面。需求性质可以从需求的水平和层次——是高档还是低档,是创新还是保守,是多样还是单一等,以及消费者的成熟程度两个维度来考量。需求的水平和层次受收入水平限制;消费者的成熟程度体现在学识、经验和意识上,这里的意识包括维权、负责和合作共赢等方面内容。一般来说,低档需求的购买行为是建立在低价基础上的选择,而对于成熟购买者不仅关注价格,更注重品质方面,而且愿意与企业互动合作,这有利于企业的创新和竞争绩效的提升。另外,前瞻性、创新性需求能促进产业创新和升级。而且创新性需求有别于功能性需求,它属于高价值增值型需求,这对于创新型技术和产品的涌现尤为重要。

(3)产业竞争结构与企业策略。本土企业之间的竞争对竞争力升级起着较进口和在国内少量投资的外国企业大得多的作用。本土竞争不仅增加了正的外部性,而且能产生更大的竞争刺激和压力去提升生产率。之所以会这样,是因为本土竞争者面对的投入成本和其他产业条件是一样的(优势只能是来源于生产率提升或者差异化)。有学者指出缺少竞争压力会滋生官僚机构的惰性,阻碍创新(Scherer,1980)。熊彼特把竞争看成是创造新产品和新工艺,增强国际竞争力的动态过程(熊彼特,2006)。激烈的本土竞争最终迫使本土企业创新并关注全球市场。经过这种激烈竞争洗礼过的本土企业,会变得坚强(Toughen),能够在国际市场取得成功(Freeman,1988)。总体上说,本土竞争和国际市场成功有很强的联系(波特,2002)。

必须注意的是，竞争者多，并不代表产业竞争力就大，若是厂商之间的竞争手法拙劣，反而会抵消本国的竞争优势。竞争者可以不必在每一个环节展开针锋相对的直接交锋，但必须保持潜在进入的可能（波特，2002）。根据波特的观点，市场竞争结构关键是要产生对创新和新技术应用的有效激励，即维持一种有效的可竞争市场[①]即可。低水平的过度竞争会侵害产业基础，降低产业国际竞争力。

能否形成有效的竞争结构，不仅要受政府政策的影响，还要受到产业内企业共有的战略取向和策略的影响。如前所述，如果企业用拙劣的手法展开竞争，则虽然产业竞争强度很大，集中度很低，但产业竞争力却很低下。在相互制衡，相互促进中影响产业竞争绩效。按照20世纪80年代形成的新产业组织理论，不单是市场结构会影响企业行为，进而影响产业绩效；市场行为，特别是企业内部的策略性行为对未来市场结构和绩效有重要影响（刘传江，2001；干春晖，2006）。[②] 值得注意的是企业策略往往随产业和国情的差异而不同，但在一国内的具体产业中，企业经营的目标、策略和惯例上表现出明显共同的特点。如意大利大多是中小型规模、私人经营，甚至具有家族式特点的公司；德国许多公司的高层具备技术和工厂经验，企业的组织和管理呈现明显的科层化。至于企业策略和管理模式很难说出一个优劣的通则，一度受到重视的美国模式，在20世纪80年代被日本模式取代，而现在日本模式也受到了某些评判。考虑到上述因素，本书认为企业的策略主要应考察：经营导向，如顾客导向、生产导向、创新导向、国际化导向等；战略定位，如优势定位、市场定位等；策略措施，如合作、联盟、创新、市场开拓等方面。

（4）产业网络体系。产业网络是指产业内或产业间企业之间所构建维持的各种关系的集合（Hakansson，1990），产业之间的关系又包括纵向关系（如与供应商、分包商、分销商等的关系）和横向关系（如与特定合作项目中的伙伴企业、研发机构、政府机构、贸易协会等关系）。根据网络理论、制度经济学、社

[①] "可竞争市场"理论是鲍莫尔（William Baumol）等人提出的。该理论认为，在可竞争市场中，由于潜在进入者的压力，促使现存企业降低成本，扩张规模，注重创新，从而既改变了市场结构，又影响市场绩效。其理论假设前提是企业进入或退出市场（产业）是完全自由的，相对于现有企业，潜在进入者在生产技术、产品质量、成本等方面不存在劣势；潜在进入者能够根据现有企业的价格水平评价进入市场的盈利性；潜在进入者能够采取"打了就跑"的策略，不存在沉淀成本等退出市场的障碍。20世纪80年代美国等西方国家放松管制政策的实施，就是受该理论的影响。

[②] 新产业组织理论在批判和吸收产业组织理论传统哈佛学派的结构→行为→绩效（SCP）理论的基础上，重点考察结构和行为间的"逆向因果关系"，即由"结构主义"转向"行为主义"。该理论认为SCP框架是一个循环的流程，S、C、P之间并非只是一个简单的S→C→P的单向决定，而且还存在着P→C→S这样一个反向决定，从长期看，SCP框架实质上是一个周而复始、不断发展的循环过程。受该理论的影响，20世纪90年代，美国的反垄断政策也从前一时期的过于宽松逐步转向温和的干预。

会学和管理学原理，产业网络的基本功能是：构建企业之间相互依赖的密切合作和从属网络；促进网络内企业间交互学习，提升产业生产力（Lundvall，1992）。

从长期来看，产业网络是由影响产业横向和纵向结构的动力机制决定的。产业网络的动力机制受到经济演化的结构理论、企业演化理论和产业动力学的高度关注（Bonaccorsi，Giuri，2001）。产业网络动力机制包括横向动力机制和纵向动力机制，及其相互联系。横向动力机制包括产业进入、退出、成长和维持，以及市场份额的稳定性和企业规模的分布，等等。纵向动力机制包括纵向一体化或分隔化，劳动分工，产业上下游关联，等等（Wilkinson，2000）。

随着全球经济一体化的加深，各国产业网络已经突破了国界，出现了加深渗透融合的趋势。国家之间的分工协作也更加深入，在传统的产业间分工协作的基础上，出现了产业价值链环节分工和产品内任务及工序的分工现象（曾铮，2008）。价值链分工即产业的研发、制造、营销和服务等价值环节的分工。"产品内分工（Intra-product Specialization）"是特定产品生产过程不同工序或片段通过空间分散化展开成跨区或跨国性的生产链条（卢峰，2004），形式上表现为产品生产从元件、零部件、半成品直到最终成品的跨国供应链。由于各国在产业要素条件等方面的差异，各国产业在价值链环节分工或产品内工序分工中所获得的附加值是不一样的，在价值链分工中，存在一条"微笑曲线"（施振荣，1996），制造环节附加值最低，两端的研发和营销及服务环节附加值均较高。在产品内分工中，核心部件厂商居于供应链的控制地位，必定能获取更多的价值增值。

产业网络体系包括多层级子系统，具体如图 3-4 所示。

首先是支持性和相关性产业间的分工协作，如装备制造业和提供原材料的相关产业；其次是产业内不同价值环节的分工协作，产业内的企业因此表现出专业化的非同质性演化，有的专注生产制造，如伟创力（Flextronics）专注电子产品的制造，有的专注研发，有的专注品牌和营销渠道；第三个层次是各环节内（主要是制造环节）的进一步分工协作，有学者称作产品内分工，有的成为工序分工，如果该分工发生在国际间，就会形成产品内贸易或"工序"贸易（Tasks Trading）（曾铮，2008；北京大学中国经济研究中心课题组，2006）。生产制造中的零部件及组装集成等的分工，技术研发中不同模块的协作等就属于此类分工。分工协作能提高生产力，这是为理论和实践所证明的真理。一国内部的产业分工网络体系越细密确实越能提高产业的生产力和竞争力。但如果把跨国公司主导的国际分工纳入到分析框架内，情况就完全不同了，因为由跨国公司主导的国际分工所形成的国际产业网络中，各产业、产业环节及环节内的工序和任务的附加值是不同的，而且各国在国际产业网络中的层级地位是不均衡的，这就导致各国产业所获取价值增值的规模和效率的差异，即国际竞争绩效的差异。因此在产

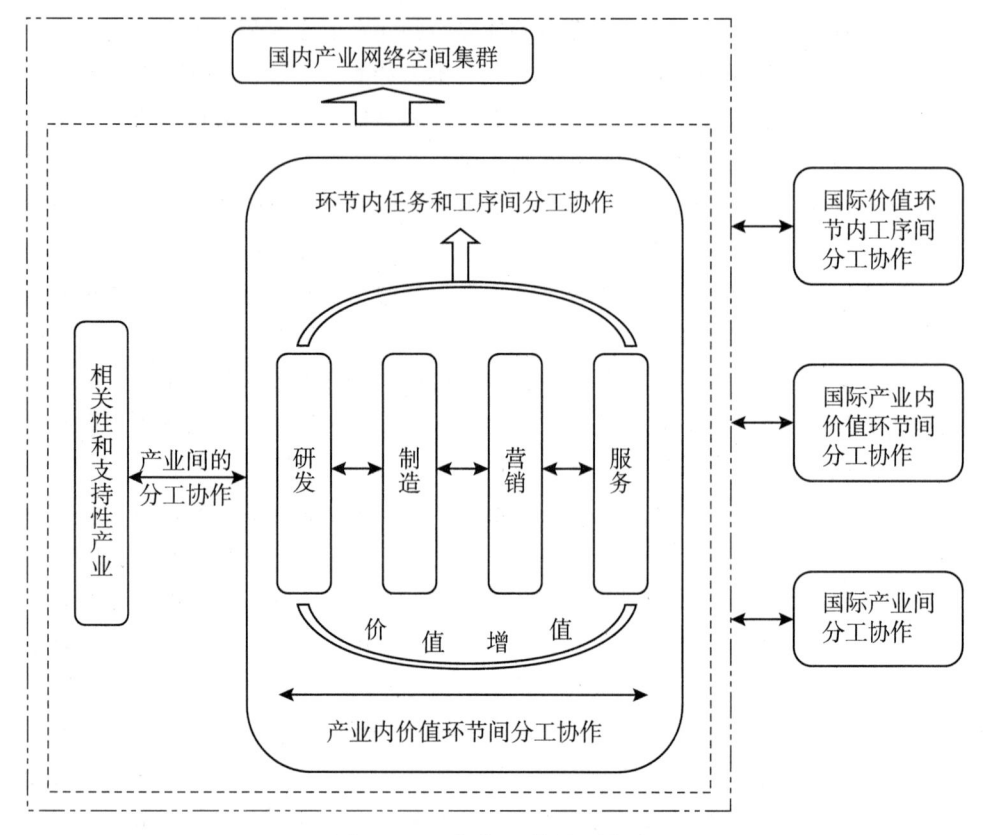

图3-4 产业网络体系框架

资料来源：作者根据相关资料绘制（2008）。

业网络全球化的背景下，一国产业网络体系的竞争力主要体现在，产业网络体系的完善性和高度化上。产业网络体系的完善性指分工细化的程度即分工的密度和协作密切程度即协作的强度。显然，一国产业网络体系越完善，产业就越安全稳定，越易于形成持续的国际竞争优势。产业网络体系的高度化指一国产业在国际产业网络体系中所处价值增值环节的层次，处于高价值增值环节表明产业网络体系高度化程度高，反之则低。

产业网络体系第四个层次是产业空间/区域集群。集群是通过各种类型的客观性和互补性联系在一起的，属于某一特定产业领域的公司、供应商服务提供者和相关机构在地理位置上的集结（洛佩兹—克拉罗斯，2007）。集群是专业知识、技能、基础设施和支持性产业在强化生产力方面的作用的自然表现。集群以三种重要方式影响着竞争力。首先，集群的存在提高了其构成企业或产业当前的生产率。与必须从其他地方获取资源的孤立企业相比，集群内的企业拥有更有效的途径获得专业化的供应商、雇员、信息和培训。其次，集群的存在改善了创新的环境，同时也增强了生产力的发展。集群内的创新机遇常常更容易被把握，并且集群内拥有可以将创新商业化的资产、技术和资本。最后，集群刺激并促使支持创新、扩展集群的新企业诞生。如果存在经验丰富的劳动者和全部所需投入的来源以及当地可利用的专业化服务，那么进入壁垒就更低了。

（5）国家基础设施。国家基础设施是指一国既有的实体设施和制度、文化设施的集合，它为一国经济社会发展提供稳定支撑。国家基础设施是影响产业竞争力的长效动力因素。在波特的国家创新竞争力、美国佐治亚理工学院科技政策与评估中心（TPAC）的高技术产业国际竞争力、瑞士国际管理发展学院（IMD）的国家竞争力等评价体系中都纳入了基础设施因素。国家基础设施中，制度文化基础设施在影响的广泛性、长期性和稳定性上尤其突出。马歇尔（Marshall）认为在受益于共摊诸如基础设施和服务和共同的知识基础等公共外部资源的成本的地区的产业，就会达到外部规模经济（Marshall，1922）。

日益复杂的生产过程使得协调合作性的活动更为重要，这种协调合作需要现代化的基础设施的支撑，如计算机网络和电子通信等。在许多国家，政府是改善基础设施的主角。缺少现代化的基础设施便很难引进现代化的技术，很难参与国际市场竞争。如果没有合理有效的基础设施，一国创造出的要素就可能无法商业化，创新的价值就很有限（Howells，1998）。

以上论述表明，基础设施对一国产业发展和竞争力提升有着深厚的影响和作用。基础设施的主要内容包括实体性基础设施（Physical Infrastructure）和国家创新系统，具体包括交通运输设施、信息通信设施、教育设施、科研设施、融资信用体系等。

（6）政府政策。政府变量在波特模型中作为外生变量。波特把政府作为产业国际竞争力的外生变量理论和实践上都有些偏差。首先，国际竞争力竞争主体是国家的产业，而组织者，制度、规则的提供者就是政府，必须把政府作为一个内生变量；其次，政府的政策及行为要受到产业的影响，现今社会产业，尤其是国家的战略产业——高技术产业，通过行业协会、产业联盟、产业中的大企业对政府政策制定和执行影响非常大，政府政策和行为已经成为产业内生或准内生因素。

政府政策和制度不仅影响现有要素的配置和效益的发挥还影响和决定要素的创新和升级。有学者用演化经济学方法研究发现制度安排和政策干预对要素创新模式及其对产业竞争力的影响起根本作用（Castellacci，2008）。肖菲尔德（Shonefield，1965）认为在产业政策方面有干预能力的强势政府是取得和维持产业竞争力的先决条件。国家竞争要求政府通过优先激励（补贴、资本可得等）和贸易保护等措施致力于高成长的产业部门或环节（Industrial Segments）（Johnson，1984)。

　　政府政策和行为对产业国际竞争力的形成和提升确实起着关键性作用。但政府政策作用的发挥却是一项复杂的系统工程，它要受到国内国际各利益相关者的影响；而且在一定程度上要受路径依赖的限制，即是说政策的制定实施存在历史惯性。所以，世界各国与产业竞争力提升相关的政策制定均保持一种积极而又灵活的态度，产业和技术创新方面的政策和措施根据新情况不断做出调整。因此，关注和洞察产业政策的机会之窗，适时推出有效政策促进产业竞争力提升是各国政府面临的挑战。可以明确的是，与创新和产业国际竞争力密切相关的政策体系主要有与技术创新相关的研发政策、人才政策、知识产权政策、产业标准政策；与产业规制和扶持相关的竞争/反垄断政策、税收政策和政府采购政策等。

第二篇

自主创新演进：
历史与现状

本篇是中国自主创新的实证篇，概述中国自主创新的现状，分析样本企业自主创新调查的结果，研究我国产业国际竞争力现状，检验自主创新与国际竞争力的关系。

第四章概述我国自主创新活动在国家层面、产业层面、区域层面的现状。第五章基于2008年全国42个城市的创新调查数据，揭示中国自主创新的特点。第六章运用统计数据，剖析我国产业整体的国际竞争力特征，并以高技术产业为例评价我国产业的国际竞争绩效和国际竞争动力因素，实证检验自主创新与国际竞争力的关系。

第四章

自主创新现状：宏观和中观层面

第一节 国家层面

本节从自主创新环境、自主创新实力、自主创新特点三方面阐述我国自主创新活动的现状。

一、自主创新环境

（一）自主创新的基础

目前，我国已经初步具备自主创新的基础，具体表现为：

第一，经济体制基础。新中国成立60多年来，尤其是改革开放30年来，社会主义市场经济体制初步建立，经济社会持续快速发展，经济实力大为增强。

第二，科研体系基础。我国已经形成了比较完整的科学研究和技术开发体系，取得了一系列举世瞩目的科研成就。

第三，产业技术基础。经过多年的自主开发和技术引进，我国产业技术水平有了较大提高，为"以我为主"进行资源整合和技术创新打下了坚实基础。

第四，国内市场基础。巨大的国内市场资源为自主创新成果提供了宽广的应用舞台。

第五,制造能力和配套条件基础。我国已经具备大规模制造能力和产业配套条件,这为我国诸多产业从制造环节向核心技术研发环节升级创造了条件。

第六,对外开放的基础。对外开放的实践为开放条件下的自主创新提供了宝贵的经验。

(二) 自主创新的国际环境

随着经济全球化进程的加快,我国日益融入国际经济体系,进入到全球化竞争的新阶段,自主创新面临着新的国际环境。

经济全球化对我国的经济发展环境造成了深刻的影响,主要表现为:第一,我国将真正进入商品和要素全面双向跨境流动的开放阶段,商品流动与要素流动、货物贸易与服务贸易、出口与进口、吸收外资与对外投资、本地化与国际化等各方面均衡协调发展的要求更加突出;第二,我国商品输出将遭遇日益增多的壁垒和限制,发达国家更多依靠反倾销、贸易保护、知识产权等因素来控制市场,提升创新能力、突破技术壁垒和商品输出壁垒成为当务之急,又是长期任务。

国际环境的变化对我国既是挑战,又是机遇。

一方面,国际形势表现出动荡突变的特征,这对我国经济发展带来挑战。例如,金融危机和新一轮全球性经济衰退,使得国外需求大量锐减,这对我国实体经济带来很大影响。如何在国际动荡的格局中,规避不利影响并把握发展机遇,是我国在全球化竞争中要解决的课题。再如,我国虽然凭借低成本劳动力等要素成为名副其实的"世界工厂",但随着我国人均收入和要素成本的上升,低成本竞争优势正在受到削弱。因此,我国必须实现增长模式的转型,迫切需要通过推动技术进步形成新的竞争优势,这要求创新成为新的发展动力。

另一方面,国际环境的变化也为我国带来了创新机遇。例如,经济全球化在产业层面的一个重要体现是"模块化革命"。模块化不仅体现在产品上(即采用模块化方式进行制造),还体现在技术上(即采用模块化的方式开发技术)。模块化使得传统垂直一体化内部生产结构被打破,涌现出了一批专业化的独立部件模块和技术模块的供应商。我国产业和企业正是利用了模块化特性,选择可为的模块,而由外部供给进入壁垒高的模块,从而降低了产业进入难度,为自主创新提供了可能。

二、自主创新实力

下面从创新投入和创新产出两方面对我国自主创新实力进行描述。

(一) 创新投入[①]

1. 经费投入

我国对于创新的支持力度不断加大，科技经费投入逐年增长。

(1) 财政支出中对科技的投入逐年增加。2006年国家用于科技事业的财政拨款为1 689亿元，是1980年的26.1倍，年均增长13.4%，如图4-1所示。

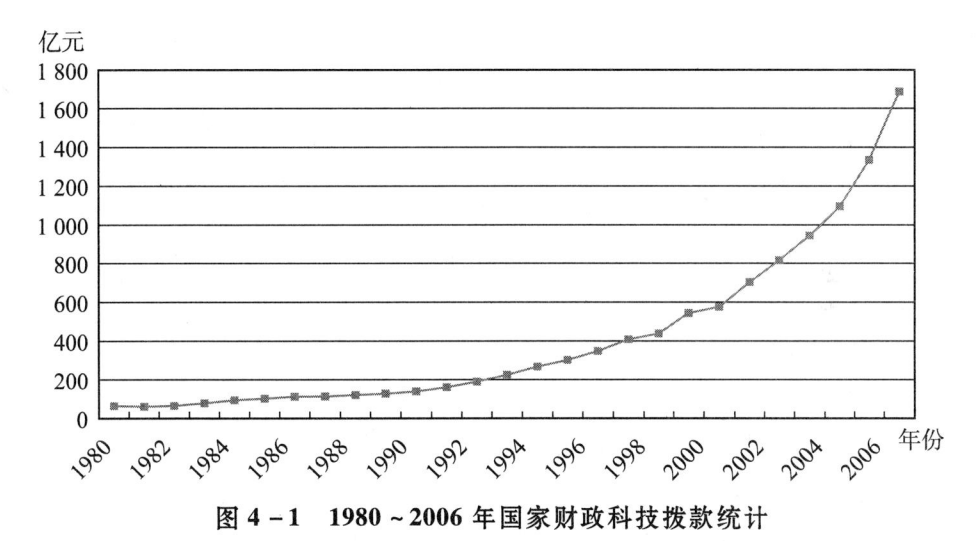

图4-1　1980~2006年国家财政科技拨款统计

资料来源：国家统计局、国家科技部主编：《中国科技统计年鉴》(1991~2008)，中国统计出版社历年版。

(2) 全社会对创新活动的投入逐年增加。据统计，2007年全社会R&D经费支出达3 710.2亿元，是1991年的26.1倍，年均增长22.6%；按全国人口计算的人均R&D支出为280.8元，是1991年的22.8倍。2007年R&D经费支出占国内生产总值(GDP)的比重为1.49%，比1991年增加0.84个百分点，如图4-2所示。从2006年的情况来看，我国的研发投入总量排在美国、日本、德国、法国、英国之后，已成为世界第六的研发投入大国。据国际科研观察组织发表的双年报告统计，中国的科研经费达到了1 010亿美元，居世界第四位，已经迈入了世界科研大国的行列[②]。

[①] 本部分的数据来自历年《中国科技统计年鉴》，作者对其进行了整理。
[②] 《科技日报》，2009年1月19日。

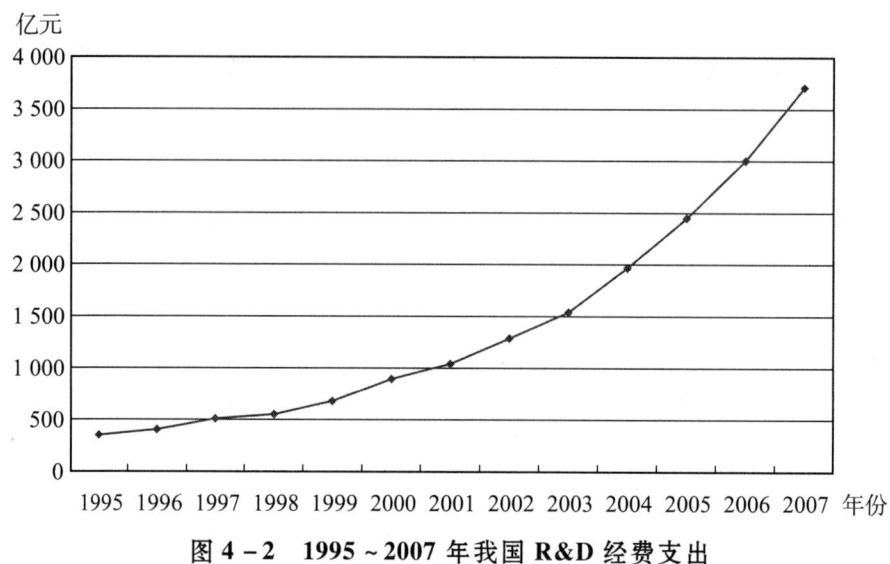

图 4-2　1995~2007 年我国 R&D 经费支出

资料来源：国家统计局、国家科技部主编：《中国科技统计年鉴》(1996~2008)，中国统计出版社历年版。

2. 人力与组织资源投入

（1）我国的科技人力资源得到迅速发展。我国科技人力投入不断增加，科技研发人员的数量大幅增加，素质不断提升。截至 2007 年底，我国国有企事业单位拥有工程技术人员、农业技术人员、科学研究人员、卫生技术人员和教学人员五类专业技术人员 2 255 万人，是 1978 年的 5.2 倍。截至 2007 年，全国从事科技活动人员达 454.4 万人，是 1991 年的 2 倍；全国 R&D 折合全时人员达 173.6 万人年，其中科学家和工程师 142.3 万人年，分别是 1991 年的 2.6 倍和 3 倍；科学家和工程师所占比重由 1991 年的 70.3% 提高到 82%，增加了 11.7 个百分点（见图 4-3）。截至 2007 年底，我国的研发人员总量仅次于美国，居世界第二位。据 2008 年的统计，在从事科研的人才方面中国处于明显优势，美国有 140 万科研人员，欧盟有 130 万人，中国为 110 万人[①]。

（2）创新机构。我国研究机构、企业和高校的研发投入水平不断增加，研发实力稳步提升。2007 年研究与开发机构数目达到 3 775 个，科技活动人员 47.8 万人，其中科学家和工程师 35.6 万人，研究与试验发展人员全时当量（指全时人员数加非全时人员按工作量折算为全时人员的总和）达到 25.5 万人年，如图 4-4 所示。

---

① 《科技日报》，2009 年 1 月 19 日。

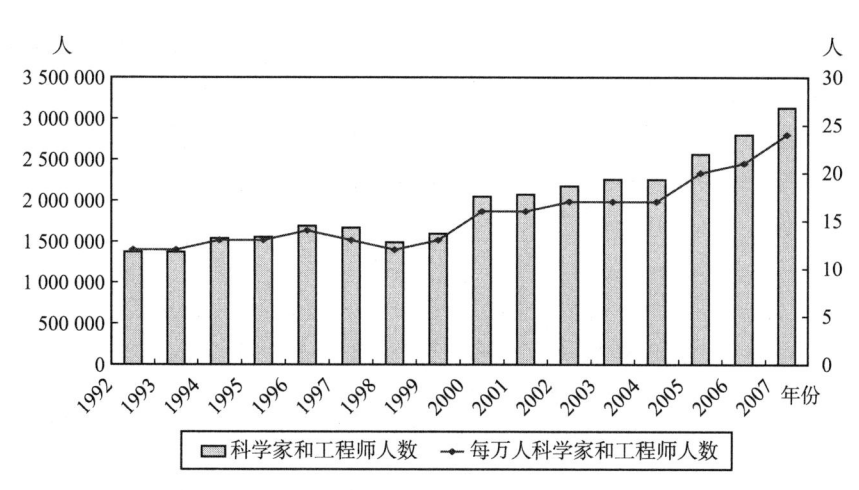

图 4-3 科学家和工程师人数及占万人比例

资料来源：国家统计局、国家科技部主编：《中国科技统计年鉴》（1993~2008），中国统计出版社历年版。

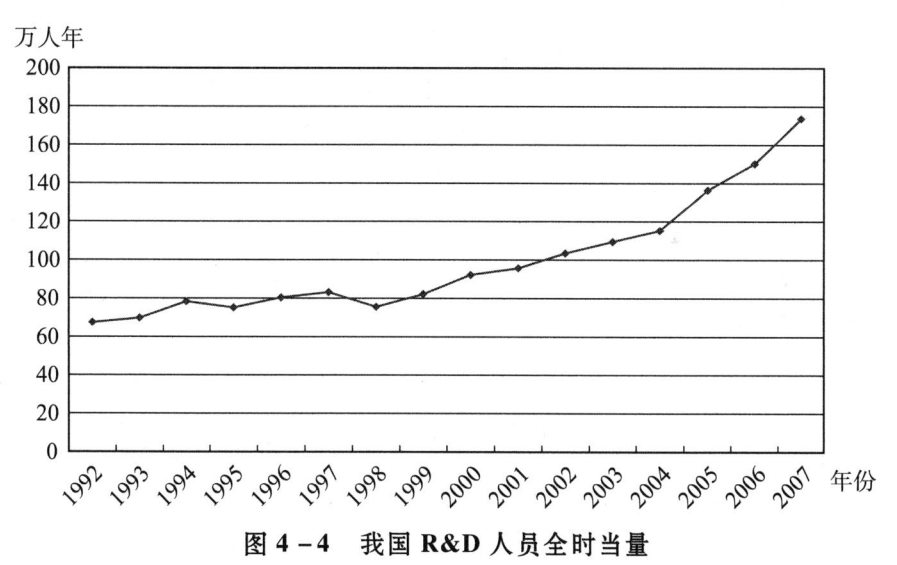

图 4-4 我国 R&D 人员全时当量

资料来源：国家统计局、国家科技部主编：《中国科技统计年鉴》（1993~2008），中国统计出版社历年版。

2007年我国科技经费内部支出额为1 095亿元，是1995年353.9亿元支出额的3.1倍，其中R&D经费支出687.9亿元，是1995年R&D支出的4.7倍，年平均增长13.8%。企业逐渐成为研发投入的主体。2007年全社会R&D经费支出中，各类企业支出2 681.9亿元，占全社会R&D支出的72.3%，比2000年高出12.3个百分点。其中，起主导作用的大中型工业企业支出2 112.5亿元，是

1995年的14.9倍，年均增长25.3%，大中型工业企业R&D支出占全社会R&D支出的比重达56.9%，比1995年高出16.3个百分点。大中型工业企业R&D人员全时当量达到85.8万人年，超过了1995年研发人员全时当量的3倍。科技活动人员数量达到220.2万人，与1991年82.9万人的科技活动人员相比，增加幅度达165.6%。

2007年由大中型企业建立的科技机构数达到11 847个，较2000年增加55.9%。以企业技术中心为主要形式的企业技术创新体系建设不断加强。截至2007年，国家认定的企业技术中心499家，省级企业技术中心4 023家。国家认定的企业技术中心2007年投入研发经费超过800亿元，企业新产品销售收入超过2万亿元。

科技型企业是自主创新的生力军。近几年我国科技企业的孵化发展迅速，孵化器总数从2002年的436个增加到2005年583个，增加了34%，2005年在孵企业45 548个，比2002年增加了95%，累计毕业企业17 135个。在孵企业人数由2002年的41.49万人上升到2005年的82.75万人，2005年在孵企业总收入1 705.2亿元，是2002年的6倍多。

高等学校作为知识创新的主体表现出良好的增长趋势。高等学校建立的研究与试验发展机构在2007年达到4 502个，比1995年净增1 171家，增幅为31.2%。科技活动人员从1995年324 279人增加到2007年的542 158人，其中科学家和工程师从307 985人增加到459 530人。高等学校R&D支出2007年达到314.7亿元，是1995年R&D支出的7.4倍，年平均增长率18.2%。

（二）创新产出[①]

1. 重大科技成果

据统计，从1981年到2007年，我国累计取得省部级以上重大科技成果74.6万项；累计颁发国家自然科学奖842项，国家技术发明奖2 962项，国家科学技术进步奖10 099项；我国在杂交水稻、高性能计算机、高温超导研究、人类基因组测序等方面实现了重大的基础研究突破，产生了广泛和深远的影响。

2. 重点领域成果

截至2007年，在航天科学领域，我国不仅掌握了卫星回收和一箭多星等技术，还迎来了两座新的里程碑：由我国自主研发的"神舟"系列航天飞船的成功发射，特别是"神舟"五号、"神舟"六号和"神舟"七号载人航天飞行的圆满成功，实现了载人航天工程的重大突破；"嫦娥"一号成功探月之旅

[①] 本部分的数据来自历年《中国科技统计年鉴》，作者对其进行了整理。

标志着我国首次月球探测工程圆满成功,中国航天成功跨入深空探测的新领域。

截至2007年,在信息技术领域,银河系列巨型计算机研制成功,量子信息领域避错码被国际公认为量子信息领域令人激动的成果;纳米电子学超高密度信息存储研究获突破性进展;6 000米自制水下机器人完成洋底调查任务;每秒峰值运算速度10万亿次的高性能计算机曙光4000A系统正式启用;首款64位高性能通用CPU(中央处理器)芯片问世。

截至2007年,在生物科学领域,杂交水稻技术取得重大突破,首次完成水稻基因图谱的绘制;完成人类基因组计划的1%基因绘制图;首次定位和克隆了神经性高频耳聋基因、乳光牙本质Ⅱ型、汉孔角化症等遗传病的致病基因;体细胞克隆羊、转基因试管牛以及重大疾病的基因测序和诊断治疗技术均取得突破性进展。

截至2007年,在重大工程建设方面,我国取得了世界瞩目的成就:三峡工程中的水库蓄水成功、永久船闸通航、首批发电机组全部投产,许多指标都突破了世界水利工程记录;青藏铁路全线通车,成功解决冻土施工的世界性难题;秦山核电站、大亚湾核电站成功建成并投入使用;铁路实现了六次大规模的提速,成功掌握了时速超过200公里的高速铁路技术。

此外,材料科学、工程技术科学、地球系统科学、新能源技术、原子能技术、高能物理等各个新老学科也都取得了一批有影响、意义深远的重大成果。

3. 专利成果

我国的专利事业取得长足进步,既反映了知识产权保护环境的明显改善,也体现了我国创新能力和水平的逐步提升。

《专利法》于1985年正式实施,它显著提高了科技人员利用知识产权保护创新成果的意识,专利申请量和授权量逐年增加。从1986年到2007年,我国专利申请量和授权量分别以16.7%和25%的年平均增长率递增。到2007年底,我国专利部门已累计受理国内专利申请331.5万件,授权专利179万件。2007年当年受理国内专利申请58.6万件,是1986年的25.4倍,其中技术含量较高的发明专利申请15.3万件,是1986年的20.2倍;发明专利所占比重为26.1%。2007年授予的国内专利30.2万件,其中发明专利3.2万件,是1986年的354.9倍;发明专利所占比重为10.6%,比1986年提高了7.4个百分点。2007年当年申请的国外发明专利达到9.2万件,是1995年的8.3倍;授权的国外发明专利3.6万件,是1995年的19.3倍。从国际比较来看,据《专利合作条约》(PCT国际专利申请)显示,2007年我国发明专利申请量达5 456件,排名从1997年的第22位跃升至世界第7位。最新统计显示，2008年我国专利合作条约（PCT）申请量再创历史新高，达到6 089件，同比增幅11.9%，超过英国跃居全球第6位。华为技术有限公司更是凭借1 737件专利合作条约申请，跃居单个公司申请国际专利总量排行榜榜首[①]。

图4-5是我国专利申请数统计，图4-6是我国专利授权数统计，图4-7是我国发明授权数统计。

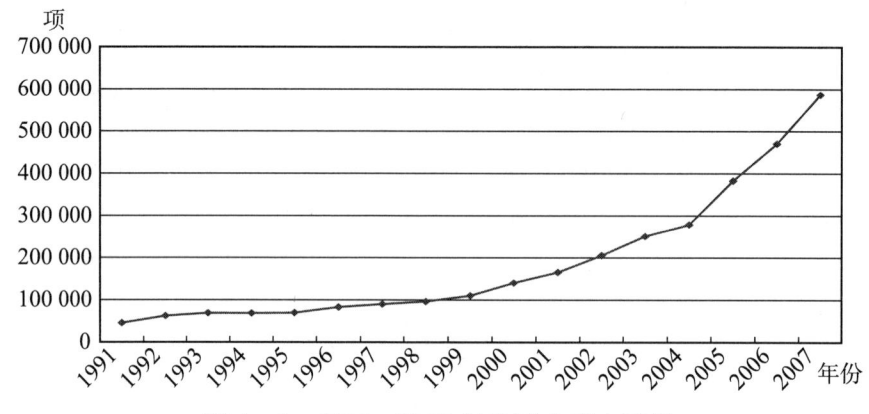

图4-5　1991~2007年我国专利申请数

资料来源：国家统计局、国家科技部主编：《中国科技统计年鉴》（1992~2008），中国统计出版社历年版。

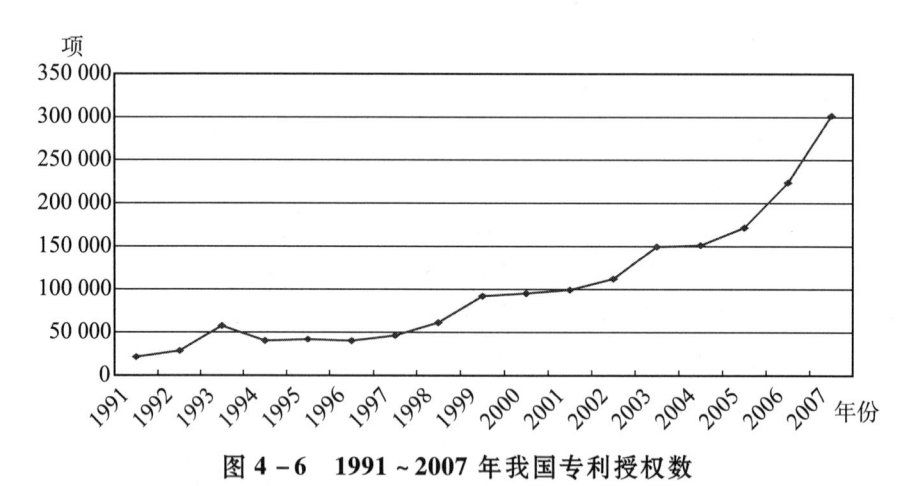

图4-6　1991~2007年我国专利授权数

资料来源：国家统计局、国家科技部主编：《中国科技统计年鉴》（1992~2008），中国统计出版社历年版。

---

① 《科技日报》，2009年1月19日。

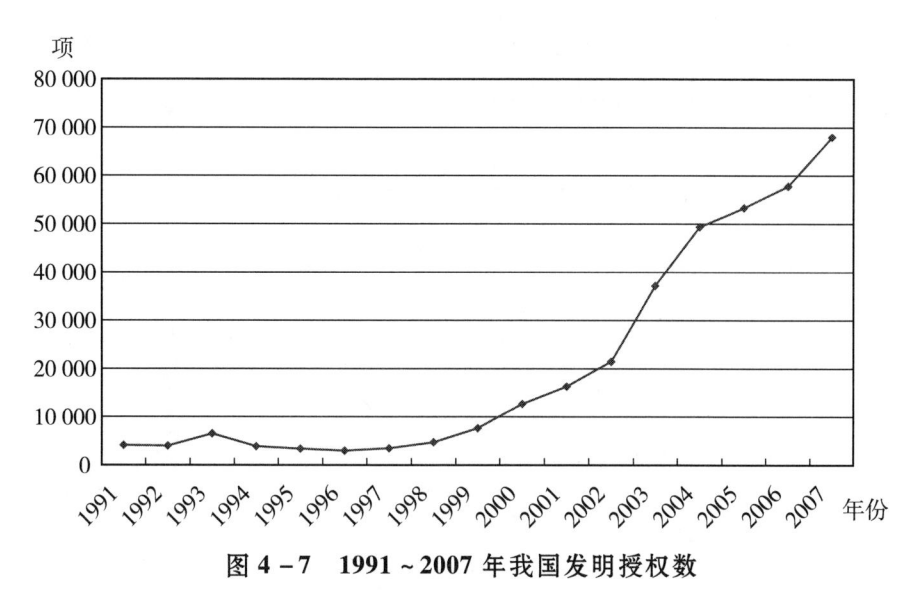

图 4-7　1991~2007 年我国发明授权数

资料来源：国家统计局、国家科技部主编：《中国科技统计年鉴》（1992~2008），中国统计出版社历年版。

4. 科研成果①

随着科研水平的不断提高，我国科技人员在国内外发表的论文数逐年增加，迅速缩小了我国与世界先进水平的差距。2006 年中文科技期刊刊登的科技论文达 40.5 万篇，是 1990 年的 4.6 倍。国外主要检索工具 2006 年收录我国论文总数达到 17.2 万篇，其中几种较有影响的主要检索工具收录的数据显示，《科学论文索引（SCI）》2006 年收录我国论文 7.1 万篇，是 1987 年的 14.6 倍，论文总量的世界排位从 1987 年的第 24 位跃升到 2006 年的第 5 位；《工程索引（EI）》2006 年收录我国论文 6.5 万篇，是 1987 年的 28.3 倍，世界排名从第 10 位上升到第 2 位；《科学技术会议录索引（ISTP）》2006 年收录我国论文 3.6 万篇，是 1987 年的 20.3 倍，世界排名从第 14 位跃居第 2 位。从论文引用情况看，2002~2006 年共有 69.2 万篇 SCI 收录的我国科技论文被引用，是 1995~1999 年间累计量的 4.9 倍。

另外，从技术的产权交易上看，近年来我国技术市场交易稳步提升，表明技术成果以更加成熟和稳定的方式进行扩散和流动，对于创新活动的开展提供了良好的条件。2007 年全国技术市场成交的合同数达到 220 868 件，比上年增长 7.3%；成交技术合同金额 2 226.53 亿元，比上年增长 22.4%，是 2000 年的 3.4 倍，年平均增长率达到 19.2%。2007 年国外技术引进合同的成交合同数为 9 773

---

① 本部分的数据来源于历年《中国科技统计年鉴》。

项,合同金额达到 254.15 亿美元。

图 4-8 是我国技术市场成交合同金额统计。

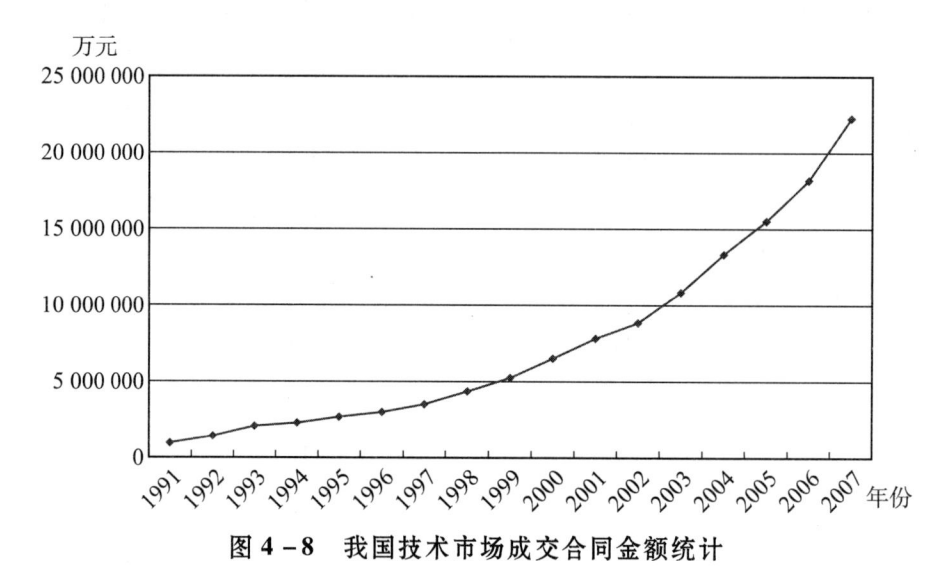

图 4-8 我国技术市场成交合同金额统计

资料来源:国家统计局、国家科技部主编:《中国科技统计年鉴》(1992~2008),中国统计出版社历年版。

三、自主创新的特点

(一)总量规模大、实力较强

从经济总量看,我国国内生产总值已于 2011 年超越日本,排名全球第二位;进出口贸易额也排名全球前三甲。从主要工业产品产量来看,2006 年我国的钢产量、煤产量、水泥产量和棉布产量全球排名第一,发电量全球排名第二,糖产量排名全球第三,原油产量全球排名第六,2006 年创造工业总产值达到 31.6 万亿元,显示了强大的制造能力。如表 4-1 所示。

从市场端看,我国 2006 年的社会消费品零售总额为 7.6 万亿元,其中批发和零售业的销售总额为 6.4 万亿元,住宿和餐饮业的销售总额超过了 1 万亿元。具体到行业分布,2006 年的综合零售销售总额为 8 671 亿元,汽车、摩托车及零配件的销售总额为 8 433 亿元,家用电器及电子产品专门零售销售总额超过 2 300 亿元。国内贸易的巨大规模表明我国拥有潜力巨大的市场,这是我国自主创新最有价值的资源禀赋和最坚实的基础。①

表 4-1　　　　　　　2006 年我国主要工业品产量及增长率

产品名称	单位	产量	比上年增长（％）
纱	万吨	1 740.0	20.0
布	亿米	550.0	13.5
化学纤维	万吨	2 025.5	21.7
成品糖	万吨	949.1	4.0
卷烟	亿支	20 218.1	4.3
彩色电视机	万台	8 375.4	1.1
家用电冰箱	万台	3 530.9	18.2
房间空气调节器	万台	6 849.4	1.3
一次能源生产总量	亿吨标准煤	22.1	7.3
原煤	亿吨	23.8	8.0
原油	亿吨	1.84	1.7
天然气	亿立方米	585.5	18.7
发电量	亿千瓦时	28 344.0	13.4
其中：火电	亿千瓦时	23 573.0	15.1
水电	亿千瓦时	4 167.0	5.0
粗钢	万吨	42 266.0	19.7
钢材	万吨	47 339.6	25.3
十种有色金属	万吨	1 917.0	17.2
其中：精炼铜	万吨	299.8	15.0
电解铝	万吨	935.0	20.1
氧化铝	万吨	1 370.0	59.4
水泥	亿吨	12.4	15.5
硫酸	万吨	4 981.0	9.6
纯碱	万吨	1 597.2	12.4
烧碱	万吨	1 511.8	21.9
乙烯	万吨	940.5	24.5
化肥（折 100％）	万吨	5 592.8	8.0

---

① 资料来源于《中华人民共和国 2006 年国民经济和社会发展统计公报》（2007）。

续表

产品名称	单位	产量	比上年增长（%）
发电设备	万千瓦	11 000.0	19.6
汽车	万辆	727.9	27.6
其中：轿车	万辆	386.9	39.7
大中型拖拉机	万台	19.9	22.0
集成电路	亿块	335.8	24.4
程控交换机	万线	7 404.6	-4.1
移动通信手持机（手机）万台	万台	48 013.8	58.2
微型电子计算机	万台	9 336.4	15.5

资料来源：《中华人民共和国2006年国民经济和社会发展统计公报》，2007年。

（二）劳动密集型产业具有优势

根据联合国国际贸易标准分类（SITC），劳动/资源密集产品包括皮革、纺织、服装、鞋类，玩具及运动器材，木材及纸制品，非金属矿产品等四类。基于这种分类，《中国统计年鉴》"海关进出口货物分类金额"统计项中的劳动密集型产品包括皮革类、木及木制品类、木浆及纸类、纺织品类、鞋帽类、石料及玻璃类、珍珠宝石类等七项产品。根据2007年进出口金额的统计，我国劳动密集型产品除木浆及纸制品外均在国际贸易中处于贸易顺差地位，尤其是纺织品的国际贸易顺差达到1 404亿美元。综合所有劳动密集型产品的贸易顺差额，已经达到了2 618.26亿美元，占我国进出口贸易顺差总额的73.8%，说明我国在劳动密集型产业具有优势。如表4-2所示。

表4-2　　　　　2007年我国劳动密集型产品进出口金额　　　单位：亿美元

	出口	进口	净出口
总额	12 177.76	9 559.50	2 618.26
皮革制品	163.64	68.64	95.00
木及木制品	113.90	80.21	33.69
木浆及纸制品	91.93	145.26	-53.33
纺织品	1 658.02	253.72	1 404.3
鞋帽	305.79	9.44	296.35
石料及玻璃	182.95	44.72	138.23
珍珠宝石	81.23	62.57	18.66

资料来源：国家统计局主编：《中国统计年鉴（2008）》，中国统计出版社2008年版。

与劳动密集型产品相对应,我国的高技术产业虽然取得了长足发展,但三资企业仍然是高技术产业的主角,国有企业在高技术产业中的比重较低,处于弱势地位。2007 年高技术产业出口交货值累计达 28 422.79 亿元,其中三资企业的出口交货值 25 892.98 亿元,比例高达 91.1%。例如,在电子计算机及办公设备制造业中三资企业的出口交货值为 11 745.97 亿元,占据的比例超过了 99%,在电子及通信设备制造业和医疗设备及仪器仪表制造业中的出口交货值比例超过了 70%(见表 4 – 3)。

表 4 – 3　　　　2007 年我国高技术产业出口交货值　　　单位:亿元

高技术产业	出口交货值	国有及国有控股出口交货值	三资企业出口交货值
医药制造业	639.43	137.33	211.84
航空航天器制造业	154.57	95.41	59.16
电子及通信设备制造业	14 963.18	625.47	13 284.92
电子计算机及办公设备制造业	11 858.78	48.38	11 745.97
医疗设备及仪器仪表制造业	806.84	54.72	591.10
合计	28 422.79	961.31	25 892.98

资料来源:国家统计局、国家发改委、国家科技部主编:《中国高技术产业统计年鉴(2008)》,中国统计出版社 2008 年版。

从 R&D 经费与工业增加值比例的国际比较来看,我国 2007 年的投入比例仅有 6% 左右,与美国、日本、欧盟、韩国等国家的投入比例相比差距甚大。从具体的行业分布来看,除了飞机和航天制造业与日本 2003 年,以及医药和医疗器械产业与韩国 2005 年的投入水平接近外,其他高技术产业与发达国家都有着数倍的投入差距。这也表明我国高技术产业仍处于劣势地位,如表 4 – 4 所示。

(三) 处于价值链低端

总体来看,我国企业自主创新能力不足,在很多产业中仍然处于价值链的低端,尤其是核心技术仍然受制于人。我国产业技术中的核心专利技术较少,近半数发明专利申请来自国外,其中绝大部分集中在移动通讯、无线电传输等高新技术产品领域,装备制造、汽车、彩电和手机等行业都处于价值链的低端。

我国装备制造业虽然规模较大,但是产品大多集中在中低端市场和一般技术装备领域,在高精尖加工和重大技术装备领域仍然非常薄弱。我国工业生产所需的大量技术装备,特别是高端产品主要依赖于进口。例如,中国的高端医疗设备、半导体及集成电路制造设备和光纤制造设备,基本靠国外进口;石化装备的80%、先进纺织机械、胶印设备的70%依赖进口。[1]

表4-4　　部分国家高技术产业R&D经费占工业增加值比例　　单位:%

国别	高技术产业	飞机和航天器制造业	医药制造业	计算机制造业	通信设备制造业	医疗仪器和光学器具制造业
中国（2007）	6.01	15.40	4.66	3.87	6.78	6.28
美国（2003）	29.01	30.82	20.71	32.99	26.87	42.10
日本（2003）	25.74	12.47	23.75	95.67	15.19	32.71
欧盟（2002）	24.19	—	26.50	20.89	34.57	12.86
韩国（2005）	19.47	26.90	5.12	14.67	23.00	7.28

资料来源:国家统计局、国家发改委、国家科技部主编:《中国高技术产业统计年鉴（2008）》,中国统计出版社历年版。

汽车产业状况与装备制造业类似,虽然我国已经实现了大规模制造,并且部分本土企业具备了制造发动机、自动变速箱等核心部件的能力,但我国的产品仍然处于市场低端水平。中端汽车市场仍然被合资企业垄断,高端汽车市场很大一部分依靠直接进口,核心部件中的核心元件仍然大部分从国外进口。

我国是彩电和手机的生产大国,但主要从事的是低端的外观设计、部件集成和生产制造价值链环节,在价值链高端领域的技术比如彩电的液晶和等离子显示技术、手机的芯片制造技术非常匮乏。这两项产品的关键技术有超过50%的比例掌握在跨国公司手中。核心技术受制于人的直接后果是我国企业销售利润的一大部分不得不拱手交给国外企业,举例来说,我国DVD的产量占世界产量的70%左右,但是出口一台价值40美元的DVD机,我国企业就要向外国公司交纳20美元的专利费。

---

[1] 周放生、张应语:《中国制造出路:由产"蛋"到产"鸡"》,载于《企业技术进步》,2008年第7期。

（四）相关产业协同弱

技术创新具有系统性和协同性的特点，一个产业的创新往往需要其他产业的支持。我国相关产业之间协同效应比较弱，对创新造成制约。

例如，我国彩电行业的平板电视创新受到平板材料技术和显示技术的严重制约。由于我国在平板材料和显示技术上的落后，无法为彩电行业提供充分的技术支持，导致我国彩电企业在面对技术变革时缺乏相应的技术能力。我国彩电行业经过多年的努力，才完成了 CRT 技术的积累和追赶，现在不得不再次向国外企业引进平板和液晶、等离子显示技术。

材料技术是与汽车产业技术发展高度关联的产业，很多车身设计技术的进步都有待于材料技术的发展和突破；电子技术的发展对发动机、自动变速箱的功能也有很大影响。国外汽车产业与电子产业有良好的协同效应，汽车电子厂商通过自身在电子控制技术领域的研发不仅为汽车的技术创新提供了支撑，还带动了整车厂商创新能力的提升。我国电子控制技术比较落后，国内整车厂商也没有能力独立开发电子技术，因此基本都依赖从跨国公司进口关键的电子部件系统。

（五）企业规模小、抗风险能力弱

我国企业规模普遍较小，抵抗风险的能力较弱，这成为制约我国自主创新的重要因素。以下以通用设备制造业（重工业代表）和食品制造业（轻工业代表）为例说明。2007 年上述两个行业销售收入排名前三位的企业销售收入占整个行业销售收入的最高比例，除了水产品罐头、其他产品罐头和盐加工行业的集中度较高以外，其他四级代码行业的行业集中度较低，其中 8 个行业的前三家企业销售收入所占的最高比例小于 20%，其余 7 个行业的前 3 家企业销售收入所占比例均不超过 40%，如表 4-5 所示。

从具体的行业看，汽车和钢铁行业是我国产业集中度较低、规模实力较弱的两个行业。根据汽车产业 2006 年的销量统计数据，美国三大汽车公司当年在美国销售量达到 888.79 万辆，市场份额为 53.6%；德国汽车销量 377.46 万辆，其中乘用车 346.24 万辆，仅大众集团就占据了接近 33% 的市场份额；法国 2006 年实现国内销量 249.88 万辆，其中乘用车 200.05 万辆，其国内最大的两家企业雷诺和标致—雪铁龙共同实现的市场份额为 54.3%（《世界经济年鉴（2007~2008）》）。根据中国汽车工业协会的统计，我国 2008 年排名前十位的乘用车企业仅占全部乘用车销售量的 58%。

表 4-5　　2007 年我国通用设备制造和食品制造行业产业集中度

行业类型		行业销售收入总额（百万元）	前三位企业销售收入最高比例（%）
通用设备制造	铸造机械制造	20 347	19.66
	金属切割及焊接设备制造	12 707	19.67
	其他金属加工机械制造	29 083	17.19
	烘炉、熔炉及电炉制造	11 498	34.79
	包装专用设备制造	12 119	37.13
	衡器制造	6 223	25.71
	其他通用设备制造	39 110	8.95
	金属密封件制造	26 221	20.98
	机械零部件加工及设备修理	52 422	8.58
食品制造业	糕点、面包制造	18 254	32.87
	蜜饯制作	10 201	12.74
	米、面制品制造	20 674	19.35
	水产品罐头制造	3 467	72.11
	其他罐头食品制造	3 045	98.52
	营养保健食品制造	20 012	24.99
	冷冻饮品及食用冰制造	15 615	19.21
	盐加工	4 156	72.18
	其他未列明的食品制造	16 750	29.85

资料来源：编辑部：《中国市场年鉴（2008）》，华通出版社 2008 年版。

2006 年中国内地 200 万吨以上的钢铁企业粗钢产量占全国总产量的 74.8%，平均产量为 570 万吨。除中国外，世界其他国家和地区 200 万吨以上的企业粗钢产量占世界总产量的 81.4%，平均产量 820 万吨（《世界经济年鉴》（2007~2008）），表明中国国内钢铁产业集中度也落后于世界其他国家和地区。

第二节　产　业　层　面

本节以具有代表性的高技术产业（群）和机械工业（群）为例，阐述我国产业层面自主创新活动的现状。

一、高技术产业（群）[①]

（一）高技术产业（群）发展概貌

虽然我国高技术产业的基础较为薄弱，但在国家政策的高度重视下仍实现了快速发展。国家高技术研究发展计划（简称 863 计划）的顺利实施，使我国在高性能计算机研制、微电子装备、能源技术、生物和现代农业、新材料等领域取得了一批标志性的创新成果，掌握了一批重大关键技术，并且培养了一批高技术创新型人才队伍。

高技术产业规模保持较快增长。2007 年，高技术产业企业数达到 21 517 家，从业人员平均达到 843 万人，主营业务收入 49 714 亿元，是 2000 年的将近 5 倍，增加值 11 621 亿元，占 GDP 的比重达到 4.7%。2007 年高技术产品出口交货值达到 28 423 亿元，是 2002 年的 4 倍多，占全国外贸出口总额的 29%。高技术产业的重点行业具体构成如表 4-6 所示。

表 4-6　　　　　2007 年高技术产业主营业务收入和增长率

高技术产业	2007 年主营业务收入（亿元）	2000~2007 年平均增长率（%）
医药制造业	5 967.13	20.4
航空航天器制造业	1 006.36	15
电子及通信设备制造业	24 823.58	22.9
电子计算机及办公设备制造业	14 887.28	37.5
医疗设备及仪器仪表制造业	3 029.75	27.3

资料来源：国家统计局、国家发改委、国家科技部主编：《中国高技术产业统计年鉴 (2008)》，中国统计出版社 2008 年版。

（二）分行业的创新发展现状

1. 电子信息产品制造业

2007 年，电子信息产品制造业实现总产值超过 4 万亿元，比 2006 年增长 6 458 亿元。核心基础产业快速发展，集成电路、新型元器件、专用设备仪器和

[①] 本部分的数据源于《中国高技术产业统计年鉴(2008)》。

电子材料等产业销售收入增速均超过20%。电子信息产品加快升级，平板电视、笔记本电脑等高端产品快速发展，占彩电、微机产量比重已分别接近30%和70%。自主创新取得重要进展，在10个重要城市开展的分时—同步分码多工存取（TD-SCDMA）扩大规模的网络技术实验进展顺利；基于我国自主标准的地面数字电视成功试播；无线局域网安全标准（WAPI）、音视频编码压缩标准（AVS）以及数字家庭标准技术的应用示范工作全面展开；下一代互联网、平板显示器件、电力电子等重大专项工程取得显著进展。

2. 电信运营业

2007年，基础电信运营企业和增值电信运营企业业务收入分别达到7 280亿元和648亿元，分别增长10.9%和16.3%。电信业转型成效显著，基础电信企业全年非话音业务收入比重达到30.6%；新增非话音业务收入占新增收入的比重达到63%；增值电信企业达到2.2万家，比2006年增长21%。宽带业务收入增速超过30%，成为固定电话运营企业收入增长的主要力量。互联网与电信业的交融进一步加深，移动电话运营企业积极推动移动互联网业务，出现了"无线音乐平台"、"商务领航"等一批新业务品牌，增值业务进一步丰富，行业应用不断推广。手机上网人数突破7 300万人。电信服务水平稳步提高，电信综合价格水平下降13.6%，网间互通不畅问题得到有效解决，网络运行质量和覆盖效果不断改善，通话质量保持稳定，电信用户投诉持续下降。固定电话和移动电话用户数分别达到3.65亿户和5.47亿户，"村村通电话工程"进一步推进，到2007年底，全国行政村通电话比例达到99.5%，乡镇通宽带率达到92%。

3. 软件业

2008年，全国全年软件业销售收入7 572.9亿元，同比增长29.8%。其中软件产品收入3 165.8亿元，占软件业务总收入的41.8%，增长32%。软件服务化趋势明显，系统集成和软件技术服务收入超过软件产品收入，2008年软件技术服务累计完成收入1 455亿元，同比增长39.9%；系统集成收入1 616.4亿元，同比增长25.2%。大型软件企业逐渐从单纯的软件产品开发商向提供全方位解决方案和运营支持的信息服务提供商转变，基于互联网的软件服务发展迅速，使软件服务模式和商业模式发生重大变化。软件国际化步伐加快，软件产业已经连续3年保持出口金额的高速增长。2008年，软件产业实现出口142亿美元，同比增长39%；其中软件外包服务出口15.9亿美元，同比增长54.3%。同时，随着全球服务加速转移，软件和信息服务外包日趋活跃，特别是离岸业务增长迅速，我国正努力成为全球重要的软件和信息服务外包基地。

4. 生物医药业

2007年，全国生物医药行业实现工业总产值接近7 000亿元，同比增长

25%，比高技术产业平均增速高约 5 个百分点。在新型农村合作医疗制度改革、扩大计划免疫范围等措施的带动下，生物医药行业效益大幅提高，实现利润超过 600 亿元，比 2006 年增长近 200 亿元。生物农业良种面积进一步扩大，全年预计全国超级稻种植面积 8 000 万亩，占全国水稻种植面积的 18%；转基因抗虫棉播种面积达 6 000 余万亩，占全国棉花播种面积的 70.6%；生物农药、生物肥料应用范围进一步扩大。生物能源稳步发展，2007 年 4 家定点乙醇生产企业产量约为 130 万吨，产值为 65 亿元左右，规模与 2006 年持平。全国生物柴油产能约 100 万吨，实际产量为 20 万～30 万吨，在建项目产能约 180 万吨。国际生物医药研发外包进一步向我国转移，上海、北京等地区生物医药外包业继续快速增长。据统计，上海浦东新区生物医药外包服务业产值由 2004 年的 2.2 亿元增至 2007 年的 10 亿元以上。

5. 航空航天业

航空航天产业取得一批标志性成果。2007 年 12 月自主研制的新支线飞机实现总装下线，并已获得国内外用户 173 架订单，标志着我国已经能够自主研制喷气式客机。承担 A320 系列飞机总装工作的合资公司正式成立，标志着我国航空产业国际合作迈出了坚实的一步。与此同时，与空客、波音、GE 公司开展民用航空工业合作的规模和水平不断提升，中巴地球资源卫星合作不断深入，推动我国航空航天产业整体制造水平不断提高。2009 年 1 月 18 日，我国为大型科技配套发动机的项目公司——中航商用飞机发动机有限责任公司在上海揭牌成立，标志着大飞机发动机研制工作开始实质性起步[①]。

运载火箭和卫星技术达到国际先进水平，提高了我国战略高技术的整体水平。我国先后研制了 14 种型号的长征系列运载火箭，在可靠性、安全性、成功率和入轨精度等方面都达到国际一流水平。截至 2008 年 10 月底，我国研制的长征系列运载火箭共进行 112 次发射，其中改革开放以来发射 107 次，发射了 111 颗卫星和 7 艘飞船。我国研制的卫星实现了系列化、平台化发展，卫星技术水平、应用水平、可靠性有了长足进步，初步形成了返回式遥感、通信广播、气象、地球资源、导航、科学探测与技术试验、海洋等 7 个系列。

载人航天和深空探测取得重大突破，增强了综合国力和民族凝聚力。2003 年，我国首次载人航天飞行取得圆满成功，实现了中华民族的千年飞天梦想。2005 年，神舟六号飞船实现两人 5 天的太空飞行，标志着我国跨入真正意义上有人参与的空间试验阶段。2007 年，我国首次月球探测工程取得成功，标志着我国已经步入世界具有深空探测能力的国家行列。2008 年，我国最具代表性、

---

① 《科技日报》，2009 年 1 月 20 日。

最具影响力的国家级重大科研实践活动——神舟七号载人航天飞行任务取得圆满成功,实现了我国空间技术发展具有里程碑意义的重大跨越。

二、机械工业(群)[①]

(一)机械工业的高速发展与规模扩张

中国的机械制造业有半个多世纪艰苦奋斗的积累和经验,为中国成为制造大国奠定了坚实的硬件基础。进入新世纪以来,我国机械制造业进入了历史上最好的发展时期,呈现了持续、快速、全面增长的势头。

2006年机械工业规模以上企业工业增加值14 371亿元,比上年增长32.1%;产品销售率97.63%;实现利润2 966亿元,比上年增长36.0%,产、销、效均取得了良好表现。2006年机械工业增加值占国内生产总值(GDP)的6.86%,机械工业对同期全国工业增加值、工业总产值和利润增长的贡献率分别为30.77%、19.82%和17.68%,对工业增长的拉动作用居各行业之首。表4-7是2006年全年机械工业主要产品产量及增长情况。以下就典型的机械工业行业作简要概述。

表4-7　　　　　2006年机械工业主要产品产量及增长情况

产品名称	单位	产量	比上年增长(%)	世界位次
大中型拖拉机	万台	21	24.6	1
内燃机	万千瓦	45 217	19.6	
混凝土机械	万台	12	19.2	
叉车	万台	11	37.3	
铲土运输机械	万台	17	24.2	1
自动化仪表	万只(套)	4 403	7.9	
照相机	万台	8 419	9.7	1
数码相机	万台	6 695	26.7	1
复印机械	万台	468	15.7	1
泵	万台	3 752	14.3	
炼油化工专用设备	万吨	34	60.0	

---

① 本部分的数据源于《中国机械工业年鉴(2007)》。

续表

产品名称	单位	产量	比上年增长（%）	世界位次
塑料加工设备	万吨	53	32.5	1
采矿设备	万吨	181	26.8	
起重设备	万吨	269	43.5	
金属切削机床	万台	56	14.6	3
数控机床	台	85 756	32.8	
发电设备	万千瓦	11 000	19.6	1
变压器	万千伏·安	73 645	17.7	1
轴承	亿套	80	9.7	3
汽车	万辆	728	27.6	3
轿车	万辆	387	39.7	
摩托车	万辆	2 027	27.1	1

资料来源：编委会：《中国机械工业年鉴（2007）》，机械工业出版社2007年版。

2006年我国发电设备在连年高速增长的基础上继续高速发展，产量高达1.1亿千瓦，超过世界各国除中国以外的总和，比上年增长19.6%，净增1 800万千瓦，与世界各国发电设备装机保有量比较，中国仅低于美国、日本和俄罗斯，与法国、英国、德国基本持平，高于其他各国装机保有量之和。尤其是水力发电设备，继2005年生产三峡左岸2套70万千瓦机组之后，2006年生产有自有知识产权的三峡右岸3套70万千瓦机组，同时还生产与三峡机组水平相同的6套龙滩70万千瓦机组。

2006年全年我国生产汽车产量超过德国，仅次于美国和日本，居世界第3位；轿车产量386.94万辆，比上年增长39.8%，增幅比上年提高15.5个百分点，占整个汽车新增产量157.2万辆的70.08%。同年国内轿车新车销量380多万辆，超过日本（358.79万辆），居美国之后列世界第2位，实现了产销同步增长。

从2002年开始，我国连续5年成为世界上机床消费第一大国。2006年，中国消费机床131.1亿美元，占世界机床消费总额的22.8%，比上年增长22.0%；净增23.3亿美元，占世界机床新增消费总额的53.8%。数控机床技术水平迅速提高，产量持续高速增长，2006年月均产量7 000台以上，而2005年月均产量不足6 000台；全年数控机床产量达到85 756台，比上年增长32.8%。

（二）机械工业的自主创新成果

2006年中国机械工业科技发展步伐加快，取得了一批自主创新成果，科研专项取得突破性进展。国家"863"计划纯电动轿车课题2006年已经通过验收，完成了全国首例锂离子纯电动轿车正面碰撞等试验，以此项技术为基础开发的具有自主知识产权的"幸福使者"纯电动轿车，已基本具备产业化能力，已经开始小批量生产，并出口美国112辆。华中数控公司自主开发出五轴联动数控技术等高性能数控系统，打破了国外封锁。在高速加工技术方面，宁波机床公司的五轴高速卧式加工中心主轴转速达40 000转/分、快速进给60米/秒。在精密加工技术方面，上海机床公司开发出具有自主知识产权的纳米磨床、北京机床所开发出超精机床、杭州机床公司开发出叶片根部成形平面磨床。在特高压输变电设备领域，1 000千伏交流、±800千伏直流的特高压设备的研制也取得重要进展，特高压变压器、电抗器、GIS（地理信息系统）、套管、避雷器、换流阀、控制保护技术等关键设备的研制已经取得突破性进展。

　　机械工业的新产品开发成果不断涌现。2006年，国内汽车厂家共推出117款轿车、SUV（运动型多功能车）和MPV（微型乘用厢型车）新车型，其中轿车新车型达到上百款。30多款新车型属于自主品牌，其中一汽（9款）、华晨（2款）、奇瑞（5款）、吉利（12款）、哈飞（3款）、东南（1款）、南汽（1款）、昌河（1款）、长安等都推出了具有完全自主知识产权的全新车型。这些新车中既有长安奔奔、QQ6等经济型轿车，也有一汽红旗HQ3、奔腾、中华骏捷、上海荣威等中高档轿车，展示了汽车行业自主开发新车的能力。电力装备中，100万千瓦级超超临界火电机组、三峡右岸70万千瓦大型水轮发电机组、30万千瓦空冷机组、30万千瓦循环流化床锅炉、兆瓦级风力发电机组等装备的研制均实现了重大突破，拥有自主知识产权，缩短了与国外先进水平的差距。其他领域也涌现出大批重大新产品，4万~6万立方米/小时空分设备已生产多台，成功应用于国内，并有出口；7 000米、9 000米石油钻机已有多台出口；中国第一重型机械集团公司与鞍钢联手，成功研制了大型冷连轧机，并向其他厂推广；27立方米和35立方米的矿用挖掘机研制成功，为大型露天矿的建设提供了自制高档设备；为百万千瓦核电机组反应堆厂房配套的首台吊重407吨、跨度35.4米的环形起重机、世界最大直径Φ13米的竖井钻机也已研制成功；北方重工研制出了世界上最先进的大型隧道施工机械Φ5.93米硬岩双护盾隧道掘进机等。

第三节　区　域　层　面

　　本节运用评价指标体系，以国内四个典型区域（长三角、珠三角、东北、京津冀）为对象，通过选取其中的若干代表产业，阐述我国区域自主创新的截止到 2007 年底的现状。

一、评价指标

用三个指标分析区域的产业发展特征：市场占有率、出口市场占有率和显示性竞争优势指数，分别用来衡量该区域某个产业在国内市场总体、国家出口份额和比较优势等方面的状况。

市场占有率，以 j 区域 I 产品销售产值或增加值占全国相同产品值的百分比加以衡量。公式如下：

$$S_{ij} = \frac{X_{ij}}{\sum_j X_{ij}} \quad (4-1)$$

其中，X_{ij} 是第 j 区 I 产品在全国的总产值，S_{ij} 是市场占有率，$0 \leq S_{ij} \leq 1$。市场占有率的比值越高，则在全国的地位越重要，反之则越弱。

出口市场占有率，以 j 区域 I 产品出口总值占全国相同产品的总出口值的百分比衡量。公式如下：

$$S_{ij} = \frac{E_{ij}}{\sum_j E_{ij}} \quad (4-2)$$

其中，E_{ij} 是第 j 区 I 产品在全国的总产值，S_{ij} 是市场占有率，$0 \leq S_{ij} \leq 1$。出口市场占有率的比值越高，则表示 j 区域 I 产品在国家出口份额的比重越高，也说明越有竞争力，反之则越弱。

显示性比较优势指数用于区分区域产业在全国的地位，我们采用区位商分析方法。区位商用来衡量某一行业在特定区域的相对集中程度，以判别该区对这一行业的吸引力。公式如下：

$$Q = \left(x_i^j / \sum_i x_i^j \right) / \left(\sum_j x_i^j / \sum_i \sum_j x_i^j \right) \times 100 \quad (4-3)$$

其中，x_i^j 代表 i 行业在 j 区的产值，$\sum_i x_i^j$ 代表该区的总产值；$\sum_j x_i^j$ 是 i 行业在全国或大区的产值，$\sum_i \sum_j x_i^j$ 是大区或全国各行业的产值。以大区或全国某行业的区位商为 100 计算，若某行业高于 100 则该行业成为专业化部门，越高则专业化程度越高，表明该区对该行业的吸引力越大，通常这一数值在 150 以上表明吸引力强。

二、长三角：以汽车、生物医药、电子信息业为例

(一) 电子信息产业[①]

长三角是我国电子信息产业重要基地之一，2007年市场占有率高达33%，出口占全国的38%。上海的市场比较竞争优势指数远高于全国平均水平，形成了以张江高科技开发区为核心的微电子产业带，形成包括集成电路、微电子信息及软件等集成电路产业链；江苏的市场占有率和比较优势指数也比较高，主要以宁沪信息产业带为主，密集分布在苏州高新区、苏州工业园区、无锡高新区、昆山高新区、吴江开发区、南京江宁开发区、南京珠江路科技园区等一批以电子信息类项目为主体的信息产业园区；浙江则依托杭州软件园、宁波科技园区和嘉兴机电元件产业园等高科技园区，形成了电子元器件、应用类电子产品、软件产品、微电子等多领域协调发展的局面，计算机、通讯、音视频产品、光通信及配套新型元器件等在国内外市场中具有较强的竞争力。

长三角将电子信息产业列为新兴支柱产业，进行大量R&D投入，2007年投入比重占全国的17.54%。上海依托张江高科技开发区以及众多高校和科研院所，大力发展集成电路、微电子信息及软件等产业，形成了完整的产业链，其新产品市场占有率高达14.12%。江苏充分发挥靠近上海的地理优势，积极引进外资，目前苏州已经发展成为全球最重要的电脑以及存储设备制造基地之一，同时吸引外资研发机构进驻，目前已经有爱立信、摩托罗拉和趋势科技等五百强企业的研发部门布点于江苏。此外，江苏大量的高等院校也为电子信息产业贡献了大量研发投入。浙江的电子信息产业近年来通过大量R&D投入，不断缩小与苏沪两地的差距，杭州已经建成国家电子信息产业基地，大量外资与本土企业进驻。但是，从整体来看，长三角大量企业从事的仍是OEM生产，缺少自主品牌和核心技术。

长三角电子信息工业存在的问题主要体现在缺乏自主知识产权，核心技术受制于人，关键零部件、重要材料和专用设备基本依赖进口，特别是集成电路和新型元器件，无法形成完整的产业链和高效的产业协同效应，行业利润率较低。产业结构主要集中在传统整机和中低端零部件的大规模加工、组装上，在成套生产设备、新型换代整机、软件和服务、集成电路和光电器件等高附加值的产品领域较为薄弱。

---

① 本部分数据源自作者2008年对长三角区域电子信息产业的实地调研。

(二) 汽车业[①]

作为我国汽车产业最重要的生产基地，长三角在研发和生产制造领域都处于领先地位，2007年其市场占有率已达25%，出口比重约占全国的45%。2007年上海市的汽车产业研发投入占全国的18%，新产品市场占有率达20.23%；以安亭轿车生产基地为核心，建成了集汽车贸易、研发、制造、物流等综合性汽车产业基地。上海汽车集团通过与美国通用、德国大众等国际知名厂商合作，提高自身技术水平，已经发展成为国内最大的乘用车制造商。江苏汽车产业以南汽集团、扬州亚星和东风起亚悦达等为代表，同时积极引入国外厂商合作，形成了较为完备的汽车配套产业集群。浙江汽车工业则以吉利集团、万向集团等民营企业为主，积极投资研发，走自主创新道路，成为民族汽车工业的优秀代表。

长三角已经发展成为国内汽车产业技术最先进、产业配套最完备的区域，2007年产品市场占有率超过20%，出口市场占有率超过45%。

长三角汽车产业存在的问题主要体现在：第一，自主品牌劣势越来越严重，生存环境越来越艰难。目前，除载重车和少量轿车外，合资企业的品牌尤其是高端产品几乎都为外国品牌所垄断，我国缺少自主知识产权。第二，研发能力弱，中外企业之间在研发方面的差距远远大于制造差距。在载货车和客车专用车方面，在高档和中高档产品的开发上与发达国家存在较大差距。轿车方面，虽然目前汽车企业能够进行某些轿车车身的开发设计，能够在原有平台的基础上做局部改进，但尚不具有成熟的整体轿车开发能力，缺乏具有自主知识产权的产品平台。第三，在汽车零部件的技术开发方面，中低附加值产品具有相当的开发能力，但关键零部件的技术开发与国际先进水平差距大。第四，我国汽车工业的产品在电子化、信息化方面与发达国家汽车工业相比，存在较大差距。

(三) 生物医药业[②]

长三角是我国主要的医药制造业基地之一，特别是在西药研发和生物医药研发制造领域居于国内领先地位，2007年的市场占有率约为22%，出口占全国的比重达48%。上海以复兴医药、上海医药集团等为主，重点推进国家上海生物医药科技产业基地（张江药谷）、徐汇枫林园区和漕河泾地区等5个产业集群的建设，覆盖化学制药、生物基因制药、中药等多个发展方向，形成了从结构物筛选、工艺设计到药物释放等药物研发的完整体系，以创新药物研究为导向的产业

---

① 本部分根据作者2008年对长三角区域汽车业的实地调研而编写。
② 本部分根据作者2008年对长三角区域生物医药业的实地调研编写。

价值链正在形成。江苏则依托众多高科技产业园区，优先发展技术含量高、最有希望获得技术突破的现代生物制药和现代中药，形成以技术为先导的现代生物医药产业体系，推进产业升级，形成了以先声药业等为代表，一批有较强市场竞争力的企业。浙江医药产业近年来从全国中游水平一跃跻身为2007年的全国同行第3位，产业规模不断扩大，出口额居全国首位，同时外资也不断落户浙江，在国际化学原料药市场上打响了"浙江制造"品牌。

长三角的研发投入2007年约占全国的28%，其中江苏的比重最高，达11.4%。目前，上海市从事药品研究的单位如研究所、公司、学校、医疗机构和合同研究组织等已不下400家，强大的研发队伍是技术优势的重要来源。

长三角地区的医药企业以药品制造为重点，新品研发、试验、教育为支撑，成为以生物医药、天然药物、现代中药、化学原料药和新型医疗器械、制药机械为特色的国内重要现代医药制造中心之一。尤其是上海和苏州的医药工业作为现代医药产业集群的核心区块，大力推进医药科研创新体系建设，重点发展现代中药、生物医药、化学药品等高技术产品，取得巨大成功，长三角本土制药企业研发能力也得到了长远发展。

长三角医药行业原始创新性不足，成果转化率仍然较低，产品结构大量集中在仿制药，利润低，受制于国外的专利壁垒；医药行业风险投资发展落后，导致研发资金缺乏，限制了企业创新能力的发挥。此外，长三角生物医药产业的依然缺乏技术研发积累，不能及时应对市场变化。

表4-8和表4-9是2006年长三角区域相关产业的部分发展和创新指标。

表4-8　　　　　　　　2006年长三角相关产业部分发展指标

		上海	江苏	浙江	长三角
交通运输设备制造业	市场占有率（%）	10.02836	8.68223	6.703882	25.41447
	占全国出口比重（%）	12.930	15.692	16.666	45.289
	显示性比较优势	204.902	84.960	90.198	112.723
医药制造业	市场占有率（%）	4.618686	10.21962	7.254064	22.09237
	占全国出口比重（%）	6.382	11.608	30.713	48.703
	显示性比较优势	94.370	100.004	97.600	97.989
通信设备、计算机及其他电子设备制造业	市场占有率（%）	10.36786	19.65783	3.220078	33.24577
	占全国出口比重（%）	14.054	20.453	4.483	38.990
	显示性比较优势	211.838	192.362	43.325	147.458

资料来源：国家统计局工业统计司：《中国工业经济统计年鉴（2007）》，中国统计出版社2007年版。

表 4-9　　　　　　　2006 年长三角相关产业部分创新指标

		上海	江苏	浙江	长三角
交通运输设备制造业	新产品市场占有率（%）	20.23	3.42	3.09	26.74
	R&D 经费占全国比重（%）	18.048	6.374	1.789	26.211
医药制造业	新产品市场占有率（%）	9.34	12.16	8.89	30.39
	R&D 经费占全国比重（%）	8.976	11.433	7.560	27.970
通信设备、计算机及其他电子设备制造业	新产品市场占有率（%）	14.12	9.36	3.11	26.59
	R&D 经费占全国比重（%）	9.379	6.444	1.717	17.540

资料来源：国家统计局工业统计司：《中国工业经济统计年鉴（2007）》，中国统计出版社 2007 年版。

三、珠三角：以电子及通信设备、机械制造业为例

（一）电子及通信设备制造业[①]

珠三角是我国最主要的电子信息及通讯设备制造业基地，2007 年产值占全国 35.6%，连续 15 年居全国首位。近年来珠三角电子及通讯设备制造业产业一直保持快速发展的势头，2007 年广东省电子工业总产值达到 8 527 亿元（规模以上企业），同比增长 24.6%，成为国内唯一电子及通讯设备制造业产值超 8 000 亿元的省份；工业增加值 1 890 亿元，销售收入 8 271 亿元，同比增长 15%。电子及通讯设备制造业作为珠三角九大工业中的第一大产业，是珠三角工业增长的火车头。其总产值占广东工业总产值总量的 27.4%；工业增加值占广东工业增加值总量的 21.2%；出口交货值 8 948.4 亿元，占广东出口的近一半，是拉动广东工业出口的主要力量。

到 2007 年，广东的电子信息重点行业已形成了一批拳头产品：在通信设备制造行业，程控交换机、光通信产品具有较高的性价比优势；在电子器件制造行业，彩管、分立器件等产品竞争力领先全国；在电子元件制造行业，PCB（印制电路板）、SMT（表面组装技术）等产品在全国具有重要地位。在软件行业，嵌入式软件在全国占一半以上比重。广东的信息产业主要集中在以广州为中心的珠三角地区，已形成珠江东岸的电子信息及通讯设备制造业和珠江西岸的家电制造

[①] 本部分根据作者 2008 年对珠三角区域电子及通信设备制造业的实地调研编写。

业两大集群，集群内已形成了完整的产业链。在珠三角 100 平方公里左右的范围内，90% 以上的计算机零部件、80% 以上的手机部件、近 100% 的彩电部件都可以就地采购供应。

从企业创新现状看，首先，珠三角电子信息企业不断增加技术开发投入，如华为等企业每年都将销售收入的 10% 以上作为 R&D 经费。越来越多的企业积极建立技术研究开发中心和产业化试验基地。这种较为完善的企业自主创新机制，实现了研究开发机构主要在企业，研究开发人员主要在企业，研究开发经费主要来自企业，研究开发成果由企业自主掌握的目标。

其次，珠三角电子信息企业在市场竞争的过程中，不断加快企业技术研发联盟的成立，在政府的积极引导下，建立以企业为主体、科研机构和高等院校广泛参与、利益共享、风险共担的产学研合作研发联盟，形成企业主动、市场拉动、环境促动、政府推动的运行机制。很多有条件的企业开始积极由 OEM 向 ODM 再到 OBM（自主品牌生产）的转变与升级。

最后，珠三角电子信息产业的研发国际化进程也在不断加快。以华为、中兴为代表的龙头企业积极在国外或境外设立研发机构、申请专利，积极参与国际技术标准制定工作。同时广东积极引导外资企业特别是跨国公司在省内设立研发机构，鼓励本土企业与外商联合开展研发业务。

在政府层面，广东省政府不断加大政府投资，以珠江三角洲为重点，扶持共性技术、关键技术、配套技术的发展，建立面向行业、服务社会的产业公共技术开发平台。计划在 5 年内建成移动通信、数字视音频、集成电路设计、新型元器件和嵌入式软件等公共技术开发平台。

珠三角电子及通讯设备制造业在发展中也遇到了很多问题。电子信息产业是一个高技术含量的产业，科学技术的更新换代频繁，因此珠三角传统的资源和廉价劳动力优势将被大大弱化。由于我国在整体技术水平尤其是在信息技术方面同发达国家之间存在很大差距，考虑到国内企业实力往往比较弱小，无力负担庞大的技术开发费用，因此与发达国家在技术水平和竞争力上的差距将是长期性的。随着《信息技术协议》的签署，包括中国在内的一大批发展中国家直接纳入全球自由竞争的体制中，它们将直接面对同发达国家实力雄厚的大公司的竞争。

（二）机械制造业[①]

电气机械及器材制造业、交通运输设备制造业是珠江三角洲的主要机械制造产业，一些技术含量相对高的装备制造行业，如重大技术装备产品和技术含量高

[①] 本部分根据作者 2008 年对珠三角区域机械制造业的实地调研编写。

的产品如汽车、环境保护专用设备、专用电缆等完全可以在珠三角内部完成生产。"十五"期间，以广州、深圳和佛山为主导的珠三角机械制造业发展迅猛，三地机械制造企业合计总量约占全省的50%，机械制造业规模以上工业总产值占全省的64.6%。

广州市机械制造业已拥有一批高技术含量、高附加值、市场竞争力较强的产品。2007年，全市机械装备工业完成工业总产值占全市工业总产值的23.3%，实现利润占全市工业利润的33.1%。深圳市在机电一体化等装备制造业领域具有较强竞争力，特别是数控机床、医疗器械、仪器仪表等行业在全国独具优势，成为我国新型装备制造业基地之一。2007年，深圳市装备制造业增加值在1 200亿元左右，占全市工业增加值的41%。佛山市装备制造业已形成一批特色主导行业，塑料机械、压力机械分别占全省市场的30%和40%，陶瓷机械、木工机械、铝型材、不锈钢更是分别占全国市场份额的85%、50%、40%和35%。国家级特色产业基地纷纷落户佛山，目前已有国家火炬计划佛山精密制造产业基地、佛山自动化机械及设备产业基地、国家（佛山）显示器件产业园、国家（顺德）家用电子产品产业园、中国汽车零部件（三水）产业基地等国家级特色产业基地。

虽然广东省机械装备制造业总量目前排在全国前列，但专用设备制造业等真正意义上的装备工业仍落后于国内其他装备工业发达的地区。机械制造业普遍存在投资分散、专业化水平低、低水平的重复建设严重等现象。长期技术开发投入不足使广东省装备工业呈现出以轻、小型为主的特征，劳动密集型、加工型的产品居多，技术密集型的高、精、尖以及大型成套产品少，尤其在超高压输变电成套设备、大型石油、化工、冶金成套设备等重大技术装备上仍处于落后阶段。

表4-10和表4-11是2006年珠三角区域相关产业的部分发展和创新指标。

表4-10　　　　2006年珠三角相关产业部分发展指标

电子及通信设备制造业	市场占有率（%）	30.786
	占全国出口比重（%）	35.013
	显示性比较优势	320.838
机械制造业	市场占有率（%）	18.451
	占全国出口比重（%）	27.124
	显示性比较优势	164.219

资料来源：国家统计局工业统计司：《中国工业经济统计年鉴（2007）》，中国统计出版社2007年版；国家统计局、国家发改委、国家科技部主编：《中国高技术产业统计年鉴（2007）》，中国统计出版社2007年版。

表 4-11　　2006 年珠三角电子及通信设备制造业部分创新指标

电子信息及通讯设备制造业	新产品市场占有率（%）	32.16
	R&D 经费占全国比重（%）	30.38
机械制造业	新产品市场占有率（%）	19.71
	R&D 经费占全国比重（%）	15.31

资料来源：国家统计局工业统计司：《中国工业经济统计年鉴（2007）》，中国统计出版社 2007 年版；国家统计局、国家发改委、国家科技部主编：《中国高技术产业统计年鉴（2007）》，中国统计出版社 2007 年版。

四、东北：以装备制造业为例[1]

装备制造业又称装备工业，主要是指资本品制造业，是为满足国民经济各部门发展和国家安全需要而制造各种技术装备的产业总称。按照国民经济行业分类，装备制造业的产品范围包括机械、电子和兵器工业中的投资类制成品，分属于金属制品业、通用装备制造业、专用设备制造业、交通运输设备制造业、电器装备及器材制造业、电子及通信设备制造业、仪器仪表及文化办公用装备制造业 7 个大类 185 个小类。重大技术装备是指装备制造业中技术难度大、成套性强，对国民经济具有重大意义、对国计民生具有重大影响，需要组织跨部门、跨行业、跨地区才能完成的重大成套技术装备。

从行业构成看，东北装备制造业包括上述全部七大行业。下面围绕东北地区具有明显优势的机床、发电设备、重型机械、铁路客货运输、飞机船舶、汽车及零部件、精密仪器仪表、机器人等展开阐述。

东三省的装备制造业经过 50 多年的发展，取得了令人瞩目的成就，形成了门类齐全、具备较高水平的产业体系，具有发展装备制造业的良好基础和优势，蕴藏着巨大的装备制造业市场和商机。据统计，2000 年以来，东三省装备制造业总产值年均增长 30% 以上，2006 年更超过全国装备制造业增速 4 个百分点，同年利润增速也远高于全国平均值；一大批自主创新成果令国人振奋。这集中体现在市场占有率和 R&D 经费支出比重两个方面。东北装备制造业中具有代表性的七大行业在全国的市场份额的计算结果如表 4-12 所示，七大行业在全国的 R&D 投入份额的计算结果如表 4-13 所示。

---

[1] 本部分由作者根据 2008 年对东北地区装备制造业的调研，结合《中国工业经济统计年鉴（2007）》编写。

表4-12　　2006年东北三省装备制造业占全国的比重　　单位：%

	辽宁	吉林	黑龙江	东北三省
金属制品业	4.22	0.29	0.27	4.79
普通机械制造业	7.30	0.34	1.96	9.61
专用机械制造业	5.69	0.77	1.73	8.20
交通运输设备制造业	5.3	7.83	1.31	14.47
电气机械制造业	3.02	0.15	0.59	3.77
仪器仪表及办公用品设备制造业	0.18	0.01	0.04	0.24
电子通信设备制造业	12.24998375	0.56367556	0.444441933	13.2581012

资料来源：国家统计局工业统计司：《中国工业经济统计年鉴（2007）》，中国统计出版社2007年版。

表4-13　　2002年东北三省装备制造业R&D经费占全国比重　　单位：%

	辽宁	吉林	黑龙江	东北三省
金属制品业	1.84	0.02	0.80	2.66
普通机械制造业	11.64	0.03	4.14	15.81
专用机械制造业	5.17	0.04	1.43	6.65
交通运输设备制造业	7.94	7.83	5.35	21.14
电气机械制造业	1.36	0.01	0.39	1.76
仪器仪表及办公用品设备制造业	0.52	0.21	1.91	2.65
电子通信设备制造业	2.67	0.18	0.67	3.52

资料来源：国家统计局、国家科技部主编：《中国科技统计年鉴（2002）》，中国统计出版社2002年版。

东北制造业的创新和发展也存在一些问题，主要体现在五个方面：

一是政府对设备进口和技术引进尚未形成有效的管理机制，一些企业只重视设备进口而忽视技术引进，或重视技术引进而忽视消化吸收，重复引进现象严重。

二是作为主力军的国有企业自主创新动力不足，低水平复制制造能力还很普遍，引进和跟踪模仿多，消化吸收再创新和原始创新少。

三是研发资金投入不足。2007年我国装备制造大中型企业R&D经费投入占销售收入的比重仅1.2%，比日本等发达国家低4个百分点；我国装备制造业引进技术费用与消化吸收费用之比为1∶0.36,而工业发达国家通常是1∶3。

四是产业集中度低,缺乏像美国GE、日本三菱、德国西门子等具有较强研发实力的大企业集团。

五是国内市场资源仍未能充分利用,用户支持装备国产化的氛围还未形成,自主创新产品的推广使用难度大。

五、京津冀:以电子信息业为例

京津冀地区电子信息产品门类齐全。在电子产品方面,北京在手机、电脑、扫描仪、显示器、彩色显像管、软件、程控交换机、数码相机等方面位居全国首位;天津是全国重要的手机生产基地、全国最大片式元件生产基地,以三星和现代为代表的显示器行业、以力神、和平海湾为代表的绿色能源行业也在全国位居前列;河北省在显示器件、半导体材料和设备制造领域具有一定的技术优势,部分产品居全国前列。下面从工业总产值,主营业务收入,利润总额这3个综合指标及其比重考察三地电子信息产业的发展现状。

三地电子信息产品制造业2007年及2006年的主要经济指标情况如表4-14所示。

表4-14　　　　2006年、2007年京津冀电子信息产品制造业主要指标　　　单位:亿元

指标	工业总产值		主营业务收入		利润总额	
年份	2006	2007	2006	2007	2006	2007
全国	33 728.37	39 946.61	33 703.04	34 823.58	1 162.64	1 312.68
京津冀合计	4 275.36	4 770.82	4 565.86	4 806.53	192.42	174.43
占全国比重	0.1268	0.1194	0.1355	0.1380	0.1655	0.1329
北京	2 253.98	2 693.82	2 424.54	2 875.33	71.20	105.96
占全国比重	0.066849	0.067413	0.071951	0.0826	0.061235	0.08074
天津	1 947.39	1 982.67	2 074.37	1 843.29	118.53	61.74
占全国比重	0.057757	0.049623	0.061558	0.0529	0.101948	0.04705
河北	73.99	94.33	66.95	87.91	2.69	6.73
占全国比重	0.002194	0.002364	0.001992	0.002348	0.002317	0.00513

资料来源:国家统计局工业统计司:《中国工业经济统计年鉴》(2007、2008),中国统计出版社历年版。

由表 4-14 可知：

（1）就整体而言，2007 年京津冀电子信息产业制造业总产值 4 770.82 亿元，占全国的 11.94%；主营业务收入 4 806.53 亿元，占全国的 12.83%；利润总额 174.43 亿元，占全国的比重为 13.29%。

（2）就北京而言，2007 年电子信息产品制造业总产值、主营业务收入和利润总额分别占全国的 6.74%、8.26%、8.07%；天津 2007 年电子信息产品制造业总产值、产品销售收入和利润总额分别占全国的 4.96%、4.92%、4.70%；河北 2007 年电子信息产品制造业总产值、产品主营业务收入和利润总额分别占全国的 0.23%、0.23%、0.05%。总体上，北京与天津的信息产品制造业的规模相当，但地位开始下降，河北省信息产业规模远低于京津，但发展势头比较好。

京津地区是中国科研实力最强的地区，仅北京重点高校就占全国的 1/4。天津也拥有 30 多所高等院校和国家级研究中心，电子信息产业工程技术研发力量较强，研发国际化程度高，已经形成国家级工程中心、国家级研究院所、大专院校科研机构、市级研究机构、合资企业研发中心并存的多层次创新机构布局，基本形成从基础研究、应用技术研究到支撑产业化制造技术的科研开发能力。

京津冀电子信息产品制造业 2006 年及 2007 年 R&D 经费支出情况如表 4-15 所示。

表 4-15　　　　　2006 年、2007 年京津冀电子信息制造业 R&D 经费　　　　单位：万元

年份	京津冀 绝对值	京津冀 占全国比重（%）	北京 绝对值	北京 占全国比重（%）	天津 绝对值	天津 占全国比重（%）	河北 绝对值	河北 占全国比重（%）
2006	377 610	0.1079	287 932	0.082274	87 438	0.02499	2 240	0.000637
2007	323 004	0.0795	209 966	0.051675	110 090	0.027094	2 948	0.000723

资料来源：国家统计局、国家发改委、国家科技部主编：《中国高科技统计年鉴》（2007、2008），中国统计出版社历年版。

由表 4-15 可知：

（1）从京津冀总体看，2007 年电子信息产业制造业 R&D 经费是 323 004 万元，与 2006 年基本持平，但占全国比重由 2006 年的 10.79% 下降到 2007 年的 7.95%，呈下降趋势。

（2）北京 2007 年电子信息产业制造业 R&D 经费为 209 966 万元，占全国的 5.17%，较 2006 年有明显下滑；天津 2007 年电子信息产业制造业 R&D 经费为 110 090 万元，占全国比重 2.7%，较 2006 年略有上升；河北省 2007 年电子信息

产业制造业 R&D 经费为 2 948 万元，占全国比重很低。总体上，京津冀电子信息产业 R&D 经费在全国的相对值在下降，其中，天津和河北小幅度提升，而北京大幅度下降。

京津冀地区在创新和发展过程中也存在一些问题：

一是产业配套能力弱。对京津冀地区的电子信息产业企业而言，本地或邻近区域的配套原材料供应商少，导致采购原材料周期长，影响生产。

二是生产要素环境存在问题，体现在三方面：企业难以从当地获得发展所需要的研发人员和高级管理人员；企业难以从当地获得核心技术及新技术；中小企业很难获得银行贷款等。

三是市场环境的问题，最突出的是电子信息企业之间存在恶性竞争，仿冒、价格战现象严重。

四是中小型电子信息企业的发展环境有待改善。地方政府普遍存在重视大企业、忽视中小企业的倾向，在一定程度上压制了中小企业创新能动性。

第五章

自主创新现状：微观层面

——基于企业调查数据的分析*

第一节 研究设计

一、问卷设计和发放

为了解企业自主创新现状，本课题组联合清华大学技术创新研究中心和国家统计局于 2008 年对国内 42 个城市制造业企业问卷调查。该问卷覆盖的地理区域广阔，囊括的企业数目众多、行业分布较广，企业性质也具有较大的差异性，是对我国企业自主创新现状的一个较全面的调查。

该制造业企业调查问卷以我国企业在过去 3 年内（2005 年 1 月 1 日 ~ 2007 年 12 月 31 日）从事企业各项创新的基本情况为主要调查内容。发放问卷 1 680 份，回收问卷 1 401 份，回收率达到 83.4%。问卷调查的城市是：北京、天津、石家庄、太原、鄂尔多斯、沈阳、大连、长春、哈尔滨、上海、南京、苏州、无

---

* 本章主要内容发表在清华大学技术创新研究中心主办的学术期刊《创新与创业管理》第 5 辑（2009 年 12 月）。本章所有表格与图形均为作者根据统计调查结果总结分析、绘制得到（2008）。

锡、常州、杭州、宁波、温州、绍兴、台州、合肥、福州、厦门、南昌、济南、青岛、烟台、郑州、武汉、广州、深圳、珠海、中山、东莞、海口、成都、昆明、重庆、西安、兰州、嘉兴、湖州、东阳。每个城市的问卷平均收集份数为34份，问卷数目最少的城市是太原（11份），问卷数目最多的城市是广州（46份）。

二、样本企业分布

（一）样本企业的行业、地域和规模分布

1. 样本企业的行业分布

所有被调查企业中，样本数量最多的三个行业分别为通信设备、计算机及其他电子设备制造业，交通运输设备制造业以及专用设备制造业，来自这三个行业的企业数目分别为180家、111家和105家。样本数量最少的三个行业是废弃资源和废旧材料回收加工业、烟草制造业和文教体育用品制造业，各自的样本企业数目仅有3家、9家和9家，如表5-1所示。

表5-1　　　　　　　企业样本归属的制造业细分行业

企业所属行业	企业数量（家）	所占比例（%）
农副食品加工业	38	2.7
食品制造业	51	3.6
饮料制造业	21	1.5
烟草制造业	9	0.6
纺织业	68	4.9
纺织服装、鞋、帽制造业	46	3.3
皮革、毛皮、羽毛及其制品业	13	0.9
木材加工及木、竹、藤、棕、草制品业	13	0.9
家具制造业	14	1.0
造纸及纸制品业	22	1.6
印刷业和记录媒介的复制	16	1.2
文教体育用品制造业	9	0.6
石油加工、炼焦及核燃料加工业	17	1.2
化学原料及化学制品制造业	81	5.8

续表

企业所属行业	企业数量（家）	所占比例（%）
医药制造业	58	4.2
化学纤维制造业	18	1.3
橡胶制品业	13	0.9
塑料制品业	57	4.0
非金属矿物制品业	44	3.1
黑色金属冶炼及压延加工业	48	3.4
有色金属冶炼及压延加工业	59	4.2
金属制品业	79	5.7
通用设备制造业	61	4.4
专用设备制造业	105	7.5
交通运输设备制造业	111	7.9
电气机械及器材制造业	79	5.6
通信设备、计算机及其他电子设备制造业	180	12.9
仪器仪表及文化、办公用机械制造业	19	1.4
工艺品及其他制造业	49	3.5
废弃资源和废旧材料回收加工业	3	0.2
共计	1 401	100

注：虽然我们收集的企业有效样本总数为1 401份，但由于不同企业对不同调查题项的填写数目不同，因此在本章各统计表格中，有效样本的"合计"数不同，某些题项的统计合计数会超过1 401份，有些题项的统计合计数则不足1 401份。

2. 样本企业的地区分布

表5-2是被调查企业的地区分布。

表5-2　　　　　　　　　被调查企业地区分布

企业所在区域	城市	企业数目（家）	比例（%）
华北地区（5）	北京	43	3.1
	天津	34	2.4
	石家庄	34	2.4
	太原	10	0.7
	鄂尔多斯	35	2.5

续表

企业所在区域	城市	企业数目（家）	比例（%）
东北地区（4）	沈阳	35	2.5
	大连	34	2.4
	长春	35	2.5
	哈尔滨	35	2.5
胶东半岛（3）	济南	35	2.5
	青岛	35	2.5
	烟台	35	2.5
长三角（11）包括金华市	上海	35	2.5
	南京	35	2.5
	苏州	35	2.5
	无锡	35	2.5
	常州	35	2.5
	杭州	35	2.5
	宁波	35	2.5
	绍兴	35	2.5
	嘉兴	20	1.4
	湖州	20	1.4
	金华	20	1.4
东南沿海（4）	温州	35	2.5
	台州	35	2.5
	福州	35	2.5
	厦门	35	2.5
珠三角（5）	广州	45	3.3
	深圳	36	2.6
	珠海	40	2.9
	中山	38	2.7
	东莞	40	2.9
中部地区（5）包括海口	合肥	41	2.9
	南昌	35	2.5
	郑州	34	2.4
	武汉	21	1.6
	海口	34	2.4

续表

企业所在区域	城市	企业数目（家）	比例（%）
西部地区（5）	成都	35	2.5
	昆明	14	1.0
	重庆	35	2.5
	西安	36	2.6
	兰州	35	2.5
合计（42）		1 399	100.00

3. 样本企业的规模分布

从企业规模来看，调查样本中中等规模的企业占大多数，但是体现在就业人数、销售额与资产总额上又有所差异（见表5-3、表5-4和表5-5）。根据2007年平均就业人数的统计，中小规模的企业占据了大多数，达到了样本总量的82.5%。而从2007年的销售额和资产总额来看，大中规模的企业则是样本中的主力军，大中型规模的企业在两者的样本总体中比例均超过了85%。

表5-3　　　　　　　　企业2007年平均就业人数统计

2007年平均就业人数	企业数量（家）	所占比例（%）
300人以下	457	32.5
300~2 000人	704	50
2 000人以上	246	17.5
共计	1 407	100

表5-4　　　　　　　　企业2007年销售额统计

2007年销售额	企业数量（家）	所占比例（%）
不足3 000万元	135	9.6
3 000万~3亿元	629	44.9
3亿元以上	637	45.5
共计	1 401	100

表 5-5　　　　　　　　　企业 2007 年资产总额统计

2007 年资产总额	企业数量（家）	所占比例（%）
不足 4 000 万元	200	14.3
4 000 万~4 亿元	719	51.4
4 亿元以上	479	34.3
共计	1 398	100

（二）企业成立时间、所有制类型统计

1. 企业成立时间统计

回收的问卷中，1 393 份填写了企业成立时间，15 份问卷的企业成立时间信息缺失。企业成立时间统计如表 5-6 所示。

表 5-6　　　　　　　　　企业成立时间统计

企业成立时间	企业数量（家）	所占比例（%）
1949 年以前	35	2.5
1950~1978 年	115	8.3
1979~1999 年	685	49.1
2000 年以后	558	40.1
共计	1 393	100

2. 企业所有制类型

从企业所有制类型来看，调查样本企业主要是有限责任公司和外商及港澳台投资企业，两者共占样本总量的接近 70%。其他较多的所有制类型为股份有限公司、国有企业和私营企业，占样本总量的比例分别为 12.3%、7.1% 和 7.0%。集体企业、股份合作企业以及其他内资公司的企业数量比较少，在样本总量中占据的比例不超过 2%，如表 5-7 所示。

表 5-7　　　　　　　　　企业登记注册类型

企业类型	企业数量（家）	所占比例（%）
国有企业	100	7.1
集体企业	23	1.6
私营企业	99	7.0

续表

企业类型	企业数量（家）	所占比例（%）
股份合作企业	26	1.8
股份有限公司	173	12.3
有限责任公司	552	39.4
其他内资公司	5	0.4
外商及港澳台投资企业	428	30.4
合计	1 406	100

（三）企业的经营状况统计

1. 企业产品和服务的主要地域市场

对企业产品和服务所覆盖的地域，按从本省、其他省市和国外三个层次划分。调查企业中没有进入本省市场的比例较少，仅有10%的企业不在本省内销售；而没有产品和服务出口的企业比例较高，接近35%的企业不在其他国家和地区销售产品和服务；不在其他省市销售的企业比例居中，约为16%。

从各个地域层次企业所占据的市场份额来看，在国内销售产品和服务的企业（包括本省和外省市）分布呈纺锤形，中等份额（10%～50%）的企业较多而大市场份额（大于50%）与小市场份额（小于10%）的企业较少。而在国外销售的企业分布呈现哑铃型特征，国际市场份额较小（小于10%）或者较大（大于50%）是这类企业中最主要的组成部分，如表5-8所示。

表5-8　　　　　　　　　企业提供产品和服务的市场

地区市场占全部市场比重	本省（直辖市、自治区）		除本省外其他省市区		其他国家和地区	
	企业数量（家）	所占比例（%）	企业数量（家）	所占比例（%）	企业数量（家）	所占比例（%）
没有市场	151	10.8	226	16.1	484	34.5
小于10%	364	26.0	317	22.6	402	28.7
10%～50%	482	34.4	502	35.8	201	14.4
大于50%	404	28.8	357	25.5	313	22.4
共计	1 401	100	1 402	100	1 400	100

2. 企业产品和服务的主要客户

被调查企业以政府部门和事业单位为客户的较少，大约70%的企业没有服务于政府部门和事业单位；而以政府部门和事业单位为客户的企业中，两者也并不是企业销售额的主要来源，仅有不超过2%的企业对政府部门或事业单位的销售额占总销售额超过50%。

企业客户仍然是这些制造业企业最主要的客户类型，仅有不足9%的样本企业没有将企业作为自己产品和服务的客户。而且企业客户是多数样本企业的主要客户，有67.6%的样本企业，企业客户的销售额超过了企业50%的总销售额。

个人消费者客户的比重处于企业客户和政府、事业单位客户之间，大约一半的样本企业为个人消费者提供产品和服务，如表5-9所示。

表5-9　　　　　　　　企业提供产品和服务的主要客户类型

客户类型占企业销售额比重	政府部门 企业数量（家）	所占比例（%）	事业单位 企业数量（家）	所占比例（%）	企业 企业数量（家）	所占比例（%）	个人消费者 企业数量（家）	所占比例（%）
没有服务该类型	1 050	74.7	980	69.6	125	8.9	723	51.5
小于10%	247	17.6	292	20.8	129	9.2	291	20.7
10%~50%	86	6.1	109	7.8	201	14.3	144	10.2
大于50%	23	1.6	25	1.8	951	67.6	248	17.6
共计	1 406	100	1 406	100	1 406	100	1 406	100

3. 主营业务市场地位和排名

在中国大陆市场中，排名2~5名的企业和50名之后的企业较多，分别占样本企业比例的22.1%和43.9%。在全球市场，样本企业排名较低，接近3/4的企业在全球市场排名在50名之后。样本企业在中国大陆市场的排名分布全面优于在全球市场的排名分布，两个地域市场排名，第1名企业的比例差距为7.8个百分点，2~5名的比例差距为13.9个百分点，而前10名排名的比例差距为25.8个百分点，如表5-10所示。说明被调查的企业在国际市场的竞争实力要远远落后于在国内市场的竞争力。

4. 企业主要产品和服务周期

企业主要产品和服务周期偏长，接近30%的企业产品和服务周期达到4~10年，38.5%的企业周期超过10年，而产品和服务周期不到1年的企业仅有10%左右，如表5-11所示。

表 5 – 10　　　　　　企业主营业务的在不同区域的市场地位和排名

企业市场地位和排名	中国大陆境内市场		全球市场	
	企业数量（家）	所占比例（%）	企业数量（家）	所占比例（%）
第 1 名	140	10.2	32	2.4
第 2 ~ 5 名	303	22.1	110	8.2
第 6 ~ 10 名	123	9.0	66	4.9
第 11 ~ 50 名	204	14.9	140	10.3
第 50 名之后	603	43.8	1 001	74.2
共计	1 373	100	1 349	100

表 5 – 11　　　　　　　　企业产品服务周期统计

企业产品服务周期	企业数量（家）	所占比例（%）
不到 1 年	143	10.2
1 ~ 3 年	303	21.7
4 ~ 10 年	413	29.6
超过 10 年	538	38.5
共计	1 397	100

三、样本企业的分类

为了比较不同类型的企业在创新活动、创新机制和创新影响因素以及创新战略方面的差异，我们以企业的基本信息作为控制变量，设定分类标准，将所有的样本企业根据该标准分成相应的组。通过统计手段来比较组间差异，以此达到进行不同类型企业对比研究的目的。控制变量选择以及分类标准如下：

1. 企业规模

调查问卷中共有 2007 年企业就业人数、销售额和资产总额三个反映企业规模的指标，为了不损失任何样本信息，我们综合考虑样本企业在以上三个指标上的差异。具体来说，对平均就业人数 300 人以下的企业赋值为 1 300 ~ 2 000 人的企业赋值为 22 000 人以上的企业赋值为 3；销售额和资产总额的选择也类似赋值。然后加总企业在三个规模代表指标的选择得分，得分 3 ~ 7 分的为中小型企业，得分 8 ~ 9 分的为大型企业。为了简化比较，只将样本企业划分为大型企业和中小型企业。

2. 产品特性

根据企业所在行业生产和销售产品的特性对企业进行分组，分成消费品和工业品两组。其中消费品行业包括：农副食品加工业，食品制造业，饮料制造业，烟草制造业，纺织业，纺织服装、鞋、帽制造业，皮革、毛皮、羽毛（绒）及其制品业，家具制造业，文教体育用品制造业，医药制造业，工艺品及其他制造业。工业品包括：木材加工及木、竹、藤、棕、草制品业，造纸及纸制品业，印刷业和记录媒介的复制，石油加工、炼焦及核燃料加工业，化学原料及化学制品制造业，化学纤维制造业，橡胶制品业，塑料制品业，非金属矿物制品业，黑色金属冶炼及压延加工业，有色金属冶炼及压延加工业，金属制品业，通用设备制造业，专用设备制造业，交通运输设备制造业，电气机械及器材制造业，通信设备、计算机及其他电子设备制造业，仪器仪表及文化、办公用机械制造业，废弃资源和废旧材料回收加工业。

3. 国际化

根据企业是否在其他国家和地区有市场来划分企业国际化与否，企业选择没有进入其他国家和地区的视为没有国际化的企业，而企业在其他国家和地区有市场，无论份额多少，都视为国际化的企业。

4. 区域

按照企业所处的城市将样本企业划分为五个区域：东北地区（包括哈尔滨、长春、沈阳、大连）、环渤海地区（包括北京、天津、石家庄、济南、青岛、烟台）、长三角地区（包括上海、南京、苏州、无锡、常州、杭州、宁波、温州、绍兴、台州、嘉兴、湖州等）、珠三角地区（包括福州、厦门、广州、深圳、珠海、中山、东莞、海口）、中西部地区（包括太原、鄂尔多斯、合肥、南昌、郑州、武汉、成都、昆明、重庆、西安、兰州）。

5. 客户类型

按照企业的客户类型将样本企业划分为主要以机构客户为主的企业和主要以个人客户为主的企业。具体而言，以机构为客户的企业主要服务于政府、事业单位、企业，并且这些客户占本企业全部销售额的比重超过了50%；而以个人为客户的企业主要服务于个人消费者，并且个人消费者占本企业全部销售额的比重超过了50%。

6. 市场地位

根据企业在主营业务的市场地位和排名将样本企业划分为市场排位高企业和市场排位低企业。由于样本企业的国际竞争力还比较弱，按照全球市场的排名划分会造成组间的不平衡，因此以大陆市场的市场地位作为判别依据。市场排位高的企业是在大陆市场排名处于前5位的企业,而市场排位低的企业是在大陆市场排名在5名之后的企业。

7. 产品寿命周期

根据企业主要产品或服务的寿命周期将样本企业划分为产品周期长、中、短三类企业。其中,寿命周期在4年以下为产品周期较短的企业,寿命周期处于4~10年为产品周期中等的企业,寿命周期在10年以上的则为产品周期长的企业。

第二节 企业创新对象及其特点

本节分析企业技术创新对象——产品创新和工艺创新现状及其创新特征。

一、产品创新

(一)产品创新现状

首先,大多数企业比较重视产品创新,接近70%的企业在过去三年里推出了产品创新。在产品创新的来源方面,75.9%的企业主要依靠本企业的研究开发,合作创新是次重要的来源,37%的企业通过与其他企业或者研究机构的合作实现产品创新。130家企业从境内本企业集团获得创新的产品,101家企业从境外本企业集团获得创新的产品,分别占据样本的13.5%和10.5%。直接从其他企业或者研究机构获得创新产品的企业较少,仅占样本总体的4.1%,如表5-12、表5-13所示。

表5-12　　　　　　　　　　企业产品创新概况

企业过去三年是否推出产品创新	企业数量(家)	所占比例(%)
是	965	69.1
否	431	30.9
共计	1 396	100

表 5 – 13 产品创新来源（多选）

产品创新来源	企业数量（家）	所占样本比例（%）
本企业	732	75.9
本企业集团（境内）	130	13.5
本企业集团（境外）	101	10.5
本企业与其他企业或者研究机构合作	357	37.0
其他企业或者研究机构	40	4.1

其次，在产品创新的新颖程度方面，主要以对企业新和国内市场新为主，世界范围内的产品创新比例较小，仅占 1/4。由于创新的新颖程度越高，企业面临的产品创新风险更大，因此该类创新占总销售收入比重较低，超过 75% 的企业高新颖度的产品创新销售收入占企业总销售收入低于 40%。随着新颖度的降低，创新在销售收入中的比重逐渐增加。例如，对中国大陆市场以及对企业都是新类型的产品创新在企业总销售收入中超过 40% 的企业达到了 30% 以上，如表 5 – 14 所示。需要说明的是，由于部分企业在选择较高新颖程度的同时也选择了较低新颖程度，因此三类创新新颖程度所占比例之和超过了 100%。

表 5 – 14 产品创新的新颖程度

	企业数量（家）	所占比例（%）	创新销售收入占总销售收入比重	企业数量（家）	所占比例（%）
在世界范围都是新的	238	24.7	1%~10%	96	40.5
			10%~40%	85	35.9
			40% 以上	56	23.6
			共计	237	100
只在中国大陆是新的	538	55.8	1%~10%	122	22.9
			10%~40%	232	43.5
			40% 以上	179	33.6
			共计	533	100
仅对企业而言是新的	572	59.3	1%~10%	125	21.8
			10%~40%	226	39.4
			40% 以上	223	38.8
			共计	574	100

最后，企业倾向于较短产品研发周期的产品创新，不超过 1 年的研发周期产品创新的比例约为 25%，1~3 年的产品创新的比例超过了 60%，超过 4 年以上研发周期的产品创新仅占企业总数的 12% 左右。如表 5-15 所示。

表 5-15　　　　　　　　产品创新投放市场前的研发周期

研发周期	企业数量（家）	所占比例（%）
不到 1 年	236	24.4
1~3 年	618	63.8
4~10 年	95	9.8
超过 10 年	20	2.1
共计	969	100

（二）产品创新差异性分析

1. 是否进行产品创新

（1）规模差异：大型企业的产品创新更加频繁，83% 的大型企业在过去 3 年进行了产品创新（见图 5-1 右）；63% 的中小型企业在过去 3 年进行了产品创新（见图 5-1 左）。

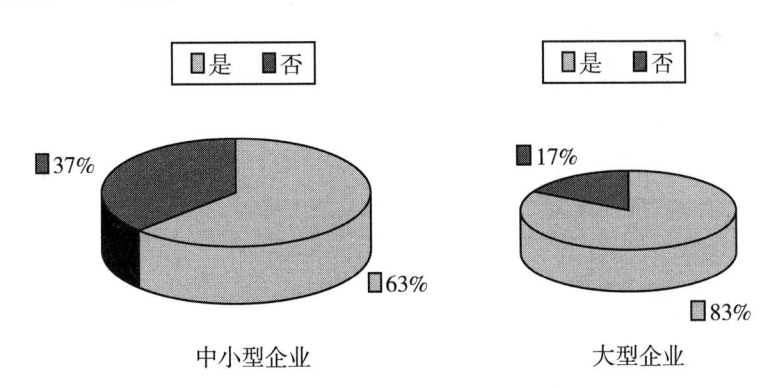

注：大型企业样本共有 434 家，中小型企业样本共有 951 家。

图 5-1　产品创新在企业规模上的差异

（2）国际化差异：国际化企业的产品创新比例高，77% 的国际化企业在过去 3 年进行了产品创新（见图 5-2 右）；非国际化企业仅有 55% 在过去 3 年进行了产品创新（见图 5-2 左）。

非国际化企业　　　　　　　　国际化企业

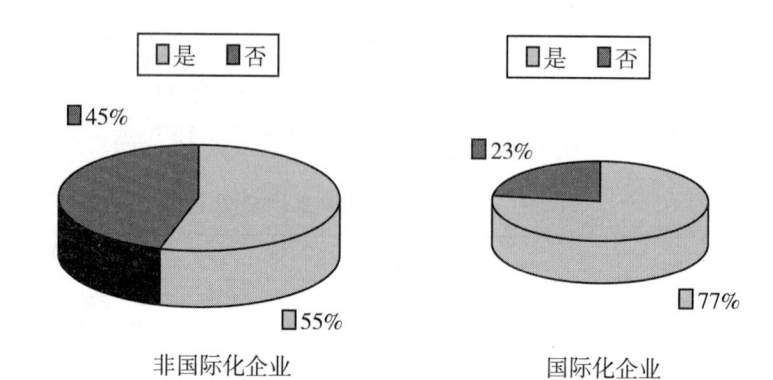

注：非国际化样本企业为477家，国际化样本企业为911家。

图 5-2　产品创新在国际化上的差异

（3）市场排位差异：市场排名高的企业进行产品创新的比例明显更高，86%的这类企业在过去3年进行了产品创新（见图5-3左）；而市场排名较低的企业进行产品创新比例要低得多，仅占样本总量的61%（见图5-3右）。

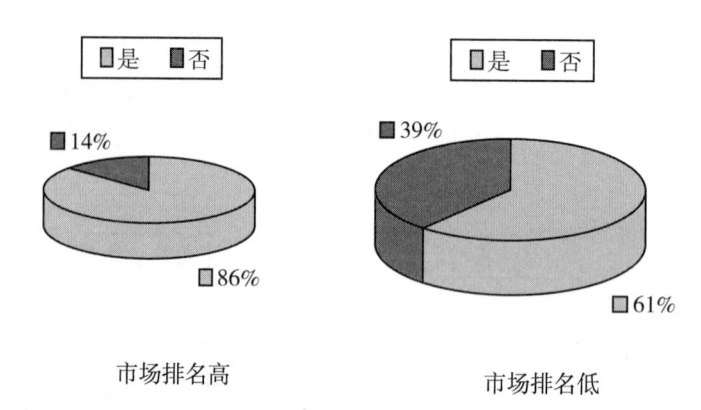

市场排名高　　　　　　　　市场排名低

注：市场排名高的企业样本为441家，市场排名低的企业样本为930家。

图 5-3　产品创新在市场排位上的差异

（4）区域差异：长三角和中西部地区企业产品创新比例最高，超过70%；珠三角地区企业产品创新比例居中，为65%左右；东北地区和环渤海地区企业产品创新比例略低，但仍有超过60%的企业在过去3年进行了产品创新（见图5-4）。

2. 产品创新来源

（1）规模差异：中小企业产品创新的来源于本企业开发的比例高于大型企业以外，其他来源都低于大型企业。大型企业通过合作开发获取产品创新的企业比例明显高于中小型企业，如图5-5所示。

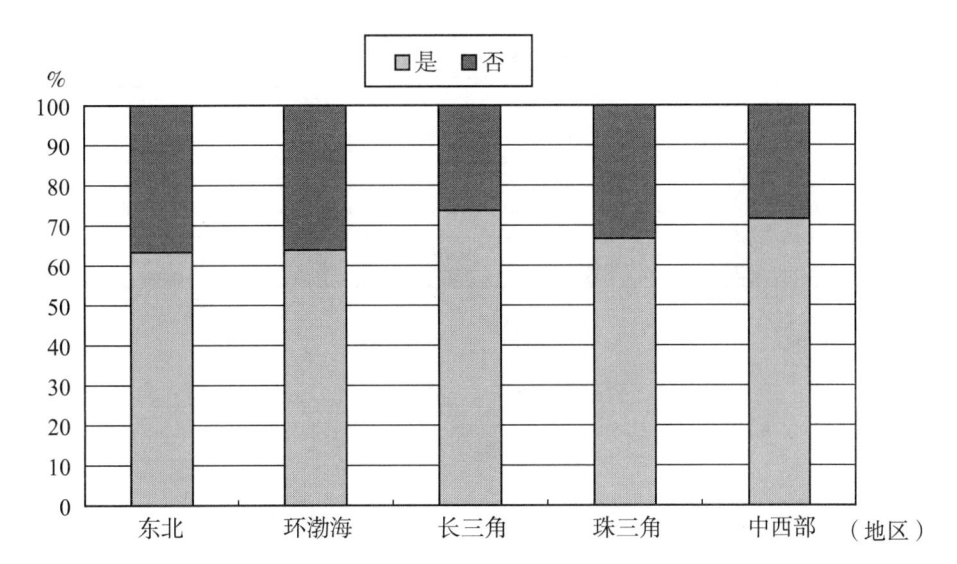

注：东北地区企业样本为139家，环渤海地区企业样本为216家，长三角地区企业样本为407家，珠三角地区企业样本为303家，中西部地区企业样本为331家。

图 5-4 产品创新在区域上的差异

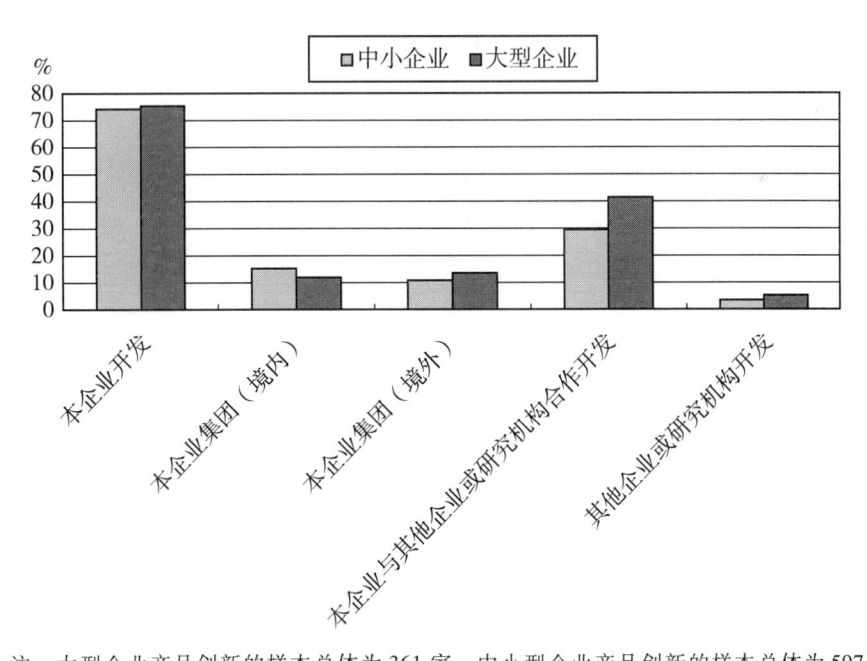

注：大型企业产品创新的样本总体为361家，中小型企业产品创新的样本总体为597家。

图 5-5 产品创新来源在企业规模上的差异

（2）国际化差异：国际化企业产品创新来源于境外企业集团的比例明显高于非国际化企业，如图5-6所示。

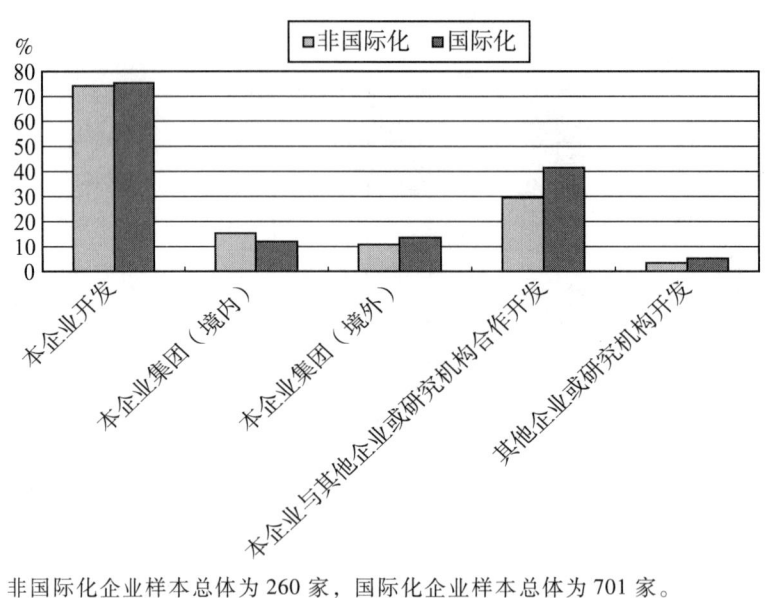

注：非国际化企业样本总体为260家，国际化企业样本总体为701家。

图 5-6　产品创新来源在国际化上的差异

（3）产品寿命周期差异：产品创新来自于本企业开发的企业比例随着产品周期延长而增加，另一个差异体现在，产品周期中等和较长的企业通过合作开发获得产品创新的比例较高，如图 5-7 所示。

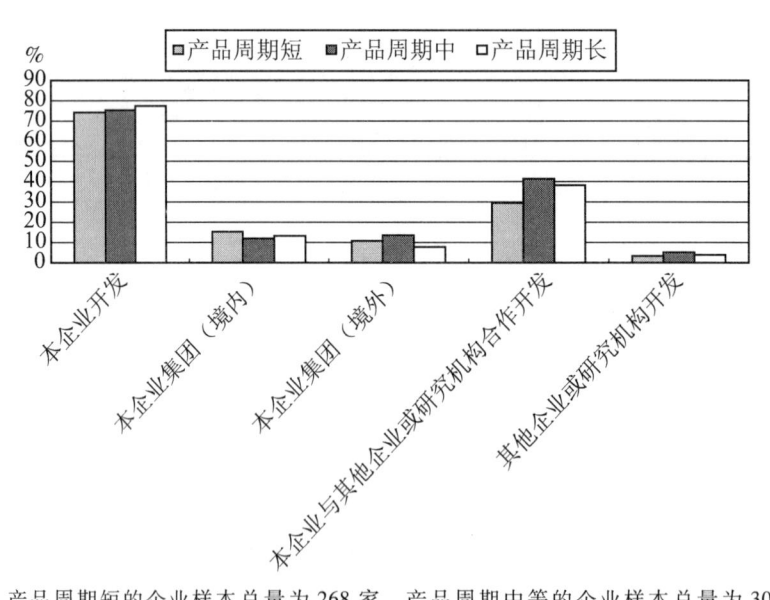

注：产品周期短的企业样本总量为268家，产品周期中等的企业样本总量为309家，产品周期长的企业样本总量为385家。

图 5-7　产品创新来源在产品寿命周期上的差异

(4) 区域差异：各地区利用本企业开发作为产品创新来源的企业比例差距不明显，都在70%左右。利用境外企业集团作为企业产品创新来源在各地区之间存在较大差异，珠三角和长三角企业通过境外企业集团获取产品创新的比例较高；东北和中西部地区将境外企业集团作为产品创新来源的企业比例较低。长三角和中西部地区通过合作开发获得产品创新的企业比例较高，珠三角地区合作开发进行产品创新的企业比例较低，如图5-8所示。

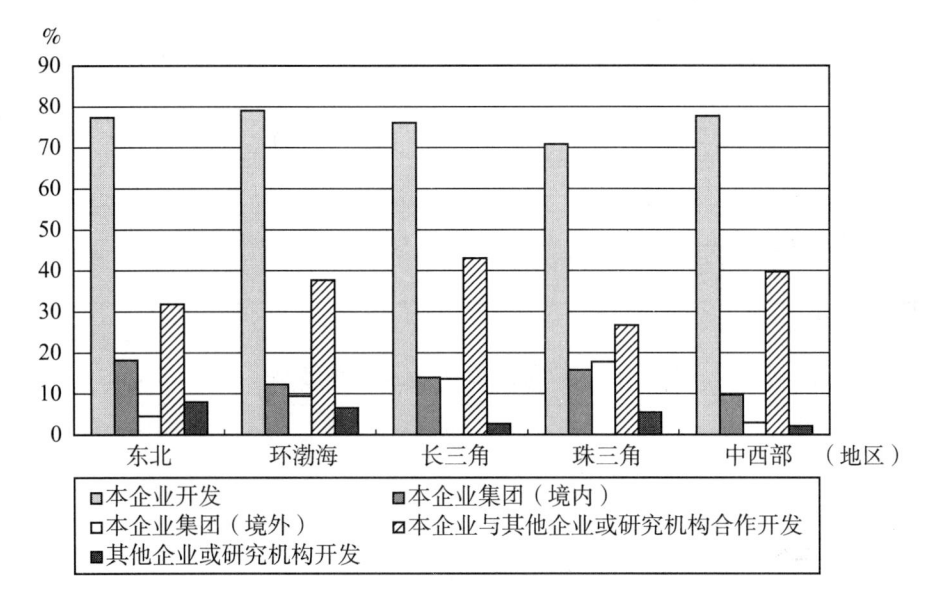

注：东北地区企业样本总量为139家，环渤海地区企业样本总量为216家，长三角地区企业样本总量为407家，珠三角地区企业样本总量为303家，中西部地区企业样本总量为331家。

图5-8 产品创新来源在区域上的差异

二、工艺创新

(一) 工艺创新现状

大多数企业在过去3年里都进行了工艺创新，仅有约10%的企业在过去3年没有从事任何工艺创新。工艺创新少于5次的企业数量为318家，5~10次的企业数量为292家，10次以上的企业数量为335家，各个频度区间在企业样本中所占比例分别为30.1%、27.6%和31.7%。

工艺创新来源的分析结果体现了与产品创新类似的分布。本企业的研究开发仍然是工艺创新最重要的来源，86.8%的企业主要依靠本企业进行工艺创新。合作创新是工艺创新次重要的来源，37.1%的企业通过与其他企业或者研究机构的合作实现了工艺创新。123家企业从境内的本企业集团获得了创新的工艺，81家企业从境外的本企业集团获得了创新的工艺，分别占据样本总体的13.0%和8.6%。直接从其他企业或者研究机构获得创新工艺的企业较少，仅占样本总体的4.9%。如表5-16、表5-17所示。

表5-16　　　　　　　　　　企业工艺创新概况

企业过去3年推出工艺创新的情况	企业数量（家）	所占比例（%）
10次以上	335	31.7
5~10次	292	27.6
5次以内	318	30.1
没有	112	10.6
共计	1 057	100

表5-17　　　　　　　　　　工艺创新来源（多选）

工艺创新来源	企业数量（家）	所占样本比例（%）
本企业	820	86.8
本企业集团（境内）	123	13.0
本企业集团（境外）	81	8.6
本企业与其他企业或者研究机构合作	351	37.1
其他企业或者研究机构	46	4.9

（二）工艺创新差异性分析

1. 工艺创新频率

（1）规模差异：大型企业的工艺创新频率明显高于中小型企业，大型企业在过去3年进行10次以上工艺创新的企业比例达到48%，仅有5%的大型企业没有进行工艺创新。相比较而言，中小型企业进行10次以上工艺创新的企业比例仅有22%，14%的中小型企业在过去3年没有进行工艺创新（见图5-9）。

（2）产品特性差异：工业品的工艺创新活动更加频繁，34%的工业品制造企业在过去3年进行了10次以上的工艺创新，仅有10%的工业品制造企业在过去3年没有工艺创新（见图5-10右）。消费品制造企业进行10次以上工艺创新的比例为24%，而没有进行工艺创新的企业比例占14%（见图5-10左）。

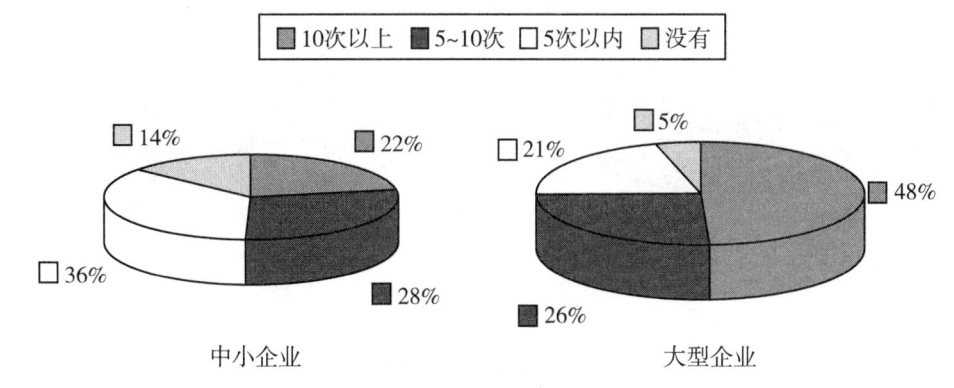

图5-9 工艺创新频率在企业规模上的差异

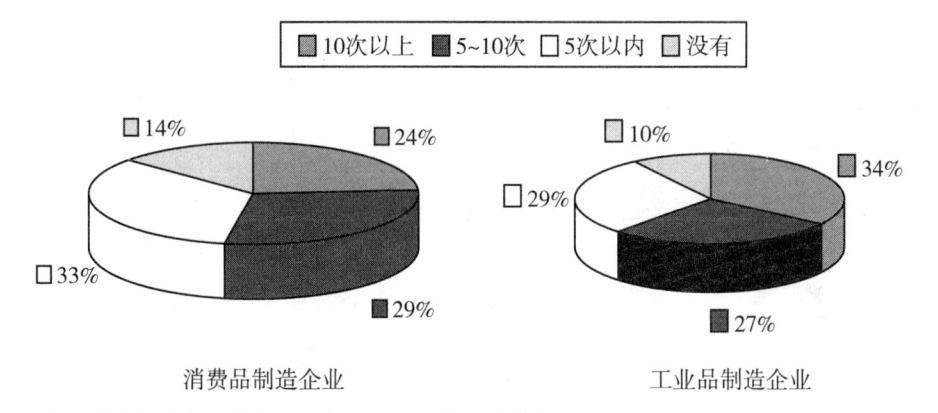

注：大型企业工艺创新样本总体为371家，中小型企业工艺创新样本总体为680家。

图5-10 工艺创新频率在产品特性上的差异

注：消费品样本总体为280家，工业品样本总体为775家。

（3）**市场排位差异**：市场排位高的企业工艺创新活动更加频繁，44%的高市场排位企业在过去3年进行了10次以上的工艺创新，市场排位低的企业进行10次以上工艺创新的比例仅有25%；过去3年没有工艺创新的企业比例在两类企业中也存在差异，排位高的企业没有工艺创新的比例仅有4%，而排位低的企业没有工艺创新的比例达到14%。如图5-11所示。

（4）**区域差异**：工艺创新的频繁程度在各个区域之间差异不大。环渤海地区和珠三角地区频繁的工艺创新活动（10次以上）的企业比例略高，中西部地区的频繁工艺创新活动比例较低；没有从事工艺创新的企业比例在东北地区较高，而在珠三角地区比例较低，如图5-12所示。

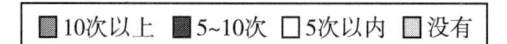

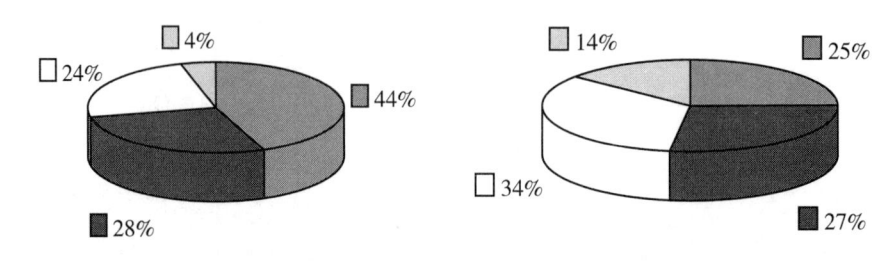

[图：工艺创新频率在市场排位上的差异——市场排位高的企业：10次以上 44%，5~10次 28%，5次以内 24%，没有 4%；市场排位低的企业：10次以上 25%，5~10次 27%，5次以内 34%，没有 14%]

注：市场排位高的企业样本总量为388家，市场排位低的企业样本总量为648家。

图 5-11 工艺创新频率在市场排位上的差异

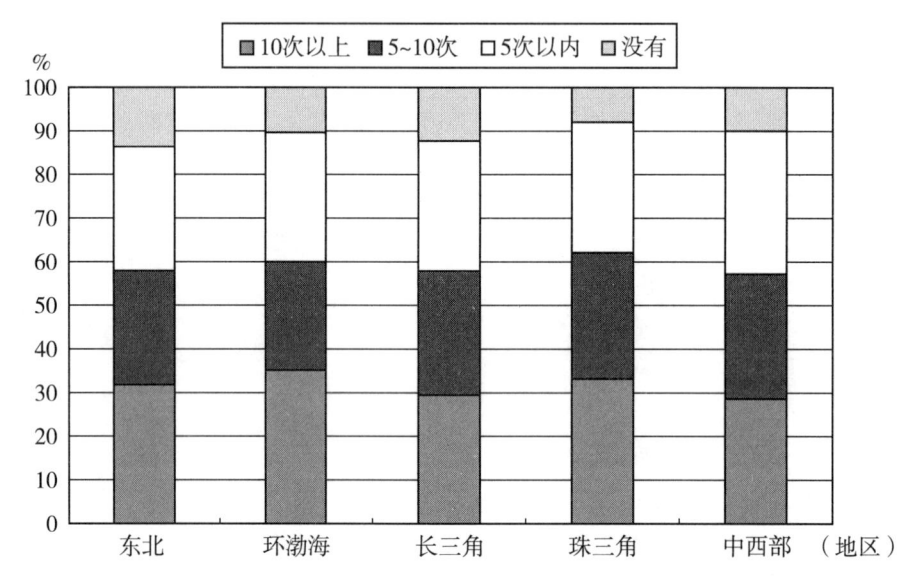

[图：工艺创新频率在区域上的差异——东北、环渤海、长三角、珠三角、中西部各地区的10次以上、5~10次、5次以内、没有的占比堆积柱状图]

注：东北地区企业样本总量为88家，环渤海地区企业样本总量为145家，长三角地区企业样本总量为369家，珠三角地区企业样本总量为214家，中西部地区企业样本总量为241家。

图 5-12 工艺创新频率在区域上的差异

2. 工艺创新来源

（1）规模差异：与产品创新来源类似，中小企业通过企业内部研发实现工艺创新的比例高达90%。大型企业在其他几个工艺创新来源方面的比例都高于中小型企业，合作开发的比例更高。如图5-13所示。

（2）产品寿命周期差异：对产品周期较短和中等的企业而言，来自本企业开发的工艺创新比例较高；对产品周期长的企业而言，来自于本企业的工艺创新比例略低。在合作开发的工艺创新来源方面，产品周期呈现了与之同向变化的趋势，即产品周期越长，企业利用合作开发获取工艺创新的比例越高。如图 5-14 所示。

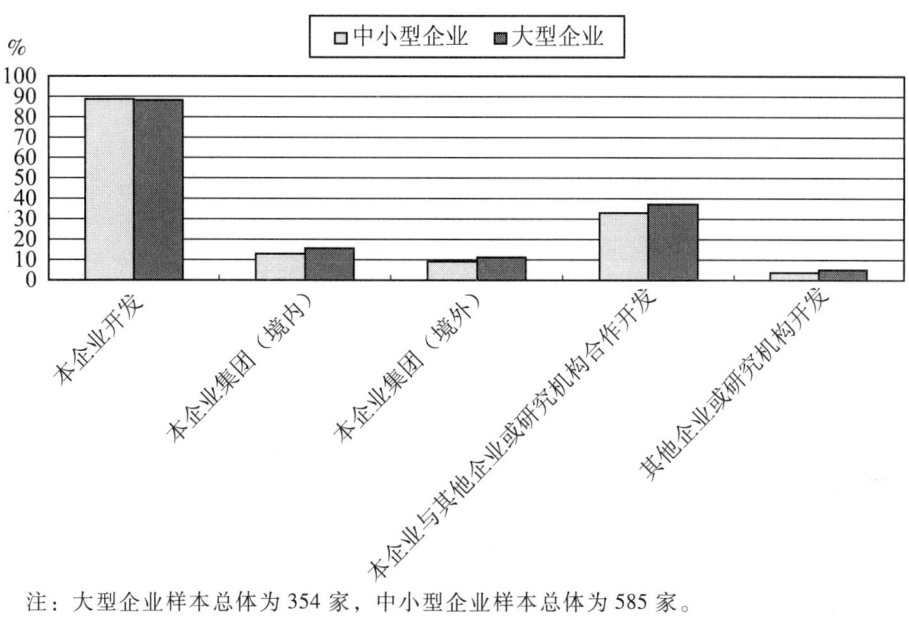

注：大型企业样本总体为 354 家，中小型企业样本总体为 585 家。

图 5-13　工艺创新来源在企业规模上的差异

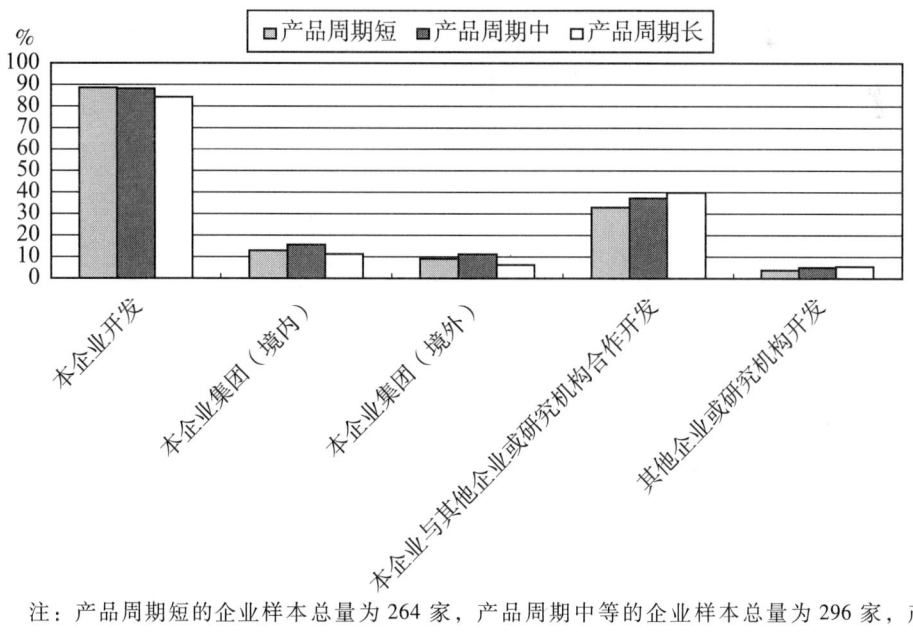

注：产品周期短的企业样本总量为 264 家，产品周期中等的企业样本总量为 296 家，产品周期长的企业样本总量为 382 家。

图 5-14　工艺创新来源在产品寿命周期上的差异

(3) 区域差异：各地区利用本企业开发作为工艺创新来源的企业比例差距不明显，各地区除珠三角外都超过了80%。利用境外企业集团作为企业工艺创新来源在各个地区之间存在较大差异，珠三角和长三角有更高比例的企业通过境外企业集团获取工艺创新；中西部地区通过合作开发获得产品创新的企业比例最高，超过了40%，其他几个地区都在30%~40%之间。如图5-15所示。

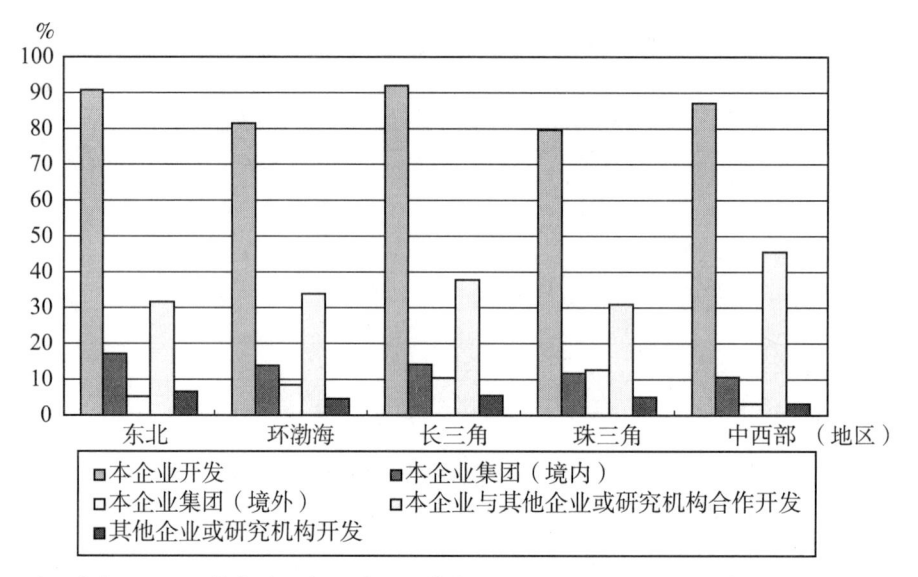

注：东北地区企业样本总量为76家，环渤海地区企业样本总量为130家，长三角地区企业样本总量为325家，珠三角地区企业样本总量为197家，中西部地区企业样本总量为217家。

图5-15 工艺创新来源在区域上的差异

第三节 企业创新活动及其特点

一、企业创新信息来源

将创新活动中信息的重要性分为不重要、重要性低、重要性中和重要性高四类，对每类分别赋值1~4，就可以计算出对于每种信息来源样本企业判断的重要性均值。综合考虑信息来源重要性高的企业比例，以及企业对于信息来源的重要性均值，可以判断各种创新信息来源的重要性，结果如表5-18所示。

表 5-18　　　　　　　　创新活动中信息来源的重要性

信息来源		认为重要性高的企业比例（%）	重要性均值
内部	企业或所属集团内部	41.7	3.09
市场信息	设备、原材料、零部件或软件供应商	17.9	2.63
	客户或消费者	52.5	3.25
	市场竞争者或同行其他企业	34.3	2.96
	咨询公司、私立研发机构	5.7	1.96
机构信息	高等学校	8.3	2.06
	政府或公共科研机构	10.0	2.12
	政府科技计划	14.4	2.21
其他来源	商品交易会/展销会、专业会议	22.5	2.61
	科技杂志/文献、贸易/专利文献	9.7	2.30
	专业行业协会	18.6	2.52

由表 5-18 可知，按照重要性可以将创新信息来源分为三类：第一类是重要信息来源，主要有企业或集团内部、客户或消费者以及市场竞争者；第二类是一般信息来源，主要有供应商、商品交易会/展销会、专业会议、专业行业协会等；第三类是较不重要的信息来源，主要有咨询公司、私立研发机构、高等学校、政府或公共研究机构、科技杂志和文献等。

二、创新方式

（一）创新方式现状

将企业的创新方式主要划分为内部研发、外部研发、购买机器设备、获取外部知识和培训与市场活动五个方面。调查结果如表 5-19 所示。

由表 5-19 可知，企业内部的研发活动，以及机器、设备和软件的购买是企业创新的主要方式，仅有 9.1% 的企业从未进行内部研发，仅有 17.2% 的企业从未购买机器设备。外部研发和获取外部技术知识在企业创新中利用的机会较少，仅有 7.9% 的企业较频繁的使用外部研发活动，仅有 9.8% 的企业较频繁的使用获取外部技术知识。培训和市场活动在企业创新方式中也用得比较少。

表 5-19　　　　　　　　　　企业创新主要方式和频率

企业创新方式	从来没有 企业数量（家）	从来没有 所占比例（%）	有些 企业数量（家）	有些 所占比例（%）	很多 企业数量（家）	很多 所占比例（%）	共计（家）
企业内部的研发活动	90	9.1	418	42.4	477	48.4	985
企业外部的研发活动	465	52.2	356	40.0	70	7.9	891
机器、设备以及软件的购买	165	17.2	482	50.2	314	32.7	961
获取外部技术知识	436	48.6	374	41.6	88	9.8	898
培训和市场活动	302	33.3	454	50.1	150	16.6	906

（二）创新方式频度差异性分析

（1）规模差异：利用方差分析进行均值比较可知，大型企业和中小型企业在创新活动的频繁程度上存在显著性差异，大型企业各种方式的创新频繁程度显著高于中小型企业。如表 5-20 所示。

表 5-20　　　　　　　　创新方式频度在企业规模上的差异

企业创新活动	大型企业均值	中小型企业均值	F	Sig.
企业内部的研发活动	2.57	2.29	46.344	0.000
企业外部的研发活动	1.70	1.47	27.602	0.000
机器、设备以及软件的购买	2.24	2.11	8.115	0.004
获取外部技术知识	1.68	1.57	6.283	0.012
培训和市场活动	1.91	1.78	7.004	0.008

（2）国际化差异：利用方差分析进行均值比较可知，国际化企业和非国际化企业在创新方式的频繁程度方面，存在全面差异，国际化企业的各种创新方式都比非国际化企业更加频繁。如表 5-21 所示。

（3）客户差异：利用方差分析进行均值比较可知，以机构为客户企业的内部的研发活动比以个人为客户企业的内部研发活动更为频繁。

（4）市场排位差异：利用方差分析进行均值比较可知，市场排位高的企业在内部研发活动、外部研发活动、机器设备购买和培训市场活动的频繁程度都显著超过排位低的企业,仅在获取外部技术知识两者差距不显著。如表 5-22 所示。

表 5-21　　　　　创新方式频度在国际化上的差异

企业创新活动	非国际化均值	国际化均值	F	Sig.
企业内部的研发活动	2.26	2.45	17.432	0.000
企业外部的研发活动	1.42	1.61	14.408	0.000
机器、设备以及软件的购买	2.06	2.19	7.665	0.006
获取外部技术知识	1.51	1.65	7.919	0.005
培训和市场活动	1.72	1.88	8.944	0.003

表 5-22　　　　　创新方式频度在市场排位上的差异

企业创新活动	市场排位高均值	市场排位低均值	F	Sig.
企业内部的研发活动	2.55	2.30	35.905	0.000
企业外部的研发活动	1.63	1.51	7.608	0.006
机器、设备以及软件的购买	2.23	2.11	6.019	0.014
获取外部技术知识	1.66	1.58	3.303	0.069
培训和市场活动	1.92	1.78	8.914	0.003

(5) 产品寿命周期差异：利用方差分析进行均值比较可知,产品周期短的企业的内部研发活动较少,产品寿命的中长周期之间没有显著差异。在培训和市场活动方面,中周期和长周期的企业之间存在明显差异,长周期的企业在培训和市场活动上更加频繁。

(6) 区域差异：利用方差分析进行均值比较可知,各区域之间创新活动频繁程度的差异主要体现在企业外部的研发活动、获取外部技术知识、培训和市场活动三个方面。具体而言,在企业内部的研发活动方面,东北地区和环渤海地区显著比珠三角地区频繁；在企业外部的研发活动和机器设备购买方面,长三角地区显著比东北地区频繁；在获取外部知识方面,环渤海、长三角和中西部地区显著比珠三角地区频繁；在培训和市场活动方面,环渤海地区和长三角地区显著比东北地区和珠三角地区频繁。

三、合作创新

在过去 3 年里,进行合作创新的企业数量为 668 家,占样本企业总数的 48.2%;没有进行合作创新的企业数量为 717 家,占样本企业总数的 51.8%。

从合作伙伴的类型统计来看,高等学校和公共研究机构是企业最多选择的合作伙伴,接近 500 家的受调查企业反馈在过去 3 年与高校和公共研究机构有合作经历。咨询公司、私立研究机构、同行企业是企业较少选择的合作伙伴,仅有不足 300 家的企业与以上类型的伙伴进行了合作创新。企业选择供应商和客户进行合作创新的数量居中。

合作伙伴所在地区以大陆为主,接近 80% 有合作创新经历的企业所选择的合作伙伴都处于中国大陆。处于境外的合作伙伴以发达国家的居多,特别是与供应商和客户的合作,与来自欧美和日本等发达国家的合作伙伴进行合作创新的企业数量都超过了 100 家。中国香港、中国台湾、新加坡和韩国这些新兴工业化国家和地区也是合作创新伙伴分布的重要区域,但合作伙伴类型主要限于与企业业务有直接关系的集团内其他公司、供应商和客户等。来自其他国家(地区)的合作伙伴数量比较少。如表 5-23、表 5-24 所示。

表 5-23　　　　　　　　企业是否参与了合作创新

是否参与合作创新	企业数量(家)	所占比例(%)
是	668	48.2
否	717	51.8
共计	1 385	100

表 5-24　　　　　　合作伙伴的类型和所在地区统计(多选)

	中国大陆	中国香港、中国台湾、新加坡、韩国	欧洲、美国、日本	其他国家(地区)	没有合作	共计
集团公司内其他分公司	315	42	67	10	223	615
设备、原材料或软件供应商	316	34	105	23	204	606
客户或消费者	291	36	103	48	217	594
市场竞争者或同行其他企业	222	14	71	21	318	600
咨询公司、私立研发机构	223	16	28	4	362	616
高等学校或公共科研机构	473	12	20	3	157	649

第四节　企业创新的投入和产出

一、创新资金投入

（一）创新费用支出和创新资金筹集现状

在创新费用支出方面，企业在内部研发活动方面支出的创新费用最高，2007年企业内部研发支出费用均值约为6 154万元。外部研发和机器设备购买支出的费用次之，外部研发费用均值为1 247万元；机器设备购买支出均值为2 083万元。获取外部技术知识和培训与市场活动的创新支出较低，该两项在调查企业的支出均值分别为564万元和350万元。如表5-25所示。

表5-25　　　　　　　　　　2007年创新费用支出

2007年创新费用支出	企业数量（家）	均值（万元）	最大值（万元）	最小值（万元）	标准差
企业内部的研发活动	867	6 154.2	703 282	1	43 305
企业外部的研发活动	387	1 247	160 061	1	8 651
机器、设备以及软件的购买	751	2 083	200 000	1	10 476
获取外部技术知识	401	564	80 031	1	4 198
培训和市场活动	543	350	80 030	1	3 532

在创新活动的资金筹集方面，企业内部自筹是主要的资金来源渠道，企业内部筹集资金占全部创新活动资金的比例平均值达到88.3%。金融机构贷款也比较重要，在全部资金来源的所占比例达到33.6%。资本市场和国内外合作伙伴是资金来源的重要组成部分，平均来看大约1/4的资金来源是从以上两个渠道获取的。政府资金在企业创新资金中所占的比例较低，仅有13.5%的创新资金从政府筹集而来。需要说明的是，因为填写资金来源比例的企业样本数量并不相同，因此各种资金来源的比例均值加总并不等于100%。如表5-26所示。

表 5-26　　　　　　　　2007 年创新活动的资金来源比例

2007年创新资金来源比例	企业数量（家）	均值（万元）	最大值（万元）	最小值（万元）	标准差
企业内部筹集	1 235	88.3	100	1	20.79
政府资金	318	13.5	100	1	16.00
金融机构贷款	274	33.6	100	1	22.63
资本市场	32	26.2	100	1	29.00
国内和国外合作伙伴	60	22.9	100	1	24.06

（二）创新资金来源的差异性分析

（1）国际化差异：从创新资金来源构成看，非国际化企业在内部筹集、金融机构贷款和合作伙伴的资金比例都较高，国际化企业在政府资金和资本市场来源两项上略高于没有国际化的企业。如图 5-16 所示。

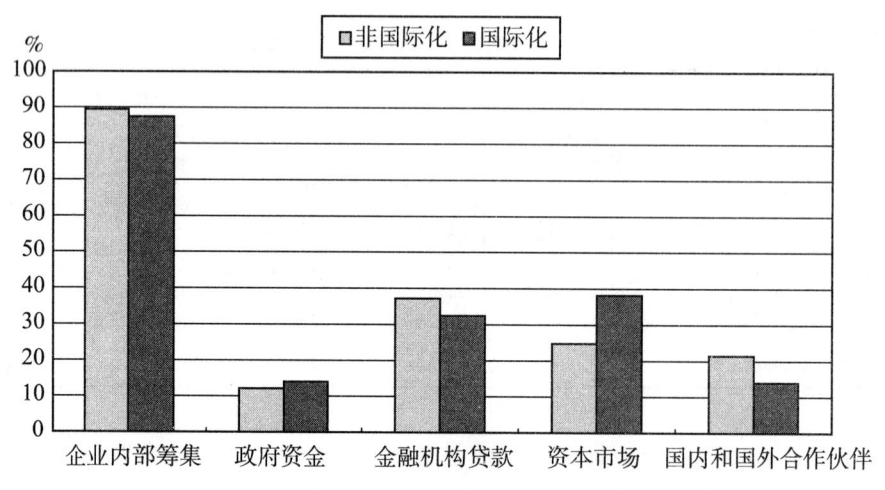

图 5-16　创新资金来源在国际化上的差异

（2）客户差异：从创新资金来源结构构成来看，以机构为客户的企业利用金融机构贷款和国内外合作伙伴的资金比例较高，在利用资本市场方面，个人客户大于机构客户，其他资金来源方面以机构为客户和以个人为客户的资金构成比例差异不大。如图 5-17 所示。

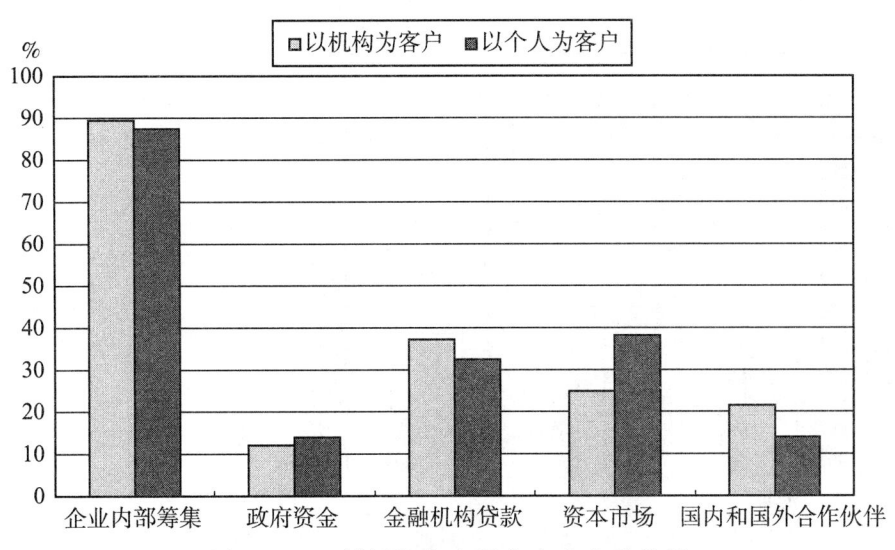

图 5-17 创新资金来源在客户上的差异

（3）产品寿命周期差异：产品周期短的企业利用金融机构贷款作为创新资金来源的比例较高，产品周期处于中间的企业利用资本市场作为创新资金来源的比例较高，产品周期长的企业更倾向于利用国内外合作伙伴作为创新资金的来源。如图 5-18 所示。

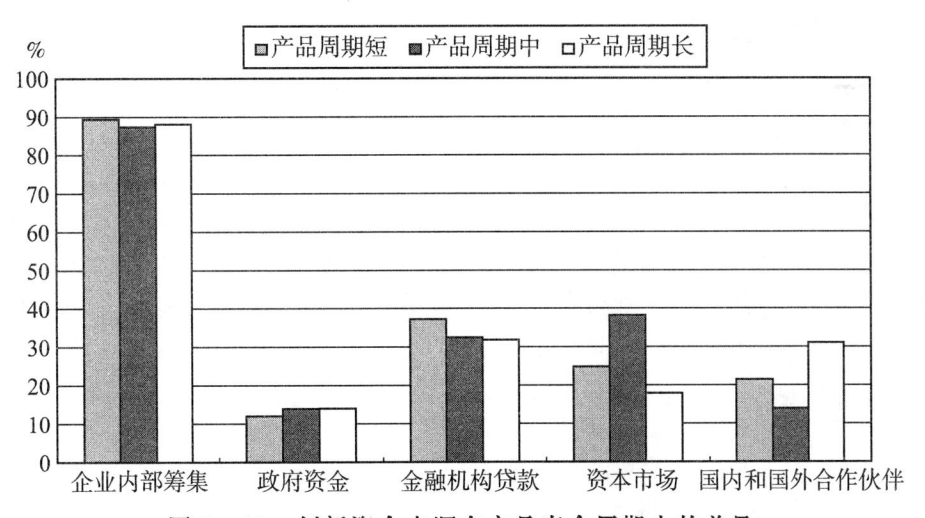

图 5-18 创新资金来源在产品寿命周期上的差异

（4）区域差异：中西部地区利用企业内部筹集资金进行创新的比例较低，环渤海地区利用资本市场的资金进行创新的比例明显高于其他地区，珠三角地区利用国内外合作伙伴进行创新的企业比例在全国各区域中是最高的。如图 5-19 所示。

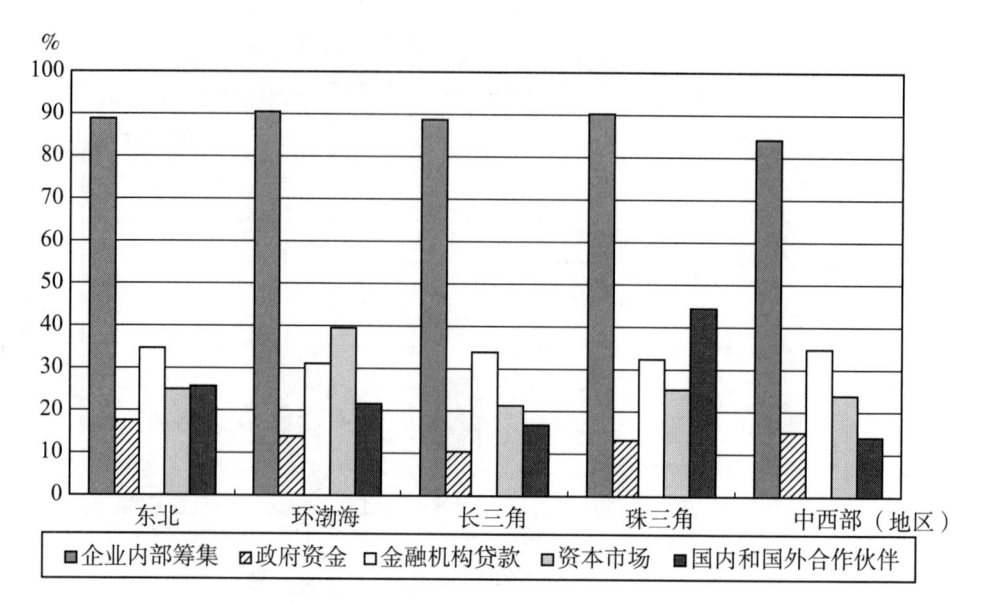

图 5-19 创新资金来源在区域上的差异

二、企业创新效果

将企业创新效果的作用程度分为无作用、作用程度低、作用程度中和作用程度高四类,并对每类分别赋值 1~4,可以计算对于每种创新效果样本企业的作用程度均值。综合考虑选择作用程度高的企业比例,以及企业对于创新效果的作用程度均值可以判断创新究竟为企业带来了哪些收益。

创新效果体现在产品和工艺上,作用程度最明显的是"增加了产品种类或服务范围"、"开拓了新的市场"和"提高产品或服务质量"。在综合影响方面,创新效果最明显的是"提高了公司的公众形象"。效果不显著的两个题项是"增加了国际市场份额"和"降低单位产出的劳动成本"。创新的综合影响体现在"满足行业管制的要求"、"更容易获得资金支持"不明显,该两项效果的作用程度均值都不足 3.00。如表 5-27 所示。

三、企业创新保护

(一) 创新保护方式和有效性

将企业创新成果的保护方式的有效性分为未采用、有效性低、有效性中和有效性高四类，并对每类分别赋值 1~4，可以计算出每种创新成果保护方式对于样本企业的创新成果保护有效性均值。综合考虑选择有效性高的企业比例，以及企业对于创新成果保护方式的有效性均值，可以判断企业对于哪些创新成果保护方式更为认同。

表 5-27　　　　　　　　　企业创新效果和作用程度

创新效果		作用程度高企业比例（％）	作用程度均值
产品和工艺	增加了产品种类或服务范围	40.7	3.13
	开拓了新的市场	42.2	3.15
	增加了国内市场份额	33.4	2.96
	增加了国际市场份额	23.9	2.57
	提高产品或服务质量	44.1	3.21
	改善产品生产的灵活性	31.1	2.99
	提高生产能力	37.2	3.11
	降低单位产出的劳动成本	28.4	2.92
	降低单位产出的原材料和能源消耗	31.6	2.97
综合影响	减少对环境的污染	35.0	3.00
	满足行业管制的要求	22.8	2.77
	更容易获得资金支持	20.1	2.66
	提高了公司的公众形象	42.3	3.14
	保留和吸引人才	28.3	2.93

具体看来，专利并不是企业认为最有效的创新成果保护方式。"技术保密"和"提升企业销售能力和服务质量"是企业认为最有效的创新保护方式，40% 以上的企业对此表示认同；"申请专利权"和"注册商标权"的保护方式有效性次之，企业有效性高认同比例在 36% 左右；"产品设计复杂化"、"申请和注册版权"不是有效保护方式。如表 5-28 所示。

（二）企业专利现状

拥有已授权的国内发明专利的样本企业共有 347 家，其中拥有 1~3 件的企业 212 家，所占比例为 61.1%；拥有 4~10 件的企业 76 家，所占比例为 21.9%；拥有 10 件以上的企业 59 家，所占比例为 17.0%。拥有的已授权的国内实用新型专利的企业数量共有 443 家，其中拥有 1~5 件的企业 214 家，拥有 6~20 件的企业 146 家，拥有 20 件以上的企业 73 家，三类企业分别占实用新型专利企业总体的 48.5%、33.0% 和 18.5%。拥有的已授权的国内外观设计专利的企业数量共有 310 家，其中拥有 1~5 件的企业 154 家，拥有 6~20 件的企业 84 家，拥有 20 件以上的企业 72 家，三类企业分别占实用新型专利企业总体的 50.0%、27.1% 和 22.9%。

表 5-28　　　　企业过去 3 年采用的创新成果保护措施及有效性

创新成果保护方式		有效性高企业比例（%）	有效性均值
正式手段	申请专利权	36.5	2.59
	注册商标权	36.7	2.67
	申请和注册版权	20.3	2.16
其他措施	技术保密	44.6	3.07
	产品设计复杂化	12.5	2.37
	产品推出时间上领先竞争对手	29.2	2.77
	提升企业销售能力和服务质量	41.4	3.09

过去 3 年申请国内发明专利的企业数量共有 370 家，其中拥有 1~3 件的企业 202 家，占所有拥有发明专利企业总数的 54.6%；拥有 4~10 件的企业 78 家，占所有拥有发明专利企业总数的 21.1%；拥有 10 件以上的企业 90 家，占所有拥有发明专利企业总数的 24.3%。申请国内实用新型专利的企业数量共有 416 家，其中拥有 1~5 件的企业 217 家，拥有 6~20 件的企业 130 家，拥有 20 件以上的企业 69 家，三类企业分别占实用新型专利企业总体的 53.1%、31.3% 和 15.6%。而拥有的已授权的国内外观设计专利的企业数量共有 287 家，其中拥有 1~5 件的企业 141 家，拥有 6~20 件的企业 88 家，拥有 20 件以上的企业 58 家，三类企业分别占实用新型专利企业总体的 49.1%、30.7% 和 20.2%。

无论是作为专利存量的已授权专利还是作为创新活动表征的申请专利，样本企业的发明专利数目都要明显地低于实用新型和外观设计专利数目，实用新型专利数目在三种专利中最多。如表 5-29、表 5-30 所示。

表 5-29　　　　　　　企业拥有的已授权的国内专利数量统计

		企业数量（家）	所占比例（%）
发明专利	1~3 件	212	61.1
	4~10 件	76	21.9
	10 件以上	59	17.0
	共计	347	100
实用新型专利	1~5 件	214	48.5
	6~20 件	146	33.0
	20 件以上	73	18.5
	共计	443	100
外观设计专利	1~5 件	154	50.0
	6~20 件	84	27.1
	20 件以上	72	22.9
	共计	310	100

表 5-30　　　　　　企业过去 3 年申请的国内专利数量统计

		企业数量（家）	所占比例（%）
发明专利	1~3 件	202	54.6
	4~10 件	78	21.1
	10 件以上	90	24.3
	共计	370	100
实用新型专利	1~5 件	217	53.1
	6~20 件	130	31.3
	20 件以上	69	15.6
	共计	416	100
外观设计专利	1~5 件	141	49.1
	6~20 件	88	30.7
	20 件以上	58	20.2
	共计	287	100

第五节 企业创新的影响因素

一、制约因素

(一) 制约因素现状

从资金制约来看,"技术创新所需的资金太多"对创新的不利影响最大,24.7%的企业认为该项资金制约因素对于创新的不利影响高。对大的创新项目"融资渠道难以支持"也是不利影响程度较高的资金制约因素。另外两项资金制约不利影响程度相对较低,但是不利影响均值也都超过了2.50,说明资金制约也给企业创新造成了不利影响。如表5-31所示。

表5-31　　　　　　　资金制约在过去3年对于创新的不利影响

		企业数量(家)	所占比例(%)
技术创新活动的经济风险太大	无影响1	109	13.3
	不利影响低2	233	28.3
	不利影响中3	336	40.9
	不利影响高4	144	17.5
	共计	822	100
	均值	2.63	
	方差	0.922	
技术创新所需的资金太多	无影响1	95	11.5
	不利影响低2	168	20.3
	不利影响中3	360	43.5
	不利影响高4	204	24.7
	共计	827	100
	均值	2.81	
	方差	0.936	

续表

		企业数量（家）	所占比例（%）
技术创新融资成本太高	无影响 1	151	18.4
	不利影响低 2	217	26.4
	不利影响中 3	301	36.6
	不利影响高 4	153	18.6
	共计	822	100
	均值	2.55	
	方差	0.994	
在引入大的技术创新时，现有的融资渠道难以支持	无影响 1	163	19.8
	不利影响低 2	192	23.3
	不利影响中 3	266	32.2
	不利影响高 4	204	24.7
	共计	825	100
	均值	2.62	
	方差	1.062	

"科技人力资源短缺"是企业在知识方面遭遇到的最突出的创新瓶颈，超过31%的企业认为由于缺乏科技人才给企业创新造成了程度较深的不利影响。"缺乏技术积累"和"缺乏相关技术信息"是对创新较不利的知识制约，约15%的企业认为技术积累和技术信息的不利影响程度很严重。"缺乏市场信息"和"缺乏技术合作伙伴"对于企业创新的不利影响程度较低。如表5-32所示。

表 5 -32　　　　　知识制约在过去 3 年对于创新的不利影响

		企业数量（家）	所占比例（%）
科技人力资源短缺	无影响 1	88	10.6
	不利影响低 2	162	19.6
	不利影响中 3	320	38.6
	不利影响高 4	258	31.2
	共计	828	100
	均值	2.90	
	方差	0.961	

续表

		企业数量（家）	所占比例（%）
缺乏技术积累	无影响 1	127	15.4
	不利影响低 2	243	29.4
	不利影响中 3	340	41.1
	不利影响高 4	117	14.1
	共计		100
	均值	2.54	
	方差	0.916	
缺乏相关技术信息	无影响 1	116	14.0
	不利影响低 2	279	33.8
	不利影响中 3	326	39.5
	不利影响高 4	105	12.7
	共计	826	100
	均值	2.51	
	方差	0.887	
缺乏市场信息	无影响 1	132	16.0
	不利影响低 2	325	39.4
	不利影响中 3	279	33.8
	不利影响高 4	89	10.8
	共计	825	100
	均值	2.39	
	方差	0.881	
缺少技术创新合作伙伴	无影响 1	157	19.0
	不利影响低 2	322	39.0
	不利影响中 3	270	32.8
	不利影响高 4	76	9.2
	共计	825	100
	均值	2.32	
	方差	0.885	

"存在过度竞争"和"行业利润率太低"是制约企业在过去3年中创新活动的最不利因素。超过30%的企业认为这两项因素的不利影响达到了很高的程度。这也与我们观察到的企业实践完全符合，很多进入门槛较低的产业因为过度竞争展开价格战，企业往往因为陷入激烈的价格战中难以获取充足的利润支撑创新活

动。"创新需求的不确定性"是另一个影响程度较高的不利市场因素。其他市场因素如市场垄断、技术差距加大对创新的不利影响较小。如表 5-33 所示。

表 5-33 　　　　　市场制约在过去 3 年对于创新的不利影响

		企业数量（家）	所占比例（%）
市场被主要竞争对手所垄断或控制	无影响 1	213	25.8
	不利影响低 2	321	39.0
	不利影响中 3	204	24.8
	不利影响高 4	86	10.4
	共计	824	100
	均值	2.20	
	方差	0.941	
行业存在过度竞争	无影响 1	98	11.9
	不利影响低 2	224	27.1
	不利影响中 3	293	35.5
	不利影响高 4	211	25.5
	共计	826	100
	均值	2.75	
	方差	0.969	
行业利润率太低	无影响 1	88	10.6
	不利影响低 2	201	24.3
	不利影响中 3	272	32.9
	不利影响高 4	267	32.2
	共计	828	100
	均值	2.87	
	方差	0.987	
同行企业较少从事创新活动	无影响 1	170	20.6
	不利影响低 2	346	41.9
	不利影响中 3	249	30.2
	不利影响高 4	60	7.3
	共计	825	100
	均值	2.24	
	方差	0.861	

续表

		企业数量（家）	所占比例（%）
与竞争对手的技术差距较大	无影响 1	214	25.9
	不利影响低 2	332	40.2
	不利影响中 3	226	27.5
	不利影响高 4	53	6.4
	共计	825	100
	均值	2.14	
	方差	0.878	
创新产品需求存在不确定性	无影响 1	120	14.6
	不利影响低 2	272	33.0
	不利影响中 3	299	36.3
	不利影响高 4	133	16.1
	共计	824	100
	均值	2.54	
	方差	0.929	

导致企业未从事创新的不利因素最主要的是"缺乏创新所需的资金"和"缺乏创新所需的人才"，说明资金和人才是制约我国创新活动的最重要因素。因为"存在现成的（包括国外）技术"而形成的创新惰性也是企业不从事创新活动的不利因素，其他因素对创新的不利影响较小。如表 5-34 所示。

表 5-34　　　　　导致企业未从事创新活动因素的不利影响

		企业数量（家）	所占比例（%）
缺乏创新所需的资金	无影响 1	235	29.1
	不利影响低 2	199	24.7
	不利影响中 3	231	28.6
	不利影响高 4	142	17.6
	共计	807	100
	均值	2.35	
	方差	1.078	

续表

		企业数量（家）	所占比例（%）
缺乏创新所需的人才	无影响 1	178	22.1
	不利影响低 2	167	20.8
	不利影响中 3	264	32.8
	不利影响高 4	196	24.3
	共计	805	100
	均值	2.59	
	方差	1.083	
存在现成的（包括国外）技术	无影响 1	210	26.1
	不利影响低 2	253	31.5
	不利影响中 3	266	33.0
	不利影响高 4	76	9.4
	共计	805	100
	均值	2.26	
	方差	0.950	
市场缺乏对技术创新的需求	无影响 1	230	28.6
	不利影响低 2	264	32.9
	不利影响中 3	233	29.0
	不利影响高 4	76	9.5
	共计	803	100
	均值	2.19	
	方差	0.959	
创新的知识产权不能得到保护	无影响 1	243	30.2
	不利影响低 2	247	30.7
	不利影响中 3	216	26.8
	不利影响高 4	99	12.3
	共计	805	100
	均值	2.21	
	方差	1.009	

续表

		企业数量（家）	所占比例（%）
行业规则或标准的不确定或限制	无影响 1	230	28.5
	不利影响低 2	258	32.0
	不利影响中 3	228	28.3
	不利影响高 4	90	11.2
	共计	806	100
	均值	2.22	
	方差	0.984	

（二）制约因素差异性分析和因素排序

用配对样本的均值检验判断各种不利因素对于创新影响的重要性，结果如表 5-35 所示，其中第三列为各不利因素的得分均值，均值越高说明不利影响程度越高；第四列为根据差异的显著性检验结果的不利因素排序，能够确定排位的两个因素之间存在不利影响的显著性差异。

表 5-35　　　　不利制约因素均值差异性分析和排序

	不利因素	均值	不利影响排序
资金方面	①技术创新活动的经济风险太大	2.63	②＞①＞③ ②＞④
	②技术创新所需的资金太多	2.81	
	③技术创新融资成本太高	2.55	
	④在引进大的技术创新时，现有的融资渠道难以支持	2.62	
知识方面	①科技人力资源短缺	2.90	①＞②、 ③＞④＞⑤
	②缺乏技术积累	2.54	
	③缺乏相关技术信息	2.51	
	④缺乏市场信息	2.39	
	⑤缺少技术创新合作伙伴	2.32	

续表

	不利因素	均值	不利影响排序
市场方面	①市场被主要竞争对手所垄断或控制	2.20	③>②>⑥>④>⑤ ③>②>⑥>①
	②行业存在过度竞争	2.75	
	③行业利润率太低	2.87	
	④同行企业较少从事创新活动	2.24	
	⑤与竞争对手的技术差距较大	2.14	
	⑥创新产品需求存在不确定性	2.54	
导致企业未从事创新活动的因素	①缺乏创新所需的资金	2.35	②>①>③>④ ②>①>⑤⑥
	②缺乏创新所需的人才	2.59	
	③存在现成的（包括国外）技术	2.26	
	④市场缺乏对技术创新的需求	2.19	
	⑤创新的知识产权不能得到保护	2.21	
	⑥行业规则或标准的不确定或限制	2.22	

在资金方面，对创新最不利的影响是创新所需资金太多，该因素明显高于其他三个资金的不利因素；而创新活动的高经济风险造成的不利影响显著高于创新融资成本高带来的不利影响，但这两个因素和融资渠道难以支持的因素没有显著的影响差异。

在知识方面，对创新最不利的因素是科技人力资源的短缺，其次是缺乏技术积累和缺乏相关技术信息，再次对创新较不利的影响因素是缺乏市场信息，对创新不利影响程度最低的是缺乏技术创新合作伙伴。

从市场方面看，对创新活动不利影响程度最高的是行业利润率太低，与之紧密关联的"行业存在过度竞争"排在不利因素影响的第二位，创新产品需求的不确定性是市场方面第三位的不利影响因素，市场被竞争对手垄断、同行企业较少创新活动以及与竞争对手技术差距大对创新的不利影响程度较低。

导致企业未创新的不利影响因素最重要的是缺乏创新资金和创新人才，尤其是创新人才的缺乏不利影响程度较高，其他几个不利影响因素对创新的负向影响程度较低，其中存在国外现成的技术对创新的不利影响要显著高于市场缺乏对创新的需求所造成的不利影响。

二、环境影响因素

(一) 环境影响现状

在基础设施的诸多因素中,对创新最有利的环境影响因素是交通运输、电信、物流等基础设施,其他几项基础设施对创新的效果和影响程度有限。如表 5-36 所示。

表 5-36　　　　　环境因素在过去 3 年对创新的影响——基础设施

		企业数量(家)	所占比例(%)
交通运输、电信、物流等基础设施	非常不利 1	15	1.1
	不利 2	59	4.3
	中立 3	731	53.5
	有利 4	443	32.4
	非常有利 5	119	8.7
	共计	1 367	100
	均值	3.43	
	方差	0.756	
教育、医疗等公共服务设施	非常不利 1	15	1.1
	不利 2	50	3.7
	中立 3	953	69.8
	有利 4	301	22.1
	非常有利 5	45	3.3
	共计	1 364	100
	均值	3.23	
	方差	0.618	
高级管理人才竞争市场	非常不利 1	22	1.6
	不利 2	190	13.9
	中立 3	673	49.1
	有利 4	399	29.1
	非常有利 5	87	6.3
	共计	1 371	100
	均值	3.25	
	方差	0.829	

续表

		企业数量（家）	所占比例（%）
高级专业技术人才竞争市场	非常不利 1	47	3.4
	不利 2	192	14.0
	中立 3	584	42.7
	有利 4	422	30.8
	非常有利 5	124	9.1
	共计	1 369	100
	均值	3.28	
	方差	0.933	
技术交易市场	非常不利 1	23	1.7
	不利 2	122	8.9
	中立 3	800	58.6
	有利 4	338	24.7
	非常有利 5	83	6.1
	共计	1 366	100
	均值	3.25	
	方差	0.766	

调查结果显示，生活条件与文化和社会环境都对创新活动有利，其中文化和社会环境对于企业创新的有利作用更大，无论是有利程度均值还是有利选择的企业比例都要超过生活条件。如表 5-37 所示。

表 5-37　　环境因素在过去 3 年对创新的影响——经济社会环境

		企业数量（家）	所占比例（%）
生活条件	非常不利 1	21	1.5
	不利 2	104	7.6
	中立 3	716	52.2
	有利 4	452	33.0
	非常有利 5	78	5.7
	共计	1 371	100
	均值	3.34	
	方差	0.762	

续表

		企业数量（家）	所占比例（%）
文化和社会环境	非常不利 1	18	1.3
	不利 2	94	6.9
	中立 3	703	51.3
	有利 4	466	34.0
	非常有利 5	89	6.5
	共计	1 370	100
	均值	3.38	
	方差	0.762	

在专业服务方面，各个因素对创新的有利影响程度评价比较接近。当地行业协会和本地的大学、研究机构的有利影响程度较高。如表5-38所示。

表5-38　　环境因素在过去3年对创新的影响——专业服务

		企业数量（家）	所占比例（%）
专业商务服务公司	非常不利 1	17	1.2
	不利 2	73	5.4
	中立 3	995	73.0
	有利 4	250	18.3
	非常有利 5	28	2.1
	共计	1 363	100
	均值	3.15	
	方差	0.59	
专业的技术服务公司	非常不利 1	19	1.4
	不利 2	63	4.6
	中立 3	889	65.1
	有利 4	352	25.8
	非常有利 5	43	3.1
	共计	1 366	100
	均值	3.25	
	方差	0.652	

续表

		企业数量（家）	所占比例（%）
金融、信贷服务	非常不利1	23	1.7
	不利2	138	10.1
	中立3	708	51.7
	有利4	403	29.4
	非常有利5	97	7.1
	共计	1 369	100
	均值	3.30	
	方差	0.809	
本地的大学、研究机构	非常不利1	20	1.5
	不利2	65	4.8
	中立3	780	57.1
	有利4	407	29.7
	非常有利5	95	6.9
	共计	1 367	100
	均值	3.36	
	方差	0.743	
当地行业协会	非常不利1	13	1.0
	不利2	58	4.2
	中立3	765	56.0
	有利4	446	32.6
	非常有利5	85	6.2
	共计	1 367	100
	均值	3.39	
	方差	0.710	

在政府支持的环境因素中，仅有"地方保护、所有制歧视"对于企业创新的影响低于中立标准，其他政府政策支持因素都高于中立标准。其中"政府的技术创新政策"对于企业的有利影响程度最高；知识产权保护状况的有利程度也较高。政府对于产品价格、招投标和营业范围的限制对于企业创新的有利程度较低，仅超过中立标准。如表5-39所示。

表 5-39　　环境因素在过去 3 年对创新的影响——政府支持

		企业数量（家）	所占比例（%）
政府的技术创新政策	非常不利 1	7	0.5
	不利 2	60	4.4
	中立 3	420	30.6
	有利 4	607	44.3
	非常有利 5	277	20.2
	共计	1 371	100
	均值	3.79	
	方差	0.829	
政府部门的采购政策	非常不利 1	15	1.1
	不利 2	75	5.5
	中立 3	801	58.5
	有利 4	365	26.7
	非常有利 5	112	8.2
	共计	1 368	100
	均值	3.35	
	方差	0.754	
政府对产品价格的限制	非常不利 1	23	1.7
	不利 2	145	10.6
	中立 3	900	65.7
	有利 4	239	17.5
	非常有利 5	61	4.5
	共计	1 368	100
	均值	3.12	
	方差	0.715	
政府在招投标方面的限制	非常不利 1	17	1.2
	不利 2	130	9.5
	中立 3	926	67.8
	有利 4	244	17.9
	非常有利 5	49	3.6
	共计	1 366	100
	均值	3.13	
	方差	0.671	

续表

		企业数量（家）	所占比例（%）
政府对营业范围的限制	非常不利 1	22	1.6
	不利 2	133	9.7
	中立 3	915	66.9
	有利 4	240	17.6
	非常有利 5	57	4.2
	共计	1 367	100
	均值	3.13	
	方差	0.698	
政府的审批程序和办事效率	非常不利 1	35	2.6
	不利 2	165	12.1
	中立 3	689	50.3
	有利 4	383	28.0
	非常有利 5	96	7.0
	共计	1 368	100
	均值	3.25	
	方差	0.85	
地方保护、所有制歧视	非常不利 1	51	3.7
	不利 2	211	15.5
	中立 3	877	64.2
	有利 4	181	13.2
	非常有利 5	47	3.4
	共计	1 367	100
	均值	2.97	
	方差	0.757	
行业规则或行业标准	非常不利 1	15	1.1
	不利 2	83	6.1
	中立 3	736	53.7
	有利 4	444	32.5
	非常有利 5	90	6.6
	共计	1 368	100
	均值	3.37	
	方差	0.744	

续表

		企业数量（家）	所占比例（%）
知识产权保护状况	非常不利 1	11	0.8
	不利 2	108	7.9
	中立 3	658	48.1
	有利 4	459	33.6
	非常有利 5	132	9.6
	共计	1 368	100
	均值	3.43	
	方差	0.803	
税收、法治环境	非常不利 1	27	2.0
	不利 2	127	9.3
	中立 3	671	49.1
	有利 4	418	30.6
	非常有利 5	123	9.0
	共计	1 366	100
	均值	3.35	
	方差	0.845	

（二）环境影响差异性分析和因素排序

根据配对样本的均值检验判断各种环境因素对创新影响的重要性，结果如表 5－40 所示。其中，第三列为各环境因素的得分均值，均值越高说明环境影响越有利；第四列为根据差异的显著性检验结果对环境因素的有利性进行排序，能够确定排位的两个因素之间存在影响的显著性差异。

表 5－40　　　　　　环境因素有利评价均值差异性分析和排序

环境因素		均值	影响排序
基础设施	（1）交通运输、电信、物流等基础设施	3.43	（1）＞（2）（3）（4）（5）
	（2）教育、医疗等公共服务设施	3.23	
	（3）高级管理人才竞争市场	3.25	
	（4）高级专业技术人才竞争市场	3.28	
	（5）技术交易市场	3.25	

续表

	环境因素	均值	影响排序
经济社会环境	(1) 生活条件	3.34	(2)>(1)
	(2) 文化和社会环境	3.38	
专业服务	(1) 专业商务服务公司	3.15	(4)(5)>(3)>(2)>(1)
	(2) 专业的技术服务公司	3.25	
	(3) 金融、信贷服务	3.30	
	(4) 本地的大学、研究机构	3.36	
	(5) 当地行业协会	3.39	
政府支持	(1) 政府的技术创新政策	3.79	(1)>(9)>(2)(8)(10)>(6)>(3)(4)(5)>(7)
	(2) 政府部门的采购政策	3.35	
	(3) 政府对产品价格的限制	3.12	
	(4) 政府在招投标方面的限制	3.13	
	(5) 政府对营业范围的限制	3.13	
	(6) 政府的审批程序和办事效率	3.25	
	(7) 地方保护、所有制歧视	2.97	
	(8) 行业规则或行业标准	3.37	
	(9) 知识产权保护状况	3.43	
	(10) 税收、法治环境	3.35	

从基础设施来看，交通运输、电信、物流等基础设施对企业创新的有利影响最显著，而其他几个方面的环境影响不存在显著影响。

在经济社会环境中，文化社会环境的有利影响显著高于生活条件。

在专业服务方面，本地大学和研究机构以及当地行业协会对于企业创新活动的有利影响程度最高；其次是金融、信贷服务的影响，专业的技术服务公司对创新的有利影响程度较低，企业对专业商务服务公司的创新有利影响评价最低。

在政府支持的影响方面，企业认为政府的技术创新政策的有利影响最显著；其次是知识产权保护状况；政府的采购政策、行业准则或行业标准以及税收、法治环境排在有利影响的第三位，三者之间没有显著差异；有利影响排在第四位的是政府的审批程序和办事效率。在政府的限制性政策中，对产品价格的限制、对招投标的限制和对营业范围的限制这三种具体的限制性政策之间没有显著差异；企业对政府支持中有利评价最低的是地方保护和所有制歧视，这也是环境影响中唯一低于中立标准的因素。

第六章

自主创新与竞争力关系研究

本章研究自主创新与竞争力的关系。第一节阐述我国产业整体的国际竞争力特征;第二节以高技术产业为例,对我国产业的国际竞争绩效和竞争动力要素进行全面评价;第三节运用统计数据实证研究自主创新与国际竞争力间的关系。

第一节 我国产业整体的国际竞争力特征

一、我国产业总体国际竞争力的地位

经过30年的改革开放,尤其以我国加入世界贸易组织(WTO)为标志,我国产业的国际竞争力呈现出两个显著特点:一是产业的国际竞争力得到显著提升,发展势头良好;二是产业整体的国际竞争力还不高。

在世界经济论坛(WEF)公布的《全球竞争力报告(2008~2009)》中(Porter and Schwab, 2008),中国整体竞争力首次进入全球最有竞争力国家的前30位,列世界第30位,比上次前进4位。该报告认为,这主要得益于由中国巨大的国内市场以及快速增长的国际市场所产生的规模经济。该报告还指出,中国经济正由要素驱动阶段向效率驱动阶段转换,但尚未进入效率驱动的发展阶段,因此正面临着产业升级以及向产业链的更高段爬升的挑战。

世界经济论坛采用商业复杂性（Business Sophistication）和创新因素两个指标反映创新因素。其中，商业复杂性指标包括本地供应商的质量和数量、产业集群的状况、产业链的广度、对国际分销渠道的控制等，该指标可以在一定程度上反映一国产业整体的国际竞争力状况。创新因素包括创新能力、科研机构的质量、企业在 R&D 上的投入水平以及大学与产业的研究合作等指标，该指标可以在一定程度上反映整个国家创新系统的竞争力状况。我国在两个指标上分居世界第 43 位和第 28 位。

总体来看，经过 30 年的改革开放，我国产业在国际竞争力和创新能力方面的进步速度很快，但二者的绝对水平仍较低。

二、重要的指标评价

（一）贸易竞争指数

目前，学术界主要采用如下指标衡量一国产业的国际竞争力：贸易竞争指数（Trade Competition Index，TCI）、显示性比较优势指数（Revealed Comparative Advantage Index，RCA）、全员劳动生产率等（Lall，2000；张小蒂、孙景蔚，2006；金碚，2007）。

贸易竞争指数是衡量产业国际竞争力的重要指标，计算公式为：

$$TCI_i = (E_i - I_i)/(E_i + I_i) \qquad (6-1)$$

其中，E_i 代表出口额，I_i 代表进口额。如果 TCI 大于零，表明该商品具有较强的国际竞争力，越接近 1，竞争力越强；如果 TCI 小于零，表明该商品不具国际竞争力；TCI 为零，表明该商品为产业内贸易，竞争力与国际水平相当。

图 6-1 是 1990~2007 年连续 18 年我国产业整体以及初级产品和工业制成品的贸易竞争指数（TCI）。由图 6-1 可知：

第一，从 1995 年开始，尤其是从 2001 年加入 WTO 后，我国企业和产业整体的国际竞争力得到了显著提升，这主要得益于工业制成品国际竞争力的显著提升，但绝对水平不高。

第二，初级产品和工业制成品的国际竞争力在 1995 年发生交叉，此后反向发展。这表明，在国际竞争力得以提升的同时，中国企业和产业的竞争模式已开始发生重要变化。

第三，初级产品整体贸易竞争指数的大幅下降意味着我国已从改革开放初期的资源导向型发展模式转变成高度依赖资源进口的发展模式，这种依赖性不仅对国家安全和产业安全带来不利影响，也可能带来严重的环境问题。

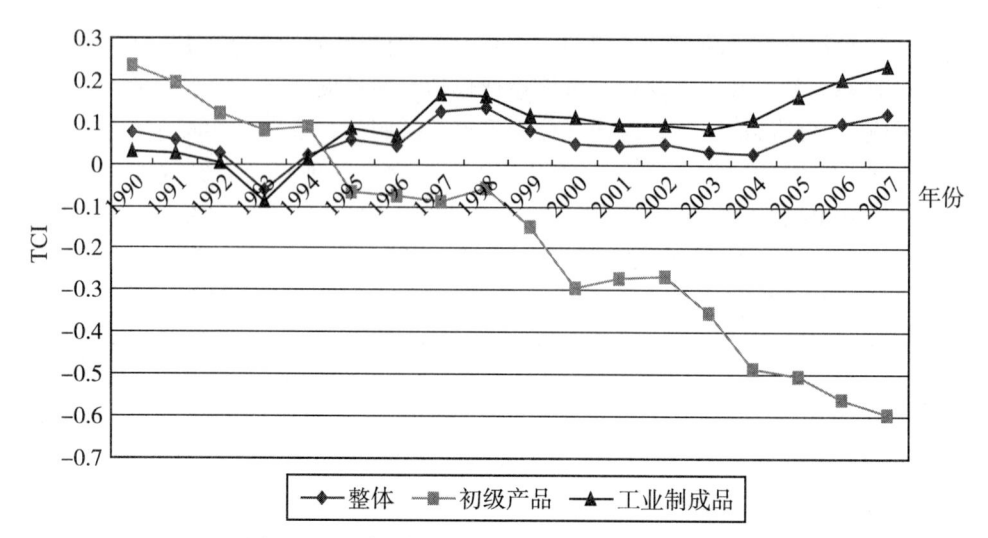

图 6-1 我国 1990~2007 年贸易竞争指数

资料来源：作者根据《中国统计年鉴》（1990~2007）（国家统计局编，中国统计出版社历年版）数据计算绘制。

图 6-2 和图 6-3 分别是相关产业的贸易竞争指数。由图 6-2、图 6-3 可知，我国纺织和服装业，尤其是服装业的国际竞争力一直处在高位，而机械和运输设备、办公和电信设备和其他运输设备产业的国际竞争力则稳步上升，钢铁业的国际竞争力上升较快，这些产业已具备了一定的国际竞争力；化学品产业（包括制药业）的国际竞争力则一直处于较弱的水平；汽车产业虽然仍缺乏国际竞争力，但上升势头引人瞩目。

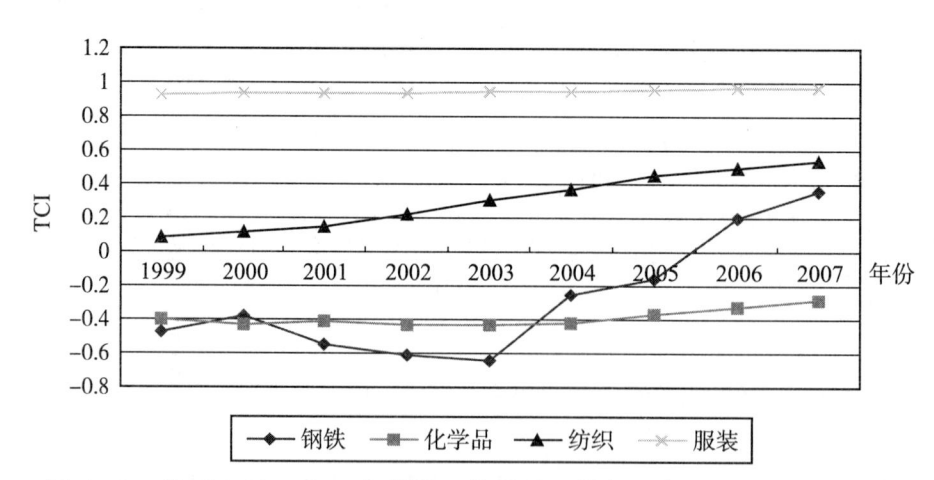

图 6-2 我国 1999~2007 年钢铁、化学品、纺织和服装的贸易竞争指数

资料来源：作者根据世界贸易组织：国际贸易统计（WTO：International Trade Statistics）1999~2007 年数据计算绘制。

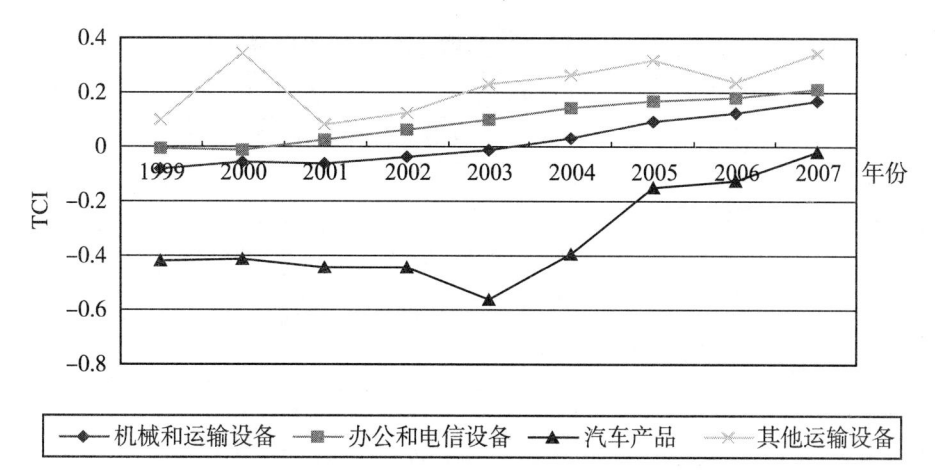

图 6-3 我国 1999~2007 年办公和电信
设备及汽车等产业的贸易竞争指数

资料来源：作者根据世界贸易组织：国际贸易统计（WTO：International Trade Statistics）1999~2007 年数据计算绘制。

（二）显示性比较优势指数

下面根据世贸组织贸易统计中更细致的产业分类计算我国 2003~2007 年 5 年相关产业的显示性比较优势。显示性比较优势指数（RCA）的计算公式为：

$$RCA_i = (X_{ij}/X_j)/(X_{iw}/X_w), \qquad (6-2)$$

其中，i 表示某个产业，j 表示某个国家，w 表示世界；X_{ij} 表示 j 国 i 产业的出口额，X_j 表示 j 国所有产业的出口额，X_{iw} 表示全世界 i 产业的出口总额，X_w 表示全世界所有产业的出口总额。该公式反映 j 国 i 产业在本国所有产业的出口总额中所占比例与全世界 i 产业的出口在全世界所有产业出口总额之比的相对水平。若 $RCA_i > 1$，说明 j 国在 i 产业上的出口在本国总出口中的占比高于世界相应占比，可以判断该国在 i 产业上具有较强的国际竞争力；若 $RCA_i < 1$，则说明国际竞争力较弱；若 $RCA_i = 1$，则表示该国在相应产业上的国际竞争力不明显。

根据 WTO 公布的数据，2007 年中国的货品（Merchandises）出口额为 1 217.78 亿美元，居德国之后，列世界第 2 位；进口额为 955.95 亿美元，居美国、德国之后，列世界第 3 位；GDP 总额在美国、德国、日本之后，列世界第 4 位。为了较全面地了解我国相应产业的国际竞争力状况，我们也计算了美国（2007）、德国（2000）和日本（2007）在相应产业的显示性比较优势，计算结果如表 6-1 所示。

表 6-1　　　　　　　　　主要制造行业的显示性比较优势指数

	中国		美国	德国	日本
	5年平均值	2007年	2007年	2000年	2007年
制造业	1.28	1.34	1.12	1.20	1.29
钢铁	0.86	1.21	0.37	0.70	1.39
化学制品	0.43	0.45	1.22	1.16	0.84
●医药品	0.19	0.18	1.06		0.17
●其他化学制品	0.51	0.54	1.27		1.06
其他半制成品	1.09	1.14	0.87	1.13	0.62
机械和运输设备	1.20	1.30	1.27	1.36	1.74
●办公和通讯设备	2.33	2.57	1.04	0.74	1.30
△EDP和办公设备	3.13	3.43	1.00		0.84
△电信设备	2.70	2.92	0.81		1.19
△集成电路和电子元器件	0.81	0.96	1.42		2.06
●运输设备	0.32	0.39	1.40		2.20
△汽车产品	0.15	0.22	1.08	1.93	2.56
△其他运输设备	0.73	0.78	2.14	1.20	1.37
●其他机械	1.02	1.10	1.33		1.66
纺织	2.65	2.63	0.61	1.15	0.57
服装	3.69	2.73	0.15	0.49	0.03
其他制造业	1.88	1.86	1.28	1.01	0.91

注：因2001年后世界贸易组织（WTO）公布欧盟相关数据，德国相关数据不再单独公布，故仅计算德国2000年相关数值。

资料来源：作者根据世界贸易组织、国际贸易统计（WTO：International Trade Statistics）2003~2007年数据计算绘制。

一般认为，显示性比较优势指数（RCA）大于2.5表示该产业或门类具有极强的竞争力，在1.25与2.5之间表示具有较强的国际竞争力，在0.8与1.25之间表示具有中等竞争力，小于0.8则表示该产业或门类具有较弱的竞争力（金碚，2007）。从计算结果可以看出，就整个制造业而言，我国产业的显示性比较优势指数从1999年的1.15上升到2007年的1.34，已接近甚至超过了美、德、日相应产业的国际竞争力水平，表现较强的国际竞争力，上升趋势非常稳健。但就制造业中不同产业的国际竞争力水平及其技术结构而言，竞争力表现很不均衡。在整个制造业中，只有电子数据处理（EDP）和办公设备、电信设备、纺织和服装具有极强的国际竞争力。除服装业较为平稳外，其他三个产业的国际竞争力是稳步上升的（参见图6-2和图6-3）。技术和资本密集的医药品、集成电路和电子元器件和汽车等产业的国际竞争力较弱，但均表现出上升趋势，其中汽车业的进步最为突出。

此外，高技术产业的贸易竞争指数直到2004年才由负变正，到2007年也仅为0.096，整体竞争力仍然很弱。即使是在具有很强国际竞争力的电子数据处理（EDP）与办公设备和电信设备中，中国企业仍然属于追赶者，成本优势仍然是这些产业获得国际竞争力的重要因素，纺织和服装产业的国际竞争力则主要依靠劳动密集和资本密集的比较优势，通过代工生产（OEM）等形式获得竞争优势。

（三）劳动生产率

图6-4是中国规模以上工业企业从1998~2007年共10年的全员劳动生产率示意图。由图6-4可知，全国规模以上工业企业的全员劳动生产率一直处于快速上升趋势，在加入WTO后，这种上升趋势明显加快（扣除石油、烟草等垄断和非竞争性产业后，这个趋势仍未改变）。内资企业从2006年起全员劳动生产率超过外资企业。计算结果还表明，中国产业的利润率也具有类似特点。这些都从另一个方面说明，中国产业的国际竞争力确实提高了。

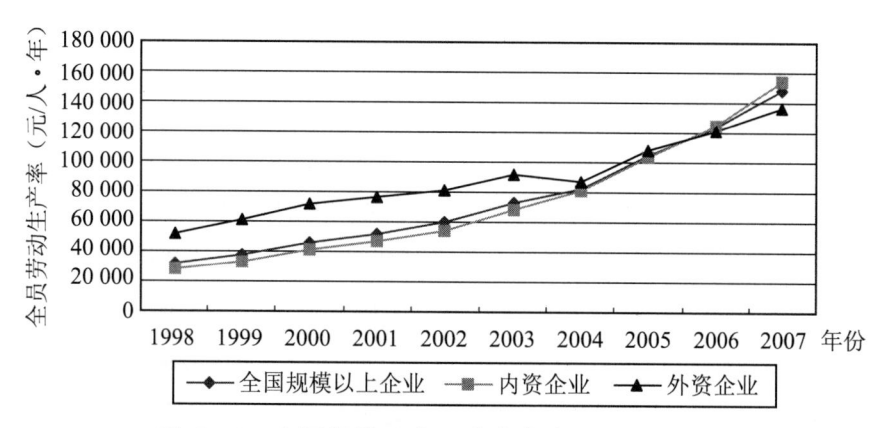

图6-4 全国规模以上工业企业全员劳动生产率

资料来源：作者根据《中国统计年鉴》（1998~2007）（国家统计局编，中国统计出版社历年版）数据计算绘制。

从绝对水平看，根据联合国工业发展组织公布的数据，中国制造业的劳动生产率已从1995年的2 542美元/人·年上升到2005年的11 767美元/人·年，11年间上升了362.9%。2004年美国、德国和日本制造业的劳动生产率分别为

151 026 美元/人·年、74 964 美元/人·年和 124 002 美元/人·年，分别为我国劳动生产率的 13 倍、6 倍和 10 倍。与整个发达国家相比，2006 年我国制造业的人均增加值仅为其 1/7。因此，从劳动生产率指标看，我国产业国际竞争力仍处于较低水平。

第二节　我国产业的国际竞争力评价：以高技术产业为例

本节以高技术产业为例，通过构建评价模型和指标体系，对我国产业国际竞争力进行评价。其中，第一部分概述中国高技术产业的发展和竞争力状况；第二部分构建评价模型和指标体系；第三、四部分分别对国际竞争绩效和国际竞争动力展开评价。

一、中国高技术产业发展和竞争力概况

2002 年国家统计局印发了《高技术产业统计分类目录的通知》，将航天航空器制造业、电子及通信设备制造业、电子计算机及办公设备制造业、医药制造业、医疗设备及仪器仪表制造业等确定为中国的高新技术产业的统计范围。以下按照这一口径进行分析。

(一) 产值和增加值规模不断扩大

经过二十多年的竞争和发展，中国高技术产业规模不断扩大。从 2000 ~ 2006 年中国高技术产业总产值和增加值分别增长了 3.0 倍和 2.6 倍，达到 41 996 亿元和 10 056 亿元。高技术产业增加值占制造业增加值和 GDP 的比重已由 2000 年的 9.3% 和 2.8% 上升到 2006 年的 11.5% 和 4.6%（见图 6 - 5），年均增长 3.6% 和 8.6%，进一步缩小了与发达国家之间的差距。

同期除了德国和韩国高技术产业增加值占制造业增加值比重有所上升外（1999 ~ 2005 年，德国年均增长 3.0%，韩国增长 1.4%），美国、日本、英国、法国和意大利等都有不同程度下降（见表 6 - 2）。2000 年美国高技术产业增加值占制造业增加值比重为 18.8%，高出中国 9.5 个百分点，到 2005 年，美国降为 16.7%，仅高出中国 5.2 个百分点。以上数据表明，中国高技术产业绝对规模和相对规模均保持了更快的扩张态势。

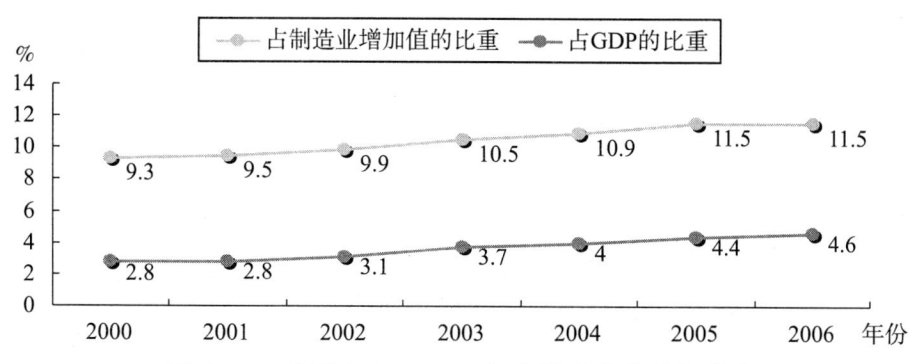

图 6-5 我国 2000~2006 年高技术产业增加值占
制造业增加值及 GDP 的比重（2000~2006 年）

资料来源：中华人民共和国科学技术部网站，http：//www.sts.org.cn：80/sjkl/gjscy/data2008/2008-1.htm，2008.11。

表 6-2 部分国家高技术产业增加值占制造业
增加值的比重（1999~2005） 单位：%

国家\年份	1999	2000	2001	2002	2003	2004	2005
美国	17.9	18.8	17.6	16.8	16.7	16.5	16.7
中国	8.7	9.3	9.5	9.9	10.5	10.9	11.5
日本	17.8	18.7	16.8	15.9	16.8	—	—
德国	10.4	11.2	10.5	10.8	11.4	11.8	12.4
法国	13.8	15.0	15.1	14.9	14.7	13.5	13.4
英国	16.3	17.0	16.9	16.1	15.6	—	—
意大利	8.7	9.3	9.5	9.4	9.0	8.9	8.5
韩国	22.6	24.4	22.2	22.9	23.5	25.3	24.6

资料来源：科学技术部网站，http：//www.sts.org.cn：80/sjkl/gjscy/data2008/2008-1.htm，2008.11。

（二）出口规模不断扩大，贸易竞争指数稳步提高

在产值和增加值规模扩大的同时，中国高技术产业出口规模以更快的速度扩张。2006 年中国高技术产业出口占制造业出口的比重达到 30%，较 2000 年上升 11 个百分点，基本达到美国、英国和韩国等高占比国家的水平（见图 6-6）。

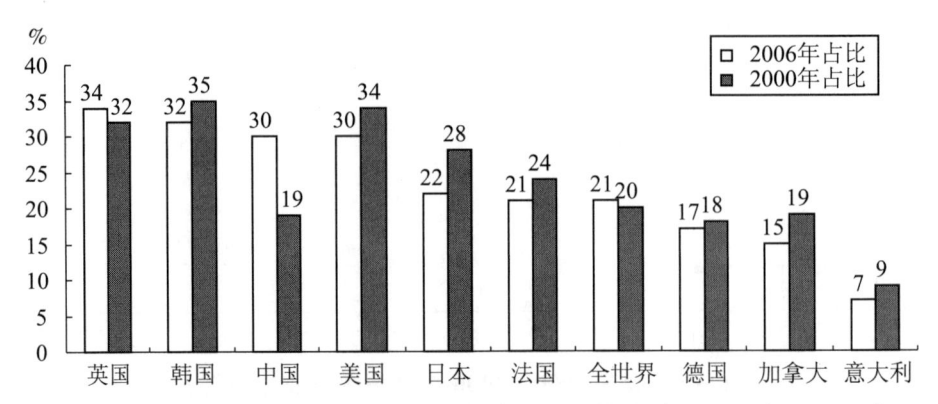

图 6-6　部分国家高技术产业出口占制造业出口的比重（2000 年、2006 年）

资料来源：世界银行，《世界发展指标（2008）》。

中国高技术产业 2000~2006 年的出口额增长了 5.6 倍，达到 2 711.7 亿美元（当年价）。2006 年中国高技术产业出口额在世界出口市场中的份额达到 19.1%，位列世界第一（见图 6-8）。从全球市场的贸易竞争指数[①]看，2000 年中国高技术产业贸易逆差为 154.7 亿美元（当年价），贸易竞争指数为 -0.17。在随后的 4 年中，贸易逆差逐步缩小，2003 年仅为 89.8 亿美元，贸易竞争指数提升到 -0.04。2004 年实现贸易顺差，此后顺差规模不断扩大，2007 年达到 608.4 亿美元（现价），贸易竞争指数提升到 0.10（见图 6-7）。

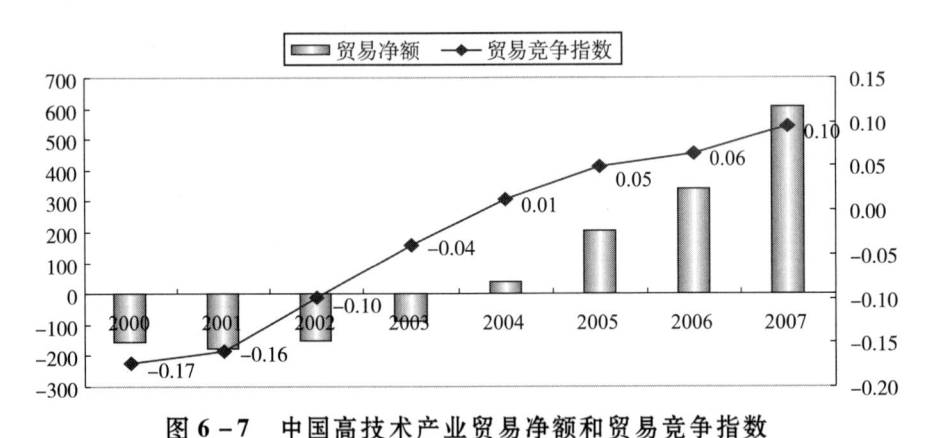

图 6-7　中国高技术产业贸易净额和贸易竞争指数

资料来源：中华人民共和国科学技术部网站，http://www.sts.org.cn:80/sjkl/gjscy/data2008/2008-1.htm，2008.11。

---

① 贸易竞争指数表明一个国家在某类产品上是净进口国还是净出口国，以及净进口或净出口的相对规模。贸易竞争指数为正，表示该国在该类产品的生产效率高于国际水平，对于世界市场来说，该国是该类产品的净供应国，具有较强出口竞争力；贸易竞争指数为负表明该国该类产品生产效率低于国际水平，出口竞争力较弱；指数为零，说明该国该类产品的生产效率与国际水平相当，进出口纯属国际间产业内品种交换。

（三）国际市场份额不断扩大，国内市场份额有所缩小

2000年中国高技术产业国际出口市场份额为4.1%，仅是美国同年份额的21%，日本的32%，德国的49%，列世界主要高技术产品生产国第8位（见图6-8）。到2006年，中国高技术产业国际市场份额高达19.1%，7年间增加了3.7倍，超出美国、日本和德国达23.7%、114.1%和75.2%之多。

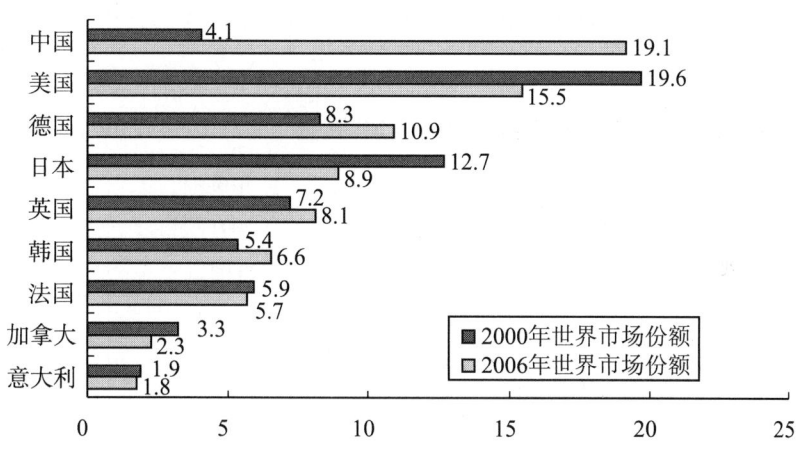

图6-8 部分国家高技术产业出口占世界份额（2000年、2006年）

资料来源：世界银行，《世界发展指标（2008）》。

中国高技术产品进口规模也在不断扩大。从2000~2006年进口额增长了3.7倍，达到2 473亿美元（当年价）。国内市场需求越来越多地通过进口得到满足，导致中国高技术产业的国内市场占有率逐年降低。表6-3反映出中国高技术产业国内市场占有率自2000年以来逐年降低，2006年为49.3%，较2000年降低12.3个百分点。这由两方面的原因造成：一是中国高技术产业处于高技术产业国际分工的下游加工组装环节，国际贸易方式中来料加工和进料加工的比例非常高（2006年高达87.33%），这导致进口的零部件和原材料持续增长；二是中国高技术产品市场需求不断成熟、向高端推进，这部分需求要通过进口得到满足。

（四）中国高技术产业全要素生产率显著提高

表6-4是中国高技术产业1996~2005年的全要素生产率（TFP）以及TFP对产出的贡献。结果表明，从1996~2005年，中国高技术产业的TFP是稳步增长的，从1996年的100增加到了298，年均增长率12.9%，对高技术产业增长的平均贡献率为56.58%，大于资本和劳动投入的贡献份额（见表6-4）。

表 6-3　　　　　中国高技术产业国内市场占有率　　　　　单位：%

指标名称	计量单位	2000 年	2001 年	2002 年	2003 年	2004 年	2005 年	2006 年
出口额	亿美元	370	465	679	1 103	1 645	2 182	2 815
进口额	亿美元	525	641	828	1 193	1 613	1 977	2 473
销售收入	亿美元	1 212	1 452	1 766	2 466	3 364	4 141	5 217
国内市场占有率	%	61.6	60.6	56.8	53.3	51.6	49.8	49.3

资料来源：根据《中国科技统计年鉴（2006）》、《中国高技术产业统计年鉴（2007）》数据计算。

表 6-4　　　　　中国高技术产业 TFP 指数（TFP1996 = 100）

年份	TFP 指数	年份	TFP 指数
1996	100	2001	249.26
1997	124.27	2002	250.42
1998	148.41	2003	294.57
1999	180.56	2004	304.45
2000	212.65	2005	298
TFP 增长率（%）	12.9	产出增长率（%）	22.8
TFP 对产出增长的贡献（%）		56.58	

资料来源：刘建翠：《R&D 对我国高技术产业全要素生产率影响的定量分析》，载于《工业技术经济》2007 年第 5 期，第 51~55 页。

（五）中国高技术产业出口固定市场份额模型（CMS）的竞争效果明显增强

固定市场份额模型的主要内容是：如果一个国家在世界市场上的出口份额保持不变，则该国的贸易竞争优势也保持不变；而如果该国在世界市场的出口份额发生变化，表明其贸易竞争优势发生了变化。对这种出口份额增长（下降）的变化率进行分解，可得出影响出口份额变动的因素，并从中把贸易结构（由产业结构决定）对竞争优势的影响提取出来。

固定市场份额模型（Constant Market Shares Model，CMS 模型）将出口的增加分解成数项不同因素的效应，并认为要排除商品结构效应、市场增长效应等因素的影响，才不会高估产业竞争力的提升。后经众多学者的修改完善，成为研究对外贸易增长源泉和出口产品国际竞争力趋势的重要模型之一（汪琦，2007）。

CMS 模型假定，如果一国的某种出口商品的竞争力不变，它的市场份额也应当不变。因此，一国出口商品的实际变化和竞争对手出口额变化之间的差，一定是由于出口结构或竞争力变化所引起的。根据统计学原理，CMS 模型可将一国高技术产品出口值及品种结构和市场结构（样本）与同期世界高技术产品出口值与相关结构（总体）进行比较，把出口产品的增长按两级分解，第一级被分解为竞争结构、竞争效果和二阶效果；第二级又进一步分解为增长效果、市场效果、商品效果、交互效果、整体竞争效果、具体竞争效果、纯二阶效果和动态结构残差（见图 6-9）（帅传敏、程国强，2003）。通过分析不同效果在进出口商品增长额中所占的份额，可发现一国高技术产品竞争力所贡献的份额，并可揭示该国高技术产品出口增长的源泉和制约增长的要素所在。

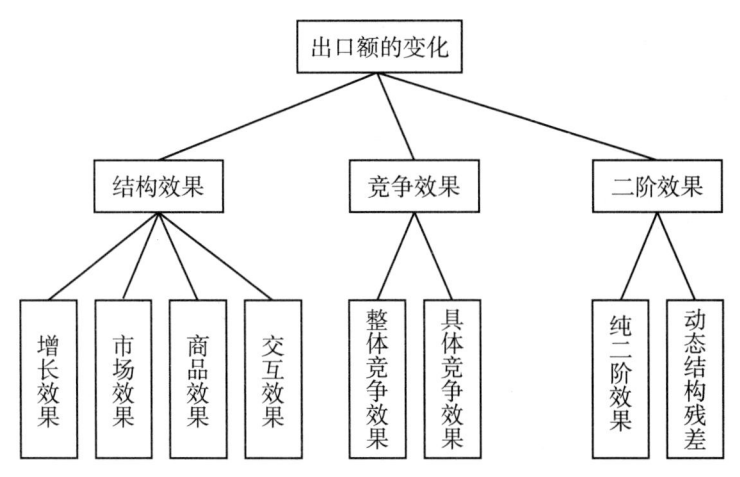

图 6-9 CMS 模型对出口增长的两级分解示意图

资料来源：帅传敏、程国强、张金隆：《中国农产品国际竞争力的估计》，载于《管理世界》2003 年第 1 卷。

把中国高技术产业出口的所有国外进口市场作为一个整体进行考察，固定市场份额模型分解公式为：

$$\Delta q = \sum_i s_i^0 \Delta Q_i + \sum_i \Delta s_i Q_i^0 + \sum_i \Delta s_i \Delta Q_i \qquad (6-3)$$

$$\quad\quad\text{结构效果}\quad\quad\text{竞争效果}\quad\text{二阶效果}$$

第二级分解公式：

$$\Delta q = s^0 \Delta Q + \left(\sum_i s_i^0 \Delta Q_i - s^0 \Delta Q \right) + \Delta s Q^0$$

$$\quad\text{增长效果}\quad\quad\text{商品效果}\quad\quad\text{整体竞争效果}$$

$$+ \left(\sum_i \Delta s_i Q_i^0 - \Delta s Q^0 \right) + \left(Q^1/Q^0 - 1 \right) \sum_i \Delta s_i Q_i^0$$

具体竞争效果　　　　　　纯二阶效果

$$+ \left[\sum_i \Delta s_i \Delta Q_i - (Q^1/Q^0 - 1) \sum_i \Delta s_i Q_i^0 \right] \quad (6-4)$$

动态结构残差

该模型假定中国出口 n 种高技术产品，以世界高技术产品出口市场为目标，公式中 q 是中国的高技术产品出口总额，s 是中国高技术产品的出口在世界高技术产品出口市场上的市场份额，s_i 是中国在世界高技术 i 商品出口中的市场份额，Q 是世界高技术产品出口总额，Q_i 是世界 i 高技术产品的出口总额，Q_{ij} 是世界 i 高技术产品向 j 地区的出口总额，Δ 是期末与期初相比的变化值（期末相对于期初的增量），上标 0 表示期初年份，上标 1 表示期末年份，下标 i 表示出口的商品，i = 1, 2, …, n。

采用上述公式，根据美国国家科学基金（NSF）的《科学工程指标（2008）》中中国和世界高技术产业及高技术细分产业进出口数据，分 1995~2000 年和 2001~2005 年两个时期①计算的中国高技术产业出口 CMS 模型分析结果如表 6-5 和表 6-6 所示。

表 6-5　中国高技术产业出口 CMS 模型分析结果（1995~2005 年）

单位：亿美元（2000 年不变价）

竞争效果	第一期（1995~2000 年）		第二期（2001~2005 年）	
	金额	占比（%）	金额	占比（%）
出口额的变化	681.62	100.00	3 014.88	100.00
结构效果	490.79	72.00	789.04	26.17
增长效果	502.28	73.69	747.31	24.79
商品效果	-11.49	-1.69	41.72	1.38
竞争效果	69.83	10.24	1 396.05	46.31
整体竞争效果	92.39	13.56	1 473.29	48.87
具体竞争效果	-22.56	-3.31	-77.23	-2.56
二阶效果	121.00	17.75	829.79	27.52
纯二阶效果	65.71	9.64	752.64	24.96
动态结构残差	55.28	8.11	77.15	2.56

资料来源：根据 NSF 的《科学工程指标（2008）》的相关进出口数据计算。

---

① 这两个时期的划分不仅能很反映我国加入 WTO 前和加入 WTO 后的对比，还能反映 2001 年世界高技术产业尤其是 ICT 产业泡沫破灭前和破灭衰退直至高成长期的对比。

表6-6　中国高技术细分产业出口 CMS 模型分析结果（1995～2005年）

单位：亿美元（2000年不变价）

时期	效果		高技术产业	广播电视和通信设备制造业	电子计算机及办公设备制造业	其他高技术细分产业
第一期（1995～2000）	总效果	金额	681.62	314.54	304.91	62.17
	结构效果	金额	490.79	259.40	143.31	88.08
		占比（%）	72.00	82.47	47.00	141.68
	竞争效果	金额	69.83	29.36	57.17	-16.70
		占比（%）	10.24	9.33	18.75	-26.87
	二阶效果	金额	121.00	25.78	104.43	-9.21
		占比（%）	17.75	8.19	34.25	-14.81
第二期（2001～2005）	总效果	金额	3 014.88	1 331.53	1 448.02	235.33
	结构效果	金额	789.04	374.74	318.92	95.38
		占比（%）	26.17	28.14	22.02	40.53
	竞争效果	金额	1 396.05	613.27	684.30	98.49
		占比（%）	46.31	46.06	47.26	41.85
	二阶效果	金额	829.79	343.52	444.80	41.47
		占比（%）	27.52	25.80	30.72	17.62

资料来源：根据 NSF 的《科学工程指标（2008）》的相关进出口数据计算。

结果表明，1995～2000年，在中国高技术产业出口值的增长中，结构效果占比高达 72.00%，竞争效果占比仅为 10.24%。这表明这一时期中国高技术产业出口额的增长主要是由于外部市场进口快速增长造成的，而由中国高技术产业出口竞争力的增长带来的部分很小。而在 2001～2005 年这一期间，情况出现了逆转，结构效果占比大幅降低到 26.17%，竞争效果占比大幅提升到 46.31%。这说明，中国高技术产业出口竞争力有了明显提高。原因一方面是中国加入 WTO 后，以更加开放的姿态参与全球竞争，另一方面是世界高技术产业（ICT 产业）泡沫破灭对高成本的发达国家造成很大的冲击，而给具有低成本优势的中国带来了机会，其直接表现是涌入中国的外资明显增多，第一个时期，1995 年中国拥有高技术三资企业 4 581 家，2000 年减少到 3 046 家；而第二个时期从期初 2001 年的 3 338 家猛增到期末 2005 年的 6 491 家。二阶效果方面，第一个时期占比 17.75%，第二个时期有了较大增长，达 27.52%。这表明由于中国高技术产品出口竞争力的变化和世界高技术产品进口需求的变化交互作用所引起的中国高技术产品出口额的变化在增大。

从二级分解效果来看，第二个时期较第一个时期结构效果的降低主要是由于增长效果降低所致，商品效果还略有提升，由 -1.69% 到 1.38%。表明世界高技术产品进口需求增长对中国高技术产业出口增长的牵引作用在减弱，中国高技术产品结构得到了改善，但改善幅度不够大。第二个时期较第一个时期竞争效果的大幅提升，主要是整体竞争效果带来的，而具体竞争效果变化不大，仅提高了 0.75 个百分点。表明中国高技术产品出口结构的优化并不明显。第二个时期较第一个时期二阶效果的提升，主要是纯二阶效果大幅提升所致，而动态结构残差出现了较大幅度的下降，由 8.11% 到 2.56%（见表6-5）。这表明由于中国高技术产品出口份额的变化适应了世界高技术产品进口水平的变化导致了中国高技术产品出口额的大幅增长；而中国高技术产品出口结构的变化与世界高技术产品进口结构变化的交互作用效果有所下降。

从细分产业来看，1995~2000年，广播电视和通信设备制造业、电子计算机及办公设备制造业和其他高技术细分产业（包括医药制造业和航空航天制造业等）等结构效果均大幅超过竞争效果，其中其他高技术细分产业竞争效果为负，占比为 -16.7%，表明该细分产业竞争力出现了下滑。2001~2005年，各细分产业的竞争效果占比均大幅提升，其他高技术细分产业竞争效果占比增幅最大（表6-6）。表明第二个时期，各细分产业的出口竞争力均有所提升，从而高技术产业整体的出口竞争力得到了提升。

上述描述性统计指标和相对间接分析性指标对中国高技术产业国际竞争现状的分析表明，部分指标显示出中国高技术产业国际竞争力已经有了很大提升，也有少数指标表明某些方面竞争力有所下降。中国高技术产业综合竞争绩效到底如何？中国高技术产业及其细分产业国际竞争绩效在过去十几年间是怎样演变的？对于这些问题，上述指标无疑是无法给出全面准确答案的。下面将采用直接绩效评价指标体系和相应评价方法对此展开评价分析。

二、评价模型和评价方法

（一）模型

产业国际竞争力评价模型由自主创新和国际竞争力理论模型（理论篇的图3-3）简化而来，略去了自主创新变量，只从竞争动力因素和竞争绩效两个方面评价，如图6-10所示。其中，竞争动力因素从产业要素、国内市场需求、竞争结构与企业策略、国家基础设施、政府政策、产业网络体系等方面进行评价，竞争绩效主要从规模绩效和效率绩效两方面作评价。

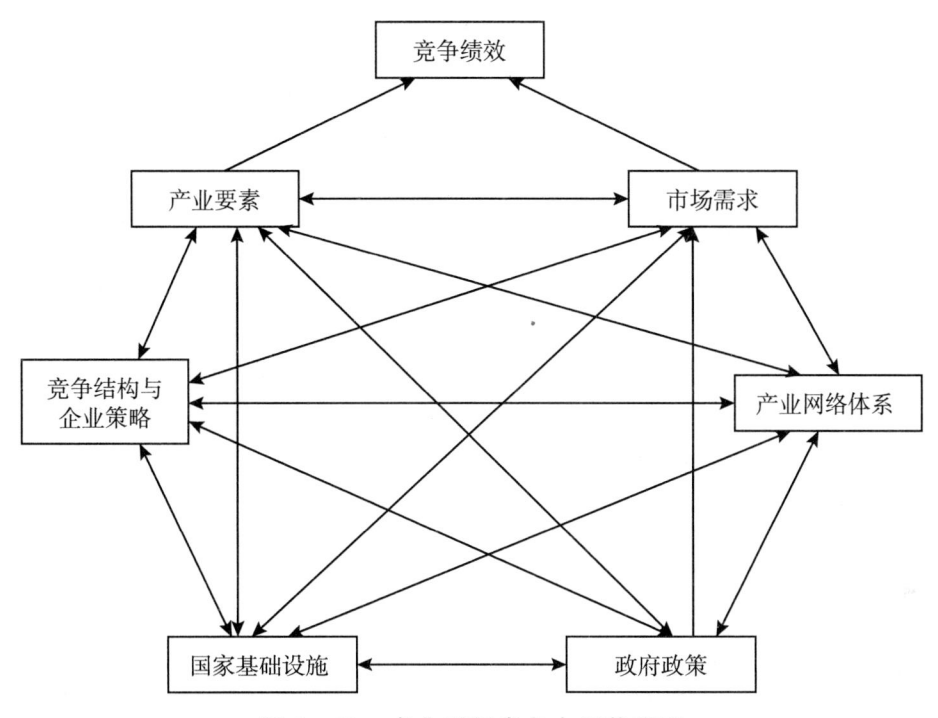

图 6-10 产业国际竞争力评价模型

资料来源：作者根据自己研究绘制（2008）。

下面分别就国际竞争绩效和竞争动力因素的评价指标和方法进行阐述。

（二）评价指标和方法

1. 评价指标

根据本项研究的特点，我们构建了评价国际竞争力的综合评价指标体系，如表 6-7 所示。其中，两个二级指标包括规模绩效和效率绩效，对应的七个三级指标包括高技术产业增加值、高技术产业出口额、（技术）版税与特许费收入、流出 FDI 利润收入、高技术产业劳动生产率、高技术产业增加值率和高技术产业销售利润率。此外，本研究中的竞争绩效评价属于直接绩效指标综合评价，没有采用间接构造的相对性指标。各指标分析界定如下：

（1）规模绩效指标。

①产业增加值。一国高技术产业总体增加值反映了该国高技术产业在参与全球高技术产业的市场竞争中，政府、企业和国民所获取的福利的总和，也间接反映了一国高技术产业总的市场占有份额。

表 6-7　　　　高技术产业国际竞争绩效综合评价指标体系

一级指标（目标层）	二级指标	三级指标
高技术产业国际竞争绩效	规模绩效（权重：0.5）	高技术产业增加值（等权）
		高技术产业出口额（等权）
		版税与特许费收入（等权）
		流出 FDI 利润收入（等权）
	效率绩效（权重：0.5）	劳动生产率（等权）
		产业增加值率（等权）
		销售利润率（等权）

资料来源：作者根据相关文献和研究总结得到（2008）。

②高技术产业出口额。高技术产业出口额反映了一国在国际贸易市场所占有的份额，它是一国高技术产业国际竞争规模绩效的直接表现。

③版税与特许费收入。版税与特许费是指居民和非居民之间为得到无形资产、非生产性资产、非金融资产及其产权（专利、版权、商标、特许和工业处理方法），以及通过许可协议使用原样和原机而支付和收取的费用。版税与特许费收入反映了高技术产业的另一类产出——技术的收入，是重要的竞争绩效指标，该指标越来越受到世界各国，尤其是发达国家的重视。

④流出 FDI 利润收入。高技术产业流出 FDI 利润收入反映一国高技术产业跨国投资所获得的价值增值，它是高技术产业领先国家，如美国、日本等的国际竞争绩效的重要组成部分①。

（2）效率绩效指标。竞争绩效的效率指标反映的是高技术产业把资源要素等转化为满足市场需求的产出并获取价值增值的效率，包括高技术产业增加值率、劳动生产率和销售利润率等三个指标。这三个指标反映了高技术产业各类资源（人力资源、资本、技术、管理）的利用效率。计算公式如下：

$$高技术产业增加值率 = \frac{高技术产业增加值}{高技术产业总产值}$$

$$高技术产业劳动生产率 = \frac{高技术产业增加值}{高技术产业从业人员数}$$

$$高技术产业销售利润率 = \frac{高技术产业税后利润额}{高技术产业销售收入}$$

---

① 由于数据可得性的限制，本研究没有纳入该指标，这会在一定程度上低估美国、日本等发达国家的高技术产业国际竞争绩效，而高估中国的高技术产业国际竞争绩效。

2. 评价方法

（1）三级指标无量纲评价值的计算。在进行综合评价时，首先对各指标原始值无量纲化。考虑到标杆测定的需要以及计算简易性，本研究采用标杆阈值法对三级指标进行无量纲化处理，得到各指标的评价值。标杆阈值通过对评价样本的综合测评而得。计算公式为：

$$x'_{ij} = \frac{x_{ij}}{x_{ij}^{benchmark}} \times 100 \quad i = 1, 2; j = 1, 2, 3, \cdots \quad (6-5)$$

其中，x'_{ij}为第i个二级指标的第j个三级指标的无量纲评价值；x_{ij}为第i个二级指标的第j个三级指标的原始值；$x_{ij}^{benchmark}$为样本标杆的第i个二级指标的第j个三级指标的原始值。

（2）指标权重设定。多指标综合评价的赋权方法可分主观赋权、客观赋权及组合赋权三类。由于高技术产业国际竞争绩效评价指标较少，各指标相对重要性清晰，故本研究采取主观赋权法。通过小范围专家咨询得出：规模绩效和效率绩效对高技术产业综合竞争绩效来说同等重要，等权；高技术产业增加值、高技术产业出口额、（技术）版税与特许费收入对规模绩效同等重要，等权；高技术产业劳动生产率、高技术产业增加值率和高技术产业销售利润率对效率绩效同等重要，等权。

（3）综合模型。本研究在规模和效率两个二级指标的合成中采用线性求和模型；考虑到规模和效率的协调性要求，综合绩效汇总采用加权几何平均法。

二级指标合成模型：

$$Y_i = \sum_j x'_{ij} w_{ij} \quad i = 1, 2; j = 1, 2, 3. \quad (6-6)$$

其中，Y_i为第i个二级指标的评价值（得分）；x'_{ij}为第i个二级指标的第j个三级指标的无量纲评价值（得分），w_{ij}为第i个二级指标的第j个三级指标对第i个二级指标的权重。

综合绩效合成模型：

$$Z = Y_1^{w_1} \cdot Y_2^{w_2} \quad (6-7)$$

其中，Z为综合绩效评价值（得分）；Y_1和Y_2分别为规模绩效和效率绩效的评价值（得分）；w_1和w_2为规模绩效和效率绩效对综合绩效的权重。

（4）综合评价流程和排名、分析。图6-11是高技术产业国际竞争绩效综合评价流程，本研究将按该流程进行评价。其中，最后一项是排名和分析。本研究对各级指标评价得分均进行排名，并采用归纳和对比的方法以及描述性统计和计量回归统计方法，围绕得分和排名展开全面分析和重点分析，以明确各国在各级指标的绩效优劣状况。

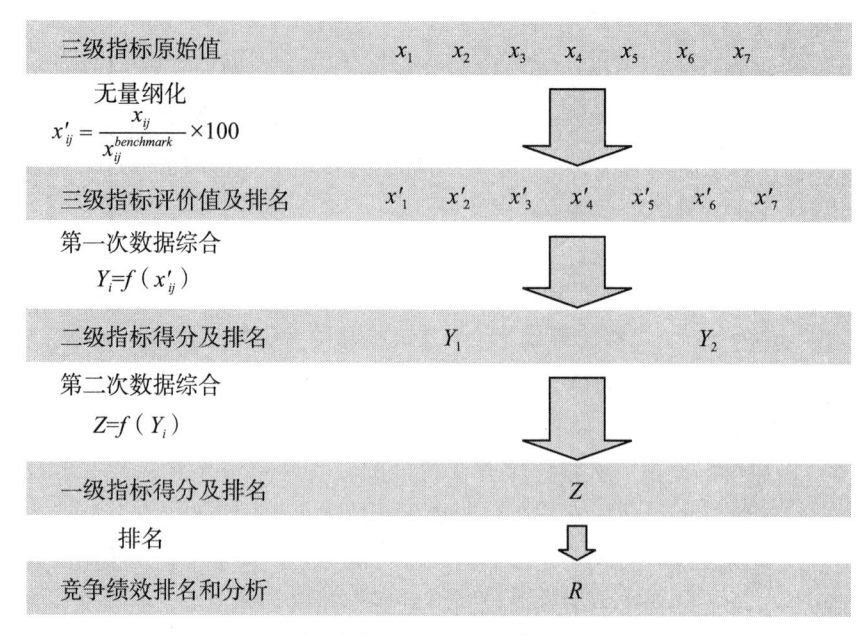

```
三级指标原始值         x₁   x₂   x₃   x₄   x₅   x₆   x₇

无量纲化
$x'_{ij} = \frac{x_{ij}}{x_{ij}^{benchmark}} \times 100$
                                    ⬇
三级指标评价值及排名    x'₁  x'₂  x'₃  x'₄  x'₅  x'₆  x'₇

第一次数据综合
$Y_i = f(x'_{ij})$
                                    ⬇
二级指标得分及排名          Y₁              Y₂

第二次数据综合
$Z = f(Y_i)$
                                    ⬇
一级指标得分及排名              Z

排名                              ⬇

竞争绩效排名和分析              R
```

图 6-11　高技术产业竞争绩效综合评价流程

资料来源：作者根据自己研究绘制 (2008)。

（三）国际竞争动力评价的指标和方法

1. 评价指标体系

根据前述理论框架，借鉴其他学者的研究成果，参照已有评价指标体系，本研究用来评价高技术产业国际竞争动力的指标体系包括 44 个四级指标、6 个二级指标和 14 个三级指标（见图 6-12）。由于高技术产业国际竞争力评价涉及许多国家，而各国高技术产业统计数据不完整，口径也有差异，因此本研究选用了部分替代性指标和软指标。对这些替代性指标可能存在的偏差，本研究进行了充分考虑，同时对难以直接量化的指标，本研究采用了 WEF 所做的全球高管意见调查软指标[①]。具体的指标体系内涵不再赘述。

[①] WEF 每年所做的高管意见调查已经比较成熟，调查所得数据正成为其全球竞争力指数和企业竞争力指数的重要数据来源。波特认为，调查数据不仅能够提供许多独特的衡量标准，还能反映所研究的国家经济中实际参与者见多识广的判断。仅用出自官方公共来源的统计数据并不能展示一个国家产业运营环境的真实面貌。调查数据的加入，有助于提供更准确的关于一国竞争力环境的衡量标准。值得一提的是，WEF 的调查中不仅关注一国拥有的绝对绩效，更强调一国相对于他国的水平。他们要求回复高管将他或她自己国家的情况与全球绩效最佳的国家进行比较。这一点与本研究的标杆评价原理也不谋而合。

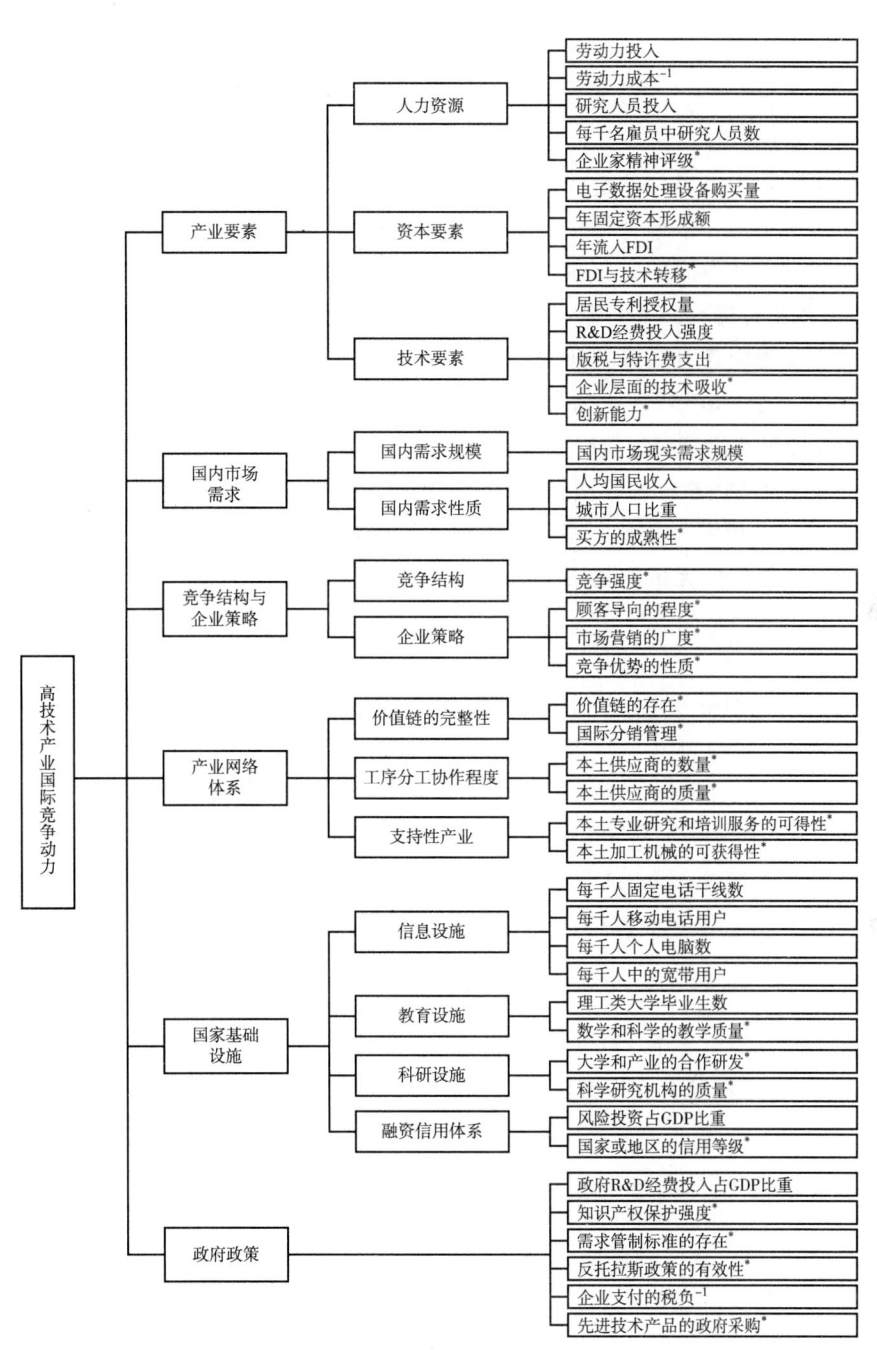

```
高技术产业国际竞争动力
├─ 产业要素
│   ├─ 人力资源
│   │   ├─ 劳动力投入
│   │   ├─ 劳动力成本 -1
│   │   ├─ 研究人员投入
│   │   ├─ 每千名雇员中研究人员数
│   │   └─ 企业家精神评级*
│   ├─ 资本要素
│   │   ├─ 电子数据处理设备购买量
│   │   ├─ 年固定资本形成额
│   │   ├─ 年流入FDI
│   │   └─ FDI与技术转移*
│   └─ 技术要素
│       ├─ 居民专利授权量
│       ├─ R&D经费投入强度
│       ├─ 版税与特许费支出
│       ├─ 企业层面的技术吸收*
│       └─ 创新能力*
├─ 国内市场需求
│   ├─ 国内需求规模
│   │   └─ 国内市场现实需求规模
│   └─ 国内需求性质
│       ├─ 人均国民收入
│       ├─ 城市人口比重
│       └─ 买方的成熟性*
├─ 竞争结构与企业策略
│   ├─ 竞争结构
│   │   └─ 竞争强度*
│   └─ 企业策略
│       ├─ 顾客导向的程度*
│       ├─ 市场营销的广度*
│       └─ 竞争优势的性质*
├─ 产业网络体系
│   ├─ 价值链的完整性
│   │   ├─ 价值链的存在*
│   │   └─ 国际分销管理*
│   ├─ 工序分工协作程度
│   │   ├─ 本土供应商的数量*
│   │   └─ 本土供应商的质量*
│   └─ 支持性产业
│       ├─ 本土专业研究和培训服务的可得性*
│       └─ 本土加工机械的可获得性*
├─ 国家基础设施
│   ├─ 信息设施
│   │   ├─ 每千人固定电话干线数
│   │   ├─ 每千人移动电话用户
│   │   ├─ 每千人个人电脑数
│   │   └─ 每千人中的宽带用户
│   ├─ 教育设施
│   │   ├─ 理工类大学毕业生数
│   │   └─ 数学和科学的教学质量*
│   ├─ 科研设施
│   │   ├─ 大学和产业的合作研究*
│   │   └─ 科学研究机构的质量*
│   └─ 融资信用体系
│       ├─ 风险投资占GDP比重
│       └─ 国家或地区的信用等级*
└─ 政府政策
    ├─ 政府R&D经费投入占GDP比重
    ├─ 知识产权保护强度*
    ├─ 需求管制标准的存在*
    ├─ 反托拉斯政策的有效性*
    ├─ 企业支付的税负 -1
    └─ 先进技术产品的政府采购*
```

注：-1表示是逆指标；*表示是软指标。统计学中结合数字的经济或社会意义，将指标划分为正指标和逆指标，正指标是指其经济和社会意义的大小和指标数值的大小成正比的指标，若指标值大小与相应指标的经济和社会意义大小成反比，则称为逆指标。

图6-12 高技术产业国际竞争力综合评价指标体系

资料来源：作者根据相关评价指标研究总结绘制（2008）。

2. 评价方法

（1）方法原理。高技术产业国际竞争动力综合评价将采取与高技术产业国际竞争绩效综合评价基本相同的方法和流程。采用标杆阈值法分别对四级指标进行无量纲化处理，得到各指标的评价值。标杆阈值通过对评价样本的综合测评而得。对于逆指标，根据其特点先采用倒数法转换为正指标，再计算无量纲化评价值。对于竞争动力的四级指标采取等权求和方法综合得到三级指标评价值（得分）；三级指标等权求和得到二级指标评价值（得分）。

关于动力因素对二级指标的综合，采用波特在《全球国际竞争力报告》中对企业竞争力（BCI）评价的类似方法[①]。通过把六类动力因素分别与相应年份高技术产业国际竞争综合绩效进行线性回归，得到未标准化回归系数和标准化回归系数，把六个动力因素标准化回归系数归一化处理，得到各因素对综合动力的权重。

（2）综合模型。反映上述评价方法的具体模型表达式如下：

（i）四级指标无量纲化模型：

$$x'_{kij} = \frac{x_{kij}}{x_{kij}^{benchmark}} \times 100 \quad k=1, 2, \cdots, p; \ i=1, 2, \cdots, m; \ j=1, 2, \cdots, n \quad (6-8)$$

其中，x'_{kij} 为第 k 个二级指标的第 i 个三级指标的第 j 个四级指标的无量纲评价值（得分）；x_{kij} 为第 k 个二级指标的第 i 个三级指标的第 j 个四级指标的原始值；$x_{kij}^{benchmark}$ 为样本标杆的第 k 个二级指标的第 i 个三级指标的第 j 个四级指标的原始值。n 为第 k 个二级指标的第 i 个三级指标的四级指标个数，m 为第 k 个二级指标的三级指标个数，p 为二级指标个数。

（ii）三级指标合成模型：

$$y_{ki} = \frac{1}{n} \sum_{j} x'_{kij} \quad k=1, 2, \cdots, p; \ i=1, 2, \cdots, m; \ j=1, 2, \cdots, n \quad (6-9)$$

其中，y_{ki} 为第 k 个二级指标的第 i 个三级指标的评价值（得分）。

（iii）二级指标合成模型：

$$z_k = \frac{1}{m} \sum_{i} y_{ki} \quad k=1, 2, \cdots, p; \ i=1, 2, \cdots, m \quad (6-10)$$

其中，z_k 为第 k 个二级指标的评价值（得分）。

（iv）动力因素综合模型：

$$D = \sum_{k} z_k w_k \quad k=1, 2, \cdots, p \quad (6-11)$$

---

① 波特在近年世界经济论坛的《全球竞争力报告》企业竞争力（BCI）评价中，根据各子指标对人均 GDP 的回归系数，确定各子指标对于总体 BCI 的权重。在更早的《全球竞争力报告》创新能力（Innovation Index）评价中，通过把五个创新子指标与在美国取得的授权专利数进行回归，根据回归系数确定五个子指标的权重。

其中，D 为动力因素综合得分；w_k 为第 k 个二级指标的权重。

（3）排名和分析。基于高技术产业国际竞争动力各级指标的合成，本研究对各级指标评价得分均进行排名，并采用归纳和对比的方法以及描述性统计和计量回归统计方法，对各级指标评价值进行分析，以揭示其优劣状况及规律。

三、国际竞争绩效评价

（一）标杆选择、评价范围和数据来源

本研究选定美国高技术产业作为评价的参照标杆。美国是全球高技术产业的发源地，对全球高技术产业起着引领作用，在产业产值规模、出口规模和产业效率方面持续居于前列，符合标杆条件。具体做法是：选取美国 2005 年的各绩效指标原始值作为标杆阈值测算各国各绩效指标的得分，计美国阈值得分为 100。

竞争绩效国际评价对象包括中国、美国、日本、德国、法国、英国、意大利、加拿大和韩国等 9 个国家，时间为 2000 年和 2005 年两个年份。这 9 个国家的高技术产业增加值约占全球的 84.1%（2005 年），出口额约占 80.3%（2005 年），代表了全球高技术产业竞争的最大规模和最高水平。选取 2000 年和 2005 年两年进行国际比较，一是由于这两年的数据条件最好；二是这两年时间跨度正好反映我国加入 WTO 前后的态势对比，也能反映 2001 年世界高技术产业尤其是信息与通信技术（ICT）产业泡沫破灭前到破灭衰退后的对比。

本研究使用的数据，国际部分主要来自经济合作与发展组织（OECD）结构分析数据库（STAN Database）和美国 NSF 的《科学工程指标》。OECD 结构分析数据库包括产值、增加值、销售额、雇员数、R&D 投入强度等数据，但该数据库时间跨度上不全，也没有提供不变价的增加值和出口额。NSF 的《科学工程指标》提供了世界上主要高技术产业出口国的序列化不变价增加值和出口额。高技术产业的界定参照了 OECD 的分类目录，包括航空航天、通信设备、办公和计算机器、医药和科学仪器等分支产业。国内数据主要来源于各年《中国高技术产业统计年鉴》。

除了上述主要数据来源外，数据来源还包括世界银行的《世界发展指标》、美国统计局公告、联合国工业发展组织（UNIDO）的《国际工业统计年鉴》（International Yearbook of Industrial Statistics）、《中国统计年鉴》、《国际统计年鉴》、《中国科技统计年鉴》、《海关统计》，以及相关研究文献和网站。

本研究对缺损数据的处理措施是：对于缺乏高技术产业整体数据的，采取汇总计算方法弥补；对于缺乏不变价数据的，采取相关平减指数平减的方法处理；对于个别年份数据缺损的，采取趋势外推法估算。另外，本研究的部分数据来源

是动态的,因此部分数据经过一段时期可能有所调整。

(二) 国际竞争绩效三级指标的评价

本研究对高技术产业竞争绩效进行直接综合评价,高技术产业国际竞争绩效直接指标主要包括增加值、出口额、版税与特许费收入、净流出 FDI 利润收入等规模指标和劳动生产率、增加值率、销售利润率等效率指标。其中,净流出 FDI 利润收入和销售利润率两个指标的数据基本无法获取,故只能采用剩下的 5 个指标进行评价。未纳入净流出 FDI 利润收入指标会在一定程度上高估中国高技术产业的规模绩效和综合绩效,因为中国高技术产业净流出 FDI 利润收入远低于其他国家。根据原始值计算的各国三级指标的评价得分及排名如表 6-8 所示。

表 6-8　　　2000 年和 2005 年各国竞争绩效三级指标评价得分及排名

国家	年份	增加值得分	排名	出口额得分	排名	版税与特许费收入得分	排名	劳动生产率得分	排名	增加值率得分	排名
中国	2000	10.9	3	23.2	7	0.1	9	6.4	9	65.8	7
	2005	46.5	3	109.2	1	0.3	9	11.2	9	58.8	8
美国	2000	72.1	1	95.3	1	66.2	1	77.7	1	105.7	1
	2005	100.0	1	100.0	2	100.0	1	100.0	1	100.0	2
日本	2000	46.8	2	57.2	2	17.8	2	67.1	2	97.5	2
	2005	46.9	2	78.1	3	30.8	2	74.7	2	97.8	3
德国	2000	10.4	4	37.2	3	4.9	4	39.3	7	92.2	3
	2005	14.1	4	59.9	4	11.9	4	73.3	3	100.5	1
英国	2000	9.4	5	30.5	4	12.8	3	58.8	3	88.8	4
	2005	9.5	6	32.7	6	23.2	3	57.6	6	95.8	4
法国	2000	8.0	6	26.5	5	4.0	5	55.9	4	64.0	8
	2005	9.3	7	31.9	7	10.3	5	72.6	4	55.6	9
韩国	2000	7.9	7	25.3	6	1.2	7	31.1	8	62.5	9
	2005	10.5	5	48.1	5	3.2	7	45.8	8	69.5	7
加拿大	2000	3.7	9	12.1	8	2.4	6	55.5	5	85.4	5
	2005	2.7	9	10.7	9	6.0	6	62.6	5	85.9	5
意大利	2000	4.8	8	9.9	9	1.0	8	40.9	6	81.4	6
	2005	4.3	8	11.4	8	2.0	8	55.4	7	81.1	6

资料来源:作者根据原始数据计算得到 (2008)。

由表 6-8 可知，2000 年中国高技术产业增加值、出口额、版税与特许费收入、劳动生产率和增加值率仅分别为美国 2005 年的 10.9%、23.2%、0.1%、6.4% 和 65.8%，在 9 国中分别排名第 3、第 7、第 9、第 9 和第 7。除了增加值规模处于中等偏上的位置外，其他指标得分均处于下等水平，尤其是版税与特许费收入和劳动生产率为倒数第一。

2005 年中国高技术产业增加值、出口额、版税与特许费收入、劳动生产率和增加值率分别为美国 2005 年水平的 46.5%、109.2%、0.3%、11.2% 和 58.8%，在 9 国中分别排名第 3、第 1、第 9、第 9 和第 8。与 2000 年相比，除增加值率评价得分下降了 10.6% 以外，其他指标得分均呈现大幅增长，增幅分别为 328%、370%、96.3% 和 75%。

本研究还考察了各国五个三级指标得分的离散程度和偏斜程度。结果表明，2000 年中国高技术产业三级指标得分离散程度位列 9 国之首；综合竞争力靠前的国家，如美国、日本、英国等国的三级指标得分离散程度较低（见图 6-13）。这说明，相对于发达国家，中国高技术产业国际竞争力的结构不均衡，竞争力尚处于动态发展之中。

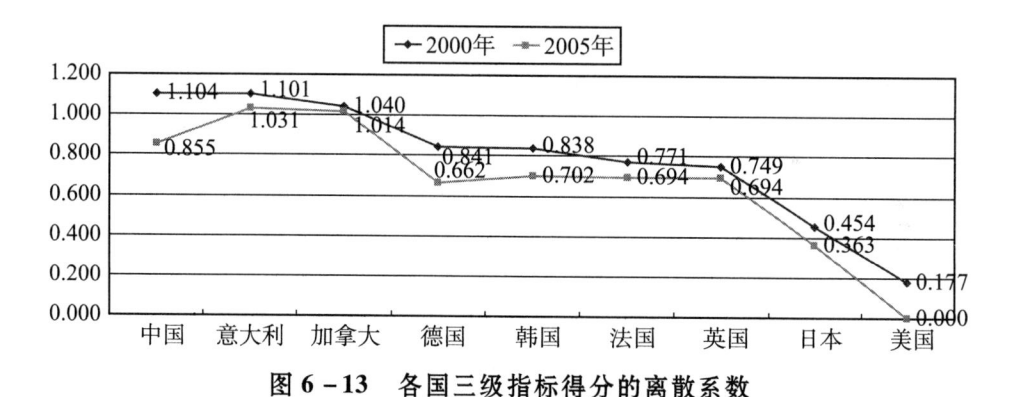

图 6-13　各国三级指标得分的离散系数

资料来源：作者根据原始数据计算绘制（2008）。

（三）国际竞争绩效综合评价

1. 综合绩效得分及排名

采用上述方法，根据竞争绩效三级指标的评价得分汇总测算的各国高技术产业国际竞争规模绩效、效率绩效和综合绩效得分及排名如表 6-9 所示。

为考察 2000~2005 年各国规模绩效和效率绩效改进的态势，本研究按照各国得分，以规模评价得分和效率评价得分为 x 轴和 y 轴绘制出散点图（见图 6-14）。因为是以美国 2005 年为标杆（100）的，所以可以认为，以原点和美国 2005 点

表6-9　　　　　2000年和2005年各国竞争绩效综合评价得分及排名

国家	年份	规模绩效得分	排名	效率绩效得分	排名	绩效综合得分	排名
中国	2000	11.4	7	36.1	9	20.3	8
	2005	52.0	2	35.0	9	42.7	4
美国	2000	77.9	1	91.7	1	84.5	1
	2005	100.0	1	100.0	1	100.0	1
日本	2000	40.6	2	82.3	2	57.8	2
	2005	51.9	3	86.2	3	66.9	2
德国	2000	17.5	4	65.7	5	33.9	4
	2005	28.6	4	86.9	2	49.9	3
英国	2000	17.6	3	73.8	3	36.0	3
	2005	21.8	5	76.7	4	40.9	5
法国	2000	12.8	5	59.9	7	27.7	5
	2005	17.2	7	64.1	7	33.2	7
韩国	2000	11.5	6	46.8	8	23.2	6
	2005	20.6	6	57.6	8	34.5	6
加拿大	2000	6.1	8	70.4	4	20.7	7
	2005	6.5	8	74.3	5	22.0	8
意大利	2000	5.2	9	61.1	6	17.9	9
	2005	5.9	9	68.3	6	20.0	9

资料来源：作者根据原始数据计算得到（2008）。

的连线是规模绩效和效率绩效均衡发展线。与这一"均衡线"的垂直距离和水平距离就反映其规模得分和效率得分间的偏斜程度。从图6-14中看出，2000年各国均表现出不同程度的效率偏斜，最严重的是加拿大和意大利。2005年大部分国家偏斜状况有了很大改观。图中箭头的方向表示增量的偏向性，角度大小反映出偏向的程度；箭头长短表示增量大小。从图6-14中看出，在2000~2005年的变化中，法国和韩国的箭头线几乎平行于均衡线，基本是对称性增长；中国、日本、美国和英国的箭头线与横轴的夹角小于均衡线与横轴夹角，是规模偏向性增长；剩下的意大利、加拿大和德国均为效率偏向性增长。中国是完全规模偏向，与x轴夹角为负表明，相对于标杆国家而言中国的效率绩效不但没有上升反而有所下降，而增量大小远远超出其他所有国家，表现出单纯依靠规模竞争的特点。

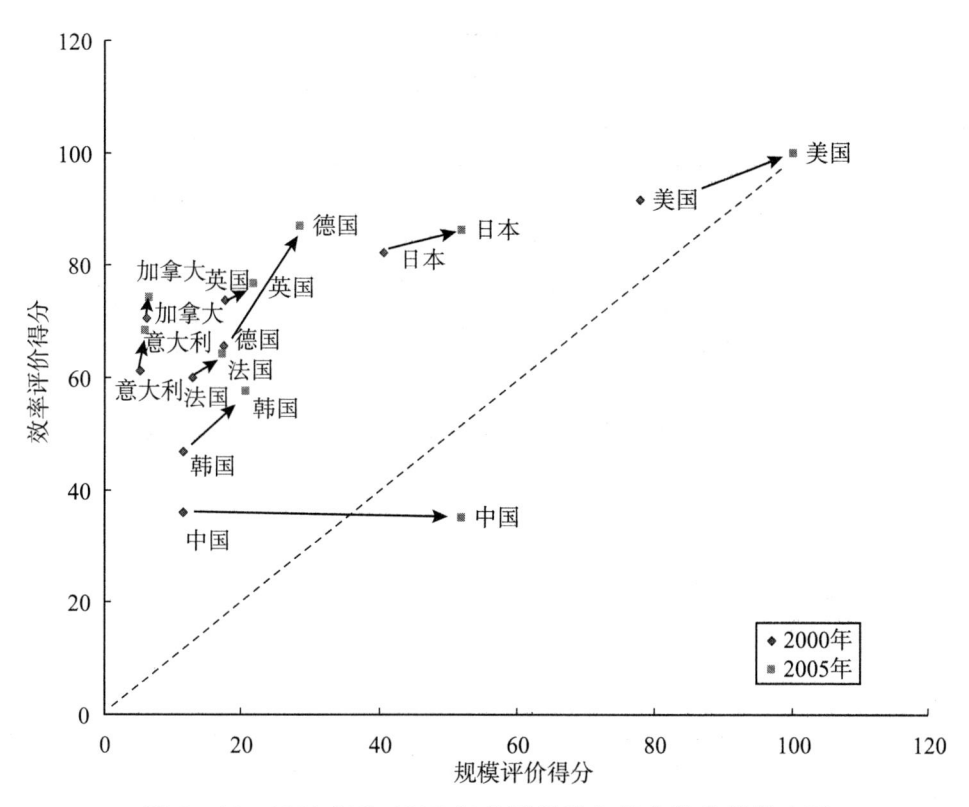

图 6-14 2000 年和 2005 年各国规模和效率得分的散点图

资料来源：作者根据原始数据计算绘制（2008）。

2. 规模和效率的边际替代率分析

规模和效率得分边际增量带来综合绩效得分不同增量的对比关系可用边际替代率（Marginal Rate of Substitution）来说明。规模绩效得分对效率绩效得分的边际替代率，代表规模绩效得分单位边际增量所带来的综合绩效得分增量需要多少单位的效率绩效得分增量才能产生。2000 年和 2005 年各国规模对效率的边际替代率如图 6-15 所示。从图 6-15 中看出，2000～2005 年中国规模对效率的边际替代率由 3.2 降为 0.7，说明 2005 年用效率来替代规模已经对综合绩效更为有效。一个奇怪的现象是，边际替代率除了美国和中国接近外，其他国家均保持较高的规模对效率的边际替代率，尤其是加拿大和意大利，高达 11 以上。这里的原因必须结合竞争绩效的动力因素等进行具体分析。一国既有的动力因素条件会限定该国的战略选择，因而参与国际竞争的国家应该被划分为不同的竞争战略群（Strategic Group），作为一个大国，中国不可能属于意大利和加拿大同一个战略群，而可能与美国、日本等处于同一个竞争战略群。

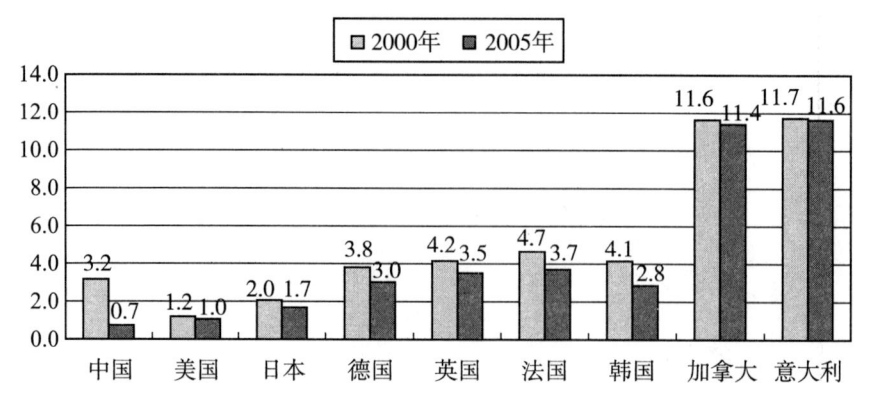

图 6-15　2000 年和 2005 年各国规模对效率的边际替代率

资料来源：作者根据原始数据计算绘制（2008）。

（四）中国高技术产业自主竞争绩效评价

1. 总体评价

因为外资企业在中国高技术产业中占有较高比重，考察产业全体情况可能不能反映基于"自主"能力的竞争力，为此，我们做进一步的测算。本研究参考其他学者测算的中国高技术产业自有投资比例计算中国高技术产业的规模绩效。2000 年中国高技术产业自有投资比例为 62.4%，2004 年为 51.5%，2005 年参照 2004 年的比例（宋河发，2007）。用自有投资比例乘以增加值、出口额和版税与特许费收入，得到自主增加值、自主出口额和自主版税与特许费收入。自主效率绩效用内资企业（非三资企业）指标代替（见表 6-10）。

表 6-10　　1995～2006 年中国高技术产业内资企业和三资企业效率指标原始值及综合得分

指标＼年份	1995	1996	1997	1998	1999	2000	2001	2002	2003	2004	2005	2006
三资企业增加值率（%）	26.3	19.8	24.1	22.3	23.9	23.4	22.3	22.3	21.3	19.5	21.1	21.4
内资企业增加值率（%）	26.4	30.9	27.4	28.0	27.9	30.9	29.7	29.2	30.7	32.0	30.5	30.6
三资企业销售利润率（%）	6.2	6.3	6.9	5.0	6.0	6.8	5.4	4.5	4.1	4.2	3.7	3.8

续表

指标＼年份	1995	1996	1997	1998	1999	2000	2001	2002	2003	2004	2005	2006
内资企业销售利润率（%）	3.2	3.2	4.2	4.5	4.9	6.6	6.3	5.9	6.1	5.1	5.4	5.4
三资企业劳动生产率（千美元/人）	8.1	7.8	10.6	10.2	12.9	14.4	14.9	15.7	16.5	15.4	17.6	18.6
内资企业劳动生产率（千美元/人）	1.9	2.6	2.9	4.0	4.3	5.9	6.6	7.8	9.7	10.4	11.6	14.6
三资企业效率绩效得分	48.5	43.4	50.1	40.9	47.0	50.2	43.8	40.4	38.0	36.9	36.9	37.9
内资企业效率绩效得分	35.2	39.1	40.3	42.3	43.9	53.7	51.7	49.9	52.4	49.7	50.0	51.0

注：效率绩效得分以 2005 年美国绩效指标为标杆计算而得。

资料来源：根据《中国高技术产业统计年鉴》（2002~2007）相关数据计算。

根据计算得出的 2000 年和 2005 年中国高技术产业自主竞争绩效得分及排名如表 6-11 所示。

表 6-11   2000 年和 2005 年中国高技术产业自主竞争绩效得分及排名

	年份	增加值得分	排名	出口额得分	排名	版税与特许费收入得分	排名	劳动生产率得分	排名	增加值率得分	排名	规模绩效得分	排名	效率绩效得分	排名	绩效综合得分	排名
中国	2000	10.9	3	23.2	7	0.1	9	6.4	9	65.8	7	11.4	7	36.1	9	20.3	8
	2005	46.5	3	109.2	1	0.3	9	11.2	9	58.8	8	52.0	2	35.0	9	42.7	4
中国（自主）	2000	6.8	7	14.5	7	0.1	9	4.4	9	76.8	7	7.1	9	40.6	9	17.0	9
	2005	24.0	3	56.3	4	0.1	9	8.7	9	75.8	7	26.8	4	42.2	9	33.6	6

资料来源：作者根据相关数据计算得到（2008）。

从表 6-11 中可以看出，中国本土企业较三资企业从事着价值增值更高的环节，盈利水平也更高；2000 年以来的中国高技术产业规模绩效的增长主要由外资企业推动，这种规模增长是高度偏斜的，而三资企业从事的是效率相对低下的业务，效率是下滑的。

2. 中国高技术产业国际竞争绩效演变态势

（1）计算方法。与高技术产业国际竞争绩效综合评价保持一致，高技术产业国际竞争绩效演变态势的评价采用与其相同的方法，并仍然选择2005年美国各指标值作为标杆阈值。所不同的是，效率指标添加了销售利润率，因为它是衡量投资和经营利得的重要指标，是高技术产业竞争绩效的重要方面。另外，适应跨年比较的需要，我们对部分数据进行了处理。

本研究对于四类价值型评价指标——增加值、出口额、版税与特许费收入和劳动生产率，分别处理如下：增加值和出口额由于采用的是NSF的《科学工程指标》中经过平减的数据，分别根据当年价数值较2005年当年价数值的增长率进行推算；劳动生产率用总产值平减指数进行平减，经过换算将基年调整为2005年；版税和特许费收入属于技术和知识产权交易收入，现有的价格指数均不适用，本研究对此不予平减，但不平减影响不会很大。

（2）1995～2006年中国高技术产业竞争绩效演变态势评价。1995～2006年中国高技术产业竞争绩效的各年各级指标的评价得分如表6-12所示。1995年中国高技术产业竞争绩效综合得分11.8，2006年为53.2，表明这两年中国高技术产业竞争绩效分别达到了美国2005年竞争绩效综合水平的11.8%和53.2%。12年间，中国高技术产业竞争绩效综合得分保持了持续快速增长，年均增长率达14.7%。两个二级指标中，效率绩效得分在振荡中表现出先升后降的态势，在2001年达到一个极值，之后逐年走低，2006年的得分基本与1995年持平。这表明效率绩效对竞争绩效综合水平的提升贡献甚微。规模绩效的得分从1995年的3.4，持续迅猛上升到2006年的68.3，年均增长率达31.4%。高技术产业竞争绩效综合水平的提升绝大部分是规模绩效所贡献的。不过规模对效率的边际替代率，由1995年的12.0，降为2003年的1.38，2004年起降到1以下，2006年更降至0.61，效率得分的边际增量对绩效综合得分的贡献变得更大。

在效率指标的下级指标中，劳动生产率得分从仅相当于美国1.7%提升到13%，年均增长20.6%，是效率指标中唯一稳定增长的指标；增加值率得分表现出稳中有降的特点，1995～2000年基本稳定在64分左右，之后出现小幅下滑，2004年达到最低点56.7分；销售利润率表现出先升后降的态势，1995～2000年从55.3分迅速攀升到81.7分，此后逐年下滑，这与美国2001年衰退后高技术产业销售利润率迅速提高的态势也很不一致。对比三个效率指标可知，劳动生产率具有增长潜力，而增加值率随着产业的国际、国内分工的进一步细化，呈现下滑趋势；利润率也是一个易于波动难以大幅提升的指标。美国高技术产业由于垄断了众多创新技术，可以获取垄断租金，利润率偏高。

表 6-12　　　　　　1995~2006 年中国高技术产业竞争绩效评价得分

指标＼年份	1995	1996	1997	1998	1999	2000	2001	2002	2003	2004	2005	2006
增加值得分	4.0	5.1	6.1	6.8	9.0	10.9	13.1	17.0	25.7	37.9	46.5	59.1
出口额得分	6.2	7.7	9.8	12.2	16.0	23.2	29.0	41.4	66.2	87.9	109.2	145.4
版税与特许费收入得分	0.0	0.0	0.1	0.1	0.1	0.1	0.2	0.2	0.2	0.4	0.3	0.4
规模绩效得分	3.4	4.3	5.3	6.4	8.4	11.4	14.1	19.5	30.7	42.1	52.0	68.3
劳动生产率得分	1.7	1.9	2.6	3.5	4.4	5.8	6.6	7.5	8.8	9.4	11.2	13.0
增加值率得分	65.5	64.3	64.0	62.3	63.7	65.8	62.7	62.0	60.8	56.7	58.7	59.4
销售利润率得分	55.3	56.0	67.0	57.5	67.3	81.7	69.7	61.7	57.9	54.4	51.1	52.0
效率绩效得分	40.8	40.8	44.5	41.1	45.1	51.1	46.3	43.7	42.5	40.2	40.3	41.5
绩效综合得分	11.8	13.2	15.4	16.2	19.4	24.2	25.5	29.2	36.1	41.1	45.8	53.2

资料来源：作者根据相关数据计算得到（2008）。

在规模指标的下级指标中，三个指标均保持持续增长，版税与特许费收入尽管规模极小，但逐年增长 15.7%；增加值由 1995 年仅相当于美国的 4%，提升到 2006 年为美国的 59.1%，年均增长 27.8%；出口额是所有指标中增幅最大的指标，1995 年仅相当于美国 2005 年出口额水平的 6.2%，到 2006 年已经为美国的 1.45 倍，年均增速为 33.3%，其中 1995~2000 年年均增长 30.3%，2000~2006 年年均增长 35.7%，表明近年来出口在加速增长。

对 6 个三级指标得分数据的统计分析表明，1995~2006 年各年数据的离散系数，以 2003 年为分界点前降后微升，1995 年、2003 年和 2006 年分别为 1.235、0.717 和 0.847。总体上，离散系数与综合绩效呈反方向演变趋势。与离散系数类似，各年数据的偏斜度也是以 2003 年为分界点前降后升，不同的是 2003 年后增幅较大。1995 年、2003 年和 2006 年分别为 0.728、-0.197 和 0.839，2006 年达到了历史的最高点，原因主要在于 2006 年出口额得分出现了 145.4 分的峰值。从偏向来看，除 2003 年外均为正偏，且自 1995~2001 年正偏的指标均为增加值率得分和销售利润率得分。出口额和增加值分别自 2002 年和 2005 年加入正偏行列。负偏指标为版税与特许费收入、劳动生产率和销售利润率，前二者为一贯的负偏指标，后者在 2006 年转负。

对以上研究总结如下：1995～2006年中国高技术产业竞争绩效提升主要来源于规模扩张，其中出口扮演了重要角色。效率指标基本上没有对综合绩效做出贡献，不过其中的劳动生产率指标实现了逐年较快增长。统计分析表明，中国高技术产业竞争绩效三级指标得分的离散程度、偏斜程度均呈现先降后升的趋势，偏斜程度升幅较大；规模对效率的边际替代率逐年降低，从2004年开始，效率绩效得分的边际增量对绩效综合得分的贡献变得更大。

四、国际竞争动力评价

（一）标杆选择、数据来源

1. 评价对象和标杆的确立

评价对象为中国、美国、日本、德国、法国、英国、意大利、加拿大和韩国共9个国家2005年高技术产业动力因素。

由于所评价的9国中没有一个国家在所有动力因素指标上达到最优，若挑选某一国作为标杆，对于其非最优的指标，那些在该指标更优的国家的评价值将超过100甚至更高。因此，本研究采取四级指标逐项确立最大值作为标杆阈值的方法。

2. 数据来源

指标数据主要来源于OECD结构数据库、OECD主要科技指标（Main Science and Technology Indicators）、世界银行《世界发展指标》、世界经济论坛（WEF）的《全球竞争力报告》、美国乔治亚理工大学技术政策评估中心（TPAC）高技术指标（High Tech Indicators）、《国际统计年鉴》、联合国教科文组织（UNESCO）的全球教育摘要（GLOBAL EDUCATION DIGEST）、世界知识产权组织（WIPO）的在线数据库Patent Grants by Patent Office（1883～2006年）by Resident and Non-resident、国际劳工组织的《国际劳动统计年鉴》、《中国劳动统计年鉴》、《中国高技术产业统计年鉴》和《中国科技统计年鉴》等。

对于个别国家的缺损数据，采用基于标杆国家美国的相关指标进行推算的方法补齐，具体涉及日本、英国和加拿大的高技术产业年固定资本形成额和加拿大的理工类大学毕业生数。另外，部分数据源是动态的，会出现数据调整的情况。

（二）国际竞争动力分类评价

1. 产业要素国际竞争力评价

评价结果表明，中国高技术产业的产业要素竞争力综合得分57.104，相当于美国竞争力 71.5% 的水平，在 9 国中排名第 3 位，具有较强的国际竞争力。日本和英国分别排在中国前后，产业要素竞争力也处强势地位。德国、韩国、加拿大和法国产业要素竞争力得分均处于 40~43 分之间，较为接近。意大利是所有国家中产业要素竞争力最弱的国家，得分仅为美国的 38.7%，中国的 54.3%。

具体来说，人力资源竞争力中国得分为 77.909，名列第 1 位，优势明显，比处于第 2 位的美国高出 21%；优势来源主要是数量规模，在相对量和质量方面处于劣势。资本要素竞争力中国综合得分为 56.648，达到标杆 67.9% 的水平，名列第 3 位，仅次于美国和日本，表明中国高技术产业资本要素投入在规模上具有明显优势，但资本—劳动要素密集度仍然低下。中国技术要素综合得分为 36.755，仅为最优标杆美国的 40.1%，名列倒数第 1 位。美国和日本处于绝对优势地位，表明美国和日本高技术产业是明显的技术创新驱动型。

2. 国内市场需求国际竞争力评价

中国高技术产业的国内市场需求竞争力综合得分为 45.420，相当于最优标杆美国竞争力为 46.2% 的水平，在 9 国中排名第 8 位，总体上与韩国、加拿大和意大利处于同一个水平。

影响高技术产业国际竞争绩效的国内市场需求的性质主要表现为：需求的水平、需求的成熟性、需求的挑剔性和前瞻性等方面。中国国内市场需求性质总体得分为 43.913，列倒数第 1 位，仅相当于标杆美国的 45.4% 的水平。下面的三个四级指标，人均国民收入、城市人口比重和买方的成熟性均列第 9 位。表明中国的国内需求处在较低层次的发展阶段，这使得潜在规模庞大的国内需求对中国高技术产业国际竞争力的提升没有起到应有的作用。

3. 竞争结构与企业策略国际竞争力评价

竞争结构与企业策略国际竞争力评价指标中国综合得分为 72.175，相当于最优标杆美国的 73.1%，名列第 9 位，表明中国产业竞争结构与企业策略有效性上处于明显的落后地位，对高技术产业国际竞争力的提升不能起到应有的促进作用。名列前 3 位的是美国、德国和日本，优势突出，英国、法国、加拿大和韩国优势依次递减，但幅度不大。

分别从两个三级指标来看，中国在反映竞争结构的竞争强度指标上，得分为 84.127，列第 8 位。虽然排名靠后，不具优势，但差距不是很大。该结果对高技术产业来说也是符合事实的，因为随着市场经济体制的进一步完善，大部分产业呈现在政府规制下的有序竞争态势，市场分隔和地方行政垄断现象大为减少。本土高技术企业间竞争白热化的"价格战"也时有发生，如个人电子计算机行业和医药行业。许多高技术行业集中度较低，没有产生稳定的行业领先者。国内市场竞争强度最大的前 3 位的国家是美国、德国和英国。

我国企业策略总体得分为 60.223，相当于美国 61.8% 的水平，列倒数第 1 位，大幅落后于第 8 位的意大利，表明中国企业在策略有效性上处于落后地位，对高技术产业国际竞争力的提升不能起到应有的促进作用。企业策略的四级指标中，竞争优势的性质反映的是一国企业竞争战略的优势导向，是寻求低成本优势还是差异化优势。长期以来中国高技术企业选择了低成本优势导向的战略，并取得了一定成就，但该战略已制约了中国高技术产业国际竞争力的进一步提升。日本在该指标上的优势最强。长期以来，日本企业通过不断创新，以独特性产品、工艺和技术获取竞争优势成为竞争的主导战略。德国和美国紧随日本。中国得分最低，仅相当于日本的 1/2，战略劣势严重，急需实施战略转型。

4. 产业网络体系国际竞争力评价

中国产业网络体系竞争力综合得分为 68.403，仅相当于最优水平日本的 69.3%，名列第 9 位，比第 8 位的加拿大低 12.4 分。这表明中国产业网络体系竞争力水平低下，而且与所比较各国差距较大，不在一个档次。提升产业网络体系竞争力将是摆在政府和企业面前一项长期而艰巨的任务。与竞争结构和企业策略竞争力分布类似，产业网络体系竞争力最强的依然是美国、日本和德国，不同的是美国的相对地位滑落至第 3 位。其他国家则密集地分布在 80～90 之间，优势幅度相差不大。

我国价值链分工协作程度三级指标得分为 63.159，相当于最优标杆的 63.2%，列第 9 位，低于第 8 位的加拿大 12.0 分，处于严重劣势地位。组成价值链分工协作程度的两个四级指标为价值链的存在和国际分销网络。价值链的存在得分仅为 58.462，除加拿大与之接近外，其他国家均大幅领先于中国，如韩国虽名列第 7 位，却超出中国近 28 分之多。评价得分表明，大部分国家都高度重视价值链的完整性，日本、德国、美国、法国、英国和意大利得分均在 95 分以上。国际分销网络指标得分与价值的存在得分具有高度的一致性，日本、德国、法国和美国列前四强，中国依然排名第九位，不过得分与最优标杆的差距缩小了近 10 分。表明在价值链的环节分工协作中，营销（包括品牌和渠道）环节也是中国高技术产业国际竞争中必须给予特别重视的方面。价值链的不完整以及缺乏高端掌控已经成为中国高技术产业竞争力提升的瓶颈。

产品内工序分工协作程度三级指标，中国得分为 70.175，相当于最优标杆 70.2% 的水平，列第 9 位，低于第 8 位的意大利 10.7 分，劣势明显。产品内工序分工协作程度反映一国产品内供应链的有效性，下面的四级指标包括本土供应商的数量和本土供应商的质量。中国这两个指标均列第 9 位，其中本土供应商的质量差距更大，仅相当于最优标杆日本和德国的 63.1%。除中国和加拿大外，所有国家的本土供应商的质量和本土供应商的数量得分是一致的。这表明中国不仅要增加高技术产业本土供应商的数量，更应提高本土供应商的质量。应注重新产品和生产流程的开发，增强顾客导向意识。

5. 基础设施国际竞争力评价

中国基础设施综合得分为 53.695，相当于标杆美国 68.4% 的水平，略优于意大利，列第 8 位。日本基础设施综合得分排名第 7 位，几乎无优势可言，与前四类因素的强优势地位形成了巨大反差。

信息设施，中国得分为 20.399，相当于标杆美国和倒数第 2 位的意大利 26.1% 和 30.3%。表明其他国家优势水平较为接近，而中国劣势严重。信息设施下面的四个四级指标，每千人固定电话干线数、每千人移动电话用户、每千人个人电脑数、每千人中的宽带用户等，中国均列倒数第 1 位。这表明，中国应该加快信息化建设，为产业国际竞争提供有利的公共基础条件。

根据理工类大学毕业生数以及数学和科学的教学质量两个指标衡量和综合的教育设施，中国得分为 85.000，名列第 1 位，高出列第 2 位、第 3 位的法国和美国 27.855 分和 30.189 分，优势明显，但优势主要来自理工类大学毕业生数这一规模指标。数学和科学的教学质量指标中国仅得 70 分，列第 8 位，略优于意大利。要营造中国高技术产业国际竞争的教育优势和人才优势，必须大力提高数学和科学的教学质量。

以科学研究机构的质量和大学和产业的合作研发两个指标衡量的科研设施，中国得分为 63.898，名列第 8 位，处于严重劣势。美国遥遥领先，除意大利外的其他六国科研设施也颇具优势，得分集中在 81～90 之间。总体上，各国科学研究机构的质量和大学和产业的合作研发两个指标名次趋于一致。中国大学和产业的合作研发以及科学研究机构的质量均列第 8 位，从得分上看，前者要优于后者。表明提高科学研究机构的质量和促进产学研合作应该并重。日本和韩国在两指标的得分和排名上，形成了鲜明对比，前者科研质量较强，而产学研合作稍差；后者产学研合作较好，而科研质量稍差。

以风险投资占 GDP 比重和国家或地区的信用等级构成的融资信用保障体系的评价结果表明，中国融资保障体系竞争力较弱，综合得分为 45.485，列第 9 位。其中，风险投资占 GDP 比重指标虽然得分较低，但名列第 6 位，说明我国风险投资已有了较大发展。根据机构投资者（公司）对世界各国国家和地区的信用评级，中国仅得 71.197 分，九国中列倒数第 1 位。除韩国外，其他国家得分均在 90 以上。

6. 政府政策国际竞争力评价

以六个四级指标表征的政府政策涵盖了研发资助政策、知识产权政策、产业标准政策、竞争/反垄断政策、税收政策和政府采购政策等。中国综合得分为

58.422，仅为美国的60%。显然，政府政策对于促进中国高技术产业竞争力的持续提升尚有很大改进空间和发挥潜力。

从四级指标来看，中国在政府R&D经费投入占GDP比重、知识产权保护强度、需求管制标准的存在和反托拉斯政策的有效性四个指标上均名列榜尾。其中，政府R&D经费投入占GDP比重得分仅为42.683，不到标杆国家的一半，比列第8位的意大利低34.3分，处于严重的不利地位。我国必须逐步加强该项政策，增大政府对R&D资助的力度。同为东方国家的日本和韩国这四个指标得分虽优于中国，但有多项明显低于法国、美国和德国等优势国家。另外具有政策优势的国家，各政策的优势也不均衡，例如，政府R&D经费投入占GDP比重最高的是法国，知识产权保护强度最大的是美国，德国在需求管制标准的存在和反托拉斯政策两项上最优。

在税收政策和先进技术产品的政府采购政策方面，中国明显好于前四个四级指标。其中，先进产品的政府采购政策得分为93.878，列第5位，已经具有一定的竞争优势。表明中国政府采购中并不是仅仅基于价格，而是综合考量了价格、创新和技术性能等方面因素，这有助于促进中国高技术企业加强研发和技术引进。税收政策方面，虽然中国排名较前四个指标有所上升，但得分较低，仅为45.842，表明我国企业税负水平较高[①]，不利于企业竞争力的提升。

（三）国际竞争动力综合评价及分析

表6-13反映了高技术产业国际竞争动力的综合评价结果。中国综合动力评价得分59.396分，排在所有国家的第8位。

图6-16可以直观反映各国大类动力因素优势分布情况。左图是中国与美国、日本、德国和英国等优势突出国家的比较。可以看出，美国的动力因素优势突出且比较均衡，日本、德国和英国与美国相比劣势主要在产业要素和国内市场需求上，其他四类动力因素比较接近。中国在产业要素上与日本比较接近，要优于英国和德国，具有一定的优势，但其他因素劣势明显。右图是中国与法国、韩国、加拿大和意大利等相对劣势的国家比较。中国在产业要素上优势明显，国内市场需求与其他四国比较接近，其他四类因素仍然处于劣势。表明与这些高技术产业竞争对手相比，中国必须大力提升这四类动力因素的国际竞争力。

[①] 转引自《世界发展指标》的企业税负数据来源于普华永道国际会计公司。该公司在统计税收综合负担时，把凡是法律规定雇主必须负担的向社保基金及政府支付金额，都作为"员工税"计算在内。为了与世界其他国家的统计口径保持一致，中国雇主负担的各种社会保险以及住房公积金也都作为"员工税"计入了总税负。因此，该数据可能高估了中国企业的实际税负。

表 6-13　　　　　　　高技术产业国际竞争动力综合评价

国家	产业要素 综合得分	排名	国内市场需求 综合得分	排名	竞争结构与企业策略 综合得分	排名	产业网络 综合得分	排名
加拿大	40.881	8	47.433	7	85.934	6	80.806	8
中国	57.104	3	45.420	8	72.175	9	68.403	9
法国	42.567	7	53.125	4	88.978	5	89.817	4
德国	43.645	5	52.945	5	95.861	2	98.436	2
意大利	30.9	9	44.296	9	79.067	8	81.293	7
日本	59.113	2	68.958	2	94.567	3	98.698	1
韩国	43.631	6	47.933	6	85.166	7	83.051	6
英国	49.78	4	53.149	3	93.962	4	88.677	5
美国	79.827	1	98.346	1	98.698	1	95.93	3

国家	基础设施 综合得分	排名	政府政策 综合得分	排名	高技术产业国际竞争动力 综合得分	排名
加拿大	66.583	5	82.765	4	63.614	6
中国	63.188	7	58.422	9	59.396	8
法国	67.648	4	87.775	2	67.636	5
德国	68.556	2	86.057	3	69.870	3
意大利	49.172	9	64.406	8	54.604	9
日本	64.066	6	81.845	5	75.199	2
韩国	61.126	8	80.42	6	63.273	7
英国	67.978	3	79.812	7	68.787	4
美国	80.612	1	97.414	1	90.998	1

资料来源：作者根据原始数据计算得到（2008）。

第三节　自主创新与国际竞争力的关系

本节将对自主创新与国际竞争力之间的关系进行实证分析。我们将主要根据《中国统计年鉴》和《中国科技统计年鉴》所提供的数据，从自主创新和技术引进这两个密切相关而又经常对立的概念入手，研究自主创新对国际竞争力的影响及其作用条件。

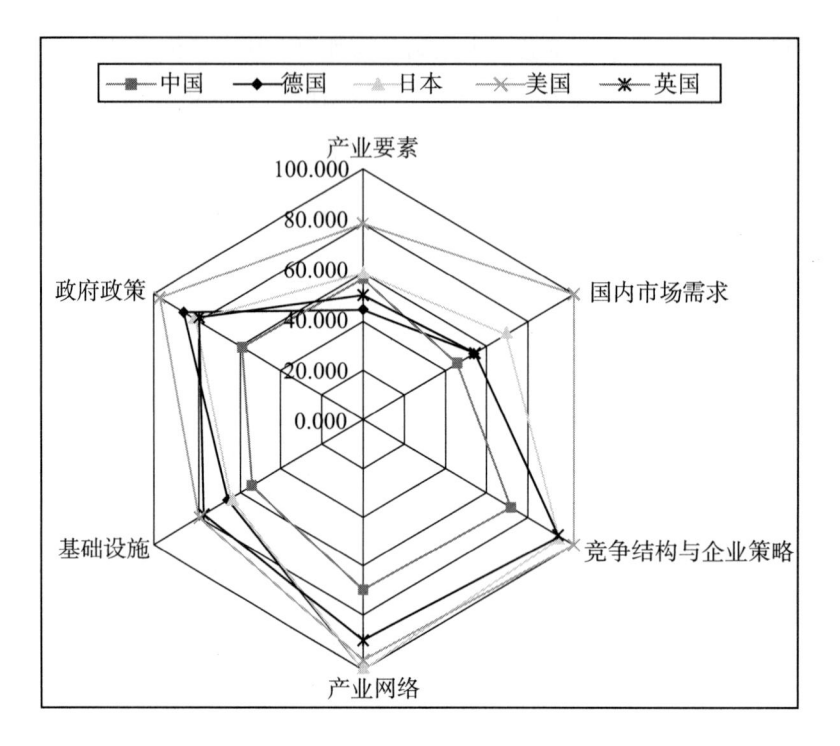

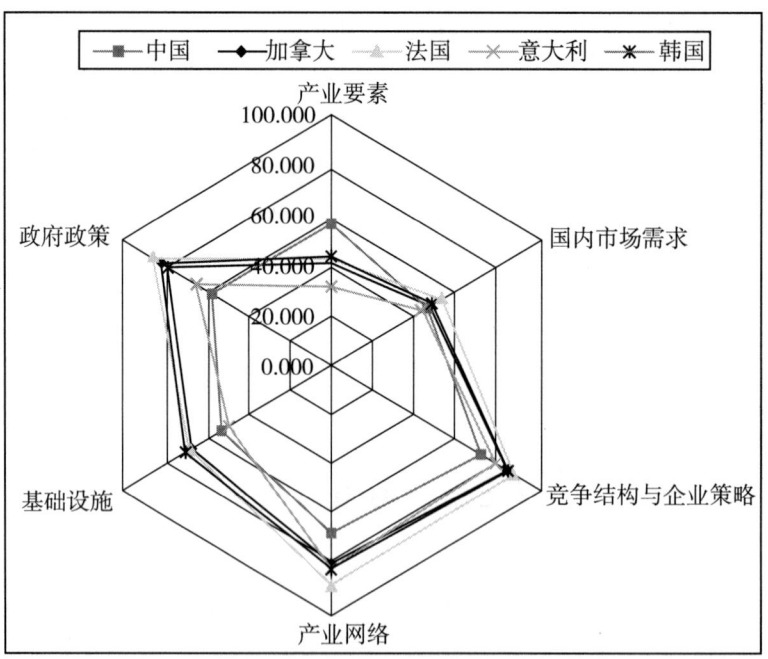

图 6-16 各国大类动力因素优势分布

资料来源：作者根据原始数据计算绘制（2008）。

一、研究问题的背景

根据熊彼特（1999）、波特（2002）等学者的理论，创新是一个国家及其产业和企业获得国际竞争力的决定性因素的观点人们并无争议。由于这些理论主要是针对发达国家的经济发展阶段和产业及企业竞争性质而言的，因此，发达国家的创新能力和技术水平则决定了这些国家及其产业和企业的创新活动必然是"自主"的。

最近二三十年，发达国家的产业和企业通过战略联盟、开放式创新等形式在创新上的合作已蔚然成风，但根据基于资源、尤其是根据基于知识的观点，这种合作的目的仍然在于提高或强化自身的自主创新能力。因为，只有自主创新能力、尤其是具有动态能力特点的自主创新能力才是产业和企业获得竞争优势或国际竞争力的根本（Teece et al.，1997；Lee and Kelley，2008）。

可是，对处于赶超阶段的国家的产业和企业而言，自主创新战略的确定却经历了一个较为漫长和痛苦的过程，在很大程度上并非是这些产业或企业一个主动的选择，因为，第一，根据比较优势原理，我国企业大多选择了低技能、低技术含量、劳动力密集的产业，这些产业处于"微笑曲线"的低端（Zeng and Williamson，2007）；第二，我国产业和企业本身自主创新的能力还较低；第三，作为后进者，我国产业和企业可通过建立合资公司、技术引进、模仿创新等方式快速获得先进技术（金仁秀，2000）。随着经济的全球化，这样的机会大量增加。尽管因无法获得核心或关键技术而使这种观点颇受争议（路风，封凯栋，2005），但这种获得技术的方式无疑会对我国自主创新战略选择产生重要影响，事实也的确如此。

如果说在改革开放初期面对我国庞大的、尚待开发的市场，我国产业和企业尚能通过技术引进或合资公司获得利润和生存的话，那么，随着国内市场竞争加剧以及外资企业的进入，尤其是在加入WTO后国内外市场的充分开放，当我国产业和企业在国际市场复制国内市场的竞争模型快速失效后，自主创新战略就成为一个必然的、同时也是自然的选择（熊彼特，1999；波特，2002），尽管面临极大的痛苦和困难。事实上，自主创新战略的紧迫性和重要性就是在我国产业和企业国际竞争力严重不足的背景下凸显出来的。就我国产业所面临的国际竞争现状而言，自主创新战略的提出在很大程度上恰恰就是因为我国产业的国际竞争力不强，尤其是缺乏具有绝对竞争优势的产业这一严酷现实所推动的（陈劲、柳卸林，2008）。

二、理论框架与假设

鉴于以上的背景分析，本章将通过实证研究的方法从以下几个方面揭示自主创新与国际竞争力的关系（见图6-17）。

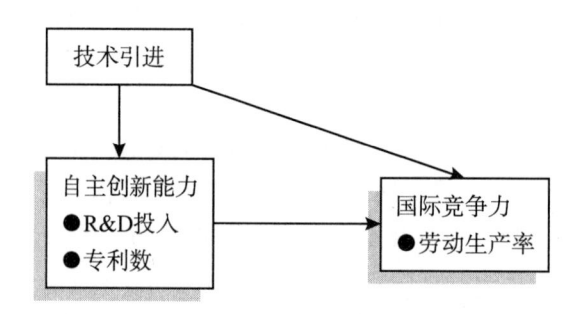

图6-17 自主创新与国际竞争力的关系

首先，我们重点关注自主创新与国际竞争力的关系，根据本书基于案例和文献的分析以及第三章中自主创新与国际竞争力的关系模型（图3-3），我们提出以下假设：

假设1. 自主创新与国际竞争力之间存在正相关关系。

在有大量现成的技术和产品可供引进和模仿的情况下，后发国家就存在一个是通过自主创新还是通过技术引进、模仿、合资等方式获得这些技术的问题，由此产生的战略困境是后发国家经济发展模式转变时期和产业竞争模式发生转变时期的一个基本特点（Hobday et al., 2004）。在日韩国际竞争力提升的过程中，技术引进是很重要的推动因素。我国通过技术引进也实现了很多产业的高速发展，有些产业甚至具备了参与国际竞争的实力。从对最近进行的问卷调查（参见第八章）也发现，企业不创新的重要原因之一是"存在现成的技术"（包括引进技术），由此可以推论：技术引进对自主创新有一定的替代关系。由此提出以下假设：

假设2. 技术引进与国际竞争力之间存在正相关关系。

如果把技术引进看成是一种提升自主创新能力的手段，那么，技术引进在与自主创新与国际竞争力的关系上就要正面了。因为，在这种情况下，在以开发新产品、创造新知识并将其商业化的作用在外，自主创新的另外一面的作用，即通过自主创新获得学习能力（Cohen and Levinthal, 1990；金仁秀，2000）。只有在具有了相应的学习能力后，产业或企业才可能完成对技术引进的消化、吸收，进而提高自主创新能力也会提高。当然，说到底，进行自主创新的最终目的是减少对技术引进的依赖，而不是相反。尽管我们强调自主创新在获得国际竞争力上的重要作用，但自主创新战略与技术引进是替代还是互补的关系？显然，对这个问题的研究将能够使我们更全面地认识自主创新能力形成的机制及其与国际竞争力的关系。

包括 Özçelik & Taymaz（2004）、Guo（2008）在内的许多学者都已发现，技术引进与自主创新能力之间是一种互补而非替代的关系，我们将主要从国际竞争力的角度来验证类似的假设：

假设 3. 自主创新与技术引进对于国际竞争力的影响是一种互补的关系。

根据假设 3，如果我国产业和企业的自主创新能力越强，那么，技术引进对国际竞争力的贡献就越大；技术引进的力度越大，则越应强化自身的自主创新能力，因为，通过自主创新获得更强的学习能力是消化吸收所引进技术的前提（Cohen and Levinthal，1990）。

三、研究设计

（一）数据来源及行业选择

《中国统计年鉴》提供了规模以上国有及非国有工业企业、全国大中型工业企业分行业的工业增加值（2004 年除外）、主营业务或销售收入等数据，但只提供了部分年份与创新有关的大中型工业企业数据，如 R&D 投资、技术引进费用等数据。《中国科技统计年鉴》提供了与创新有关的更全面的分行业数据。因此，本研究结合这两种年鉴的数据可得性，选取大中型企业为研究对象。选择大中型企业的另一个理由是它在我国国民经济的工业增加值、利润总额、研发投入等方面占有一半以上份额，因此，这种选择对研究我国产业的国际竞争力有一定代表性。选择制造业还有一个重要的理由，即相对中国的整个产业而言，制造业的贸易竞争指数和相对比较优势指数与劳动生产率和人均 GDP 均高度相关且显著（见表 6-14）。

表 6-14　　　TCI、RCA 与人均 GDP 指数和劳动生产率的相关性

产业整体的 TCI	0.200	0.252
制造业的 TCI	0.695*	0.733*
初级产品的 TCI	-0.951**	-0.938**
制造业的 RCA	0.986**	0.989**

注：*表示在 0.05 水平下显著，**表示在 0.01 水平下显著（双截尾）。

资料来源：除制造业 RCA 数据来自 WTO 的 International Trade Statistics 外，其余数据均来自《中国统计年鉴》。

在行业选择上，我们根据王红领等（2006）、Guo（2008）的标准，在总共39个产业中排除了11个垄断或非竞争行业后选择了28个产业，并根据上述年鉴构造一个时间年份为2003年、2005年、2006年和2007年共4年的面板数据。

（二）变量选取与度量

1. 基于相关性分析的国际竞争力指标选取

根据波特（2002）的观点，国际竞争力的实质是："国内功夫"是核心，适应国际市场是前提。而随着世界经济的全球化，国内市场在很大程度上也"国际化"了。因此，根据樊纲（1998）、波特（2002）等学者的观点，无论要满足国际市场上什么样的需求，最终都必须以最有效率的方式将它们设计、生产出来、以令其满意的方式和速度送到消费者手上并能提供良好的售后服务等。

波特（2002）认为，国际竞争力最终应体现在本国人民的生活水平和生活标准上，而衡量这一水平和标准的最重要的指标就是人均GDP。考虑到分析数据的可得性，本项目仅考察1998~2007年共10年贸易竞争指数（分整体、制造业与初级产品）和制造业的显示性比较优势指数与规模以上工业企业劳动生产率和人均GDP的相关性。为了剔除通货膨胀的影响，本项目用以1978年为基期编制的人均GDP指数替代人均GDP指标，计算结果如表6-14所示。

由表6-14可知，产业整体的贸易竞争指数（TCI）与人均GDP指数的相关性很低且不显著，而初级产品的贸易竞争指数与人均GDP指数几乎完全负相关显著。这既表明，在初级产品上极差的国际竞争力、即对进口的高度依赖有很大的可能会损害我国的经济增长，同时也表明，用产业整体的TCI来衡量我国产业整体的国际竞争力是不合适的。在扣除初级产品的因素后，整个制造业与人均GDP指数的相关系数较高，达到了0.695，而且是显著的。而利用WTO的国际贸易统计数据计算的我国制造业的贸易竞争指数与我国人均GDP指数的相关系数则更高，达到了0.855的水平且显著。如果再从全员劳动生产率的角度来看也有类似的结果。这说明，无论是从人均GDP、还是从劳动生产率的角度来看，用TCI来衡量制造业的国际竞争力是有道理的。从表6-14还可以看到，在数据可得的情况下，相较于贸易竞争指数，用显示性比较优势指数来衡量制造业的国际竞争力要好得多。

贸易竞争指数和显示性比较优势指数是学术界较为通行国际竞争力的度量指标（张小蒂、孙景蔚，2006；金碚，2007），但由于数据的可得性，根据表6-14所揭示的关系，我们采用以产业增加值为计算基础的全员劳动生产率最为衡量国际竞争力的指标。

2. 自变量的选择

（1）反映自主创新的变量。在国内外学者广泛使用的自主创新测量指标中，企业、产业或国家层次的研究与开发投入（R&D）绝对值是衡量企业、产业和国家自主创新能力的重要指标。此外，另一个常用指标就是 R&D 投入的相对值，如国家层次的 R&D 占 GDP 的比重是衡量一国创新能力的重要指标。在企业或产业层次，人们常常用 R&D 强度、即 R&D 投入占销售收入的比重来衡量企业或产业的创新能力。此外，各类专利、科技人员的数量以及新产品的产值等也常用来作为自主创新能力的指标。

我们主要用研发投入绝对值的自然对数和产业拥有的发明专利数来衡量产业的自主创新能力。

（2）反映外部技术引进的变量。自主创新往往是与从外部获得技术、尤其是与技术引进相对的一个概念。在开放创新的时代，完全的自主创新并不存在，因此，如何获得外部知识和技术、并将这些知识和技术"内部化"而为己用的重要性并不低于自主创新本身。《中国科技统计年鉴》提供了中国大中型工业企业分行业的技术引进费用，因此，我们选取技术引进费用的自然对数反映企业从外部获得的技术。

（3）交叉变量。交叉变量旨在揭示变量之间的相互作用关系，通常以两个或更多变量相乘的方式来表示，本书也采用了此种方法。引入交叉变量的目的在于揭示自主创新与技术引进是替代还是互补的关系。

（三）研究方法

我们基于所选择的 28 个制造业产业在 2003 年、2005 ~ 2007 年 4 年的面板数据进行回归分析。以劳动生产率度量的国际竞争力为因变量，而采用不同的自变量组合本节构建了五个回归模型，所有的模型均采用线性形式。面板数据回归模型的基本形式主要有固定效应和随机效应两种，本节的五个回归模型都通过豪斯曼检验对应选取了两种模型形式中的一种。检验结果和模型基本形式也呈现在回归结果中（见表 6 - 15）。

四、研究结果

本节我们以全员劳动生产率为因变量，以技术引进费用、产业的 R&D 投资及其派生出来的 R&D 强度、外资企业从业人员和销售收入等为自变量，对构造的 2003 年、2005 年、2006 年和 2007 年共 4 年 112 个数据的面板数据，利用 Stata9 进行了随机效应和固定效应的回归分析，表 6 - 15 列出了计算结果，这些方程或模型均是根据豪斯曼检验的结果保留下来的,未通过的则没有列出。

表6-15　　　　自主创新、技术引进和国际竞争力回归结果

	劳动生产率的自然对数				
	模型1	模型2	模型3	模型4	模型5
R&D费用的自然对数	0.4521379*** (0.0272113)			0.4490*** (0.0276)	0.3768*** (0.0338)
发明专利拥有数的自然对数		0.2891397*** (0.0328323)			
技术引进费用的自然对数			-0.0784838 (0.0483975)	-0.0174 (0.0240)	-0.0560* (0.0263)
技术引进费用的自然对数×R&D费用的自然对数					0.0015 (0.0018)
Const	10.18707*** (0.0797211)	9.753349*** (0.1986714)	11.59928*** (0.0692272)	10.219*** (0.0915)	10.4416*** (0.109)
R^2	0.4032	0.2421	0.3541	0.3984	0.3745
F统计量	35.40	18.78	6.86	34.13	
豪斯曼统计量	39.80	2.93	24.36	11.17	-12.85
模型类型	固定效应	固定效应	固定效应	固定效应	随机效应

注：(1) 括号内数字为标准差；(2) *、**、***分别表示0.05、0.01和0.001显著性水平下显著。

资料来源：作者根据相关数据计算得到(2008)。

由表6-15的模型1和模型2可知,分别以R&D费用和发明专利数为自变量的回归结果表明自主创新与国际竞争力之间存在正相关的关系,且在0.001的显著性水平下成立；假设得到验证。研究结果的重要意义在于对我国这样的发展中国家而言,由于有技术引进、模仿等创新战略可供选择,自主创新与产业国际竞争力之间的关系就没有发达国家那样明确；而该结论显示了在开放条件下,我国的自主创新对国际竞争力具有较强的促进作用。

由表6-15的模型3可知,技术引进与国际竞争力之间的相关关系不显著。当同时考虑自主创新和技术引进与国际竞争力的关系时我们发现,自主创新能力与国际竞争力之间依然保持了显著的正相关关系,而技术引进与国际竞争力之间的相关关系仍然不显著。关于技术引进和国际竞争力正相关关系的假设并没有得

到验证，可能的原因主要有两点：①技术引进的供给方，主要是跨国公司，并不会提供较先进的技术，因此，我国引进的大部分是在发达国家已经成熟甚至是落后的技术，容易陷入引进—落后—再引进的技术引进陷阱，无法形成较强的产业竞争力。②跨国公司对于引进的技术保持较高的控制，技术引进方利用技术参与市场竞争的过程受到层层束缚，也影响了技术引进对竞争力的推动作用。

为了进一步分析技术引进对自主创新与国际竞争力关系的影响，我们在模型4基础上添加了技术引进费用的自然对数与R&D费用的自然对数的交叉项而得到了模型5。由模型5的计算结果可知，这个交叉项并未影响自主创新与国际竞争力之间的正相关关系。然而，技术引进与国际竞争力之间的交叉项与国际竞争力之间的关系并不显著。也就是说，假设3中关于技术引进和自主创新互补关系的假设未得到验证。

互补关系在统计意义上不显著，即表明在自主创新能力相对稳定时，技术引进对于产业国际竞争力的提升效果不明显。一个可能的解释是：在产业自主创新能力较强的时候，产业中的企业主要依靠自身研发来不断提升自身的创新能力，以此来赢得产业中的竞争优势，对技术引进的依赖度较低。而当产业自主创新能力较弱时，企业更多是依赖技术引进来解决自身无法完成的技术难题，并不能依靠技术引进来获取更有利的竞争优势。总而言之，模型5结果得出的技术引进和自主创新交叉项对国际竞争力影响的不显著作用，也反映了我国技术引进和自主创新的协同效果还存在问题的现实。

第三篇

自主创新战略：
路径与对策

本篇在前两篇理论研究和实证研究的基础上，对我国自主创新战略的路径展开研究。

第七章构建自主创新战略的分析框架和技术路线，提出自主创新战略判断，分析自主创新战略的焦点、历史演进和未来走向。第八章运用案例研究方法，提出自主创新战略路径的相关假设，对自主创新战略路径展开实证检验。第九章运用问卷调查方法，分析自主创新战略的环境和企业创新战略的选择。第十章对自主创新政策的演进、结构和协同性展开分析和讨论。第十一章从国家和产业层、区域层以及企业层提出自主创新的战略要点和政策建议。

第七章

自主创新战略分析

第一节 自主创新战略的分析框架与技术路线

一、自主创新战略分析框架

(一) 框架的结构

基于理论篇和现状篇的研究，本章建立自主创新战略的分析框架，具体如图7-1所示。该分析框架以"自主创新—能力—竞争力"为核心，以企业为主要运作主体。影响"自主创新—能力—竞争力"战略核心的有六大因素，由六个模块组成，分别是：宏观环境——国内环境、国际环境，中观环境——产业和区域，政策环境——政府作用，要素环境和条件——技术、资金、人力资源等要素及其产生和流动。这六大因素不仅共同作用于战略核心，而且它们之间还存在相互的作用。

图 7-1 自主创新战略分析框架

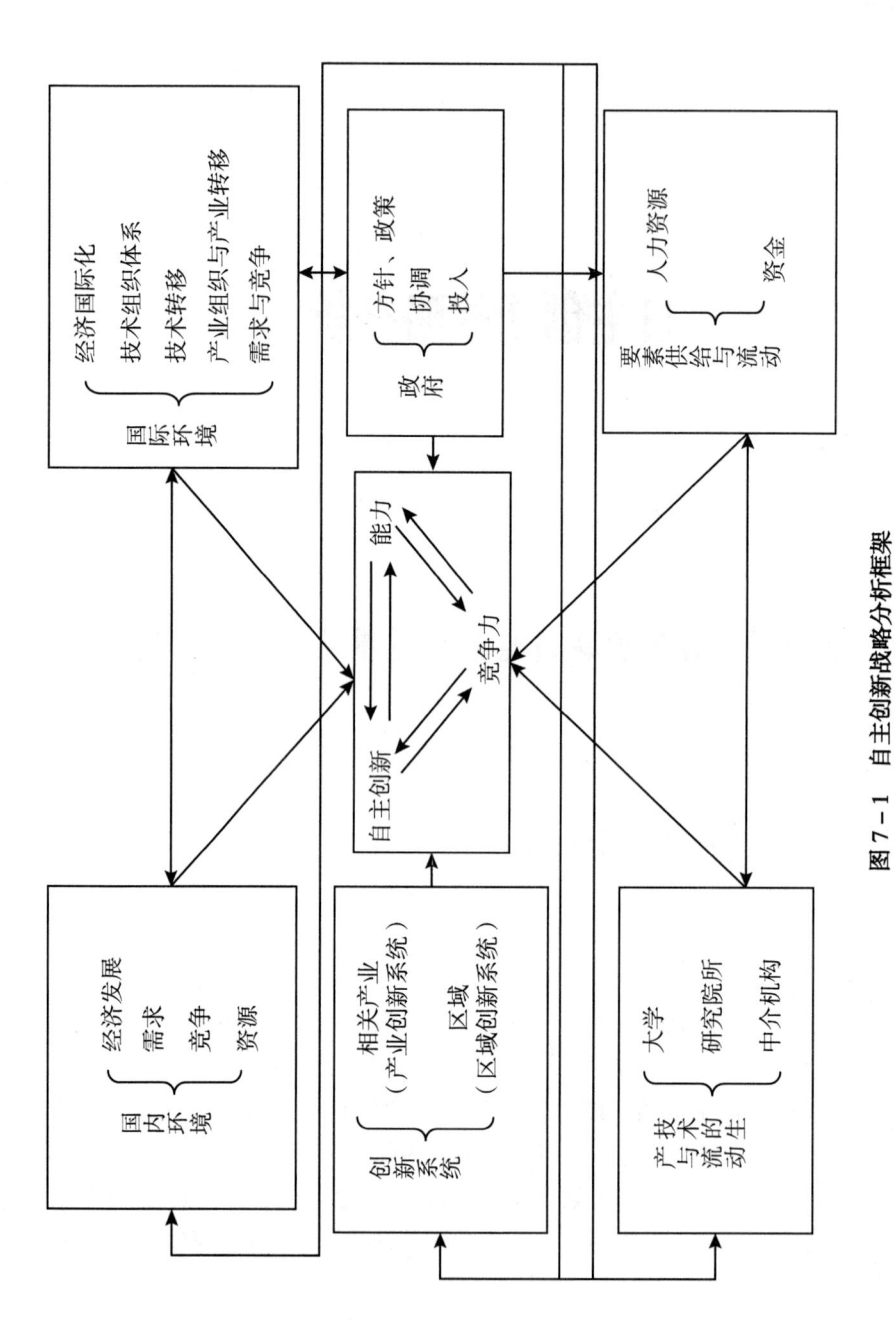

资料来源：作者根据研究自己提出（2007）。

(二) 构成框架的模块

1. 宏观环境

(1) 国内环境。对企业自主创新活动产生重要影响的国内环境要素主要有：经济发展阶段和增长态势；需求增长及需求特性；竞争状况和竞争环境；资源丰裕状况和供给条件。

(2) 国际环境。对企业自主创新活动产生重要影响的国际环境因素主要有：经济国际化程度及其正、负面效应；技术供给组织体系结构及其演变；技术转移政策及转移障碍；产业组织与产业转移态势；需求状况及国际贸易障碍；竞争态势及对发展中国家的正负面影响等。

2. 中观环境

中观环境包括产业和区域两个方面，体现为产业创新系统和区域创新系统。产业创新系统既包括产业内系统，也包括相关产业间的关联系统。区域创新系统涉及区域内各相关产业和相关行为主体。

3. 政策环境

政策环境主要由政府行为决定，主要体现在三个方面：与自主创新有关的方针政策的制定和执行，对自主创新活动的协调和组织管理，以及对自主创新活动的投入。

4. 要素条件

技术、资金、人才是创新最重要的要素条件，要素的产生、供给和流动都会影响创新。

(1) 技术的生产与流动。技术的生产与流动涉及大学、研究院所和中介机构三类重要组织。其中，大学和研究院所是技术生产的重要来源，中介机构则在技术流动中扮演重要角色。

(2) 要素供给与流动。人力资源和资金两个关键要素的供给与流动直接影响企业的自主创新的进程和绩效。

(三) 各模块之间的关系

1. "自主创新—能力—竞争力"模块

自主创新、能力和竞争力三个因素之间存在相互作用的关系：自主创新活动会提升企业创新能力，能力则对创新起支持或制约作用；自主创新能提高竞争力，竞争力的提升又会促进创新活动；能力决定竞争力，而竞争力的改善反过来也会对企业能力产生影响。"自主创新—能力—竞争力"模块与因素模块间的关系是：各因素共同作用于自主创新—能力—竞争力。

2. 各因素模块间的关系

国内环境和国际环境会互相影响；政府会对国内、国际环境产生影响；政府还对技术的生产与流动、要素供给与流动、产业和区域创新系统发挥作用；创新系统与技术的生产和流动之间存在相互影响的关系；技术的生产与流动和要素的供给与流动存在交互影响，它们之间是一种互动关系。

二、技术路线

自主创新战略研究的基本路线是：以我国实践为基础，从历史经验中寻找战略思路，对未来战略走向加以展望。如图 7-2 所示。

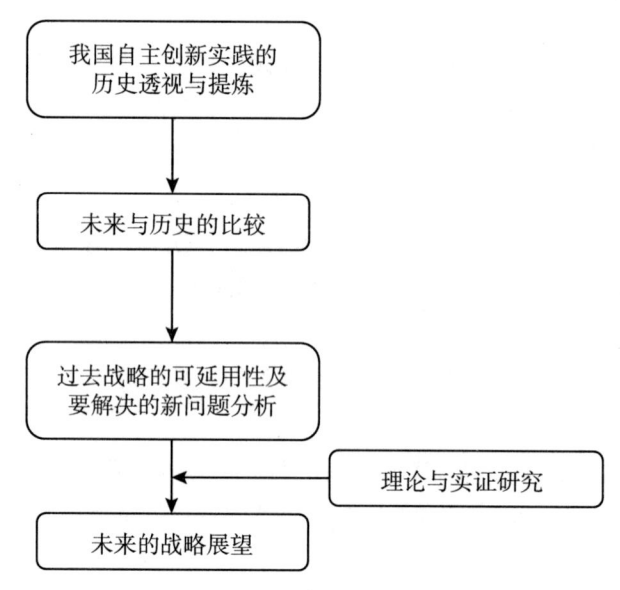

图 7-2　自主创新战略研究技术路线

三、研究方法

由于自主创新活动的复杂性，对中国自主创新的实践要从多视角、多维度进行历史透视。本研究通过多种渠道获取资料（调查问卷、公开统计数据、案例调研），运用统计分析法对我国产业国际竞争力、企业自主创新现状、区域科技发展及创新现状进行定量分析，运用案例分析法对提出的自主创新战略判断和战略举措的假设和命题进行检验。

（一）统计分析法

1. 产业国际竞争力分析：基于统计数据

本研究构建了产业国际竞争力的分析框架，运用产业年鉴统计数据，分析自主创新与国际竞争力的关系，揭示我国产业国际竞争力的动力因素、影响竞争力的直接因素及与自主创新的关联（参见本书第六章相关内容）。

2. 企业自主创新现状及影响因素：基于问卷调查资料

运用 2008 年项目组与国家统计局合作的调查问卷数据（42 个城市的 1401 家企业样本），对我国制造企业自主创新的现状、战略及影响因素进行分析（参见本书第五章）。

3. 区域科技发展及创新分析：基于统计数据

运用经济和科技统计数据，对区域科技发展和创新状况进行分析（参见本书第四章）。

（二）案例分析法

本研究运用"提出命题—案例验证"的方法，对改革开放以来我国自主创新的战略路径和战略选择进行案例检验和分析。案例由产业案例和企业案例组成，产业案例来源于汽车、装备制造、通信设备、家电等 4 个主要产业和其他 5 个辅助产业，企业案例来源于 14 个样本企业。

第二节 自主创新战略的判断

基于理论研究和实证研究，本节针对上节自主创新战略的分析框架的各组成模块做出基本判断。这些模块包括：国内环境、国际环境、创新系统、技术生产与流动、要素供给与流动、政府作用、自主创新—能力—竞争力关系等。

一、国内环境

1. 国内环境基本特征："与狼共舞"

我国自 1978 年起将"改革开放"确定为我国的基本国策；1992 年，邓小平南巡讲话以后，我国加大了改革开放的力度；2001 年，我国加入世界贸易组织

（WTO），开放的力度进一步加大。因此，中国的自主创新在过去 30 年中一直是在不断扩大开放的环境下进行的。

开放对中国的自主创新带来了正、负两方面的影响。一方面，开放使中国的产业和企业失去了国家保护条件，国内企业不得不直面国外跨国企业竞争，形成"与狼共舞"的局面；另一方面，开放也使中国企业取得了获取外部资源的新的条件。

2. 开放条件给自主创新带来的最重要的影响：本土企业面临壁垒

在国家保护条件下，利用国家权力"屏蔽"跨国企业对本土自主创新的压力，本土企业遭遇的创新壁垒较低；而在开放条件下，本土企业失去了保护屏障，要与跨国企业在相同条件、甚至跨国企业享受"超国民待遇"的条件下参与竞争，本土企业必须直面自主创新壁垒，包括技术壁垒、资金壁垒、外部资源壁垒、无形资源壁垒和管理壁垒等（详见本书第二章第三节"创新壁垒论"）。

3. 中国巨大而分层次的市场是开放条件下自主创新最重要的资源

中国的市场容量巨大，分多个层次，且具有多元性，这为中国企业自主创新的破壁提供了基础。本研究关注的汽车、彩电、机床和通信设备 4 个行业的总量都已位于世界前列，且都在以超过两位数的速度增长。汽车、彩电、机床和通信设备这 4 个案例行业的市场都是由低端到高端的多层次市场构成，如汽车产业市场按照产品价格分为低端市场（3 万~8 万元）、中低端市场（8 万~12 万元）、中端市场（12 万~20 万元）、中高端市场（20 万~35 万元），不同细分市场的特点不同，对应的技术要求、品牌要求、资金要求各不相同（详见本书第八章第二节"'进得去'的实证研究"）。巨大而分层的市场为中国自主创新提供了需求基础以及多市场轨道的可能性，成本创新、从市场低端切入是中国企业实现自主创新的主导模式。中国汽车产业、通信设备产业、彩电产业和机床产业都是从低端市场进入、以低端产品作为自主创新的突破口，这为"避开"和"降低"壁垒提供了可能性（详见本书第八章第二节"'进得去'的实证研究"）。

中国市场的巨大潜力是企业可以利用的与国外核心技术拥有者（主要是跨国公司）合作谈判最重要的筹码。例如，中国的高速铁路也利用了市场优势，通过联合制造方式，成功引进了时速 200 公里和 300 公里高速列车的关键技术，并要求外方转让全部图纸，明确技术规范和工艺规程，确立技术检验标准。中国三峡工程水轮发电机组就是利用掌控市场的有力武器，成功地让国外投标厂商（VGS 集团和 ALSTOM 集团）向中国制造企业转让了水轮机组的技术，并培训技术人员，中国制造企业进而掌握了核心技术，具备了一定的国际竞争力

（详见本书第十二章"企业案例八：重大装备案例——三峡水轮发电机组与高速铁路"）。

二、国际环境

1. 国际技术供给组织体系已经或正在发生重大变化，为中国多元化地利用外部技术资源提供了有利条件

产业体系的国际分工日益深化，在发达国家主导的全球化大背景下，世界众多行业在技术环节和产品生产环节都出现了模块化的趋势，大量独立的技术供应商开始出现，如IT产业、汽车产业、通信设备产业等。以前内化于企业内部的一体化组织开始"分解"，产业内部出现了新的专业化的技术组织形式。国际技术供给组织体系已经和正在出现变革，这使得后进入者有可能通过对技术链的"拆解—分包"方式而形成新的发展模式，如由外部技术供应商提供技术、由外部零部件商提供关键零部件，这为"降低"生产和技术研发壁垒提供了可能性（详见本书第八章第二节"'进得去'的实证研究"）。

前面提到的2008年对42个城市制造企业进行的问卷调查表明，我国企业自主创新的合作伙伴中，境外的合作伙伴以发达国家的居多，特别是与技术供应商和客户的合作，与来自欧美和日本等发达国家的合作伙伴进行合作创新的企业数量都超过了100家。中国香港、中国台湾、新加坡和韩国等新兴工业化国家和地区也是合作创新伙伴分布的重要区域。

2. 直接从国外引进技术的难度加大，但通过合作研发、兼并的方式获取技术的空间也在增大

研究表明，与20世纪80、90年代相比，从国外企业直接引进技术的情况发生了很大变化。[①] 在80、90年代，从国外企业引进成熟技术阻力很小，外方提供的技术资料十分详尽，不仅可以提供图纸、工艺说明，而且可以提供详尽到源代码的软件。但现在，在很多情况下，外方不再转让技术或要价畸高，因为本土企业已逐渐成为外国企业的竞争对手。

但另一方面，外国企业由于想进入中国市场等原因，因而愿意和本土企业合作，因此，由于产业结构调整等因素导致出售企业的情况也屡见不鲜（参见本书第十二章"产业案例二：机床业案例"）。

---

① 吴贵生等：《技术引进与自主创新：边界划分、过程转换和战略措施》，知识产权出版社2010年版。

三、创新系统

1. 产业间联系弱是中国国家创新体系最突出的缺陷之一，严重制约了我国自主创新

对高技术产业国际竞争力的实证研究表明，我国产业间的关联弱，中国产业网络体系竞争力综合得分为 68.403，仅相当于最优水平日本的 69.3%，在全部比较的 9 国中名列第 9 位，比第 8 位的加拿大低 12.4 分。这一结果表明中国产业网络体系竞争力水平低下，而且与所比较各国差距大，不在同一个档次（详见本书第六章第二节"我国产业的国际竞争力评价：以高技术产业为例"）。本项目关于彩电业的案例研究也得出了类似结论（详见本书第十二章"产业案例四：电视机产业案例"）。

2. 我国科技资源分布极不均衡，各地区创新和产业发展呈现出明显的区域优势或特色

我国的科技集聚区（包括中央科技极、沿海科技带和内地科技圈）聚集了大部分科技资源；在一个省区内，1~2 个中心城市聚集了全省区的大部分科技资源。这种科技资源的分布极不均衡（详见本书第四章第三节"区域层面"的相关内容）。

在全国产业分布上，各省区分别拥有自己的优势产业；在产业发展方式上，区域产业集群发挥了重要作用；在区域产业组织上，中心城市、产业开发区成为区域经济增长极（详见本书第四章第三节"区域层面"的相关内容）。

四、技术的生产与流动

1. 产学研合作不畅是中国国家创新体系又一个突出缺陷

对高技术产业国际竞争力的实证研究表明，我国大学和产业的合作研发得分为 63.898，西方发达国家的得分在 81~90 之间，中国处于严重劣势地位（详见本书第六章第二节"我国产业的国际竞争力评价：以高技术产业为例"）。

本研究的问卷调查结果显示，在过去 3 年里，没有进行合作创新的企业数量为 717 家，占样本企业总数的 51.8%（详见本书第五章第三节"企业创新活动及其特点"）。

2. 产业共性技术供给缺位，威胁到现有产业升级和新兴产业的发展

产业共性技术通常具有基础性、长期性、前瞻性和通用性，我国企业尚无能力、也缺少动力从事这类技术的研究开发。产业技术院所（尤其是"大院大所")应是产业共性技术的研发基地,但在改革开放、大量引进国外先进技术之后,产业院所的这一功能退化了,又由于存在科研与经济"两张皮"的弊端,使得产业院所未能真正发挥作用。院所改革将产业院所企业化,院所的企业经营导向几乎完全摧毁了产业共性技术供给功能。因此,我国现行产业共性技术供给体系处于严重缺位状况。

五、要素供给与流动

资金是制约我国产业和企业重大自主创新的关键瓶颈,当高设立成本+高转换成本+高不确定性叠加时,将严重阻碍自主创新的进程,可能断送战略机遇。

42个城市的创新调查表明,资金是制约创新的重要障碍,尤其是需要大量投入的大创新项目是如此(详见本书第五章第五节"企业创新的影响因素")。针对彩电业的案例研究表明,我国彩电业由于在阴极射线管(CRT)技术和市场上投资巨大,造成了很高的转换成本;平板生产线需要大量资金投入(高设立成本);平板市场又是一个波动相当剧烈的市场(高市场不确定性),而且技术变化快(高技术不确定性)。"三高"叠加成为制约我国彩电业平板自主创新的巨大障碍(详见本书第十二章"产业案例四:电视机产业案例")。我国彩电业由此眼睁睁地断送了一次跨越发展的难得的战略机遇。

在创新的资金投入方面,多数企业(企业总数的68%)表现出一种量入为出的态度,即"对大的创新投入要量力而行"。在对创新不确定性的态度方面,企业对"在行业技术发生较大变革时,为规避风险,更倾向于等待时机而不是马上参与"。这表明,企业在创新的不确定性较高时,会选择规避(详见本书第九章第二节"企业的战略选择")。

六、政府

1. 经济政策、科技政策和创新政策之间不够协调,削弱了我国自主创新政策的合力

对经济、科技、创新政策的实证研究发现,近年来我国科技、经济和创新政策之间的互补性不断增强,但是仍然存在政策缺失、政策交叉重叠、政策矛盾的现象。政策缺失可能导致政策目标的实现缺乏相应政策工具的支持,影响政策执行的效果;政策交叉重叠会导致有限资源的分散;政策矛盾可能带来政策上的失误。因此,有必要增强科技、经济和创新政策间的匹配与协调,保证政策目标得以顺利实现(详见本书第十章第二节"政策的协同分析")。

例如,"汽车目录管理"是我国汽车产业发展的一项重要管理制度,它规定不符合汽车目录的汽车不能获得路权,也就无法上牌照。这项产业政策的目的在于抑制汽车行业盲目扩张和低水平重复建设。但是,在限制盲目扩张的同时也限制了本土企业的自主创新,而实际上起到了强化对在位企业包括合资企业的保护作用。在汽车目录制度废止之前,我国的本土企业如吉利、奇瑞等都是通过买目录或借壳等"曲线"方式才得以进入汽车业。这表明,经济政策(此处是产业政策)与创新政策和创新意图不匹配,可能带来严重的负面效果(详见本书第十二章"产业案例一:汽车产业案例")。

2. 在动力机制上,需求拉力的作用大于技术供给推力的作用,但在政策设计上却以供给侧为主

数控机床的技术攻关"三打祝家庄",久攻不下。进入新世纪以后,在以汽车产业尤其是本土汽车企业对国产设备的需求为代表的需求拉动下,技术水平得到较快提升。又如,煤矿机械行业长期进行液压支架这一重要产品研发而少有进展,神华集团(用户)主动推动国产化,带动了液压支架的迅速突破(详见本书第十三章"企业案例七:大型液压支架国产化")。

三峡工程和高速铁路引进创新的例子也是利用市场需求拉力实现技术进步的表现(详见本书第十三章"企业案例八:重大装备案例——三峡水轮发电机组与高速铁路")。由此可见,在对自主创新的动力作用机制上,需求的拉动作用大于技术推力作用。

考察我国产业政策和科技政策可以发现,我国经济、科技和创新政策主要作用于供给面和环境面,作用于需求面的政策则很匮乏(详见本书第十章第二节"政策的协同分析")。

七、自主创新—能力—竞争力

1. 产业和企业必须实现能力"阶跃"才能实现升级,以实践为主的学习是能力提升的根本途径

如果将中国产业和企业自主创新划分为"进得去"、"立得住"、"站得稳"三个阶段,那么从每个低位台阶上升到高位台阶都必须实现能力的"阶跃"(参见本书第二章第六节"能力阶段论"),企业必须在恰当战略的指引下,通过以实践为主的学习才可能实现"爬坡"的成功。

通信产业的发展经历了基于模仿的生产能力,基于战略规划、融资和开发能力,到全面能力提升基础上的创新能力的演变;华为和中兴通过坚持不懈的创新和学习,成功突破了人才、技术、资金、制度和文化的瓶颈,最终跃迁到"站得稳"的能力阶段。彩电产业的发展经历了消化吸收和模仿能力、工艺创新和零部件配套能力到应用技术开发能力与营销能力的演化；长虹、海信等领先的彩电企业先后克服了技术引进、规模制造、产品差异化等瓶颈，才得以在 CRT 彩电市场中站稳脚跟（详见本书第十二章中的"通信设备业案例"和"电视机产业案例"）。

2. 由转换成本带来的后发优势正在发生逆转，对已经建立起来的生产能力产生破坏作用，逐渐成为我国实现赶超的负担

转换成本最基本的体现是沉淀投资和已占领的市场，而沉淀投资主要构成是机器设备。国内外学术界关于转换成本是"后发优势"的基本来源这一命题已形成共识，即由于后发者相对于先发者转换成本低，易于实现跨越。随着世界制造基地转向中国，我国在产业中低端已经沉淀了大量投资。我们发现，这一被广泛视为中国优势的因素正在逆转为技术跨越的劣势。例如，自 20 世纪 80 年代以来，我国彩电业逐渐主导了世界 CRT 彩电市场，国内彩电企业在市场和 CRT 技术上投入了巨资，面对如此庞大的 CRT 彩电市场和巨额沉淀投资，国内企业不能或不愿及早将战略重点调整到等离子、液晶等平板电视上，而以不断扩大规模、打价格战作为主要竞争方式，致使沉淀投资越滚越大。具有优势的日本、韩国，甚至中国台湾却由于逐渐撤出 CRT 市场而得以在平板技术上轻装前进，再次获得先发优势，我国彩电业也再次沦为落伍者（详见本书第十二章中的"电视机产业案例"）。

第三节 自主创新战略的演进

本节在明确我国自主创新战略焦点的基础上，揭示我国产业和企业的自主创新战略选择，提出未来的自主创新战略走向。

一、自主创新的战略焦点

（一）中国自主创新的基本使命

后发国家自主创新的根本目的是实现对发达国家的追赶甚至超越。在世界发展史上，与中国最接近、最可能提供借鉴的是日本和韩国的创新与追赶实践。有充分的证据证明，日本和韩国在起步追赶时是在高度保护的环境下进行的，尤其对弱势产业更是如此（高旭东，2005a，2007，2008；Cusumano，1985）。在日本和韩国之后，以拉美为代表的后发国家发起了追赶的冲击，其20世纪80年代的努力曾经使后发国家信心得到了提振，但进入90年代后又陷入困境。在反思这一起伏时，不少学者、官员和产业界人士把指责的矛头指向了"全球化"，即开放。这表明，迄今为止，还没有一个国家成功实现在开放条件下的自主创新和追赶。因此，中国开放条件下的自主创新是一个新的探索与实践，没有现成的经验或模式可供借鉴，是一个世界性的难题。

开放条件下最显著的环境特征就是"与狼共舞"，即中国企业不得不在面对比自己具有明显技术优势、资金优势和品牌优势的国外竞争对手的条件下取得生存和发展。因而，开放条件下的自主创新无论是取得创新实践的机会还是实现创新能力的成长，企业都必须直面前所未有的层层壁垒。开放条件下进行自主创新，最根本的是要突破各种壁垒，因此，"破壁"是中国自主创新的基本使命和战略焦点。

（二）破壁的基本途径

从一般意义上来说，任何后发国家在进行创新追赶时都会面临壁垒。不同时期的不同国家所处的环境、条件不同，破壁的战略和策略也会不同。日本破壁的方式是在保护国内市场的同时维持企业之间的有效竞争；国内市场更加狭小的韩国是通过鞭策企业出口来解决的（路风，2005）。日韩破壁的战略路径选择是基于封闭条件、政府高度保护和介入、出口导向等因素，我国要通过不同的方式创造性地实现"破壁"。破壁的基本途径有四条：绕开壁垒、降低壁垒、化解壁垒和强攻壁垒，如图7-3所示。我国必须从这四条途径中寻找和创造开放条件下的具体途径。

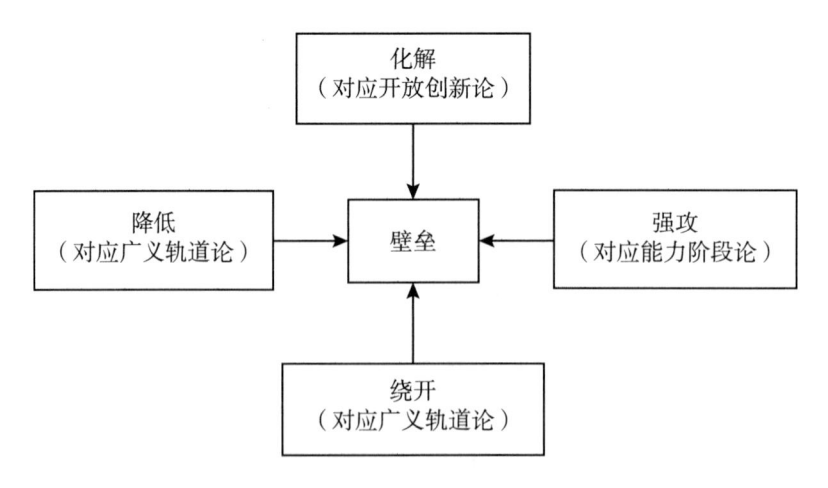

图7-3 以破壁为中心的中国自主创新战略路径

广义轨道理论指出：自主创新战略可以通过广义轨道的选择来降低或者绕开壁垒。例如，通过选择新的技术组织轨道来降低企业创新面对的技术壁垒，通过选择新的市场轨道来降低企业创新面对的无形资源壁垒，通过选择新的商业模式轨道、业务组合轨道来降低企业创新面对的资金壁垒，等等。降低和绕开壁垒要求企业具备能够识别并利用广义轨道的能力。降低和绕开壁垒的直接结果是企业能够进入壁垒较高的产业，或者进入新开辟的业务领域。

能力阶段论指出：国内企业在通过自主研发和能力积累，由低一级能力（如"进得去"阶段能力）向高一级能力（如"立得住"阶段的能力）跃迁，最终将面临获取核心技术能力、与国外企业在中高端展开正面竞争，此时将直接攻击国外企业在中高端设立的技术壁垒。攻击壁垒需要企业具备核心技术能力和配套能力，并要求企业具有较强的品牌开发能力。攻击壁垒的直接结果是企业由国内低端市场竞争转为参与国外中高端的市场竞争。

开放创新论指出：企业在具备一定的技术能力后，利用自身的优势（如市场优势），通过与领先企业的合作创新，而非完全依靠自主研发来获取核心技术，从而化解国外企业设立的核心技术壁垒。化解壁垒要求企业必须具有能够垄断的资源或价值以确立自己的地位，才能真正通过合作创新获取核心技术。

（三）破壁的理论基础和实践基础

基于现有理论，结合中国自主创新的实践，本研究提出了自主创新"四论"（详见本书理论篇第二章第二节）。其中，广义轨道论可以为"绕开壁垒"和"降低壁垒"提供理论支持；开放创新论可以为"化解壁垒"提供理论支持；能力阶段论为"强攻壁垒"提供理论支持；创新实践论则是所有破壁途径的理论基础。这"四论"构成了中国自主创新的理论基础。中国改革开放 30 多年来，在企业、产业、区域、国家层面上，对自主创新进行了艰苦而卓有成效的探索，为研究和制定未来的自主创新战略提供了极为重要的经验教训，这是非常宝贵的财富，既是理论研究的基础，也是未来行动的基础。因此，总结提炼中国自主创新实践，成为自主创新战略研究的关键。

二、自主创新战略的历史透视

（一）突破壁垒的战略

以下就我国产业和企业如何谋求破壁的战略突破进行历史考察。

1. 在"与狼共舞"的竞争环境下,处于弱势地位的本土企业普遍实行"低端切入"的战略路线,采用广义轨道策略,用低端技术创新绕开技术壁垒,用"农村包围城市"绕开市场壁垒,以完成"进得去"的破壁

以汽车业为例,吉利、奇瑞、比亚迪、华晨、五菱、哈飞、长安等在进入汽车产业时,都选择了单车价格10万甚至5万元以下的低端市场切入,并且广泛采用与国内外专业的设计公司合作的策略绕开了技术的壁垒。就通信业而言,华为、天宝、华科等在刚进入通信设备行业做交换机时,都从提供450~660元人民币/线的小容量程控交换机做起,从农村市场起步,而当时国际主流的大容量程控交换机的价格都在2 000元人民币/线以上。就机床业而言,诸如沈阳机床厂、大连机床厂等在刚进入数控机床生产市场时,都定位在提供10万元以下的经济型程控机床,这一价格通常只有国外同类机床价格的1/3。就彩电出口而言,国外企业CRT彩电的出口价格高达500~600美元/台,而国内企业CRT彩电的出口价格通常在100~110美元/台之间(详见本书第八章第二节"'进得去'的实证研究")。

2. 在产业价值链和技术链条上,我国产业和企业创新的战略路线选择常表现为"逆向创新",以在发展初期绕开壁垒

技术链的基本特征是,关键和核心技术往往在技术链前端。在战略选择上,通常有两条路线,一条是"正向创新",即从前端开始逐渐向后端推进;另一条是"逆向创新",即从后端开始向前端爬升。我国产业和企业通常采用的是"逆向创新"路线,这一路线在起步阶段有利于绕开壁垒,并且与企业能力阶段性升级相吻合。

以光缆光纤行业为例,"产业链"和"技术链"可以归结为:制棒→拉丝→成缆。中国该行业曾试图从前端制棒开始切入,结果失败了;随后企业探索出:成缆→拉丝→制棒的逆向创新成长之路(详见本书第十三章"产业案例五:光纤光缆业案例")。

3. 面对复杂技术产业(产品)时,产业/企业采取"拆解—集成"创新策略,以降低壁垒

本研究通过对汽车、通信设备和机床等4个案例行业的观察发现,国内企业在刚进入某个产业时,尤其是进入复杂技术产业时,很难直接突破进入壁垒。但在全球化趋势下,产业体系分工日益深化,技术环节和产品生产环节的模块化、独立的技术供应商等新的专业化的技术组织形式的出现,使得后进入者可能通过对技术链的"拆解—集成"而形成新的发展模式,降低技术研发和生产过程壁垒。

例如,汽车产业本土企业在进行整车设计制造时,利用了产业模块化组织方式，将复杂技术拆解为单元技术，将复杂产品拆解为独立模块，然后加以集成。如华晨利用意大利宾尼法利纳（Pininfarina）公司设计外观、利用保时捷调校底盘，奇瑞利用福臻公司开发模具，吉利和韩国大宇、德国吕克进行联合设计，都是拆解—集成创新策略的产业例证。通信产业中巨龙、华为、中兴等企业都采用了自己设计交换机、核心芯片外购和电路板生产外包的方式来进入产业，也为拆解—集成创新策略提供了证据（详见本书第八章第二节"'进得去'的实证研究"）。

4. 成本创新（降低成本的创新）是我国产业/企业最普遍采用、也是最有效的创新选择，这是中国本土企业创新的最大优势，成本创新为绕开和降低壁垒提供了基础性支持

问卷调查结果显示，大多数的企业认为"优先考虑能将已有产品成本降低的创新，其次是发展差异化产品"符合企业的创新战略选择，说明了成本创新是企业创新战略的主要选择。从产业实践来看，汽车产业中按职能建厂的模式、用人工代替机器生产线，通信产业利用外部科技资源研发，彩电业通过国内采购和自建体系替代进口散件组装，都是成本创新的典型证据（详见本书第八章第二节"'进得去'的实证研究"）。通过成本创新，本土企业得以绕开和降低壁垒，实现低成本—低价格—低端市场占有的战略目标。

5. 与掌握核心技术的国外企业合作，形成利益共同体，在合作中学习和掌握核心技术，从而在一定程度上化解壁垒

当本土企业还不掌握核心技术，而市场需求又很迫切时，国内用户通常选择国外供应商满足需求，这在重大装备领域最为常见。本土企业与国外供应商合作是打破这种局面的可行途径。

三峡电站和高速铁路案例提供了成功的案例，类似的例子还有高压输变电设备等。达成合作的关键是形成利益共同体，使双方实现共赢。双赢是在一定条件下实现的。当不附加任何条件时，外商会选择独立投标或几家有实力的外商联合投标方式，即由外商垄断某个领域的市场，这样既可以获得整个订单，取得对中国市场的一定垄断地位，又可以保护核心技术；当中方附加必须转让技术的条件时，外方企业将只能在不投标（这样就失去了中国市场）和参与投标同时合作、转让技术（可获得市场份额但失去了技术垄断）中做出选择。实践表明，后一种选择往往对中外双方都有利。

本土企业在获得创新实践机会之后，通过合作、学习而掌握核心技术，从而在一定程度上化解了技术壁垒。可见，合作是化解壁垒的有效途径。

6. 通过多种途径，勇敢地攻克核心技术，占领竞争高地

这是自主创新的高级阶段，也是我国所期望达到的境界，在这方面已出现可贵的苗头。从我国的实践看，以下几点值得关注。

第一，要有敢于碰硬、攻克竞争高地的勇气，这是一种战略，更是一种精神。这种精神或来自对领先技术的追求和自信，如北大王选对当时最新技术——激光排版技术的追赶与自信；或来自对国家发展的使命感，如分时—同步分码多工存取（TD-SCDMA）世界标准的创建；或来自对外商近乎霸道的一种不屈与反抗，如大庆 ABS 工艺的自主创新[①]、煤矿液压支架的自主创新（参见本书第十三章"企业案例七：大型液压支架国产化"）。

第二，善于利用本土优势。例如，TD-SCDMA 国际标准竞争的成功得益于利用中国市场的优势；汉字激光排版技术的原创性创新成功得益于中国对汉字组字规律研究的积累。

第三，抓住技术轨道变动的机会。如我国企业在通信设备领域能在较短时间实现追赶的一个重要原因是利用了如接入网、无线智能网等新出现的技术轨道（参见本书第十三章"企业案例九：通信企业案例"）。

第四，结成产业联盟。如 TD-SCDMA 复杂技术的开发和国产化结成了包括国外多家著名企业在内的联盟（参见本书第十三章"企业案例十：第三代移动通信标准 TD-SCDMA 诞生过程"）。又如，为开发数字电视产业共性技术，我国一批相关企业也成立了产业联盟，等等。

第五，引进领军人才，带领创新。如引进邓中翰，为中国芯片自主创新取得了重要突破。

7. 制造与服务融合，开辟制造企业创新的新通道

用服务增强制造、服务与制造的融合，是制造业企业创新的新方向，为制造业发展开拓了新的空间。这也是广义轨道理论在自主创新中的具体表现。我国企业在这方面做出了积极的尝试，取得了很好效果，提供了新的经验。例如，陕西鼓风机（集团）有限公司开拓了多种服务业务，使服务业务与制造业务相得益彰，企业实现了战略转型，取得了高速发展和快速进步（参见本书第十三章"企业案例六：陕西鼓风机（集团）有限公司"案例）。

我国制造企业运用服务增强竞争力的问卷调查显示，多数制造企业已经意识到服务对增强制造企业竞争力的重要性，并运用售前、售中和售后的各种服务手段，将服务和实体产品整合起来为顾客提供解决方案。统计研究结果显示，运用服务展开差异化竞争可以导致企业营收和利润的增加，而利用低成本的劳动力提

---

① 大庆石化总厂 ABS 树脂生产工艺技术改造原计划从国外引进，国外先进的技术拒绝转让，同意转让的并非是最先进的技术都要"天价"，对方提出要价 550 万美元，是大庆无法接受的。他们决定自己研发，结果只花了 300 多万元人民币就开发成功（详情参见吴贵生：《技术引进与自主创新：边界划分、过程转换和战略措施》研究报告，2007 年 7 月）。

供低端服务、弥补实体产品质量的不足是我国制造企业运用服务增强产品竞争力的一种常用模式（详见本书第九章第二节"企业的战略选择"）。

（二）战略选择的局限性

我国产业和企业在创造性地寻求破壁之路的同时，也存在战略的局限性。从某种意义上说，这种局限性是与成功的破壁战略相伴而生的。

1. 在产品创新和工艺创新的重点选择上，倾向于优先进行产品创新

问卷调查显示，多数的企业认为"在产品和工艺创新上，优先选择产品创新"的策略"基本符合"或者"完全符合"本企业的创新战略选择，说明产品创新在企业创新战略中具有相对重要的地位（详见本书第九章第二节"企业的战略选择"）。历史经验表明，制造强国必然是工艺能力和水平的强国，德国、日本的实践都证明了这一点。中国正力图提升中国"世界制造基地"在价值链中的地位，向制造强国迈进，由此必须苦练内功，把产品做精做细，这就必须在工艺创新上下大力气。中国产业和企业过于重视产品创新而在一定程度上忽视工艺创新的倾向，不利于中国战略意图的实现。

2. 在战略取向上，"规模导向"和"市场导向"突出，甚至出现"规模崇拜"和"市场崇拜"倾向

问卷调查显示，部分企业认为"在创新的定位上，优先考虑扩大企业规模和占有率，其次是将已有业务做精做强"的策略"基本符合"或者"完全符合"本企业的创新战略选择；多数企业认为"优先安排在开拓市场和改进销售环节的投资"符合了企业的创新战略选择，部分企业认为"在市场上出现新的产品时，优先采取模仿创新来尽快缩短与竞争对手的差距；其次是争取开发差异性产品"的策略符合本企业的创新战略选择（详见本书第九章第二节"企业的战略选择"）。

彩电企业最突出的战略目标和战略行动是扩大规模，而扩大规模的核心在于扩大市场占有率，由此导致该行业陷入价格战的深渊。在一些行业和企业，规模导向和市场导向已经发展到"规模崇拜"和"市场崇拜"的程度（详见本书第十二章"产业案例四：电视机产业案例"）。

3. 行为短期化倾向明显

问卷调查显示，多数企业认为"在技术研发定位上，主要是做应用技术开发，较少做基础性研究"符合了企业的创新战略选择，部分企业认为优先进入新产业而不是立足于将现有产业做强的策略"基本符合"或者"完全符合"企业的创新战略，都反映出了企业决策的短期化倾向，尤其体现为技术战略倾向的短期化。（详见本书第九章第二节"企业的战略选择"）彩电行业在已清晰看到平板技术取代 CRT 技术趋势的情况下，却漠视新技术，而热衷于"现得利"的 CRT 产业和技术，将全部资源用于产品规模扩张和市场占有率的提高，而不肯对新技术投入，原因固然很多，但根本原因则在于产业和企业都以短期利益为导向（详见本书第十二章"产业案例四：电视机产业案例"）。

三、未来的战略

（一）未来与历史的比较

1. 发展阶段

改革开放后的 20～30 年间，我国处于工业化初期阶段。在经过 20 多年的封闭后，我国几乎所有产业都很落后，处在"重新起步"的状态，这也意味着各个产业存在很大的发展空间。这个时期的开放，类似于产业引入期的开放，在"与狼共舞"的形势下，本土企业普遍采取低端起步、"农村包围城市"的战略路线是可行的。

发展到今天，我国已大体处于工业化中期，传统产业大多已度过了引入期，进入成长期或成熟期。当然，在时间上有早有晚，如技术不太复杂、市场需求启动早的家电业较早进入了成熟期；而汽车业由于到新世纪初才跨入家用轿车消费门槛，产业也因此仍处于成长期。就企业在产业中的地位来说，在多数产业中本土企业已成功进入。

2. 能力

本土企业经过"与狼共舞"的市场打拼，已度过"进得去"阶段，技术、管理能力有了显著增强；但一般尚未达到"站得稳"阶段，而是处于"立得住"阶段。这意味着，企业具备了向"站得稳"的更高能力爬升的基础。

3. 目标

在改革开放的工业化初期阶段，主要目标是发展。在技术上奉行"拿来主义"，以求用较小的代价、尽可能短的时间缩短与发达国家的差距。在进入工业化中期，"小康"目标实现以后，国家提出了更高的发展战略目标，相应地在创新上提出自主创新战略和建设创新型国家的目标。这是一个由技术"依赖"向技术"自主"的重大转型。

4. 竞争场所

如果说改革开放以来"与狼共舞"的竞争主要战场是在中国本土的话，那么未来的竞争战场既在中国本土也在本土以外。中国企业走向世界已成必然趋势。这就意味着，中国企业要面对全球市场的"与狼共舞"。

5. 产业机会

有迹象表明，世界新的重大技术突破正在酝酿，基于新技术的新兴产业必将诞生。在新兴产业的较量中，发达国家已先行一步，在研发、知识产权等方面已占先机，但中国仍有机会。中国面临着在新兴产业中的世界不同地位的可能性：与发达国家平起平坐、有一席之地或落后追赶。

（二）历史经验对未来战略的意义

在世界竞争的总格局上，在相当长的时期内，我国仍处于后发国家地位。因此，无论是在中国本土还是中国之外，我国企业"与狼共舞"面临壁垒、寻求破壁的道路仍将继续。这就意味着，在自主创新战略研究中，以壁垒和破壁作为分析框架仍是可行的。

我国企业在无现成经验可借鉴的情况下，闯出开放条件下破除壁垒的途径，其经验具有广泛而深远的意义，对未来仍有直接或间接的采用、借鉴价值。

第一，避开壁垒的策略虽然对多数中国产业已不是主要策略，但在以下情况下仍具有现实意义：一是当新兴产业处于引入期而我国本土企业仍处于弱势地位时，仍可采用此策略；二是中国企业走出去时采用此策略以求打入（进入）未曾进入的市场；当新技术替代旧技术面临阻力时，利用广义轨道避开壁垒具有广泛意义和长久生命力。

第二，降低壁垒的策略仍有现实意义，而且随形势的发展，可用空间还有扩大之势。

第三，化解壁垒和强攻壁垒虽然所积累的经验尚不多，但为今后提供了极宝贵的启示。

（三）未来战略的走向

在发展阶段，能力、目标和竞争诸方面，我国和过去相比都正在发生重要变化，因此，破壁战略必须升级。

第一，绕开、降低、化解和强攻的"四维度"策略要以更高水平的创新、寻求新的策略来实现。

第二，可以大体将破壁的层次划分为四个等级，依次为：绕开—降低—化解—强攻。过去更多使用绕开和降低策略，今后要上升到更多使用化解和强攻策略。

第八章

自主创新战略路径的实证研究：案例研究

本章以中国若干具有代表性的制造业行业为样本，采用跨案例研究方法（Cross-Case Study），由多个调研者组成研究小组，展开规范的质化研究，为第七章提出的关于自主创新战略路径的重要判断以及第二章提出的自主创新理论提供实证支持。

第一节 研究设计与实证框架

一、研究设计

（一）研究方法

具体的研究手段包括：访谈（Interview）、现场研究（Field Study）、资料分析等。本实证研究以艾森哈特（Eisenhardt，1989）提出的案例研究路线图为范本，根据本课题的需要加以调整。整个案例研究过程分为：启动、选取个案、提出假设、收集信息、假设检验、对比文献、得到结论，如图 8-1 所示。

启动 → 选取个案 → 提出假设 → 收集信息 → 假设检验 → 对比文献 → 结论

图 8-1 自主创新战略实证研究的技术路线
资料来源：作者根据相关研究及本研究要求绘制（2008）。

（二）案例行业对象

本研究选取汽车、通信设备、家电、机床 4 个行业作为主要案例研究对象，同时选取高速列车、水电站机组、手机、柴油发动机、光纤光缆等行业作为辅助案例对象。选取案例研究对象的标准有三条：市场大、地位重、技术难。上述 4 个主要案例行业至少满足其中的一项条件。表 8-1 列出了 4 个案例行业的特点。

表 8-1 选取的 4 个案例行业的特点

行业	市场广大	地位重要	技术难度大
汽车	√	√	√
通信设备	—	√	√
家电	√	—	—
机床	—	√	√

注：表中"√"代表某个属性强；"—"代表某个属性弱。
资料来源：作者根据本研究特点和要求提出（2008）。

从产业类型和发展阶段分析，4 个案例行业可以划分为以下两类中的一类：

类型一：国外成熟、国内成长

这是指国外的产业及技术已经发展到成熟阶段，而国内行业仍处于成长过程中的产业类型。代表行业是汽车、机床、家电业。这类产业的主要任务是追赶国外产业。其中，机床、汽车行业无重大技术变革（包括无重大技术变革的产业化），而彩电在行业成熟后，又出现了由 CRT 转向平板和液晶显示的重大技术变革。

类型二：国外成长阶段中后期、国内成长阶段早期

这是指国外的产业及技术处于成长阶段，但已到中后期，甚至已接近成熟期，而国内产业尚处于早期成长过程中的产业类型。代表行业是通信设备制造业。这类行业的发展任务除了要实现追赶，还要与国外行业展开同步竞争。

行业类型和发展阶段的差异使得不同行业面临不同的自主创新任务,要走出不同的自主创新道路。

二、实证分析框架

(一) 中国自主创新的背景

中国的现实决定了它是后进追赶国家,对领先国家存在明显的技术依赖。自主创新的目的是摆脱技术依赖,实现对领先国家的追赶。但中国自主创新面临的环境与历史上其他所有后进追赶国家都不相同。第一,中国面临的是一种开放条件下的国际竞争;第二,我国正处于工业化由初级阶段向中级阶段迈进的转型期,经济具有高成长性,需求具有独特性;第三,中国拥有巨大的、多层次的国内市场,并且成长迅速,因此有可能利用市场优势、走出一条独特的自主创新之路;第四,在全球化经济体系中,我国的经济表现出很高的外贸依存度,因此当面临危机时,还存在一个出口持续的国家经济安全问题。综上所述,中国的自主创新是在开放和经济转型条件下、拥有巨大市场背景下的自主创新。

(二) 实证分析框架

如前所述,"进得去、立得住、站得稳",是中国自主创新的根本使命,因此,实证研究将沿这条线索展开。

基于理论研究和第七章提出的战略判断提出实证研究框架,如图 8-2 所示。

(三) 假设

1. "进得去"假设

开放条件意味着中国后发企业要"与狼共舞",而现实情况决定了要实现追赶,首先要获取"共舞"的资格,即"进得去"。这是"立得住、站得稳"的前提。因此,自主创新面临的首要任务是突破国外领先企业设置的各种壁垒而实现进入。进入壁垒是指新企业进入特定市场所遇到的经济、技术以及法律、行政制度障碍。这种障碍的存在,使得潜在的进入者与在位企业相比,存在种种不利的条件,从而在竞争过程中处于不利地位,导致出现较高的产业进入壁垒。

进得去

条件： 大而分层且快速成长的市场

模式1： 由广义轨道降低，绕开壁垒

模式2： 以开放创新化解壁垒

壁垒 → 开放条件

立得住

条件： 前瞻性的创新战略

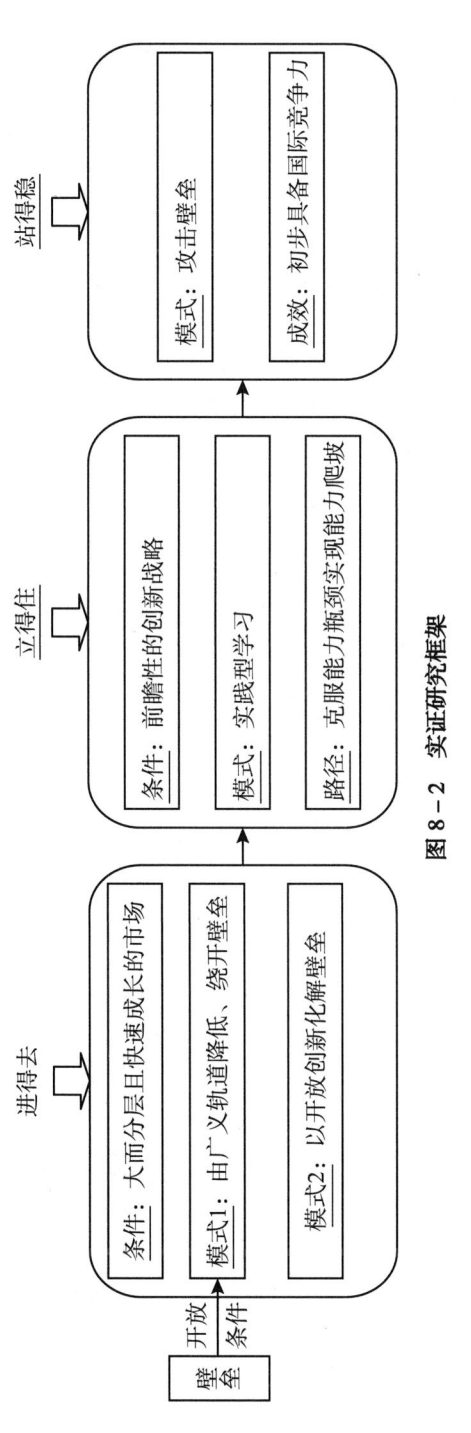

模式： 实践型学习

路径： 克服能力瓶颈实现能力爬坡

站得稳

模式： 攻击壁垒

成效： 初步具备国际竞争力

图 8-2 实证研究框架

资料来源：作者根据本研究特点提出绘制（2008）。

"进得去"是指企业实现对产业的进入。如前所述,我国企业选择了不限于传统技术轨道的多轨道方式(即广义轨道),这是自主创新的第一步。基于广义轨道理论和产业观察,本研究就"进得去"的条件和模式提出如下假设:

假设1:中国大而分层且快速成长的市场为开放条件下企业通过多种轨道克服产业进入壁垒提供了根本条件,使企业从低端市场切入成为可能。

假设2:以广义轨道、通过成本创新手段从产业低端切入、满足低端市场需求是"进得去"的主导模式,使中国企业规避了与国外企业在中高端市场的直接竞争。

子假设1:通过市场轨道绕开壁垒、通过技术组织轨道降低壁垒能够实现低端市场切入,使国内企业规避了与国外企业在中高端市场的直接竞争。

子假设2:降低成本的创新(简称成本创新)是国内企业满足低端市场需求的主要手段。

2. "立得住"假设

在实现"进得去"的第一步战略目标后,企业进入"立得住"阶段。基于广义轨道理论和产业观察,本研究就"立得住"的条件和模式提出如下假设:

假设3:从战略上对创新进行前瞻性把握是决定产业创新动力和自主创新能力能否提升的重要前提。

假设4:适应需求的、实践型学习是中国企业技术能力成长的重要方式。

假设5:自主创新的不同阶段具有不同的能力瓶颈,能否克服能力瓶颈,是实现能力跃迁、持续获得竞争力的关键。

假设6:在具备一定技术能力后,国内企业有可能采用攻击壁垒(自主开发核心技术)和化解壁垒(合作创新)的创新战略与国外企业展开正面竞争。

第二节 "进得去"的实证研究

中国企业面临的产业进入壁垒主要有技术壁垒、规模壁垒、品牌壁垒、管理壁垒等。中国企业在开放条件下如何克服上述壁垒,没有成功经验可以借鉴,必须通过创造新的手段打破壁垒。打破壁垒需要付出成本,对应于壁垒的成本主要有技术获取成本、固定资本成本、消费者转换成本、管理经验的积累成本。如何以最低成本实现进入是破壁的关键。实践中,本土企业充分利用中国市场的特点,摸索到了通过广义轨道降低成本的方法。下面以四个主要案例行业和若干辅助案例行业为例,对第一节提出的假设进行检验。

一、"进得去"的市场条件

假设1:中国大而分层且快速成长的市场为开放条件下企业克服产业进入壁垒提供了根本条件,使企业从低端市场切入成为可能。

中国市场有三个显著特点:规模大、多层次、快速成长。上述特点在汽车、机床、家电和程控交换机行业中表现明显。

(一) 大而快速成长的中国市场

首先,中国市场具有规模巨大且成长快速的特点。可以发现,4个行业的总量都已位于世界前列,并且都以超过两位数的速度在增长。下面分行业阐述。[①]

【汽车业】

"十五"期间,中国汽车产量平均每年增长22.5%,销售收入和工业总产值双双突破万亿元。据中国汽车工业协会发布的2006年汽车产销统计,全年汽车产销量分别达到727.97万辆和721.60万辆,居世界销量的第2位。

我国汽车市场的成长速度惊人。汽车销量自2000年达到200万辆后,其后以每年100万辆的销售规模迅速增长。截至2007年我国汽车产业的总销量已经达到了870万辆,直逼千万辆大关。其中轿车是汽车需求增长的主力军,2002年轿车销量突破百万辆大关之后,以每1~2年内100万辆的规模呈现递增式发展,2007年我国轿车销量突破了470万辆。从消费结构看,私车消费是这轮爆炸式需求增长的主要来源。据权威部门统计,2006年私人购买占全年汽车销售的比例超过了60%。截至2006年底,中国汽车保有量3 800多万辆,其中私人拥有的各类汽车首次超过2 000万辆,达到近2 200万辆。

【彩电业】

改革开放以后,尤其是1981年和1982年首批引进的三条彩电装配生产线投产以后,我国的彩电产业开始飞速发展。到1985年,我国的彩电产量已经位居世界第3位。自1990~2008年,我国的彩电产量一直处于世界第1位。截至2005年底,中国累计生产彩电5.9亿台,产量占全世界的45.4%,销量占54.6%。TCL、创维、康佳、长虹等四家企业的产量占有约1/3的全球彩电市场

[①] 四个产业的数据主要来自各行业的统计年鉴,作者基于这些数据进行了重新的编排。

份额，销量占我国彩电市场 70% 以上，大幅超过外资品牌，其中主要是 CRT（Cathode Ray Tube，阴极射线管）彩电。

【机床业】

2001~2008 年，我国机床行业呈现快速增长之势，除 2005 年外，年增长率均高于 30%，利润率每年提高 1 个百分点。该阶段的快速发展主要依靠需求拉动，1998 年以来国家为扩大内需采取了一系列的政策，导致基础设施建设投资和技术改造投资增加，加上我国开始进入重工业化阶段，对机床的需求迅速增长，市场迅速扩张，从 2002 年开始我国一直是世界第一大机床消费国。

【通信业】

自从福州市电信局 1980 年订购的国内第一部万门程控交换机（日本富士通公司 F-150 型）于 1982 年 11 月安装开通、投入使用之后，中国局用程控交换机市场开始启动。到 1985 年，局用程控交换机在中国的安装总量为 12 万门，占局用交换机总容量的 1.8%；1986 年，合资企业上海贝尔的本地化生产线开始运行，中国局用程控交换机市场开始快速发展，尤其是从 1991~1994 年，每年以 2~3 倍的速度高速增长；1994~2002 年，除 1999 年外，局用程控交换机每年的安装量都维持在 2 000 万门左右。

（二）中国市场的多层次性

中国广阔的市场是非均质的，各行业市场都由多层次的细分市场组成。

划分行业市场层次的标准很多，目前有两种主流的划分方式：一是从价格划分；二是从产品档次划分。这两个划分标准能够有效体现出需求的差异化特性。根据以上划分标准，表 8-2 总结了 4 个案例行业从低端市场到高端市场的多层次市场。多层次细分市场的存在为中国企业从低端市场切入提供了可能。

表 8-2　　　　　　　　4 个案例行业的多层次市场

行业	划分标准	市场特点
汽车	低端市场：3 万~8 万元	市场集中在二、三级市场，消费者属高度价格敏感型
	中低端市场：8 万~12 万元	市场中年轻消费者比例大，新潮、时尚和高性价比是关注焦点
	中端市场：12 万~20 万元	市场中消费者追求高性价比，兼顾产品的各方面性能体现
	中高端市场：20 万~35 万元	市场中消费者追求个性化

续表

行业	划分标准	市场特点
彩电	特级、一级市场	人均GDP3 000美元以上，需求偏理性，注重大屏幕、全高清、数字化和节能环保等性能，价格相对不敏感。平板电视为主导产品，CRT彩电已基本退市
	二级市场	人均GDP2 000美元，市场以平板电视和高端CRT产品为主（宽屏、超薄）
	三、四级市场	部分人群达到1 000美元GDP，需求偏感性，关注产品本身的信息不多，注重品牌口碑，对价格较敏感。市场以TCL、海尔、长虹和创维等国内品牌的CRT彩电为主
通信设备	高端市场：容量10 000门以上	适用于中心城市，对稳定性要求高
	中端市场：容量2 000门以上	适用于农村，农话端局用
	低端市场：容量40门以下	适用于单位内部用
机床业	经济型数控机床：2轴控制	适用于对加工精度和效率都要求不高的行业，用户的价格敏感度较高，注重性价比，典型如汽车行业
	高档数控机床：5轴以上	适用于对加工精度、复杂度和效率都很高的行业，典型的如航空航天、船舶、军工等领域，用户对技术性能要求高

资料来源：作者根据相关资料整理（2009）。

此外，市场的多层次性还体现在消费结构上。以汽车产业为例，中国的汽车消费从以政府和企业公费购车为主的消费，转向以家庭的私人购车为主的多元化消费，消费的地域也由主要的大城市向大中城市、中小城市甚至乡镇扩散。私人购车成为汽车消费市场的主力，近五年来平均以28.1%的速度增长。多样化的购车需求成为汽车市场主要的消费趋势。

不同层次细分市场对应的技术要求、品牌要求、资金要求各不相同，导致存在不同的进入壁垒，克服壁垒的成本也有很大差异。高端市场对应的技术难度更高、品牌效应更强、资金投入更大，新进入者无法在短期内克服高昂的有形和无形的进入成本。相反，低端市场对技术、品牌、资金等的要求相对较低，企业进入的难度相对较小，要克服的成本相对较低。中国低端市场的容量相当大，这为中国企业从低端实现产业进入提供了可能。

二、"进得去"的模式

假设 2：以广义轨道、通过成本创新手段从产业低端切入、满足低端市场需求是"进得去"的主导模式，它使中国企业规避了与国外企业在中高端市场的直接竞争。

假设 2 可以分解为 2 个子假设，子假设 1 重在说明广义轨道（市场轨道和技术组织轨道）对克服壁垒的作用，子假设 2 重在说明企业实现低端切入的主要方法：成本创新。

（一）通过广义轨道突破壁垒

子假设 1：通过市场轨道绕开壁垒、通过技术组织轨道降低壁垒，实现低端市场切入，使国内企业规避了与国外企业在中高端市场的直接竞争。

国内市场的巨大规模和多层次性为中国企业从低端市场的缝隙切入提供了可能性，也为企业在进入产业后有生存的空间提供了支撑。

通过对 4 个案例产业的观察可以发现，国内企业在面对有形和无形壁垒时，通常会采用"绕开壁垒"和"降低壁垒"的方式克服壁垒，对应的广义轨道类型是市场轨道和技术组织轨道。

1. 通过市场轨道绕开品牌壁垒和技术壁垒

新进入企业面临着在位企业的品牌壁垒和技术壁垒，通过低端市场切入满足低端市场需求，既能弱化在位企业经长期积累而在消费者心目中形成的品牌效应，又能降低企业在技术开发和生产制造上的难度，由此在一定程度上绕开了品牌壁垒和技术壁垒。绕开壁垒的实质是规避与国外领先厂商在中高端市场的直接正面竞争。

合资企业从 20 世纪 80 年代初期陆续建立以来，至 90 年代末已经在中国市场有十多年的打拼历史，其产品质量和品牌形象已经深入人心，如汽车业的桑塔纳、捷达、富康的"老三样"曾几乎独占了中国的轿车市场，而别克、奥迪、雅阁等新车型品牌的不断涌入进一步丰富了合资企业的产品形象；通信市场中的美国电话电报公司、加拿大北电、瑞典爱立信、德国西门子、日本电气公司、英国普莱西公司等国外知名品牌牢牢占据了国内程控交换机的中高端市场；机床业的日本马扎克、日本大隈、德国德玛吉、德国通快、美国哈斯等来自欧美和日本的企业占据了 15 万元以上的中高档数控机床；彩电业的松下、东芝等国外知名品牌占据了大屏幕彩管和高集成度机芯的彩电市场。在这样的背景下进入由国外领先企业把控的市场，后发者势必面临极大的市场壁垒。图 8-3 总结了 4 个案例产业通过市场轨道实现低端切入的情况。

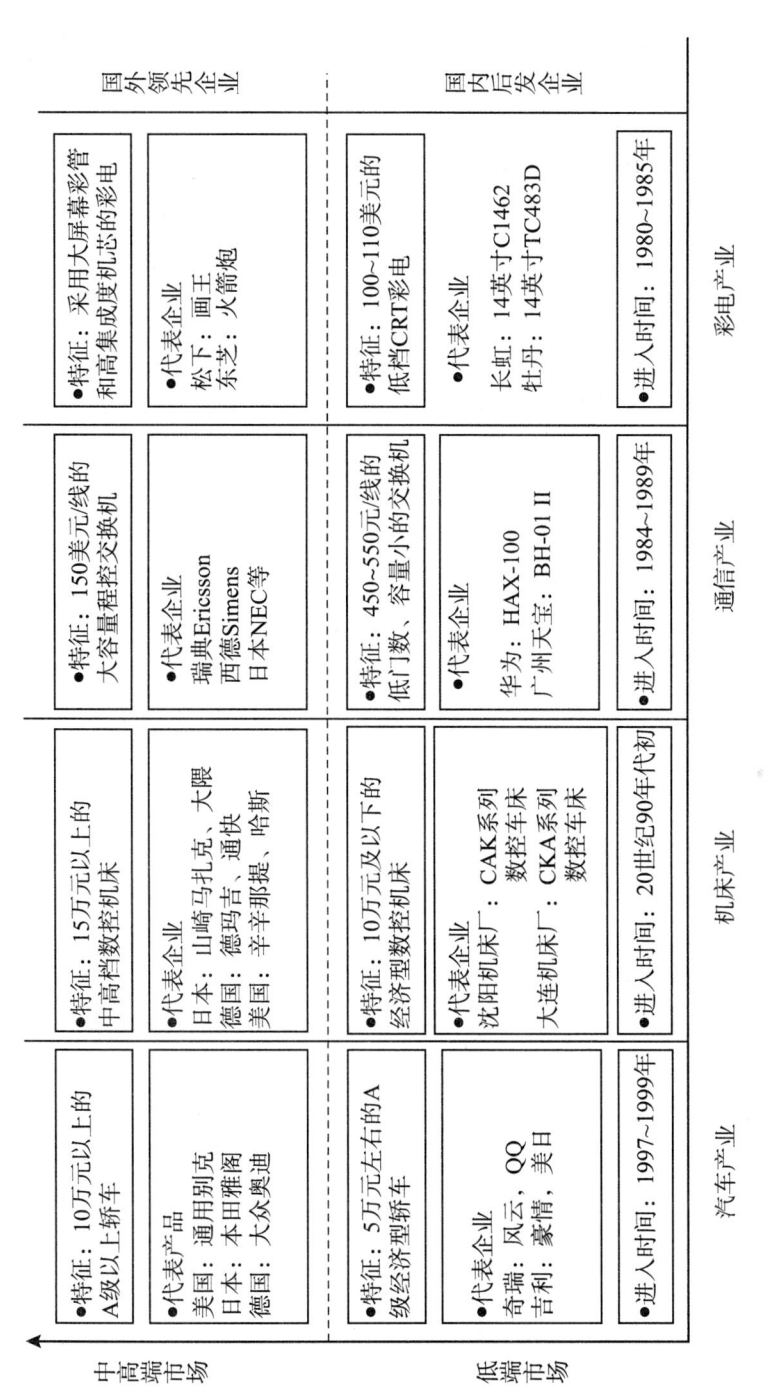

	汽车产业	机床产业	通信产业	彩电产业
中高端市场	●特征：10万元以上的A级以上轿车 ●代表产品 美国：通用别克 日本：本田雅阁 德国：大众奥迪	●特征：15万元以上的中高档数控机床 ●代表企业 日本：山崎马扎克、大隈 德国：德玛吉、通快 美国：辛辛那提、哈斯	●特征：150美元/线的大容量程控交换机 ●代表企业 瑞典Ericsson 西德Simens 日本NEC等	●特征：采用大屏幕彩管和高集成度机芯的彩电 ●代表企业 松下：画王 东芝：火箭炮	国外领先企业
低端市场	●特征：5万元左右的A级经济型轿车 ●代表企业 奇端，QQ 吉利，豪情，美日	●特征：10万元及以下的经济型数控机床 ●代表企业 沈阳机床厂：CAK系列数控车床 大连机床厂：CKA系列数控车床	●特征：450~550元/线的低门数、容量小的交换机 ●代表企业 华为：HAX-100 广州天宝：BH-01 II	●特征：100~110美元的低档CRT彩电 ●代表企业 长虹：14英寸C1462 牡丹：14英寸TC483D	国内后发企业
	●进入时间：1997~1999年	●进入时间：20世纪90年代初	●进入时间：1984~1989年	●进入时间：1980~1985年	

图8-3 本土企业通过市场渠道实现低端切入克服品牌壁垒的例证

资料来源：作者根据相关资料整理绘制（2008）。

需要指出，并非所有企业都能实现真正的进入，多数企业在进入后短期内又不得不退出，可以称之为"伪进入"。进入壁垒是造成伪进入的最主要的原因。

【我国民企造车的进入与退出浪潮】

从 20 世纪 90 年代末开始，众多的民营企业被汽车行业的巨额利润吸引，纷纷斥资进入汽车制造领域。其中的参与者主要有 4 类：

(1) 家电和手机企业转型。这些行业激烈的价格竞争使得利润空间被严重挤压，开始转向汽车行业。例如，以生产冰箱和空调为主业的奥克斯集团，于 2003 年 10 月通过收购沈阳双马汽车厂进入汽车领域；波导公司和南汽合作生产轿车"西雅途"；江苏春兰、广东美的、河南新飞等数十家知名企业也相继准备进入或已进入了汽车行业。这些企业大多通过并购方式进入汽车生产领域，并购总金额超过百亿元。

(2) 制造业企业转向汽车业。这些制造业企业的资金比较充裕，它们凭借丰富的制造和研发经验，切入汽车业。例如，手机电池大王比亚迪；专做工业照明设备的浙江中誉。

(3) 摩托车制造企业转型。摩托车产业步入市场饱和阶段，摩托车制造企业希望模仿吉利，利用现成的配套资源，转向汽车制造。例如，永源集团；重庆力帆集团。

(4) 汽配企业向下游延伸。汽车配套产品行业的上游企业开始向下游拓展，涉足整车制造。这类企业大多集中在浙江，例如，汽配大亨万向集团；汽车内饰件厂商宁波华翔集团。

除了以上 4 类，还有其他一些类型的企业进入汽车业。例如，贵州新世纪汽车投资公司以项目承包方式接管贵州航空工业集团云雀轿车项目。

2004 年下半年，波导宣布退出汽车行业。此后，以家电和手机企业为主的"外来造车者"大半陆续退出。

2. 通过技术组织轨道降低技术壁垒

贝尔德温（Baldwin）和克拉克（Clark）将产品结构界定为集成化结构和模块化结构两种。集成化产品结构的特点是产品零部件之间的联系复杂，产品的生产和加工较难在不同企业之间进行分解。相反，模块化产品结构的特点是，产品结构通过结构、界面和标准进行特别设计，产品之间的联系简单，产品设计和生产易于在不同企业之间分解。以下给出汽车业、机床业和通信业运用技术组织轨道降低技术轨道的证据。

【汽车业】

汽车技术经过一百多年的发展已经相对成熟，产品设计和生产制造体现出由集成化向模块化演变的趋势，即由以往的一家大规模整车厂完成所有的生产流程演变成为整车厂和零部件供应商协同完成整个流程。这种模块化趋势既可以表现为产品开发和生产制造的相对独立（如许多整车厂并不亲自做设计而是选择外包的方式进行产品设计），也可以表现为设计和生产自身的模块化。设计模块化以功能可分为前提，通过模块化的设计形成产品性能之间的对应关系而降低零部件功能之间的相互依存性，提高产品设计的独立性。生产模块化是由以往集中零部件散件在组装企业内装配，变为模块供应商在组装企业附近进行模块的生产和供货。这为本土汽车产业的发展利用模块化设计和模块供应商克服技术障碍、降低生产制造成本和降低规模经济壁垒提供了可能性。

在进入汽车产业的初始阶段，本土企业一改往日整车企业那种大而全的做法，而是积极向独立技术供应商和零部件供应体系寻求帮助。它们通过委托外包或者联合开发的形式，借助国内外独立设计技术供应商和关键零部件开发供应商的力量弥补自身的短板环节，迅速形成生产产品满足市场需求的能力，有效破除汽车产品复杂技术形成的高技术壁垒。表8-3总结了汽车业运用模块化的证据。

表8-3　　　　　　　　汽车产业运用模块化的例证

厂商（产品）	设计和检测模块	底盘和总成模块
沈阳华晨（中华）	1997年：6 000万美元聘请意大利设计公司设计中华轿车，委托英国米拉公司进行整车验收	总成和配套花费1亿美元委托国外著名汽车零部件公司开发
沈阳华晨（骏捷）	外观由意大利宾尼法利纳公司设计，底盘经保时捷公司调校	
奇瑞（风云）	意大利公司设计、台湾福臻集团开发模具	引进大众西班牙西亚特（SEAT）公司的图雷多（TOLEDO）车型和平台
奇瑞（05款东方之子）	沈阳三菱4G64发动机、三菱自动变速箱和德尔福7.0版防锁死刹车系统（ABS）	
吉利（美日、豪情）	与韩国大宇、意大利汽车项目集团、德国吕克公司进行联合设计	
哈飞（中意）	1999年哈飞与意大利宾尼法瑞那公司联合设计中意微型车，2000年进行"路宝"车身设计	委托英国莲花公司对"路宝"的底盘进行优化
重庆力帆（力帆）	力帆520采用宝马与戴克生产的TRITEC1.6升发动机，车身由上海同济同捷公司设计	半轴由上海纳铁福试制配套，转向器由万向集团和力帆联合设计，模具由千缘模具公司提供，厂房和生产线由长春第九设计院设计

资料来源：作者根据产业资料整理和访谈得到（2009）。

【通信业】

通信设备企业在进入产业之初（20世纪80年代末90年代初），没有能力进行核心芯片的设计和电路板的生产，而当时已经形成了全球范围内成熟的核心芯片供应商，在国内也有专业化的电路板生产企业。因此，像巨龙、华为、中兴等企业都采用了自己设计交换机、核心芯片外购和电路板生产外包的方式来进入产业。表8-4总结了通信业运用模块化的证据。

表8-4　　　　　　　通信设备企业运用模块化的例证

厂商（产品）	核心芯片的外购	生产模块化/外包
巨龙（04交换机）	1991年购买美国摩托罗拉等公司的计算机通用芯片设计04机	1991年：电路板生产外包
华为（BH-03用户交换机）	1988~1989年从加拿大敏迪等公司购买专用核心芯片	1991年：电路板生产外包
中兴（ZX-50、ZX-500）	1986~1989年从加拿大敏迪等公司购买专用核心芯片	1986~1991年：电路板生产外包

资料来源：作者根据产业资料以及访谈整理得到（2009）。

3. 低端切入

表8-5总结了4个案例行业切入低端市场的具体表现。可以发现，立足于满足低端细分市场消费需求的定位，取决于消费者的接受程度和国外企业的反应。从实效看，一方面，由于价格和定位的差异，消费者出于经济性考虑会较容易接受本土企业的产品，而不会刻意将本土企业的品牌与合资企业的品牌进行比较；另一方面，合资企业由于产品档次的悬殊和利润的微薄也没有关注本土企业对低端细分市场的进入，更没有对新进入者施加任何市场的压力。

表8-5　　　4个案例行业进入低端市场时的产品价格比较

产业	国内代表企业	产品价格	同类产品国外价格
汽车	奇瑞	A11轿车：8.798万元 QQ：4.98万元	"老三样"（捷达、富康、桑塔纳）：12万~16万元
	吉利	吉利豪情HQ6360：3.99万元 经济型吉利JL6360：2.99万元	
	长安	奔奔：5.0万元以下	

续表

产业	国内代表企业	产品价格	同类产品国外价格
通信设备	广州天宝电信设备厂	BH-01 II：450~550 元人民币/线	瑞典 Ericsson：320~420 美元/线 加拿大 Mitel：250~350 美元/线 英国 Plessey 公司 250 美元/线
	深圳华为技术有限公司	HAX-100 系列：500 元人民币/线	
	华科通信	HKX-100：570~640 元人民币/线	
彩电	长虹 TCL 创维	出口到国外价格为 100~110 美元/台 32 英寸平板：1.2 万元（2005 年） 37 英寸平板：2 万元（2005 年）	从国外进口 CRT 彩电价格在 500~600 美元/台 32 英寸平板：2 万元（2005 年） 37 英寸平板：3 万元（2005 年）
机床	沈阳机床厂	CAK5140 国产系统 8 万~9 万元（2006 年）	国外较少生产同类产品，但是同型号产品的国外系统价格在 11 万~15 万元
	大连机床厂	CAK6150 国产系统 9 万~10 万元左右（2006 年）	

资料来源：作者根据产业资料整理和访谈得到（2009）。

我国的汽车业、通信设备制造业、机床业和彩电业等遵循了低端切入的路径。吉利、奇瑞、比亚迪、华晨、五菱等进入汽车产业时，都选择了 10 万甚至 5 万元以下的低端市场切入，哈飞、比亚迪、长安等后进入者的车型与价格定位也与合资企业迥然不同，如热销的长安奔奔就是定位于 5 万元以下的经济型轿车，与合资企业新车型 10 万元以上的定价相去甚远。通信业中的华为、天宝、华科等在最初也都定位在提供 450~660 元人民币/线的小容量程控交换机，与当时国际大容量程控交换机 2 000 元人民币/线的价格有很大差距。机床业中的沈阳机床厂、大连机床厂在进入行业之初都定位在提供 10 万元以下的经济型程控机床，这一价格只有国外同类机床价格的 1/3。国内 CRT 彩电的出口价格通常在 100~110 美元/台之间，而国外企业 CRT 彩电的进口价格则高达 500~600 美元/台。

【反例】

本土企业不从低端市场而从中高端市场切入的一个实例是，沈阳华晨最初推出中华轿车后，想直接将其推向中端汽车市场。结果是，在这个市场上中华表现很不理想，向合资企业叫板的设想遭到了严重打击。于是，华晨将中华轿车的价格重新回归到 10 万元以下，随后推出的骏捷，较快地获得了市场认可，被消费者接受。

（二）成本创新

子假设 2：成本创新是国内企业满足低端市场需求的主要手段。

低端市场的一个重要特性，是高度的价格敏感性和对产品低性能的高容忍度。以上两个条件决定了国内企业必须（同时也有可能）制造出低端消费者市场在价格上能承受的相对低质产品。若完全按照发达工业国家的生产流程和生产配置，国内企业将因无法承受高昂的成本。通过对 4 个案例行业的观察可以发现，国内企业通过成本创新手段，成功实现了国内消费者能承受而国外企业难以做到的低价产品，成本创新通常采用"替代模式"实现。

替代模式中"替代"的内涵是广义的，在 4 个案例行业中至少有两种替代：

（1）企业用更经济的外部资源替代内部投入，即"外—内"替代；或用更经济的内部投入替代外部资源，即"内—外"替代。由于资源替代有多种情形，因此我们将"内—外"替代的内涵广义化。例如，企业用成本更低的国内资源替代国外资源、本地资源替代外地资源等，都属于"内—外"替代的范畴。

（2）企业内部要素之间的替代，即"内—内"替代。从价值链的环节看，通过全环节或部分环节的替代，国内企业在进入产业的过程中有效降低了成本。

【汽车业】

国内自主品牌的汽车业企业在进入汽车产业时，面临着高昂的建厂成本、研发成本、零部件采购成本以及生产成本。利用替代模式，新进入企业成功降低了成本。下面以吉利和比亚迪为例加以说明。[①] 吉利在进入汽车产业时，主要通过以下三种方式降低成本，最终达到了造 3 万元车的目标。

1. "外—内"替代方式一：职能外包的合作建厂模式

按照国际惯例与经验，建设汽车制造厂的费用相当庞大，如广州本田在广州建厂花费了 12 亿元。吉利在创业初期面临的最大问题是缺乏资金。吉利通过吸纳、利用民间社会资本，采用独特的职能分包的建厂模式克服了资金障碍。

职能外包的合作建厂模式是指吉利拥有土地权和建厂权，而四大工艺车间的建设是通过吸引民间个人资本投资的"老板工程"来实现的模式。1999～2002 年上半年，吉利充分地吸收、利用江浙、广东一带的民间资本，完成了需要大量资本投入的汽车建厂这一任务。用这种合作建厂的模式建成了冲压、焊装、涂装车间，大大减少了吉利的投资压力，节约了 1/3 的工厂建设资本。吉利在建立第二个工厂时仅投入不到 2 亿元，周转资金几乎完全来自经销商的保证金和汽车销售资金回笼。在吉利上市前，这种民间资本的利用模式已被重庆力帆、浙江青年汽车等纷纷效仿，吉利的模式也给拟进入者（波导汽车、奥克斯汽车）提供了范本。吉利的豪情生产基地选在浙江临海，800 亩的地皮总共投入不到 1 亿元的资金，其中 1/3 用于高等教育，1/3 用于摩托车生产，有 220 亩地用于汽车业。平摊下来用于

[①] 相关资料来自项目研究团队实地调研获取的一手资料、其他研究报告和公开的资料文档等。

汽车制造的地皮成本不到 3 000 万元。建成的汽车厂中除了涂装工艺由本厂完成外，其他冲压、焊装和总装等工艺设备均在国内采购，因此成本极低。

2. "外—内"替代方式二：通过模仿降低研发设计成本

按照一般逻辑，核心技术被认为具有很高的进入障碍，以至短期内无法克服，汽车业中就曾出现过"忍耐寂寞二十年"的观点（即20年之内本土企业难以开发出自己的汽车）。面对高技术壁垒，吉利采取的策略是，将易于"克隆"的夏利汽车作为模仿对象，运用激光测绘手段完成测绘、模仿，只在前脸与后尾部分做了简单的特征改变，因此不需要核心零部件的开发，整车设计也无须重做。应对资源缺乏的对策是：没有底盘，直接拿天津一汽的夏利底盘来用；没有技术人才，通过和天津一汽公司技术人员的关系，得到很多宝贵的技术资料。因此，进入产业初期的吉利成功地绕开、降低了技术进入壁垒。吉利生产的第一款车"豪情"的研发成本与核心零部件材料开发成本仅占总成本的6%。

3. "内—内"替代方式：比亚迪用人工替代机器

比亚迪在进入电池和汽车产业时，都运用大量人工作业替代机器自动化生产，这是典型的企业内部劳动力要素对资本要素的替代模式。

当时，国内很多新成立的电池生产企业的做法是花大价钱引进国际先进水平的生产线（或合资获得），但一条全自动化的镍镉电池生产线（如日本三洋、索尼的生产线）至少要几千万人民币，这对于创业初期的比亚迪是一个天文数字。创业者王传福认为，与其花费20万美元买一套进口设备、承受每月2万元人民币的折旧，还不如用这笔钱雇用大量工人来替代机械手。于是，比亚迪决定凭借自身的技术能力，动手设计并制作关键设备，把昂贵的生产线分解成一个个可以人工完成且便宜实用的工序。结果，比亚迪只花了100多万元人民币，就建成了一条镍镉电池的生产线。在比亚迪的生产线上，每个工人只需在公司现有设备上做一步很简单的工作，或是打磨，或是把做好的电池放到检测的机器上，然后再把它拿下来在箱子里码放整齐。因此，工人无须经过复杂的培训，只要能够掌握一两个关键性的技巧便可上岗，这大大降低了设备购买成本。此外，比亚迪还在电池最后的组装环节设计了很多简单实用的夹具，通不过这些夹具检验的零部件无法组装为成品电池，这也大幅降低了产品检测的高昂成本。以人工为主的"自创"生产线还具有非常大的灵活性，比如，当推出一个新的产品时，比亚迪只需对原有的生产线做关键环节的调整，对员工做相应的技术培训即可。而竞争对手日本企业如三洋要推出新品只能投建新的生产线，投资少则几千万，多则几亿美元。比亚迪的电池生产实现了模拟"低端机器人"的半自动化生产，这给比亚迪带来了巨大的成本优势。表8-6是比亚迪与日本电池生产企业相比的成本优势。

表 8-6　　　　　日产 10 万只锂电池的生产线成本比较

企业	需用工人	设备投资	每块电池分摊成本	原材料成本
比亚迪	2 000 多名	5 000 万元人民币	1 元人民币左右	基本相同
日本企业	200 名	1 亿美元	5~6 元人民币左右	基本相同

资料来源：http://www.szsmb.gov.cn/content.asp?id=51503。

4. "内—外"替代方式：通过采购国产零部件降低零部件采购成本

以吉利的豪情车为例。首先，豪情车所有的零部件都采用国产的。开始阶段，核心部件的发动机和变速器从天津一汽集团采购；到 2000 年，吉利已能自主生产发动机；而其他内外饰件、覆盖件等均来自浙江台州、宁波和临海一带。江浙一带在吉利造摩托车时，已经形成系统、庞大的摩托车和汽车生产零部件配套集群，由于企业之间的竞争相当充分，低成本和大批量是主要运营模式。吉利充分运用了这一优势降低成本。以汽车开发中成本投入最大的模具为例。豪情车的模具开发由河北泊头某模具开发厂商开发，仅花费了 80 多万元，这与国外开发一套模具至少投入 300 万~400 万美元（折合人民币 3 000 万元左右）的状况形成了鲜明对比。通过成本创新模式，吉利实现了造 3 万元车的目标。表 8-7 列出了吉利 3 万元豪情车的成本数据。

表 8-7　　　　　　吉利豪情的成本构成

成本项目	成本金额（元）	占总成本的比例（%）
原材料采购	20 000.00	67
建设厂房分摊	400.00	1
核心零部件材料开发	500.00	2
整车研发	1 200.00	4
生产制造设备分摊	2 200.00	7
营销和服务	2 400.00	8
人员成本	1 500.00	5
其他	1 800.00	6
合计	30 000.00	100

资料来源：根据企业内部访谈和财务数据整理（2008）。

【通信业】

华为、中兴在刚进入通信设备业时，也都采用了"外—内"替代和"内—内"替代模式降低成本，具体表现为以下三种方式。

1. "外—内"替代方式一：生产过程外包

华为、中兴等刚进入通信设备产业时，不具备电路板的生产能力，若自己做，需要大量投入，因此采取了生产过程外包、自己只做设计的"外—内"替代方式来降低成本。这些企业在 20 世纪 80 年代末 90 年代初基本都将生产过程外包给国内成熟的电路板生产企业，从而大大降低了进入通信设备制造业的门槛。

2. "外—内"替代方式二：利用外部科技资源进行研发

充分利用外部科技资源（如科研院所、退休专家）为企业研发做贡献是另一种成功做法。华为在刚进入通信设备产业时缺少资金和人才，但非常善于利用外部科技资源。例如，1989 年开发交换机和电源时，企业内部没有专家，就聘请外面的退休老专家。通过老专家的社会关系资源，又联系到北京邮电大学一名专门研究通信电源的教师，与其签订开发合同，要求 1 年半时间开发出来，开发费用 100 万元由华为支付。结果这名老师带领 3 个学生在不到 1 年的时间内就研发成功交换机电源。1990 年初该产品投入使用，华为借此积累了第一桶资金。通过利用外部的智力资源，华为避免了内部研发的大量投入，也避免了走弯路。

3. "内—内"替代方式：用人工检测替代机器检测

话务检测是通信设备企业生产活动中的重要环节，检测设备昂贵。华为在 1991 年没有任何自动测试设备，若要购买话务测试设备，需要大量投入。因此，当时成千上万的焊点都是品质部员工用放大镜一个个目测检查有没有虚焊、漏焊、链焊。交换机的性能检测也是工程师用话机一项项地测试。遇到大话务量测试，往往要将全厂工人叫到一起，一人两部话机，同时拿起话筒测试。这种替代虽然效率不高，也显幼稚，但节省了初期高昂的检测费用。

【彩电行业】

国内彩电企业在进入产业初期，主要依靠"外—内"替代的方式和"内—外"替代的方式降低成本。下面以长虹为例说明。

1. "外—内"替代方式：模仿领先厂商成熟技术

20 世纪 90 年代，基于对国内市场需求的判断，长虹将新产品发展目标确定为 29 英寸大屏幕彩电，以 1 000 万美元代价，与日本东芝达成合作协议：长虹派技术人员进驻东芝研究本部，学习开发大屏幕彩电的机芯技术。由长虹归纳中国市场的具体技术需求，对电路进行重新修改和设计，直至长虹技术人员能自己设计电路为止。在这次学习过程结束后，长虹开发出机芯电路 NC－2 和 NC－3。1994 年，长虹 C2919PS 大屏幕彩电问世，实现了双画面、高清晰、环绕立体声、超重低音、多制式、全功能遥控，长虹的技术水平得到空前提升。此后，长虹以 NC－3 为基础开发出了 34 英寸彩电 C3418PN，质量和功能与进口彩电没有任何差别。这标志着长虹已经有能力采用机芯电路设计、部件开发、接口设计等应用技术进行部分创新，开发和制造彩电产品。

2. "内—外"替代方式一：仿制国外生产线

1979 年，长虹花费 42 万美元从松下购进了检测仪器和仪表，中外双方技术人员共同建成了中国第一条 CRT 彩电生产线。1985 年，长虹又从松下进口了当时技术水平先进的第二条生产线，投产后单班生产能力达 1 300 台。长虹从一开始就确定了引进生产线、改造生产线的思路，让自己的技术人员全程参与生产线的安装调试，并和日方技术人员一起进行技术改造。例如，中国电视播放和中转系统设备落后，国内彩电要求有较高的接收灵敏度，日方对此欠缺考虑。通过提高彩电接收灵敏度这一改造项目，长虹本身过硬的雷达制造技术派上了很大用场。此后，长虹利用引进消化的生产线技术，自己进行生产线的仿制工作。1987 年，第一条仿制的生产线投产，产量和质量完全达到了松下生产线的水平。随后长虹采用仿制和改进的方法，共制造了十几条生产线，为规模扩张奠定了坚实基础。

国内彩电企业先后共引进了 113 条生产线。大量进口的原因一方面是由于当时我国的彩电产业和其他相关工业基础的薄弱，难以供给所需生产设备；另一方面是 CRT 彩电技术当时在国际上已是成熟技术，国外供货厂家众多，不存在技术封锁的问题，因而容易获得。表 8-8 列举了在这一阶段部分进口装配线的彩电企业。相比其他企业，长虹用自己仿制生产线替代引进生产线的方式，获得了更大的成本优势。

表 8-8　　　　20 世纪 80 年代初部分彩电企业装配线的进口

合同名称	购买单位	进口源	国外供给商	时间	主要内容
彩电装配生产成套设备	北京电视机厂	日本	松下	1980 年 2 月	成套设备
彩电装配生产线关键设备	北京电视机厂	日本	松下	1984 年 7 月	关键设备
彩电装配生产线	北京电视机厂	日本	松下	1984 年 10 月	关键设备
彩电装配生产成套设备	天津无线电厂	日本	胜利、岩井	1980 年 3 月	成套设备
彩电装配生产成套设备	天津电视机厂	日本	东芝	1984 年	关键设备
彩电生产设备	成都无线电一厂	日本	三洋	1985 年 3 月	关键设备
彩电生产成套设备	无锡 742 厂	日本	东芝	1983 年 3 月	成套设备

资料来源：谢伟、吴贵生：《彩电产业的技术学习过程》，载于《中国软科学》2000 年第 1 期。

3. "内—外"替代方式二：国内采购/自建体系替代进口散件组装

彩电零部件和材料的国产化，替代原来的国外进口组件的组装模式，能大大降低成本。长虹在开始从事彩电制造时，由于所处地域的原因，周围没有电子产品的生产配套系统，因此必须自己建立包括行输出、高频头、印刷电路板、变压器等在内的配套体系。到 1998 年，许多零配件的生产能力都达到了全国最大、甚至亚洲最大。这套体系在早期使长虹拥有了巨大的成本优势。

图 8-4 是替代模式的示意图。

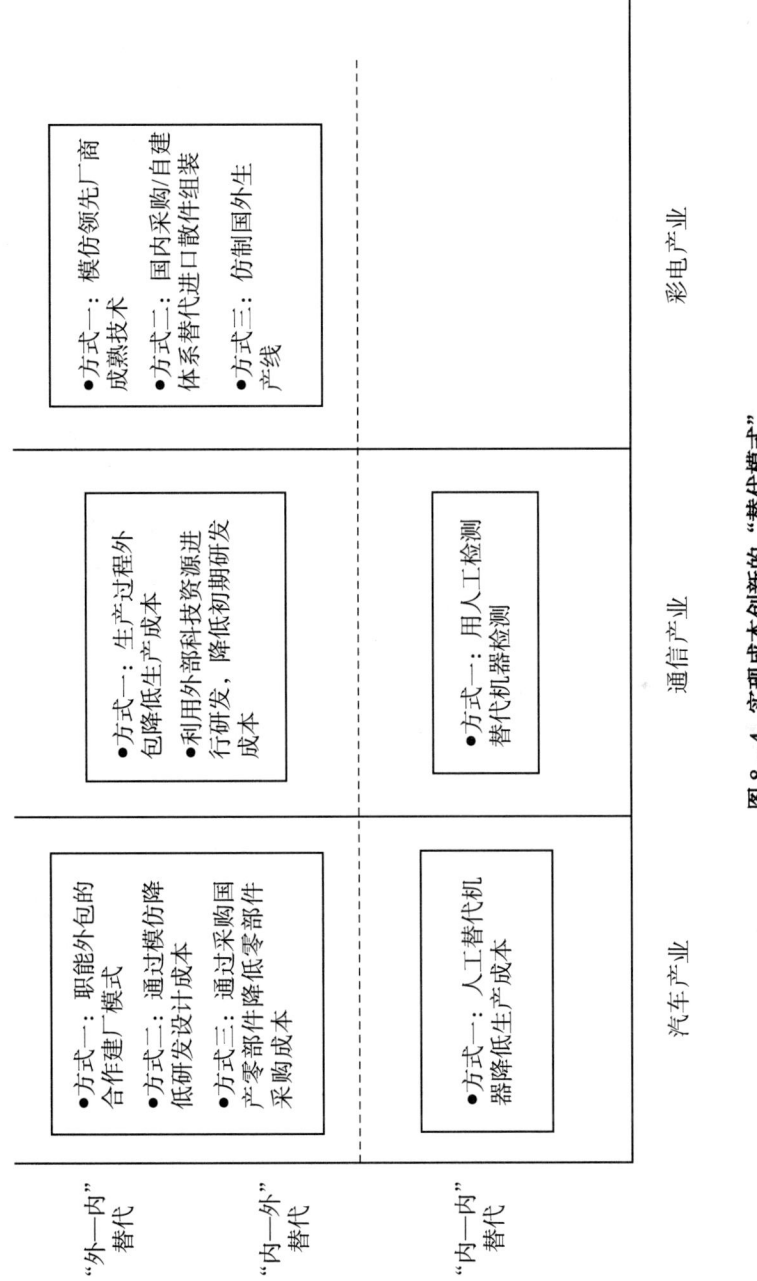

图 8-4 实现成本创新的"替代模式"

资料来源：作者根据案例研究内容自行绘制（2008）。

第八章 自主创新战略路径的实证研究：案例研究

第三节 "立得住"的实证研究

在通过广义轨道和成本创新实现产业进入后,企业进一步发展要在产业中"立得住"。这涉及四个重要问题:前瞻性的创新战略的确立;采用的学习模式;克服能力瓶颈的阶段;能力提升后的竞争策略。

一、"立得住"的创新战略

假设3:从战略上对创新进行前瞻性把握是决定产业创新动力和自主创新能力能否提升的重要前提。

对比研究:通信业 VS 家电业

在通过低端市场实现产业进入后,企业面临着爬坡的问题,这需要从战略上确立创新在企业发展中的地位。通过对产业实践的观察我们发现,不论是在技术平稳发展的成熟产业还是在技术变化迅速的成长产业或出现技术轨道变迁的产业中,能否前瞻性地确立创新的重要地位是决定产业中企业创新动力的重要因素,也因此成为整个产业自主创新能否成功的重要前提。我国的彩电业与通信业之间在创新战略上形成了鲜明的对比,由此对随后的创新能力和绩效产生了决定性影响,下面进行对比分析。

【彩电业】

自1979年以来,我国彩电业一直都是CRT彩电占据市场主流,分层而庞大的国内市场既推动了整个产业的发展,也导致企业沉溺于CRT彩电的规模扩张和同质化价格竞争,忽略了等离子、液晶等新的平板电视技术带来的挑战和机遇。

以2005年为例,这一年是中国彩电产业进入平板电视时代的第二年,CRT电视仍在中国占据60.9%的市场份额,远远高于日本、北美和欧洲等发达国家和地区。三、四级市场上更是CRT彩电保持着绝对领导地位。面对如此庞大的CRT彩电市场,国内企业不能或不愿及早将战略重点调整到平板电视上,而只以扩大规模、打价格战作为主要竞争方式,创新动力明显不足。

近些年,采用新一代光电显示技术的平板电视先是在发达国家市场,随后在国内市场上迅速展示出旺盛的生命力,并逐渐取代传统的CRT彩电。在20世纪末 21 世纪初，国内领先的家电企业本有机会进入液晶、等离子等技术，但在 CRT 彩电发展上获得的成功（如长虹在背投上获得成功标志着在 CRT 彩电技术上取得突破）使国内企业在新兴的电视技术上"不思进取"。早在 2000 年，韩国三星公司就曾向长虹表示，希望结伴闯荡等离子电视市场，长虹的高层领导在 2001 年还考察了韩国三星的等离子生产线，但做出的结论是"等离子彩电相对而言是个长线产品，目前并不适合中国家庭。"直到 2004 年面板价格开始下降，长虹集团当时的执行总裁仍然表示，背投是长虹的最佳选择，液晶和等离子之类的平板电视面向中国还有很长一段时间[①]。

国家信息中心的统计数据显示，平板电视市场中，松下、日立、LG 在 2006 年上半年位列市场占有率前三位，合计占到 50% 的份额，全部国产品牌合计只占到 30% 的市场份额；中国电子商会 2007 年 6 月出台的当年一季度《中国平板电视城市消费者需求状况调研报告》显示，在接受监测的全国 30 多个大中城市中，外资品牌不仅在销售量上以占比 52% 胜出，销售额更是遥遥领先于本土品牌；与此相反，国内企业则普遍生存艰难。

由以上过程描述可知，国内彩电企业缺乏超前的战略眼光，没有从战略上确立平板电视创新的主导地位，导致在出现新的电视技术轨道时没有及时跟进，又一次在核心技术上落后于国外竞争对手。

【通信业】

以中兴、华为为代表的通信设备制造企业从一开始就确立了技术立足、自主开发的思想，并在面临困难局面时一直坚持了下来。下面以华为为例加以阐述。

华为 1988 年通过代理香港鸿年公司的 HAX-100 型模拟程控用户交换机起家，但在做了几个月的"纯代理"业务后，公司领导层意识到，如果只顾赚钱和短期利益而忽视后续研发投入，企业不可能有持续的发展。于是华为决定走自主开发的道路，并从 1988 年下半年起在全国范围内广招人才，开始在困难条件下开发产品。华为的自主开发从最简单的小容量模拟程控交换机起步，继 1991 年推出受到市场欢迎的 HJD48 型空分用户交换机后，持续不断地推出新产品（详见本书第十二章"产业案例三：通信设备业案例"）。

正是基于自主创新和研发的战略目标，国内通信设备企业逐步扩大了国内市场份额。表 8-9 是 20 世纪 80 年代中后期中国程控用户交换机市场上的机型变化情况。

---

① 余旭辉：《长虹的回头路》，载于《21 世纪商业评论》2008 年第 1 期。

表 8-9　　　　20 世纪 80 年代中后期中国程控用户交换
机市场上的机型变化情况

年份	进口设备型号（种）	国产设备型号（种）	国产设备型号占总数比例（%）
1986	31	11	26
1987	48	32	40
1988	21	54	72
1989	30	72	71
1990	9	50	85

资料来源：杨福强：《试论我国空分程控用户交换机的优化设计》，载于《世界电信》1991 年 5 月，第 18 页。

可以看到，国外公司的诸多品牌型号逐渐被国内自主开发的产品所替代。到 1990 年，中国程控用户交换机市场上的国外品牌只剩下 9 种（1987 年有 48 种之多），而国内品牌已有 50 种（1987 年只有 32 种）。对比之下，国内企业的技术能力明显提高。根据亮德纳咨询公司（Gartner）公布的统计分析报告，2006 年全球 20 大通信设备供应商中，华为和中兴分别位居第 11 位和第 14 位。

2006 年华为在移动通信（如 3G 产品）、固定通信（如 NGN 产品）、光传输（如 DWDM 产品）等高端技术领域都推出了性能卓越、质量上乘的系列产品，在全球通信设备市场上频频击败西门子、朗讯、日本电气公司、北电、富士通等老牌跨国公司[①]。华为在电信增值服务领域处于全球领先地位，在全球已经占有超过 1/3 的市场份额。中兴在码分多址（CDMA）、分时—同步分码多工存取（TD-SCDMA）等产品领域已经取得了全球领先地位。表 8-10 列出了 2006 年全球主要移动通信设备厂商在 2G、3G 设备市场上的合同数量排名，其中华为在全球移动通讯（GSM）和宽带分码多工存取（WCDMA）网络产品领域排名第 3 位（仅次于爱立信和诺基亚），中兴在 CDMA 网络产品领域排名第 1 位。

[①] 据接受访谈的多位业内资深人士介绍，爱立信、诺基亚、西门子、思科等国际通信巨头现在都把中国的华为、中兴，尤其是华为，当作最有威胁力的竞争对手加以研究。华为的优势除了低成本研发、生产之外，还有优异的产品质量、完善的客户服务等。

表 8-10　　　2006 年全球主要移动通信设备厂商在
2G、3G 设备市场上的合同数量

市场领域	厂商	合同数量	排名
WCDMA/HSDPA	爱立信	22	1
	诺基亚	16	2
	华为	11	3
	西门子	10	4
	阿尔卡特—朗讯	4	5
	北电	3	6
	中兴	2	7
GSM/GPRS/EDGE	爱立信	17	1
	诺基亚	13	2
	华为	12	3
	西门子	4	4
	阿尔卡特—朗讯	4	5
	北电	3	6
	中兴	3	7
CDMA/CDMA2000	中兴	9	1
	华为	7	2
	阿尔卡特—朗讯	6	3
	摩托罗拉	3	4
	北电	2	5

资料来源：中国信息产业部电信研究院：《2006 年度移动通信市场研究报告》，2007 年 3 月。

很显然，华为和中兴这两家企业已经具有较强的国际竞争力；尽管它们的年销售收入离诺基亚、摩托罗拉、思科、阿尔卡特—朗讯等国际巨头还有差距，但是上升势头很猛。

从通信业和家电产业的对比研究可以发现，是否确立进取的创新战略对创新动力、创新能力提升和创新成效确实产生了明显影响。

二、"立得住"的学习模式

假设 4：适应需求的实践型学习是提升中国企业技术能力的重要方式。

学习是提升能力的重要方式。通过观察发现，中国企业在由"产业进入"

到"产业立足"的"爬坡"过程中,学习方式突出表现为"实践型学习"。

"实践型学习"的内涵可以从学习目标、学习机会和学习方式三个方面理解。首先,实践型学习的目标是适应市场需求、提供满足特定细分市场需求的产品,而不是以跟踪、开发某个领域的领先技术为目标。其次,实践型学习的前提是获取学习的机会,而这需要有相应的细分市场为基础。最后,实践型学习以多渠道、非正式的学习方式为主,而且是一种适应市场需求的快速和高效的学习。其中,相应的细分市场是前提,对市场需求的适应是关键,非正式的学习方式是手段。下面以通信设备业和汽车业为例加以阐述。

1. 通信产业的实践型学习

华为、中兴等通信业企业的实践型学习有以下几种表现形式:

(1) 通过展览会学习。华为1994年第一次参加了亚太地区规模最大的国际通信展,以后每年都参展,中兴也在稍晚时间开始参加该博览会。两家公司在通信展上可以接触到国外最新的技术和产品,并能通过交流向国外先进企业学习,获取平常单靠自身难以获得的知识。

(2) 通过出版物等渠道向国际商务机器公司(IBM)等外企学习。华为1995年成立北京研究所,从单一的交换机产品进入数据通信、光传输、可视电话系统、异步传统模式(ATM)会议电视系统、无线通信领域。通过学习IBM有关的公开出版物(书籍),华为获取了IBM在研发管理流程和时间控制、资源分配等的经验。

(3) 出国考察学习。华为、中兴等通信设备企业在发展和扩张过程中,一直想了解世界大公司是如何管理的。1997年12月,华为总裁任正非、常务副总裁李一男带领高管层访问了美国休斯公司、IBM公司、贝尔实验室与惠普等美国一流公司,他们深深被这些公司的管理所打动,对公司管理制度的规范、灵活、响应速度有了新的认识。1998年初,任正非决定引入IBM的IPD(集成产品开发)管理模式,对研发体系进行重组。通过类似的考察,华为、中兴等企业对公司规模扩大后内部管理的完善和规范化提供了颇有价值的借鉴。

(4) 向国内标杆企业学习。1998年8月,中兴通讯总裁侯为贵等人赴宝钢、海尔、海信、联想进行了考察交流,学习上述企业的经营管理经验。上述几家企业已经开始实践国外大公司最常见的组织形态——事业部制,通过划小经营单位来实现管理和适应规模与业务发展,这给中兴通讯领导层以很多启示和思考。

(5) 通过人员流动学习。6σ法是企业质量管理的重要方法。中兴通讯在引进6σ管理方法时,将美国通用电气公司作为标杆企业来学习。公司引进了朱昆宇为项目带头人,他加入中兴以前曾经在摩托罗拉、美国通用电气公司等企业就职,并成功地取得了美国通用电气公司的6σ黑带大师资格,这是中兴通讯推行

6σ管理最稀缺的资源。中兴成立了由侯为贵挂帅的6σ战略委员会和办公室，将实施6σ管理作为公司长期的战略任务。2001年，中兴从研发、市场、综合管理、物流等部门选了27名业务骨干参加培训，花170万元人民币请摩托罗拉大学组织了41天课程的培训。第一期培训结束后，中兴选择了康讯公司试点6σ项目。康讯是整个公司采购和生产制造中心，有员工1 500多人。公司要求：如果经过培训考试，半年内不能取得"绿带"资格证书，领导岗位就要让出，由公司进行竞聘。到了2002年一季度末，6σ项目比2001年增长了3倍，并覆盖了所有以提高客户满意度、提升产品品质和服务质量及工作流程效率为目的的业务领域。

除以上5种方法之外，还有其他方法，如反求学习：中兴、华为开发数据通讯设备，一般都是购买思科设备，加以解剖，反求汇编出程序，研究有哪些性能，再自己设计。

2. 汽车产业的实践型学习

汽车业企业的实践型学习方式以人员流动（尤其是"挖人"）学习较为突出，具体有几种类型。

（1）雇用在合资企业工作过的人员。通过这些人员能够获得关于生产制造、流程管理、质量管理、营销管理等相关知识。例如，奇瑞总裁尹同耀就曾经是一汽大众总装车间的主任，吉利副总裁张爱群曾经在东风汽车公司任职。

（2）雇用跨国公司的退休技术专家。奇瑞雇佣了20多名外国技术、管理人员，他们主要来自德国、日本和韩国，如曾在日本三菱公司工作过的专家寺田真二，主要负责奇瑞的生产线现场管理和质量管理。吉利聘请了曾任一汽汽车研究所副总工程师的底盘技术专家华福林，负责吉利汽车公司的底盘技术开发；曾邀请了主持过凯越和Spark开发的韩国大宇前国际副总裁和研发中心主任沈奉燮担任集团公司的副总裁，管理开发工作；曾担任一汽技术中心副总工程师的杨建中也受聘担任吉利总裁技术顾问，提供发动机设计支持。

（3）着力吸引国外专家。沈阳华晨、浙江吉利前后聘请了美国汽车工程院院士、曾任克莱斯勒公司技术中心研究总监赵福全担任公司主管技术研发的副总裁。曾担任奇瑞汽车工程研究院院长的许敏就先后在通用、福特和伟世通等国外企业专攻发动机燃烧系统的设计，而辛军、张林等奇瑞公司的主力干将都曾有在本田、戴—克等公司任职的经历。

（4）从本土企业引进人才。吉利路桥生产基地的总经理来自于天津华利公司，吉利宁波基地负责变速箱研发的工程师徐滨宽曾经是天津汽车齿轮厂的工程师；吉利还引进了曾经在长城汽车股份有限公司任职的梁贺年担任吉利济南研究院的院长，负责技术管理。

三、能力的阶段跃迁

假设 5：自主创新的不同阶段具有不同的能力瓶颈，能否克服能力瓶颈，是实现能力跃迁、持续获取竞争力的关键。

国内若干产业的自主创新实践表明，自主创新的能力由低一级向高一级爬升时都会遭遇瓶颈，其中技术能力瓶颈首当其冲。对应于"进得去"、"立得住"、"站得稳"三个阶段，企业需要培育相应的基础能力、亚核心能力和核心能力来克服瓶颈，实现能力的阶段跃迁。通信设备业、手机制造业、光纤光缆业以及数控机床业等在发展过程中，都出现过因遇到瓶颈而无法实现能力阶段跃升的情况。图 8-5、图 8-6、图 8-7 列出了在"进得去"、"立得住"、"站得稳"三个阶段中，不同产业的能力阶段特征。

四、"站得稳"的阶段战略演化

假设 6：在具备一定技术能力后，国内企业有可能采用攻击壁垒（自主开发核心技术）和化解壁垒（合作创新）的创新战略展开竞争。

（一）攻击壁垒：自主研发

所谓攻击壁垒，是指国内企业通过自主研发以求取得核心技术突破并与国外企业在中高端展开正面竞争。直接攻击国外企业在中高端设立的技术壁垒，需要企业具备核心技术能力和配套能力，并要求企业具有较强的品牌营造能力。攻击壁垒的直接结果是企业由国内中低端市场竞争转为参与中高端的国际国内市场竞争。通信产业和潍柴动力是通过自主研发初步实现"攻击壁垒"的案例。

【通信产业由落后到正面竞争】

通信企业在 20 世纪 80 年代末刚进入通信设备产业时，只能从最简单的小容量模拟程控交换机入手，虽然这种产品很受国内市场欢迎，但不具备与国际品牌竞争的实力。随着自主开发战略的确定和持续实施，国内企业的技术能力不断提升，开发出的新产品档次不断提高。到了 20 世纪末、21 世纪初，国内企业已经能做到基本紧随国外新产品推出同档次、同规格的新产品。表 8-11 和图 8-8 列出了国内外企业在推出同类产品上的时间差异。由表 8-11 可知，到了 1999 年，3G 产品的国内外推出时间仅相差 1 年，实现了通信产业由全面落后到与国际领先企业正面竞争的跨越。

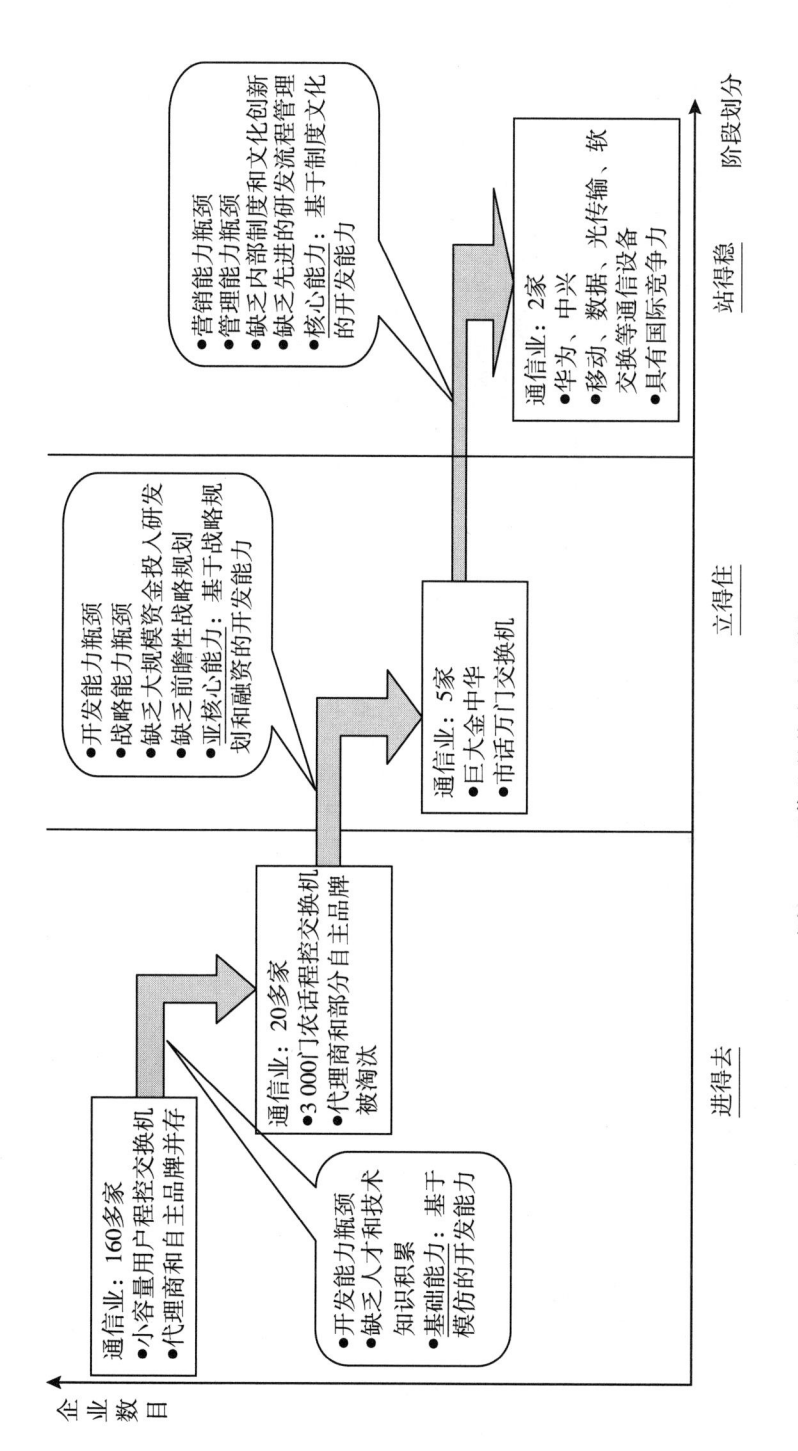

图 8-5 通信业的能力阶段特征

进得去

通信业：160多家
- 小容量用户程控交换机
- 代理商和自主品牌并存

- 开发能力瓶颈
- 缺乏人才和技术知识积累
- 基础能力：基于模仿的开发能力

通信业：20多家
- 3000门农话程控交换机
- 代理商和部分自主品牌被淘汰

立得住

- 开发能力瓶颈
- 战略能力瓶颈
- 缺乏大规模资金投入研发
- 缺乏前瞻性战略规划
- 亚核心能力：基于战略规划和融资的开发能力

通信业：5家
- 巨大金中华
- 市话万门交换机

站得稳

- 营销能力瓶颈
- 管理能力瓶颈
- 缺乏内部制度的研发流程管理
- 核心能力：基于先进制度文化的开发能力

通信业：2家
- 华为、中兴
- 移动、数据、光传输、软交换等通信设备
- 具有国际竞争力

企业数目 →   阶段划分 →

资料来源：作者根据访谈及其他资料绘制（2008）。

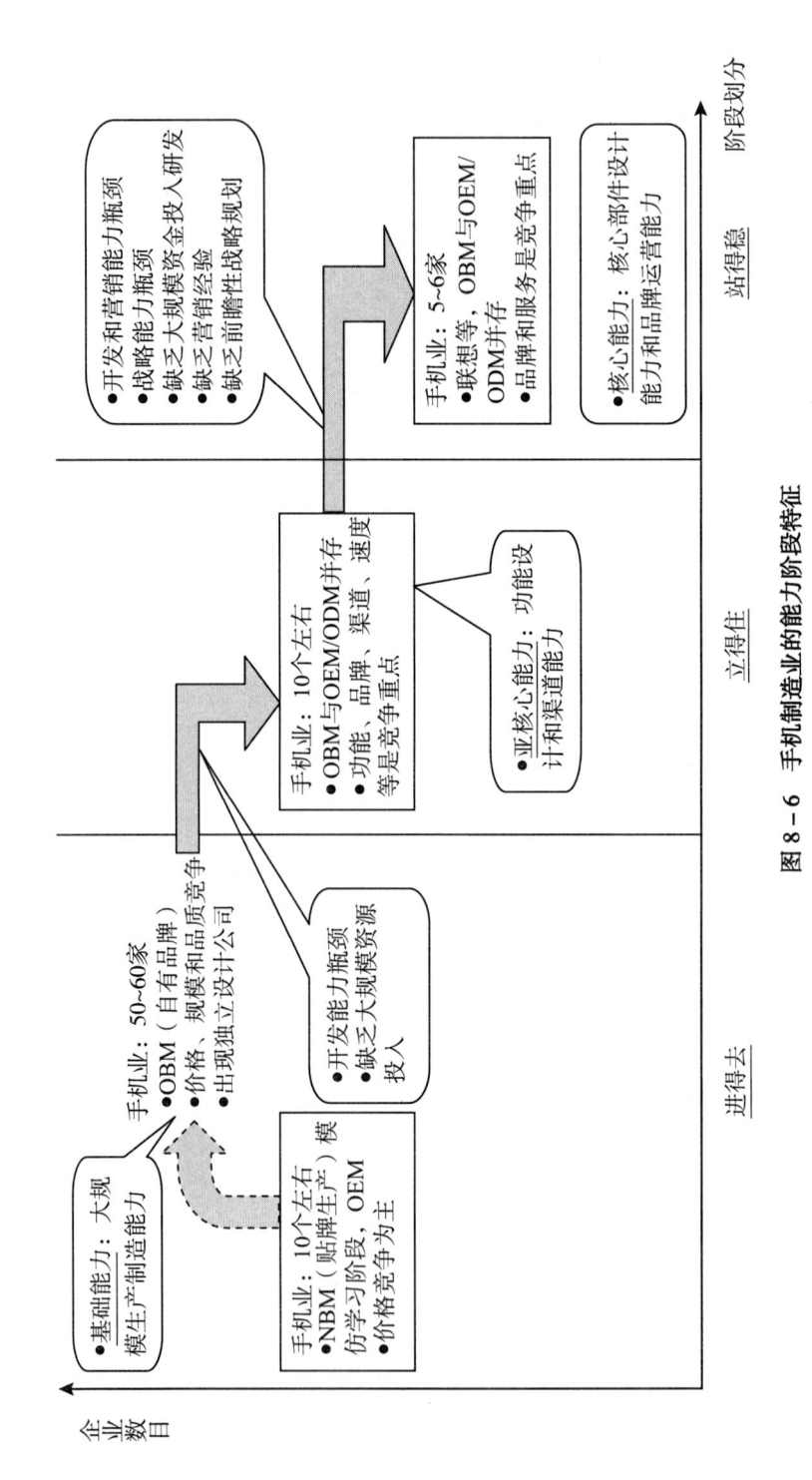

图 8-6 手机制造业的能力阶段特征

资料来源：作者根据访谈及其他资料绘制（2008）。

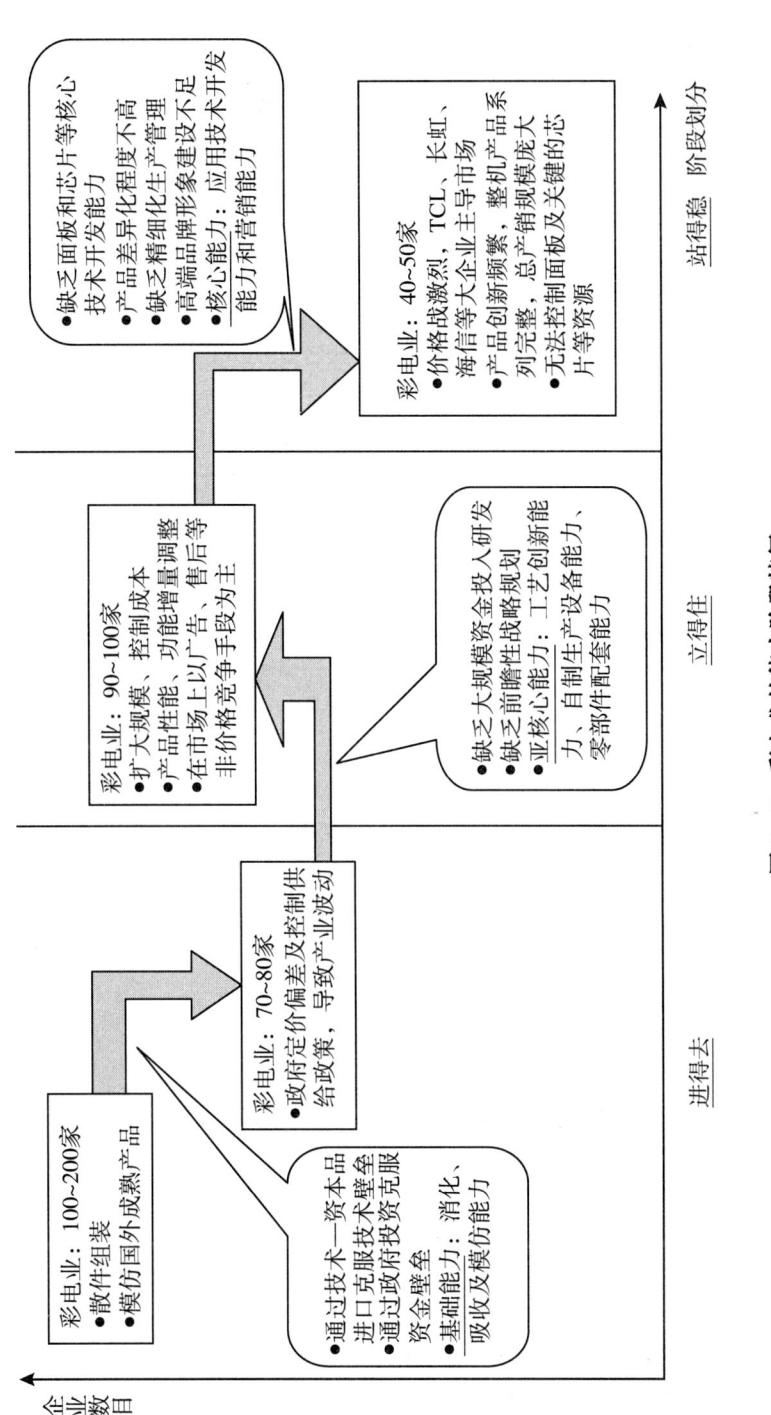

图 8-7 彩电业的能力阶段特征

彩电业：100~200家
- 散件组装
- 模仿国外成熟产品

- 通过技术—资本壁垒
- 进口克服技术壁垒
- 通过政府投资克服资金壁垒
- 基础能力：消化、吸收及模仿能力

彩电业：70~80家
- 政府定价偏差及控制供给政策，导致产业波动

彩电业：90~100家
- 扩大规模，控制成本
- 产品性能、功能增量调整
- 在市场上以广告、售后等非价格竞争手段为主

- 缺乏大规模资金投入研发
- 缺乏前瞻性战略规划
- 亚核心能力：工艺创新能力，自制生产设备能力，零部件配套能力

彩电业：40~50家
- 价格战激烈，TCL、长虹、海信等大企业主导市场
- 产品创新频繁，整机产品系列完整，总产销规模庞大
- 无法控制面板及关键的芯片等资源

- 缺乏面板和芯片等核心技术开发能力
- 产品差异化程度不高
- 缺乏精细化生产管理
- 高端品牌形象建设不足
- 核心能力：应用技术开发能力和营销能力

进得去   立得住   站得稳   阶段划分

企业数目

资料来源：作者根据访谈及其他资料绘制（2008）。

表 8-11　　　　　通信产业由落后到正面竞争的演化过程

产品	推出产品的外国公司、年份	推出产品的中国公司、年份
模拟程控电话交换机	1965 年，美国电话电报公司，No.1 ESS	邮电部第一研究所研发模拟程控电话交换机，但未能推出商用的产品
数字程控电话交换机	1970 年，法国阿尔卡特公司，E10	1986 年，邮电部第一研究所
1G	1978 年，美国电话电报公司，AMPS	熊猫电子等公司研发基站系统，但未能推出商用的产品；1992 年，推出 1G 手机
2G	1992 年，瑞典爱立信公司，GSM	1996 年，大唐，GSM 产品
3G	1999 年，瑞典爱立信公司，WCDMA	2000 年，华为，WCDMA；大唐，TD-SCDMA

资料来源：作者根据产业资料和访谈整理得到（2009）。

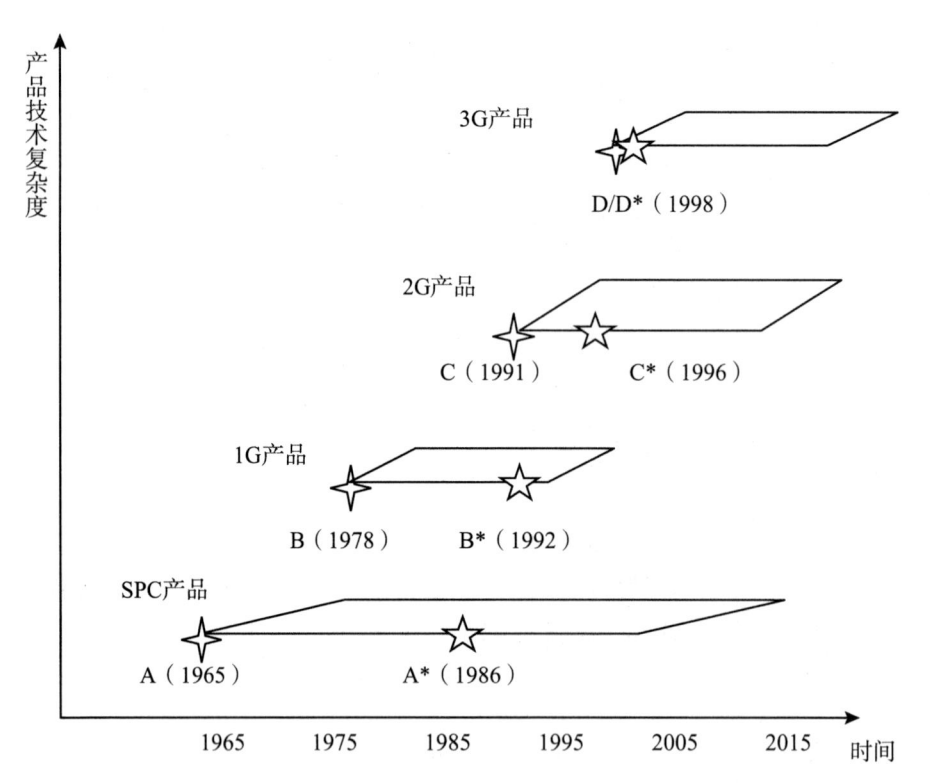

注：图中四角星号代表国外企业推出新产品的时间，五角星代表国内企业推出同类产品时间。A、B、C、D 分别代表国外公司研制推出新产品的时间，A*、B*、C*、D* 分别代表我国公司研制推出相应产品（自主品牌产品）的时间。

图 8-8　国内外企业推出同类产品的时间差异

资料来源：作者根据产业资料和访谈整理得到（2009）。

【潍柴动力由联合开发到自主研发】

中国发动机市场云集了几乎所有世界知名的大厂商，而潍柴 10 升以上发动机在 15 吨以上重型汽车和 5 吨装载机动力配套的市场占有率分别达到 80% 和 76% 以上，中速柴油机在同功率船用动力市场的占有率达 80% 以上。我国第一款拥有完全自主知识产权、具有国际先进水平、排放达到欧Ⅲ标准的"蓝擎"大功率发动机在潍柴实现了大批量生产，标志着潍柴掌握了欧Ⅲ发动机的核心技术。

1. 潍柴技术进步过程

潍柴技术的快速提升，始于引进的斯太尔发动机。经过消化吸收创新，斯太尔成为国内重卡、装载机、工程机械等行业的主流动力产品。潍柴在消化吸收中逐步掌握了发动机行业的制造核心技术，并开始跟踪世界内燃机制造的最新进展。潍柴与世界三大内燃机技术研发中心之一的奥地利 AVL 研究中心建立了长期战略合作关系，每年委派大量技术人员与 AVL 的研究人员合作进行内燃机技术的研究开发，保证潍柴内燃机技术一直与国际同步。在通过联合开发完成了对先进技术的消化、吸收后，潍柴还开始利用国外的先进技术资源（如欧洲独立的研发机构）培育自主创新能力，例如，潍柴欧Ⅲ发动机的某些技术难题由国外研发机构解决。

潍柴将提高自主创新能力作为企业推进结构调整和技术升级的中心环节，多年来连续投入 20 多亿元进行大规模的技术改造。现在，潍柴拥有现代化的研发中心及国内一流水平的产品实验室，配备了国际先进的设计分析软件、实验设备，实现了产品设计和试验的信息化、自动化，提升了技术研发效率。

2. 潍柴的自主开放创新思路

潍柴的自主创新思路归纳为"三不原则"："不关门"——以开放姿态利用世界资源；"不排斥"——积极利用一切世界上最先进的技术；"不违反"——遵守国际知识产权保护法。由此，潍柴确立了三条创新途径：一是自主发展品牌；二是借助国际技术开发力量；三是深化战略合作，合力打造中国动力名牌。

潍柴选择走高起点产学研联合的路子，加强与国内外知名院校、研发机构的合作，全方位整合世界科技资源。潍柴先后与新西兰培新公司、德国道依茨公司组建了合资公司；投资 1 亿多元，与世界著名的奥地利李斯特内燃机及测试设备公司（AVL）公司联合建立了欧洲研发中心，派出 100 多人的研发队伍直接参与开发和攻关；潍柴还拥有自己的潍柴职业学院，每年都为企业输送大批技工人才。现在，潍柴 8 500 多名员工中有高级工、技师和高级技师 1 025 人。

3. 潍柴的自主品牌发展

自主品牌是自主创新的依托。潍柴自主品牌的实现经历了一个从借牌、合牌再到独立创牌的转变。一开始潍柴打的是斯太尔的牌子，后来是潍柴斯太尔，如今"潍柴动力"得到了用户的广泛认可，已经成为国内重型汽车、工程机械、船舶、发电设备配套动力市场的驰名品牌。在潍柴的发展过程中，曾有很多的国内外大企业巨头找到潍柴，商讨合作事宜，开出的条件大都是：潍柴放弃自己的品牌，为别的大品牌打工。合资、合作，引进先进的技术、管理理念等都是潍柴不拒绝甚至是亟须的，但要放弃自己的品牌把企业的前途命运押在别人的品牌上成为别人的，潍柴自始至终没有答应过。

（二）化解壁垒：合作创新

所谓化解壁垒，是指企业在具备一定的技术能力后，利用自身的优势条件，通过与领先企业的合作创新、而非完全依靠自己研发来获取核心技术进入中高端市场的策略。通过合作创新，企业在一定程度上可以化解技术壁垒。合作创新是化解壁垒的一种策略，也是一种"双赢"甚至"多赢"的选择。三峡工程水轮机和高速铁路的案例提供了启示。

【三峡工程水轮发电机组】

1. 技术现状

三峡工程电站设计装机容量1 820万千瓦，由26台（左岸14台，右岸12台）单机为70万千瓦的发电机组成。三峡机组运行水头变幅很大，从61～113米，运行条件复杂，对水轮机性能参数的要求代表了当今世界的最高水平。

2. "市场换技术策略"的实施：左岸水轮机招标

国内巨型水轮机技术较落后，国务院三峡建委决定将"技贸结合、转让技术、联合设计、合作制造"作为三峡重大装备的采购原则，并将我国最具优势的哈尔滨电机有限责任公司（哈电）和东方电机股份有限公司（东电）作为技术受让方。

1996年6月24日，左岸电站招标工作开始，招标书明确规定：投标者必须带上中国有资格的制造企业，参加联合设计、合作制造，中国制造企业分包份额的比例不低于合同总价的25%；投标者必须向中国制造企业转让技术，并培训技术人员；最后2台机组必须以中国制造企业为主制造。1997年9月左岸14台水轮发电机组的国际招标采购揭标，夺标的福伊特—通用电气—西门子（VOITH - GE - SIEMENS，VGS）集团负责供应三峡左岸共6台机组，东电参与联合设计和合作制造，并分包其中2台；奥尔斯通（ALSTOM）集团负责共8台机组的设计和制造，哈电接受该集团技术转让，并分包其中2台水轮机制造。

3. 右岸机组的自主创新

2003年10月三峡右岸机组12台70万千瓦机组开始国际招标，哈电、东电、阿尔斯通 3 家有资格的制造商参与了投标。最终，阿尔斯通公司总体评价第一，哈电和东电紧随其后，在一些单项技术指标上，哈电和东电还优于阿尔斯通，国内研发的水力模型效率接近甚至部分超出国外厂商的制造水平，机组的稳定性达到了当前的国际水准。最终，三家企业分别承担 4 台机组的制造任务。

2007 年 7 月由哈电负责设计制造的右岸 26 号机组投产，这是国内首台自主研制并拥有自主知识产权的巨型国产化机组。之后，哈电和东电承造的其他机组相继投产。2008 年 10 月 29 日，三峡右岸最后一台机组，由东电提供的右岸 15 号机组投产，性能指标完全达到合同要求。三峡右岸机组不但是国产化的成功，更是自主创新的成功。三峡右岸机组研制的过程中，哈电和东电在部分核心技术上实现了突破，主要包括哈电的"L 型"叶片转轮和全空冷技术、东电的无特殊振动转轮技术。

【高速铁路】

1. 两条技术道路的选择：自主研制还是引进、消化吸收再创新

20 世纪 90 年代，我国开始高速铁路技术的研发。自主研制的"中华之星号"等车辆虽然实现了商业运营，但由于没有形成成熟的技术体系，不能满足我国高速铁路快速发展需要，国家最终决定走技术引进消化吸收再创新之路。

2. 高速列车技术引进

2004 年 4 月，国务院明确提出了高速铁路技术引进的原则，即"引进先进技术、联合设计生产、打造中国品牌"。2004 年年中 200 公里时速高速列车技术引进的招标工作全面展开，有三个关键条件：一是外方的关键技术必须转让；二是价格必须优惠；三是必须使用中国的品牌。为保证我国庞大的高铁市场作为统一大市场的谈判优势，铁道部制定了集中引进、一个谈判组对外的谈判策略，明确由南车集团下属的四方公司（简称南车四方）和北车集团下属的长春轨道客车股份有限公司（简称北车长客）两家与国外厂商谈判。在中国巨大市场吸引力与压力的双重作用下，国外高速列车巨头不得不同意转让技术。2004 年 10 月，160 列时速 200 公里列车的订单被法国阿尔斯通、日本川崎重工、加拿大庞巴迪三公司获得。同时，南车四方和北车长客分别与外商签署《时速 200 公里铁路动车组项目技术转让协议》和《时速 200 公里铁路动车组项目国内制造合同》等合作协议。引进的技术涵盖了当今世界最先进的机车车辆技术。合同规定，外商转让列车和部件生产技术，包括一般性组装、车体、转向体、牵引变压器、牵引逆变器、牵引机车、牵引控制系统和列车网络控制系统。除设计技术外，外方企业还要提供制造、检测试验调试技术资料和制造工艺设备，并负责对中方员工进行全面技术培训。

时速 300 公里的高速列车的采购招标于 2005 年初开始，德国西门子与北车集团唐山机车厂（简称北车四方）的联合体和我国南车四方各获得60列动车组订单。西门子承诺，全面转让时速300公里列车设计和制造技术，包括动车组总成等9项关键技术。9项关键技术分别由唐山机车车辆厂、铁道科学院机车车辆研究院和北车集团永济电机厂负责引进、消化、吸收。中方在技术引进中要求联合设计生产，外方转让全部图纸，明确技术规范和工艺规程，确立技术检验标准。

3. 高速铁路技术消化吸收与再创新

时速200公里高速列车技术引进后，经过近3年的消化吸收，到2007年我国已完全掌握了动车组9大关键技术及10项主要配套技术。时速200公里CRH的国产化程度已达到70%以上，远期可以达到85%，核心技术已经基本国产化。2007年4月18日第六次大提速投入时速200公里列车52列，其中10列CRH1主要在广深线运行，5列CRH5主要在京哈上运行，37列CRH2在沪杭线和沪宁线上运行。时速300公里时速高速列车技术引进后，经过学习和消化吸收，2007年9月首组国产化列车铝合金车体完成；2008年4月11日，国产时速350公里CRH3在北车唐山下线；2008年6月24日在京津城际铁路进行高速运行测试时创下了394.3公里的最高时速，2008年8月1日正式通车，商用运营时速达350公里，是当今世界时速最快的轮轨高速铁路。预计全部60列将于2009年底交付使用，国产化率可达到70%。

第九章

自主创新战略路径的实证研究：问卷调查研究[*]

本章仍然利用本项目联合清华大学技术创新研究中心和国家统计局 2008 年对国内 42 个城市制造业企业问卷调查的数据，对我国企业自主创新环境和自主创新战略路径选择进行实证分析。

第一节 企业的创新环境

一、描述性统计

（一）对行业特征的判断

本研究对企业所在行业特征的调查包括以下九个选项：（1）本行业核心技术发展较快；（2）本行业的研发投资成本较高；（3）本行业先前技术积累非常重要；（4）本行业的企业间竞争非常激烈；（5）本行业推出的新产品非常多；（6）本行业的总体需求变化非常大；（7）上游供应商的技术发展很快；（8）模仿创新是本行业普遍采取的策略；（9）技术创新成果可以通过专利、技术秘密

---

[*] 本章表格及图形均为作者根据问卷调查数据计算、分析得到并绘制（2008）。

等方式得到有效保护。

图 9-1 是样本企业对 9 个题项得分均值的柱状示意图。由图可知，被调查企业对 9 个题项普遍表示一定程度的同意，尤其是对于第 3 个和第 4 个题项，更多企业表示非常同意，表明企业对行业的激烈竞争和先前技术积累的重要性有着普遍认同。

图 9-1　企业对所在行业特征的判断

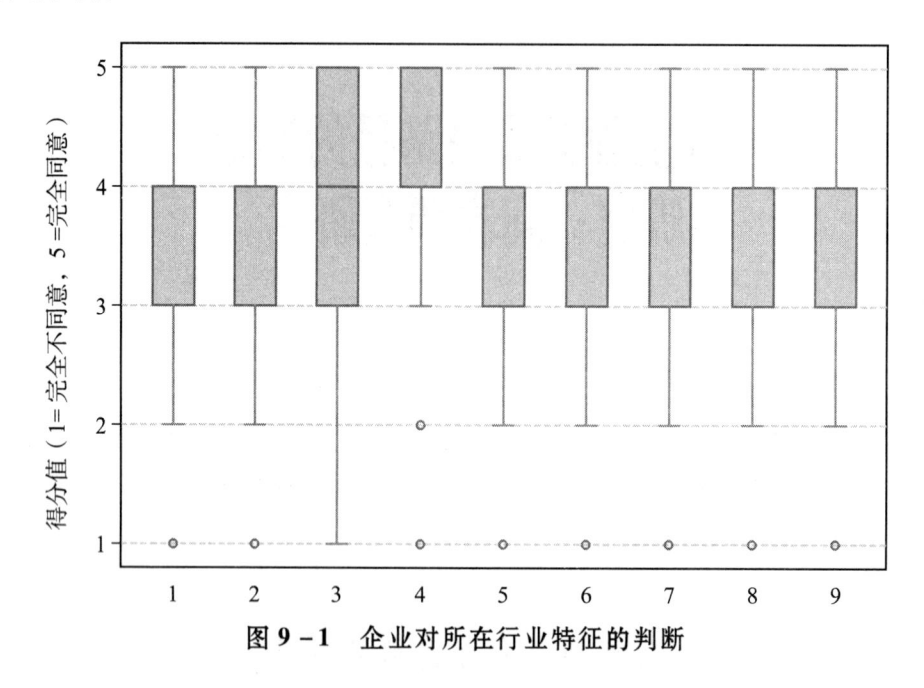

表 9-1 详细列出了样本企业对行业特征所有题项各种判断得分的统计值。由表可知，企业战略对创新环境中行业特征的判断基本认同了调查问卷初始的行业特征描述，所有行业特征的企业战略认同度均值都超过了中立标准。

表 9-1　　　　　行业特征因素判断——行业特征

	题项	企业数量（家）	所占比例（%）
本行业核心技术发展较快	完全不同意 1	48	3.5
	基本不同意 2	146	10.6
	中立 3	484	35.3
	基本同意 4	549	40.0
	完全同意 5	144	10.5
	共计	1 371	100
	均值	3.43	
	方差	0.938	

续表

题项		企业数量（家）	所占比例（%）
本行业的研发投资成本较高	完全不同意 1	26	1.9
	基本不同意 2	123	9.0
	中立 3	480	35.0
	基本同意 4	533	38.9
	完全同意 5	208	15.2
	共计	1 370	100
	均值	3.56	
	方差	0.918	
本行业先前技术积累非常重要	完全不同意 1	11	0.8
	基本不同意 2	34	2.5
	中立 3	317	23.1
	基本同意 4	632	46.1
	完全同意 5	376	27.4
	共计	1 370	100
	均值	3.97	
	方差	0.823	
本行业的企业间竞争非常激烈	完全不同意 1	7	0.5
	基本不同意 2	22	1.6
	中立 3	255	18.6
	基本同意 4	572	41.7
	完全同意 5	515	37.6
	共计	1 371	100
	均值	4.14	
	方差	0.807	
本行业推出的新产品非常多	完全不同意 1	33	2.4
	基本不同意 2	137	10.0
	中立 3	498	36.4
	基本同意 4	485	35.5
	完全同意 5	215	15.7
	共计	1 368	100
	均值	3.52	
	方差	0.954	

续表

题项		企业数量（家）	所占比例（%）
本行业的总体需求变化非常大	完全不同意 1	28	2.0
	基本不同意 2	132	9.6
	中立 3	513	37.4
	基本同意 4	475	34.7
	完全同意 5	222	16.2
	共计	1 370	100
	均值	\multicolumn{2}{c	}{3.53}
	方差	\multicolumn{2}{c	}{0.943}
上游供应商的技术发展较快	完全不同意 1	45	3.3
	基本不同意 2	174	12.7
	中立 3	692	50.7
	基本同意 4	359	26.3
	完全同意 5	96	7.0
	共计	1 366	100
	均值	\multicolumn{2}{c	}{3.21}
	方差	\multicolumn{2}{c	}{0.871}
模仿创新是本行业普遍采取的策略	完全不同意 1	56	4.1
	基本不同意 2	135	9.9
	中立 3	491	35.9
	基本同意 4	484	35.4
	完全同意 5	201	14.7
	共计	1 367	100
	均值	\multicolumn{2}{c	}{3.47}
	方差	\multicolumn{2}{c	}{0.994}
技术创新成果可以通过专利、技术秘密等保护	完全不同意 1	19	1.4
	基本不同意 2	94	6.9
	中立 3	510	37.3
	基本同意 4	501	36.7
	完全同意 5	242	17.7
	共计	1 366	100
	均值	\multicolumn{2}{c	}{3.62}
	方差	\multicolumn{2}{c	}{0.900}

"本行业的企业间竞争非常激烈"得到了大多数企业的认同,接近80%的企业对于该项环境评价持"基本同意"或者"完全同意"的态度。"本行业先前技术积累非常重要"的环境评价也得到了企业的高度战略认同,超过70%的企业"基本同意"或者"完全同意"该项环境评价。

其他几项行业特征评价的内容在企业战略的认同度水平接近,包括"本行业核心技术发展较快"、"本行业的研发投资成本较高"、"本行业推出的新产品非常多"、"本行业的总体需求变化非常大"、"模仿创新是本行业普遍采取的策略"和"技术创新成果可以通过专利、技术秘密等保护",50%左右的企业表示"基本同意"或者"完全同意"行业特征的描述。同时,对上述环境特征评价持中立观点的企业也占据了较大比例,因此需要依靠差异性分析作进一步判断。

对"上游供应商的技术发展较快"这一题项,仅有33%左右的企业表示"基本同意"或"完全同意",超过50%的企业在该题项上选择不表态。这表明,该评价不能对行业特征作出准确描述。

(二) 对合作情况的判断

被调查企业对合作情况的四个方面进行了判断:(1)本行业企业之间合作比较普遍;(2)本行业产学研合作比较普遍;(3)政府对本行业的技术进步和发展提供了有力支持;(4)高校和研究机构的基础研究成果对本行业技术发展非常重要。企业对合作情况的描述基本持中立观点。图9-2的左半部分是企业对合作情况判断的分析。由图可知,企业基本同意这四个观点,但对于第一个观点"本行业企业之间合作比较普遍"的认同度相对较低。

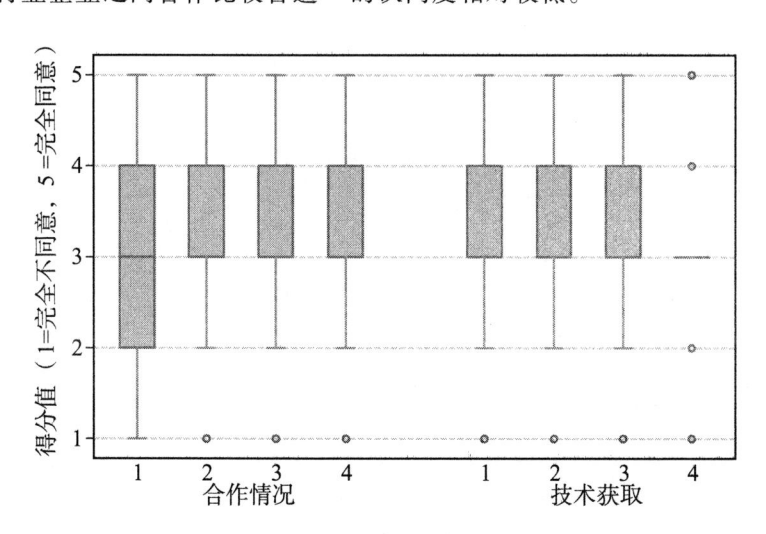

图9-2 企业对合作情况和技术获取的判断

表 9-2 详细列出了样本企业对四种合作情况的判断得分统计值。由表可知，超过 40% 的企业选择了中立，选择"基本同意"或"完全同意"的企业比例在 30% 左右，选择"基本不同意"或"完全不同意"的企业比例约为 20%。

表 9-2　　　　　　　　创新环境因素判断——合作情况

	题项	企业数量（家）	所占比例（%）
本行业企业之间合作比较普遍	完全不同意 1	88	6.4
	基本不同意 2	296	21.6
	中立 3	587	42.9
	基本同意 4	318	23.2
	完全同意 5	80	5.8
	共计	1 369	100
	均值	3.00	
	方差	0.970	
本行业产学研合作比较普遍	完全不同意 1	58	4.2
	基本不同意 2	231	16.9
	中立 3	607	44.3
	基本同意 4	389	28.4
	完全同意 5	84	6.1
	共计	1 369	100
	均值	3.15	
	方差	0.919	
政府对本行业的技术进步和发展提供了有力支持	完全不同意 1	61	4.5
	基本不同意 2	146	10.7
	中立 3	566	41.4
	基本同意 4	459	33.6
	完全同意 5	136	9.9
	共计	1 368	100
	均值	3.34	
	方差	0.951	
高校和研究机构的基础研究成果对本行业技术发展非常重要	完全不同意 1	68	5.0
	基本不同意 2	192	14.1
	中立 3	687	50.3
	基本同意 4	336	24.6
	完全同意 5	83	6.1
	共计	1 366	100
	均值	3.13	
	方差	0.902	

(三) 对技术获取的判断

被调查企业对技术获取的四个方面进行了判断：(1) 通过引进获得国外关键技术的难度加大；(2) 通过合作或合资来获得国外关键技术的难度加大；(3) 从国外技术供应商（如设计公司或技术咨询公司）获得关键技术的可能性增大；(4) 通过并购获取国外技术的可能性增加。

图9-2的右半部分是企业对技术获取判断的分析。由图可知，企业基本同意前三个观点，即引进或通过合作、合资获得国外关键技术的难度都在加大，而从国外技术供应商获得关键技术的可能性增大。

表9-3详细列出了样本企业对四个技术获取途径的判断得分统计值。企业对环境评价中技术获取的描述基本持中立观点。其中三个技术获取的评价，超过50%的企业选择了中立，对另一个技术获取的评价，接近50%的企业选择了中立，选择"基本同意"或"完全同意"的企业比例在22%~40%左右，选择"基本不同意"或"完全不同意"的企业比例约为10%~25%。从企业认同度均值来看，"通过引进获得国外关键技术的难度加大"企业的认同度最高，说明了我国企业在技术引进上面临的障碍正在逐渐加大。

表9-3　　　　　　创新环境因素判断——技术获取

	题项	企业数量（家）	所占比例（%）
通过引进获得国外关键技术的难度加大	完全不同意1	47	3.4
	基本不同意2	128	9.4
	中立3	641	46.9
	基本同意4	420	30.7
	完全同意5	131	9.6
	共计	1 367	100
	均值	3.34	
	方差	0.899	
通过合作或合资来获得国外关键技术的难度加大	完全不同意1	48	3.5
	基本不同意2	158	11.6
	中立3	696	51.0
	基本同意4	385	28.2
	完全同意5	78	5.7
	共计	1 365	100
	均值	3.21	
	方差	0.851	

续表

题项		企业数量（家）	所占比例（%）
从国外技术供应商（如设计公司或技术咨询公司）获得关键技术的可能性增大	完全不同意1	71	5.2
	基本不同意2	246	18.0
	中立3	700	51.2
	基本同意4	300	21.9
	完全同意5	50	3.7
	共计	1 367	100
	均值	3.01	
	方差	0.868	
通过并购获取国外技术的可能性增加	完全不同意1	96	7.0
	基本不同意2	235	17.2
	中立3	725	53.2
	基本同意4	265	19.4
	完全同意5	43	3.2
	共计	1 364	100
	均值	2.94	
	方差	0.878	

二、差异性检验

由于企业对于环境评价的判断中有较大比例的企业选择了中立态度，并且企业认同度的均值在大多数题项中都只是略微超过中立标准3，这很难反映出企业战略对环境现状的评价。我们利用单样本的均值差异性检验来比较企业战略判断和中立标准的差异。差异性检验通过单一样本以3为均值的T检验来完成。表9-4是对环境评价中行业特征、合作情况和技术获取三个方面的差异性检验结果。

表9-4　　　　　环境评价的企业认同度与中立标准的差异性检验

	环境评价	认同均值	显著性 Sig.
行业特征	本行业核心技术发展较快	3.43	0.000
	本行业的研发投资成本较高	3.56	0.000
	本行业先前技术积累非常重要	3.97	0.000
	本行业的企业间竞争非常激烈	4.14	0.000
	本行业推出的新产品非常多	3.52	0.000
	本行业的总体需求变化非常大	3.53	0.000
	上游供应商的技术发展较快	3.21	0.000
	模仿创新是本行业普遍采取的策略	3.47	0.000
	技术创新成果可以通过专利、技术秘密等保护	3.62	0.000
合作情况	本行业企业之间合作比较普遍	3.00	0.867
	本行业产学研合作比较普遍	3.15	0.000
	政府对本行业的技术进步和发展提供了有力支持	3.34	0.000
	高校和研究机构的基础研究成果对本行业技术发展非常重要	3.13	0.000
技术获取	通过引进获得国外关键技术的难度加大	3.34	0.000
	通过合作或合资来获得国外关键技术的难度加大	3.21	0.000
	从国外技术供应商（如设计公司或技术咨询公司）获得关键技术的可能性增大	3.01	0.709
	通过并购获取国外技术的可能性增加	2.94	0.019

由表9-4可知，所有的行业特征题项判断通过差异性检验，即与中立标准存在显著差异，表明这些对于行业特征的描述能够获得企业的正面认可。总体来说，行业表现出竞争激烈、不确定性和技术累积性的特征。竞争激烈体现在企业高度赞同"本行业的企业间竞争非常激烈"的描述；不确定体现为技术迅速发展和需求的高度不确定性，如"本行业核心技术发展较快"和"本行业的总体需求变化非常大"都得到了企业的认同；累积性主要体现为企业认为"本行业先前技术积累非常重要"、"技术创新成果可以通过专利、技术秘密等保护"，说明技术知识积累对各行业已经显示出其重要作用。还需指出，模仿创新仍然是我国企业主要采用的创新形式，对模仿创新的行业特征描述也得到了企业的认同。

第二节 企业的战略选择

一、描述性统计

(一) 总体情况

企业的技术创新战略选择涉及 5 个方面的 10 个题项,图 9-3 是企业这 10 个题项判断的统计分析结果。

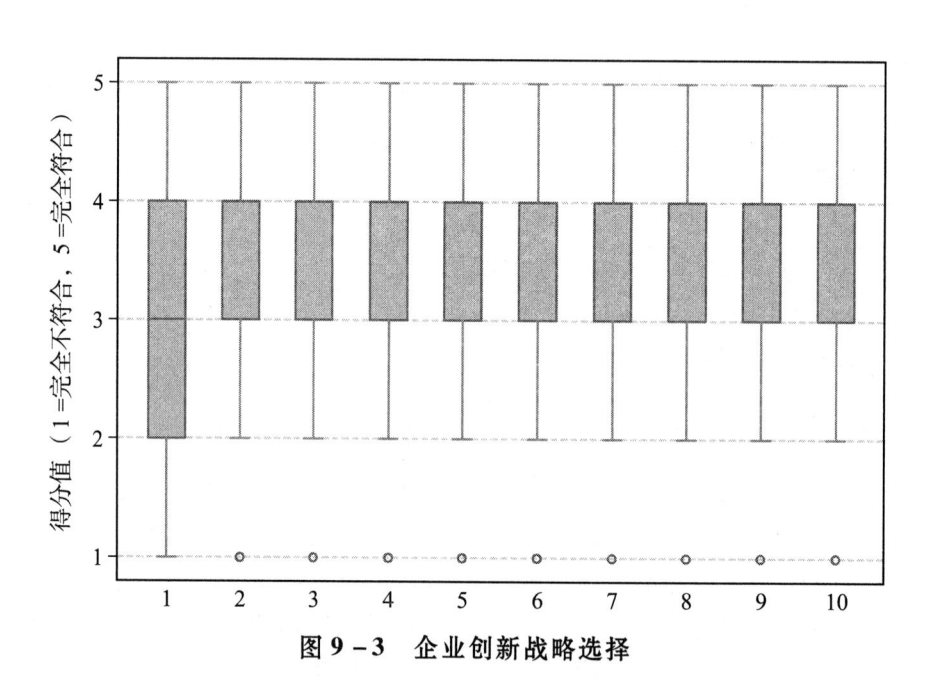

图 9-3 企业创新战略选择

由图 9-3 可知,被调查企业仅在第 1 条陈述上表现出一定的差异性,有一半的企业认为这不符合实情;普遍认同其余 9 条技术创新战略的陈述。

(二) 单个题项的统计情况

1. 创新方向和投资环节选择

题项内容和统计结果如表 9-5、表 9-6 所示。对于企业战略选择的描述,

41%的企业认为优先选择进入新产业的策略"基本符合"或者"完全符合"本企业的创新战略。30%的企业认为这种优先进入新产业而不是立足于将现有产业做精做强的策略"基本不符合"或者"完全不符合"企业的创新战略。29%的企业选择中立态度。

接近50%的企业认为"优先安排在开拓市场和改进销售环节的投资"符合企业的创新战略选择，33%的企业选择了中立态度，仅有19%的企业不太同意这种创新战略的描述。

表9-5　　　　　　　　　　　对创新方向的选择

	题项	企业数量（家）	所占比例（%）
在创新方向上，优先选择进入新的行业，其次是将现有产业做精做强	完全不符合1	168	12.2
	基本不符合2	250	18.2
	中立3	398	29.0
	基本符合4	395	28.8
	完全符合5	161	11.7
	共计	1 372	100
	均值	3.10	
	方差	1.192	

表9-6　　　　　　　　　　　对创新投资的选择

	题项	企业数量（家）	所占比例（%）
在投资上，优先安排在开拓市场和改进销售环节上投资，其次是技术开发	完全不符合1	59	4.3
	基本不符合2	205	15.0
	中立3	449	32.7
	基本符合4	542	39.5
	完全符合5	116	8.5
	共计	1 371	100
	均值	3.33	
	方差	0.974	

2. 技术选择

题项内容和统计结果如表9-7、表9-8所示。37%的企业认为"在行业技术发生较大变革时，为规避风险，更倾向于等待时机而不是马上参与"的策略

"基本符合"或者"完全符合"本企业的创新战略选择；19%的企业认为该策略"基本不符合"或者"完全不符合"企业的创新战略；44%的企业选择中立态度。

55%的企业认为"在技术研发定位上，主要是做应用技术开发，较少做基础性研究"符合了企业的创新战略选择，说明了应用开发仍然是企业创新战略的主要选择；仅有13%的企业选择了不太认同这种创新战略的描述；32%的企业表示了中立态度。

表9-7　　　　　　　　行业技术发生较大变革时企业的选择

题项		企业数量（家）	所占比例（%）
在行业技术发生较大变革时，为规避风险，更倾向于等待时机而不是马上参与	完全不符合1	64	4.7
	基本不符合2	198	14.5
	中立3	610	44.5
	基本符合4	435	31.8
	完全符合5	63	4.6
	共计	1 370	100
	均值	3.17	
	方差	0.897	

表9-8　　　　　　　　　技术研发定位选择

题项		企业数量（家）	所占比例（%）
在技术研发定位上，主要是做应用技术开发，较少做基础性研究	完全不符合1	50	3.6
	基本不符合2	125	9.1
	中立3	433	31.6
	基本符合4	617	45.0
	完全符合5	146	10.6
	共计	1 371	100
	均值	3.50	
	方差	0.930	

3. 市场选择

题项内容和统计结果如表9-9、表9-10所示。43%的企业认为"在市场上出现新的产品时，优先采取模仿创新来尽快缩短与竞争对手的差距；其次是争取开发差异性产品"的策略"基本符合"或者"完全符合"本企业的创新战略选择。17%的企业认为该策略"基本不符合"或者"完全不符合"企业的创新战略。40%的企业选择中立态度。

61%的企业认为"优先考虑能将已有产品成本降低的创新,其次是发展差异化产品"完全或基本符合企业的创新战略选择,说明了成本创新是企业创新战略的主要选择。仅有8%的企业选择了不太认同这种创新战略的描述。31%的企业表示了中立态度。

表9-9　　　　　　　　对市场上出现新产品的反应

	题项	企业数量（家）	所占比例（%）
在市场上出现新的产品时,优先采取模仿创新来尽快缩短与竞争对手的差距;其次是争取开发差异性产品	完全不符合 1	84	6.1
	基本不符合 2	154	11.2
	中立 3	536	39.1
	基本符合 4	483	35.2
	完全符合 5	114	8.3
	共计	1 371	100
	均值	3.28	
	方差	0.981	

表9-10　　　　　　　　对创新方向的选择

	题项	企业数量（家）	所占比例（%）
优先考虑能将已有产品成本降低的创新,其次是发展差异化产品	完全不符合 1	16	1.2
	基本不符合 2	91	6.6
	中立 3	429	31.2
	基本符合 4	664	48.4
	完全符合 5	173	12.6
	共计	1 373	100
	均值	3.65	
	方差	0.827	

4. 创新策略选择

题项内容和统计结果如表9-11、表9-12所示。60%的企业认为"在产品和工艺创新上,优先选择产品创新"的策略"基本符合"或者"完全符合"本企业的创新战略选择,说明产品创新在企业创新战略中具有比较重要的地位。仅有7%的企业认为该策略"基本不符合"或者"完全不符合"企业的创新战略。而33%的企业选择表示中立态度。

47%的企业认为"在面对强大竞争对手时,采取从低端(技术、市场)切入,逐步向中高端进军的策略"符合了企业的创新战略选择。16%的企业选择了不认同这种创新战略的描述。37%的企业表示了中立态度。

表9-11　　　　　　　　对产品创新和工艺创新的选择

	题项	企业数量(家)	所占比例(%)
在产品和工艺创新上,优先选择产品创新	完全不符合1	32	2.3
	基本不符合2	71	5.2
	中立3	451	32.8
	基本符合4	584	42.5
	完全符合5	235	17.1
	共计	1 373	100
	均值	3.67	
	方差	0.899	

表9-12　　　　　　　　面对强大竞争对手时的策略

	题项	企业数量(家)	所占比例(%)
在面对强大竞争对手时,采取从低端(技术、市场)切入,逐步向中高端进军的策略	完全不符合1	62	4.5
	基本不符合2	149	10.9
	中立3	510	37.2
	基本符合4	530	38.7
	完全符合5	120	8.8
	共计	1 371	100
	均值	3.36	
	方差	0.946	

5. 创新定位选择

题项内容和统计结果如表9-13、表9-14所示。47%的企业认为"在创新的定位上,优先考虑扩大企业规模和占有率,其次是将已有业务做精做强"的策略"基本符合"或者"完全符合"企业创新战略选择,说明"规模取向"在企业创新战略中比较普遍。仅有16%的企业认为该策略"基本不符合"或"完全不符合"企业创新战略。37%的企业选择中立态度。

31%的企业认为"当复杂技术可分解时,采取将技术拆解、部分或全部外包开发、再由本企业集成的策略"符合了企业的创新战略选择。22%的企业选择了不太认同这种创新战略的描述。47%的企业表示了中立态度。

表9-13　　　　　　　　　　对创新定位的选择

	题项	企业数量(家)	所占比例(%)
在创新的定位上,优先考虑扩大企业规模和占有率,其次是将已有业务做精做强	完全不符合1	41	3.0
	基本不符合2	176	12.8
	中立3	519	37.9
	基本符合4	502	36.6
	完全符合5	132	9.6
	共计	1 370	100
	均值	3.37	
	方差	0.929	

表9-14　　　　　　　　　对复杂技术开发策略的态度

	题项	企业数量(家)	所占比例(%)
当复杂技术可分解时,采取将技术拆解、部分或全部外包开发、再由本企业集成的策略	完全不符合1	92	6.7
	基本不符合2	212	15.5
	中立3	638	46.5
	基本符合4	362	26.4
	完全符合5	67	4.9
	共计	1 371	100
	均值	3.07	
	方差	0.937	

二、差异性检验

利用单样本的均值差异性检验来比较企业战略判断和中立标准的差异。差异性检验通过单一样本以3为均值的T检验来完成,检验结果如表9-15所示。

表 9-15　企业采用的主要创新战略的符合程度与中立标准的差异性检验

题项	认同均值	显著性 Sig.
在创新方向上,优先选择进入新行业,其次是将现有产业做精做强	3.10	0.003
在投资上,优先安排在开拓市场和改进销售环节上投资,其次是技术开发	3.33	0.000
在行业技术发生较大变革时,为规避风险,更倾向于等待时机而不是马上参与	3.17	0.000
在技术研发定位上,主要是做应用技术开发,较少做基础性研究	3.50	0.000
在市场上出现新的产品时,优先采取模仿创新来尽快缩短与竞争对手的差距;其次是争取开发差异性产品	3.28	0.000
优先考虑能将已有产品成本降低的创新,其次是发展差异化产品	3.65	0.000
在产品和工艺创新上,优先选择产品创新	3.67	0.000
在面对强大竞争对手时,采取从低端(技术、市场)切入,逐步向中高端进军的策略	3.36	0.000
在创新的定位上,优先考虑扩大企业规模和占有率,其次是将已有业务做精做强	3.37	0.000
当复杂技术可分解时,采取将技术拆解、部分或全部外包开发、再由本企业集成的策略	3.07	0.004

　　差异性检验显示,所有 10 项企业创新战略选择都与中立标准存在显著差异,均值都大于 3,这意味着企业对于这些战略选择都是持基本认同意见。由此可以反映出我国现阶段企业自主创新的一些战略特点:

　　企业创新战略有短视化的倾向,比如,在技术研发上企业更加倾向于进行应用技术开发而不是基础性研究工作;而在创新投资上,优先考虑进行能够较快产生实效的市场开拓和销售环节改进,而较不重视技术开发。

　　企业创新具有走捷径的趋势,即企业通常选择付出较少努力就能达到创新效果的策略和方式。比如,创新方向的选择上,企业更加偏好于进入新产业而不愿意花大力气把本产业做精做强。又如,在出现技术变革时,企业不是主动通过技术努力迎接变革,而是选择等待时机希望能够坐享其成。再如,市场上出现新产品的时候,企业倾向于通过模仿创新来缩短市场差距,而不是主动进行差异化产品的开发。这些战略选择既体现了我国企业自身规模和实力比较弱还难以承受创新失败的风险,又体现了企业在创新中存在畏难情绪,对破解技术难题缺乏信心,深层次的原因可能在体制与机制上。

企业创新战略还体现出"市场偏向"和"规模偏向"倾向。市场偏向体现为重视市场投资胜于重视技术研发投资，偏好以产品创新满足不同市场用户的需求而非工艺创新持续提高产品质量。而规模偏向体现于企业在创新战略路径的选择上，优先考虑扩大企业规模和占有率，而不是首先将本企业做精做专。

企业创新战略还表现出一定的模式特征，如成本创新（企业优先考虑能将已有产品成本降低的创新，其次是发展差异化产品）、低端切入（在面对强大竞争对手时，采取从低端市场切入，逐步向中高端进军的策略）和集成创新（当复杂技术可分解时，采取将技术拆解、部分或全部外包开发、再由本企业集成的策略）。

总体来看，当前我国企业对自主创新有了较高的认知（认同）度，但在自主创新的决策和具体的创新行动上，我国企业的短期化选择倾向明显。

三、企业对三类关系的评价

除了以上对企业创新战略10个题项的直接测量外，我们还让企业评价了与创新战略选择密切相关的三类关系，具体是：自主创新和引进消化吸收的关系；市场开放与保护的关系；技术创新和金融创新的关系。通过这些题项的评价，我们可以进一步了解中国企业对自主创新战略选择的看法。

（一）企业对自主创新和引进消化吸收的主张

题项内容和统计结果如表9-16所示。由结果可知，76.7%的企业认为应该将培养创新能力放在首位，以我为主、外为我用。45.9%的企业认为技术引进显然是可以减少风险和缩短开发周期的重要方式，因此比较认同能引进时则引进。部分企业自我开发的决心和信心比较坚决，33.9%的企业认为"不论能否引进，都要以自主开发为主，只有这样才能掌握主动权"。

表9-16　企业对自主创新和引进消化吸收的主张（多选）

题项	企业数量（家）	所占比例（%）
当能引进时还是引进更合理，这样可以减少风险和缩短周期	631	45.9
不论能否引进，都要以自主开发为主，只有这样才能掌握主动权	467	33.9
把培养创新能力放在首位，选择性地引进和自主开发，逐步提高自主开发比重	1 056	76.7
共计	1 376	

（二）企业对市场开放与保护的态度

题项内容和统计结果如表9-17所示。由结果可知，企业战略对于市场的开放与保护选择偏好更多是"开放的同时，适度保护"，也就是说企业希望既能够享受开放带来的创新资源获取的便捷性和低成本，又希望和强大的竞争对手竞争时能够得到一些支持和帮助。而认同市场应该完全开放或者具有较高的保护程度的企业比例都较低，其中认为应该"进行市场保护"的企业比例略高（21%），也说明开放条件下我国企业自主创新面临的创新障碍要大于创新收益，因此才需要市场保护的支持。对于"中外企业一视同仁，公平公正"的看法，企业认同度也并不高，仅有1/5的企业认为应该如此。

表9-17　　企业对市场开放与保护的态度

题项	企业数量（家）	所占比例（%）
市场完全开放	168	12.2
进行市场保护，以保护自主创新	283	20.6
开放的同时，适度保护	649	47.3
中外企业一视同仁，公平公正	273	19.9
共计	1 373	100

（三）企业对技术创新和金融创新的看法

题项内容和统计结果如表9-18所示。从技术创新和创新资金的需求来说，大多数企业（68%）表现出一种量入为出的态度，即企业应该"对大的创新投入要量力而行"，说明企业对于创新资金的使用还是保持比较谨慎甚至保守的态度。而从具体的筹措方式来看，更多企业（26.4%）认为应该利用其他融资渠道来支撑企业的创新，这就需要金融创新和技术创新相配合。只有很小比例（5.6%）的企业认为创新资金应该主要依靠企业自我积累。

表9-18　　企业对技术创新和金融创新的看法

题项	企业数量（家）	所占比例（%）
大的突破性创新需要巨额资金投入，仅靠企业自我积累和银行贷款难以支持，需要其他融资渠道，为此需要金融创新相配合	363	26.4

续表

题项	企业数量（家）	所占比例（%）
融资风险大，突破性创新的巨额投入主要靠自我积累	77	5.6
企业应当根据自身实力做出战略选择，即使有其他融资渠道，对大的创新投入也要量力而行	934	68.0
共计	1 374	100

第十章

自主创新政策的实证研究[*]

  本章运用统计方法,研究国务院和发改委、中国人民银行、财政部、科技部、商务部等六大政府机构发布的、与科技和创新有关的科技、经济、创新政策。其中,国务院发布的政策涉及科技、经济、创新等方面;发改委发布的政策涉及经济政策和创新政策;中国人民银行主要为经济政策;财政部主要为经济政策;科技部主要为科技政策和创新政策;商务部主要为经济政策。

  本研究通过网络数据库、相关文献查阅等途径,共收集到1977~2007年12月国务院、发改委、中国人民银行、财政部、科技部、商务部等六大政府机构发布的有关技术创新政策2 593条(其中发改委发布的政策数据截至2008年8月)。下面将这六大政府机构与科技和创新有关的政策的数量演进、政策作用面、政策作用手段等进行描述性统计与结构分析。其中,数量演进分析包括各年度、各时期的政策条数分布和政策参与部门个数分布分析;政策作用面分析研究政策在需求面、供给面和环境面的分布;政策作用手段是指政策发挥作用的具体手段,包括:行政手段、经济手段、信息引导及服务手段、法规法令手段等。

---

[*] 本章没有标注资料来源的及表格图片均为作者根据原始数据分析、总结、自行绘制的(2008)。

第一节 政策的演进与结构分析

一、全部政策数量演进

数量演进分析包括各年度政策条数分布和各时期（五年计划）政策条数分布。

（一）各年度政策条数分布

1977~2007年，国务院、发改委、中国人民银行、财政部、科技部、商务部等六大政府机构共发布政策2 593条。各年度政策发布条数呈现上升的趋势，并在1992年、1999年、2006年呈政策发布激增形势，其中2006年单年发布政策达到30年以来的最大值304条，如图10-1所示。

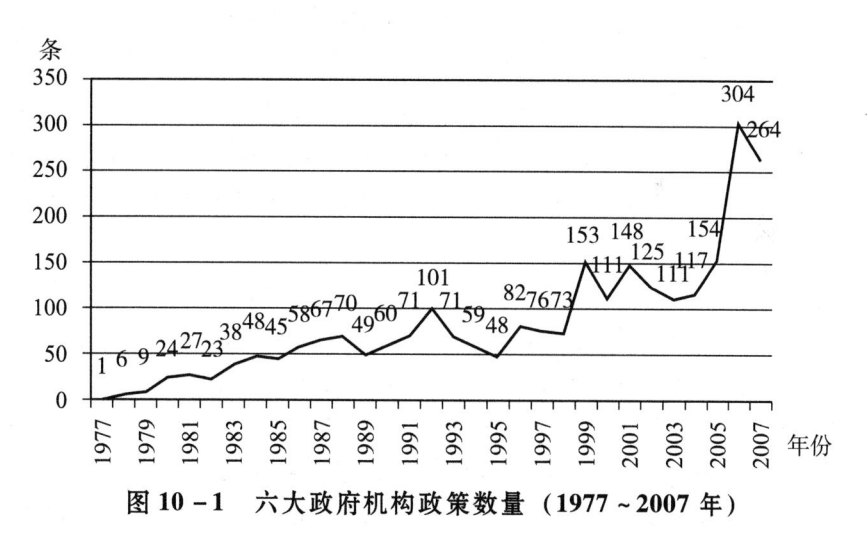

图10-1 六大政府机构政策数量（1977~2007年）

（二）各时期政策条数分布

按照五年计划进行统计，可以看出政策发布的整体上升趋势并没有改变，尤其是在"九五"以后，政策整体数量上升明显加快，在"十五"达到了五年政策发布的最大值655条[①]，如图10-2所示。

---

① 由于"十一五"只有2006年和2007年两年数据，所以"十一五"的整体数量较"十五"有所降低。

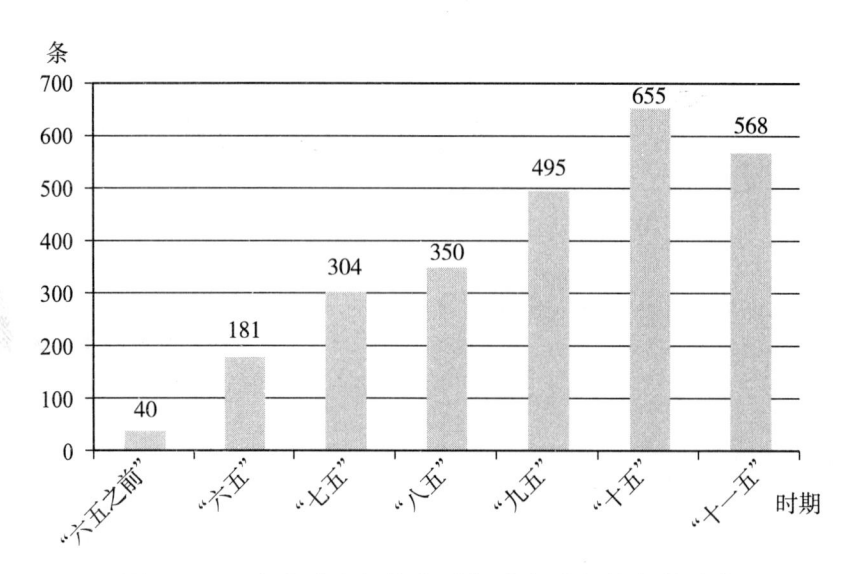

图 10 – 2　六大政府机构各时期发布政策的条数分布

可以分为三个阶段：

（1）"六五"之前和"六五"阶段。这两个时期与技术创新有关的政策仅200余条，虽然每年上升，但上升幅度不大；到"六五"后期，每年发布的与创新有关的政策达到40条。

（2）"七五"和"八五"阶段。这两个时期发布的与创新有关的政策数量基本持平，较前一阶段政策数量有所上升。每年发布的政策数量呈震荡态势，在1992年达到了最大值101条。

（3）"九五"后至今。此阶段发布的与创新有关的政策数量明显上升，尤其在1999年出现了政策数量的激增，当年发布的政策数量达到了153条。此后每年都保持了较高的政策发布数量，在2006年达到了本研究所跨时间范围内的最大值304条。出现这两个峰值的主要原因是：1999年中央和国务院召开了全国技术创新大会，做出了重要决定，各部门加大了对创新的扶持力度；2006年颁布了国家中长期科学技术发展规划，制定了一批配套政策。因此，重大战略对政策具有很强的导向作用。

二、政策参与部门个数的分布

在2 593条政策当中，有1 831条政策为各政府机构单独发文，占所有政策的八成；其余政策为各部门联合发布（参与联合发布政策的部门并不局限在这六大机构，但主导部门都为国务院、发改委、中国人民银行、财政部、科技部、商务部),如图 10-3 所示。

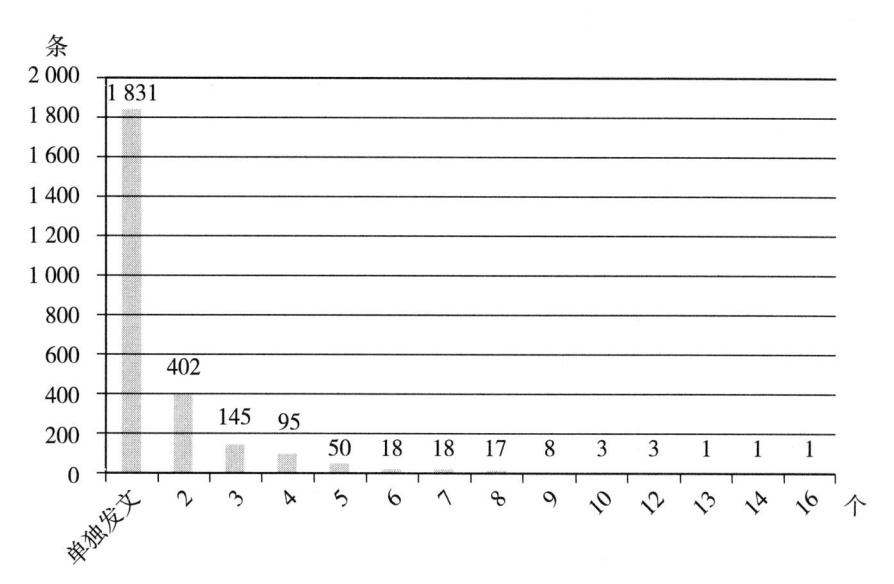

图 10-3 六大机构政策参与部门个数分布

三、政策作用面

(一) 主要政策作用面

政策的作用面是描述政策结构的重要参数。政策作用面包括需求面、供给面和环境面,主要政策作用面按一项政策一个统计。如图 10-4 所示,所有政策中,供给面、环境面的政策为主,二者占整体政策的比例分别达到 33%、61%,而需求面的政策为 6%。

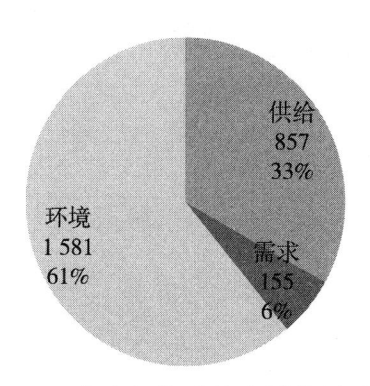

图 10-4 六大机构政策主要作用面分布

（二）全部政策作用面

在同一政策文件中，可能涉及供给、需求、环境两个或多个作用面。以下一项政策包含多个作用面的也统计在内，如图10-5所示。可以看出，供给面和环境面主导的格局没有改变，需求面的比例略有上升，但仍然很低。

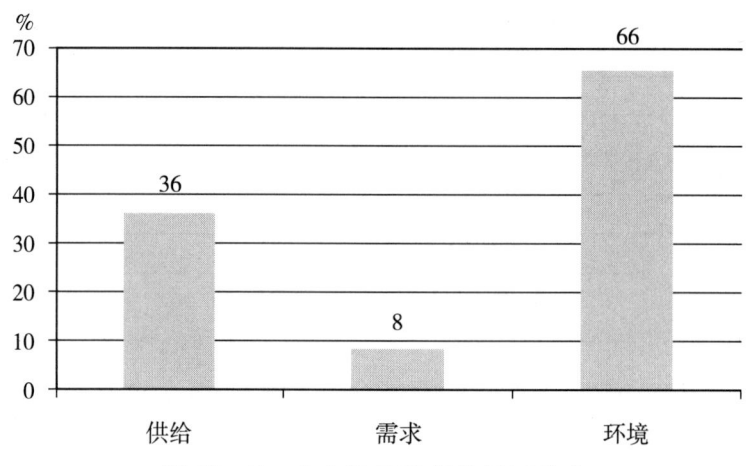

图10-5　六大机构政策作用面分布

结果表明，绝大多数政策都是环境面和供给面。将所有政策的主要作用面（若一个政策包含了多个作用面，只取其第一作用面做统计）按五年规划做统计，可以得到图10-6。

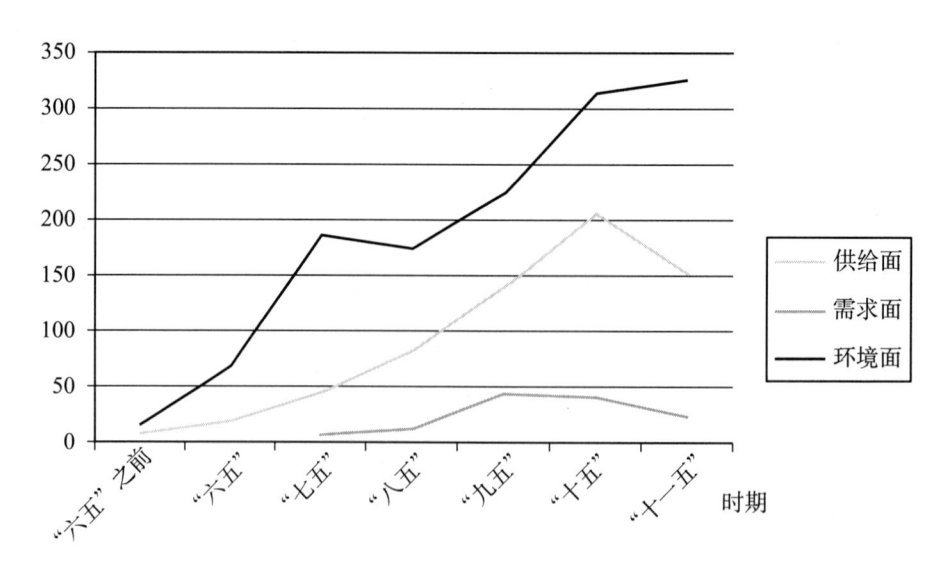

图10-6　政策作用面按五年统计分布

由图 10-6 可知。

（1）环境面在各个时期都在数量上占主导，在"七五"期间有呈明显上升态势，虽在"八五"期间有所下降，但并不影响总体趋势。

（2）供给面是"第二大"作用面，在"十五"之前，每年的上升速度近乎呈"线性"，但在"十一五"期间数量有所下降。

（3）涉及需求面的政策一直不多，"七五"之前几乎没有涉及需求面的与创新有关的政策出台。"七五"和"八五"期间，需求面政策逐年有小幅上升，"九五"期间明显上升，"十五"数量基本和"九五"持平，"十一五"小幅下降。

四、政策作用手段

（一）政策主要作用手段

将政策作用手段按行政、经济、信息引导及服务、法规法令分类。主要作用手段按一项政策一个统计，结果如图 11-7 所示。可以看出，以行政手段数量最多，占整体比例达到 43%。经济、信息引导及服务、法规法令三类手段占整体比例为 32%、24%、1%。

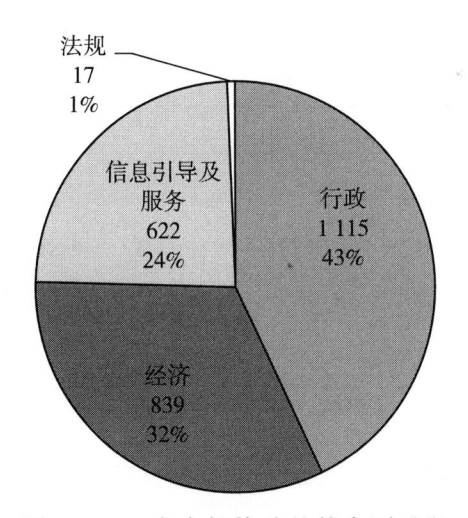

图 10-7 六大机构政策的主要手段

（二）全部政策作用手段

同一政策当中可能会运用两个或多个政策手段，统计结果如图 10-8 所示，四类政策手段占总体的比例变为 48%、36%、31%、1%。

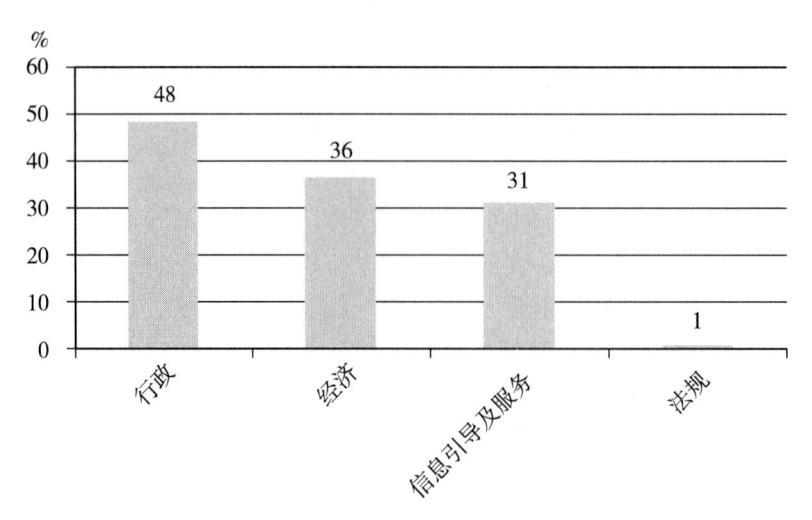

图 10-8　六大机构政策手段分布

（三）经济政策作用手段

将经济政策手段细分为投入、税收、金融、其他共四类，分布结果如图 11-9 所示。由结果可知，投入、税收、金融和其他经济手段的政策占全部政策的比例分别为 48%、26%、29%、19%。

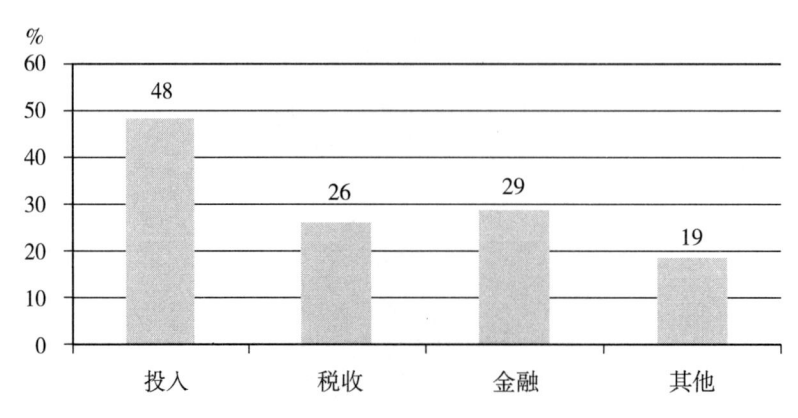

图 10-9　六大机构政策经济手段的分布

行政、经济、信息引导及服务和法规法令四类手段按五年计划的分布结果如图 10-10 所示。由结果可知，行政手段在"七五"期间呈现猛增态势，此后保持较匀速增长，"十一五"的趋势还有待观察。经济手段在"九五"之前保持了匀速增长，"十五"期间出现了激增，"十一五"的趋势还有待观察。信息引导及服务手段虽占整体的比例不如行政手段和经济手段多，但在各个阶段都有明显的上升，特别是在"十一五"政策统计年份不全的情况下，仍有很快的增长。

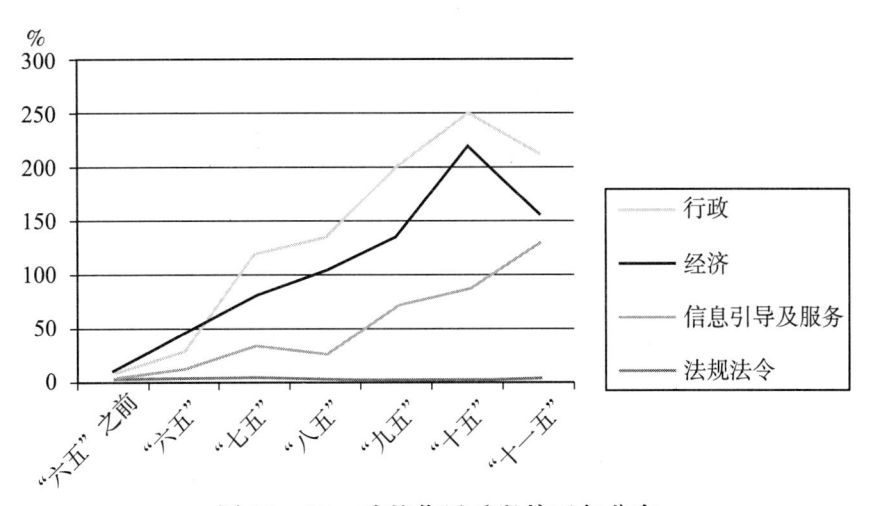

图 10-10　政策作用手段按五年分布

经济手段细分的投入、税收、金融和其他四类，按五年规划演进，得到分布结果如图 10-11 所示。由图结果可知，投入手段占所有经济手段的比例最大，在

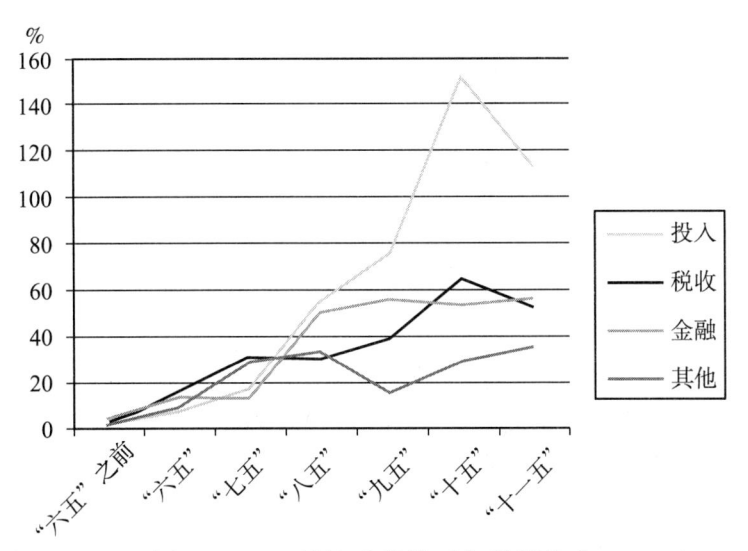

图 10-11　经济手段按五年规划分布

"七五"期间有明显增加以后，每个时期都保持着较快的增长速度，"十五"期间更呈现激增态势，"十一五"的趋势还有待观察。税收手段在"九五"后的增长也很迅速，"十五"期间达到最大值，并超过了金融手段成为经济手段中的第二大作用手段。金融手段在"八五"期间有了攀升，此后的数量起伏不大。经

济手段中还涉及价格管制等其他手段，在"九五"后，该手段运用较多，呈现出平稳上升之势。

第二节 政策的协同分析

一、分析框架

政策协同分析旨在揭示政策之间的关系。政策协同分析很难用统计的方法进行，本研究采用了政策群分析法，探讨了14个具有代表性的跨部门政策群：科技兴贸、技术引进、中小企业、创新型企业、科技型中小企业创新基金、国家认定企业技术中心、国家工程研究中心、国家重点实验室、高技术产业化、经济技术开发区、发展高科技实现产业化、中长期科技发展规划等政策群。之所以选择这些政策群，是因为这些政策群具有横向涉及多个重要政府部门、纵向持续较长历史发展时期、跨部门的协同关系明显、政策体系的结构关系多元化等突出特点。

跨部门政策群分析的思路如下：

首先，进行该政策群的基本背景评析，包括首条关键政策的出台背景、政策目的以及该政策群的持续时间等。

其次，分析该政策群中全部政策的演进与结构，包括：(1) 年度数量的演进描述；(2) 关键政策（即"根政策"、"干政策"和主要的"枝政策"）的归纳与总结；(3) 参与部门的分析，这一点又可以具体分为：一是政策主导部门分析，即统计出各牵头部门所牵头制定的政策数量，二是"部门参与度"的分析，即各部门所参与制定的政策占全部政策的比例情况；(4) 政策作用面的归纳与评析，包括供给面政策、需求面政策、环境面政策等；(5) 政策工具（法律、行政、经济、信息），尤其是经济型政策工具的类型分析，其中经济型工具又分为投入、税收、金融以及其他类手段。

最后，政策协同分析。本研究通过反复的政策研读和评价、比较，探讨所有的政策间协同关系，有针对性地找出支持这些关系的具体实例，总结出了四类主要协同关系：互补、缺失、交叉、冲突。

本研究建立的政策协同分析框架如图10-12所示。对典型政策群的细致研究发现，大多数政策群在演进发展过程中，存在互补、缺失、交叉、冲突四种主要关系。其中，政策之间的互补关系体现得最为明显，但同时也存在不容忽视的政策缺失关系，以及由多重因素导致的政策冲突关系。而政策交叉关系日益显现出其积极、正面的效应，并进一步向互补关系融合。

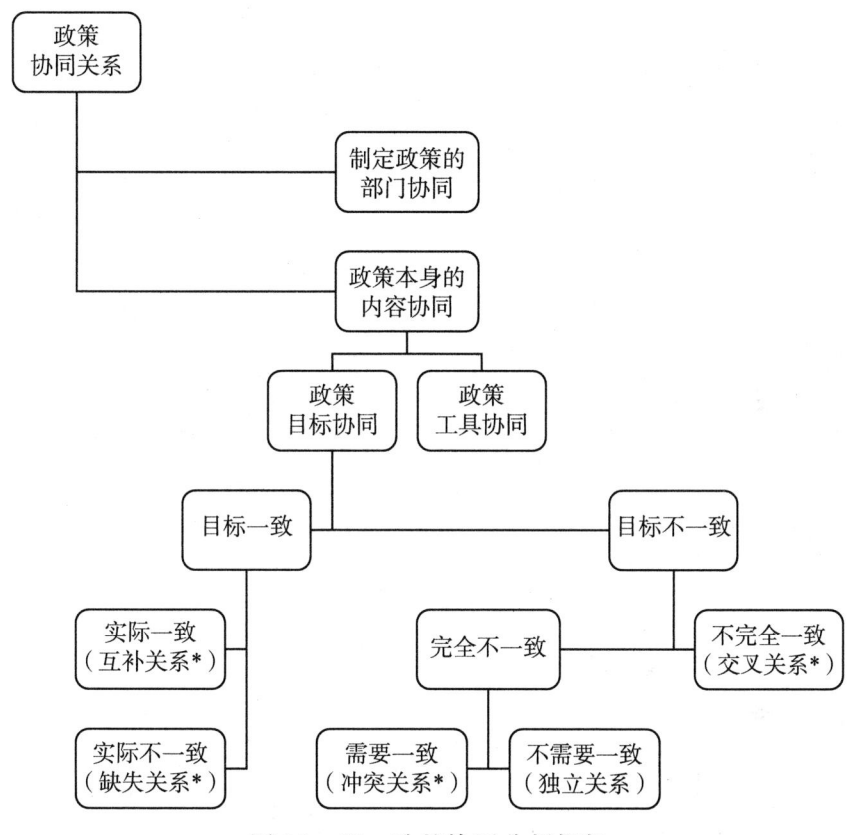

图 10-12　政策协同分析框架

资料来源：作者根据研究自行提出（2008）。

下面以科技兴贸典型政策群为例进行政策协同分析。

二、典型政策群分析：科技兴贸政策群分析

（一）基本背景

1. 政策出台

"科技兴贸政策"源于 1999 年初原外经贸部提出并实施的"科技兴贸战略"。20 世纪 90 年代以来，我国外经贸发展面临的内外部环境变化迅速，原外

经贸部先后提出了"市场多元化"、"以质取胜"和"大经贸"三大战略。但发达国家的高技术优势对我国出口发展形成很大压力,需要国家对外经贸政策进行适时的调整与转型。为此,外经贸部提出了在继续实施"三大战略"的同时,要大力实施"科技兴贸"的政策主张。这一战略性政策为外经贸实现可持续发展奠定了基础。

提出"科技兴贸"政策的原因可以归结为三点:第一,"科技兴贸"战略是科教兴国战略在外经贸领域的具体表现;第二,"科技兴贸"战略也是我国由贸易大国走向贸易强国的必由之路;第三,这一战略是适应国际经济贸易发展规律的必然要求。[①] 一方面,尽管20世纪末世界经济和贸易量增速放缓,而我国高新技术产品出口仍然保持20%以上的增速[②],这说明依靠技术进步,大力发展高新技术产品出口具有巨大的潜力。另一方面,国家"九五"计划所提出的"两个转变"[③] 在外经贸领域的要求也非常明确,即调整和改善我国对外贸易产品结构,提高出口附加值。尽管当时我国出口商品已由初级产品向工业制成品转型,但科技含量和附加值高的高新技术产品比重还较低[④],与当时的世界先进国家水平有很大差距。因此,依靠科技力量的积累与进步,加速调整产业结构、大力发展战略性的高新技术产业、扩大高附加值的高新技术产品出口、提高传统商品的技术含量等"科技兴贸"的政策主张已经成为当时我国应对全球产业结构升级和知识经济兴起的国际竞争压力所不得不采取的举措,由"贸易大国"向"贸易强国"转型成为当时外经贸政策的核心着力点。

2. 政策目的

科技兴贸战略的内容包括两个方面:一是大力推动高新技术产品出口;二是运用高新技术成果改造传统出口产业,提高出口产品的技术含量和附加值。另外,积极创办高新技术开发区、促进高新技术企业的国际经贸交流等政策也成为这一战略的重要配套。因此,科技兴贸战略的相关政策旨在通过国家宏观指导性意见和各种扶持鼓励措施,来为发展高新技术产业、扩大高新技术产品出口营造一个稳定、良好的政策环境。

《科技兴贸"十一五"规划》(2006)指出,科技兴贸政策的指导思想是"以建设创新型国家为目标,加快转变贸易增长方式,进一步优化出口商品结

---

① 摘自时任对外贸易经济合作部副部长张祥的工作报告《大力实施"科技兴贸"战略,推动我国对外经贸事业持续发展》,1998年2月4日。

② 根据国家统计局的数据显示,我国1991~1999年(除1993年、1996年外)每年的高新技术产品出口额增幅均在20%以上(1998年更是达到109%)。

③ "两个转变"是指经济体制改革由计划到市场的转变、经济增长方式由粗放到集约的转变。

④ 根据国家统计局的数据显示,我国1991~1999年每年的高新技术产品出口占出口总额均在5%左右徘徊,仅在1998年、1999年才分别达到11%、13%;占工业制成品出口比重也仅在5%~12%之间徘徊。

构,大力支持具有自主品牌和自主知识产权的高新技术产品出口,加强技术引进消化吸收再创新,增强企业自主创新能力,加快实现从'贸易大国'向'贸易强国'的历史性跨越。"其中,扩大高新技术产品出口、完善高新技术产品出口体系、增强企业自主创新能力、加强技术引进消化吸收再创新、提高出口产品国际竞争力等五大目标成为"科技兴贸"政策群的重要目的。

3. 政策持续时间

科技兴贸战略自1999年初提出以来,在国务院的统一协调下,外经贸部会同科技部、信息产业部、国家经贸委等多个部门在大量调查研究的基础上,制定了一系列扶持、鼓励高新技术产业出口和促进高新技术产业发展的政策措施。

(二) 政策演进与体系结构

1. 总体演进

本研究从政策数量和政策内容两方面研究科技兴贸战略的总体演进与发展脉络。其中,对政策内容的演进过程回顾能准确地反映科技兴贸政策的实际发展历史,因此是该部分的分析重点。在政策数量演进方面,依据每年颁布相关重要政策的数量变化,分析科技兴贸政策群的演进情况(见图10-13)。

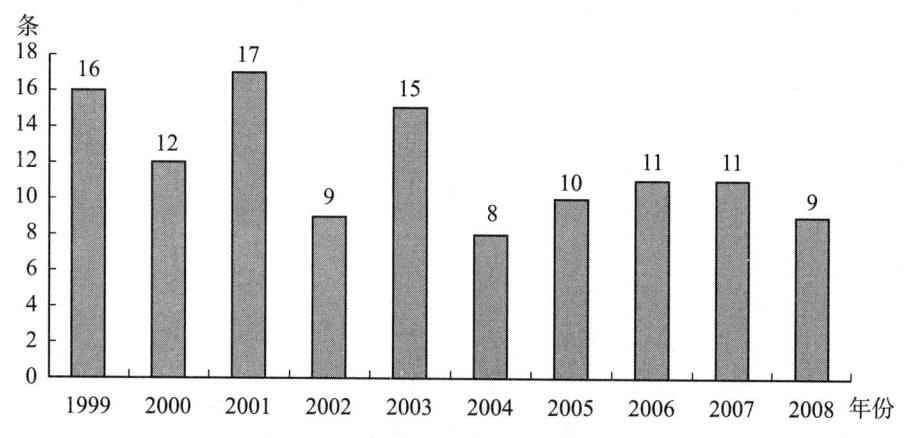

图10-13 我国"科技兴贸"政策数量演进(1999~2008年)

资料来源:依据原外经贸委、商务部发布的历年政策整理、统计完成。

从政策内容的发展历程分析,自1999年初提出《科技兴贸计划》至今,可将"科技兴贸"战略的实施划分成初始起步、快速发展和深化完善三个阶段。

1999~2001年是科技兴贸政策的初始起步阶段,共有45条政策。1999年原外经贸部提出了"科技兴贸"战略,包括两方面内容:扩大高新技术产品出口和利用高新技术改造传统出口产业。科技兴贸战略逐步从部门战略上升为国家战略。党的十五届五中全会提出"重视科技兴贸";2000年底召开的中央经济工作会议上明确提出要"实施科技兴贸战略";九届人大四次会议通过的《国民经济和社会发展第十个五年计划纲要》中把"更好地实施科技兴贸战略"作为经济工作的重要部署。在此期间,科技兴贸部际联合工作机制初步形成,1999年最初的联合工作机制只有外经贸部和科技部两部门,2000年扩大到信息产业部和国家经贸委,形成了四部门联合工作机制。此外,由原外经贸部、科技部等牵头制定并实施了《科技兴贸行动计划》和《科技兴贸"十五"计划纲要》。在这一阶段,高新技术产品出口年均增长32%,占外贸出口比重从11.0%提高到17.5%。

2002~2005年是科技兴贸政策的快速发展阶段,共有42条政策。一方面,在宏观协调上,国务院统一协调形成了科技兴贸十部门联合工作机制。2002年9月财政部、税务总局、海关总署、质检总局加入,联合工作机制由四部委扩大到到八部门;2003年3月国务院机构调整后,商务部取代了原外经贸部,国家发改委取代了原国家经贸委;2004年3月和2005年1月,国家知识产权局和中国科学院分别加入,形成了科技兴贸十部门联合工作机制。另一方面,在具体工作上,高新技术产品出口促进体系得到了逐步完善。2002年最终确定了20个科技兴贸重点城市、25个高新技术产品出口基地,2004年1月确定了6个国家软件出口基地,并完成了第一批国家医药出口基地的认定工作。总的来说,在加入WTO后日益开放的全球化环境下,这一阶段支撑《科技兴贸行动计划》以及《科技兴贸"十五"计划纲要》的具体政策不断推出,这使得科技兴贸的政策体系得到了快速发展。2003年11月国务院办公厅转发了《关于进一步实施科技兴贸战略的若干意见》,初步形成了科技兴贸政策体系框架;《若干意见》发布后,各部门、各地区相继出台了一系列配套政策措施。在这一阶段,高新技术产品出口高速增长,出口规模增长了3倍半,年均增长52.7%,占外贸出口比重从17.5%提高到27.9%。

2006~2008年是科技兴贸政策的深化完善阶段,共出台31条政策。商务部新组建了机电和科技产业司,强调将科技、贸易、产业"三位一体"的整合,即在加快转变外贸增长方式的同时,深化贸易与产业的联系,促进产业发展和自主创新。商务部在2006年初会同科技部、发改委制定了《科技兴贸"十一五"规划》,正式将科技兴贸工作推进到了深化完善阶段。

"调结构、增效益"的政策思路被摆在了决策部门的首要位置。商务部会同财政部扶持了一批机电产品和高新技术产品研发和技改项目,明确了重点产品的出口;利用优化机电和高新技术产品进出口结构资金,重点支持和培育了国家汽车基地、科技兴贸创新基地等,积极推动了大型成套设备的进口和机电产品出口退税的调整,确定了产业联系机制的基本框架。如商务部在2006年5月会同国家发改委等九个部门，联合上报国务院《关于"十一五"期间加快转变机电产品出口增长方式的意见》并得到批准。针对科技兴贸，商务部会同科技部先后开展了第一批"18家科技兴贸出口创新基地"和第二批"20家国家科技兴贸创新基地"的建设与授牌。与此同时，商务部与中国进出口银行、国家开发银行、中国出口信用保险公司等有关部门协商落实了支持科技兴贸的具体措施，也得到了众多地方政府的积极响应。

总的来说，以基地建设、自主知识产权和自主品牌产品的培育为重点，通过政策引导、上下联动、资源整合以及增强创新，推动建立了一批面向国际市场、注重技术创新、掌握关键技术、拥有自主产权，有产业示范、带动和辐射能力，产业链和配套体系较为完善的产业集聚区，也基本形成了科技、产业、贸易良性互动的局面。另外，商务部在规范程序、优化进口、贸易升级、搭建部门协调配合机制和产业联系机制等方面也制定了不少举措，同时利用深圳高交会、武汉机博会等各种展会积极构建了国内外企业交流合作的平台。在这一阶段，高新技术产品出口规模进一步扩大，2006年和2007年年均增长33.3%和23.6%，占外贸总出口的比重进一步提升到30%、28.6%。

2. 政策体系

科技兴贸政策在近10年的演进过程中，由原外经贸部、科技部以及后来的商务部主导，呈现出了循序渐进、不断深入、日趋完善、持续创新的特征。

结合上一节对于政策总体演进的阶段划分，可以将118条政策划分为："根政策"（核心政策）、"干政策"（重要支撑政策）、"枝政策"（具体支撑政策）、"叶政策"（具体拓展政策或其他相关政策）等四类政策。限于篇幅，本节仅列举"根政策"和"干政策"，"枝政策"已经在前述三个发展阶段中作了概述。

（1）科技兴贸政策群"根政策"（见图10-14）。

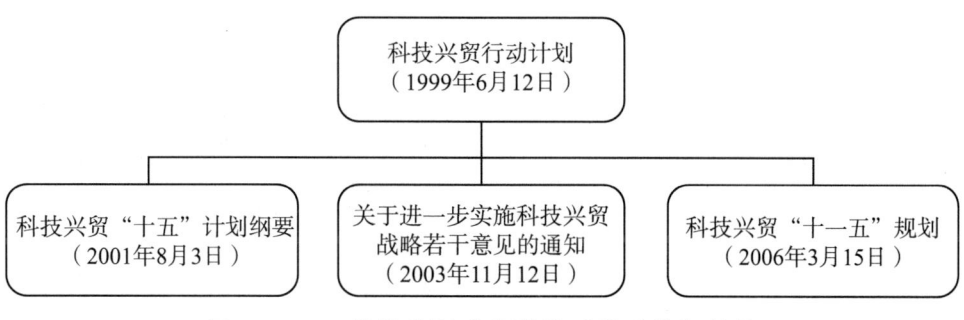

图10-14 科技兴贸政策群的"根政策"结构

（2）科技兴贸政策群"干政策"（见表10-1）。

表10-1　　　　　科技兴贸政策群的"干政策"一览

发布时间	干政策	发布部门
1999年8月11日	《关于加速国家高新技术产业开发区发展的若干意见》	科技部
1999年12月2日	《关于推动高新技术产品出口的指导性意见》	外经贸部、科技部
2000年3月24日	《关于今后三年进一步改革和完善广交会的若干意见》	外经贸部
2001年8月1日	《关于各地建立科技兴贸联合工作机制的通知》	外经贸部、科技部、经贸委、信息产业部
2001年9月12日	《国家高新技术产业开发区"十五"和2010年发展规划纲要》	科技部
2001年11月3日	《关于"十五"期间进一步促进机电产品出口意见的通知》	国务院、外经贸部、科技部、经贸委、财政部、央行
2001年12月10日	《中华人民共和国技术进出口管理条例》	国务院
2003年1月23日	《中国高新技术产品出口目录》(2003)	科技部、外经贸部、财政部、税务总局、海关总署
2003年1月24日	《关于加强对外贸易中的专利管理的意见》	外经贸部、知识产权局
2003年12月30日	《国家质检总局关于进一步实施科技兴贸战略的措施》	质量监督检验检疫总局
2004年7月26日	《关于利用出口信用保险实施科技兴贸战略的通知》	商务部、出口信用保险公司
2004年8月2日	《关于印发邢胜才同志在全国科技兴贸与知识产权工作研讨会上的讲话的通知》	知识产权局
2005年12月31日	《关于鼓励科技型企业"走出去"的若干意见》	商务部、科技部
2006年2月28日	《关于建设"科技兴贸出口创新基地"有关问题的通知》	商务部

续表

发布时间	干政策	发布部门
2006年5月27日	《关于"十一五"期间加快转变机电产品出口增长方式意见的通知》	国务院、商务部、发展改革委、科技部、财政部、信息产业部、中国人民银行、海关总署、税务总局、质检总局
2006年8月31日	《建设科技兴贸出口创新基地管理办法（试行）》	商务部
2007年12月27日	《关于建设科技兴贸创新基地的指导意见》	商务部、科技部、发改委

"根政策"、"干政策"、"枝政策"、"叶政策"的构成如图10-15所示。

图10-15 "科技兴贸"政策类型的构成与数量

资料来源：依据原外经贸委、商务部发布的历年政策整理、统计完成。

（三）参与部门

参与制定"科技兴贸"政策的部门包括国务院、商务部（含原外经贸部、海关总署）、科技部、财政部（含税务总局）、中国人民银行（含进出口银行、出口信用保险公司、国家开发银行、外汇管理局、银监会、保监会、证监会及深交所等多个金融部门）、发展改革委（含原国家经贸委、计委等）、其他部门（如知识产权局、质检总局、信息产业部、环保总局、原人事局、卫生部、药管局等），这些部门大部分都牵头制定了一些与科技兴贸相关的政策。本研究在收集了所有科技兴贸相关政策的基础上，依次明确每条政策的牵头部门，通过整理、统计，得到了各职能部门所牵头制定的政策数量和结构（见表10-2）。

表10-2　　科技兴贸政策群——主导部门牵头制定的
政策数量与结构类型　　　　　　　单位：条

主导部门	主导部门牵头的政策数量	根政策	干政策
商务部	44	3	12
科技部	32	1	6
财政部	14	0	0
央行等	10	0	0
发改委	1	0	0
国务院	3	0	0
其他部门	10	0	2

由表10-2可知，在整个科技兴贸政策群中，商务部、科技部是决策主导部门，财政部、央行以及其他部门（如知识产权局、质检总局、信息产业部等）积极参与了科技兴贸政策的配套措施制定与执行，发改委所牵头制定的政策数量较少。

表10-2对牵头部门的政策类型进行了比较。商务部在科技兴贸政策的制定主体中处于核心地位，其牵头制定的44条政策中有近半数是该政策群的核心政策（即"根政策"、"干政策"）。另外，科技部的作用也很关键，多条重要支撑政策（即"干政策"）来自于该部门，为商务部提供了重要支持。

（四）政策协同分析

1. 科技兴贸政策协同分析思路

研究政策之间的协同作用研究，本质上是对政策体系的逻辑构架研究。由于科技兴贸政策的主要政策理念和措施都体现在"根政策"中，因此研究科技兴贸四条"根政策"的体系构成和演化发展，就能把握科技兴贸政策群的各类政策关系以及协同作用机理。政策之间的互补、缺失、交叉、矛盾关系都体现在了这些"根政策"的政策措施、配套政策中。

经过对科技兴贸政策的详细解读，本研究发现：互补、缺失、交叉、矛盾等四类政策关系一般通过政策本身和政策主体（即制定政策的各个部门）两个层面得到体现。例如，税收政策与产业政策的互补就是政策本身的关系，科技部与商务部间每年制定或适时调整《中国高技术产品出口目录》的协作关系就是政策主体的关系。值得注意的是，政策本身的关系中，两条或多条政策之间的关系一般体现在两个方面：一是政策目标的协同关系；二是政策工具的协同关系。以下对政策之间的互补、缺失、交叉、矛盾关系进行分析。

2. 科技兴贸政策的互补关系分析

在科技兴贸政策群中，互补关系体现得最为显著，如表 10－3 所示。

表 10－3　　　　　　　　科技兴贸政策互补关系分析

互补类型		互补内容分析
部门互补		1. 科技部、原经贸部最早启动科技兴贸行动计划（1999），国家经贸委、信息产业部（2000）加入形成四部门联合领导，财政部、税务总局、海关、质检总局（2002）加入，知识产权局、中科院（2003、2005）先后加入形成了科技兴贸"十部门联合工作"机制（2006）。 2. 另外，中国进出口银行、中国出口信用保险公司、中国人民银行、外管局、检验检疫局、环保局、人事部先后都结合各自的职能优势，从包括出口退税、信贷、信用保险、通关检验、人才培养等诸多方面全面贯彻、实施国家的"科技兴贸"战略。
政策互补	目标协同	3. 机电产品出口、软件出口、医药出口等高技术产业产品政策，出口创新基地，风险投资/创业投资政策、外贸发展基金等资金投入体制创新政策，鼓励与科研院所合作等，这些政策共同为促进《科技兴贸"十五"计划纲要》中所提出的"高技术产品的出口体制创新"的目标而协调作用。 4. 创新基地、体系建设、标准、认证、服务、出口退税、信贷担保、简化手续、国际市场开拓等政策共同作用于《科技兴贸"十一五"规划》中所提出的"营造和优化高技术产品出口环境"。
	工具协同	5. 自商务部《关于进一步实施科技兴贸战略的若干意见》（2003）出台后，各种支持科技兴贸的经济型政策手段（工具）不断推出：以外贸发展基金为带动的各类资金投入，研发、技改资金投入及贴息贷款等财政补贴、信贷利率下调、利率风险补偿机制、信用保险等金融支持、创业投资、社会资本等融资环境政策等众多经济手段彼此协调，使得发展高技术产品出口的利好政策强度持续增大。

资料来源：作者依据相关政策内容整理而成（2008）。

3. 科技兴贸政策的缺失关系分析

科技兴贸政策的缺失现象主要体现在三个方面：

第一，法规类政策缺失。1999 年制定的《科技兴贸行动计划》明确指出，要完善高技术产品的政策法规环境，并研究推出《技术出口政策法规文件汇编》，但是至今未能推出；国务院在 2001 年正式制定的《中华人民共和国技术进出口管理条例》中对于促进高技术产品出口的政策倾向也不够明显。

第二，类似政府采购这样的需求面政策相对缺失。《科技兴贸"十五"计划纲要》（2001）以及后来的《科技兴贸"十一五"规划》（2006）这两大指导性政策明确指出"对高新技术出口产品要实施政策采购"（2001）和"政府采购优先购买我国具有自主知识产权和自主品牌的高新技术产品，支持引进技术的消化吸收与创新"。但是，至今没有相关配套的具体执行措施出台。即使在2006年财政部出台的《关于促进自主创新政府采购政策的若干意见》中也明确提出了要采购自主创新的高技术产品，但是《政府采购自主创新产品目录》仅仅提出"要研究制定"，至今仍未能出台。

相比之下，由科技部和商务部联合制定的《中国高新技术产品出口目录》自1999年起就每年不断推出并适时调整，它对高新技术产品的出口起到了引导、拉动作用，相应的出口退税优惠、信贷支持等措施更是有力地推动了高新技术企业的出口。

第三，优化贸易环境的配套政策缺失。这一点主要表现在《科技兴贸"十一五"规划》（2006）提出研究制定的"科技兴贸评价指标体系"和《出口商品技术指南》，虽然至今未能推出，但是这两份报告对于积极参与实施科技兴贸的地方政府及相关组织有很强的操作性现实意义。

4. 科技兴贸政策的交叉关系分析

尽管科技兴贸政策属于国家层面的战略性政策，但是不同职能的具体部门在各自的运转工作中，由于职能交互、领域相关的原因，不同类型政策的交叉关系也有体现。这主要体现在两个方面：

一方面，宏观层面的政策作用交叉。《科技兴贸"十五"计划纲要》（2001）在四部委联合工作制定的时候，就明确了"贸易为龙头、科技为动力、产业为主体"的指导性理念以及"将财政、税收、金融、市场准入与科技开发、技术改造结合"的指导性措施。从中可以看出，产业政策、贸易政策、科技政策三者必然存在针对科技兴贸战略的交叉。例如，国家经贸委《关于用高新技术和先进适用技术改造提升传统产业的实施意见》（2002）的产业政策明确指出要"改造传统产业"，这就与商务部的"科技兴贸战略"在"利用高新技术促进传统产业升级"上是交叉的；科技部1986年制定的"国家高技术研究发展计划（863计划）"和1988年制定的"火炬计划"（促进高新技术商品化、产业化、国际化）等多个重大的科技计划在资金和项目资源上积极向高新技术产品出口企业倾斜，很好发挥了科技资源与出口结构调整的集成效应，与商务部等部门的政策也有一定的交叉。

另一方面，微观层面的政策作用对象交叉。科技部、发改委不断推出的科技型中小企业政策、财政部的大企业/集团政策、商务部的外商投资企业政策等，分别作用到了中小企业、大企业/集团、外资企业，再加上商务部投入建设的"出口创新基地"等各类对象主体，其实都是《科技兴贸"十一五"规划》（2006）中明确指出的"培育出口主体"及其出口体系建设重点关注的。这说明不同部门在不同方向的政策上仍然可能存在相互影响、互为交叉的推动力量。

5. 科技兴贸政策的冲突关系分析

科技兴贸政策群中的冲突关系虽然较少出现，但值得重视。研究表明，冲突关系往往是潜在和不明显的。例如，原外经贸部在《科技兴贸"十五"计划纲要》（2001）中就提出"通过鼓励重要技术或关键设备的引进来加强高技术企业的技术能力积累，使其能够消化吸收，增加高技术产品产出，从而推动高技术产品出口的比例以改善产品出口结构"。这类政策的出发点本意很好，但由于国内高技术出口企业的"短视"，重复引进成套设备而扩大产能，导致没有能够真正积累技术能力；与此同时，国家在技术引进的后阶段关键政策——"消化、吸收与再创新"政策的推出滞后，甚至不完善，导致技术引进与消化吸收政策的脱节。这种脱节的后果经过长时间积累和影响放大，最终使技术引进政策与科技兴贸政策群中对"扶持和培育具有自主知识产权的高技术产品和企业"的鼓励政策产生了潜在的冲突。

第十一章

自主创新的战略要点与对策

本章在前面各章关于自主创新和国际竞争力的理论研究与实证研究的基础上，构建自主创新战略，提出战略要点和战略对策。首先分别从宏观、中观和微观层面即国家、产业、区域、企业层面构建战略，然后提出政策建议。

第一节 自主创新的战略结构

一、内容结构

本研究确定的自主创新战略主要包括以下分支：技术、市场、组织、关联、空间分布。其中，技术分支包括知识产权、技术标准、技术发展路径选择等；市场分支包括市场进入、市场升级等；组织分支包括人才、组织模式等；关联分支是指主体产业与上下游产业、互补产业、支持性产业之间的关系构建；空间分布是指区域分布和产业集群创新。

二、层次结构

本研究的自主创新战略主要在以下层次展开：

(1) 国家层；
(2) 产业层；
(3) 区域层；
(4) 企业层。

其中，国家、产业和区域层次主要是宏观的自主创新战略规划和创新政策的制定与执行；企业层次主要是具体的创新战略规划和创新战略措施的执行。

虽然各层次都会涉及几乎所有内容，但不同层次的侧重点不同，结合自主创新战略的内容结构和层次结构，本研究的自主创新战略的重点领域如表11－1所示。

表11－1　　　　　　　　内容结构与层次结构的结合

层次类型	技术	市场	组织	关联	空间分布
国家层	√	√	√	√	√
产业层	√			√	
区域层	√			√	√
企业层	√	√	√		

从内容维度看，本研究最关注自主创新战略的技术领域，这是因为技术创新仍然是自主创新最重要的内容。为了获取创新所需的外部技术资源，以及提升内部的自主创新的技术能力，技术战略具有举足轻重的作用，本研究关注从国家到企业各个层次的技术战略。

从层次维度看，自主创新战略已经成为我国发展的一项重要的国家战略，自主创新还肩负着推动中国经济持续发展和科学发展的重任。鉴于这个重要意义，本研究重点突出了国家层次的战略，认为国家应该在技术、市场、组织、关联和空间分布各个内容上都有具体的战略规划，才能达到自主创新合理部署的目标。

产业和区域层次是自主创新的中观层次，担负着承上启下的重要作用。对于产业和区域自主创新战略的研究，主要是从关联和空间布局角度出发，为自主创新实现更好的产业协同、区域布局以及产业和区域创新环境提供启示。

企业是自主创新的主体，除了技术能力外，市场能力和组织能力是企业在创新过程中的两个重要因素。因此，本研究同时关注了企业的市场和组织，认为企业是在技术、市场和组织"三位一体"的作用下进行自主创新，提升自主创新能力的。

第二节 自主创新的战略要点：国家和产业层

由于产业层次的战略制定和实施主体主要是国务院和有关部门，所以将产业层次战略与国家层次战略合并阐述。以下主要从战略方针、产业布局、组织体系和创新要素等方面展开。

一、自主创新的战略方针

（一）战略方针的演变

自主创新战略方针最突出的体现是技术获取方针。在自主创新战略提出之前，主要是两类战略方针：

（1）引进消化吸收创新；

（2）以市场换技术。

自主创新定义了三种模式（以下简称"三模式"）：

（1）引进消化吸收再创新；

（2）集成创新；

（3）原始性创新。

新方针继承了"引进消化吸收"，否定了受到广泛批评的"以市场换技术"战略。

我们面临如下问题：

（1）对"以市场换技术"方针如何评价？

（2）自主创新"三模式"是否覆盖了主要模式？

对第一个问题，本研究认为要重新审视，要赋予"市场换技术"以新的生命力。对第二个问题，本研究认为，"三模式"存在重要遗漏。以下分别阐述我们的主张。

（二）重塑"以市场换技术"

1. "市场换技术"的由来

"市场换技术"的理念起源于20世纪80年代，最早源自80年代初汽车工业提出的"技贸结合"思路。根据课题组的实地调研，结合相关产业资料了解到时任中汽总公司董事长的饶斌在进口一批汽车时，向中央提出"应该要求外方无偿提供相关技术，促进中国汽车工业提高制造和研发水平"。在中央的支持和协调下，这一设想在轻型卡车和奥迪 100 公务车项目上得以实现，成为"市场换技术"的先行者。随后，在国务院、国家科委、国家经贸委等发布的各类文件里都提到了"以市场换技术"的原则。

"市场换技术"原则旨在通过向国外技术领先国家开放市场来换取技术，它具体表现为某些行业（如汽车）允许世界各大跨国公司在中国合资设厂，进行本土化生产和销售，中国让出市场，但同时要求国外厂商转让技术。

2. 问题产生的原因

我国改革开放后提出"市场换技术"，旨在通过向国外领先国家开放市场来换取技术，但是由于自身没有足够的技术积累，加之国外企业不愿意真正将核心技术转让给中国，导致这一做法最终成效不佳，饱受各方面的质疑和诟病。

"市场换技术"要发挥作用，一是要拥有对市场的控制权；二是企业必须具备一定的技术能力。一方面，我国当时虽然名义上拥有对市场的控制权，但是由于技术引进主体分散化，分别由中央和各级地方政府及企业实施，地方政府将"招商引资"作为发展经济的首选方式，对外方的要求标准一降再降，优惠政策层层加码，几乎到了"只要来投资，什么条件都可以商量"的地步。企业之间也展开了竞争，竞相以更优惠的条件获取技术，引进项目。中央政府各级部门在地方的压力下，又基于"扩大开放"的总方针指导，也逐渐放松了条件。在这种情况下，"市场换技术"落空就不可避免了。另一方面，我国企业具备一定的制造能力，但在核心技术消化吸收和研发方面能力很弱，获取核心技术的动力和能力都不强。这就加剧了"市场换技术"方针实施的难度。

3. 重塑"市场换技术"的可能性

从以上分析可以看出，"市场换技术"的失败原因在于：在动机和动力上，没有真正想换来核心技术；在谈判格局上，市场这一"筹码"被支解了，没有真正形成集中的"重型筹码"，又由于能力弱而使谈判的话语权落到外方。

现在的情况已经发生了重大变化，无论是企业、产业，还是国家都把获取核心技术提上了日程，动机和动力已很强烈；企业和产业技术能力有了大幅度提高，正在向核心技术逼近；剩下的突出问题是能否将谈判中的市场控制权集中使用以形成"重型筹码"。

市场控制权的集中与分散取决于市场控制主体，当市场被控制在少数主体时，如由中央政府或垄断型企业控制，则易集中，在本项目的案例研究中，三峡电站设备、高速铁路项目由于政府出手干预，市场控制权得到集中，使市场的

"重型筹码"作用真正得以发挥,最终成功地实现了"以市场换技术",为新型的"市场换技术"提供了可行证据。若市场被分散的众多企业控制,则难以集中。但难以集中不等于不能集中,若采取适当的方式仍有可能实现集中,如借助行业协会、企业技术联盟、企业联合体等组织形式。不管哪种形式,政府较强势地介入和协调都是必不可少和十分关键的。

(三)丰富和发展自主创新模式

现在被广泛认同的自主创新三模式——引进消化吸收再创新、集成创新和原始性创新需要丰富和发展。

1. 技术引进:丰富内含,扩大外延

历史和现行对"技术引进"的理解,基本上是指"购买"国外技术。发展到今天,购买型的引进技术方式已经表现出严重的局限:

第一,国外企业已不愿出让技术。购买型引进的对象主要是先进成熟技术,有很好的实用性和可靠性。在改革开放初期,这种类型的引进可行性较好,但是现在很多外企已经不愿再转让技术了。原因是,我国企业已经成为外国企业的竞争对手或潜在竞争对手。

第二,外方要价过高。本研究关于煤矿开采液压支架的案例及其他案例调研中多处发现,由于外方要价过高,我方难以承受而转向自主研发。

以上情况表明,传统的技术引进方式已相当局限,不能满足我国经济发展对技术的需求。但是,经济全球化,发达国家产业结构调整,世界资本市场的发展,我国国际政治、经济地位的提高,企业经济、技术实力的提升等新的变化又为我国获取技术提供了新的途径,其重要方式是"走出去"。具体方式有:第一,兼并收购,如本研究关于机床行业多个企业成功收购德国、美国等国家机床企业而获得核心技术的案例表明,这种方式大有潜力可挖;第二,到国外设立研发机构,吸引当地人才,从而获得技术,这已被一些企业所采用。

2. 集成创新:扩充和深化

对集成创新的一般理解是:集成国外(国内)现有技术,开发出新产品或改进现有产品。这对于创建不太复杂的新产品原型比较适用,但对于复杂技术产品来说,就不易实现。例如,要开发一种新车型,就不可能简单地将已有的车身、发动机、变速箱、电控系统集合在一起而完成,而是首先要把握整车设计,然后分解出各单元(部件),按总体要求对各单元进行开发,最后集成、验证。这一过程可以概括为"总体—分解—集成"。

鉴于全球产业模块化趋势和企业(产业)自身能力的有限性,核心单元(通常是核心技术的载体)可以外包。这就意味着,即使部分(或全部)核心技术外包，企业也必须具备总体和分解能力。为此，应当将"集成创新"模式补充扩展为"分解—集成"创新。

3. 开放—合作创新：补充

改革开放是我国坚定不移的基本国策，开放不可逆转。在这个大背景下，自主创新的基本方向应该是顺应和利用这个大形势。本研究在理论篇提出了开放创新论；在"破壁"对策中提出了"化解壁垒"的对策。从世界技术体制上看，技术一体化正在向技术模块化转变，开放创新、合作创新正在成为新的世界潮流。这一潮流为我们这样的后发国家也提供了新的机会。我国可以利用掌握市场这一优势，与掌握核心技术的外方合作，把开放创新和"以市场换技术"结合起来，同时发挥自身一定的技术特长，如结合中国需求的技术，形成与外方的合作格局，在合作中学习、成长；外方也在合作中获得了解中国需求、进入中国市场的机会，以此形成合作共赢的格局。三峡电站和高速铁路提供了成功的案例。

二、自主创新的产业布局

从产业看，我国自主创新的重点可分为两大部分：一是复杂技术的成熟产业（技术复杂的传统产业），如汽车业、机床等装备制造业等；二是新兴产业，即以新兴技术为支撑的正在兴起的产业，如新能源、新材料（如纳米）、生物技术产业等。

从我国的经济结构看，传统产业仍是我国的支柱产业，因此，在近中期传统产业的自主创新仍是我国自主创新的重点，其中，主要是复杂技术的成熟产业。

（一）复杂技术成熟产业的自主创新

这类产业自主创新的基本使命是实现追赶。我国这类产业中的多数产业已经度过"进入"阶段，在能力上已具备"进得去"能力，大多处于"立得住"阶段。

在"破壁"策略上，"绕开"的可能性已经缩小，"降低"的可能性正在减少，更多的是要采取"化解"和"强攻"的策略。在能力上，要努力攀上"站得稳"台阶。总体而言，我国正处于攻克核心技术的攻坚阶段，也是一个"爬坡"的阶段。在这个阶段，存在两种前途：一是停滞，但停滞不是稳态，不进则退，实际可能是"溜坡"；二是奋力地攀上更高的新台阶。这两种前途都是存在的，即第一种危险是存在的，第二种前途是可能的。

但是，争取第二种前途将是十分艰难的，对此，我国产业和企业尚缺乏清醒的认识和充分的思想准备。同时，也应看到世界金融和经济危机会加快全球产业调整步伐，这为我国实现追赶提供了战略性机遇。

在复杂技术成熟产业中，还有少数产业我国刚刚起步，如飞机制造业。对此，我国既要从技术和市场低端切入，如承接发达国家非关键零部件生产，开发生产低端产品，如支线飞机等；又要直接攻取关键技术和主流市场，如大飞机技术和市场。在策略上，可全方位采取"破壁"的四类策略。

（二）成熟产业的技术突破性创新

当成熟产业出现重大技术变革时，会涌现出新的技术轨道，在一定程度上与新兴产业突破性创新类似，但又与原有产业有连续性，例如，彩电业的显示技术重大突破，即平板代替CRT显示的变革；汽车新能源动力技术正在突破的前夜。

鉴于我国对技术变革反应迟钝产生严重后果的教训，我们应当对技术发展保持高度警觉，适时部署超前研发和产业化。为此，要建立重大技术预警、评价机制，制定战略对策。

（三）新兴产业的技术创新

在明确国家总体上对新兴产业部署的前提下，制定新兴产业技术创新战略。国家总体上采取"有所为，有所不为"的方针，对"有所为"的领域，要加强与世界同步的原创性创新，进行超前部署、重点攻关，适时对产业化做出安排，力争取得同步性的市场地位。

三、创新体系中的组织体系

在我国的国家创新体系中，存在两个突出缺陷：一是产业间协调薄弱；二是产学研合作不够。这两大缺陷严重地制约了我国自主创新。

（一）产业间的协调与合作

本书前面关于高技术产业国际竞争力实证分析揭示，我国产业间的配合与协调明显弱于其他国家，我们的问卷调查也显示了同样的问题。

在计划经济体制下形成的条块分割，使产业间的联系越来越薄弱，合作日益困难，但靠行政的力量尚能组织一些跨部门协作攻关；在市场化改革之后，行政力量基本退出，而由市场机制引导的产业协作体系又尚未形成，这就出现了一个产业联系"短缺期"，我国正处在这一短缺期内。为解决这个问题，需要从两方面着手：一是着力加强市场经济体系的建设，促进由市场机制引导的产业协同体制的建立，这个过程不是自然形成的，政府必须加以引导。二是在过渡阶段，政府仍要借助有形之手，发挥组织协调的作用，并辅以必要的经济激励、扶助措施。

（二）产学研合作

产学研合作是多年来国家倡导和推进的工作，但至今仍不如人意，教育改革和科研体制改革更为产学研合作增添了变数。大学的学术导向有更偏重学术而淡化为产业服务的倾向；科研院所的企业化改革导致的企业经营模式也弱化了为产业服务的功能。看来，我们所期望的产学研合作、良性互动的局面尚需假以时日。但这不意味着我们只能消极等待，而是要积极推进。这是一个在政府引导下的机制建立过程，从根本上说，有赖于教育改革的推进和科研院所的恰当定位。为此，要引导大学在基础研究、学科建设与为产业服务之间的合理分工和互动；增强科研院所对产业发展的技术支持功能；使大学和科研院所真正成为我国产业升级的技术支撑的基础性力量。

四、创新要素

技术、资金、人才是技术创新的三要素，配合我国自主创新战略，三要素的培育和建设要解决一些关键问题。

（一）产业共性技术供给体系

解决这个问题要从两个方向入手：一是培育企业技术研发能力向基础性技术靠近；二是重组或新建一批按照新机制运行的产业共性技术研发组织，如改进国家工程研究中心和国家工程技术研究中心；对大院大所进行重组性改造等。

（二）知识产权的创建与保护

根据本研究对企业的问卷调查，企业普遍认为自主创新应实现核心技术的突破，这意味着拥有知识产权，尤其是核心技术的知识产权在自主创新中具有至关重要的作用，这也是国际竞争力的重要体现。

科技部已提出制定国家专利战略的设想，并采取了一些措施。但仅有科技部是不够的，要建立一个以企业为主体、大学和研究院所为骨干的专利技术开发体系，需要政府多部门的通力合作。知识产权的保护是另一个重要支点，我国知识产权保护有了很大进步，但与建立创新型国家的要求尚有较大差距，需要建立多方位的知识产权保护体系。

（三）技术标准的创立与竞争

产业技术世界标准，尤其是市场规模大的产业的核心技术标准，关系到国际竞争地位，成为各国激烈争夺的领域，我国过去还鲜有作为。随着国际经济地位的上升和产业结构与技术结构的升级，争夺产业制高点的必要性日益显现。因此，我国要适当地超前研发重要的核心技术，积极参与国际技术标准的制定；利用我国巨大市场的优势，争取国际技术标准的主动权；积极推进国际合作，扩大技术结盟的实力，提升国际技术标准的竞争地位。在这方面，第三代移动通信的TD-SCDMA世界标准的成功开创了先例，提供了有益的经验。我们要总结和借鉴这一经验，扩大战果，争取占领更多的产业技术高地。

（四）资金

在国家层面上，解决创新资金问题，要从两方面入手：一方面通过市场机制，面向量大面广的企业。从根本上说，解决创新资金问题要靠建立完善的金融体系，创建适合不同创新类型需求的融资方式，这有赖于国家金融体系的改革和创新，需要政府的主持和推进。在这方面，已有所进展，如推出中小企业创新基金等，但还不够，需要有更大、更多的行动，以支持企业为主体的技术创新。另一方面，政府要直接出手解决"市场失效"或"市场无力"问题，特别是重大创新项目的资金问题。如前所述，当重大创新的设立成本高、转换成本高、市场风险大、技术变化快时，企业无力或不敢投资，会严重迟滞创新进程，甚至丧失战略机会。对这种情况，政府有必要直接干预，予以有力支持，如设立重大创新产业基金等。

第三节 自主创新的战略要点：区域层

一、区域创新体系发展战略

区域自主创新的基本战略可以按区域创新体系建设的思路展开。区域创新体系由创新主体、创新环境及其相互作用网络构成。创新主体包括主体性要素和资源性要素。其中，主体性要素是指地方政府、企业、科研机构、大学、中介机构等参与技术创新活动的行为主体；资源性要素是指技术创新所需的资金、人力和知识资源，这类要素具有流动性。创新环境包括硬环境和软环境两个方面，硬环境主要是指科技基础设施；软环境包括市场环境、社会、文化、制度和机制等。

（一）区域创新的主体性要素建设

1. 建立以政府为主导的区域创新调控体系

政府在创新体系建设中的作用体现在以下几个方面：一是利用区域科技规划等途径直接引导和参与区域创新活动，为区域创新提供条件，积极推动企业的创新；二是地方的经济、科技、金融等部门密切配合，形成创新的合力，善用区域内知识资源，培育创新网络；三是为区域创新活动创造良好的制度、体制和政策环境；四是利用宣传工具，加强区域创新与创业文化建设，加强文化与思想意识的引导作用。

2. 建立以企业为主体的技术创新组织体系

要建立以企业为主体、产业技术创新为重点、产学研相结合的技术创新体系。大力实施"企业技术创新工程"，以国家级、省级、市级的企业技术（创新）中心为重点，推动大中型企业的技术创新能力建设；扶持和培育一批具有自主知识产权的高新技术企业；以发展特色产业、培育民营科技骨干企业和重点产品为目标，对民营科技企业进行重点支持，同时针对小企业技术创新投入不足等问题，采取建立行业技术创新中心等方式，为小企业的技术创新提供必要的支持。

3. 建立以高校和科研机构为主体的知识创新体系

推进原始性创新，培育壮大具有区域特色的、与区域优势产业紧密结合、具有前瞻性的重点学科领域，加快骨干大学和重点科研机构研究能力建设，在优势领域具有在国内外领先的创新能力。同时加强区域知识创新基础平台建设。

鼓励企业和大学、研究机构的合作。鼓励大学和科研机构从事与地方产业相关的研究和结合区域发展的创新，并针对地方企业的需要开设专门教育和培训课程，为企业不同层次的人员提供培训。引导和支持企业和大学、研究机构开展研究开发、成果转化方面的广泛合作。

4. 建立以中介机构为纽带的区域创新服务体系

发展一批技术经纪、技术服务、技术评估、科技咨询、科技仲裁、成果转化、知识产权服务等机构，搭建中介网络服务平台，加快生产力促进中心建设，形成以省生产力促进中心为龙头，各市、县生产力促进中心为节点的组织网络体系。联合学校、科研院所、商会、协会和其他一些社区服务机构为企业提供形式多样的支持和服务。

（二）区域创新的资源性要素建设

1. 形成稳定增长的科技经费投入机制

各区域要根据本区域的发展战略、区域经济基础、科技资源存量等因素，营造本地区的科技投入增长机制，主要包括以下几种途径：（1）建立与国民经济发展相适应的财政科技投入的稳定增长机制，如保证财政科技投入按照高于财政经常性收入增长速度稳定增长。（2）优化财政投入方式和投入方向，更多侧重于资源优化，统筹安排，重点支持创新示范工程、公益研究、服务事业和创新薄弱环节建设。（3）营造技术创新的投资环境，引导有实力的民营企业、有筹资能力的上市公司、经营良好的金融机构积极参与，设立风险投资公司和风险投资基金。培养风险投资管理人才，培育和孵化符合风险投资标准的项目资源。（4）加大政府的引导性投入，整合金融资源，集中现有各部门用于技术开发和技术攻关项目经费，形成合力，提高技术创新能力。

2. 建立支撑区域创新体系的科技人才队伍

充分发挥在本区域的高级科技和管理人才在科研和人才培养中的带头作用；实施各类优秀人才计划，加快培养各类科技人才，以留学生创业园、各类科技园区和基地、重点实验室为主要载体，加快引进各类科技人才。发挥科技人员创新创业积极性，建立健全知识产权制度，大力推行技术要素参与股权和收益分配；鼓励和支持企业、高校、院所和科技人员申报专利，加大专利执法和知识产权保护力度。

开展技能培训，培育区域创新的技工人才队伍。建设职业技术学院，大力发展高职、中职和职业教育；引导高校、科研院所和高新技术企业、企业集团紧密携手，建立凝聚人才和培养人才的机制。积极推进企业家人才的培养。创造良好的环境，积极鼓励企业家精神在区域发扬光大，启动企业家人才工程，对企业家进行培训或研修等方式进行培养。围绕本区域主导产业发展的战略需要，实施区域特色产业人才培训计划，重点培养面向区域主导产业发展的学术、技术带头人、优秀企业家、高级技工。

以多种方式推动科技中介人才队伍的建设。建立中介经纪人制度，试行建立技术中介服务人员资格证书管理制度，开展对科技中介的培训，提高促进科技成果产业化的能力和水平。

（三）区域创新环境建设

不断改善有利于区域创新的硬环境。加强信息服务组织和网络的建设，为企业提供各种信息服务。加强区域技术创新平台建设，围绕本地的特色产业，通过建设公共开发机构或者构建虚拟技术平台，加强产业共性技术开发体系建设。加强小企业技术服务平台建设、行业技术中心建设和企业孵化基地建设。

结合本地特色培育区域创新软环境。注重培育本地的创新创业文化，包括区域社会群体的思维方式、价值观念、行为规范、社会习俗、行为方式、对待外来文化的态度以及社会制度等，营造鼓励冒险、容忍失败的创新创业氛围。

（四）区域创新网络培育

以市场为导向，促进网络多样化，促进区域内外各个组织单元以网络方式连接起来。在创新动力机制的作用下，活化沉淀的科技资源，创造新的科技资源。加强创新主体相互沟通和互动，形成在网络联系之下的功能分工、各司其职的利益共同体。

二、重点区域的自主创新战略

（一）科技集聚战略

科技集聚战略是指在科技资源配置上重点投向某些领域、某些区域，使国家能够以较快的速度形成科技增长极和创新极，成为推进科技发展的引领区。概括地讲，科技集聚战略是："集聚优先，兼顾均衡。"科技集聚战略的思路是：

（1）以中央科技极（即北京地区）为龙头，联合沿海科技带（包括环渤海区域的天津、辽宁和山东）和内陆科技圈（包括湖北、陕西、四川和重庆），组成"第一梯队"。该梯队跟踪世界前沿科技，建立基础研究、战略高技术研究平台，建设国家骨干科技体系，形成国家科技极点，培育创新极和创新源，为国家和区域创新提供动力。

（2）以科技集聚区为主体，建立支撑本区域经济发展的科技体系，并集成为国家支撑产业发展的科技体系，形成"第二梯队"，即国家产业科技体系。

（3）以科技集聚区为极点，辐射带动周边地区，尤其是经济有联系的地区。这样就可以带动全国大部分地区，然后再推动科技欠发达区域的发展，由此实现科技跨越与科技均衡发展。

（二）创新型城市（群）战略

以全国目前已经或正在形成的 20 个左右城市群为基础，形成创新型城市（群）：在东部最发达的城市群地区，以科技经济实力强的中型城市为主；在东部和部分中西部比较发达的城市群地区，以大城市为主并兼顾部分科技经济基础好的中型城市；在中西部略有雏形的城市群地区，以科技经济基础好的核心大城市为主。以长三角、珠三角、京津冀、山东半岛、辽中南、海峡西岸、长江中游、中原地区、成渝、关中、长株潭、长（春）吉（林）、哈（尔滨）大（庆）齐（齐哈尔）、南（宁）柳（州）、兰（州）西（宁）银（川）、乌（鲁木齐）石（河子）克（拉玛依）等全国20个左右城市群为基础，除个别省（区）如西藏外，覆盖全国各省（市），适当向发达地区中型城市、西部大城市倾斜。

（三）中心城市战略

中心城市，尤其是省会以及一些重要的工业、商业、交通等城市，经济规模、科技力量等都有良好的基础。中心城市是省区内人才、资金、知识等创新要素的集聚地，是省区科技要素密集区和技术创新源，起着扩散技术、传播知识、带动周边区域经济发展的重要作用，因此宜推行中心城市战略。中心城市科技带动战略的思路是：

1. 提高区域自主创新能力

中心城市科技基础比较好，科技资源具有明显的优势，必须力图在这方面实现更大的突破。根据"集中资源、确保重点"的原则，设置重大专项，进一步增加对重大科技项目的扶持力度，力争在前沿科技领域在国内，甚至国际具有一定的优势和竞争力。

加强原始性创新的基础研究，进一步明确各学科优先发展的领域和方向，强化国家重点实验室的作用，增强基础研究的能力建设，创造一批原始性创新成果和自主知识产权的成果，提高基础研究的整体水平。

营造良好的创新环境，以企业为创新主体形成完善的技术创新机制。发挥国家级、省级等工程技术中心的作用，开发具有自主知识产权的新技术和新产品，积极推动专利战略的实施，制定一批技术标准，并充分发挥专利和技术标准在国际市场竞争中的作用。

2. 建立优势产业创新体系

中心城市要把大力发展高新技术产业放在优先位置，特别是抓好信息产业、生物技术和现代医药产业、新材料产业等重点战略性新兴产业。以高新技术产业开发区为骨干，大力加快高新技术产品的进口替代和出口，使高新技术产业成为中心城市的主导产业。努力突破一批重大关键技术，培育新兴高技术产业。

制造业方面，要加大科技攻关的力度，针对产业的关键性共性技术加强科技攻关。要在承接发达国家产业转移的同时，重点发展高附加值加工制造业，并使研发、生产、营销和服务各个环节协调发展，使制造业更好地利用高技术，以高技术改造提升制造业，努力提高制造业的整体素质，增强制造业的竞争力。

（四）高新技术产业开发区战略

1. 加强研发基地，增强自主创新能力

目前，国家级高新区已经历了土地开发、资金滚动积累的初始发展阶段，进入到依靠技术创新创造竞争优势的阶段。高新区发展战略也需要与之相适应，以创造竞争优势为目标，重点加强研发基地功能建设，提升高新区以及所在城市的自主创新能力。

积极鼓励和支持企业在高新区内设立研发中心，加快企业技术创新中心等机构建设。高新区为企业搭建平台，促进企业同国外的技术合作。

通过建立企业技术战略联盟和合作机制推进高新技术产业的协同创新；加强热点领域高新技术产业的原始创新能力；积极实施专利战略和标准战略，提高技术创新和高新技术产业的发展水平；建立知识产权产生、使用和保护机制。

2. 强化高新区创新与创业的孵化器建设

加快相关法律法规和扶持政策建设，培育中介服务市场，促进创新资源的流动和结合。重点扶持发展技术产权交易服务机构、科技企业孵化机构、中小企业技术服务机构、与风险投资相关的中介机构等。

3. 发挥高新区管理体制创新平台的作用

高新区的管理工作重点：一是从注重上新的高新技术产业项目转向注重产业发展规划和政策建设；二是从主要依靠提供财税优惠吸引人才、技术、资金转向主要依靠提供良好的管理和服务；三是从主要依靠政府行为推进高新技术产业发展转向主要依靠市场机制。引入先进的公共管理理念和理论，提高行政效率，加强公共服务，提高园区管理的整体水平。

（五）地方产业集群战略

产业集群的技术创新战略包括以下几个方面：一是开发竞争前的共性技术，集群内企业在此基础上进行差别化的渐进性创新；二是提供行业技术普及教育，传播新思想和新成果；三是集群内部成员之间共享人力资源和基础设施资源；四是建立和推行行业标准。其中最重要的是共性技术开发。根据集群内企业的构成（中小企业为主，还是大企业为主），其共性技术开发组织也有不同的模式：

1. 中小企业集群的行业技术创新平台建设

产业共性技术往往是中小企业产业集群技术创新的主要瓶颈。为此，要引导和支持专业技术创新体系和创新能力的建设，重点扶持建立面向中小企业开展技术开发、设计、咨询、评估等服务的科技中介机构；支持一批对地区经济有着重要影响的关键技术和共性技术的引进和开发。

2. 以大企业为核心的研究开发联合体建设

对于众多中小企业、研究开发机构和中介服务机构等围绕一个特大型企业形成的产业集群，重点是以大企业为核心与相关中小企业联合组成长期稳定的研究开发联合体或行业技术协会，提高本行业整体竞争能力。

研究开发联合体的建设可依托大企业所拥有的国家级工程技术中心、相关科研机构的重点实验室等进行。从运作的资金来源看，既需要国家的资助，又需要行业中心成员企业出资。国家的资助可通过国家重点实验室计划、国家科技攻关计划、火炬计划和科技成果推广计划等形式获得。从技术成果的分享看，成功技术的知识产权一般归大企业所有，但行业中心成员企业具有获得出资开发的知识产权的同等权利，成员企业则获得使用许可资格。

第四节 自主创新的战略要点：企业层

在企业层次，自主创新的战略重点在三个方面：一是破除壁垒，营造优势；二是培养和提升能力；三是改革机制。

一、破除壁垒与营造优势

在绕开、降低、化解、强攻壁垒的四个方面，过去的 30 年我国企业的重点在于绕开和降低；现阶段及今后相当长的时期内要全方位展开，继续采用绕开和降低策略，但重点将逐渐移向化解和强攻。

（一）低端切入和逆向创新

采用低端切入和逆向创新策略可以在一定程度上绕开壁垒，对于相对劣势十分明显的"与狼共舞"的本土企业来说是可行的选择。在现阶段及今后在某些领域还会存在这种情况，例如，本土企业仍处于明显劣势的传统产业时；传统产业发生技术变革后，本土企业劣势扩大时；新兴产业本土企业明显落后时。

（二）分解—集成创新

在本土企业与跨国公司存在技术差距的情况下，"分解—集成创新"可以有效地降低壁垒。可以预见，在今后相当长的时间内，这种情况仍会存在。因此，"分解—集成创新"将具有较旺盛的生命力和较广的使用空间，宜根据实际情况继续采用。

（三）开放合作创新

在坚持开放的总格局下，利用外部资源是必由之路，在这方面将大有可为，目前已经做的仅仅是开始。

一要广泛开展研究开发合作，利用中国市场"筹码"，与具有技术优势的国外企业、研发机构展开多种形式的合作，以有效地化解壁垒，获得学习机会，掌握核心技术。在合作中要掌控话语权和控制权，使我方处于主动地位。

二要大力发展技术并购。技术并购是以获得技术为目的的并购。国际产业技术格局变动为我国开展技术并购提供了大量机会。我国企业要把握机遇，积极并购、参股、控股拥有核心技术的国外企业。与此同时，加强消化吸收和整合，学习和培养兼容不同文化的整合能力。

三要积极引进人才。在调研中我们发现有些企业不拘一格地引进领军型、骨干型及特长型的各类人才，发挥了重要作用。不论在岗还是退休的，都是我们所需的有用人才。中国的开放和国际地位的上升，为引进人才提供了越来越有利的条件，我们要不失时机地开展人才攻势，为我国自主创新提供最重要的要素支持。

（四）成本创新

为降低成本的创新（简称成本创新），是中国自主创新的显著特色，在过去、现在与将来都将是中国的独特优势。成本创新也有层次性。在初级阶段，主要利用廉价的要素（如人力资源、自然资源、土地等）和低端需求市场（以消化低端产品）。当资源条件日益趋紧，初级阶段的方式的可用性将越来越局限，成本创新要向纵深发展，要通过技术、管理、体制、机制诸方面的创新，打造新的成本优势。因此，成本创新也要成为产品技术能力升级的利器。

（五）工艺创新

作为"世界制造基地"的升级必然是工艺水平的升级，德国、日本的实践为我们提供了榜样。我国企业常常忙于产品花样翻新而殆于精雕细刻，在"跑马圈地"、以低档产品占领低端市场的年代这一问题还不突出，当产业、产品、技术升级成为必然选择的时候，工艺创新日益凸显出来。企业要做出战略性的安排，将工艺创新放到重要地位。

（六）服务与制造融合创新

服务与制造融合、以服务增强制造，将开拓新的创新与发展空间。服务与制造的融合方式有多种，例如，以服务弥补创新产品的不足；为客户提供问题解决方案；为客户提供围绕产品安装使用的设计、采购、安装、调试、维修等全套服务；为客户提供融资服务等（参考本书第十三章"企业案例六：陕西鼓风机（集团）有限公司"）。

（七）原始性创新

"强攻壁垒"是中国企业绕不过去的"大关"，中国企业或迟或早都会走到这个关口。形势发展表明，这一关口已越来越逼近了，我国有些行业的企业已经在这一关口吃了败战。为此，我国企业需要从长计议，有选择地攻克核心技术。这一"强攻"，更多地要依靠原始性创新，真正取得核心技术的知识产权，争取在国际技术标准制定中拥有一席之地。

因此，攻克核心技术、知识产权的获取与保护、争夺标准地位是相互联合的战略组合，是企业由"立住"到"站稳"的战略支撑，也是检验企业持久竞争力的重要标准，应成为企业战略规划的重要组成部分。

二、能力成长与跃迁

能力是自主创新的根本依托，在某种意义上，能力比绩效更重要。然而，在实践中都往往只重视近期绩效而忽视能力的培育。如前面"创新实践论"所指出的，自主创新能力只能从自主创新实践中来。

我国企业自主创新能力普遍处于"立住"阶段，多数还没有到达"站稳"阶段。可以说，这是一个"危险期"，因为在未"站稳"即未真正具备国际竞争力之前，企业处于"进"和"退"之间：进则可升级，退则会滑向被清除出局的边缘。而要从"立住"到"站稳"的跃迁是一个十分艰难的过程，从根本上说也是关系到我国创新型国家目标能否实现的重大考验。对此，我国企业似乎既缺乏清醒的认识，又缺乏进取的动力，这种情况应当改变。

能力的成长可以从以下几个方面着手：

一是人才和队伍的成长。能力是"物化"在人身上的，能力的成长最重要的是人的成长。为此，要从吸引和留住人才、着力培养人才、刻意在实践中锻炼人才等方面促进人才队伍的成长。

二是体系建设，包括技术体系、管理体系、组织体系和制度体系建设等。体系建设的作用是将能力培育正式化、常规化，使技术能力培育得到管理、组织、制度的保障。同时，管理、组织、制度本身也是能力的体现。

三是发挥创新项目的平台作用。因为能力是在实践中成长的，自主创新的实践平台是创新项目，所以，要利用创新项目，尤其是大项目，使人才得到实践锻炼，使创新项目成为人才成长的平台。

三、机制变革

自主创新战略的实施有赖于动力，而动力又有赖于机制。因此，变革机制、形成有利于自主创新的机制，是一项基本建设。机制变革涉及面较广，以下就与本研究关系密切的几方面加以讨论。

（一）需求拉动

综观中国创新和发展的历史和现状可以发现，市场和需求的力量是对自主创新最直接、最有效的促动力量。当市场需求之力足够大时，这只无形之手会自然拉动企业采取相应的举措，包括创新举措。但有时会由于种种原因，市场需求不能转化为企业创新的动力。在我国，突出的表现是：第一，用进口满足需求而不求助于本土企业用创新满足需求，在资本品中尤为明显；第二，供需双方缺乏了解，存在沟通障碍，供方缺乏创新热情。

解决问题的途径是：第一，需求方变革思路，主动与供给方合作。从我们调研的多个案例中发现，往往是供给方积极，但由于需求方对供给方不够信任等原因而不积极，当需求方改变态度后常常问题迎刃而解。本研究关于煤矿液压支架用户主动联合供给企业成功创新的案例就是很好的例证。第二，供给方变革思路，主动了解需求，解需方之所难。例如，我国众多产品对电子元器件有巨大需求，从家用电器到设备仪器，都需要芯片，但长期依赖进口，电子类企业或因对产品不了解，或因创新难度较大、存在风险，而漠视需求。总之，要努力营造供需双方互动共赢的氛围，需要打破经营双方隔绝的僵局。有时，僵局的打破需要有一方先行一步，而先行者往往要承担更大的风险，这就需要企业和企业家有更宽广的胸怀和更长远的目光，因而需要战略层次的突破。

（二）战略导向

规模与效益、做大与做强是我国企业战略中的基本命题，也是最为突出的问题之一。

从我们调查的情况看，企业普遍将规模（做大）放在首要地位，即存在"规模崇拜"倾向。为了扩大规模，就必须扩大市场占有率，而扩大市场占有率的手段又有限，主要依靠的是"价格战"方式。这是在产品同质化、缺乏差异化的情况下为扩大市场占有的必然选择，而差异化要依靠创新。因此，这也是一种不创新的选择。规模崇拜和价格战的后果是灾难性的，我们观察到的事实提供了证据。规模崇拜、价格战是和以模仿为主、缺少创新的技术战略倾向一致的，其深层机制是企业经营层，尤其是主要领导人的动力导向。规模与企业主要领导人的地位有很强的正向关系，对国有企业更是如此。

战略导向的另一个问题表现在对市场和技术的取向上。在可见的、显在的市场争夺与以技术创新开拓市场上，企业几乎全倾向于前者而忽视后者，而达到前者的首选途径又是营销策略等非技术创新途径，即存在"市场崇拜"倾向。市场崇拜的深层机制是以较小的代价获得即时效益的经营动机。这种导向必然导致资源配置服从于近期效益而忽视远期竞争力。

转变战略导向，从"规模崇拜"转向兼顾规模与效益、做大与做强，从"市场崇拜"转向兼顾市场拉动和技术推动，是自主创新战略的内在要求。为此，既需要转变战略观念，更需要变革机制。

（三）营造创新战略的内在机制

上述战略导向的鲜明特点是行为短期化，行为短期化也是上述导向的根源。行为短期化是中国自主创新的致命缺陷，不改变这种战略行为机制，中国自主创新的远大目标不可能实现，创新型国家就是一句空话。革除行为短期化的弊端，需要企业更深入的改革，首先是国有企业的改革。30余年来，企业改革已取得令人瞩目的进展，但与自主创新所需要的机制尚有相当大的距离，仍需要坚持不懈的努力。

第五节 对中国自主创新的政策建议

以下主要就本项目研究所涉及的政策提出建议。政策涵盖面包括指导方针、体系建设、要素培育、制度与机制建设等。

一、指导方针

（1）将自主创新"三模式"扩展为"四模式"，增加"开放合作创新"。现正式文件中采用的自主创新所包含的"引进消化吸收再创新、集成创新、原始性创新"三种模式已不能适应创新发展的形势，开放合作创新已成为重要模式，应将其扩充到自主创新模式中。

（2）对自主创新实行适度保护的方针。彻底开放、没有一点保护，这不符合国家利益，更不符合自主创新规律。应当在开放的总原则下对本土企业创新给予一定的保护，保护重点是相对幼稚的产业、对经济地位和国家安全有重要影响的产业和领域。除了已列入政策的政府采购向本土企业倾斜、对"首台首套"优惠政策的落实以外，要更勇敢地采取一些保护措施，如在对于本土创新能力培养有重要影响的招标项目上向本土企业倾斜。

（3）适度实施"市场换技术"。重新理解"市场换技术"，真正利用中国市场筹码，在与外企合作中换取核心技术。首先是利用政府可掌控的大项目（实质也是市场），要求掌握关键、核心技术的外国企业转让技术；其次是协调相关部门和企业联合对外谈判，增强市场筹码的分量。

（4）重视"需求拉动"。在供给推动与需求拉动上，需求拉动作用明显大于供给推动作用。现行的创新政策及科技、经济政策的重点在促进供给一侧，在需求方面，政策资源利用效率不高，应增加需求侧政策力度。

二、体系建设

（1）加强产业间的创新合作。为改变产业隔离状况，要制定鼓励产业间进行创新合作的政策，重点促进上下游产业之间的协同创新，政府发挥"超级协调人"的作用，进行协调。

（2）改善经济、科技、创新政策之间的协调性。改变政府部门基于本部门的视野和知识制定政策的状况，加强政策协调研究，对涉及多方面问题的政策，更多地采取多部门联合出台政策的措施。

（3）促进产学研合作。引导大学在学术研究和产业技术支持与服务方面的合理分工；引导大院大所的功能定位；制定改进支持产学研合作的政策。

（4）合理布局创新基地，发挥区域创新作用。针对不同类型区域（如科技集聚区、科技滞后区等）特点，制定相应规划；建立区域优势、产业优势和优势科技资源相结合的区域性产业技术创新基地。

三、要素培育

（1）建设产业共性技术开发供给体系。改造、整合、新建研发机构，设计新型运行机制，为产业共性技术提供坚实平台。当前要十分重视新兴产业的超前、重大、共性技术开发的组织。

（2）建立产业重大创新基金。建立产业重大创新基金，重点支持投资量大、风险性大的重大产业技术创新项目。基金以政府投入为主，引导国有企业、民营企业参与。

（3）鼓励、支持海外技术并购。对以获得核心技术为目的的海外兼并、收购给予指导、协调及政策优惠。

（4）鼓励、支持与国外研发机构、企业的合作创新。促进和鼓励本土企业与国外研发机构、专业技术提供商、企业合作开发，提供政策优惠。

（5）实施专利战略和技术标准战略。分行业制定核心技术专利研究开发战略规划，在对国外专利研究分析的基础上，明确核心技术专利开发方向、重点和策略。

分行业制定技术标准战略规划，确定争夺国际技术标准的目标、重点和策略；研究制定现行技术标准格局下的对策。

（6）建立产业重大技术预警机制。以产业为对象，赋予有关机构一定的职能或建设新机构，对成熟产业的重大技术变革、新兴产业重大技术突破进行预测，对技术突破进程做出估计，预测产业化前景及发展进程，评估对中国的机会与挑战，提出可能的对策。

四、制度与机制建设

（1）深化国有企业改革，改变企业短期行为机制。通过产权改革、治理结构改革及健全考核指标体系等，改变企业短期化行为，引导企业对自主创新进行战略安排。

（2）推进教育制度改革。改革教育制度，建立创新型人才培养模式；对各类大学重新定位，引导大学科研资源合理地向产业倾斜；强化创新型人才培养，引导科研与产业结合。

（3）深化科研院所改革。引导科研院所合理分工，优化其产业共性技术供给功能。

第四篇

自主创新实践：产业与企业案例

本篇由"产业案例"和"企业案例"两部分构成。

"产业案例"以汽车业、机床业、通信设备业、彩电业和光纤光缆业5个代表性产业为对象，运用产业创新系统的理论框架剖析各产业的技术演变历史过程、影响因素及国际竞争力现状。"企业案例"对主要来自5个案例产业中的11家典型企业展开研究，考察每家企业在自主创新战略制定、能力成长和竞争力获取等方面的做法和经验。

第十二章

产业案例

产业案例一：汽车业案例[①]

一、案例摘要

本案例根据研究需要，对产业创新系统理论进行了改进，按照"创新—能力—竞争力"的思路，结合国内汽车产业自主创新的特点，提出中国汽车产业在突破壁垒和能力成长方面的六点假设，运用行业证据加以检验。在假设检验后，案例还考察了国内汽车产业的国际竞争力。

本案例研究得到以下结论：

（1）汽车产业技术进步的过程可以划分为三个阶段：封闭条件的自力更生；开放条件下的合资国产化；开放条件下的自主开发。在不同阶段，我国汽车产业显示了不同的产业技术特征和技术能力水平。

（2）本土企业实现对产业的进入，得益于产业创新系统中的几个关键因素，包括大规模和多层次的国内市场、技术的模块化趋势、独立技术供应商的出现、

---

① 本案例源自课题组中汽车产业项目组 2006~2008 年对中国汽车产业的实地调研。

零部件供应体系的成熟和丰富的专业技术人才等。

（3）汽车产业的创新能力可以按照研究开发能力、制造能力、营销能力和创新管理能力的四维度框架加以分析。本土汽车企业在各个维度的能力成长基本都经历了三个阶段的变化：研发能力的自主发展、制造能力的性价比提升、营销能力的专业化和创新管理能力的精细化。

（4）能力成长战略是在企业实现进入后的主要发展战略，本土汽车企业的能力成长战略可以归纳概括为：以市场需求为导向、以规模扩张为基础、分步突破重点环节、以多种技术学习方式加以实现。

二、案例描述

（一）汽车产业技术概述

汽车产业是技术复杂、精度要求高、需要高度整合的综合性产业。从流程看，汽车产品要经历从市场调查、产品研发、生产制造到销售反馈的整个过程，开发周期很长。从模块构件角度看，汽车产品是模块化的复杂产品，主要的多功能集成模块均由单一功能的模块和构件组装而成。下面简要概括汽车产业的基本技术，这是研究汽车产业自主创新的知识基础。

汽车的生产流程主要包括产品开发（设计）、生产制造、试验验证和营销服务几个主要环节，如图 12-1 所示。

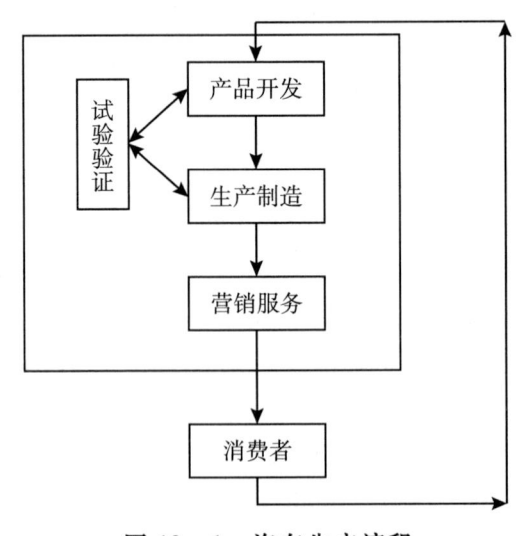

图 12-1　汽车生产流程

资料来源：案例作者根据相关参考书籍和研究绘制（2008）。

汽车产品结构分为发动机、底盘、车身、电器和电子控制系统四大部分,包括若干模块。整车产品与模块之间的构成关系如图12-2所示。

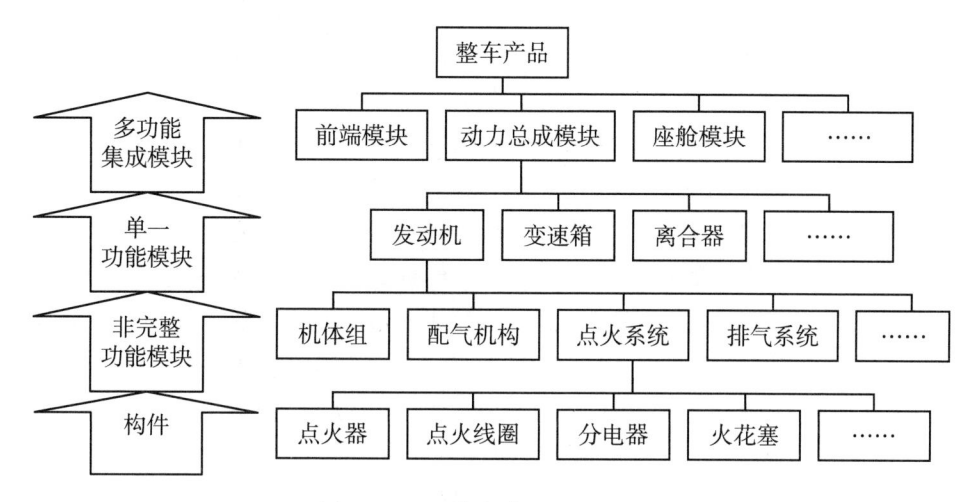

图12-2 整车产品模块分层

资料来源:案例作者根据相关参考书籍和研究绘制(2008)。

(二)汽车产业自主创新历程

对于中国汽车产业发展阶段的划分,不同学者有不同观点。本案例基于对汽车产业和汽车企业技术能力发展过程的判断,根据重大创新事件将中国汽车产业发展历程划分为三个阶段:封闭条件下的自主开发阶段;开放条件下的合资国产化阶段;开放条件下的自主创新阶段。划分所依据的两个重大创新事件是:合资企业的建立与国产化;本土企业自主控制下的设计外包。这两大事件对我国汽车产业技术能力的提升具有重大意义。每个阶段的特点阐述如下。

第一阶段(1956~1983年),封闭条件下的自力更生

1956年一汽建成投产和后来的二汽建成投产,标志着我国汽车产业形成了一定规模的生产制造能力。这主要是依靠新中国成立初期苏联援建和从苏联引进的设备及技术,新中国成立前残留的零部件生产和整车组装工业也起了一定的作用。之后很长一段时间都是由我国老一辈的汽车人顽强奋斗、利用各种渠道来推动技术进步的。由于需求结构和能力的限制,这一阶段产业发展特点是:以中型货车为主,缺重少轻,中型货车的生产制造能力较全面,量产规模较高,价值链覆盖的链条较长;轿车产业在小规模水平上停滞不前(如红旗轿车只有年产几百辆的规模水平)。这一阶段技术能力的特点是:有制造无开发;技术能力基本体现为汽车制造能力,技术进步体现为制造工艺和设备的改进、提升。

第二阶段（1984~1997年），开放条件下的国产化

1984年上海汽车集团与德国大众开始合资生产桑塔纳轿车，标志着中国汽车业拉开合资开放的序幕。随后相当长的一段时间内，国内汽车产业的发展都以鼓励合资以及合资后的国产化为特征。在这一阶段，制造能力由于得到外方在技术和设备上的支持而进一步提升；但是由于外方对我国企业自主开发的制约，开发、设计能力的提升受到很大制约，甚至低于改革开放前的水平。国产化带来的收益有两点：一是零部件企业能力的发展；二是具有规模制造能力的零部件企业开始培育自身的开发能力。从车型分类看，轿车不断发展，货轿的增长趋于平缓。

第三阶段（1997年至今），开放条件下的自主创新

与其他分类方法不同，本研究没有把标志时间点放在自主开发企业获得准生证的2001年，而是提前到1997年。事实上，除了本土企业在2001年不约而同推出第一款新车的巧合外，华晨、奇瑞和吉利等都在1997年前后做出了进军轿车产业的决定。尽管渠道和方式不尽相同，但是自主开发的过程都以形成制造能力为基础，通过逐步提升技术和管理能力移向汽车产品开发链的前端。经过不懈努力，奇瑞、吉利等自主开发企业已经具备了部分整车开发、设计以及部分关键零部件和总成的设计能力。受到市场和自主开发企业的双重压力，合资企业的中方虽然仍受制于外方，但最终也获得了自主开发的权利和机会。

图12-3是本土汽车产业技术能力发展三阶段示意图。本案例重点关注开放条件下的自主开发阶段，研究对象以奇瑞、吉利这样的本土企业为主。这些企业的创新活动在该阶段具有较好的代表性。

| 封闭条件下的自力更生 | 开始合资国产化 | 开放条件下合资国产化 | 自主控制下的设计外包 | 开放条件下的自主开发 |

1956年　　　1984年　　　　　　　　1997年　　2006年至今

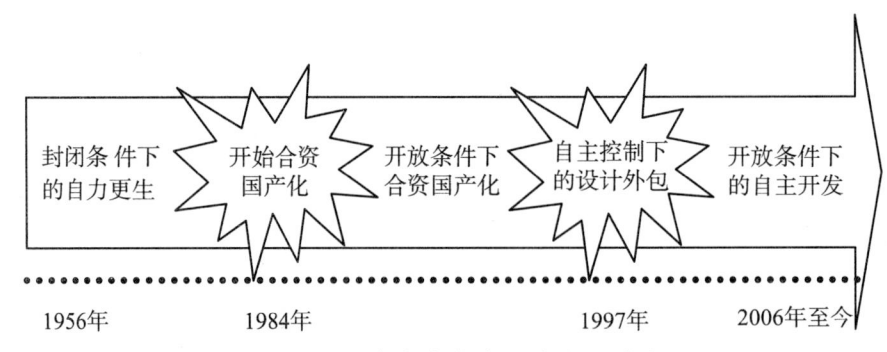

图12-3　汽车产业发展阶段三阶段

资料来源：案例作者根据相关参考书籍和研究绘制（2008）。

（三）开放条件下的汽车产业创新系统

开放条件下的汽车产业创新系统，体现出与封闭条件下不同的特点，中国开放的环境也与日韩汽车产业的追赶环境存在较大差异。开放条件下我国汽车产业创新系统的主要特征有：

1. 需求的快速增长和多层次性

我国汽车市场的成长速度迅猛。在 2000 年我国汽车销量达到 200 万辆后，很多人做出预测将在 2010 年左右突破 500 万辆大关，但随后汽车销量以每年 100 万辆的销售规模递增。2007 年我国汽车产业的总销量已经达到 870 万辆，直逼千万辆大关。其中轿车是汽车需求增长的主力军，从 2002 年轿车销量突破百万辆大关之后，以每 1~2 年 100 万辆的规模呈现递增式发展，2007 年我国轿车销量突破了 470 万辆。

中国汽车市场需求存在多层次的特点。以不同的价格划分需求，最能体现各个层次消费需求的差异化特征。罗兰贝格咨询公司的报告显示，中国汽车市场的消费者可以简单划分为四类：中高端市场（20 万~35 万元），消费者重在追求个性化需求的满足；中端市场（12 万~20 万元），消费者追求高性价比以及兼顾性能；中低端市场（8 万~12 万元），以年轻人居多，关注新潮、时尚的设计和高性价比；低端市场（3 万~8 万元），市场区域分布相对集中在二、三级城市，价格是关注重点。

中国汽车市场消费需求的特点为本土汽车企业的发展奠定了市场基础：大规模、多层次的市场使得本土汽车企业既能获得相对宽松的市场环境，又为从细分市场切入产业提供了可能。

2. 汽车技术的模块化趋势

目前汽车产品的设计和生产制造正体现出由集成化向模块化演变的趋势，即由以往整车厂完成所有的生产流程演变成为整车厂和模块供应商协同完成整个流程。这种模块化趋势既表现为产品开发和生产制造的相对独立，如许多整车厂并不亲自做开发设计而是选择外包的方式进行产品设计；又表现为设计和生产自身的模块化。设计模块化以功能可分为前提，通过模块化的设计形成产品性能之间一对一的关系，从而提高产品设计的独立性。生产模块化是由以往集中零部件散件在整车企业内装配，变为模块供应商在整车企业附近进行模块的生产供货。模块化趋势为本土企业自主创新降低进入门槛提供了可能。

3. 独立技术供应商的涌现和发展

随着汽车设计和制造技术的日益成熟以及模块化趋势的推动，汽车产业出现了专业化的独立技术供应商，以 20 世纪 60~70 年代出现的一批专业造型设计公司最为有名。这些公司不仅为世界主要汽车厂商提供技术支持，如大众和菲亚特的很多新车造型就由它们完成，而且还是 70~80 年代日韩汽车产业技术追赶过程中重要的技术学习来源。随着国际化和中国市场开放程度的逐渐提高，这些独立的汽车设计公司先后进入中国市场，寻求新的利润增长点。

同时，很多具有专业知识的设计人才开始在国内创办设计公司，其中不乏具有海外工作背景的专业人才。虽然这些国内的设计公司在技术水平和知识积累上与国外设计公司还有差距，但是它们往往集中于产品开发的某个环节精益求精，与国外竞争对手相比具有明显的价格优势。因此，国内的独立设计公司也成为汽车产业中不可或缺的一部分。

4. 较成熟的零部件供应体系

合资企业对中国汽车产业的一大贡献是形成了国内配套相对成熟、技术水平较高的零部件供应体系。在产业政策的要求下，合资企业推动零部件国产化率的不断提高，推动了一批为合资企业供货的零部件生产制造企业的技术进步。与此同时，随着国际零部件制造巨头进入中国市场，国内的零部件生产企业有了更多与其合资合作生产的机会，通过技术学习积累了设计和制造的经验。

5. 丰富的专业技术人才供给

合资企业对于中国汽车产业的另一个贡献是培养了一批专业技术人才，这些人才通过干中学储备了很多汽车生产流程方面的缄默知识，这些缄默知识对于本土企业的自主创新具有重要作用。但是，受合资企业创新活动的限制，这批人才主要积累的是生产流程管理方面的技能，设计开发方面的相对较少。

（四）本土企业的进入

1. 本土企业的低端切入

本土企业在市场选择方面，都从 10 万元甚至 5 万元以下的低端市场切入，立足于满足这个细分市场的消费者需求。由于价格和定位的差异，相当多的消费者因为追求经济性会易于接受本土企业产品，而不会刻意将本土企业的品牌与合资企业的品牌进行比较。另外，合资企业因为本土企业产品档次的悬殊和利润的微薄也很少关注其的进入，没有对新进入者施加市场的压力。

2001 年 3 月，奇瑞的第一个产品 A11 轿车以 8.798 万元的基本价切入中国车市，获得了意想不到的成功。8.798 万元奇瑞的成功之处就在于它虽然把自己的产品档次放到捷达、富康和桑塔纳汽车"老三样"的水平，但是却与当时这几款车 12 万 ~ 16 万元的价格形成了明显差距。通过规避与合资企业中端轿车的竞争，奇瑞成功地满足了消费者花少一点钱买大一点车的愿望。奇瑞最引以为豪的车型 QQ 更是这种规避竞争策略的典型体现。这款目标市场定位于年轻人的车型以 4.98 万元的超低价格推向市场，比消费者期望的价格更吸引人，这个价格与同等规格的微型客车差不多，但是从外观到内饰都做到了与国际同步的轿车配置。

2001 年 11 月吉利的第一款新车豪情诞生。吉利豪情定位在老百姓买得起的经济型轿车上。2002年豪情最低售价调整到3.89万元，2004年豪情亮星经济型上市仅2.99万元，而配置ESP电子助力转向系统的HQ203A技术领先型轿车也只需3.99万元。

其他本土企业，如哈飞、比亚迪、长安等，几乎都是以与合资企业车型风格和价格定位迥然不同的姿态切入汽车市场的，如长安奔奔就定位在5万元以下的经济型轿车，与合资企业新车型10万元以上的定价相去甚远。本土企业中的一个反例是，沈阳华晨的中华轿车曾试图直接切入中端汽车市场，但在市场上的绩效很不理想，直到重新回归到10万元以下市场并推出骏捷之后，才逐渐得到了市场认可和消费者接受。

2. 本土企业对模块化利用

由于资金和技术实力的限制，本土企业在刚进入汽车业后不可能像合资企业一样覆盖汽车设计和制造的全环节，而是利用产业设计制造的模块化方式，通过委托外包或者联合开发，借助国内外独立设计技术供应商和关键零部件开发供应商的力量弥补自身的短板环节，迅速形成产品生产、满足市场需求的能力。例如，奇瑞最早推出的风云车是大众汽车公司西班牙巴塞罗那西亚特公司已经淘汰的老款图雷多车型和平台，意大利公司进行了改进，由中国台湾的福臻集团开发模具。奇瑞随后的几款车也都有国外专业设计公司参与。又如，1999年哈飞与意大利宾尼法瑞那公司联合设计的"中意"微型车上市，2000年开始的"路宝"车身设计，哈飞也是以类似的方式委托英国莲花公司对"路宝"的底盘进行了优化，这两款车都取得了较好的市场绩效。

3. 本土企业获取专业人才

本土企业在进入汽车产业的初始阶段，通过各种渠道获得技术人才和管理人才，这些人才在早期的新产品开发、生产制造、质量管理、产品营销等方面发挥了重要作用。企业获取人才的方式有以下几种：

（1）聘用在合资企业曾经工作的人员，获得与生产能力相关的操作知识和流程控制知识。奇瑞的尹同耀就曾经是一汽大众总装车间的主任，奇瑞的副总工程师胡复有在一汽和东风工作的经历，奇瑞旗云的开发中来自东风汽车的20位技术人员发挥了重要作用。吉利的南阳、展万金、蒋书彬、潘燕龙等高管和高级技术人员都有曾在合资企业长期工作的经历。

（2）聘用跨国公司和国内汽车企业的退休技术专家。例如，奇瑞聘用了20多名来自德国、日本和韩国的外国技术人员、管理人员，如曾在日本三菱公司工作过的专家寺田真二，主要负责奇瑞的生产线现场管理和质量管理。

（3）吸引国外技术专家。例如，曾担任奇瑞汽车工程研究院院长的许敏就先后在通用、福特和伟世通等企业从事发动机燃烧系统的设计，辛军、张林等奇瑞公司的主力干将都曾有在本田、戴一克公司任职的经历。

（4）从国内其他本土企业引进人才。例如，吉利路桥生产基地的总经理来自于天津华利公司，吉利宁波基地负责变速箱研发的工程师徐滨宽曾经是天津汽车齿轮厂的工程师。吉利还引进了曾经在长城汽车股份有限公司任职的梁贺年担任吉利济南研究院的院长，主抓技术管理。

4. 本土企业低成本秘诀

（1）小步快跑。本土企业在进入汽车产业的初始阶段，普遍采用了一次规划设计、分步实施的"小步快跑"的策略弥补资金的短板，即不是进行一次性大规模投资，而是总体规划指导下，通过不断追加投资实现产能的逐步扩张。

以吉利为例。吉利根据销售量逐步扩大产能的建厂模式大大降低了汽车制造成本。最初，吉利豪情制造厂的生产能力是一年2.5万辆，投资仅3亿元；吉利宁波基地5万辆的生产规模总共投资才7亿元。在建设时间上，吉利快跑的速度惊人。1999年8月，宁波美日公司在北仑港畔打下了第一根桩，到2000年5月17日第一辆美日汽车驶下生产线，历时仅9个月。这样的项目在国外一般需要3~5年，例如，别克建厂用了2年零3个月。

除此之外，吉利的建线模式是可拆可合式，生产批量没有上来时，就只用其中一部分，批量上来，再把线连上。吉利在生产线的建设上也不追求气派，而是尽量缩短工位，增强生产节拍，这也降低了建厂成本。

（2）降低成本的创新（成本创新）。本土企业，如吉利、奇瑞、比亚迪等，能够以低成本制造新车型，一个秘诀在于采取了成本创新方式降低巨额的固定成本投入。

一套低端车的模具设计、开发，国内合资企业至少需要2 000万元的投入，但吉利通过测绘省去了设计开发成本。采用内部职能分包的建厂模式也是吉利克服资金障碍的典型例子。职能建厂模式是指吉利拥有土地权和建厂权，而四大工艺车间的建设吸引民间个人资本投资。在管理体系上，车间内部的总体管理者是吉利，但投资人拥有部分管理权。这使民间投资者愿意与吉利合作，而吉利又能够控制。从1999年到2002年上半年，通过这种民间资本运营方式，吉利完成冲压、涂装、焊装和总装车间的建设，节约了1/3的建厂投资。

5. 本土企业曲线入市

本土企业进入汽车产业普遍遭遇产业准入政策屏障。为克服这一障碍，本土企业往往直接购买拥有生产和销售汽车目录的企业，在达到一定生产和制造规模之后再重新申请新的目录。其中，吉利曲线入市的过程最为典型。1998年，第一辆豪情汽车下线，但是无法获得汽车产品生产目录。1997年吉利和四川德阳汽车厂合资成立了"四川吉利波音汽车有限公司"，吉利占70%的股份，后来吉利又购买了另外30%的股份,并拿着四川吉利的"汽车生产目录"在浙江临海建起了吉利第一个汽车生产厂。但是,吉利汽车拿到的生产目录其实并不是轿车目录,而是6字头的客车生产目录。吉利汽车受6字头车型的限制,导致产品线无法进一步扩大,不能开发和生产真正意义的三厢轿车。万般无奈之下,吉利再次走上了买壳之路,于2001年下半年与江南机器厂合资成立江南吉利,准备生产公司新开发的车型。也就在2001年底,鉴于形势的变化、本土企业的表现和舆论压力,经贸委在我国加入WTO前夕,正式将吉利列入《第六批车辆生产企业及产品公告》,这意味着在经过三四年的奔走呼号之后,吉利汽车终于获得了名正言顺的"准生证"。

(五) 本土企业能力成长

本案例从创新过程的角度,将本土汽车企业的能力划分为研究开发能力、制造能力、营销能力和创新管理能力。

1. 研究开发能力

本土企业的研究开发能力成长路径经历了从模仿开发到半自主开发再到自主开发的过程。此处的"自主"是指本土企业具有对于研究开发活动的自主控制权和自主知识产权。

(1) 模仿开发。本土企业在早期的研发活动中几乎没有技术自主控制权和知识产权,主要以模仿反求的方式获取研究开发的基本知识和技能,或者通过完全外购的方式直接获取研发活动的成果;技术选择能力很弱,只依赖能够获取的有限的技术资源;解决技术问题的能力和创造能力很低。

以吉利、奇瑞、华晨为例。吉利早期开发的豪情车完全采用夏利的平台,利用成熟的夏利底盘技术,车身通过钣金工参照夏利车手工的反求工程完成,发动机依赖从天津丰田发动机公司的引进。奇瑞早期开发的车型实际上引进的是大众汽车公司的巴塞罗那西亚特公司已经淘汰的老款图雷多车型和平台,车身设计由国外设计公司完成,发动机技术采用的是奇瑞早期购入的福特生产技术。华晨凭借充裕的资金,采用了完全外购的方式获得研发成果,由国外的设计公司完成车型开发中底盘、造型和发动机的设计工作。

(2) 半自主开发。半自主研究开发,是指一方面本土企业在早期研发活动积累的经验和知识基础上,不需要依赖反求或者外购完成研发过程,而是对研发活动具有自主知识产权和一定的自主控制权;另一方面又由于能力不足,很多技术问题还依赖与技术供应商的合作加以解决,因此主导和控制权不强。

2005年面世的吉利"自由舰"是吉利第一个完全按照国际通行的开发流程和开发模式所做的正向开发项目,底盘、造型、动力总成的开发设计工作都在吉利的控制下完成，研发活动中还应用了计算机虚拟化设计、并行开发模式等先进的开发手段。然而，自由舰的车身造型设计由吉利和韩国设计公司合作完成，设计流程中吉利只负责提出设计需求，结构和造型设计仍然依靠韩国设计公司；自由舰配备的是吉利具有自主知识产权的 MR479Q 发动机，但该款发动机基本技术也是基于丰田 V8 发动机改进而来的。

（3）自主开发。随着研发能力的不断增强，本土企业对研究开发流程的各个环节以及汽车系统开发和关键模块的开发具有了更强的驾驭能力。本土企业在与独立技术供应商的合作中，具备了较高的参与度和主导控制权。同时本土企业根据自身需要，在重要的研发领域进行选择性的研发投入，比如，对关键零部件（发动机、变速箱等）的重点研发，以及对于新能源和环保技术的重点关注等。

2005 年和 2006 年吉利先后试制出具有自主知识产权的自动变速箱和连续可变气门正时机构（CVVT）发动机并顺利实现量产，实现了本土企业对于关键零部件完全依赖于技术引进的突破。2007 年吉利先后推出的金刚和远景轿车体现了吉利在研究开发活动各个方面已经具备了较强能力，如金刚的底盘采用了国际先进的设计技术以及 NVH 降噪技术。吉利还在节能和环保方面取得进展，在 2007 年上海国际车展上推出了海尚三厢混合动力轿车和海域三厢 M100 甲醇代用燃料轿车，显示了其在新能源、新动力开发运用上的研发实力。

2. 制造能力

与企业的研究开发能力对应，本土企业的制造能力提升可以分为三个阶段：

阶段一，低成本制造阶段。本土企业通过小步快跑的方式迅速形成经济型轿车的批量生产能力，使当时由合资企业控制的价格体系被瓦解。

阶段二，质量取胜阶段。本土企业已经具备了相当规模的制造能力，但是由于前期粗放式增长的方式造成了很多产品质量问题，与研究开发能力不相匹配。在这个阶段，本土企业主要通过质量管理的方式不断改进产品的制造工艺，提升质量标准。例如，2004 年初，在不断提高工艺、技术和管理水平的同时，吉利借助全新产品自由舰投产之际，投入 5 亿元对原有生产线进行大规模技术改造，在关键工序中使用了国际先进设备，包括高精冲压设备、全自动底盘传输线等，自由舰的冲压线、焊装线中包括 2000T 的大型冲压线、点焊机器人等全部从韩国和德国进口，保证了整车的高质量水平。先进的生产线辅之以 SAP 软件为基础的 ERP 系统，大大提高了生产自动化程度，提升了产品品质。

阶段三，性价比提升阶段。本土企业已经通过高技术装备的引进对生产线进行了大幅度改造，生产流程也因为质量管理和精益生产方式得到优化。本土企业实现了制造规模的不断扩张，同时通过制造能力的升级进一步削减制造成本、提高产品质量。此时制造能力反映为一种以低成本、高质量方式制造产品的综合能力；从产品来看，体现为产品性价比水平的提升。例如，吉利通过提升 CVVT 发动机和自动变速箱的规模制造能力，成功将这两项具有自主知识产权的核心零部件配置于较高档次的远景车中，使远景车型在 7 万~9 万元的价格区间内具有较高性能的动力水平，大大提升了产品的性价比。

3. 营销能力

本土汽车企业的营销能力成长路径可以划分为以下三个阶段：

阶段一，非专业化销售渠道阶段。在本土企业的创立初期，为了维持有限的资金流动，要尽快完成车辆销售，回收初期投资。本土企业的做法是：利用过去从事相关行业的销售渠道协助完成汽车销售，如吉利利用了最初生产踏板摩托车的分销渠道帮助吉利汽车销售；比亚迪在手机电池销售领域积累的知识和经验对于其新车销售发挥了重要作用。

这个阶段本土企业往往采用"捆绑式"销售的方式，即在全国各地以区域经营的形式，由经销商买断产品，企业只同经销商发生支付关系，而不直接同客户发生营销关系，这样本土企业可以全身心投入研发、制造和管理中。

阶段二，销售网络基本定型阶段。非专业化的销售渠道很快暴露其弊端，因为汽车销售渠道除了实现销售产品的功能，还有诸如零部件供应、售后服务和信息反馈等其他功能，这些都是非专业化的销售方式不能达到的。在完成早期产品的销售后，很多本土企业都开始自建销售网络，流行的模式是建 4S 店。奇瑞从 2003 年 5 月底开始兴建大型 4S 专营店，截至 2005 年 1 月，全国已建立 320 多家大小不一的专营店。

这一阶段的另一方面的行动是对海外市场的开拓。2003 年，吉利汽车开始开拓海外市场，2004 年出口整车达到了 5 000 辆，占全国轿车整车出口量的 63.7%，2005 年的出口量超过了 7 000 辆。

阶段三，专业化销售网络阶段。随着本土企业产品种类的多样化和经销商网络的扩张，专营店的经销模式在市场控制性、销售能力和适应性等方面已无法满足本土企业需求。本土企业开始借鉴国际上通用的分品牌销售模式，推出分网销售模式，将不同品牌车型放在不同的店里销售。例如，2006 年吉利开始实行品牌销售，逐步形成了三张网，即以吉利"新三样"——金刚、远景和自由舰各自形成一张网，每一张网中再搭配"老三样"（豪情、美日、优利欧）中的一款产品，形成新老搭配的销售模式。

另一个明显变化是开展了立体式营销，即进行深度销售网络的开发和挖掘。本土企业靠低价优势迅速占领市场并进而进入一级市场，但是二、三级市场的巨大的发展潜力已经开始影响企业营销模式的构建。吉利主管营销的副总裁刘金良就表示吉利要加强对服务网络和营销领域的转型，尤其是在网络上将继续向二、三级市场细化布局，才能创造更多的盈利点。

4. 创新管理能力

创新管理能力发展与企业成长阶段相对应，也与研究开发能力、生产能力和营销能力的提升紧密相连。本土企业创新管理能力成长路径也经历了三个阶段。

阶段一，经验管理阶段。本土企业在成长初期没有产品开发和专业化生产制造经验，也没有相应的创新管理经验。此时的管理高度依赖于经验，而这种经验凝结于不同岗位不同专长的人才身上。例如，吉利集团这一阶段的战略规划，包括产品定位、进入战略、厂房选址等，基本上都由李书福个人决策，而李书福决策的依据很大程度上决定于他在摩托车行业经营的经验和对市场的把握。

这一阶段也是本土企业人才扩张的重要阶段，奇瑞的许敏、沈奉燮，吉利的徐刚、南阳都是此时临危受命，在各自的企业中担任重要职务。本土企业正是利用专家在各自领域的经验为经营管理提供支持，如奇瑞聘请寺田真二就是利用他在丰田生产线管理的经验帮助奇瑞实现生产线的精益管理。

阶段二，制度化管理阶段。在该阶段，本土企业纷纷通过制度化建设来加强创新活动的管理。例如，吉利为了克服家族企业的弊端，在徐刚上任后进行了大刀阔斧的企业管理体系改革，构建了完善的集团管理体系与管理平台，建立了六大系统管理架构；完善了各种基础管理制度；强化了知识产权管理制度和人才激励制度，为吸引创新型人才提供了机制保证；投资数亿元成立了吉利研究院，以正式的研发组织的形式对企业的创新活动进行专业化、制度化管理。

阶段三，精细化管理阶段。本土企业在实现了基本的经验管理和制度化管理之后，开始向精细化管理发展。例如，吉利的经营管理从专业制造的橄榄形架构向研发链、供应链、管理链、营销链的哑铃结构转型，管理手段从传统信息传递方式向信息化、数字化转型。

以下根据能力分析框架对我国汽车产业的自主品牌企业能力进行评价。每个单项能力评价以五个☆为满分，表格中的得分表示了该企业的能力水平。评价依据是企业访谈结合二手资料，最终分数由案例研究者给出，结果如表 12－1 所示。

表 12－1　　汽车行业主要企业创新能力维度的评价

自主品牌企业	研究开发能力	制造能力	营销能力	创新管理能力
奇瑞	☆☆☆☆	☆☆☆	☆☆☆☆	☆☆☆
吉利	☆☆☆☆	☆☆☆	☆☆☆☆	☆☆☆
华晨	☆☆☆	☆☆☆☆	☆☆	☆☆☆
长安	☆☆☆	☆☆☆☆	☆☆	☆☆

续表

自主品牌企业	研究开发能力	制造能力	营销能力	创新管理能力
比亚迪	☆☆☆	☆☆☆	☆☆	☆
上汽	☆☆	☆☆☆☆	☆☆☆	☆☆☆
一汽	☆☆	☆☆☆☆	☆☆☆	☆☆☆
东风	☆☆	☆☆☆	☆☆☆	☆☆☆

资料来源：案例作者根据实际调研和相关资料自行打分（2008）。

（六）汽车产业的竞争力

汽车产业的国际竞争力是指使某国在汽车产业领域获得竞争优势的能力，它是区别不同国家之间汽车产业综合能力的重要指标。本案例对于汽车产业国际竞争力现状的描述主要从国内市场竞争力和产业国际绩效竞争力两个维度展开。

1. 国内市场竞争力

（1）产品创新。随着我国汽车产业研发投入的增长，产业技术水平明显上升，自主创新能力有了显著提高，突出表现为自主品牌汽车发展较快，如图12-4所示。

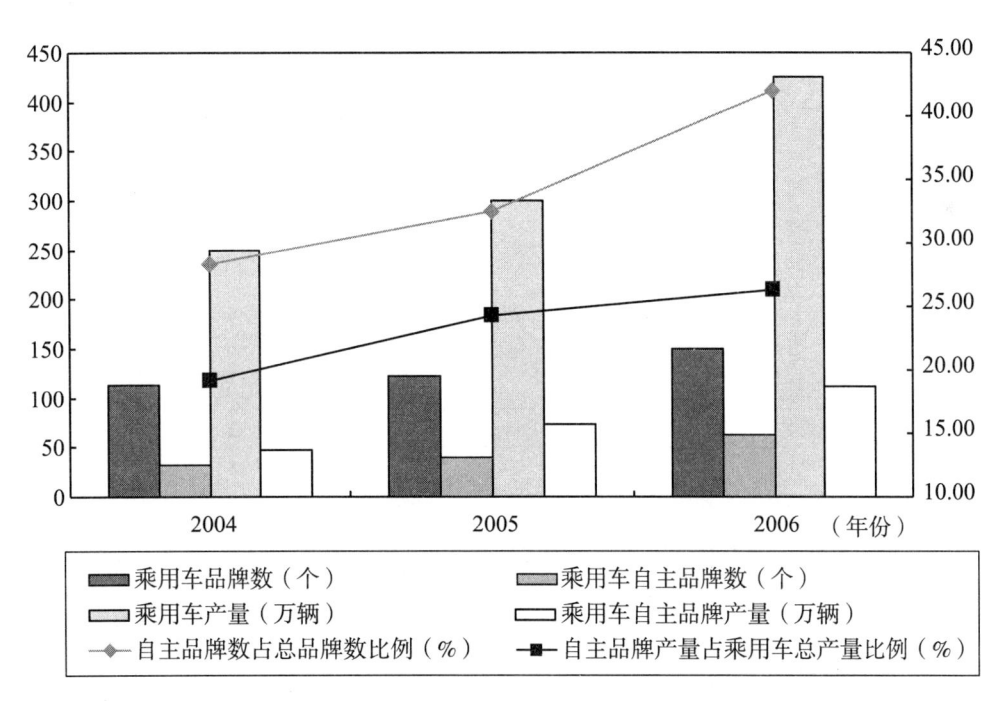

图 12-4 2004~2006 年我国自主品牌乘用车品牌数及产量

资料来源：中国汽车技术研究中心、中国汽车工业协会主编：《中国汽车工业年鉴（2007）》，中国商务出版社 2007 年版。

2006年，乘用车自主品牌数有了迅猛发展，同比增长高达94.1%，占总品牌数比例达到42.3%；自主品牌乘用车产量同比增长55.6%，占乘用车产量比例达到26.8%。当然，自主品牌汽车的快速增长并不能代表竞争力的全面提高，我国在核心技术研发领域尚存在不少空白，自主品牌汽车技术性能、质量和安全可靠性等方面与国外同类产品的差距明显，20万元以上的自主品牌轿车还很少见。目前本土汽车企业已经从单纯向国外引进技术发展到现在的自主开发、引进、购买国外成熟技术等多种途径，对技术开发的重视程度也日益提高。

（2）专利申请。国内外的实践表明，专利申请量的多少是衡量汽车产业技术水平的重要标志。由表12-2可知，国内企业专利数量在逐年上升。其中，一汽、东风和奇瑞的专利数量增长最为明显，从侧面反映了汽车企业在自主创新上的投入力度加大。但是与国外主要汽车企业相比，无论是专利申请数量还是质量，我国汽车企业都存在很大差距，国外汽车企业在我国申请的专利基本上是发明专利（约占总数的72%），而我国企业申请的发明专利比例较低（仅占总数的15%）；在数量上，国外主要汽车企业在我国申请的专利是国内企业申请专利总数的6~7倍。因此，国外主要汽车公司正以核心技术为工具在我国形成专利壁垒，这给我国汽车产业的发展和竞争力提升带来了严峻挑战。

表12-2　　　　中国主要内资汽车企业的专利数据统计　　　　单位：项

企业名称	发明专利	实用新型	外观专利	三项合计
东风汽车公司	66	145	61	272
中国第一汽车集团公司	30	157	66	253
奇瑞汽车有限公司	5	65	148	218
北汽福田汽车股份有限公司	1	40	127	168
长安汽车（集团）有限责任公司	7	77	49	133
长城汽车股份有限公司	0	0	39	39
吉利集团有限公司	6	9	10	25
江铃汽车集团公司	0	8	5	13
江西昌河汽车股份有限公司	1	0	8	9
天津汽车夏利股份有限公司	0	0	4	4
合计	166	501	517	1 134

资料来源：中华人民共和国知识产权局1985年9月至2005年11月公布的累积专利数。

2. 国际市场竞争力

（1）国际市场占有率。随着产销量的快速增长，我国汽车产业已经成为全球汽车产业的重要组成部分。一个重要变化是我国汽车产业的出口量自2003年以来出现了快速增长，根据《中国汽车工业年鉴（2006）》的数据，2006年实现整车出口 34 万多辆，同比增长近 99%；出口金额 31.35 亿美元，同比增长 103.2%。特别是轿车出口所占的比例得到较大提高，2006 年我国出口轿车 9.33 万辆，占我国汽车出口总量的 27.2%，同比增长近 200%；出口金额 6.30 亿美元，占我国汽车出口总金额的 20.1%，同比增长 133%。具有完全知识产权的自主品牌汽车企业已经成为我国轿车出口的主力，如奇瑞、吉利和比亚迪等。

但是，我国汽车出口占国际出口市场的份额仍然很低，表明汽车产业的国际竞争力仍不强。根据《中国汽车工业年鉴（2006）》的数据，2006 年我国汽车产品出口额只有 289 亿美元，仅占世界汽车贸易额的 1.6%。我国整车出口量占国内汽车年产量的比例还不足 5%，与主要汽车生产国 40% 的比例相去甚远。此外，商务部分析资料显示，我国出口的汽车以中低端车型为主，主要面向俄罗斯、中东、拉美等汽车产业相对不发达的国家和地区。大部分出口企业海外售后服务网络依赖当地经销商，在货运物流方面依赖与日、韩汽车厂商形成联盟的船运公司，所受制约较大。

（2）贸易竞争力指数。数据显示，2002 年以来，我国汽车产品的贸易竞争力指数呈显著上升的趋势，反映出我国汽车产品的进出口贸易状况有了很大改善，特别是 2005 年汽车产品的贸易竞争力指数首次转为正值，实现了汽车产品出口大于进口，2006 年贸易竞争力指数进一步提高到 0.15。

三、案例分析

基于产业创新系统理论，结合国内汽车产业的自主创新特点，重点考察环境、战略、能力和国际竞争力等要素间的关系，提出案例分析框架，如图 12-5 所示。

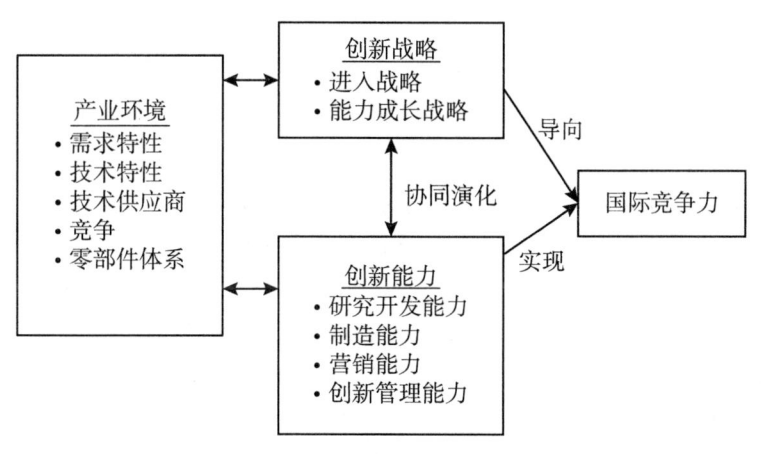

图 12-5 汽车产业案例的分析框架

资料来源：案例作者根据相关理论和中国实际提出（2007）。

(一) 进入战略

1. 进入壁垒

进入壁垒是指新企业进入特定市场所遇到的经济、技术以及法律、行政制度障碍。汽车产业存在高进入壁垒,后进入者与在位企业相比面临各种竞争劣势。本土企业在跨过汽车产业的门槛时,要面临以下四类壁垒:市场壁垒、技术壁垒、资金壁垒(规模壁垒)、政策壁垒。

市场壁垒:在位企业已经通过长时间经营树立品牌形象,后发企业需要投入大量的时间和资金来赢得消费者的认可,树立新产品形象,同时还存在产品品牌不被消费者接受与认可的高风险,由此形成了进入的市场壁垒。世界主要汽车厂商具有高知名度,其产品质量和形象已经深入人心。在这样的背景下进入轿车市场,后发者势必面临极大的市场壁垒。

技术壁垒:汽车是典型的复杂技术产品,整车由不同功能、不同结构的各个总成、模块和子模块构成,这对企业的系统集成能力提出了很高要求。同时,产品的设计和验证都需要庞大的数据库和知识积累的支持,世界汽车巨头经过几十年甚至上百年的发展,才形成了较强的产品开发和验证能力。汽车制造的复杂工艺对于设备、生产流程管理、生产人员的技能水平也提出了高要求。综合来看,无论是生产流程的各个环节,还是系统与模块的集成与分解,汽车产业都为没有任何经验的后来者竖起了极高的技术壁垒。

资金壁垒(规模壁垒):汽车产业是一个典型的高资金投入和规模经济性明显的产业。规模经济是指随着某种产品的生产规模或者经营规模扩大而经济效益提高(成本降低、收益增加等)的现象。汽车产品开发、模具制造、兴建厂房和生产设备,都需要汽车厂商大规模的投资。由于"资产不可分性"等原因,汽车产业只有大规模才有经济竞争力。著名的马克西和西尔伯斯通曲线指出,一条汽车组装生产线的最小经济规模是年产 6 万~10 万辆,发动机生产线为年产 50 万台,冲压设备为年产 100 万套。从最佳成本的批量看,一般应达到年产汽车 40 万~60 万辆。因此,新进入企业必须进行大量的初始投资,并且实现大量生产才能得到规模经济的效益,否则无法在产业中立足,或因成本劣势而被迫退出竞争。

政策壁垒:我国政府曾在两个层面上对汽车产业实施了严格的行政进入限制:一是严格的投资审批制度,对于轿车、轻型车等整车及发动机投资项目,不分限上限下一律由国家审批立项;二是严格的产品公告管理制度,只有政府有关部门认可的特定企业和特定产品,才能生产和销售。同时,生产企业开发新产品也受到严格限制。这一政策的初衷是通过行政审批来限制社会资本盲目进入汽车生产领域、造成重复投资的浪费，改变汽车行业"散、乱、差"的局面。此外，40多年计划经济管理残留了对于民营资本的"歧视"。行政性进入管制造成了新进入企业难以逾越的政策壁垒。

本土企业通过制定合理的进入战略成功地破除了汽车产业存在的高进入壁垒。本案例总结了本土企业进入汽车产业的几种"破壁"战略，如规避竞争战略、联横代替合纵的战略、小步快跑代替一步到位的战略等。产业创新系统中的各个重要要素条件，如需求的高增长、多层次性，技术模块化趋势和独立技术供应商等，则为本土企业进入战略的实施提供了支撑，破壁战略分析框架如图12-6所示。

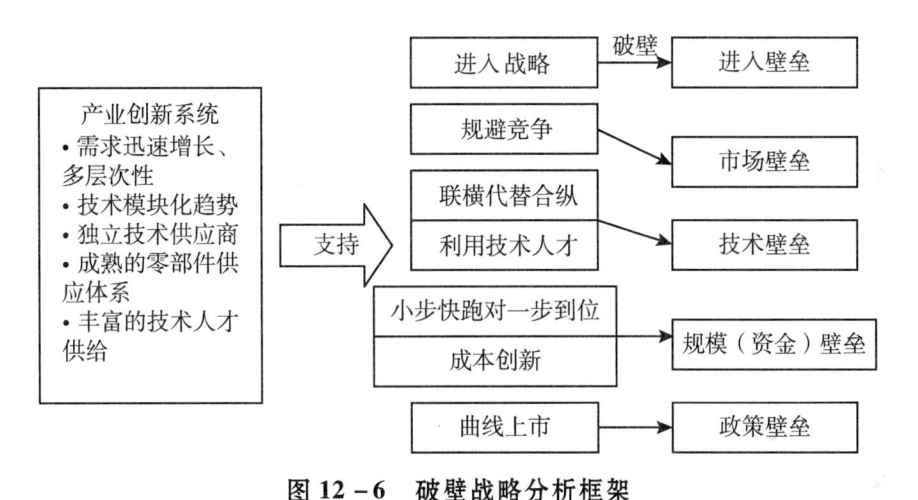

图 12-6 破壁战略分析框架

资料来源：案例作者根据相关理论和中国实际提出（2007）。

2. 破除壁垒的战略

（1）市场壁垒。面对合资企业在中国汽车市场已经形成的强势，本土企业无法撼动其在中端以上的市场地位。但是本土企业敏锐地察觉到了中国汽车市场孕育的大规模的低端需求，这部分低端需求来自于收入水平相对有限的个人和家庭，他们对于汽车品牌没有太高的要求，但是希望汽车的价格能够更低。当时合资企业主要生产和销售的车型基本都在8万~10万元以上，对于低端需求，合资企业从利润和效益的角度考虑，既无暇顾及也不屑去满足。如果本土企业能够满足这种低端市场的需求，其庞大的规模足以为本土企业提供充分的锻炼与成长空间，并能避开合资企业在中国消费者心目中固有的品牌形象；同时也避免了合资企业可能会采取的对新进入者的挤压，能获得较为宽松的成长环境。因此，规避竞争是自主品牌企业克服市场壁垒的重要策略。

汽车产业的历史事件回顾表明，本土企业正是通过规避与合资企业的竞争从低端市场切入，顺利克服了后发者进入的市场壁垒和品牌壁垒。中国大而分层次的市场需求为本土企业克服市场壁垒提供了条件。

（2）技术壁垒。本案例定义，将大而全的垂直一体化的产业组织方式称为"合纵"，把利用模块化进行横向合作的方式称为"联横"。国际上的传统模式是"合纵"，世界汽车巨头都具有垂直一体化的产业组织能力，进而形成相对封闭的体系，构筑了强大的以核心能力为基础的壁垒，使竞争对手难以突破。

然而，在由屈指可数的世界汽车巨无霸统治的王国之外，另一种力量在悄然升起，那就是模块化模式。与一体化模式易于构筑壁垒不同，汽车工业在设计和制造中出现的模块化为降低整车企业进入的技术壁垒提供了可能。设计和制造的分离造就了一大批独立的专业汽车设计公司，这些汽车设计公司可以有效协助本土企业克服在设计开发技术中的不足，帮助本土企业达到汽车产品开发和制造的基本要求。另外，本土企业可以采用开放的零部件配套体系，充分利用零部件供应商的资金和技术实力，保证整车制造的部件供应，即便是核心零部件，本土企业也已经可以通过外购方式从市场中获得，而不必受到在位整车厂商的压制。因此，以"连横代替合纵"是自主品牌企业克服技术壁垒的重要策略。通过对于产业历史事件的回顾发现，绝大多数本土企业正是通过采用与独立技术供应商结盟的联横方式取代了垂直一体化的合纵方式，有效克服了后发者进入的复杂技术壁垒。

有趣的是，中国本土企业迫于无奈而走的"联横"之路，可能正迎合了当今世界正在兴起的"开放创新"的新潮流。

汽车产业中关于开发设计和生产流程管理的大量缄默知识都凝结于参与该创新活动的技术人员身上，因此通过技术人才的流动可以有效实现技术扩散尤其是后发企业的技术学习。很多重要的技术难题，往往一个关键的技术人员就能够协助企业实现突破。当今世界，人才流动受到国籍、地域、文化的影响越来越小，本土企业可以充分利用全球的技术人才，为我所用。因此，广泛利用国内外专业技术人才是自主品牌企业克服技术壁垒的重要策略。对产业历史事件的回顾表明，本土企业吸引专业技术人才的渠道非常广泛，既包括国内的合资企业和其他本土企业，也包括国外的技术专业人才甚至是外籍的技术专家。总之，中国汽车产业发展半个多世纪培养的丰富的专业人才储备，以及国际化条件下人才流动的便利性，为本土企业的人才获取战略提供了条件。

（3）资金壁垒和规模壁垒。合资企业在进入中国汽车产业时，由于国家有关部门对于汽车工业经济规模的要求，合资项目的发展策略定位为"一期规划、二期建设"，比如1987年神龙轿车项目的年生产能力一开始就规划为年生产能力30万辆。本土企业在刚进入汽车产业的初始阶段没有能力进行如此大规模的投资，而是采取小步快跑战略，既避免了初期投资对于资金的苛刻要求，又保证了企业运营的灵活性和机动性。因此，"以小步快跑代替一步到位"是自主品牌企业能够克服资金壁垒的重要策略。对产业历史事件的回顾表明，本土企业通过小步快跑的战略有效地突破了汽车产业后进入者面临的资金壁垒。

规模经济壁垒客观上由汽车产业特性所决定，汽车产业大规模的固定成本投资需要足够的销售规模进行分摊，由此才能达到合理的产品成本水平。本土企业为了克服规模经济壁垒，采取的是降低启动时固定成本、承担较高的外购可变成本的做法。这种低固定成本、高可变成本战略的经营杠杆效应较小。其表现形式是，销售量一旦低于盈亏平衡点，其亏损的速度较慢；缺点是轿车销量一旦高于盈亏平衡点，其利润增长的速度也较慢。如此一来，企业产品的成本结构发生了较大变化，可变成本占据了总成本中较大比例，固定成本的比例相对有限，因此企业受到规模经济的约束较小，得以逐步发展。吉利是实施低固定成本、高可变成战略的典型代表，其他很多本土企业也都是通过将大量的固定成本转化为可变成本从而克服规模经济的壁垒的。在国产化政策引导下，由合资企业培养的国内零部件供应体系逐步成熟，为这种低固定成本高可变成本策略提供了条件。

成本创新是自主品牌企业克服资金壁垒的重要策略。对产业历史事件的回顾表明，本土企业通过成本创新方式既降低了单位产品的设计和制造成本，更重要的是避免了大量固定资产投入，从而大大降低了汽车产业新进入的资金壁垒。

（4）政策壁垒。为改变我国汽车产业长期"散、乱、差"的局面，国家汽车产业政策一直对汽车企业的数目和规模以及合资合作对象有严格限制。1994年的产业政策第五条规定"国家依据技术法规对汽车产品实施国际上通行的认证制度，未经认证合格的产品，不得销售、进口和使用"，这就是人们熟知的目录制度。一方面计划经济下很多由地方政府支持兴建却没有明确市场目标的老汽车企业无法应对市场经济的变化，处于勉力支撑的局面，而这些企业却拥有国家颁发的生产和销售目录；另一方面具有创新精神和活力又有一定能力的本土企业却无法直接获得目录，这些企业如果能够通过资本运作获得生产经营权，就可以获取生产和销售目录，从而避开准入的行政壁垒。这种获取目录的方式在当时的情况下，可能是最有效的方式。因此，曲线上市是自主品牌企业克服政策壁垒的重要策略。

对产业历史事件的回顾表明，本土企业通过曲线上市的方式避开了国家对于汽车产业准入的目录制度，顺利突破了产业进入的行政和政策壁垒。

（二）能力成长战略

企业成长战略是企业为了可持续性的成长而制定和采取的战略。通过总结，本案例将本土企业的能力成长战略总结为四个方面：

1. 市场需求是导向

中国汽车市场大规模、多层次的需求为本土企业能够顺利破除进入壁垒提供了条件，本土企业同样以市场需求为导向培养和提升创新能力。

中国消费者，特别是低端消费者对于新车型有特殊的偏好，同时希望在价格不太高的情况下能够享受比较好的内饰，这成为本土企业研究开发能力提升的"指示器"。本土企业按照这一方向提升研究开发能力，加快新车型的上市速度。例如，吉利以前主要靠豪情、美日和优利欧的"老三样"主打市场，2005 年以后开发车型的速度明显加快，自由舰、金刚、远景，以及新近上市的金鹰、熊猫、帝豪等，都是通过设计开发能力的提升满足消费者对新车型的需求。内饰更是被本土企业放到研究开发中的重要位置，比如，奇瑞新近推出的 A1 车型，不仅造型是通过与意大利著名设计公司博通合作完成，内饰还专门聘请了英国专家设计。

消费者对于质量和性价比的要求是企业制造能力提升的"指示器"。吉利早期的豪情、美日，奇瑞早期的风云，以及华晨最初委托设计的中华都是因为质量问题，影响了在消费者中的认可度。因此，产品质量成为当时企业生产制造需要解决的头等大事。随着消费者对于质量基本需要的被满足以及产品竞争的日趋激烈，消费者对于产品性价比提出了更高要求，因此，企业需要在生产制造方面兼顾成本和功能两种因素，生产效率成为企业制造能力提升的目标。

消费者对于产品销售和服务的需求是企业营销能力提升的"指示器"。随着消费者的日益成熟，他们对于购买的便捷性、服务的系统性和连贯性以及服务质量提出了很高要求。这成为企业不断改进分销渠道、完善营销体系、提升销售能力的主要推动力。由此本土企业才会从非专业化销售体系演化到自建销售网络再发展到高销售效率和服务效率的分网销售模式。在二、三级城市建立更多的经销网点，正是为了更好地满足消费者购车和服务的需求。

消费者对于企业和产品形象的认知是企业创新管理能力提升的"指示器"。如果不能改变本土企业及产品在消费者心目中在进入初期阶段的形象，那么本土企业将只能在低端细分市场坐以待毙。而为了改变消费者对于企业及品牌形象的认知，就要靠创新管理提升系统能力，并借此提升研究开发、生产、营销能力。

2. 规模扩张是基础

与合资企业相比较，本土企业规模小，抵御风险的能力差，因此，本土企业必须迅速形成一定的生产和销售规模，才能在行业中立足和参与激烈的市场竞争，这是本土企业能力提升的基础。规模化不仅可以大幅降低制造成本，降低在产业集中化重组过程中被吞没的风险，还可能得到地方政府的优惠。

3. 重点突破是关键

本土企业受到物质资源和人力资源的限制，不可能在创新能力的所有方面同时突破，而要分阶段各个击破。初始阶段，最重要的能力目标是迅速形成制造能力；随后，营销能力的建设成为能力侧重点；再后，研究开发能力成为侧重点；在研发上则是由整车开发到核心零部件的开发逐渐展开。

4. 组织学习是手段

创新能力的提升最终需要通过技术学习来实现。本土企业对于技术学习采取了非常积极和开放的态度，运用了多种技术学习的方式，例如，向国际先进经验的学习、向独立技术供应商学习、企业之间互相学习、引进人才学习和干中学等。其中，干中学在能力成长中发挥了重要作用。

（三）战略、能力与竞争力

汽车产业的创新战略受到产业创新系统的深刻影响。很难说企业和企业家在做战略决策谋划时全面认识了产业创新系统，但毫无疑问，如果没有环境提供的条件，创新战略就难以实施或难以达到预期的效果。比如，上面分析中提到的中国汽车市场需求的特点、技术模块化的趋势、已经培养形成的零部件体系和专业人才队伍都是本土汽车企业创新战略重要的环境支撑，本土企业及时洞悉了产业创新系统中存在的这些有利因素。因此，企业战略规划需要保持对产业创新环境高度的敏感性，并且利用战略把握环境中有利创新的因素。

企业战略的目标是为了取得持续的竞争力。竞争力可以有短期竞争力和长期竞争力之分。企业可以通过短期的创新获得较好的市场绩效，即获得短期竞争力。例如，本土企业通过进入战略满足低端市场的消费者需求，同时用成本创新提升盈利空间，表现出甚至比合资企业更好的市场成长性；但是如果创新战略不及时进行调整，那么这种高成长性很可能昙花一现。

为了获取可持续的长期竞争力，必须提升自身能力，因此，企业战略作用的另一条路径是通过能力提升来形成竞争力。这涉及知识获取来源选择、各维度能力提升节奏、能力培养方式等。例如，新能源汽车是未来汽车产业技术发展的潮流，奇瑞、吉利都已经开始在新能源汽车领域进行投资预研；奇瑞、吉利等本土企业也开始向中端车型进军以求转型升级，因为中端车市场是未来中国汽车消费的主流市场。在奇瑞、吉利立足于长期竞争力导向的战略引导下，企业实现了研发、生产、营销和管理能力的全方位提升。

企业战略调整和能力提升是一个协同演化过程，战略指导能力成长，能力成长状况反过来又会影响战略定位。奇瑞和吉利的战略转型案例显示，当企业具备了成熟的制造技术和较稳定的零部件供应之后，才开始进行自主创新的尝试和努力；当企业在国内市场站稳脚跟形成完善的研发、生产、营销体系之后，才开始迈出国际化的脚步。

产业案例二：机床业案例[①]

一、案例摘要

机床被称为"工作母机"，是支撑整个工业体系的基础装备，尤其是代表机床技术发展方向的数控机床已经成为衡量一个国家工业现代化水平的重要标志，而数控机床产业是否强大关系到国家产业技术升级和工业体系的完整，因此各国都很重视机床行业的发展。数控机床作为具有成熟技术的复杂资本品在产业发展和技术创新方面有着自己独特的规律，尤其在技术追赶方面，是很多后发国家面临的难题，迄今为止除日本外，没有其他国家或地区真正在机床业（甚至资本品领域）实现了后发国家的技术追赶。

我国数控机床的研制和生产开始于20世纪50年代末，比世界上第一台机床问世仅晚6年。随后由于种种原因与国外差距越拉越大，目前技术水平落后于世界先进水平10~15年。虽然如此，回顾我国数控机床产业的发展过程，仍会发现艰难前行中的巨大进步。横比的差距和纵比的进步引起我们对诸多问题的思考。本案例研究试图回答两个问题：一是我国数控机床产业是如何实现技术进步的？二是在技术追赶方面为什么落后？

本案例以产业创新系统理论为基础，结合"战略—能力—竞争力"框架，对数控机床产业进行分析，寻找影响产业技术创新的因素。案例包括三部分，首先，介绍产业的技术和经济特性；其次，分阶段回顾数控机床产业发展的过程；最后，对案例进行分析。我们认为，数控机床产业自主创新在战略的选择上主要是市场导向的创新，表现为适应了市场的快速成长性和阶段发展性；同时也利用外部资源，增强了跨越技术壁垒的能力；在战略、能力和竞争力的关系上，创新战略选择受到外部环境所提供的条件和能力水平限制；能力作为内生变量不受外部环境影响，但是会随着战略的实施得到改变；竞争力取决于能力水平和采取的战略。

[①] 本案例由课题组的重型装备制造业项目组基于2006~2008年对中国机床产业的实地调研编写完成。

二、案例描述

（一）产业特点和发展历程

1. 数控机床产业技术描述

金属切削机床是用切削（车、铣、刨、磨等）的方法将金属毛坯加工成零件的机器。随着所加工零件的日益复杂，加工精度和效率等方面的要求不断提高，普通机床已不能满足需要，数控机床应运而生。数控机床是一个装有程序控制系统的机床，该系统能逻辑地处理具有使用代码或其他符号编码指令规定的程序。1952年美国试制成功第一台数控机床，之后，随着数控系统和其他一些关键零部件的技术变革，数控机床在功能、加工效率等方面也不断丰富和进步。现在，数控机床已经成为集机械制造技术、自动控制技术和计算机技术为一体的机电一体化产品。

数控机床电气控制部分主要指数控系统，包括数控装置（含可编程逻辑控制器）、伺服系统（包括伺服驱动装置、测量反馈装置）；机械部分是加工过程的传导和执行机构，包括床身、立柱、主传动部件、进给传动部件、导轨、运动部件（刀具、工作台）等。除了电控和机械部分外，数控机床还包括一些辅助装置，即自动换刀装置、回转工作台、液压控制系统、润滑装置、切削液装置、排屑装置、防护装置等，数控机床主要构成部分及作用如表12-3所示。

表12-3　　　　　　　数控机床组成及各部分作用

类型	关键部件	主要功能	关键部件名称	技术变革 80年代之前	技术变革 80年代	技术变革 90年代
电气控制部分	数控系统	接受加工信息，并将加工零件图上的几何信息和工艺信息数字化，同时进行相应的运算、处理，然后发出控制指令，使刀具运动	数控装置（脑）	硬件控制到计算机控制单微处理系统	计算机控制多微处理系统	以PC为基础的开放式数控系
			伺服驱动装置（神经）	步进电机到直流伺服电机	交流伺服电机	直线电机
			测量反馈装置（眼）	编码器、光栅、磁栅、感应同步器和旋转变压器等被广泛应用		

续表

类型	关键部件	主要功能	关键部件名称	技术变革 80年代之前	技术变革 80年代	技术变革 90年代
机械部分	主传动机构	产生不同切削速度	电动机	通过齿轮或带等机械环节完成传动		电主轴
			主轴（胳膊）			
	进给传动机构	将电动机的旋转转化为执行部件运动	滚珠丝杠	线速度和导程不断提高，材料性能提高		
			导轨	精度、刚度、耐磨性不断提高，材料性能提高		
	运动部件	完成加工中机械运动的部件	刀具（手）	高速钢和硬质合金等材料不断创新		
辅助装置			自动换刀装置	刀具存储量增加，换刀时间缩短，精度提高		

资料来源：案例作者根据相关参考书籍和研究绘制（2008）。

数控机床完成零件的加工就是由以上各部分相互配合共同完成的。首先由编程人员按照零件的几何形状和加工工艺要求将加工过程编制成加工程序；数控系统读入加工程序后，将其翻译成机器能够理解的控制指令，再由伺服系统将其变换和放大后驱动机床上的主轴电机和进给伺服电机转动，并带动机床的工作台移动，实现加工过程，整个过程如图12-7所示。

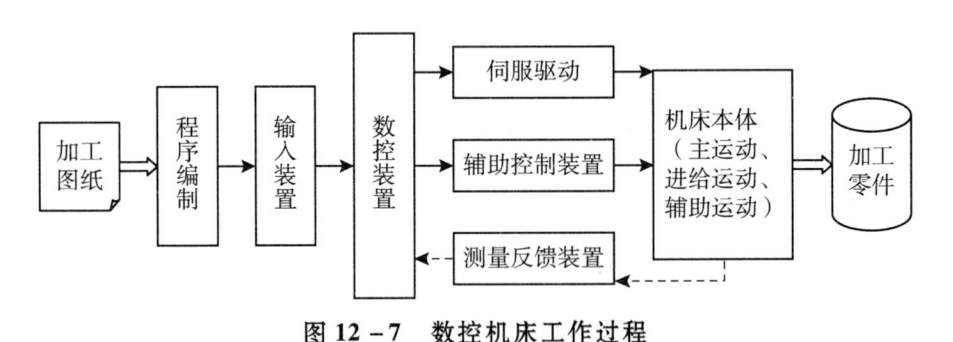

图12-7 数控机床工作过程

资料来源：根据雷才洪：《数控机床》（辞学出版社2005年版）整理。

随着下游工业的不断进步，对零部件加工提出新的要求，数控机床也随之向高速、高精、复合化、高效率、智能化、网络化和柔性化等方向不断进步，提高工件加工的质量和效率，产品已经形成明显的技术层次，如表12-4所示。

表 12-4　　　　　　　　数控机床产品技术分类

类型	主控器	进给驱动	联动轴数	分辨率	进给速度（m/min）	自动化程度
高级型	32 或 64 位微处理器	交流数字伺服器	4~5 轴以上联动	0.1μm	>24	具通讯联网监控、管理等功能
普及型	16 或 32 位微处理器	交流或直流伺服驱动	4 轴以下	1μm	<24	具人机对话接口
经济型	单板机或单片机	步进电机	3 轴以下	10μm	<10	功能简单

资料来源：案例作者根据相关参考书籍和研究绘制（2008）。

2. 数控机床产业特点

（1）技术体制。技术体制（Technological Regime）用来解释不同产业在技术追赶中存在差异的原因（Breschi and Malerba, 2000; Lee and Lim, 2001, 2004），通常从技术机会、技术独占性、技术积累性、知识特征等方面加以解释。传统机床产业以相对低的创新频率、较长的技术生命周期、较稳定的技术轨道、较强的技术积累性以及中等程度的技术机会为特征。数控机床是典型的机电一体化产品，与传统机械工业有所不同。电子技术和计算机技术的进步，使数控系统不断更新换代，为数控机床的发展提供了更多的技术机会，同时数控系统的变革对机械功能部件提出更高的要求，也为机械部分提供了更多改进的空间；另外，随着数控机床向柔性化和成套化方向发展，用户定制性越来越显著，与用户接触过程中获得的隐性知识对技术创新非常重要，因此外部知识获取更为困难。

（2）经济特性。数控机床是下游行业尤其是机械制造业进行生产和扩大再生产所需要的重要设备，其资本品的本质决定了以下四点经济特性：第一，具有较强的外部经济性。虽然机床行业在国民经济中所占比重不高，如 2006 年我国机床产业占 GDP 的比重为仅 0.3%，但它对国民经济的影响深远。一方面，数控机床的自给能够保证国家经济和国防安全；另一方面，数控机床的使用大大提高了下游行业的生产效率。第二，需求价格弹性小，表现为用户对价格变化敏感度低，更注重产品的技术性能。第三，品种多，专业分工强。数控机床为了满足下游工业多种需要，根据用途、功能、尺寸等分为不同门类和品种，各个种类又有自身的技术特色，企业一般只经营少数几种数控机床。我国机床企业从建设初期开始各厂有专业分工，主导产品方向一直延续至今。以磨床类为例，杭州机床集团主要生产数控平面磨床，上海机床厂和北京第二机床厂以高精度外圆磨床为主，秦川机床主要生产磨齿机，汉江机床主要生产精密螺纹磨床。第四，与国家经济和工业发展相适应。资本品作为生产工具直接受到下游行业投资的影响，投资又与国家经济发展直接相关,因此机床行业是随着经济景气度波动的周期性行业。同时,数控机床行业发展也受到所在国工业结构的影响。例如,美国和日本良好的电子工业基础为其发展数控机床产业奠定了基础,瑞士钟表促进其中小型精密机床称霸世界。

3. 我国数控机床产业发展历程

我国数控机床起步于 1958 年,经过 50 余年的努力,无论在产业规模、产品种类和技术水平上都取得了很大发展,本案例在恩宝贵(2001)对数控机床发展历程归纳的基础上,以数控机床产量为依据,结合机床企业经济效益将机床行业的发展划分为四个阶段:起步阶段、稳步发展阶段、波动发展阶段和快速发展阶段。四阶段示意图如图 12-8 所示,各个阶段发展特点如表 12-5 所示。

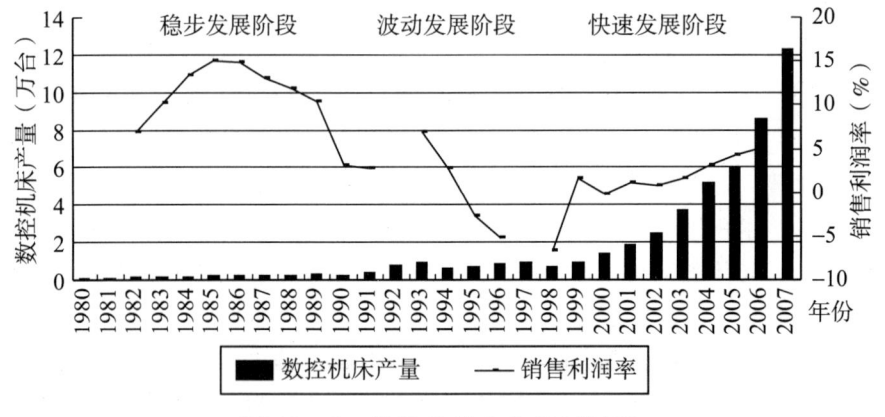

图 12-8 数控机床产业发展过程

资料来源:历年《中国机械工业年鉴》(中国机械工业年鉴编委会,机械工业出版社),其中销售利润为机床工具工业数据,不仅指数控机床。由于缺少 1992 年和 1997 年数据,使销售利润率曲线不连续。

(1)起步阶段(1958~1979 年)。1958 年由北京第一机床厂与清华大学合作开发了第一台数控铣床,之后科研院所、高校或少数机床厂共同研制了不同种类的数控机床,也展开了全国范围的数控技术攻关。1972~1979 年全国共有数控机床品种 57 种,期间生产数控机床 4 180 台,其中 90% 为数控线切割机机床[①]。虽然数控机床研发方面有了一定成功,但是总体来说,由于技术基础薄弱、电子元器件不过关,导致国产数控系统不过关;另外,由于人才缺乏,设计制造质量不过硬,维修力量跟不上,有的数控机床一直处于研制、展览阶段,未能正常提供商品,有的虽然出厂,但因质量问题最终还是报废(恩宝贵,2001)。

---

① 数控线切割机床是数控机床中技术相对简单的一种。

(2) 稳步发展阶段(1980~1993年)。自"六五"开始,我国机床发展进入了新阶段,开始借助外力,有计划、有组织地进行技术创新。期间通过引进消化吸收和科技攻关的方式取得了一定进展,具备了数控机床国产化的能力,也使得数控机床从展品和样品走向商品,同时注重新产品的开发,新产品数量不断增加,"六五"时期为81种,"七五"时期为358种,"八五"时期为547种。

该阶段数控机床产量连年增加,从1980年的692台增长到1993年的9 478台,平均年增长率为9.7%,销售利润率平均为9.8%,其中1983~1989年均为10%以上。从产品结构看,以经济型数控机床为主。以1993年为例,在全部9 478台数控机床中,有8 000多台为经济型数控机床,数控系统均为国内提供(孙淑婷,1997)。另外,由于技术水平限制和片面强调国产化,产品可靠性得不到满足,致使用户对国产机床产生不信任感,成为市场竞争中的障碍。例如,1993年国产数控机床市场占有率仅接近20%(《中国经济年鉴》,1995)。

(3) 波动发展阶段(1994~2000年)。1993~1994年是机床行业发展的一个转折点。1994年产量首次开始下降,比1993年减少近1/3;1995年出现全行业亏损;直至2000年,产量经历了一轮涨落起伏,行业基本处于亏损经营状态。该阶段的波动主要归因于以下四个方面:第一,受到1993年国家紧缩性经济调控的影响,下游行业投资减少,机床需求量减少,使行业发展面临困境。另外,对前两年经济高增长的错误判断,致使一些机床企业盲目扩大产能,在经济紧缩后产生大量库存,从而引发价格战,导致陷入行业亏损的窘境。第二,相关政策的调整鼓励了数控机床的进口,抢占了国内市场份额。1994年国家将数控机床的关税从15%降为9.7%,之后进口的数控机床中有相当一部分普及型数控机床是国内能够生产的。另外,国家原来规定,外商投资企业的进口设备从1997年4月1日起不再免税,但到1997年底该规定不再执行。第三,数控机床产业化攻关仍在进行中,经济型数控机床能够完全满足国内需求,中高档数控机床在技术上有所进步,但市场突破有限。这种情况下,国内企业在经济型数控机床上相互压价,利润较低,而在附加价值高的中高档数控机床领域一旦有所突破,国外竞争者也随之降价,很难取得好的经济效益以维持进一步发展的科研投入。第四,20世纪90年代后市场体制改革和国有企业改革不断深入,而当时绝大多数内资机床行业企业均为国有企业,面对新环境和新体制有个调整和适应的过程,这种情况加剧了波动的发生。

(4) 快速发展阶段(2001~2008年)。2001~2008年,机床行业呈现快速增长,产量方面除2005年外,增长率均高于30%,利润率每年提高1个百分点。该阶段的快速发展主要依靠需求的拉动,1998年以来国家为扩大内需采取了一系列的政策,导致基础设施建设投资和技术改造投资增加,加上我国开始进入重工业化阶段,对机床的需求迅速增长。从2002年开始我国一直是世界第一大机床消费国。迅速扩张的市场加速了我国机床行业的发展,国内企业通过兼并重组[①]和海外并购[②]实现了规模扩张和资源整合,行业集中度有所提高。数控机床产量达到1 000台以上规模的企业,从"九五"末的零,增长到"十五"末的11个;产量前10名企业数控机床产量之和占全国产量的比重达到45.9%;产量前5名企业数控机床产量占全国总产量的35.8%。新的市场机遇也为我国企业带来了更多的竞争者,民营企业开始进入数控机床领域,国外及中国台湾地区一些机床企业开始向中国大陆转移。"十五"期间民营和三资企业数占行业企业数的比重由25.6%上升到52%。通过技术创新,行业技术能力有所增强,能够更大范围地满足国内市场的需求,数控机床市场占有率也缓慢增加,价值市场占有率2001年为29%,2004年下降到26.9%,2005年上升到30.4%,2007年达到47%。产品结构上中档数控机床得到广泛认可,产量市场占有率接近20%,提高普及型数控机床产业化程度仍然是机床行业"十一五"期间要解决主要问题(吴伯林,2005),表12-5总结了数控机床产业的发展过程。

表12-5　　　　　　　　数控机床产业发展过程

年份	发展阶段	发展特点	技术创新模式	主要产品
1958~1979	起步阶段	商业化程度低	封闭开发	数控线切割机床
1980~1993	稳步发展阶段	国产化	引进消化吸收	经济型数控机床
1994~2000	波动发展阶段	产业化	科技攻关	经济型数控机床
2001~2008	快速发展阶段	规模化、国际化	企业自主创新	普及型和高档有所发展

资料来源:案例作者根据实际调研和相关资料整理得到(2008)。

(二) 我国数控机床产业自主创新演进过程

根据产业创新系统理论和自主创新理论,我们认为产业在特定的技术体制下,创新战略会受到来自产业创新系统中行为主体、网络和制度的影响。具体表现为:来自需求、零部件配套体系、竞争者、科研体系、政府政策等的演变会为

---

① 规模较大的重组有:秦川机械发展股份有限公司兼并了陕西机床厂,组建了秦川格兰德机械有限公司;杭州机床厂与杭州无线电专用设备厂合并组建杭州机床集团之后,通过并购重组了长春第一机床厂,收购了杭州工具总厂;沈阳机床集团公司在收购了云南CY集团有限公司后,又收购了交大昆机科技股份有限公司28%的股权,成为该公司第一大股东;齐齐哈尔二机床集团有限公司并购了福建三明机床厂;北京机电院高技术股份有限公司控股北京二机床。民营企业也参与了兼并和收购,江苏新瑞机械有限公司收购了长城机床厂,组建宁夏新瑞长城机床有限公司;江西杰克集团并购重组了江西吉安机床厂等。

② 2002年起,先后6个机床企业9次进行海外并购,具体情况见案例分析战略选择部分。

产业提供变化的机会和环境，引导产业沿一定的轨道发展。

根据技术创新模式的变化，可以将我国数控机床产业技术创新划分为三个阶段：封闭开发阶段、引进与政府主导科技攻关相结合阶段、企业主导的自主开发阶段。下面分别叙述三个阶段的发展环境和技术创新成果。

1. 封闭开发阶段（1958~1979年）

（1）产业创新环境。该阶段的发展是在封闭条件下进行的，国外对我国实施技术封锁，技术进步主要依靠自身的力量。由于该阶段处于计划经济体制的环境下，政府在整个系统中扮演了重要角色，代替企业、代替市场进行决策，成为整个系统的中心。

（2）技术创新。该阶段的技术创新是在封闭的环境下，依靠自己的力量进行，技术进步缓慢，与领先国家的技术差距进一步拉大。国外对我国的技术封锁，电子元器件进口受到限制，数控系统水平很难提高，大部分未达到实用水平；同时由于设计水平落后和其他机、电、液、气等基础元部件不过关，致使数控机床在可靠性和其他质量方面不能满足商品化的需要。

2. 引进与政府主导科技攻关相结合阶段（1980~2000年）

（1）产业发展环境[①]。

①体制。该阶段国家开始向市场经济转型，政府开始由直接的指令管理向政策调节转变，但整个阶段政府指令和政策调节同时起作用，对产业创新系统的影响表现在以下几方面。

首先，机床企业成为产业创新系统的中心。机床行业是最早开始尝试和进入市场经济运行模式的产业之一。例如，宁江机床厂于1979年6月在《人民日报》上公开刊登产品广告征求用户订货，标志着机床企业由生产型向生产经营型的转变。政府对机床企业的行为不再直接干预，使其成为整个系统的中心。由于机床产业绝大部分是国有企业，虽然有经营决策权，但机制转轨未能到位，国有企业种种体制的弊端和历史包袱，造成效率低、研发不力、高素质人员流失等（高梁，2001），致使企业没有能力展开技术创新，机床企业没有真正发挥系统中心的作用。

其次，创新方式由政府主导。该阶段技术创新主要模式为技术引进和科技攻关，都是在政府主导下进行的。自1979年，政府组织机床行业开始了大规模的技术引进，到20世纪90年代中期有80余家企业通过许可证贸易、合作生产、购进样机、来料加工或合资生产等方式，先后从日本、德国、美国等10多个国

[①] 本部分中的数据来源于历年《中国机床工具工业年鉴》和《中国机械工业发展史》（机械工业出版，2001）。

家引进与数控机床生产及应用有关的技术。其中，数控系统和伺服系统20多项，数控机床100余项，机床电器、数控刀具系统等50余项，总用汇额超过亿美元。从"六五"开始连续四个五年计划组织科研院所、高校和企业开展攻关，国家共拨款1.576亿元。

②税收制度。在改革开放初期，为了提高机械工业的制造水平，国家制定了数控机床进口的优惠政策，对企业重点项目和国家重点建设项目所需设备进口，享受零关税待遇，以及特区对外商投资企业制定更加优惠的条件（高梁，2002）。例如，特定的企业技术改造项目进口高技术设备可以享受减免税的优惠，关税和增值税两方面所得到的优惠加起来可达到产品到岸价的28.4%（韩金池，2006）。除特殊项目外，数控机床进口关税也在1994年第一轮"入世"谈判时从15%降为9.7%，数控系统关税降到5%，低于WTO规定的发展中国家平均10%的水平。

税收制度对产业创新系统的影响表现为提高了市场开放度和竞争度，影响了用户的需求导向。开放初期我国数控机床在技术性能和产品质量上存在差距，不能满足其他行业发展的需要，政府通过鼓励进口，提高其他行业的装备水平，使我国数控机床技术创新得到了一些借鉴；但同时也使数控机床产业过早暴露于激烈的国际竞争中，失去了早期市场保护，延缓了数控机床产业技术创新的速度。

③功能部件及配套能力。该阶段，我国数控机床功能部件通过两个途径进行发展：一是专业化机床附件生产厂家向数控附件生产发展，典型的产品有数控转台、动力卡盘、滚珠丝杠等。二是主机生产厂家自我研发配套功能性部件，大部分机床企业设立零部件分厂，从企业内部获得功能部件配套。由于专业化水平的限制，大多数机床企业选择第二种方式完成配套。

④需求。2000年前，国内数控机床需求增长缓慢，年消费量不到2万台，同时进口量占消费量的比重也不断增加，1994年、1995年、1996年、1999年高达60%。主要原因在于国内机床在可靠性和质量方面存在问题，导致用户不信任，加上国家对进口先进设备的鼓励政策，致使国内的市场需求并没有给国内机床企业提供市场机会。反过来又阻碍了国内企业自身的资金积累和技术创新。

⑤产学研合作。该阶段科研院所沿袭了计划经济时代的两级研究体系，即综合性研究院所和专业产品研究所。综合性研究院所隶属于原机械部，面向全行业进行共性关键技术的研发。专业产品研究所以骨干企业的产品设计科和试验室为依托，承担本企业产品的设计和研制（景晓村，1990）。该阶段产学研的结合主要依靠政府的力量，通过科技攻关、联合课题等技术活动将三者结合在一起。但由于体制原因，这种技术体系中的科研与生产脱节，对产业发展未能起到应有的

作用。

⑥与国外企业竞争及合作。该阶段市场竞争从结果上看，国外竞争对手在国内竞争能力越来越强，市场份额达到60%。激烈的竞争迫使数控机床企业不断推出新产品，但进展缓慢，跟不上需求的快速变化。从20世纪80年代末开始机床行业出现不同程度的负增长，大量企业连年亏损，致使企业没有能力投入研发，严重影响了后续发展。

改革开放后，单项的技术引进、合作生产、合作开发等方式与国外企业建立技术合作关系，是数控机床研发的重要形式。历年《机械工业年鉴》记载了许多数控机床技术合作的成功案例。但是该阶段的技术合作中，国内机床企业处于被动地位，企业的技术进步只能在外方控制下进行，核心技术并没有被掌握。另外，由于缺乏消化吸收，并没有转化成企业的技术能力。同时，该阶段的技术合作，尤其是前期的技术引进，更多的是政府促成并投资的。

（2）技术创新。该阶段在开放的条件下进行技术学习，以技术引进为主，结合国家组织的科技攻关，初步实现了国产化和产业化。此阶段我国开始利用国际的技术资源，主要通过单项技术引进和国际技术合作方式（包括合作生产和合作开发）展开技术创新。通过技术引进一方面填补了我国数控技术领域的空白；另一方面提高了数控机床的设计制造水平和产品质量，使30多个国家重点骨干数控机床及关键配套产品生产厂的50%左右数控产品水平达到国外同类产品20世纪80年代初或80年代末的水平（郝安林，2004）。但是由于技术引进的方式、引进技术的水平存在偏差，导致引进本身存在一些问题。加上消化吸收工作的滞后，因此没有通过这种方式实现技术的突破。数控机床科技攻关被前科技部副部长马颂德比喻为"三打祝家庄"，"七五"、"八五"、"九五"连续三个五年计划国家组织的科技攻关，攻克了经济性数控系统的难题，但在普及型的数控系统产业化和高级型数控系统开发方面屡攻不下，技术水平仍落后国外先进技术10～15年。

该阶段数控机床技术创新结构发生了明显变化：从生产经济型数控机床为主转向开始规模化生产普及型数控机床；从单机技术发展为主开始进入成套技术为主；从以主机的制造技术发展为主开始转向模块化、功能化部件的制造技术为主；从以提高数控机床单机功能研究为主开始进入提高数控机床的网络化、智能化水平为主。

3. 企业主导的自主开发阶段（2001～2008年）

（1）产业发展环境。

①政府政策。该阶段政府更加重视数控机床产业的发展，但对产业系统的直接干预减弱。政府连续发布政策性文件，认定数控机床产业的重要性，并在政策

上对行业发展给予支持，包括《国家中长期科学和技术发展规划纲要（2006～2020年）》、《国民经济和社会发展第十一个五年规划纲要》、《国务院关于加快振兴装备制造业的若干意见》、《数控机床产业发展专项规划》等，在科研扶持、首台套、财税政策等方面支持产业的发展。"十五"期间国家在"863"计划和科技攻关中都安排数控机床相关项目，此次科技攻关在机制上有所创新，如"产学研用结合"、"主机和数控系统结合"、"国有企业与民营企业合作"等，企业在技术攻关中发挥了更大的作用。

②功能部件及配套能力。该阶段功能部件向专业化方向发展，一部分是国有企业进行主辅分离的改革，将企业原有的零部件分厂、外协车间剥离，成立独立专业化企业；另一部分是大批民营功能部件厂不断涌现，零部件生产更加专业化。机床企业一方面逐步建立和完善长期合作的功能部件供应体系；另一方面在主要功能部件的开发方面开始与零部件供应厂合作，如大连机床与华中数控通过合资组建科技公司的方式，实现数控系统技术向产品的转化和完善。

2005年机床工具工业协会对全行业企业进行了集中调研，指出功能部件发展滞后是机床企业的发展瓶颈。专业厂少、规模小、布局分散、市场化程度低、供应品种少、性能指标不达标等原因，造成国产功能部件不能满足机床企业的需要，部分功能部件依赖进口。这一方面使国产数控机床产品成本上升，失去了价格优势；另一方面也限制了数控机床的创新，因为从数控机床发展历史看，其技术创新主要表现在功能部件的改进、提高、发展和创新。

③需求。2000年开始国内数控机床需求以年均30%速度增长，到2006年连续5年成为世界第一大机床消费国，同时进口的比重逐年降低。我国向重化工业时代转型，汽车、模具、航空航天、船舶等工业的发展，拉动了我国数控机床需求的增长。尤其是汽车行业的快速发展，为机床行业提供了巨大的市场，"十五"期间约占数控机床消费总额的55%。下游行业的发展引致的需求和投资是我国数控机床消费量强劲增长的原因（盛伯浩，2007）。

④产学研合作。1999年开始科研院所转制，所有机床类研究所转制为企业，产业科研体系向以市场为导向、政府引导和服务、企业为创新主体、产学研相结合转变。机床研究所一方面将自己的技术直接转化为生产力，建立机床或功能部件企业；另一方面通过和企业进行联合开发，实现产研结合，成功的案例也见诸报端。例如，上海机床厂在上海理工大学和上海大学建立工作室，不但完成了新产品的开发，还获得国家发明专利。该阶段，以企业为中心的产学研结合在数控机床产业技术创新中发挥越来越重要的作用。

⑤与国外企业竞争及合作。迅速增长的市场需求使我国在世界机床市场低迷情况下一枝独秀，成为各国机床企业必争的市场。它们纷纷在国内以独资、合资

或合作生产等方式建立国内的生产厂,加剧了国内机床市场的竞争。国外机床厂以领先的技术水平占领了中高端数控机床市场,这可以从其产品的高附加值中可见一斑。例如,2005年全国机床工具行业三资企业数占行业企业总数的16%,利润占行业总利润的28%,人均利润达到3.5万元/人,是国有企业和民营企业人均利润的3倍。

国内对低端数控机床(经济型数控机床)的特殊需求也为我国机床企业留下了市场空间。经济型数控机床采用两轴控制,可以加工一般的零件,加工精度和效率都较低,但其良好的性价比特别适用于工业化初期阶段,因此成为我国特有的产品,而且全部由国内企业生产。国内低端数控机床产量大幅度增加的同时,也产生了竞相压价的现象,不少企业意识到,通过技术创新不断向附加价值高的中高端数控机床发展,才是企业未来发展之路。例如,沈阳机床规划在搬入新区后,将不再生产低端产品,只生产中高端数控机床。

(2)技术创新情况。该阶段我国数控机床产业发生巨大变化,机床企业在技术创新中表现越来越主动,一方面在"产学研用"中的主体地位越来越强;另一方面通过海外并购的方式进一步利用国际技术资源,加快了技术进步的速度。以企业为主体,通过国内外的重组和并购,初步形成了产学研结合、国内外结合的新型数控技术开发体系(于成廷,2006)。技术创新成果主要表现为高档数控机床品种明显增加,普及型数控机床技术已经成熟,功能部件及配套件初具规模。虽然近年数控机床技术创新速度加快,但市场上"低端混战,高端失守"的表现,说明技术创新,尤其是关键核心技术创新亟待加强。

(三)我国数控机床产业技术能力演进

根据对机床工具工业协会行业发展部的访谈,机床企业技术能力表现在三个方面,即研发团队、研发及试验手段(计算机辅助设计和制造、部件检测试验、样机试验设备)和工艺能力(工艺装备、工艺标准和工艺人员)。我国数控机床行业在技术能力提升的过程中不断实现技术创新,主要通过引进技术的消化吸收和科技攻关进行了技术学习,更积累了经验、培养了人才,通过技术改造进行了试验和生产设备升级。

1. 技术引进

技术引进一直是我国数控机床产业技术学习的重要途径。"六五"开始从美国、日本和欧洲等国引进机床及相关配套件技术,其中数控系统和伺服系统20多项,数控机床100余项,总用汇额超过亿美元,表12-6统计了20世纪80年代和90年代主要技术引进情况。

表 12-6　　　　　　　　　　机床行业重点技术引进情况

年份	引进项目数	引进方式 专有技术许可	引进方式 合作生产	引进方式 其他	引进内容 普通机床	引进内容 数控机床	引进内容 方法类
1980	4	—	3	1	1	2	1
1981	1	1	—	—	—	1	—
1982	9	2	6	1	1	1	7
1983	8	3	4	1	1	7	2
1984	12	2	4	6	7	4	1
1985	18	10	3	5	2	14	2
1986	5	2	3	—	3	2	—
1987	2	1	1	—	—	2	—
1988	2	—	2	—	1	1	—
1989	9	4	4	1	3	5	1
1990	2	1	—	1	—	1	1
1991	4	2	2	—	1	3	—
1992	1	—	1	—	—	1	—
1993	2	—	1	1	—	2	—
1994	4	2	—	2	—	4	—
1995	3	1	—	2	—	3	—
1997	3	3	—	—	—	2	1
1998	5	*	1	*	—	5	—
1999	2	*	*	*	—	2	—
合计	96	34	35	21	20	63	15

注：
①引进方式中"其他"包括样机引进和技贸结合。
②引进内容方法类包括测试技术和设备、设计及管理软件应用。
③表中"—"代表无，"*"代表不详。
资料来源：根据历年《中国机床工具工业年鉴》和《中国机械工业发展史》（机械工业出版社 2001 年版）综合整理而成，不包括所有技术引进项目，但是年度重点技术引进项目均在此列。另外，上述资料均未列出 1996 年技术引进情况，因此表中空缺。

专有技术许可和合作生产是主要的技术引进方式，主要以产品为依托引进相关的设计、测试及制造技术，有的甚至包括全套图纸资料。以 1985 年技术引进为例，14 项数控机床技术引进中除 2 项具体情况不明外，其他 12 项中有

6项资料中提到全套图纸引进；有5项提到同时引进设计和制造技术；合作年限均在5年以上，最长为10年。通过引进及长期合作实现了一批突破性产品的生产，掌握了一定的产品设计方法和工艺标准，并且培养了大量人才（恩宝贵，2001）。例如，1986年10种重点创新产品中有5种是技术引进的成果（《机械工业年鉴（1987）》）。技术引进过程是我国数控机床产业模仿创新的过程，但引进后缺乏消化和吸收工作，二次创新能力有限，成为数控机床技术突破慢的重要原因之一。

2. 科技攻关[①]

"七五"开始的每个五年计划都安排了不同主题的科技攻关，提高了新产品开发能力，更重要的是锻炼并培养了机床行业技术的中坚力量。

"七五"期间，国家在"数控机床引进消化吸收重大项目"（简称"数控一条龙"）和"柔性制造技术和设备开发研究"两个重点项目中，安排了数控技术的攻关。"七五"期间科技攻关和二次开发主要成果有两个方面：第一，数控系统研制初具规模。通过引进技术和仿制，FANUC3、6系统，GE MC－1系统和DYNAPATH10系统的国产化率达80%以上，在这些系统的基础上扩展功能派生出20类品种。第二，开发了各类配套产品1 000种，除实现数控机床主机国产化率90%、数控系统国产化率80%的目标外，还可以为其他数控机床及自行开发的数控系统配套。

通过"八五"科技攻关，自行开发出具有自主版权的中档和高档数控系统，为我国数控产品系列化、商品化，建立数控产业奠定了技术基础。期间共进行了75个关于数控技术与设备的专题研究，取得科技成果326项。其中建立了具有我国自主版权的数控技术平台2个（中档数控系统中华Ⅰ型和航天Ⅰ型），中科院沈阳计算所完成高档数控系统的开发，基本数控关键主机品种15个，突破和掌握了18个关键技术，完成了一些重要的软件技术成果。

"九五"数控攻关以实现产业化为宗旨，以市场为导向，以扩大市场占有率为目标，提高产品性价比和质量为核心，主要任务是以骨干企业为主，以市场需求量大的两大普及型数控机床（数控车床和加工中心）为突破口，进行工程化关键技术的攻关。技术重大进展主要表现在以下几个方面：第一，数控机床的关键共性技术有重大突破，高速、高效、高精度技术有较大发展，技术指标有了较大幅度提高。如坐标进给速度从"八五"末期的10米/分钟提高到40米/分钟；加工中心换刀速度从"八五"末期的7秒钟提高到1.5～3秒钟；生产线的生产

[①] 本部分的数据来源于历年《中国机床工具工业年鉴》和《中国机械工业发展史》（机械工业出版社2001年版）。

节拍从 3~5 分钟/件提高到 0.8~0.5 分钟/件。第二，数控机床的可靠性指标有大幅度提高。我国数控机床的可靠性指标（MTBF）一直是影响其市场信誉度及市场竞争力的主要问题。"八五"时期，我国加工中心的 MTBF 只有 200 小时，经过 5 年的努力已达到 400 小时，增长幅度达 100%；数控车床从平均 200 多小时提高到平均 450 小时；数控系统从 5 000 小时提高到 1 万小时以上，最高达到 2 万小时。第三，国产多坐标联动数控系统和数控机床技术已渐成熟，并进入生产应用阶段。"八五"期间，我国生产的五坐标联动及五面加工机床已有多个品种，并应用在军工、航天、船舶等领域，有效地打破了国外对我国进口此类设备的限制。

"十五"期间安排了"精密制造与数控技术应用与示范"和"数控关键技术与装备产业化支撑技术及应用"等项目，投入研发资金 5.42 亿元，对 20 种技术难度大、进口价格很高或国外对我国限制进口的高精尖数控设备的研制和关键功能部件等基础共性技术研究。项目的完成，推动了我国在高精尖数控机床产品技术水平上有所突破。立式加工中心主轴最高转速由 6 000~8 000 转/分钟提高到 10 000~15 000 转/分钟，快速进给从 16 米/分钟提高到 24~40 米/分钟，数控车床主轴最高转速从 3 000 转/分钟提高到 4 500 转/分钟，车削中心最高达到 7 000 转/分；快速进给从 8 米/分钟提高到 15 米/分钟，缩短了与国外同类产品的差距。一些共性技术取得突破并应用到产品开发中，如五轴联动编程技术和应用技术，带 AC 摆角的铣头等（丁雪生，2006；《中国机床工具工业年鉴（2006）》）。

3. 技术改造[①]

机床行业技术改造主要包括设备升级、工艺改进和管理规范三方面。首先，机床是制造其他各种机器的机器，精度要求比一般机器高，因此，制造机床零部件的设备要求更好的性能。国外机床企业在零部件生产上普遍采用数控机床、柔性生产单元、柔性生产线等，而我国机床企业的制造设备数控化率在 6%~10% 之间（丁雪生，2006）。检测设备也是保证产品质量的重要手段，在安装前对零部件进行检测保证整机运行的可靠性。其次，工艺改进和完善的质量管理体系及生产流程，有助于提高零部件和生产效率。"六五"至"八五"科技攻关中都安排了技改项目，国家和企业共同投资进行技术改造，典型事例如表 12-7 所示。技术改造对企业技术能力影响是积累的过程，通过持续的技术改造，我国机床企业技术效率有所提高。从 1986~2005 年除亏损年份外，劳动生产率逐渐提高，年环比增长 25%，最后五年增长加速，年均环比增长 34.7%。

---

① 本部分的数据来源于历年《中国机床工具工业年鉴》和《中国机械工业发展史》（机械工业出版2001 年版）。

表 12-7　　　　　　　　技术改造情况

时 期	典 型 事 例		
^	装备改进	工 艺	测试或管理
"六五"国家和部重点技改项目 75 个，投资 3.17 亿元	●通过购进各种设备提高齿轮、导轨和箱体加工工艺与检测水平，其中磨齿机 77 台，导轨磨床 32 台，加工中心和数控镗铣床 28 台 ●设备精华提高老设备性能和加工效率	热加工方面：一是铸造造型逐步采用树脂砂新工艺；二是应用微机控制炉温，提高铸件质量；三是导轨、齿轮的热处理，由过去高频改为中频或超音频，寿命提高 1 倍以上	北京机床研究所引进测试装备及技术
"七五"国家和部重点技改项目 143 个，投资 12.28 亿元	骨干企业限额技术改造，以数控化为主，如沈阳一机床，设备新度系数由 0.33 提高到 0.51，设备数控数显化率由 0.1% 提高到 10%	●装配工艺：部件装配前试验，二次装配工艺、试车工艺的广泛推广 ●箱体柔性化加工	部分企业使用计算机辅助设计，如济南二机床、沈阳一机床、北京一机床
"八五"国家和部重点技改项目 77 个，投资 22 亿元	●进口设备和仪器 627 台/套 ●北京一机床等企业采用成组技术和柔性化加工手段，打破封闭式车间，实现专业化生产，缩短加工时间	●20 家骨干企业均具备了树脂砂造型能力，提高毛皮质量	计算机管理网络化和全过程化，如济南二机床建立以超小型为主机的终端网络系统，健全了工程数据库，对生产全过程实现了计算机辅助管理
"九五"之后	●设备更新加快 ●重视测试和实验设备引进		质量体系认证

资料来源：表格内容根据历年《机械工业统计年鉴》、《中国机械工业发展史》（机械工业出版社 2001 年版）和《中国机械发展报告（1998~2002 年）》（机械工业规划审议委员会 1998 年版）整理而成。

（四）数控机床产业国际竞争力现状[①]

产业竞争力是对一个产业的综合考量，本书从产业整体情况、产品和技术竞争力、市场竞争力对各国数控机床产业竞争力进行分析。

1. 产业概况

2005 年我国超过意大利成为世界第三大机床生产国，2006 年金切机床产值

[①] 本部分根据历年《中国机床工具工业年鉴》中的数据以及其他相关文献中的数据综合整理而成。

占世界总产值的12%；数控金切机床产值居第4位，超过20亿美元，略超过美国，但仅为德国的1/3、日本的1/4，在产业规模上并不具优势。产业组织上，我国机床企业数量多、规模小，产业集中度较低，2003年排名前10位的金切机床企业产值占行业总产值比重为27.5%，随着近年大企业扩大规模、国内兼并扩张和海外并购，产业集中度提高，2006年为35.52%，仍远低于其他国家。虽然我国机床集中度较低，但也已出现具有世界竞争力的大型企业，2006年我国数控金切机床产值超10亿元的企业有两家，分别是沈阳机床集团和大连机床集团，数控金切机床产量占全行业的24.7%。这两家企业在2007年世界排名中分列第8位和第10位，分别占世界十大企业机床总产值的8%和7%。

2. 产品和技术竞争力

各国技术水平和工业结构的差异导致产品方面存在很大差异。日本、美国和德国是传统机床强国，主要产品集中在中高档数控机床上，美国偏重于高精尖技术，日本偏重于应用技术，德国偏重大型、重型和精密数控机床。我国机床行业产值数控率不到50%，低于其他国家，甚至低于产能不高的印度，说明整体产品和技术含量偏低。

我国数控机床以中低档为主，部分高档数控机床已经投入使用。2005年我国进口数控机床单价为11.76万美元，出口单价为2.23万美元，数控机床进出口价格比为1:0.19，表明我国数控机床出口质量和附加价值远低于进口产品。德国出口单价为28.56万美元，我国出口10台数控机床才能换回1台德国机床。美国进出口单价相当，出口单价为10.72美元，为中国的4倍。

与国外同类产品相比在性能上也存在差距，例如，国外滚珠丝杠驱动的高速加工中心，快速进给大多在40米/分钟以上，最高达到90米/分钟；直线电机驱动的加工中心已实用化，应用范围不断扩大，最高达到120米/分钟；国外高速加工中心主轴转速一般都在12 000~25 000转/分钟。国内加工中心快速进给大多在30米/分钟，个别达到60米/分钟，主轴转速在2 000~4 000转/分钟。可靠性是国产机床在性能方面与国外的主要差距，平均无故障工作时间国外机床在5 000小时以上，而国产机床仅在800小时左右，高故障率是用户反映最强烈的产品问题之一（丁雪生，2004）。

在技术创新方面，科研投入较低，国外企业研发经费占销售收入比重大多在6%~8%之间，最高达10%。产品更替较快，一般2~3年为一个周期。国内企业研发投入强度在2%~4%之间，产品更新周期为6~8年。科研人员数量不足，缺乏学科带头人，国外机床制造企业技术人员占企业人员比约为20%~30%，国内企业平均不到10%。投入的不足直接影响了技术能力，新产品开发时间和交货期能力综合反映企业的技术能力，从表12-8的指标值可以看出我国技术能力落后状况。

表12-8 机床产业竞争力比较

竞争力	指 标	中国大陆	日本	德国	意大利	美国	韩国	印度
产业	产值（亿美元）	21.8	88.85	64.97	13.44	27.81	16.5	1.87
产业	产业集中度[前n位企业数/占产值比重（%）]	10/27.5 10/50.9*	10/67.8	10/70.2	1/45	5/57.2	3/32.3	—
产品	产值数控化率（%）	43.5	88.21	89.29	53.5	56.2	67.57	76.4
产品	进出口单位价格比	0.19	1.73	2.17	0.55	0.92	—	—
产品	优势产品领域	中低档及部分高档	中高档	高档数控	中大型	中高档	中低档	中低档
技术	研发支出占销售收入比重（%）	3.4	8	8	—	—	5	—
技术	交货期	全新设计1年，改型6~9个月	一般数控机床约3个月，重型机床为10~12个月		高档数控机床为5~6个月，大型、			
市场	显示性比较优势指数	0.43	3.84	2.45	2.87	0.63	1.83	0.04
市场	国际市场占有率（%）	3.44	20.42	23.2	9.67	5.37	4.89	0.04
市场	中国市场占有率（%）	39.74	20.58	9.97	2.22	3.55	4.03	—

注："*"号含两个数据，"10/27.5%"代表2003年数据，"10/50.9%"表示前n位企业数占产值的比重，以百分数表示。"中国大陆"的产业集中度一项包含两个数据。

资料来源：①表中产业集中度、优势产品领域和研发支出占销售收入比重来自《装备制造业自主创新战略研究》（高等教育出版社2007年版），反映2003年各国机床行业情况。中国产业集中度带*数字为2006年数值，根据《中国机床工具工业年鉴（2007）》数据计算得出。
②表中产值（数控型机床）、产值数控化率（数控金切机床产值比金切机床产值），产值数据根据计算所得，原始数据出自于《中国机床工具工业年鉴（2007）》，进出口单位价格比（数控金切机床出口单位价格比进口单位价格）为原始数据或根据计算得出，反映各国2006年数控机床产业情况。
③显示性比较优势指数（某国金属加工机床出口额/该国货物出口总额/世界金属加工机床出口额/世界货物出口总额）根据2006年数据计算得出，和国际市场占有率（某国金属加工机床出口额/世界金属加工机床出口总额），原始数据来源于《中国机床工具年鉴（2007）》和WTO官方网站，反映2006年各国整个机床行业贸易情况。
④中国市场占有率（从某国进口金属加工机床额占消费额的比例）选用2005年数据计算得出，原始数据出自《中国机床工具工业年鉴（2006）》，反映2005年我国对机床工具行业访谈，发达国家数据来自《中国机床工业年鉴（2003）》。
⑤中国交货期数据来自机床工具协会访谈，发达国家数据来自《中国机床工业年鉴（2003）》。

虽然在技术和产品性能方面缺乏竞争优势，但低劳动成本和一定批量的生产使我国数控机床在价格上具有相对比较优势，一般比国外同类产品低 1/3 左右。以数控车床为例，2006 年我国大陆年产在 1 000 台以上的企业有 9 家，与欧、美、日同类产品相比有明显价格优势，与韩国和中国台湾地区相比优势不大。例如，Φ400—Φ500 数控车床，国产为 5 万~6 万美元，欧美产品约 8 万~10 万美元，韩国和中国台湾地区约 7 万美元；国产车削中心价格在 10 万美元左右，国外产品在 12 万~15 万美元。

3. 市场竞争力

产品和技术竞争最终表现为市场竞争力。2006 年我国金属切削机床行业显示性比较优势指数为 0.43，小于 1，说明我国机床产品在出口方面处于比较劣势状态。韩国机床工业技术水平与我国相当，但产品在国际竞争中却处于优势状态。从国际市场占有率看，日本和德国是主要机床出口国，处于国际市场竞争的优势地位，我国略低于韩国，与世界第三大生产国的地位不相称。我国近 60% 的需求依靠进口满足，进口平均单价为 11.76 万美元，绝大多数为中高档数控机床，我国机床企业在国内中高端数控机床产品竞争力也较低。

综上所述，我国机床产业在中低档产品上具备竞争优势，表现为规模优势和价格优势；在中高档数控机床产品上，美国、日本和德国由于具有技术性能优势，具有很强的竞争优势。

三、案例分析

本案例重点考察环境、战略、能力和竞争力等要素间的关系，基于产业创新系统理论，提出本案例的分析框架，如图 12-9 所示。

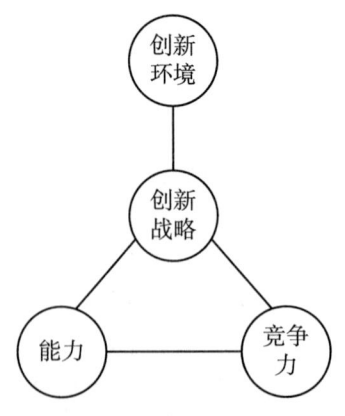

图 12-9 案例分析框架

资料来源：作者根据相关理论和中国机床产业实际情况提出绘制（2008）。

(一) 自主创新战略选择

我国数控机床产业在"十五"时期进入以企业为主的自主创新阶段,创新比以往更加活跃,期间开发数控机床新产品品种数相当于前40年的总和,如表12-9所示。这段时间数控机床产业外部环境发生了变化,为创新提供了进入新轨道的可能,整个产业顺应变化选择了适应性的战略。

表12-9　　　　　　　各时期数控机床新产品研发

时　　期	"六五"前	"六五"	"七五"	"八五"	"九五"	"十五"
新产品品种数(种)	57	81	356	547	300	1 500

资料来源:根据历年《中国机械工业年鉴》(机械工业出版社)整理。

1. 快速增长的市场与需求拉动型创新

机床需求随着经济周期而波动,一般表现为较经济进入繁荣期的时间晚,而衰落期持续较经济衰落期长(陈循介,2000)。我国数控机床从1999年前后进入高速增长的时期。到2005年,消费量年增长率平均为28.2%,消费额平均增长率为34.6%。目前我国已连续6年位居世界第一大机床消费国,占世界机床消费额的1/5左右。快速增长的机床需求得益于连续多年以投资为主的高速经济增长。1991~2005年,设备工具器具购置投资年占全社会固定资产投资额比重稳定在22%~25%之间,如图12-10所示。1994年GDP增长高峰后,1995年机床消费增长达到周期高点;之后经济增速放缓导致机床需求增速放缓,在GDP

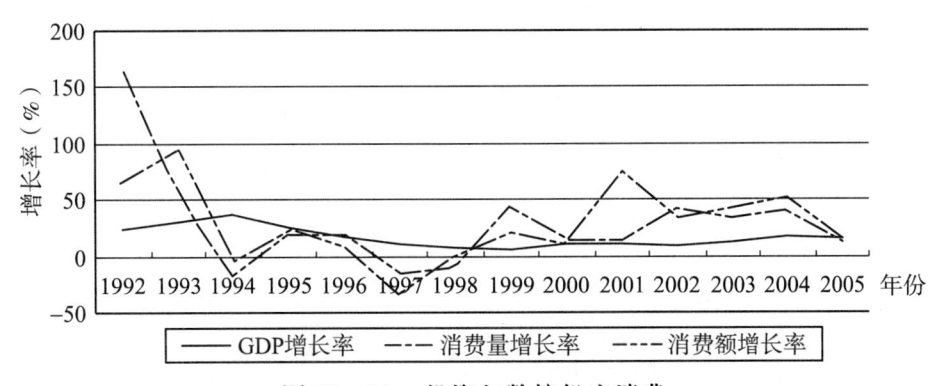

图12-10　投资与数控机床消费

资料来源:数控机床消费量和消费额1991~2000年数据来自于机床工具工业协会行业发展部,2001~2005年源自《中国机床工具工业年鉴(2006)》;GDP及设备工具器具购置投资额来自历年《中国统计年鉴》。

增长达到1999年低点之前的1997年出现负增长；1999年之后经济连续高增长，数控机床消费增长速度高于经济增长速度，可以看出数控机床需求波动情况与经济变动相吻合。

我国的工业化逐渐进入重化工业时代，标志是汽车、航空航天、船舶、交通和电力设备等行业快速发展，必然拉动机床产业的发展。以机床行业最大客户汽车行业为例（2005年占机床消费的37%）。盛伯浩（2006）通过研究1996～2005年汽车产量和数控机床消费量之间的关系，认为汽车产量每增长1个百分点，会带动机床消费增长1.35个百分点。汽车行业对数控机床的需求包括两部分：一部分是整车企业的需求，其固定投资2/3左右用于购买机床，尤其是高档数控机床，外商合资和民营汽车企业在国内市场大规模扩张为我国机床企业提供了机会。此类机床对技术性能要求较高，国内已有部分厂家能够为汽车厂配套，如大连机床为上海通用汽车提供缸体柔性制造系统。另一部分是汽车零部件供应商对数控机床的需求，以经济型数控机床为主。目前，全球前100家汽车零部件生产商中有70%已经来到中国，规模以上汽车零部件生产企业超过5 000家，其中外资企业超过1 200家。与整车生产线相比，汽车零部件生产设备对数控机床的要求较低，除了用于制造发动机主要部件的机床外，生产其他汽车零部件需要的数控机床国内企业基本都可以生产（姜怀胜，2007）。

2. 需求的阶段性与需求适应型创新

除了需求量方面的影响，需求结构也对创新产生影响。我国整体工业水平落后于发达国家，因此对生产工具的要求也与发达国家有所不同。2005年我国数控机床消费单台平均价值为7.57万美元，日本10万美元，德国19.4万美元，说明我国使用机床的价值和技术性能偏低。另外，从历史发展经验看，机床发展也与国家优势产业发展相关。图12-11反映了20世纪90年代后各国（和地区）

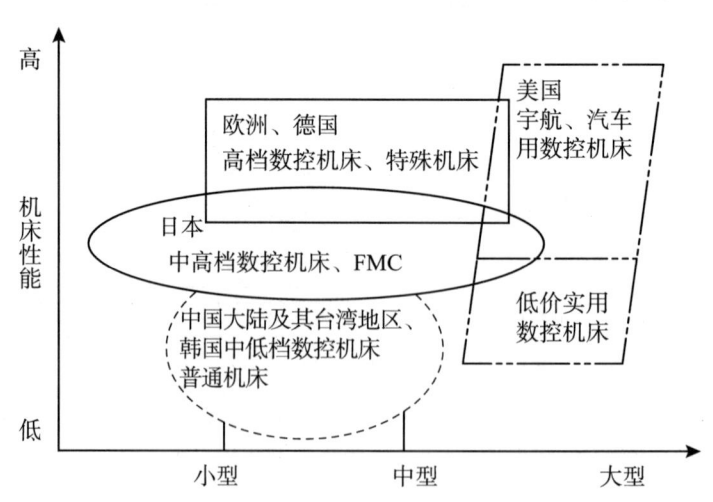

图12-11　20世纪90年代后各国和地区主要数控机床产品分布

技术水平情况。美国机床工业规模虽然不具有优势，但在高端用户领域具有显著优势，如宇航工业；日本数控机床崛起于20世纪70年代，汽车工业发展为数控机床提供了创新机会，同时数控机床成本降低和广泛使用也帮助日本汽车工业具有更强竞争力。

我国数控机床主要产品为经济型数控机床，占数控机床产量的60%（2005年），能满足90%的市场需求。经济型数控机床是我国特有的产品，一般采用两轴控制，加工精度和效率都较低，用于加工一般零件，由于具有良好的性价比，适用于工业化初级阶段（韩金池，2006）。我国对经济型数控机床的需求量是世界最大的，这也是和我国工业阶段发展相适应的。也正因为如此，我国经济型数控机床具有很强的竞争力。例如，外商来中国生产汽车零部件，除了国内劳动力价格较低外，关键是国产经济型数控机床的价格至少比国外同类产品便宜30%。重工业化时代的到来使下游工业升级，意味着中档数控机床的需求成为主流。我国中档数控机床（普及型数控机床）从"九五"开始产业化，但发展缓慢。随着需求的增长近年有所突破，中档数控机床产量所占机床总产量比重从2000年的21.5%增至2006年的34.8%，2007年达38%（盛伯浩，2008），2006年自给率为30%。数控机床产业正在不断迎合需求从经济型向普及型的转变，中档数控机床大规模产业化将是我国数控机床产业发展的重要内容。

3. 专业化分工与集成创新

如表12-3所示，数控系统、高速精密主轴单元、高速滚动部件和数控动力刀架等功能部件已经成为衡量数控机床水平的重要标志，同时其价格已占整机成本构成的70%左右。"功能部件"的概念在20世纪80年代被提出，意在强调零部件承载的功能，打破"重主机、轻配套"的传统思想。当时，机床企业大都使用内部生产的功能部件，专业化分工低。随着机床企业主辅分离的进展，越来越多地通过外部采购为整机配套。目前，尽管我国机床产业结构仍然是主机厂多，关键功能部件专业生产厂少且弱，在技术上也与国际著名厂商存在差距，但是已经形成一批功能部件专业生产厂。以滚动功能部件为例[①]，2007年全行业有制造企业约80家，生产能力15亿元左右，2006年滚珠丝杠国内市场占有率约65%，滚动直线导轨约40%。骨干厂家的成长依托不同的力量，如南京工艺装备制造有限公司是国内最早批量生产滚珠丝杠的企业，依靠国家的力量引进关键设备并进行技术改造；山东济宁博特精密丝杠制造有限公司是国内机床三杠（丝杠、花键、光杠）配件厂最早（1986年）成功转型为滚动部件的专业生产厂；北京机床所精密机电有限公司一直依托北京研究所的技术力量生产国内领先

---

① 根据历年《中国机床工具工业年鉴》和《中国机械工业年鉴》相关资料整理得到。

的产品;大连高金数控集团 2004 年高起点引进新一代高档工艺装备,成为行业发展新秀。大量民营企业在长江下游及沿海地区聚集,成为行业发展的活跃力量。

在国内企业发展的同时,国外供应商也在国内建立合资生产厂。以数控系统为例,国际两大数控系统供应商分别在北京和南京建立合资企业——北京发那科机电有限公司和中国东方数控公司。专业配套体系的完善使机床企业通过集成创新完成新产品的开发、设计和装配成为可能。

4. 海外并购与资源整合

机床是周期性波动产业,与国际经济发展形势密切相关。20 世纪 80 年代末,世界经济景气,市场需求旺盛,机床生产大发展,1990 年产值达空前高峰 453 亿美元。进入 90 年代后,由于政治、社会、经济各方面原因,世界经济发展放缓,2001 年产值为 357 亿美元。之后世界经济和机床生产的形势处于低速成长阶段,国外机床行业经营不景气,甚至一些知名企业面临经营和财务方面的困难。而我国市场增长迅速,整个行业快速发展,企业实力增强。在这种内外市场反差的情况下,国内实力雄厚的企业,抓住机会走向海外。到目前为止,已经有 6 家企业 9 次完成了海外并购,如表 12-10 所示。

表 12-10　　　　　机床企业海外并购情况

年份	收购方	被收购方	控股比例	收购价格	被收购方基本情况
2002	大连机床	美国英格索尔生产系统公司	100%	近 400 万美元	组合机床和柔性制造系统世界领先
2003	大连机床	美国英格索尔曲轴加工系统公司	100%	304 万美元	世界六大曲轴设备制造商之一
2003	秦川机床	联合美国工业公司	60%	195 万美元	在拉削工艺、拉动、拉刀磨和拉床等四位合一世界领先
2003	上海精明	德国沃伦贝格公司	54%	50 万欧元	德国著名中兴数控车床、数控专用机床生产企业
2004	上海精明	日本池贝公司	65%	1 500 万美元	主要生产大型车床、加工中心、数控镗铣床
2004	大连机床	德国兹默曼	70%	近千万欧元	世界著名航空航天、汽车、模具制造业所需大型龙门五面铣床制造商,是福特、波音、大众、丰田、一汽、哈飞等成熟配套商

续表

年份	收购方	被收购方	控股比例	收购价格	被收购方基本情况
2004	沈阳机床	德国希斯公司	100%	200多万欧元	140年历史，主要生产大型数控立式车床、数控龙门铣床和数控落地镗铣床
2005	北京一机床	德国阿道夫·瓦得里希科堡两合公司	100%	—	重型机床世界领先
2006	杭州机床	德国ABAZ&B磨床公司	60%	600万欧元	欧洲四大磨床制造商之一

资料来源：根据相关报道整理。哈尔滨量具刃具集团承购并购德国海狮，属于工具业的并购，因此没有列在机床企业并购中。

到2007年为止，并购在经济方面都已经实现双赢。据2007年机床工具工业协会资料，8家企业（当时杭州机床集团并购的ABAZ&B不到一年，未计在内）有6家处于赢利状态，1家处于持平状态，企业订货量均有所提高。有些还扩大了海外部分规模，如北京一机床接管科堡时海外企业不足200人，目前职工数达到300人。

并购使技术、品牌和市场资源利用方面实现了优势互补，技术上实现国外设计配中国制造，市场上共享营销和售后服务体系，通过各种渠道融合帮助企业打开了市场。

结论：数控机床产业自主创新在战略的选择上主要是市场导向的创新，表现为适应了市场的快速成长性和阶段发展性；同时也利用外部资源，增强了跨越技术壁垒的能力。

（二）战略、能力和竞争力的关系

1. 能力成长

机床行业能力成长的一个突出的特点是配套成长性。例如，关键功能部件的发展很大程度上阻碍机床产业的发展。从机床行业科技攻关的效果可以看出，中档数控系统从"八五"开始进行攻关，但是直到现在其产业化仍然是数控机床发展的瓶颈。我国能够在经济型数控机床领域占领国内外市场，原因之一就是经济型数控系统产业化配套的实现。元件创新能力的薄弱成为整机创新的瓶颈，说明集成创新能力发展到一定阶段后元件创新变得突出了。

2. 战略与能力的关系

我国数控机床产业的发展过程是技术追赶的过程，追赶的战略方向决定了能力的成长方向，战略实施过程伴随能力的形成过程。20世纪80年代开始的技术引进和科技攻关的关注焦点是"技术",实行的是技术推动型发展战略。该阶段设计和制造技术得到一定发展,90年代初经济型数控机床技术能力已经形成;2000年后企业通过规模扩张迎合低端市场的快速发展,在中高端市场按照用户的需求进行创新,实行的是市场拉动型发展战略,市场反应能力增强,产品从几年甚至十几年不变的单一型号,到系列化生产,设计周期和交货期缩短。

3. 战略与竞争力的关系

2000年后数控机床规模扩张战略就是基于劳动力成本优势和市场规模优势的决策。该战略在短期内是基于竞争优势的选择,在长期内是基于竞争力发展的选择。该战略充分利用竞争优势带动机床行业快速发展,在低端市场形成竞争力,但在向中高端领域发展的过程中,过分依赖成本和规模优势会缺乏向高端创新的动力。我国数控机床行业长期在市场上存在"低端混战,高端失守"现象,就是走向高端战略方向有所偏颇的结果,因此,出现了"短期竞争优势成为未来竞争力发展制约"的悖论。如何制定和实施恰当的自主创新战略值得深思。

4. 能力和竞争力的关系

竞争力是能力的综合体现。我国数控机床低端市场和高端市场竞争中的差别反映了行业的整体能力水平。与国外企业比较,我国在技术、市场和品牌方面都存在很大差距,尤其是中高端的技术能力是制约数控机床在高端领域竞争的主要因素。即使在技术上有所突破,首台首套难以被接受所反映的市场对品牌的认知度低的问题也是市场竞争的重要障碍。

结论:创新战略选择受到外部环境所提供条件和能力水平的制约;能力作为内生变量会随着战略实施得到改变;竞争力水平取决于能力水平和采取的战略。

产业案例三:通信设备业案例[①]

一、案例摘要

选择通信设备产业作为案例产业是基于以下考虑:首先,该产业是一个高度开放的高技术产业,中国在短期内实现了后发追赶、发展出较强的国际竞争力,

---

[①] 本案例由课题组的通信设备制造业项目组基于2006~2008年对中国通信设备制造业的实地调研编写而成。

其创新追赶实践经验对其他产业追赶有重要价值；其次，通信设备产业是一个涉及国家安全和全社会信息化的具有战略意义的产业，产业地位十分重要；最后，通信设备产业是一个成长中的复杂技术产业，代表了一种产业类型，这类产业的创新追赶对中国尤其重要。

本案例描述改革开放后中国程控交换机产业的技术学习和追赶过程，主要包括四部分内容：20 世纪 80 年代初国内外电话交换机的技术发展状况；改革开放之初中国程控交换机市场需求特点；用户程控交换机的技术学习和追赶；局用程控交换机的技术学习和追赶。

案例的结论和启示是：

（1）中国通信设备市场的多元性为本土企业的进入和能力成长提供了市场机会，本土企业通过组织轨道、市场轨道选择策略，以成本创新创造价格优势，得以从低端市场切入并获得竞争优势。

（2）自主创新的不同阶段具有不同的能力瓶颈，能否克服能力瓶颈、实现能力爬坡，是企业能否持续获得竞争力的关键。本土企业能力爬坡的重要前提是从战略上对创新进行前瞻性把握，利用已有的资源和技术知识积累不断扩展产品范围；适应需求的、实践型学习是中国企业技术能力成长的重要方式。

（3）在具备一定技术能力后，国内企业有可能采用攻击壁垒（自主开发核心技术）和化解壁垒（合作创新）的创新战略与国外企业展开正面竞争。

二、案例描述

（一）20 世纪 80 年代初国内外电话交换机的技术发展

1. 20 世纪 80 年代初发达国家电话交换机技术

传统的电话通信网由电话交换机、传输系统、电话终端等部分所组成。电话交换机是电话通信网的核心设备，按使用场合可以分为局用交换机和用户交换机两大类：局用交换机用于公用电话网（电话局），容量较大。用户交换机用于工厂、机关、学校、银行、医院、铁路、宾馆等企业或事业单位，容量较小，俗称"小交换机"。

自从 1878 年贝尔发明电话以来，电话交换技术经历了人工交换、步进制、纵横制、模拟程控交换、数字程控交换、软交换等几代技术。20 世纪 80 年代初期，发达国家电话交换技术已经走过模拟程控交换阶段，进入了数字程控交换的新时代。

2. 20世纪80年代初中国电话交换机技术状况

20世纪80年代初,中国电话交换的主导技术是纵横机电制交换机,虽然国家已经立项研制开发新一代的模拟程控交换机,但是还没有推出商用化产品。

中国第一部纵横制交换机(SA型,容量为1 000门)于1959年在上海研制成功,1960年、1961年又推出了改进型纵横制交换机(SB型和SD型,容量仍为1 000门)。1960年,邮电部上海一所和邮电部上海电话设备厂(即520厂)合作研制出2 000门的HJ-921型纵横制交换机并于1975年通过了邮电部鉴定。此后,HJ-921型纵横制交换机大量装备城市电话网。但是在使用中发现很多技术问题,有关部门进行了技术改进。例如,对HJ-921型纵横制交换机长途全自动呼出接续性能的改进[①]、对HJ-921型选组标志机电路的改进[②]等。直到1983年,中国邮电部还在组织力量对HJ-921型纵横制交换机进行技术改造。

按照当时的邮电通信发展规划,"到2000年全国市话容量将发展至1 100万门,其中除了300多万门采用引进生产线生产的程控交换机外,有700多万门采用纵横制交换机"。事实上,2000年全国局用交换机容量发展到17 912万门,而且全部都是程控交换机,纵横制交换机全部被替代[③]。

受到当时技术判断的指引,邮电部门致力于更大容量的纵横制交换机的开发。由于HJ-921型纵横制交换机的容量、话务处理能力不够大,邮电部于1976年启动了大容量纵横机电制交换机的研制项目,1979年开通了试验局。

对于发达国家于20世纪60年代推出的程控模拟交换机,原中国邮电部在1973年部署了开发项目,一个是在邮电部(西安)第十研究所研制程控模拟长途电话交换机;另一个是在邮电部(上海)第一研究所研制程控模拟市内电话交换机。

杨明干是邮电部上海一所的研究室主任,是参与研制程控模拟式市话交换机的骨干技术人员之一,他的看法具有代表性。他认为:至1981年底,邮电部第一研究所"已基本掌握了程控模拟式电话交换机的硬件设计技术,其中包括处理机与外围交换设备的配合、主接口与分接口两级接口设备的设计、卧式剩簧接线器的制作及其驱动和自动测试技术、各种通话电路和收号电路的设计、合理而安全地使用TTL及CMOS小规模集成电路的技巧与经验。从硬件设备研究设计的角度来看,在5年内研制出容量较大的(如10 000门)程控模拟式市内电话交换机,是有相当大的把握的。""在程控电话交换机的软件设计方面,从1975

[①] 邢剑凌:《HJ-921型纵横制市话交换设备长途全自动呼出接续性能的改进》,载于《电信科技情报》1983年第4期,第34页。
[②] 朱东来:《HJ-921型选组标志机电路的改进》,载于《电信科技情报》1983年第4期,第43页。
[③] 信息产业部办公厅:《历史性跨越——中国电信业"九五"发展回顾》,2001年2月,第316页。

年的启蒙做起，至今我们已经熟练地掌握了用汇编语言编制呼叫处理程序的技术。今后我们将对软件的模块化技术、操作调度系统、程序跟踪、软件重新组装以及维护诊断技术等进行大力研究，我相信在 5 年以内是能够在小容量（如 2 000 门）程控电话交换机种基本解决这些问题的。"①

(二) 改革开放之初中国程控交换机市场需求特点

改革开放之初，中国程控交换机市场需求的特点可以归结为三点：数量大、层次多、来得急。下面首先简要介绍中国公用电话交换网的技术结构。

1. 中国公用电话交换网的技术结构

与世界各国的电话网一样，中国的公用电话交换网（Public Switching Telephone Network，PSTN）采用了一种多等级的"长途局—本地局"网络结构。等级结构就是将全部电话交换局划分为两个或两个以上的等级，低等级的交换局与管辖它的高等级交换局相连，形成多级汇接辐射网；最高级的交换局则采用直接互联，组成网型网。电话网采用这种结构可以将各区域的话务流量逐级汇集，达到既保证通信质量又充分利用电路资源的目的。

由于地域广阔和交换、传输设备的技术条件限制，中国的 PSTN 公用电话网在 1997 年以前采用了五等级结构，即由四级长途交换中心和第五级本地网交换中心组成，如图 12 - 12 所示。

图 12 - 12 中，C_1、C_2、C_3、C_4 构成长途电话网，这是一个长距离的全国范围内的通信网。其中，C_1 为一级交换中心，也叫大区中心，全国按行政区共划分为 8 个大区，每个汇接大区设 1 个交换中心，八大区中心之间由基干路由两两互联，构成一个网状网络。C_2 为二级交换中心，也称为省中心，全国共 30 多个二级交换中心，它们分别属于 8 个一级交换中心。C_2 与自己所属的 C_1 之间由基干路由连接。各 C_2 之间，根据话务量情况，可设高效直达路由，也可不设。C_3 为三级交换中心，也称为地区交换中心，一般设在地、市一级或几个县的经济中心及话务量、通信网络比较集中的地点，全国共有 350 多个地区交换中心。C_3 与自己所属的 C_2 之间由基干路由连接，根据话务量情况，与 C_1、其他 C_2 以及本省的 C_3 间由高效直达路由连接。C_4 为四级交换中心，也称为县中心，一般设在县人民政府所在地，它是长途自动网的终端局，全国共有 2 200 多个县中心交换局。它与自己所属的 C_3 间以基干路由连接。以上长途电话网各级交换中心的职能是按规定疏通本汇接区内各交换中心之间以及到区外各交换中心之间的来、去、转话业务。

---

① 杨明干：《关于我国发展程控电话交换机前景的探讨》，载于《电信科技情报》1982 年第 3 期，第 1~6 页。

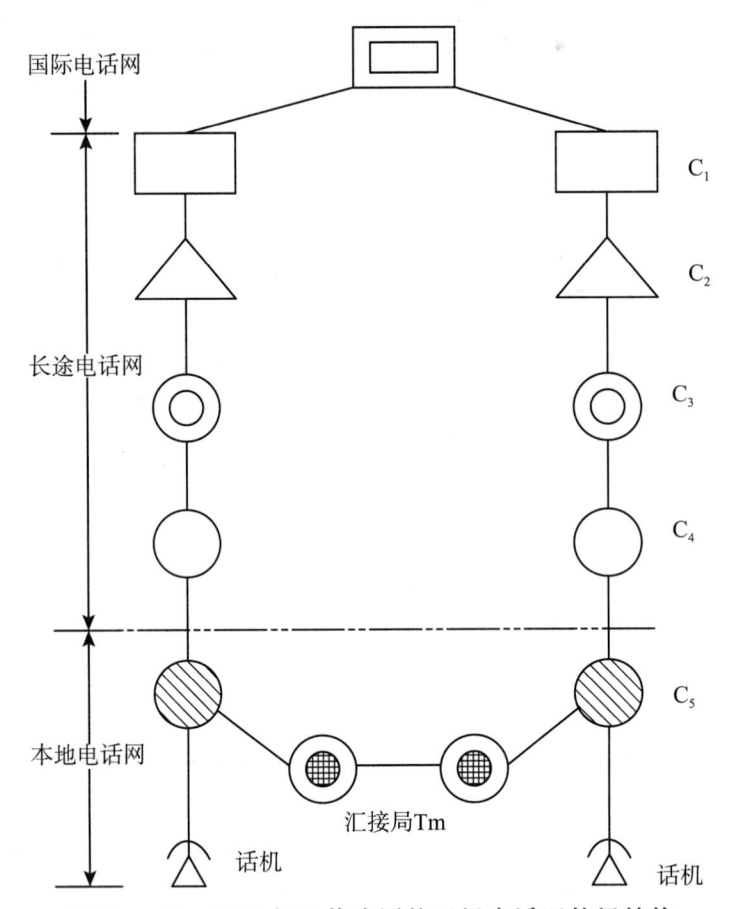

图 12－12　1997 年以前我国的五级电话网等级结构

资料来源：叶敏：《程控数字交换与交换网》，北京邮电大学出版社 2003 年版，第 145 页。

  PSTN 的最后一个等级是第五级即本地电话交换局。本地电话网是在同一个长途编号范围内、以一个行政区划或经济区划为单位的电话网，包括若干个端局和汇接局、局间中继线、用户线和话机终端。本地网的基本交换中心是 C_5 端局，它通过用户线直接和用户相连，通常分为市话端局、农话端局两种。根据需要，市话端局和农话端局下面有时还连接着一个或多个农村支局小交换机、用户小交换机，它们构成 PSTN 电话网的末梢。

  除了上述面向全社会服务的公用电话网以外，我国还建设了许多专用电话网。专用电话网是军队、油田、铁路、电力、公安、银行等行业部门根据自身特点而建设和经营的内部电话通信网；其服务范围和网络规模都是根据特定的需要确定，有些属于全国范围，有些则属于某些地区，或随专业设施而设网，如石油管道通信网、内河航运通信网等。专用电话网具有一些不同于公用电话网的特点（如内部话务量较高等）；容量大的专网采用局用交换机组网，中小容量的专网一般采用用户交换机组网。

2. 市场需求特点之一：数量大

改革开放后，中国对局用交换机和用户交换机的需求量都非常大，表12-11提供了1980~2002年程控局用交换机的历年安装量和年末总量。

表12-11　　1980~2002年程控局用交换机的年安装量和年末总量

年　份	1980	1981	1982	1983	1984	1985
当年安装量（万门）		0	1	0	2.18	8.82
年末总量（万门）	0	0	1	1	3.18	12
年　份	1986	1987	1988	1989	1990	1991
当年安装量（万门）	29	48	50	137	83	204
年末总量（万门）	41	89	139	276	359	563
年　份	1992	1993	1994	1995	1996	1997
当年安装量（万门）	362	1 029	2 801	2 389	2 090	1 975
年末总量（万门）	925	1 954	4 754	7 143	9 233	11 208
年　份	1998	1999	2000	2001	2002	
当年安装量（万门）	2 612	1 496	2 501	1 951	2 352	
年末总量（万门）	13 820	15 315	17 816	19 767	22 119	

资料来源：作者根据电信科技情报、电信技术、世界电信和历年的通信统计资料汇编提供的相关数据整理而成。

从表12-11可以看出，自从福州市电信局1980年订购的国内第一部万门程控交换机（日本富士通公司F-150型）于1982年11月安装开通，投入使用之后，中国局用程控交换机市场开始启动。到1985年，局用程控交换机在中国的安装总量为12万门，占局用交换机总容量的1.8%；1986年，合资企业上海贝尔的本地化生产线开始运行，中国局用程控交换机市场开始快速发展，尤其是从1991~1994年，每年以2~3倍的速度高速增长；1994~2002年，除1999年外，局用程控交换机每年的安装量都维持在2 000万门左右。如此大的市场需求在全世界绝无仅有。

作为对表12-11数据的补充，表12-12提供了1984~1988年中国电话交换设备增长情况及生产能力，包括市话、农话和用户交换机的数据。

表 12 – 12　　1984~1988 年中国电话交换设备增长情况及生产能力

年份 类别	1984	1985	1986	1987	1988	年均增长率（%）
全国市话交换总容量（万门）	291.96	336.54	380.49	464.50	555.84	
年增长率（%）	11.3	15.3	13.1	22.1	19.7	16.3
市话程控交换总容量（万门）	2.67	12.15	27.28	89.68	147.47	
程控交换占市话交换总容量的比重（%）	0.90	3.6	7.2	19.3	26.53	
年增长率（%）	—	355.4	124.5	228.78	64.43	193.3
市话纵横制交换机总容量（万门）	122.81	150.44	179.05	206.93	244.45	
年增长率（%）	23.8	22.4	19.0	15.6	18.1	19.8
市话用户交换机总容量（万门）	340.01	393.15	452.99	522.47	596.67	
年增长率（%）	11.4	15.6	15.2	15.3	14.2	14.34
农话交换机总容量（万门）	261.61	276.91	291.86	309.43	331.38	
年增长率（%）	3.1	5.8	5.4	6.0	7.1	5.48
邮电系统市话交换设备生产总门数（万门）	34.01	44.71	57.80	113.1	121.4	
邮电系统纵横制交换机生产总门数（万门）	34.01	44.63	54.10	94.4	52.5	

资料来源：《我国市话交换设备的使用与发展》，载于《世界电信》1989 年第 3 期，第 11 页。

从表 12 – 12 可以看出，在 1984~1988 年期间，中国的市话、农话、用户交换机三大块市场需求都开始快速增长，尤其是局用程控交换机，5 年的年均增长率高达 193.3%；同时，受限于当时的技术、经济状况，中国对纵横制交换机还有不小的市场需求，但是从 1988 年开始需求量递减。

3. 市场需求特点之二：层次多

中国的局用交换机市场在 1996 年之前一直明确划分为"市话"和"农话"两大部分。"市话"包括县级邮电局及以上的邮电管理局管辖的电话局用交换机，属于国有资产，遵照全民所有制的管理体制经营。"农话"是指农村电话网所使用的交换机，安装在乡镇邮电支局，属于集体所有制，采取国营和集体相结合的经营方式，实行独立核算，由各省（市）、自治区农话局（管理处）对集体经营的农话在技术业务上予以指导。

下面分别介绍市话局用交换机、农话局用交换机和用户交换机三块市场的多层次特点。

(1) 市话局用程控交换机市场的多层次特点。改革开放之初，中国市话局用程控交换机的市场存在高、中、低三个不同层次的细分市场，这是由中国当时的五级电话网结构所决定的。

第一个市场层级是高端市场，包括长途网的大区中心局（C_1长途局）、省中心局（C_2长途局）、地区中心局（C_3长途局），以及特大城市、大城市的本级网电话局（C_1、C_2本地网的端局和汇接局）所应用的程控交换机产品，由于这些电信局处于整个通信网络的"中枢"和最关键的位置，"级别"高，这里的通信设备一旦发生故障，属于重大通信事故，影响很大，所以这些电信局的负责人采购设备时对性能的要求很高，设备价格则属于第二位的考虑因素。

第二个市场层级是中端市场，包括长途网的县级中心局（C_4长途局），以及中等城市的本级网电话局（C_3本地网的端局和汇接局）所应用的程控交换机产品，这些电信局的位置也很重要，"级别"中等，如果设备中断运行，属于较大的通信事故，影响面较大，所以这些电信局的负责人采购设备时对性能的要求也较高，对设备价格也比较看重。

第三个市场层级是低端市场，包括小城市市区及其郊区范围组成的本地电话网（C_4本地网的端局和汇接局）所应用的程控交换机，这些电信局位于整个城市电话通信网的末端，"级别"较低，所以这些电信局的负责人在20世纪80、90年代采购设备时对性能的要求不太高，设备运行不稳定也可以容忍，设备价格则是他们考虑的重要因素。

(2) 农话局用程控交换机市场的多层次特点。改革开放之初，中国农话局用程控交换机的市场需求层次也很多。农话交换机的性能要求整体上比市话交换机的要求低，但是由于各地区的农村发展很不均衡，使农话交换机市场的需求层次反而更多。发达地区买大容量程控交换机，稍不发达的农村买小容量用户程控交换机，最不发达的农村买最古老的人工磁石式交换机，只要价格低，能打通电话就行。

(3) 程控用户交换机市场的多层次特点。由于用户交换机的买主是千差万别的企事业单位，它们对用户交换机的容量、性能指标、价格、服务等方面有各种各样的不同要求，所以程控用户交换机市场的需求层次比局用交换机更为丰富。例如，旅馆型程控用户交换机出入局话务量大，不需要直接拨入功能，对人工话务台的功能要求较强，需要提供立即计费、请勿打扰、自动叫醒等特殊功能；医院型程控用户交换机除具有旅馆型交换机的功能外，还要求呼叫寄存、呼叫转移、病房紧急呼叫、热线电话等功能以及配合移动通信接口的能力；专网型程控用户交换机需要组网能力，需要具有多位号码存储和转发、直达路由选择、自动迂回、呼叫等级限制、远端集中维护管理及人工话务台集中设置等功能[①]。对用户交换机的容量要求,最小的只需 6~8 门,最大的需要万门以上。可见,程控用户交换机的细分市场多,用户分散且数量巨大。自 1984~1992 年,近 200 家企业以不同档次的产品相继进入中国程控交换机市场,跨国公司、合资企业占领了高、中端市场,本土企业从低端切入市场、开始学习、创新和追赶。

4. 市场需求特点之三:来得急

"来得急"是指 20 世纪 80 年代中国程控交换机市场需求从市话、农话、专网、企事业单位内部网等各个细分市场同时并发、一起到来,令国内国外的交换机生产厂商供应不及。

迅猛发展、层次丰富、数量巨大的市场需求把当时世界上几乎所有的程控交换机厂商都拉进了中国,100 多家本土企业纷纷进入中国程控交换机行业。

(三) 用户程控交换机的技术学习和追赶

用户交换机技术是随着局用交换机的技术进步而发展的。在发达国家,模拟空分式程控用户交换机从 20 世纪 60 年代中后期开始逐步替代机电式的用户交换机,而数字时分式程控用户交换机从 70 年代末又开始逐步替代模拟空分式程控用户交换机。从 1990 年开始,用户程控交换机逐渐被局用数字程控交换机的"虚拟用户交换机"功能所替代,发达国家的用户程控交换机市场开始衰退[②]。在中国,类似的新技术替代老技术的演化过程也同样发生,但是在时间上相应延迟了 5~10 年。

1. 跨国公司产品的进入

根据查阅到的文献资料,跨国公司的程控用户交换机产品最早进入中国市场是在 1979 年 10 月,广州东方宾馆通过邮电部物资总局购买了一台美国西电公司生产的 D-2000 型数字程控用户交换机[③]。因为这种"高级洋玩意儿"价格畸高,最初只有少数用户买得起,随后又有 9 家宾馆等引进。

20 世纪 80 年代初,北京也形成了一股"程控热"。据 1984 年统计,已投入使用和已与外商签订合同的有 20 余家。当时,中国刚刚开始改革开放,国门尚未"大开",外国公司还不能直接向最终用户卖产品,而必须通过"物资公司"、

[①] 全国通信工程标准技术委员会北京分会编著:《程控用户交换机工程设计》,人民邮电出版社 1993 年版,第 22 页。

[②] J. Rasmas 著,钱景清译:《重新考虑用户交换机市场》,载于《电信快报》1991 年第 7 期,第 25~29 页。

[③] 冯庆祥:《广州市引进的用户程控交换机简况表》,载于《广州通信技术》1984 年第 4 期,第 63~68 页。

"外资建设公司"、"香港洋行"等中间商实现买卖交易。随着市场的发展，它们在提供代理销售服务的同时，也提供交换机的安装调试、维修等售后服务。

2. 大量引进生产线

改革开放后，一些专网用户和部委办公大楼引进了少量的国外数字程控用户交换机。用户程控交换机技术先进、功能完善、可靠性高、体积小、耗电省，令国内通信界耳目一新。为了贯彻国家关于"控制重复引进，制止多头对外"的方针，国家有关部委于1986年3月在苏州召开了"程控用户交换机引进生产线择优定点评定会议"，确定了10个程控用户交换机的定点生产厂。电子工业部和邮电部共同编写了"引进数字程控用户交换机技术规范书"，作为公开招标和技术谈判的依据[①]。

除了国家计划定点的10家引进企业以外，另外还有几家企业也设法从国外引进了用户程控交换机的生产技术。

3. 本土技术开发

20世纪80年代初，国内一些有技术积累的高等院校、研究院所开始自行研制开发程控交换机。最早的开发者来自邮电部上海一所、邮电部西安十所、解放军南京通信工程学院、电子工业部第59研究所、解放军（郑州）信息工程学院、清华大学电子工程系、北京邮电学院、解放军二炮第二研究所、江西省邮电科研所、南京邮电学院、长春邮电学院等高等院校和研究院所。

对进口的一台120门小交换机软件进行了解剖[②]，了解和掌握其总体结构，摸清各模块的功能和有关数据结构，在此基础上进一步对该软件进行扩充和移植，成功研制出200门小交换机软件。电子工业部第59研究所研制的DBX用户程控交换机在1983年底安装运行，采用了两级控制结构，主处理机采用双机冗余控制方式，由两台通用的PDP-11系列计算机组成。DBX用户程控交换机分单族系统和多族系统，前者最多可装备1 344门电话，后者最多可装备5 300多门话机。DBX用户程控交换机具有系统功能（包括话务量测量、夜间业务等71种）、话机功能（包括呼叫转移、呼叫保持等38种）、话务台功能（有45种）、维护管理功能（包括数据库生成、修改、故障诊断、隔离等12种）等多种功能[③]。

---

① 季文敏等：《程控用户交换机手册》，人民邮电出版社1993年版，第9页。

② 该机是GTE公司20世纪70年代中期的产品，在进口该机时，对方只给出使用说明等一般文件而未提供源程序清单，这就给分析软件带来一定的困难。为此，必须首先编写一个功能比较齐全的反汇编程序，将目标代码转换成汇编指令形式才能加以分析。此项工作由教员在中型计算机上完成。郭肇德等：《TG-200型程控交换机软件研制报告》，载于《军事通信技术》1984年第4期，第14页。

③ 赵振声：《DBX用户程控交换机软件特点介绍》，载于《无线电通信技术》1988年第1期，第66~69页。

北京邮电学院和解放军二炮第二研究所于 1983 年共同研制出 HJD–02 型 200 门空分程控用户交换机，1985 年通过了部级鉴定并投入批量生产①。江西省邮电科研所与南京邮电学院联合研制的 CKJ–128 型程控用户交换机于 1985 年 12 月 20 日在南昌通过省级鉴定。CKJ–128 型程控用户交换机可以从 32 门叠加至 128 门，采用国产 DBJ–Z80 单板计算机作为中央控制器，软件程序用 Z80 汇编语言编写，硬件均采用国产元器件。鉴定专家认为该机达到了国内先进水平②。

解放军信息工程学院于 1984 年下半年开始研究开发程控交换机系列产品。他们首先于 1986 年 6 月研制出 G1200 型全电子时分模拟用户交换机，同年 7 月通过了河南省科委组织的鉴定。专家认为，该机设计思路新颖，技术上有独到之处。产品经重新定型后转交给郑州通信设备厂生产。在 G1200 型交换机的基础上，信息工程学院与中国邮电工业总公司合作研制了 HJD–03 型 PAM 程控用户交换机，1988 年通过邮电部组织的鉴定后转洛阳电话设备厂进行试产。继 HJD–03 型交换机研制成功后，解放军信息工程学院与中国邮电工业总公司再度合作开发时分数字程控电话交换机（谢培泰、邬江兴，1988）。

继高等院校和研究院所的研究开发之后，一大批新兴的中、小企业从 20 世纪 80 年代中期开始积极从事程控用户小交换机的自主开发。其中有些企业是从计算机行业转入程控交换机产品开发的③，如山东潍坊计算机公司、北京市电子技术发展公司、联想计算机公司等；有些企业是通过代理销售境外的用户程控交换机，从而了解其中的技术，着手仿制、研发自主品牌产品，如珠海经济特区通讯技术开发公司、北京华科、深圳华为等；有些是购买最终产品作为样机，通过解剖、反求、仿制出自主品牌的用户程控交换机，如深圳中兴、江苏泰州电子仪器厂等。

华为技术有限公司（以下简称"华为"）于 1988 年创立于深圳，注册资金仅为 2.1 万元人民币，最初只有员工 14 人，业务为代理销售香港鸿年公司研制生产的 HAX–100 型模拟程控用户交换机。1989 年，华为在模仿的基础上推出了 BH–03 型 40 门用户程控交换机，迅速打开了市场；1991 年又推出了改进的 BH–03 型 224 门用户程控交换机，市场销售火暴。1991 年 8 月研制成功 HJD48 型用户程控交换机样机，1992 年 3 月通过了部级科研成果鉴定，6 月通过了部级生产鉴定；1992 年 HJD48 型产量达到 20 万线。④

---

① 季文敏等：《程控用户交换机手册》，人民邮电出版社 1993 年版，第 9 页。
② 李南平：《CKJ–128 型程控用户电话交换机通过鉴定》，载于《电信科技情报》1986 年第 2 期，第 4 页。
③ 从技术上讲，程控交换机实质上是一种实现电话通信功能的专用计算机。
④ 季文敏等：《程控用户交换机手册》，人民邮电出版社 1993 年版，第 785～787 页。

深圳市中兴半导体有限公司（中兴通讯前身）1984 年成立，由航天工业部下属西安 691 厂、长城工业公司深圳分公司和香港运兴电子贸易公司共同投资成立，注册资金为 280 万元人民币。最初的业务是来料加工，先后加工过电子表、电子琴、电话机、冷暖风机等产品。1986 年 6 月，在扩展来料加工业务的同时，中兴成立了 8 人小组开始研制 68 门模拟空分用户程控交换机。在仿制香港怡富公司的 ESX-60 型程控用户交换机的基础上，中兴公司的开发人员根据国内元器件供应的技术条件进行了重新设计。1987 年 7 月，ZX-60 型小容量程控空分用户交换机在深圳中兴公司开发成功，通过技术鉴定并取得原邮电部的入网许可证。在成功开发 ZX-60 型模拟程控用户交换机的基础上，1987 年 10 月中兴决定研制开发数字程控用户交换机。1989 年 11 月，在仿制韩国 500 门数字程控交换机的基础上，中兴研制开发的 500 门数字程控用户交换机在北京通过了邮电部的全部测试，并由航天部主持进行了部级技术鉴定，被认定为具有自主知识产权的第一台国产化数字程控用户交换机，产品命名为 ZX-500。1990 年 8 月，ZX-500 数字用户交换机通过部级生产鉴定，并获原邮电部颁发的入网许可证。由于 ZX-500 型数字用户交换机的开发成功，中兴产生的利税由 1989 年的 81.5 万元迅速增长为 1990 年的 135 万元、1991 年的 350 万元。[①]

《世界电信》1991 年第 2 期提供了经中国邮电部检测并批准入网的程控用户交换机设备和厂商情况一览表，共有 65 家本土企业榜上有名。

4. 激烈的竞争

20 世纪 90 年代初，150 多家国内外的用户程控交换机企业在中国市场展开了激烈的竞争，如表 12-13 所示。

表 12-13　　20 世纪 80 年代中后期中国程控用户交换机市场上的机型变化情况

年份	进口设备型号（种）	国产设备型号（种）	国产设备型号占总数的比例（%）
1986	31	11	26
1987	48	32	40
1988	21	54	72
1989	30	72	71
1990	9	50	85

资料来源：杨福强：《试论我国空分程控用户交换机的优化设计》，载于《世界电信》1991 年第 2 期，第 18 页。

[①] 米周、尹生：《中兴通讯：全面分散企业风险的中庸之道》，当代中国出版社 2005 年版。

可以看到，国外公司的诸多"杂牌"型号逐渐被国内自主开发的产品所替代。到 1990 年，中国程控用户交换机市场上的国外品牌只剩下 9 种（1987 年有 48 种之多），而国内品牌有 50 种（1987 年只有 32 种）。对比之下，国内企业的技术能力明显提升。

直到 1995 年，虽然市场已经开始出现了明显的供过于求的迹象，但是还有新的厂家不断进入，推出新型号的程控用户交换机产品。同时，这个行业内一些规模小、效益差的厂家开始被迫倒闭或者转产。

生产程控用户交换机的厂家，基本上可分为两类：第一类是生产国外机型的合资企业和技术引进企业，主要是通广北电、北京爱立信等 10 条引进线生产厂，原设计每年生产能力为 10 万线，投产以后生产能力提高到了 20 万线、30 万线，甚至 50 万线。第二类是生产国产机型的国有企业和其他所有制企业，有 140 家左右，平均每厂年生产能力 3 万线，每年总生产能力可以达到 420 万线。从 1995 年开始，生产能力显著过剩。150 家生产企业中，年销售量在 10 万线以上的只有 7 家，5 万线以上的只有 18 家（含上述 7 家），多数厂的全年销售量在 1 万线以下。

在程控用户交换机的生产厂家数量方面，1994 年有 122 家，其中生产数字机的有 43 家（其中有 16 家同时生产空分机），生产空分机的有 79 家；1995 年有 150 个厂家，其中生产数字机的有 75 家，生产空分机的也有 75 家，增加了 28 家，同时 1995 年有 15 家停产（龚省予，1996）。[①]

随着技术能力的积累和提高，一些自主开发用户程控交换机的本土企业，包括珠海经济特区通讯技术开发公司、深圳长虹、山东华光、华为、中兴等，开始向高端市场挺进。1995 年之后，当用户程控交换机开始被局用程控交换机的"虚拟用户交换机"功能所替代、市场迅速萎缩的时候，不仅开发销售小容量用户程控交换机的本土企业大量破产倒闭，而且 15 家引进国外大、中容量用户程控交换机生产技术的企业也相继停止运营，只有研究开发、及时推出了自主品牌的农话局用程控交换机产品的 20 多家企业从用户程控交换机市场跳跃到局用程控交换机市场，开始了新一轮的激烈竞争。

（四）局用程控交换机的技术学习和追赶

1. 跨国公司产品的进入

1980 年 12 月，经过国家计委和邮电部的批准，福建省邮电管理局与日本富士通公司签订了购买万门数字程控电话交换机 F-150 的协议。这是改革开放后

[①] 龚省予：《程控用户交换机的基本状况》，载于《通信产品世界》1986 年第 8 期，第 33～34 页。

中国邮电部引进的全国第一台大容量的局用数字程控交换机，这台 F-150 型程控交换机于 1982 年 11 月成功地安装开通、投入使用。

紧接着，北京、深圳于 1983 年先后开通了全国第 2 个、第 3 个万门程控电话局，购买的是瑞典爱立信公司生产的 AXE-10 型局用数字程控交换机。随后，广州、天津、厦门、珠海、大连、上海、郑州等城市的电信局纷纷从国外购进了不同型号的局用数字程控交换机，详细情况如表 12-14 所示。

表 12-14　在我国公用网上最早开通使用的国外程控交换机

（1987 年 1 月统计）

地点	机型	市话装机容量（门）	长话装机容量（路）	供应厂商	开通时间
北京	AXE10	7 500		瑞典爱立信	1983 年 6 月
	E10B	28 000	2 200	法国阿尔卡特	1982 年 12 月
	ITT1240		200（国际）	比利时 ITT	
	DMS-10	3×2 000		加拿大北电	1986 年 5 月
天津	NEAX61E	20 000 门、10 000 门长市合一	1 000	日本 NEC	1982 年 8 月
福州	F-150	30 000	1 500	日本富士通	1982 年 11 月
厦门	F-150	10 000	300	日本富士通	1982 年 1 月
广州	AXE10	40 000	1 000	瑞典爱立信	1982 年 6 月
深圳	AXE10	14 000 长市合一	300	瑞典爱立信	1983 年 12 月
秦皇岛	AXE10	13 000 长市合一	300	瑞典爱立信	1986 年 5 月
西安	F-150	13 000	1 000	日本富士通	1986 年 6 月
宁波	AXE10	14 000	500	瑞典爱立信	1986 年 7 月
大连	AXE10	17 500	500	瑞典爱立信	1986 年 8 月
合肥	S1240	10 000	1 000	上海贝尔（合资）	1986 年 11 月
武汉	5ESS	11 000	400	美国 AT&T	1986 年 12 月
杭州	F-150	13 000	1 000	日本富士通	
珠海	DMS-10（车载式）	2 000		加拿大北电	1982 年 5 月
小计		259 000	11 200		

资料来源：《电信科技情报》1987 年第 4 期，第 6 页。

当时发达国家的局用数字程控交换机刚刚推出不久，价格畸高，每端口[①]200多美元（对比：2002年价格下降为每端口30美元左右）。虽然资金缺乏，但是很多城市的政府和电信局都迫不及待地想"上程控"。看到中国市场的巨大潜力，一些跨国公司说服本国政府向中国电信部门提供低息贷款，用于购买本公司的数字程控交换机。例如，加拿大政府在1988年主动给予中国数亿美元的20年低息贷款，条件是北京、河北、云南等省市的电信局用这些贷款购买加拿大北方电讯公司生产的 DMS 程控交换系统。其他国家如比利时、法国、德国、日本的政府也先后采取了相同的方式为本国的程控交换机厂商争取订单。

1986年4月，经国务院同意，国家经委、海关总署、财政部联合发文，对邮电通信的技术改造项目实行海关办税政策；同时，国家对使用外国政府贷款、世界银行和亚洲开发银行贷款购买国外程控交换机等通信设备实行全免关税政策。于是，"七国八制"[②]的局用数字程控交换机迅速进入了中国市场，一度超过了用户需求增长的速度。

截至1991年底，中国公众电话网上安装的13种局用程控交换机中，除了"七国八制"的8种机型以外，另外5种程控交换机（它们是：瑞典爱立信公司的 MD110 型用户程控交换机、加拿大北电公司的 SL-1 型用户程控交换机、中国邮电部一所研制的 DS2000 型数字程控交换机、中国邮电部一所和十所合作研制的 DS30 型数字程控交换机、中国邮电部十所研制的 JD1024 型数字程控交换机）只有6个局、合计容量17 296门。[③] 也就是说，在从1980~1991年长达10多年的时间内，跨国公司"七国八制"的局用程控交换机几乎100%地占领了中国市场。这些最早安装、价格最贵的600多万门局用数字程控交换机产品大多是由跨国公司直接销售给中国的电信部门的，产品在国外生产；其中只有约70万门是由合资企业上海贝尔通过进口散件组装生产的。为了改变这种局面，中国政府制定了"以市场换技术"的策略，希望以中外合资企业的方式引进先进的数字程控交换机的生产和设计技术。

2. 引进生产线、设立合资企业

上海贝尔电话设备制造有限公司（简称上海贝尔）成立于1983年，是中国第一个制造程控电话交换机的中外合资企业，也是当时中国最大的高技术转移项目。

---

① 一般来说，一个程控交换局的端口数=本局用户电路数目（门或线）+局间中继电路数目（路端）。
② "七国八制"是指来自7个国家的8种局用数字程控交换机品牌，即：法国阿尔卡特的 E10B、比利时贝尔的 S1240、日本 NEC 的 NEAX61、日本富士通的 F150、加拿大北方电讯的 DMS、德国西门子的 EWSD、美国 AT&T 的 5ESS、瑞典爱立信的 AXE10。
③ 《中国公用电话网上开通使用的局用数字程控交换机机型设计》，载于《电信技术》1992年第1期，第48页。

原中国邮电部从 1978 年开始组团赴美国、加拿大、瑞典、法国、日本等国家进行考察，寻求合资合作伙伴。当时制定了合资的三个条件：一是中方占大股（60%）；二是外方必须持续转让技术；三是专用芯片必须在中国生产[①]。绝大多数跨国公司都不能接受这些条件，尤其不愿意转移程控交换机专用大规模集成电路的制造技术；同意这些条件的只有一家——美国国际电话电报公司（ITT）下属的比利时贝尔电话设备制造有限公司（BTM）[②]。双方开始了历时 3 年（从1980~1983 年）的谈判，终于在 1983 年 7 月签订了合资合同。合同规定，中国邮电部下属的中国邮电工业总公司（PTIC）拥有 60% 的股份，比利时贝尔电话设备制造有限公司（BTM）拥有 32%，代表比利时政府的比利时合作发展基金会拥有 8%；在技术转让之前，中方负责在中国销售 10 万线的比利时 BTM 公司生产 S1240 交换机。

上海贝尔直到 1985 年底才完成了 10 万线进口 S1240 交换机的直销任务，而自身生产的产品（上海贝尔的第一条生产线于 1985 年 10 月建成投产）却陷入了销售困难的境地。根据合同，上海贝尔从 BTM 进口散件生产用户板，并进行交换机的总装和测试等工作。由于进口材料成本高，加上当时的 S1240 产品（早期版本）性能还不稳定，产品的市场竞争力较差。当时一些跨国公司采取降价销售的策略争夺市场，例如，日本富士通公司的 F-150 销售价格甚至比上海贝尔的 S1240 的成本还低。到 1987 年，上海贝尔累计销售 S1240 只有 6.4 万端口，累计亏损高达 1 575 万美元。[③]

为了支持上海贝尔的发展，政府对程控交换机市场进行了直接干预。邮电部按照 1 元人民币/1 美元采购额的比例对购买上海贝尔 S1240 交换机的邮电局进行补贴，补贴总额达到了 6 000 多万元。同时，国家调高了交换机整机进口的关税、降低了部分零部件进口的关税。通过这些保护政策，上海贝尔才抑制住了亏损的局面。1988 年，上海贝尔的产量达到 18.9 万线。1989 年上海贝尔抓住了极好的发展机会，国外厂商纷纷撤出中国，上海贝尔成了国内程控交换机的唯一供应商，产品供不应求。1989 年上海贝尔的实际产量达到 33.6 万线，超出了设计能力。上海贝尔借机迅速提高了自己的生产能力，1990 年的产销量达到 42.5 万线，1991 年达到 73.6 万线，1992 年达到 138 万线，1993 年达到 270 万线。上海贝尔的市场份额迅速上升，奠定了其在中国程控交换机产业乃至整个通信设备制造业的领先地位。1989~1994 年上海贝尔连续 6 年被评为中国

---

① 朱高峰：《中国通信技术发展回顾与展望》，载于《中国高新技术产业年鉴》，中国言实出版社 2001 年版，第 575 页。
② BTM 于 1987 年被法国阿尔卡特公司收购。
③ 吴基传、奚国华主编：《改革开放创新——上海贝尔发展之路》，人民出版社 2008 年版，第 376 页。

十佳中外合资企业。

北京国际交换系统有限公司（简称国际交换，英文名BISC）是中国第二家生产局用数字程控交换机的中外合资企业，由原中国电子工业部直属的北京有线电总厂（738厂）等3个中方企业与德国西门子公司于1990年11月16日共同设立。BISC公司引进西门子1982年开发成功的EWSD型程控数字交换系统，从事该系统及其配套设备的研究开发、市场、销售和工程技术服务，是西门子在海外最大的EWSD生产服务基地。合资合同没有包括专用集成电路的技术转移，这意味着BISC公司只能向西门子公司采购这些专用芯片。公司成立之初，只有员工100多名，1991年10月正式投产时的生产线设计年产量30万端口，计划到1993年通过增加班次达到50万线的年生产量。BISC公司利用有利的市场机会迅速提高了生产能力，很快就占据了局用程控交换机行业"老二"地位（仅次于上海贝尔）。

在随后的几年，中国局用程控交换机行业又成立了天津日电电子通信工业有限公司、青岛朗讯科技通讯设备有限公司、南京爱立信通信有限公司、江苏富士通通信技术有限公司、广东北电交换系统设备有限公司等5家大型合资企业（见表12-15）。这样，在进入中国公用电话网的"七国八制"中，除法国的E10B型程控数字交换机外，其他7种型号的程控交换机都在中国建立了合资生产线①。

表12-15　　7家局用程控交换机中外合资企业概况

序号	公司名称	机型	签约年份	中　方	外方
1	上海贝尔	S1240	1983	中国邮电工业总公司	比利时贝尔
2	国际交换	EWSD	1988	北京市综合投资公司、国营北京有线电总厂、北京市电信管理局	德国西门子
3	天津日电	NEAX61	1992	天津市中环电子计算机公司	日本NEC
4	青岛朗讯	5ESS	1993	青岛市企业发展投资公司、山东省邮电管理局、青岛市电信局、中国国际信托投资公司	美国朗讯
5	南京爱立信	AXE10	1993	南京熊猫电子集团、香港永兴公司、江苏省邮电管理局	瑞典爱立信

---

① 法国阿尔卡特公司开发的E10B的设计结构存在问题，系统运行不稳定，1987年阿尔卡特收购BTM及其S1240的全部技术产权之后，集中力量对S1240加以改进、升级，停止了对E10B的进一步研发。

续表

序号	公司名称	机型	签约年份	中方	外方
6	江苏富士通	F150	1994	江苏省邮电管理局、苏州新区高新技术产业股份有限公司、苏州有线电一厂	日本富士通
7	广东北电	DMS	1995	中国华信邮电经济开发中心、广东省邮电管理局、河北省邮电管理局、河南省邮电管理局、广东万家乐股份有限公司	加拿大北电

资料来源：作者根据调研收集整理而成。

令跨国公司始料未及的是，这些合资企业很快就被华为、中兴等中国本土企业打败，交换机的市场价格逐年下降，本土企业抢占了新增交换机市场的多数份额。到2002年，除了上海贝尔和国际交换能够勉强支撑以外，另外5家合资企业都被迫关闭或转产其他产品。

3. 本土企业自主研发局用程控交换机

原中国邮电部于1973年启动了模拟程控交换机的研制项目，上海一所和西安十所分别于1981年和1985年通过了邮电部的"程控电子市话交换机性能骨干机质量检查"和"程控空分长话自动交换机中间试验鉴定"。

20世纪80年代初，国外新一代的数字程控交换机纷纷推出，上海一所的多名技术骨干参加了合资企业上海贝尔的设备选型、技术谈判的全过程以及福建省引进日本富士通公司的F-150型程控数字交换机的全过程。经过空分、时分的争论后，上海一所1982年决定放弃模拟空分程控交换机的研制、转向开发新一代的数字程控交换机。1983年10月，国家科委正式下达了程控数字交换机的攻关任务，由邮电部一所副总工刘锡明负责、北京邮电学院参加协作。1986年10月，中国第一部自行研制的DS-2000型市话程控交换机样机在上海诞生，通过了邮电部的技术鉴定。开通试验局以后，发现DS-2000还存在不少技术问题，工作不稳定。经过改进，1990年一所将DS-2000的全套技术转让给苏州有线电一厂。苏州有线电一厂于1991年开始试生产，到1993年7月已经开通22个局，共计2.75万门进网使用，系统基本运行正常，邮电部科技司于1993年7月对DS-2000进行了生产定型鉴定验收。[①]

在邮电部的统一安排下，上海一所和西安十所从1987年开始合作研制

---

① 王立：《DS2000型数字程控交换机通过生产定型鉴定》，载于《世界电信》1993年第4期，第56页。

DS-30型中大容量的市话程控数字交换机,1991年DS-30研制成功并通过了国家鉴定。开通试验局以后,DS-30同样存在不少技术问题,经过改进,1993年将DS-30的全套技术转让给上海电话设备厂。

除邮电部上海一所、西安十所以外,珠海经济特区通讯技术开发公司、深圳长虹、深圳华为、深圳中兴、山东华光等一批自主开发用户程控交换机并取得市场成功的本土企业从1991年开始开发局用程控交换机并先后取得了技术突破,同时在农话局用交换机市场取得了销售订单。

1991年,珠海经济特区通讯技术开发公司和北京亚信技术公司联合研制推出了STO-200型农话局用交换机,容量可从200门扩充到1 000门,这只是一种小容量的模拟空分制程控局用交换机,但是很快就拿到了销售订单。

1991年12月,中兴公司研制成功适合中国农话 C_5 端局数字化改造的小容量数字局用程控交换机 ZX500A,并在江苏、江西进行了3个试验局的安装开通。1992年12月,中兴又开始进行2 500门数字局用程控交换机的开发,1993年3月研制成功并且开通了试验局,1993年11月通过鉴定,获得邮电部颁发的首批入网许可证。[①]

1992年,深圳长虹通讯设备有限公司研制出容量为2 160门的数字局用交换机,在市场上引起较大的反响[②]。

1993年初,潍坊华光电子集团通信公司在湖南省桃源县成功开通了一台 JSN-1数字式2 336门端局程控交换机,开创了我国农村电话端局突破千门的先例。他们同时宣布,继续开发6 656门的数字程控交换机[③]。

深圳华为继1992年成功推出HJD48型用户程控交换机之后,马上开始与邮电部西安十所合作开发局用程控交换机,1993年研制成功JK1000型农话端局局用交换机,其容量可以从128门扩充到1 024门,并获得邮电部的入网许可证。华为在1992年底又启动了局用数字程控交换机的研发项目,首先于1993年5月研制成功2 000门的数字程控交换机 C&C08A,并在浙江义乌开通了试验局。

20世纪90年代初我国推出中小容量局用程控交换机的企业有20多家。

1991年12月,中国首台万门数字程控交换机——HJD04型数字程控交换机在河南洛阳研制成功并通过了邮电部的技术鉴定,这是中国程控交换机产业发展历史上具有里程碑意义的重大事件。

[①] 米周、尹生:《中兴通讯:全面分散企业风险的中庸之道》,当代中国出版社2005年版,第262~264页。

[②] 米周、尹生:《中兴通讯:全面分散企业风险的中庸之道》,当代中国出版社2005年版,第264页。

[③] 《华光集团在国内首次开通2000门农话数字端局交换机》,载于《世界电信》1993年第5期,第56页。

HJD04 机由解放军（郑州）信息工程学院、邮电部洛阳电话设备厂、中国邮电工业总公司（PTIC）三方合作研制成功。研制工作是从 1989 年开始的，主要的技术开发人员是解放军信息工程学院的邬江兴、鲁国英、罗兴国等人。[①]

HJD04 机采用了逐级分布的控制方式、复制单级 T 时分模块组成交换网络等创新设计方式，具有呼叫处理能力强、结构简单、可靠性高、控制方便、便于扩容等优点。1991 年 12 月邮电部专家组的技术鉴定结论是："HJD04 型大中容量数字程控交换机设计新颖，技术先进，达到国际 80 年代末期先进技术水平，是我国电话交换技术上的重大突破。"[②]

HJD04 机的产业化进程迅速展开。中国邮电工业总公司（PTIC）利用下属的洛阳、长春、杭州和重庆四个通信设备厂的生产能力，全面铺开了 HJD04 机的生产活动。拥有 HJD04 机核心技术的信院则把技术转让给了邮电系统外的一些制造企业，如当时电子部下属的北京有线电厂、中国振华电子工业公司等企业。PTIC 认为信院向第三方转让技术的行为违背了当初的合作合同，于是通过电信总局对 HJD04 机市场进行了干涉。由于所有的电信设备在进入公众网之前，都必须经过电信总局的批准。HJD04 机刚研发成功的时候，还没有获得入网许可

---

① 邬江兴 1953 年出生于一个军人家庭，他在 17 岁时偶然当上了计算机的纸带穿孔员（即数据录入员）并对计算机产生了浓厚的兴趣。20 世纪 70 年代，他曾到上海跟着我国第一台军用集成电路计算机学习维修；曾两次到上海工厂当军代表，监督中国第一台 100 万次计算机的设计成果投产。1982 年，邬江兴毕业于解放军信息工程学院（以下简称信院）计算机工程系并留校，在信院信息技术研究中心从事国防大型计算机系统的研究开发工作。1984 年，在国家削减军费开支、"大裁军"和"军转民"的背景下，信院被迫停止大型计算机项目，并选择了市场前景好、又与计算机技术紧密相关的程控电话交换机作为新的研究方向，邬江兴被任命为项目组长。由于学院的研究经费有限，也由于缺乏交换机方面的专业知识，项目组决定找一家合作单位。他们首先找到相距不远的邮电部洛阳电话设备厂，表达了合作开发程控交换机的意向，但是遭到了拒绝。因为当时国家有关部委正在计划选择引进程控数字用户交换机的定点生产厂，洛阳电话设备厂正在集中精力参加竞标。信院的交换机项目组又来到邮电部长春电话设备厂寻求合作，得到了长春电话设备厂的积极回应，并签订了合作协议。1984 年 9 月，双方开始合作开发程控用户小交换机，项目进展顺利。可是，长春电话设备厂在 1985 年却撤出了合作，原因是邮电部电信总局的专家怀疑信院的设计方案存在技术问题。邬江兴等人只好孤军奋战，终于在 1986 年 6 月研制出 G1200 型全电子时分模拟用户交换机，7 月通过了河南省科委组织的鉴定。专家认为，G1200 程控用户交换机设计新颖、性能指标达到了国内领先水平。这一鉴定结果超出了信院的期望。

洛阳电话设备厂最终未能入选国家指定的 10 家引进程控用户交换机生产线定点厂。1986 年 10 月，洛阳电话设备厂总工程师带领 10 多名技术人员考察了信院开发的程控交换机样机。11 月，洛阳电话设备厂与信院签订了改进程控交换机实验室样机并投入批量生产的合作协议。由于洛阳电话设备厂的工程师具有电话网信令、规范等技术专长，而邬江兴等人具有较高的计算机软硬件技术专长，双方的合作非常成功。1987 年 8 月，HJD03 型数字程控用户小交换机研制成功，1988 年通过邮电部鉴定并获得了入网证书。1989 年，中国邮电工业总公司（PTIC）、信息工程学院、邮电部洛阳电话设备厂签订合同，三方合作研制开发万门程控数字交换机〔孙小羽：《人生 3 次挫折　邬江兴走"弓弦"的成功》，http://www.ccw.com.cn/work2/corp/jingli/htm2004/20040802_09I11.htm；Shen xiaobai（1999）〕。

② 朱镕基总理在有关报告上欣然批示："HJD04 机送来了一缕清风。"

证，不能以商业化产品的形式在公众电话网上运行。PTIC 得到了电信总局的许可，其下属企业生产的 HJD04 机能够以"试运行"的名义在网上运行，而其他企业生产的 HJD04 机则不能入网。因此，PTIC 下属企业就能顺利地生产和销售 HJD04 机，而其他企业在销售中就遇到了麻烦，围绕 HJD04 机的生产销售而产生的这种利益冲突最终上升到了邮电部和电子部的最高层。为了解决这个问题，在国务院的直接干预下，1995 年 3 月，解放军信息工程学院与邮电部、电子部下属的 9 家生产企业在北京联合成立巨龙通信设备有限责任公司，统一协调 HJD04 机的研发、生产和市场营销活动，巨龙公司的首任董事长兼总裁是邬江兴。

HJD04 机的研制成功打破了外国人宣称的"中国人 20 年之内不可能研制出大容量数字程控交换机"的神话。在 HJD04 机的鼓舞下，华为、中兴、大唐、金鹏等一批中国本土企业先后启动了万门局用数字程控交换机的研制项目，相继推出了 C&C08、ZXJ10、SP30、EIM - 601 等 4 种型号的大容量局用数字程控交换机，中国本土企业在程控交换机高端产品上实现了群体突破[①]。以下对华为、中兴、大唐和金鹏开发大容量局用数字程控交换机经历的概述。

（1）华为公司在 1992 年底启动了数字局用程控交换机的研发项目，第一步于 1993 年 5 月研制成功 2 000 门的农话局用程控交换机 C&C08A，并在浙江义乌开通了实验局；第二步于 1993 年 9 月研制成功万门数字局用程控交换机 C&C08，并于 1994 年初在江苏邳州开通了第一个试验局。1995 年，C&C08 机获邮电部进网许可证，迅速成为中国局用程控交换机市场份额增长最快的机型。

（2）中兴公司于 1991 年 12 月研制成功适合中国农话 C_5 端局数字化改造的小容量数字局用程控交换机 ZX500A，并在江苏、江西进行了 3 个试验局的安装开通。1992 年 12 月，中兴开始 2 500 门数字局用程控交换机的开发，1993 年 3 月研制成功并且开通了试验局，1993 年 11 月通过鉴定，获得邮电部颁发的首批入网许可证。在此基础上，中兴从 1993 年 9 月开始研制 ZXJ10 大型数字程控局用交换机，1995 年 11 月开发成功并获邮电部进网许可证[②]。ZXJ10 迅速成为中国局用程控交换机市场份额增长第 2 快的机型（仅次于华为）。

---

① 华为总裁任正非 1996 年 7 月对中央电视台记者说："HJD04 机率先突破以后，在中国形成了群体突破的局面。中国现在有四五家公司都能研制生产大型程控交换机。前年电子部张今强副部长接见我时，他说当年国家决定是否研制程控交换机时，认为这个项目在国外都是投资几十亿，花几年到十几年才研制成功。如果中国去研制，花了很多钱，没研制出来怎么办？因此它没有被纳入国家七五、八五计划。结果解放军信息学院与华为的突破，给了国家信心。我认为 HJD04 机研制成功的意义，破除了这个产业的神秘感……"《华为人报》1996 年第 31 期。

② 米周、尹生：《中兴通讯：全面分散企业风险的中庸之道》，当代中国出版社 2005 年版，第 262 ~ 264 页。

（3）西安大唐电信有限公司成立于 1993 年 4 月，这个公司是由原邮电部电信科学技术研究院、原邮电部（西安）第十研究所和一批在国外学有所成的博士们融合而成，大唐在两年左右的时间里完成了 SP30 超级数字程控交换机研制，于 1995 年 6 月通过了邮电部组织的生产定型鉴定并获得了进网许可证。SP30 的市场份额增长也很快，仅次于华为、中兴、上海贝尔、北京国际交换，名列第 5 位。

（4）1993 年初，在原中国电子工业部有关领导的安排下，电子部 54 研究所和华中科技大学组成了一个万门数字程控交换机攻关项目组，开始了 EIM – 601 型局用程控交换机的研制工作。1995 年，EIM – 601 型数字程控交换机研制成功；1996 年，EIM – 601 获邮电部进网许可证。以 EIM – 601 交换机产品为基础，电子部 54 研究所、华中科技大学、北京华科公司、常德有线电厂、广州 524 厂、鞍山广电公司、河北电话设备厂等合作成立了广州金鹏集团。EIM – 601 交换机没能抢占较大的市场份额。表 12 – 16 概括了上述 5 家企业推出大容量局用数字程控交换机的时间和机型等信息。

表 12 – 16　　　　本土企业推出的 5 种大容量局用数字程控交换机

序号	企业名称	机型	开始研制年份	入网年份	研发方式	企业所有制
1	巨龙	HJD04	1989	1992	合作研发	国有
2	华为	C&C08	1992	1993	自主研发	民营
3	中兴	ZXJ10	1993	1995	自主研发	国有民营
4	大唐	SP30	1993	1995	合作研发	国有
5	金鹏	EIM601	1993	1996	合作研发	国有

4. 激烈的竞争

20 世纪 90 年代中期开始，巨龙、华为、中兴、大唐、金鹏等本土企业与上海贝尔、北京国际交换等 7 家中外合资企业在中国局用程控交换机市场上展开了激烈的竞争，局用程控交换机市场迅速形成供大于求的局面，产品价格迅速下降，从 1995 年的平均 85 美元/门下降到 1996 年的平均 75 美元/门，再下降到 1997 年的平均 65 美元/门[①]。

1998 年，国内局用交换机企业的总生产能力超过 3 500 万端口，而市场需求只有 2 300 万端口，交换机价格势在必降。1996 年以来许多电信局感到老型号的

[①] 资料来源：作者对 BISC 公司销售部经理的访谈，2007 年 12 月。

程控交换机如 S1240E 型机、HJD04、NEC、F150 等不便于操作维护，出于网络优化的考虑，他们打算用新性能交换机替换老交换机。1998 年替换项目开始大面积展开，华为、BISC 等公司反应迅速，制定优惠价格政策：凡是替换的部分均降价 1/3；有些项目替换部分免费赠送，利用替换的机会进入新市场。1998 年华为的销售工作成效显著，市场份额迅速上升，其交换机和接入网设备年销量达到 933 万线，取代上海贝尔（1998 年销售 780 万线）成为国内第一名。这一年，华为的销售收入达到 71.8 亿元，首次超过上海贝尔（1998 年销售额为 60.5 亿元）。

1999 年，很多电信局继续进行网络优化和升级工作，它们采用项目招标的方式尽量压低采购价格。例如，杭州市电信局在 1999 年初制定了一个本地电话网优化项目，总端口数为 130 万，包括杭州市及所辖 7 郊县的 36 万替换和新建交换局，计划分 3 期实施，只选择一家供应商。杭电经过半年的谈判、比较、筛选，决定选择 BISC 和青岛朗讯两家供应商之一，对首期杭州 41 万端口项目（含 36 万替换局）用投标的方式竞争，两家公司同时投标。对于后续两期的项目，获得一期项目的供应商将可以以正常市场价格谈判后供货。开标后发现：BISC 报价为每端口 9 美元，朗讯报价为每端口 10.5 美元，BISC 以极小的价格优势赢得此标。这次杭电招标项目的程控交换机合同价格远远低于成本价格，在全国电信行业引起了不小的震动。程控交换机市场价格继续走低。

中国程控交换机市场竞争进入了白热化阶段。在巨大的压力下，广州金鹏电子信息机器有限公司在 1999 年宣布退出这个市场，他们同时宣布：将公司资源集中转移到刚刚兴起不久的移动通信领域[①]。同年，南京爱立信、广东北电、天津日电、江苏富士通等合资企业也开始逐步从程控交换机行业中退出，将开发重点投入到市场潜力更大的移动通信等领域。

2000 年和 2001 年，中心城市的程控交换机市场趋于饱和，市场竞争的焦点向中小城市以下的市场转移。激烈的价格竞争导致供应商平均利润微薄，市场份额逐渐向成本领先者转移。

在 2001 年程控交换机增量中，华为、上海贝尔、北京 BISC 和中兴 4 家厂商的市场份额占市场总量的 82.4%，至此，中国程控交换机市场已经形成华为、上海贝尔、北京 BISC 和中兴四分天下的局面。

[①] 在 EIM-601 程控交换机的基础上，金鹏很快就开发出 JPM-1 数字移动交换机。1998 年 9 月，金鹏与美国摩托罗拉公司合作成立金鹏移动通信系统有限公司，金鹏以具有自主知识产权的 JPM-1 数字移动交换机作价入股并控股，摩托罗拉公司以资金入股。1998 年 12 月，广州金鹏移动通信系统有限公司在河北邯郸开通其第一个移动通信试验局。1999 年 3 月，JPM-1 数字移动交换机获得了信息产业部的进网许可证。

三、案例分析

（一）分析框架

本案例的分析框架基于"理论篇"中的理论框架和"战略篇"提出的假设，提出如下假设：

假设1：中国大而分层且快速成长的市场为开放条件下企业通过多种轨道克服产业进入壁垒提供了基本条件，使企业从低端市场切入成为可能。

假设2：选择多种轨道、利用成本创新手段从产业低端切入、满足低端市场需求是主导模式，使中国企业规避了与国外企业在中高端市场的直接竞争。

假设3：从战略上对创新进行前瞻性把握是决定产业创新动力和自主创新能否成功的重要前提。

假设4：适应需求的、实践型学习是中国企业技术能力成长的重要方式。

假设5：自主创新的不同阶段具有不同的能力瓶颈，能否克服能力瓶颈、实现能力爬坡，是企业能否持续获得竞争力的关键。

假设6：在具备一定技术能力后，国内企业有可能采用攻击壁垒（自主开发核心技术）和化解壁垒（合作创新）的创新战略与国外企业展开正面竞争。

（二）案例分析

下面对案例进行分析，检验所提出的假设。

1. 市场特性

改革开放之初中国程控交换机的市场需求特点是"数量大、层次多、来得急"，这种特点使得技术能力强大，拥有资金、品牌、管理等优势的跨国公司虽然可以获得高端市场竞争优势但是不可能在短期内占领所有的中国市场，它们所留下的低端市场空隙为中国本土小企业提供了进入程控交换机产业的机会。在20世纪80年代中后期，共有140多家本土企业相继进入了程控用户交换机市场。从国外引进技术的15个厂家，除了陕西高技通信工业有限公司与香港科合实业有限公司联合开发的HSJ型交换机（容量只有256线，800元/线）之外，全都提供数字时分式程控用户交换机，容量都在1 000门以上，有的高达2万门，产品价格在1 000元/线以上。相比之下，65家本土企业自行开发或联合开发的各种型号的程控用户交换机都是模拟空分式的（只有深圳中兴公司开发的ZX-500是数字时分式），容量小，从几门到几百门，达到500门容量的机型很少，价格在270~700元之间。显然，本土企业自主开发的程控用户交换机是针对小容量、价格低的低端市场需求的。所以，中国程控交换机产业案例表明：中国大而分层且快速成长的市场为开放条件下企业克服产业进入壁垒提供了根本条件，使企业从低端市场切入成为可能。

2. 成本创新与低端切入

低端市场的产品价格低，如何降低成本、保持盈利是每个进入行业的本土新兴企业必须正视的难题。为了节省开发成本，许多本土企业采取了联合开发的组织模式，或是聘请外部专家指导本企业开发人员攻克技术难关。为了节省生产成本，许多企业在创业之初将电路板的生产外包给具有规模生产能力的专业厂家，并采用人工检测代替机器检测，避免购买昂贵的专用设备等措施。通过成本创新手段从产业低端切入、满足低端市场需求，使中国企业规避了与国外企业在中高端市场的直接竞争。

3. 企业战略前瞻性

20世纪80年代中后期，在国内市场需求拉动下，140多家本土企业先后进入了程控用户交换机市场。在140多家程控用户交换机本土企业中，有20多家企业在90年代初做出了继续开发局用程控交换机的战略决策，并相继推出了中、小容量的局用程控交换机产品。技术创新是风险性很大的活动，这20多家企业中的绝大多数都以市场失败告终，其中极少数得以幸存和发展。正是众多企业中的少数企业敢于冒大的风险向高一级阶梯攀登的实践，才使中国本土企业有了今天。是什么使这少数企业作出这样的决策？李一男（1995）对华为公司总裁任正非决定上马数字局用程控交换机开发项目有这样的表述："1992年是公司财务状况很好的一年，这是房地产业迅速发展的一年，财务部经理至今仍在称赞当时公司老总对房地产业发展估计得很准。在明知能迅速赚一笔钱的情况下却将全部资金投入到数字机的开发上，这是一次以公司全部资产为本钱的最后一搏。"[1]

程控交换机产业的创新和追赶实践表明：从战略上对创新进行前瞻性把握是决定产业创新动力和自主创新能否成功的重要前提。

4. 学习方式

能否使前瞻性的技术创新战略得到很好的实施，对技术能力十分薄弱的本土企业来说，学习是至关重要的，尤其是非正式的学习。中国本土企业采取了一系列非正式的方式向国内外同行学习技术和管理知识。华为、中兴等企业的非正式学习有以下几种方式：通过展览会学习，通过出版物等渠道向IBM等外企学习，出国考察学习，向国内标杆企业学习，通过人员流动学习等。详细内容见第八章第三节，这里从略。

5. 能力发展

纵观改革开放以来中国通信设备产业发展的历史，我们发现，在最初进入程

---

[1] 李一男：《新机器的灵魂》，载于《华为人》1995年第15期。

控用户交换机产业的 140 多家本土企业中，已经发生了巨大的能力分化。

根据产品的复杂程度和本土企业产品开发范围的扩展顺序，可以将本土企业的能力发展划分为低级、初级、中级、高级等四个阶段，对应的产品分别为：①小容量程控用户交换机；②农话局用程控交换机；③市话大容量局用程控交换机；④交换机、传输设备、移动通信设备、数据通信设备等相关多元化产品。如图 12-13 所示。

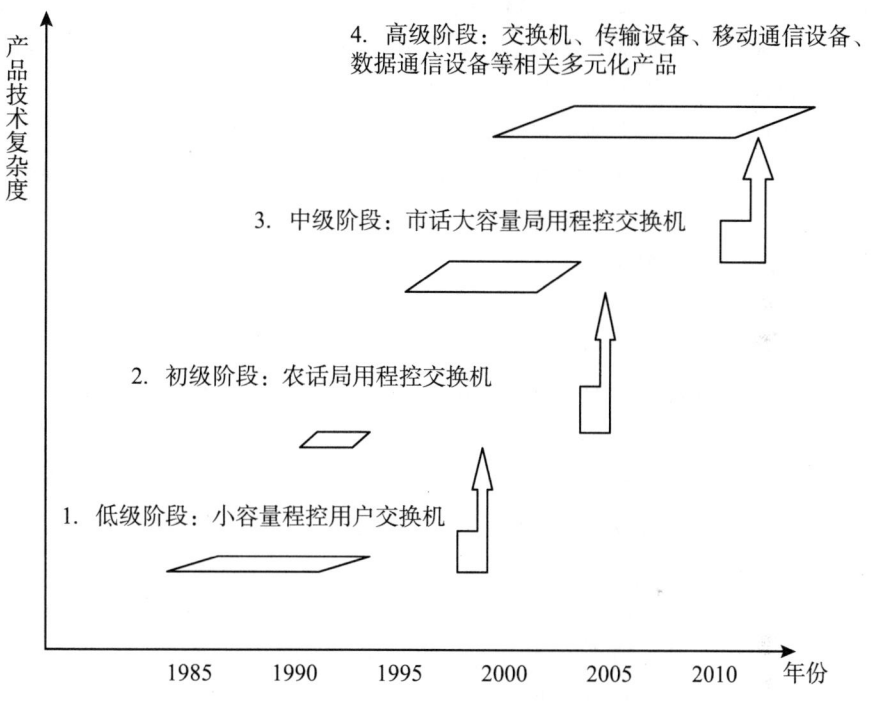

图 12-13 中国通信设备企业能力提升的四个阶段

资料来源：案例作者根据调研数据绘制（2008）。

在第一阶段，由于小容量用户程控交换机技术相对简单，国内的大学、科研院所通过多年的研制已经掌握了产品核心技术。通过联合开发等方式，本土小企业只要具备较低的技术能力就可以开发出小容量用户程控交换机产品；又由于市场需求迅猛增长，存在较大的市场空间，尤其是低端市场空间，因此壁垒较低，所以当时有 140 多家企业得以进入了这个行业。

在第二阶段，企业开发的产品是中、小容量的局用程控交换机，目标市场是中国农村电话交换机市场，要求其容量范围在 2 000 线以上，产品具有一定的技术难度。要想实现从第一阶段向第二阶段的跨越，企业需要克服产品开发能力的瓶颈。100 多家用户交换机本土企业中只有 20 多家企业推出了中、小容量的局用程控交换机产品，达到了"初级阶段"的技术水平。

在第三阶段，企业开发的产品是大容量局用程控交换机，要求其容量达到万门以上，这个市场早已被发达国家跨国公司占领。本土企业要想开发出这种产品夺取市场并获取一定的竞争优势，需要具备前瞻性的战略规划能力、较大规模的资金投入能力以及较高的技术开发能力，这是不容易达到的，本土企业中只有巨龙、大唐、中兴、华为、金鹏等5家企业登上了这个能力台阶。

在第四阶段，本土企业从经营单一的程控交换机产品扩展到传输、移动、数据等多个产品领域，面临着爱立信、诺基亚、西门子、朗讯等著名跨国公司的竞争压力，目前大唐、普天、华为、中兴都进入了这个发展阶段，但是大唐和普天的竞争力较弱，只有华为和中兴两家中国本土企业的竞争力较强。

通信设备产业的创新和追赶实践表明：自主创新的不同阶段具有不同的能力瓶颈，能否克服能力瓶颈、实现能力爬坡，是企业能否持续获得竞争力的关键。

6. 攻击壁垒和化解壁垒

在程控交换机、光传输、移动通信、数据通信等众多产品领域，中国本土企业的技术创新大多是属于跟随性模仿创新，但是，1998年大唐代表中国提出的TD-SCDMA 3G标准提案是一项重要的原始创新，成为中国本土企业"强攻壁垒"的典范。

在TD-SCDMA标准的研发和产业化过程中，大唐遭遇了巨大的困难。大唐采取了广泛的合作创新战略，与西门子、飞利浦、诺基亚等跨国公司合作开发。TD-SCDMA产业联盟会聚了国内外50多家企业，在合作与竞争中共同推进TD-SCDMA技术和产品的完善和发展[①]。TD-SCDMA 3G标准的创新表明：在具备一定技术能力后，国内企业有可能采用攻击壁垒（自主开发核心技术）和化解壁垒（合作创新）的创新战略与国外企业展开正面竞争。

产业案例四：电视机产业案例[②]

一、案例摘要

彩电产业是中国改革开放后最早发展起来的产业之一，也是中国众多行业中竞争最充分、市场要素最完备、走向国际化起步最早的产业之一。我国彩电产业

[①] 作者对大唐移动的调研访谈（时间2008年1月）。
[②] 本案例由课题组的电视机行业项目组基于2006~2008年对中国电视机行业的实地调研编写完成。

自20世纪80年代初起步，从无到有，规模逐步壮大，自1990年至今，我国的彩电产量一直处于世界第1位。

然而，近几年来，采用新一代光电显示技术的平板电视［主要为液晶（LCD，Liquid Crystal Display）和等离子（PDP，Plasma Display Panel）］先是在发达国家市场，随后在国内市场上迅速展示出旺盛的生命力，并逐渐取代传统的CRT（显像管）彩电。遗憾的是，我国企业在这一新兴的光电显示技术轨道变革之际却遭遇不利，无论是核心技术实力，还是市场份额、利润率，相对于国外厂商都处于下风。

在传统的CRT时代，中国的彩电企业能够成功追赶上先进国家，我国也成了世界彩电大国，但是，在新的产业发展轨道出现时，中国的彩电企业却陷入再度落后的境地。背后的原因是什么？可能的出路在哪里？这不仅是困扰实业界的现实问题，也是学术界需要研究的问题。

针对这些问题，本书的研究将围绕以下方面来进行：（1）中国彩电产业追赶的演进路径是怎样的？（2）国内彩电企业战略和能力是如何演化的，分别受什么因素的影响？（3）技术轨道变迁对这些因素有什么影响？（4）战略和能力如何决定竞争力？

本案例认为，中国彩电产业在发展过程中面临着技术轨道的变迁。这种轨道变迁重塑了产业的核心技术和价值链。国内企业整体而言缺乏战略前瞻性，过度实行价格战，对核心技术投入不足，同时，国内市场需求的多层次性所带来的轨道依赖，国内企业缺乏在新兴的平板电视领域的核心技术能力，无法掌握价值链条上的关键资源，是企业面临着再度落后于国外竞争对手的主要原因。在努力进行再次追赶的过程中，国内企业面临着巨大的资金壁垒和技术壁垒，其中相当一部分是靠企业自身的力量所无法克服的，需要政府给予一定的扶持。

本案例分阶段回顾产业的发展历程以及产业技术的演进过程；然后基于理论分析框架，提出假设并进行验证；最后是对整个案例的概括和总结。

二、案例描述

（一）彩电产业发展历程

根据产业发展历程中的重大技术变化，本书以2004年为界将彩电业划分为两个大的阶段：2004年以前沿CRT技术轨道发展的阶段和在2004年以后沿平板技术轨道发展的阶段。将2004年作为划分的依据是：

第一，从整个彩电产业角度观察，代表新的技术轨道的平板电视虽然早在

20世纪末就开始出现在国内市场上,但是由于其本身性能和价格的原因,在2003年之前都未能取得迅猛的发展。随着时间的推移,液晶、等离子电视技术实现了长足的进步,成本也大幅度下降,取得了对纯平彩电、背投彩电等CRT产品的竞争优势,加之受到消费者收入水平、住房条件持续改善以及其他相关产业拉动等因素的综合影响,市场需求开始爆发。根据市场研究机构DisplaySearch的调查数据,2004年与2003年相比,我国平板电视产量增幅接近3倍;2005年与2004年相比,增幅接近4倍[1]。

第二,从企业角度观察,2004年是国内主要彩电企业进行战略调整,进军关键的面板领域的起点,其战略规划、技术发展方向等和过去相比都发生了显著变化。例如,创维与美国德州仪器建立开发3片式液晶的联合实验室,长虹做出进军等离子面板生产线的决策,等等。

1. CRT彩电阶段（1980~2003年）

由于CRT发展阶段历时较长,有20多年的时间,因此可以再细分出几个较小的子发展阶段,对这些子发展阶段的划分是在谢伟的研究基础上做出的[2]。

（1）导入期（1980~1985年）。改革开放以后,随着人民收入和消费水平的提高,中国形成了以城市家庭第一次购买为主的巨大彩电需求。在识别到市场需求以后,政府认识到了发展彩电业的必要性,以全国一盘棋的思路来规划整个产业的发展。一方面,中央政府安排了彩电企业装配线的进口,与此同时,各地也表现出极大的投资热情,结果国内大量的企业进口了彩电生产线,这就是在各种研究文献中经常提及的113条生产线的进口;另一方面,政府对彩电零部件生产也做出了相应规划,制定了定点彩管企业的决策。

此时,企业所面临的产业进入壁垒主要是资金和技术壁垒,这些壁垒基本是通过政府投资和从国外进口技术和设备等方式克服的。当时,彩电业内所谓的"天南海北"四大总装企业,成为国家首先支持引进的目标企业:天津712厂引进了JVC,南京熊猫引进了松下,上海金星引进了日立,北京牡丹引进了松下。一些地方陆续加入了引进的行列,如青岛电视机总厂（海信的前身）于1983年获得了青岛市政府100万美元外汇额度的支持,顺利从松下引进彩电整机生产线。在零部件企业中,政府投资最大的是陕西显像管总厂。1977年,由原第四机械工业部、国家计委向国务院提出从国外购买彩色显像管成套技术及设备的申请,经国务院批准成立陕西彩色显像管总厂,由其负责生产和供应彩色显像管,一期建设年生产能力为96万只。

---

[1] China TV Market Trends by Technology, DisplaySearch, 2006.
[2] 谢伟:《追赶与价格战》,经济管理出版社2001年版。

这一时期，政府对产品销售价格具有绝对的控制权，政府定价高于彩电的生产成本，因此吸引了大量企业进入这一产业，行业的总产量呈现出爆发式的增长。如图 12-14 所示，1981~1985 年的 5 年间，彩电总产量的年平均增长率为 185%，意味着平均每年都接近翻一番，其中，1981 年和 1985 年的增长率分别高达 373.8% 和 225%。然而，辉煌的产、销量数字背后存在着隐忧。

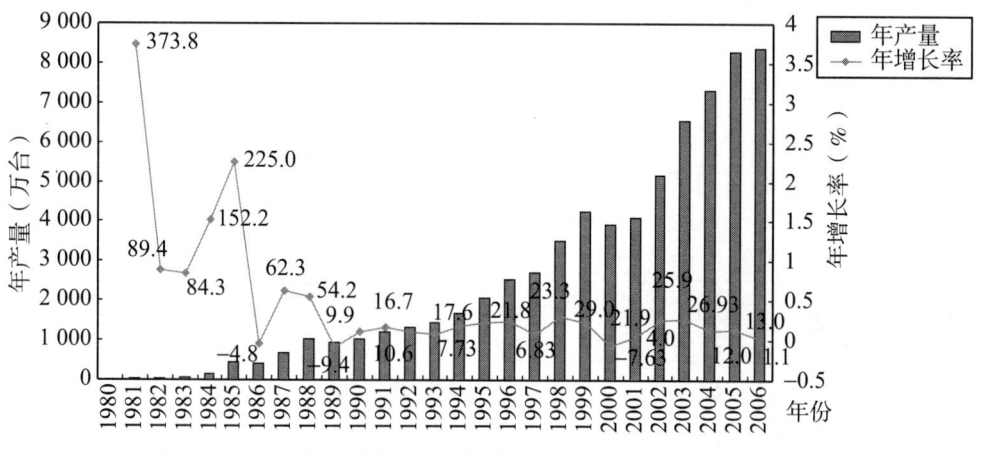

图 12-14　我国历年彩电产量及增长率（1980~2006 年）

资料来源：根据《中国统计年鉴》（1981~2007）的数据计算而得。

（2）波动期（1986~1989 年）。这一时期，政府仍然对彩管的生产和彩电产品的销售价格拥有绝对控制权。但因为政府不具有完全信息，政府的计划容易偏离市场需求。这一偏离不是带来短缺就是带来过剩，这直接导致了 1986 年和 1989 年彩电产业总产量的两次波动。

由于中央和地方政府对产业的扶持，加之从国外技术引进技术的来源丰富，因此彩电整机总装企业本身面临的产业进入壁垒不高，大量的企业进入了整机总装领域。为了控制整机总装企业的过度进入，中央政府在 1986 年做出了抑制供给的决策：停止引进彩电整机的装配线，在当时在彩管出现短缺的情况下，也不鼓励大的定点厂通过追加投资引进彩管生产线。这导致当年的彩电产量比 1985 年回落了 4.8 个百分点。

1989 年 1 月，政府为了消除黑市，控制了电视机的流通渠道，同时将价格固定在浮动价格的上限。另外，为了部分消除对彩电产品的需求，政府对购买电视机的消费者每台征收特别消费税和国产化发展基金。而同期宏观的紧缩政策，在 1989 年下半年开始产生效果，消费者的预期下降，抢购风开始降温，到 1989 年第二季度，彩电销售开始出现停滞，大量产品积压。而政府没有做出及时的价格调整，这样就直接导致了彩电产量在 1989 年较 1988 年下降了 9.4 个百分点，如图 12-14 所示。

面对政府对产品定价的刚性控制与市场需求变动的矛盾，有些企业采取了特别的行动。1989 年彩电市场处于由特别消费税引起的低潮期，长虹在未经政府的许可的情况下降价 350 元，通过这次降价，长虹的销售量获得了显著的增长。长虹的这一行动，当时在彩电产业内引起了激烈争论，许多厂家要求政府惩罚长虹，但面对日益下降的需求，政府默认了长虹的做法，这样其他企业就跟进了长虹的降价行为。

(3) 增长期（1990~1995 年）。1990 年 3 月，我国政府停止了彩电产品"国产化发展基金"的征收，1992 年 4 月又正式取消了"特别消费税"。从 1990~1995 年，政府渐渐放开了彩电产品的价格限制。相对于在这之前中央政府对彩电产品销售价格的绝对控制，这一阶段政府对彩电产品定价则是相对控制。政府对彩电产品的定价差不多是按彩电工业内绩效较差的企业的"成本加成"定价的。这导致两个结果：第一，彩电产业市场上的在位者日子好过，成本降低和新产品开发的动力不足，竞争的压力也很小；第二，较高的利润，吸引了较多的企业进入。如图 12-15 所示，这个时期彩电企业的数量总体呈现上升趋势，由 1990 年的 76 家增加为 1995 年的 98 家。据全国工业普查显示，继 1994 年全国 9 个彩电项目约 465.3 万台投产以后，1995 年又新上 14 个项目，分布于 14 个省区，新增生产能力 292 万台。至此，全国共 98 家彩电整机生产企业的总生产能力超过了 4 000 万台。

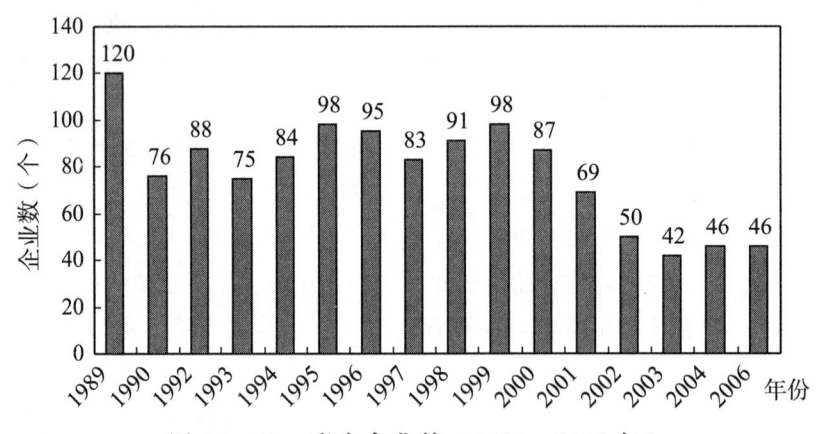

图 12-15　彩电企业数（1989~2006 年）

资料来源：中国电子工业年鉴编辑委员会：《中国电子工业年鉴》（1989~2004），电子工业出版社历年版；中国信息产业部：《中国信息产业年鉴》（2005~2007），电子工业出版社历年版。

整个彩电产业的规模逐渐扩大，产量在世界所占的比重稳步提高（见图

12—16)。自 1990 年开始，我国的彩电产量一直位列世界第一（见表 12－17）。这表明我国彩电产业开始在国际上具备了一定的竞争实力。

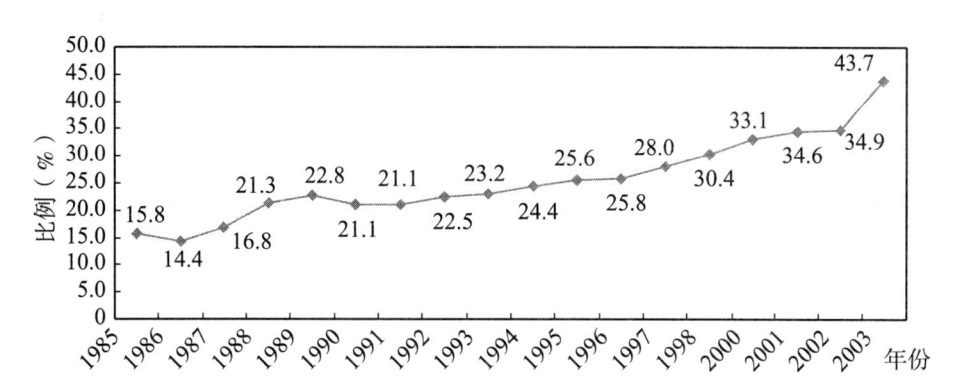

图 12－16　中国电视机产量在世界总产量中的比重（1985～2003 年）

资料来源：《国际统计年鉴》（1986～2004），中国统计出版社历年版。

表 12－17　　　　　　　　中国彩电产量在世界的排名

年份	1978	1980	1985	1990	2000	2006
排名	8	5	3	1	1	1

资料来源：《国际统计年鉴》（1981～2007），中国统计出版社历年版。

（4）成熟期（1996～2003 年）。1996 年以后，中国彩电业产品出现相对过剩，市场进入成熟期。政府放开了对彩电价格的控制，一些诞生于计划经济时代的彩电老企业由于竞争能力较弱，相继停产、转产甚至破产，被无情淘汰。在这个过程中，长虹、康佳、TCL、创维等一批实力雄厚、竞争意识强的彩电企业进入大发展时期，迅速扩大了生产规模和市场占有率，形成了大型的企业集团，使得整个行业的集中度得以提升（见表 12－18）。

表 12－18　　　　　中国彩电产业生产集中度系数　　　　　单位：%

集中度＼年份	1990	1996	1997	1998	2000	2001
CR_4	17.30	30.17	43.98	57.80	51.08	44.31
CR_{10}	32.39	69.00	79.30	81.20	75.85	70.07

资料来源：编委会：《中国电子工业年鉴》（1991～2002），电子工业出版社历年版。

在彩电产品出现相对过剩局面的形势下，一方面，彩电企业的生产能力还在继续大幅提高；另一方面，在缺乏核心技术创新的动力和机制的情况下，产业难以形成导致行业快速增长的新的热点产品，因此，企业间竞争非常激烈。1996年以后，企业间的竞争形式主要表现为价格竞争，价格战频繁爆发，发动者多为前文所提及的具备规模优势的大型企业集团。图12-17显示的是1993~2004年中国彩电产业各年产量、销售量和年末生产能力的对比。由图可见，彩电产业产销率总体良好，但是，生产能力过剩的问题比较突出。表12-19列出了几次著名的价格战。

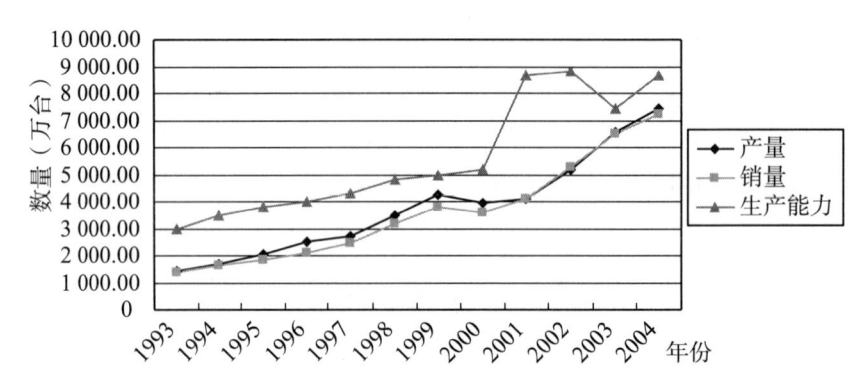

图12-17 中国彩电产业各年产量、销量和生产能力的对比（1993~2004年）

资料来源：（1）编委会：《中国电子工业年鉴》（1993~2004），电子工业出版社历年版；（2）国家统计局：《中国统计年鉴》（1994~2005），中国统计出版社历年版。

表12-19　　　　　　　　　中国彩电业价格战历程

次别	1	2	3	4	5	6	7	8	9	10	11
时间	1989年8月	1996年3月	1997年年初	1998年6月	1999年4月	1999年6月	2001年9月	2002年7月	2003年2月	2003年4月	2006年年初
发动者	长虹	长虹	高路华	康佳、TCL	长虹	熊猫	长虹	创维	海信	长虹	索尼、夏普

资料来源：（1）贾佳、王汝梅：《中国彩电业的价格竞争与产业绩效分析》，载于《价格理论和实践》2003年第1期，第29页；（2）作者根据报章整理。

价格战对产业内企业的创新具有一定促进作用。这主要体现在：第一，价格战降低了企业的利润率，从而激励了企业通过工艺创新或管理创新来降低产品生产成本。例如，熊猫彩电1996年降低成本的计划目标仅4个月就实现了，从而增强了彩电企业的竞争力；第二，激励了其他企业通过学习来提高技术能力，以加强产品创新，以图通过创新的产品来替代现有的产品，进而在一个新的竞争平台上与长虹等优势企业开展竞争，而不是与其在相似的产品平台上承受巨大的成本压力。这一时期，从画中画、声控彩电和柔性彩电，到超平、纯平彩电，各种创新产品层出不穷。彩电产品在质量和技术含量上的提高为中国企业开拓国内市场奠定了基础，而价格更是具备了相对于外国品牌竞争的优势。1996 年，国产彩电销售额首次超过进口彩电。

值得一提的是，为了规避恶性价格竞争，康佳、TCL、创维、乐华、海信等9 家企业于 2000 年举行了彩电峰会，做出了限产保价的承诺，这直接导致产业的总产量在这一年出现了历史上的第三次负增长，为 -7.6%。然而，这个卡特尔联盟是非常不稳定的，仅仅持续了 1 年时间就被部分企业的降价行动所打破。迄今为止，价格战仍然是我国彩电市场竞争的主旋律。

2001 年 12 月，中国正式加入了 WTO，这对我国彩电企业而言是机遇和挑战并存，但总的说来是机遇大于挑战。我国彩电企业的出口环境得以改善，在大规模制造方面的比较优势得以发挥。图 12 - 18 是有关我国彩电出口的情况。从图中可见，从 2002 年开始，我国彩电出口量和出口额都得到了大幅提高。长虹、TCL、厦华等企业当年出口额均实现了 50% 以上的高速增长。与此同时，我国彩电企业体制、技术和管理创新的步伐加快，企业的竞争意识和竞争能力明显增强。

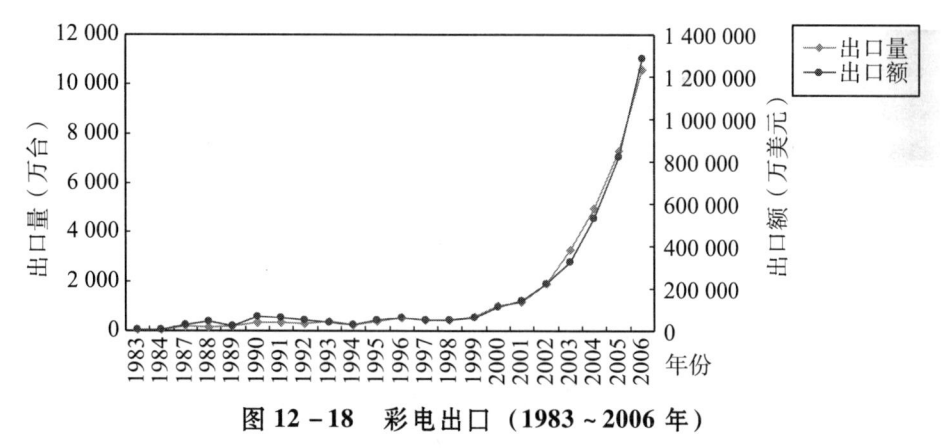

图 12 - 18 彩电出口（1983 ~ 2006 年）

资料来源：商务部：《中国商务年鉴》（1984 ~ 2007），对外经济贸易出版社历年版。

图 12 - 19 是根据我国彩电进、出口量和进、出口额计算的两类彩电的平均单价。通过对比可以发现，我国出口的彩电的平均单价比较平稳，大概处于 100 ~ 120 美元区间，进口彩电平均单价呈现出一定的波动性，整体而言显著高于前者，这一方面说明我国彩电产品在国际上的竞争力主要是以低价格作为支撑的；另一方面说明我国国内的部分较高端市场仍需外国产品来填补。

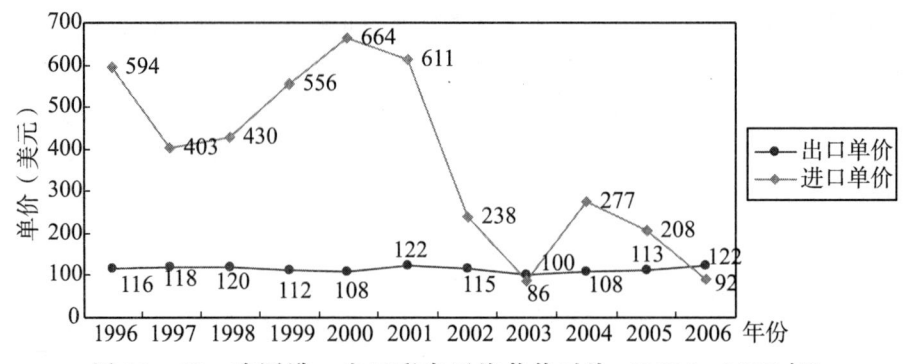

图 12-19 我国进、出口彩电平均单价对比 (1996~2006 年)

资料来源：商务部：《中国商务年鉴》(1997~2007)，对外经济贸易出版社历年版。

值得注意的是，近年来中国彩电产品的低成本、低价格和大规模的发展方式屡屡遭遇到欧美发达国家以反倾销名义设置的贸易壁垒限制。另外，不断扩大开放使"国内市场国际化"，跨国家电巨头全面进入国内市场，这些跨国企业具备雄厚的资本和技术优势，凭借强大的全球化运作能力与国内企业展开了全方位的激烈争夺，这是 WTO 带给国内企业的巨大竞争压力。

2. 平板电视阶段 (2004 年至今)[①]

(1) 世界范围。

①世界范围内需求变化和技术变革。20 世纪末 21 世纪初，世界范围内的电视消费需求发生了显著变化。一方面，发达国家，如美国、法国、日本和韩国等国早已制定了本国数字电视将采用的技术标准，提前规划了产业进程，相继推出实现电视节目数字化、关闭模拟电视的时间表。例如，美国早在 1996 年即确定 ATSC 为其数字电视标准，1998 年开始实施数字电视地面广播和 24 个电视台播送全数字电视节目，2006 年全部转为数字电视广播；日本于 1993 年提出 ISDB 标准，2000 年开始数字视频广播，民间组织的 Perfect TV 卫星电视试播已于 1996 年 10 月开始。以液晶和等离子电视为主的平板电视因为可以更好地实现数字音频、视频、显示高清化，成为了数字电视广播的理想终端产品，在数字电视产业化的进程中得到推动。另一方面，3C 融合的大趋势不断地加快多媒体信息的融合。电视机单纯的画质与音效的改进已经不能适应消费者的需要，消费者对电视的显示品质和功能需求也呈现多样化趋势，而平板电视所具有高清晰度、信号处理数字化、低辐射、节省空间等优越的性能，符合了 3C 融合的潮流。简言之，电视业面临着数字化和平板化两大技术变革。

在这种形势下，发达国家的企业纷纷加大对平板显示技术的研发力度，使得

---

① 本部分中的数据来源于作者对历年《中国电子报》中相关数据的收集、整理。

平板电视的一些技术瓶颈得以突破。与此同时，液晶和等离子面板的产业化也取得了很大进展，生产规模扩大，制造成本持续下降。因此，在世界范围内，平板电视取代传统 CRT 彩电成为了历史潮流。如图 12-20 和图 12-21 所示，CRT（Cathode Ray Tube，阴极射线管）彩电的市场占有呈显著下降的趋势；CRT 背投的市场占有迅速萎缩并最终被淘汰；LCD（Liquid Crystal Display，液晶显示屏）彩电的市场占有不断上升，且上升的速度最快；PDP（Plasma Display Panel，等离子显示器）彩电的市场占有也呈上升的趋势，增长较快，但主要集中在 40 英寸以上的大屏幕领域。

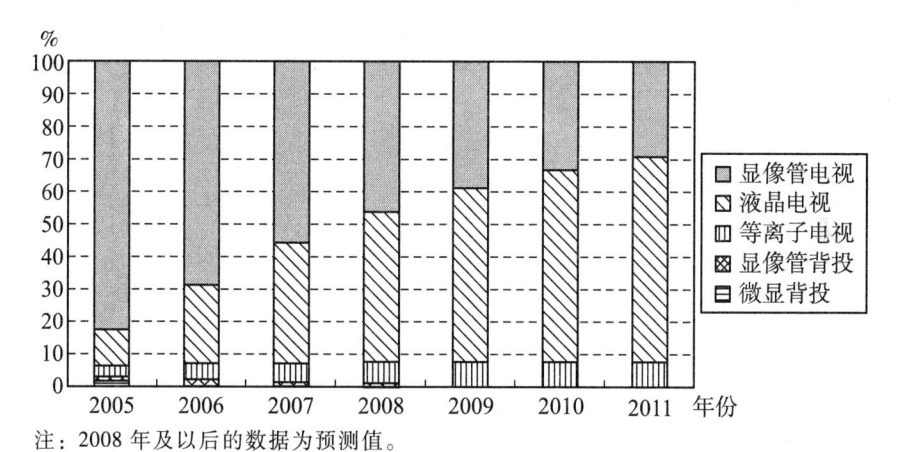

注：2008 年及以后的数据为预测值。

图 12-20 世界范围内各类型彩电产品所占比例的变化趋势（2005~2011 年）

资料来源：Global TFT LCD Panel and Driver IC Outlook，DisplaySearch，2007。

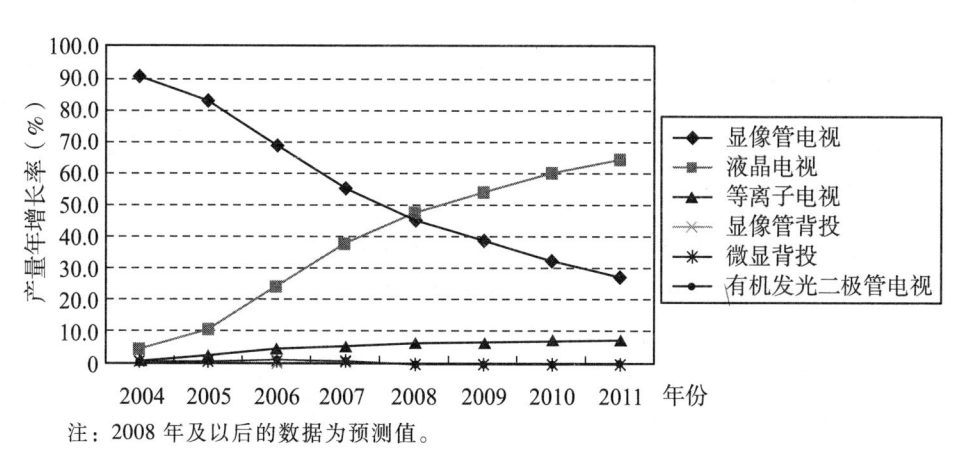

注：2008 年及以后的数据为预测值。

图 12-21 世界范围内各类型彩电产量的年增长率（2004~2011 年）

资料来源：TFT LCD Market Overview，DisplaySearch，2007。

②国内企业在变革中的反应。与国外家电企业在平板领域的发展速度相比，国内企业的动作明显得迟缓。表 12-20 以市场规模发展相对较快的薄膜晶体管液晶显示器（Thin Film Transistor-Liquid Crystal Display，TFT-LCD）为例，列出了国内外产业发展进程的对比。由此可见，日本、韩国和我国台湾地区分别于 1992~1995 年、1996~2000 年、2001~2003 年成功进入了这个领域。在 2004 年之前，液晶面板领域日本、韩国、中国台湾地区三强局面已经形成，构筑了相对国内企业的规模壁垒和专利技术壁垒。

表 12-20　　　　全球以及我国 TFT-LCD 发展进程对比

历史阶段	时间	焦点	全球发展历程	我国发展历程
第一阶段	1992~1995 年	日本	欧美技术发明，日本率先实现大规模产业化	研究开发，进展迟缓
第二阶段	1996~2000 年	韩国	韩国（1997 年）、中国台湾地区（1999 年）厂商先后大举介入	引进技术，1998 年吉林彩晶开始介入
第三阶段	2001~2003 年	中国台湾地区	日本、韩国、中国台湾地区三强鼎立局面形成	2002 年新华日介入
第四阶段	2004 年至今	中国大陆	大陆厂商发力，产业既有格局面临挑战	BOE、广电 NEC、深天马、龙腾等厂商集体发力

资料来源：《ST 京东方 A：寒冬已过春天悄至》，兴业证券研究中心，2007 年 9 月。

③世界上 LCD 和 PDP 面板的供应格局。目前，薄膜晶体管液晶（TFT-LCD）面板最大的供货商是 LG-飞利浦、三星、夏普、齐美、友达。其中，齐美和友达在 2006 年时还不生产 LCD 电视。其他 LCD 电视整机厂商的面板资源一般都来自这几家企业，如中国的长虹、海信、TCL 等企业。

PDP 面板的供应主要来自日本和韩国的企业，如松下、先锋、NEC、LG 和三星。世界上其他生产 PDP 电视机的整机厂商，PDP 面板资源一般都来自这些企业。与 LCD 相比，PDP 面板的生产集中度比较高，例如，2005 年第二季度前 5 家 PDP 面板厂商的出货量占全部 PDP 面板出货的 99.2%[①]。

④国内面板企业的国际竞争力。这里主要讨论的是我国 LCD 面板企业在世界上的竞争力。日本、韩国和中国台湾地区的生产线数量较多，更新换代的速度很快。三星和夏普甚至已经计划建造第十代生产线。我国可为彩电供货的主要有

---

① 资料来源：Flat Panel Display Market Outlook，Display Research，2005。

3条生产线,即京东方、上广电和昆山龙腾,与那些国外竞争对手相比,生产线的代数较低(5代线)且长期没有更新换代,生产的面板尺寸较小,无法供应大屏幕平板电视的生产需要。

世界各国及地区间的TFT-LCD面板生产规模对比如图12-22所示,中国台湾地区的产能最大,约占世界总产量的44%,韩国约占40%,中国大陆所占的比例在逐渐增加,但是到2007年时仅占4%左右。

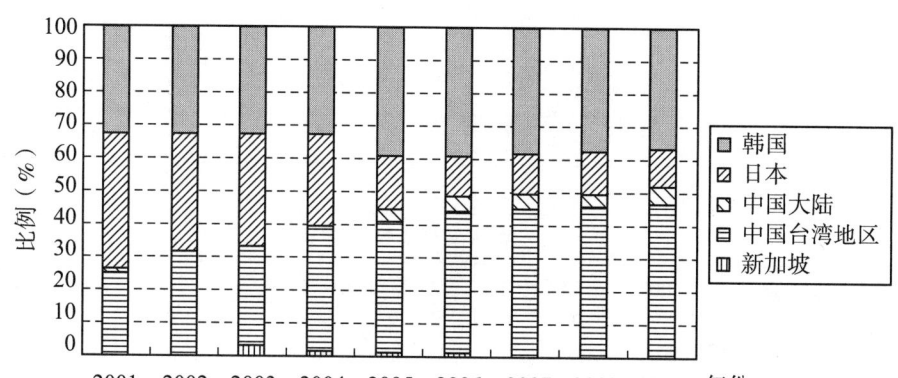

注:2008年及以后的数据为预测值。

图12-22　世界各国及地区间的TFT-LCD面板生产规模对比(2001~2009年)

资料来源:Global TFT LCD Panel and Driver IC Outlook,DisplaySearch,2007。

⑤国内整机企业的国际竞争力。2004~2005年,世界各主要彩电整机企业在全球彩电市场中所占份额的排名如表12-21所示。表12-21(a)和表12-21(b)分别表示销售量和销售额所占的份额排名情况。2005年,LG的销量排名第一,三星的销售额排名第一。中国的长虹及合资企业TTE在销售量方面进入前10名,在销售额上则只有TTE一家排在第7位。由此可见,虽然中国的总产销量是世界第一,但是单个企业的与国外排名靠前的竞争对手相比尚有差距。

表12-21　世界各主要彩电企业占全球彩电市场份额的排名　　单位:%

品牌	2004年第四季度	2005年第一季度	2005年第二季度
LG	6.3	7.5	9.8
三星	7.2	7.2	9.0
TCL—汤姆逊	7.8	8.1	7.5

续表

品牌	2004年第四季度	2005年第一季度	2005年第二季度
飞利浦	8.4	6.1	6.8
索尼	6.9	6.6	5.7
福奈	0.2	0.3	5.0
松下	5.1	4.6	5.0
夏普	4.3	4.1	4.6
东芝	3.2	3.1	3.3
长虹	3.4	4.5	3.1
其他	47.2	47.8	40.2

(a) 销售量份额排名

品牌	2004年第四季度	2005年第一季度	2005年第二季度
三星	8.3	8.2	9.9
松下	7.9	6.8	9.7
索尼	11.9	11.6	8.8
LG	5.7	6.6	8.3
飞利浦	8.5	7.6	8.1
夏普	5.7	6.6	7.4
TCL—汤姆逊	6.4	6.3	5.6
东芝	4.0	4.0	4.0
日立	2.6	2.2	2.5
福奈	0.1	0.1	2.2
其他	39.0	39.9	33.6

(b) 销售额份额排名

资料来源：The Global Television Market, DisplaySearch, 2005。

世界液晶电视的市场基本被日本、韩国的企业所瓜分。在前10位的排名中，夏普、飞利浦、三星分列前3位，中国仅有合资企业TTE列第10位，且份额很小（见表12-22）。

表 12-22　　　　　　　　世界液晶电视市场份额　　　　　　单位：%

排名	品牌	2004年第一季度	2004年第二季度	2004年第三季度	2004年第四季度	2005年第一季度	2005年第二季度
1	夏普	25.9	27.0	27.8	21.9	20.9	18.3
2	飞利浦	10.7	10.5	11.2	14.7	11.2	12.9
3	三星	11.6	7.8	8.2	9.8	10.8	9.1
4	索尼	13.0	11.1	10.4	11.0	10.0	8.1
5	LG	10.4	8.2	6.0	6.7	7.3	7.3
6	松下	7.6	9.3	7.2	6.6	5.4	6.9
7	东芝	4.4	4.6	4.3	3.5	4.8	5.0
8	三洋	1.2	2.3	1.4	1.5	1.7	2.5
9	杰伟世	2.6	3.1	3.0	2.3	2.3	1.8
10	TCL—汤姆逊			2.4	1.8	1.7	1.7
	其他	12.6	16.1	18.1	20.2	24.0	26.5

资料来源：The Global Television Market, DisplaySearch, 2005。

在等离子电视市场中，排名靠前的仍然是日本和韩国的企业，其中松下、LG 和三星分列前 3 位。中国合资企业 TTE、长虹、厦华分列第 8~10 位。中国企业所占份额的绝对值很小，以 2005 年第二季度的数据为例，这三家企业所占份额的总和不及松下的 1/6（见表 12-23）。

表 12-23　　　　　　　　世界等离子电视市场份额　　　　　　单位：%

排名	品牌	2004年第三季度	2004年第四季度	2005年第一季度	2005年第二季度
1	松下	20.6	19.3	17.7	27.1
2	LG	13.1	14.6	14.6	14.2
3	三星	9.1	11.6	13.5	12.6
4	飞利浦	7.8	10.3	9.8	10.3
5	日立	8.9	8.9	6.3	6.9
6	先锋	6.9	6.4	8.4	5.3
7	索尼	12.1	10.3	8.0	4.5
8	TCL—汤姆逊	1.5	1.7	1.9	1.9
9	长虹	0.1	0.0	0.7	1.4
10	厦华		1.5	1.7	1.1
	其他	19.9	15.3	17.3	15.1

资料来源：The Global Television Market, Display Search, 2005。

(2) 国内范围。

①国内市场需求的变化。平板电视早在 20 世纪末就开始出现在国内市场上了，但是由于其本身性能和价格的原因，到 2004 年才取得迅猛发展。国内市场

的供货量从 2003 年的 11.5 万台增长到 2004 年的 40.5 万台，增长率为 252%；2005 年，国内市场的供货量达到 192.5 万台，增长率为 376%；2006 年，达到 410 万台，价值约 50 亿美元，如图 12-23 所示。

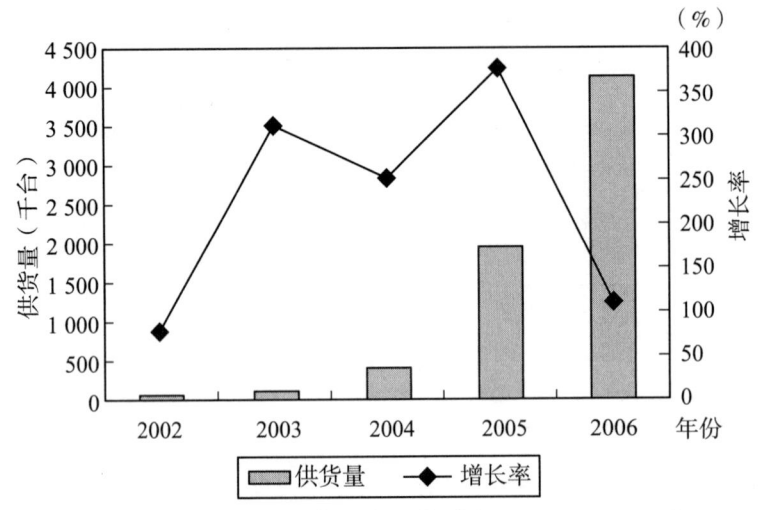

图 12-23 中国平板电视市场的成长（2002~2006 年）

资料来源：China TV Market Trends by Technology, DisplaySearch, 2006。

与平板电视的兴旺发展形成反差的是，CRT 彩电市场逐渐萎缩，无论 CRT 彩电产量的绝对值，还是其销量占整个国内彩电市场的份额，都呈现出逐年下降的趋势，如图 12-24 和图 12-25 所示。

注：2007 年及以后的数据为预测值。

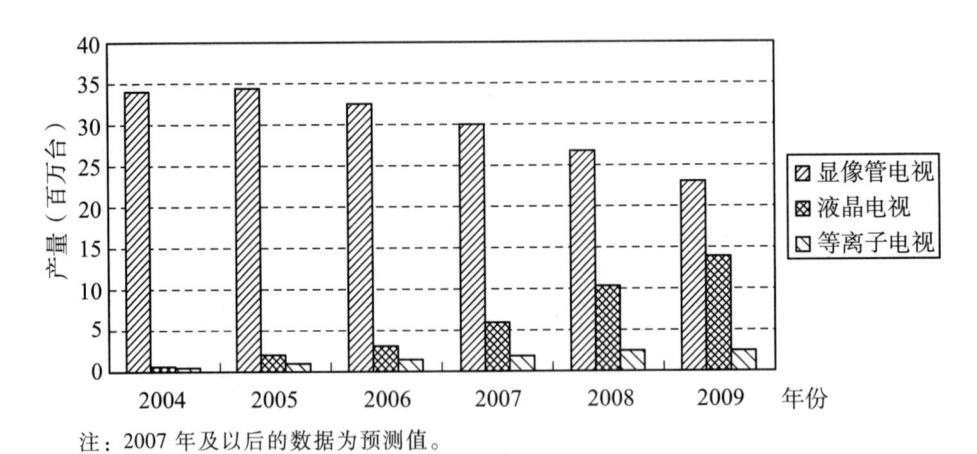

图 12-24 中国各种彩电的产量（2004~2009 年）

资料来源：China TV Market Trends by Technology, DisplaySearch, 2006。

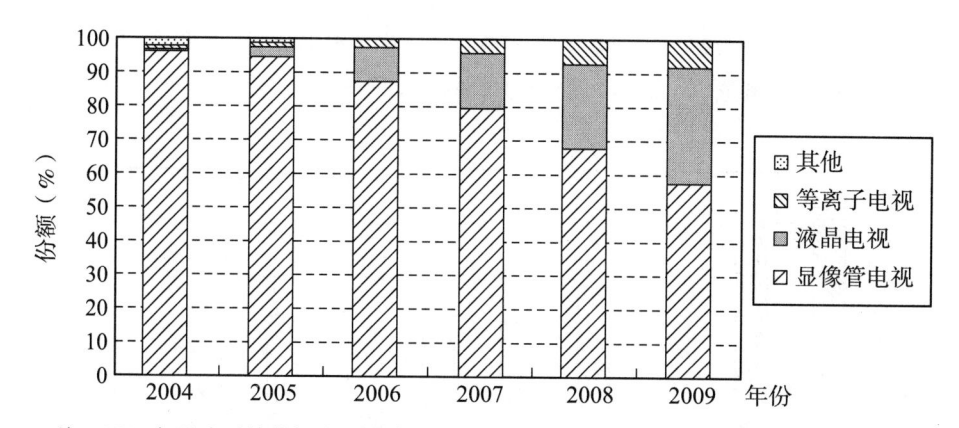

注：2007年及以后的数据为预测值。

图 12-25 各种彩电的销量在中国国内市场的份额（2004~2009年）

资料来源：China TV Market Trends by Technology, DisplaySearch, 2006。

②国内市场的竞争。国内企业在平板电视时代仍然延续了其在 CRT 彩电时代的市场竞争策略，即价格战。2004~2005 年，国内企业率先发动价格战，使国内品牌的平板市场份额一度高达 80%[1]。但是，在不掌握核心技术和关键面板资源的情况下，国内企业并不真正具备对平板电视的定价权。实际上，发动价格战的主动权掌握在日本、韩国等国的跨国企业手里。从 2005 年 10 月开始，外资企业发动的较大幅度的降价行动已有 15 次，以三星普及型 40 英寸液晶电视为例，其价格已从 2005 年 10 月的 24 000 元下降到 2008 年 6 月初的 5 990 元，降幅超过 70%。2008 年 6 月初，三星、索尼等日韩平板电视厂家再次掀起了大规模降价潮，产品价格的一次性最高降幅超过了 30%[2]。在这种情况下，国内企业先前所占据的市场优势被外资企业步步蚕食。2006 年，国内品牌和外资品牌的液晶电视份额之比大概为 6:4[3]；2007 年上半年国内品牌的市场份额缩小至 56.4%；到了 2008 年上半年，外资品牌已经赢得了过半的市场份额。市场研究机构中怡康的统计数据显示，2008 年 1~5 月份，日、韩品牌液晶电视的市场占有率达到 53.3%，国内品牌的市场占有率则为 46.7%，比 2007 年同期减少了约 10 个百分点。在一、二级市场，三星、索尼和夏普三家份额加起来超过 30%，而国内没有一家企业的零售量份额超过 10%。

2008 年 1~5 月，国内液晶电视销售量份额排名前 10 的企业依次是三星、索尼、海信、夏普、创维、康佳、TCL、东芝、飞利浦和 LG，外资占据 6 家（见图 12-26），颠覆了 2007 年海信（11.96%）、创维（9.39%）、三星（8.58%）、TCL

---

[1] 《日韩掀起恶性竞争　液晶电视进入无利时代》，载于《中国电子报》，2008 年 7 月 16 日。
[2] 《日韩平板巨头清洗中国彩电业：三年降价 15 次》，21 世纪经济报道，2008 年 6 月 24 日。
[3] 《日韩掀起恶性竞争　液晶电视进入无利时代》，载于《中国电子报》，2008 年 7 月 16 日。

(8.4%)、康佳（7.79%）、长虹（7.37%）、厦华（6.97%）、飞利浦（6.62%）、东芝（5.8%）、索尼（5.27%）的前10强排名。

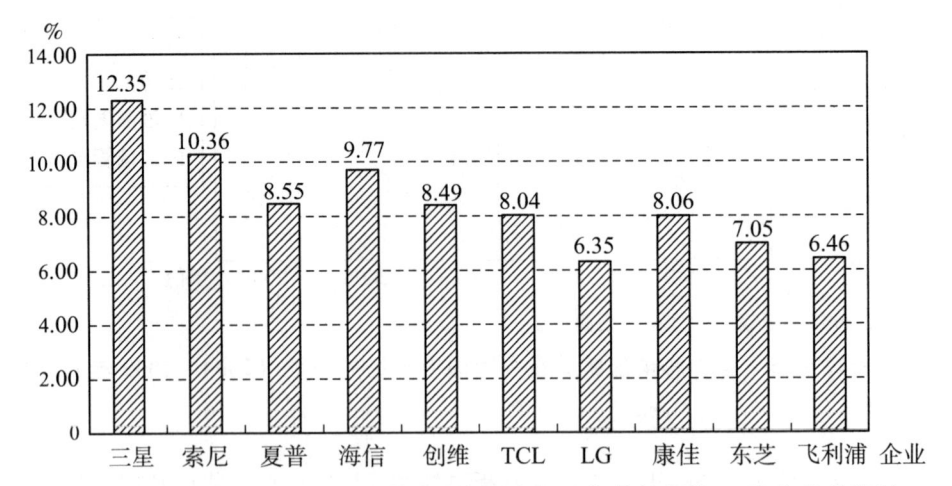

图12-26 2008年1~5月国内液晶电视市场零售量份额前10名企业的情况

资料来源：《日韩掀起恶性竞争 液晶电视进入无利时代》，载于《中国电子报》，2008年7月16日。源引自中怡康的统计数据。

国内、外品牌在零售额方面的差距更加明显，2008年1~5月份，日、韩品牌的份额达到63.2%，国内品牌的份额仅为36.8%，比2007年同期的46.1%减少了约9个百分点。销售份额排名前10的厂商依次是三星、索尼、夏普、海信、东芝、LG、创维、飞利浦、TCL和康佳（见图12-27）。

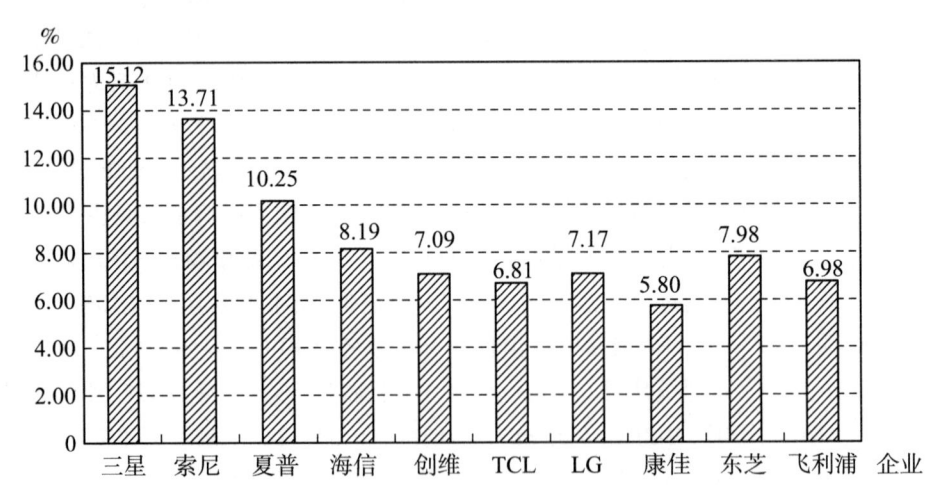

图12-27 2008年1~5月国内液晶电视市场零售额份额前10名企业的情况

资料来源：《日韩掀起恶性竞争 液晶电视进入无利时代》，载于《中国电子报》，2008年7月16日。源引自中怡康的统计数据。

(二) 产业技术演进过程①

与产业发展历程相似,可以 2004 年为界将产业技术演进过程划分两个大的阶段,其中可再细分子阶段。

1. CRT 技术阶段(1980~2003 年)

(1) 技术引进阶段(1980~1985 年)。1980 年,国内彩电产业及其相关工业基础薄弱,企业面临着产业进入的技术壁垒。为了满足市场需要,从国外进口作为生产线主要组成部分的自动插装机和贴片机等生产设备是必然的技术选择。大量彩电企业也是在这个时候集中进入的。技术—资本品的进口构成了这个时期我国彩电产业发展的主旋律,主要包括以下三个方面:

第一是装配线的进口。改革开放以后,国内大量的企业进口了彩电生产线,当时共引进了 113 条生产线。大量进口的原因一方面是由于当时我国的彩电产业和其他相关工业基础的薄弱,国内难以供给这些生产设备;另一方面 CRT 彩电技术当时在国际上已是成熟技术,国外供货厂家众多,不存在技术封锁的问题。在装配线进口的同时,大批彩电企业获取了部分技术,并迅速提高了生产能力。表 12-24 列举了部分在这一阶段部分进口装配线的彩电企业。

表 12-24 20 世纪 80 年代初部分彩电企业装配线的进口

合同名称	购买单位	进口源	国外供给商	时间	主要内容
彩电装配生产成套设备	北京电视机厂	日本	松下	1980 年 2 月	成套设备
彩电装配生产线关键设备	北京电视机厂	日本	松下	1984 年 7 月	关键设备
彩电装配生产线	北京电视机厂	日本	松下	1984 年 10 月	关键设备
彩电装配生产成套设备	天津无线电厂	日本	胜利、岩井	1980 年 3 月	成套设备
彩电装配生产成套设备	天津电视机厂	日本	东芝	1984 年 3 月	关键设备
彩电生产设备	成都无线电一厂	日本	三洋	1985 年 3 月	关键设备
彩电生产成套设备	无锡 742 厂	日本	东芝	1983 年 3 月	成套设备

资料来源:谢伟:《中国彩电总装企业的技术学习》,载于《科研管理》2001 年第 3 期,第 53~61 页。

第二是产品质量管理设备的进口。一个完整的彩电装配企业不仅包括基本的彩电装配生产线,还需要有质量管理系统。例如,彩电的质量检验系统主要包括对进厂产品即元器件的检验,对产品进行环境试验,如产品寿命、抗干扰性能、

---

① 本部分的资料来源于历年《中国电子报》中的相关内容,以及 2006~2008 年对中国电视机产业实地调研访谈中获取的定性与定量数据。

抗振动性能、耐温、耐热以及产品一致性性能检验等试验。这套系统主要由一套高质量的仪器仪表所构成，价格较高。在进口装配线的彩电企业中，只有极少数的企业进口了此类设备。例如，在1984~1985年间，天津无线电厂、牡丹江电视机厂、北京电视机厂等分别向三井、东芝、松下等日本企业购买了彩电质量保证系统等设备。

第三是产品设计技术的进口。在产业起步阶段，企业基本上都是进口或模仿国外的产品设计图纸。因为彩电产品的内部电路和整机配置的标准化程度高，国内企业生产的产品主要在国内市场销售，所以模仿国外产品设计技术没有受到产权约束。如厦华公司在叙述其发展历程时所说的，"同其他彩电厂家创业初期一样，厦华成立伊始，也是采用照抄外国厂家图纸，全CKD（即全套散件）组装方式的"。产品设计图纸基本上是模仿国外的，而不是进口的，这提供了国内企业在整机部署方面的学习机会。

（2）国产化阶段（1986~1989年）。在这个阶段，彩电总装企业的主要任务是在模仿国外产品设计的基础上，继续优化产品设计。在生产技术上，由于装配线已经安装运行，在进口产品零部件的总装实践中积累了一定的生产和操作经验，该阶段主要任务是设计合理的生产工序和生产、操作规范，制定产品质量管理细则，生产经验的获得主要依赖于生产中的干中学机制，而生产和操作规则和质量管理细则主要是依赖于技术人员根据生产工人的生产实践进行制定，并根据实际执行情况来作出合理的调整。

彩电产品的国产化主要是指其零部件和制造材料的国产化。零部件和制造材料的国产化，除一些具有部分零部件生产部门的企业以外，国产化主要是零部件企业的任务。在采用国产零部件代用的过程中，总装企业通过在模仿国外产品设计图纸的基础之上进行了一些开发尝试，学习如何合理安排整机的部署。同时，总装企业也在产品质量管理方面学习了零部件产品的质量检测能力。

（3）产品局部创新阶段（1990~1995年）。彩电产业的"产品局部创新"是指产品设计和功能的部分提高及微小改变，而不是整个产品的全新改变[①]。

这个阶段，彩电成为城市家庭必备的新"四大件"之一。由于居民收入水平的提高，较大屏幕的彩电渐渐受到欢迎，同时对彩电部分功能、品质的较高要求开始浮现。因为国家相对规定了产品的价格，企业为了在竞争中获取更大的市场份额，竞争的焦点主要是非价格竞争，如广告宣传、产品售后服务、产品性能调改进以及部分工艺创新等来创造差别化，以提高自己的市场占有率。

这一阶段，国内企业所进行的产品性能的局部创新，主要包括两类：一类是

---

① 谢伟、吴贵生、张晶：《彩电产业的发展及其启示》，载于《管理世界》1999年第3期。

彩电功能的开发，目的是为彩电增加各种附加功能。例如，20世纪80年代生产的彩电，大部分都是采用了8位或12位的可调电阻调谐加机械手动转换开关的节目预选装置，这种节目预选器装置，不但容易产生接触不良故障，而且存储节目的数量少，满足不了用户对于频道的需求，尤其是对于加装了闭路电视系统的用户而言，问题则更为明显。解决这个问题的途径就是为普通型彩电开发遥控功能，当时许多电视机生产厂家都在此阶段完成了这一产品性能的创新。另一类是彩电电路的改进，目的是为了获得更为良好的音响和视觉效果。例如，20世纪80年代生产的彩电大多数没有设置音频（AV）接口电路，随着各种音响设备进入家庭，彩电需要从音、视频输入口获得信号，这样就导致了许多企业开始开发音频接口电路。表12-25概括了这个时期彩电企业所进行的部分产品创新。

表12-25　　　　　彩电企业所进行的部分产品创新

彩电功能开发	彩电电路改进
开发彩电卡拉OK功能	彩电伴音电路改进
开发AV接口	彩电行振荡供电电路的改进
开发视频和音频输出功能	彩电预选器电路改进
开发视频监视功能	彩电电子调谐器的改进
开发高画质视频S端子	彩电同步电路改进
开发彩电静噪功能	彩电开关电源电路的改进
开发NTSC制功能	彩电机芯电源电路的改进
开发遥控全关机功能	遥控关机电源电路的改进
开发过压保护装置	彩电定时开机电源电路的改进
开发遥控断电功能	遥控彩电开关电源起振性能的改进

资料来源：谢伟：《追赶与价格战》，经济管理出版社2001年版。

除上述活动以外，彩电企业也渐渐进行了产品规格的升级，如1992～1994年间彩电规格的调整。当然这一调整主要是来自于零部件生产企业的产品升级，但在此过程中，彩电总装企业在产品研究和开发方面，也学会了如何实现整机的匹配。相似的进步还体现在彩电内部集成电路的采用上，在此期间，国内彩电主电路也经历了从5片机向3片机和2片机的转变。

在生产技术上，彩电企业设备自制能力也有了一定程度的提高，例如，海信公司1994年投资1.3亿元，自行设计了具有年产30万台能力的装配生产线，该生产线具有先进的在线检验仪、自动插件机和贴片机等设备。

与此同时，彩电市场日趋激烈的竞争促使许多彩电生产企业开始思考彩电生产质量不高、成本过高等一系列问题,并从挖掘企业内部潜力、提高产品质量和降低产品成本入手,通过工艺创新提高企业的竞争力。

(4)产品创新阶段(1996~2003年)。在此阶段,各种产品创新层出不穷,创新主要集中在以下几个方向。

第一,彩电功能向多媒体、3C融合的方向发展。彩电除传统的收看电视节目的功能外,也承担了越来越多的功能。包含与视频光盘(VCD)、数字化视频光盘(DVD)、录像机、卫星接收器的组合越来越受欢迎,带游戏节目卡的组合机和内含几千首卡拉OK曲目库的彩电已被推向市场。融合电视和电脑技术的多媒体电视产品在这个时期纷纷涌现,很多厂商提供了内置功能的彩电,将网络浏览器引入电视产品中。例如,2001年3月,TCL推出家庭信息显示器(HiD)系列产品,选用"女娲"软件作为操作系统,具备一键上网的功能,并且可以随时连接电脑主机、DVD、股票机、数码相机等相关外设,使其成为了一个信息开放平台;又如,长城牌电视在原有超重低音、CATV兼容的电路基础上,开发了有近百个频道容量、画中画和图文电视、中文菜单屏幕提示、数字式混响卡拉OK等功能,使长城画龙彩电新增加近20个品种。

第二,款式向大屏幕、平面化、超薄型方向发展。一方面,CRT彩管从球面、平面向纯平技术方向发展,彩管的厚度也得以缩小。1999年5月,康佳等国产纯平彩电面市。这种彩电采用的物理全平的显像管,应用了高性能的聚集电子枪和高精度偏转线圈,使得整个屏幕的聚焦均匀度提高了30%,从而避免了色彩的失真及屏幕边缘影像扭曲现象,相对于以前的彩电有了更长足的进步,它实现了横向与纵向的完全平面,大大降低了失真度及反光率,在色彩、图像等方面也都优于此前的彩电产品。2000年7月,TCL采用松下的薄型显像管,开发出了名为"银佳"的超薄型彩电。另一方面,平板电视开始在国内市场上出现。1996年5月,河北腾飞电子有限公司自行开发生产了我国第一台4英寸彩色液晶电视机,但是由于屏幕尺寸和性能等原因,当时的液晶电视并未真正赢得市场。2000年12月,日本夏普等厂商将大屏幕液晶引入中国市场,后来国内主要的彩电企业也纷纷推出了自己的平板电视,当时,长虹主要开发的是液晶电视,而TCL、海信等企业则将主要精力放在等离子电视上。

第三,图像向高清晰度方向发展。清晰度是彩电的主要性能指标,也是技术发展的主要方向、消费者追求的理想和市场竞争的焦点。采用常规亮、色分离技术时,图像水平清晰度为320线左右,采用数字梳状滤波器实现亮、色分离射频输入端清晰度在400线左右,AV输入端图像水平清晰度为500线左右。2000年12月,春兰牌全真彩电就采用了这种梳状滤波器电路,与自动肤色校正电路和黑蓝电延伸电路等结合在一起,大大提高了图像的清晰度。海信同一时期也开发出了具备动态色温调整电路单元的"贴心色"电视,具备了出色的清晰度和色彩逼真效果。

第四,电路大量应用数字化技术。随着数字技术的发展,在电路系统中局部或全部实现图像和伴音的数字化,可以提高传统电视机的画音质量,因此,提高数字化含量成为了当时彩电企业开发新产品的关键之一。应用数字技术的典型产品是变频彩电和逐行扫描彩电,2000年7月,国内第一台数字变频彩电在厦华公司诞生。电视节目在摄录制作时采用的是隔行扫描方式,但是变频彩电采用了数字图像处理技术,将还原图像的行扫描频率增加了1倍,每场图像的显示方式由原来的只显示一次变成显示两次,场频由原来的50赫兹提高到100赫兹,增加了图像的稳定性,减少了图像的闪烁感,提高图像细腻感。逐行扫描是一种与隔行扫描不同的电视制式,它是指电视节目在摄录制作时就采用逐行扫描方式,为了还原这种电视图像,电视机相应的也应采用逐行扫描方式,双倍提升每场扫描线数至1 250线。2000年9月,金星率先推出这种新产品,随后其他主要的厂商也纷纷推出各自的逐行扫描产品,例如,长虹的"精显"彩电、康佳的"柔性"彩电、TCL的"如画"彩电、海信互动"胶片"彩电,等等。

第五,产品更为人性化。不少厂商在彩电的使用舒适性上挖潜革新,已取得很大进展。例如,有配置包括带有轨迹球的无线红外遥控键盘、一个有许多清晰标注的按钮和一个轨迹球的遥控器以及游戏控制器,使用捆绑软件可以进行游戏,还提供多种节目;有些产品还设计具有屏幕转向功能,观看者可以根据实际需要,通过遥控器调整电视机角度。表12-26列举了在这个阶段出现的部分产品创新。

表12-26　　　　　　　　部分彩电企业的产品创新

分类标准	创新名称	公司	日期
显示方式	液晶显示彩电	河北腾飞	1996年5月
	等离子体彩电	中山嘉华	1998年5月
屏幕宽高比	16∶9彩电	康佳	1998年5月
控制方式	声控电视机	中山嘉华	1997年4月
画面显示方式	十画面画中画	康惠	1996年7月
	十六画面画中画	厦华	1997年11月
信号接收方式	卫星接收电视机	创维	1997年5月
显像管	纯平彩电	康佳	1999年5月
	薄型彩电	TCL	2000年7月
扫描方式	变频电视	厦华	2000年7月
	逐行扫描	金星	2000年9月

续表

分类标准	创新名称	公司	日期
多媒体、3C 融合	HiD 家庭信息显示器	TCL	2001 年 3 月
数字电视	数字高清 HDTV	厦华	2001 年 11 月
	像素电视	康佳	2003 年 7 月
投影方式	普通背投	长虹	1999 年 9 月
	数字背投	长虹	2002 年 3 月

资料来源：（1）谢伟：《追赶与价格战》，经济管理出版社 2001 年版；（2）作者根据《中国电子报》、《电器评价》等相关报道整理。

2. 平板电视阶段（2004～2008 年）

为适应平板电视市场的需求，国内主要的彩电企业迅速跟进，纷纷推出了各自的液晶和等离子电视产品。然而，要想真正在平板电视时代赢得竞争，国内企业还面临着巨大的技术壁垒和资金壁垒。一方面，平板电视的两个核心部件——显示屏和机芯集成电路均集中在产业链上游，而这些上游资源和专利技术基本上被国外企业垄断。例如，超薄玻璃的核心技术目前就掌握在美国康宁等 3 家巨头手中，液晶面板需要的导电玻璃、滤光片全部需要进口，增亮膜技术被美国 3M 公司掌握；等离子电视的关键原材料如玻璃基板、保护层材料、阻隔层材料、透明电极和背板反射层材料、光学滤光片等也完全被日本的企业垄断。我国彩电企业尚不具备这些技术，不能生产上游产品，不得不依赖进口，然后做一些接口、电路、电源等外围电子开发、机壳模具及大规模组装业务，创新活动主要集中于产品构架方面。另一方面，CRT 彩电的彩管投资所需的金额是以亿美元为数量级的，而开发和制造液晶和等离子显示面板所需投资的数量级则达到了数十亿美元。彩电产业在平板电视的面板领域面临着由资金壁垒带来的巨大困难。

平板电视的上、下游成本构成与 CRT 彩电不同。CRT 彩电的显像管等器件占彩电成本的 50% 以上，芯片所占成本比较小。液晶和等离子显示面板占平板电视成本的 60%～70%，而随着数字技术的发展，平板电视所使用的模组集成芯片功能大大提升。因此，在平板电视领域，国内彩电企业的绝大多数成本来自产业链上游购买国外元器件的支出，自己控制成本的能力下降。因此，国内企业在整机系统集成方面进行构架创新所带来的增值空间被大大压缩了，多已处于微利甚至亏损状态。对此业内存在一个较为生动的形容，即显示屏生产线向后延伸 100 米，就可形成彩电整机生产线[①]。平板电视产业链上、下游的成本分布及国内企业所具能力分布如表 12-27 所示。

---

① 源自与世纪双虹公司总经理田小红先生的见面访谈。

表 12-27　　平板电视产业链上、下游成本分布及
国内企业所具能力分布

技　　术	产业链位置	成本比例	国内企业能力
显示面板关键元器件、材料	最上游	60%~70%	无
显示面板开发、制造	上游		部分企业有制造能力，开发能力基本上无
驱动、控制芯片	上游	15%	极少企业有设计能力
整机组装、应用性设计、外围开发	下游	15%~25%	强

资料来源：作者根据企业访谈以及期刊、报章等资料整理。

　　几年来，中国的彩电企业为在新的产业技术变革中跨过技术壁垒和资金壁垒并取得突破，进行了不懈的努力，这主要体现在两个方面：一方面，处于产业链下游的总装企业力争向上游发展，争取纵向一体化；另一方面，处于产业链上游的元器件企业则争取实现技术的升级换代。前者表现如：2004 年 5 月，创维与美国得州仪器 B3CA 建立 456 光显技术联合实验室，重点为 3 片式液晶的开发；2006 年 3 月长虹与彩虹电子合资成立世纪双虹显示器件有限公司，双方分别持股 80% 和 20%，致力发展等离子显示屏业务；2006 年 8 月，世纪双虹以 9 990 万美元收购荷兰 Sterope Investments B. V 公司 75% 的股权，从而间接持有韩国欧丽安等离子有限公司（Orion PDP Co. Ltd）75% 的股权，欧丽安为韩国第三大等离子制造商，拥有 Multi PDP（连接多台 PDP 组成的超大画面技术）等领域 40 多项的国际专利；2004 年，海尔先后与飞利浦、德国迈兹、日本东芝、韩国三星以及中国广科院等合作建立了数字高清电视研究所和设计分部，并于 2004 年 9 月 1 日与日本富士通组建技术联盟。后者表现如：2004 年，彩虹集团借在香港上市之机集中设计研发 42~50 英寸等离子显示屏；2006 年 8 月，彩虹集团开始在咸阳建设一条第 5 代液晶玻璃基板生产线；京东方通过收购韩国企业 BOEHYDIS 获得了液晶面板制造能力；上广电通过与松下和 NEC 合作，已拥有松下等离子屏和 NEC 第 5 代液晶屏两个合资生产基地，上广电分别控股 49% 和 75%，等等①。

　　综上所述，在 CRT 彩电技术发展过程中，中国企业实现了从技术引进—建立生产能力—具备一定创新能力的演进，经过 20 多年的发展，尽管产业取得了长足的进步，但创新还主要集中在彩电整机系统的构架方面，还没有进入彩电系统的核心，如机芯主电路集成芯片的设计和制造以及下一代的数字高清显示技术开发等。产业的整体技术水平不高，企业不具备核心技术，产业的技术结构也难有质的上升。在

---

① 本部分资料来源于作者对历年《中国电子报》相关数据的收集和整理。

以液晶和等离子等新一代显示技术为代表的平板电视的冲击下,国内彩电企业的技术创新能力相对于国外同行处于再度落后的局面,再一次踏上了技术追赶的征途。

三、案例分析

(一)分析框架

本案例基于广义轨道理论,提出图 12-28 所示的分析框架。其中,产业环境的组成因素主要由产业创新系统框架①发展而来,包括需求、制度、技术、网络联系和其他参与者等;企业根据产业环境创造的发展机会,制定相应战略;企业战略可以分为技术、制造、市场等方面,它影响了相应的能力演变。战略和能力之间的共同演化,影响企业竞争力,进而决定整个产业竞争力。

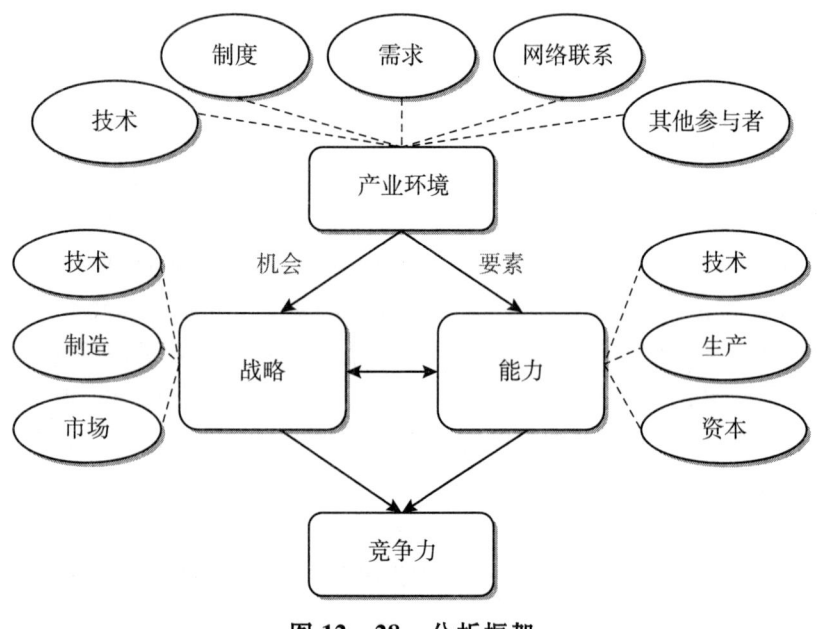

图 12-28 分析框架

(二)能力与战略的交互作用

1. 从能力到战略

(1)生产能力。在经历国产化阶段后,国内彩电企业通过学习、模仿等方

---

① Malerba, F. 2006, "Catch-up in different sectoral systems", Introductory notes for the Milan meeting. September, pp. 6-8.

式迅速形成自制生产线的能力。例如，长虹在 1986 年以后自制了十几条生产线，海信在 1994 年自行设计和建造了具有年产 30 万台能力的生产线，等等。从整个产业看，企业数量在减少（见图 12 - 15），同时总产量不断上升（见图12 - 14），行业的生产集中度不断提高（见表 12 - 18），说明主要彩电企业的生产规模不断扩大，从而实现了规模经济，降低了成本，为价格战提供了基础。

（2）技术能力。国内企业在应用技术（电路系统设计、应用软件开发，接口设计，系统集成，外观设计、工艺改进，等等）方面的能力很强。表 12 - 26 所列的各种产品创新主要集中在彩电整机系统的外围，基本属于应用技术创新的范畴。企业在核心技术领域则有所欠缺，主要企业之间的技术差距不明显，新产品的差异化程度不高，这主要体现在：

第一，许多新产品首先是由外国企业在中国市场上推出的，国内企业原创性的新产品相对较少。例如，大屏幕液晶电视和等离子电视首先由夏普等日本企业推出，纯平彩电首先由索尼推出，背投首先由东芝、索尼、日立等企业推出。国内企业往往能够在较短的时间内赶上国外企业的步伐，推出自己的同类产品。

第二，国内企业在彩电的核心组件——芯片领域的技术实力不足，虽然有个别企业通过联合或自主开发的方式拥有了少数专用芯片（例如，2000 年 10 月康佳的彩电微控制芯片；2003 年，厦华与威斯达公司合作研制的视频显示芯片"炎黄一号"），但芯片的种类有限，研制能力与国外先进水平相比仍有一定差距。国内企业在整体上形成了对国外芯片供应商的依赖。以逐行扫描电视为例，这种扫描方式的实现主要依赖具备多频逐行扫描功能的数字处理芯片。包括长虹、康佳、TCL、创维、厦华、熊猫、海信、西湖等在内，几乎所有国产品牌的彩电都采用一两家美国企业的芯片（Trident 和 nDSP）。又如，在数字电视领域，国内彩电企业普遍比较依赖 Micronas、飞利浦的信源解码芯片，ST 的信道传输芯片，Pixel-works、Trident、飞利浦、东芝等公司的信号处理芯片。[①]

第三，长虹、TCL、创维等主要彩电企业在 21 世纪初已经推出了自己的平板电视，但开发的方式是向日、韩企业采购液晶和等离子面板进行组装，自己基本未涉及上游技术的研发。

第四，由于在核心组件和上游资源方面不具备优势，国内彩电企业之间的产品差异化程度不大，主要彩电企业都先后推出表 12 - 26 列出的各类新产品。例如，长虹、海信、TCL、康佳、厦华等企业都拥有各自的逐行扫描、网络电视、HDTV 等彩电品种。

国内彩电产业的整体技术水平与国外相比有差距，缺少实施产品差异化竞争

---

① 本部分数据来源于历年《中国电子报》中相关资料，作者对这些资料进行了整理。

战略的能力基础,只能采用总成本领先的战略,以低价扩张的方式谋求企业的生存和发展,表现在市场行为上就是价格战。

因此,国内企业在能力上的欠缺是导致其实施总成本领先战略的重要原因,价格战是实现这一战略的主要市场竞争手段。

2. 从战略到能力

国内彩电企业有两条途径建立核心技术能力:

第一,在CRT时代,可以通过进军核心技术领域(如集成芯片)实现战略转型:一方面,以自产组件取代进口组件,建立起新的成本优势;另一方面,以核心技术为支撑,掌握完整的产品定义权,建立起产品差异化的优势,攫取更高的产品附加值。

第二,在平板技术出现时,较早地介入到技术变革中去,在跑马圈地式的专利争夺中占据一席之地,进入专利俱乐部,掌握关键元器件——面板的开发和制造技术,以在平板时代赢得主动。

当然,这两条途径都存在风险。集成芯片存在着高技术壁垒,需要很高的开发设计水平和精密的制造工艺。平板在技术、资金和市场等方面都存在较高壁垒:平板显示技术的专利数量众多,对知识积累的要求很高,隐性知识含量也较多;等离子和液晶面板生产线耗资巨大。

现实中的情况是:在CRT时代,国内具备规模优势的主要彩电企业频频发动价格战,将其作为克敌制胜的法宝;在平板时代,掌握核心技术和关键面板资源的外国企业转守为攻,国内企业只能被动迎战,将市场份额拱手相让。

价格一降再降直接导致了整个行业的低利润水平。图12-29和图12-30分别表示了行业的利润率和资产收益率(ROA)。由图12-29可知,整个行业的

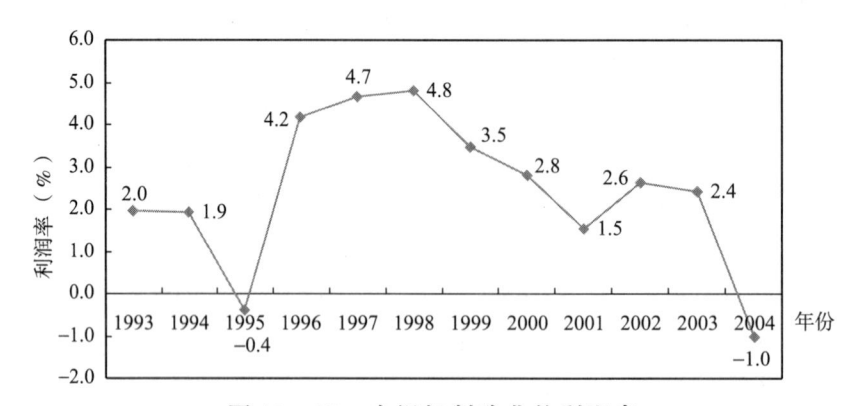

图12-29 电视机制造业的利润率

资料来源:《中国市场年鉴》(1997~2005),外文出版社历年版。

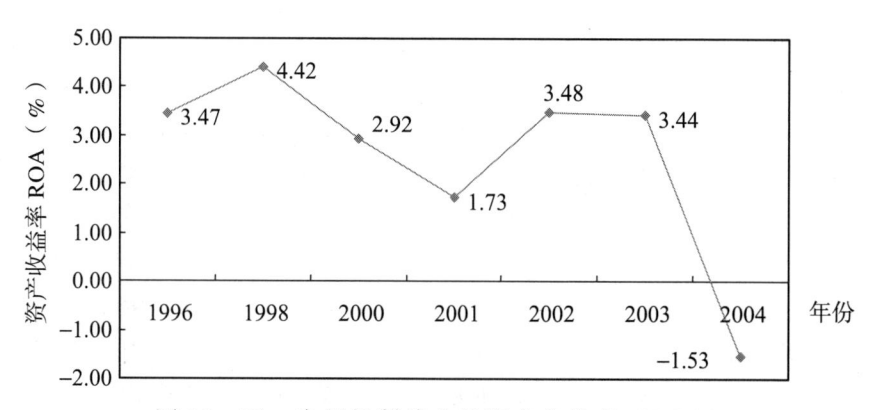

图 12-30 电视机制造业的资产收益率（ROA）

资料来源：《中国市场年鉴》（1997~2005），外文出版社历年版。

利润不高，利润率和资产收益率平均为 3%，部分年份中甚至出现负利润。对于大部分企业而言，在这种行业背景下进入高风险、高投入的核心技术领域会十分困难。

因此，价格战是企业无暇建立核心技术能力的重要原因。

3. 从环境（需求）到能力

改革开放以后，随着人民收入和消费水平的提高，在 20 世纪 80 年代到 90 年代初期，中国形成了以城市家庭第一次购买为主的巨大彩电需求，虽然受政府政策等因素的影响出现过一些波动，但在总体上形成了较长时期供不应求的卖方市场。此外，由于政府对彩电产品的定价比较高，企业赚得了丰厚的利润。一些主要的彩电企业在这一时期为资本积累打下了坚实的基础。20 世纪 90 年代中后期，虽然国内彩电市场价格竞争激烈，但国内需求仍保持了较快的增长态势，满足了产业规模进一步扩大的要求。这点可以从 1984~2005 年的国内彩电市场需求数量数据，以及国内需求在世界上的规模得到验证。如前所述，中国彩电的出口从 2002 年开始大幅提升（见图 12-18）。但是中国的彩电产量在 1985 年就位居世界第三，1990 年成为世界第一。由于国内需求占整个产量的比重很大，说明国内彩电需求量在世界范围内是位居前列的。如此庞大的需求量对产业规模的拉动作用是毋庸置疑的。

因此，庞大的国内市场需求是 CRT 时代国内企业得以扩大规模、产业得以发展壮大的重要原因。

4. 从环境（需求）到战略

可以将彩电市场划分为四级市场，即直辖市（特级市场）、省会城市及计划单列市（一级市场）、地级城市（二级市场）、县级市（三级市场）、县及县以下（四级市场）。三、四级市场的用户需求与一、二级市场有所不同，一、二级城市畅销的机型，不一定适合三、四级市场。

按地域划分，当我国 13 亿人口的人均 GDP 为 1 000 美元时，沿海地区的一线城市有 2 亿人口，人均 GDP 为 3 000 美元；内陆二线城市有人口 3.5 亿，人均 GDP 约 2 000 美元；农村人口占总人口比重最大，约 60%，但财富水平最低[①]。

在液晶和等离子显示技术发展的早期，平板电视只能被少部分高收入、高消费人士青睐，一线市场中的小部分领先用户接受了性价比相对不高的平板电视产品，也并不意味着这些产品会在其他用户那里找到市场。即使在平板电视开始在国内市场崭露头角之后，由于中国市场的城乡二元化结构特点，这一时期还是高端产品代名词的平板电视的高价格还无法满足大部分市场的需求，因此三、四级市场上仍然是 CRT 彩电保持着绝对主导地位。据赛诺市场研究公司的统计，到 2006 年 CRT 彩电在农村市场占有 93% 的市场份额[②]。这一点可以从图 12-31 所示的彩电市场的国际对比数据得到印证。2005 年，即中国彩电产业进入平板电视时代的第二年，CRT 电视仍在中国占据 60.9% 的市场份额，远高于日本、北美和欧洲等发达国家和地区的同类数据。面对如此庞大的 CRT 彩电市场，国内企业不能或不愿及早将战略重点调整到平板电视上来是可以理解的。但是，国内企业缺乏超前的战略眼光，没有做出着眼于长远的战略规划也是十分明显的。

因此，国内市场需求的多层次性导致彩电企业没有及早将战略重点调整到平板电视上来。

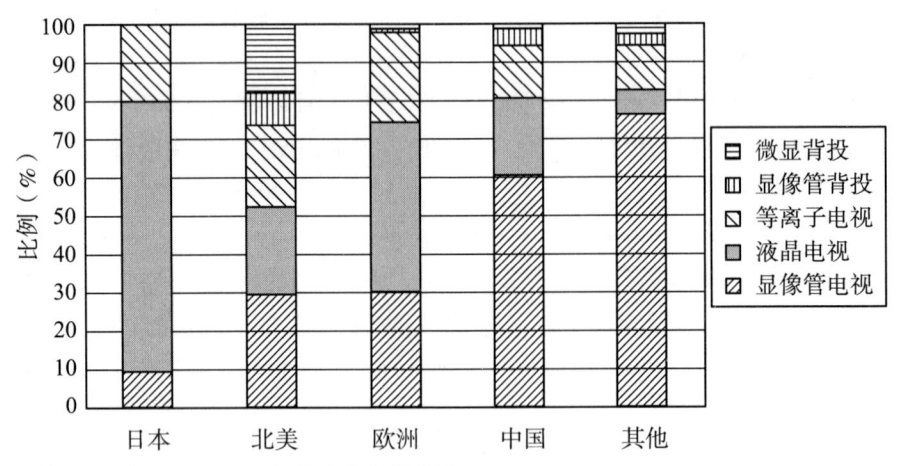

注：NA（North America）代表北美洲地区。

图 12-31　2006 年彩电市场的国际对比

资料来源：The Global Television Market, Display Research, 2005。

---

① China TV Market Trends by Technology, DisplaySearch, 2006.
② 邵荣：《CRT 彩电的沃土在农村》，载于"Electronic Business China" 2006 年第 7 期。

5. 从能力到竞争力

如前面所述，平板显示技术的变革使彩电产业价值链条发生了变化（见表12-27）。在占彩电价值约75%~85%的面板和驱动、控制集成芯片领域，国内企业的开发和制造能力很弱，留给整机开发和总装业务的价值仅有15%~25%。因此，国内企业无法掌握这些关键资源，失去了产品的定价权。

与之相对的是，三星、LG、夏普、索尼等国外竞争对手都实现了面板、整机业务的垂直一体化。在这些企业集团内部存在着液晶面板企业或等离子面板企业与整机企业的关联交易，而且在计算集团利润时可以采取连接结算的方式弥补整机亏损。按照这样的操作模式，三星、夏普等外资企业一方面通过高于内部关联交易的价格向急需面板的中国彩电企业进行销售，获取了丰厚利润，另一方面又让其平板电视部门低价在中国市场倾销，大打价格战。这样它们不但抢夺了中国企业的市场份额，而且在面板销售中获得了高额的利润。

几家外资企业2007年的财务报告显示，其平板电视业务虽在销售收入上取得了超过30%的增长，但依然出现亏损。2008年，部分外资平板产品在中国的销售价已低于其在日本、美国等地的售价。以三星一款普及型40英寸液晶电视在2008年5月初的最低报价5 990元来看，其40英寸液晶屏的价格应该在530美元左右，而液晶屏只占液晶电视成本的60%左右，按此计算，成本价超出了6 100元，因此不到6 000元的市场价显然是低于成本销售的，而外资品牌在中国的销售目前有60%以上来自这样的特价机[①]。

根据2008年第一季度财报，LGD（LG的面板业务公司）液晶面板业务的净利润达到7.35亿美元，三星电子液晶面板业务的净利润也达到8.56亿美元。如果从中拿出一部分对进行价格战的彩电整机业务进行补贴，将会使中国企业处于更被动的地位[②]。

对此，创维集团副总裁杨东文认为，2008年外资品牌的平板电视在中国的销售价格甚至低于中国品牌，按照外资企业的运营成本计算这些企业都是亏损运营的，其目标就是通过持续的倾销打垮中国的彩电行业。这些企业之所以能够连续3年这样做，皆源于其面板业务的巨额盈利[③]。

由此可见，国内企业缺乏核心技术能力，无法掌握关键资源是其在平板电视市场竞争力不强的重要原因。

6. 从环境（技术）到能力

20世纪80年代，中国彩电产业开始迈开追赶世界领先水平的步伐。这时，

---

① 《日韩平板份额暴增　国内企业谨防低价倾销》，载于《中国电子报》，2008年6月27日。
② 《国产彩电业炮轰外企"倾销"》，载于《广州日报》，2008年6月24日。
③ 《日韩平板份额暴增　国内企业谨防低价倾销》，载于《中国电子报》，2008年6月27日。

传统的 CRT 彩电技术范式已经成熟，国外供货厂家众多，不存在技术封锁的问题；另外，当时制造和设计彩电对技术知识积累的要求不高，不需要太高的技术能力基础和强大的研发基础设施，逆向工程和模仿可以发挥巨大作用，其技术进步速度和创新频度相对较慢，这些对处于落后地位的中国彩电企业是十分有利的条件。20 世纪 80 年代中后期，由于预测 CRT 彩电技术已经越来越接近 S 曲线的后期，出于对未来发展前景的担忧，处于世界领先地位的日本公司开始进行战略调整。一方面，在原有的传统彩电业务中，主动放弃了低档次彩电的生产，将低档彩电生产技术转移到发展中国家，集中力量研发高层次的产品；另一方面，由于预期未来电视行业将要向数字电视方向演化，日本公司将研发重点向数字电视方向转移，致力于数字电视领域的根本性创新，以期能在数字电视到来时，仍然抢占市场的制高点。因此，国内企业在当时获取技术的策略是直接引进，即采用从国外购买设备、图纸及模仿产品等方式。

平板显示技术代表的是新兴的市场机会和利润增长点，日本、韩国等大型家电企业集团已经在跑马圈地式的技术开发中掌握了核心技术，取得了先发优势，并对其他专利俱乐部之外的企业施行严格的专利控制。过去有利于直接引进的局面已经难以觅得，国内企业只能利用有限的机会采用技术合作、合资和并购等方式以获取技术。

由此可见，由于 CRT 时代和平板时代的技术环境不同，导致获取技术能力的条件和方式也有所不同。

7. 从环境（制度）到能力

在中国彩电产业的发展过程中，资金壁垒主要存在于产品关键零部件层次。20 世纪 80 年代，CRT 彩管生产存在着较大的资金壁垒，在当时是由政府投资加以解决的。以彩虹集团为例，1977 年，由原第四机械工业部、国家计委向国务院提出从国外购买彩色显像管成套技术及设备的申请，经国务院批准成立陕西彩色显像管总厂（现为彩虹集团），然后同日本的 4 个企业签订了购买合同，仅 1982 年 12 月建成投产的一期工程项目投资就达到了 7.5 亿元人民币，其中重要的有：彩管总装合同，总价约为 760 万美元；玻璃合同，总价约为 936 万美元；荫罩合同，总价约为 879 万美元；荧光粉合同，总价约为 936 万美元，由国家投资，年生产能力为 96 万只。

在平板电视的关键元器件领域，中国彩电产业面临着来自资金壁垒的更加严峻的挑战。CRT 彩电的彩管投资所需金额是以亿美元为数量级的，而开发和制造液晶和等离子显示面板所需投资的数量级则达到了数十亿美元。例如，投资一座年产 300 万片等离子面板的工厂需要 8.4 亿美元，投资一条 5 代以上液晶面板生产线需要 15 亿美元，7 代线更高达 40 亿美元。为第一条 5 代线上马，上广电筹齐了10亿美元（也得到了上海市政府的大力支持），这还被称为"行业最省投资水平"。目前，中国7家最大的彩电企业的净资产加起来也不到40亿美元。因此，平板时代的资金壁垒是企业依靠自身力量难以克服的。

（三）结论

通过对中国彩电产业发展历程和产业技术演进过程的分阶段回顾，以及在理论框架基础之上进行的案例分析，得出如下结论：

（1）中国彩电产业在两代产业技术的发展历程中，经历了和正在经历着"落后—追赶—再度落后—再度追赶"的道路，技术能力的演进路径是"技术引进—生产能力—应用技术创新能力—核心技术创新能力"。目前，最后一个演进阶段尚在进行之中。

（2）掌握产业核心技术和价值链条上的关键资源是企业掌握产品定价权、攫取高额附加值的基础。目前处于落后境地的国内企业主要受制于上述关键资源和能力的短缺。

（3）庞大的国内市场需求及市场需求的差异化和多层次性是我国彩电产业赖以发展壮大的有利条件，但是这些有利条件又成为了产业技术升级的障碍。

（4）纵观彩电产业的发展历程，政策制度一直发挥着重要作用。在企业面临着巨大的产业进入壁垒、靠其自身的力量无法克服时，政府给予一定的扶持曾起到过至关重要的作用；但随后的"不作为"又使企业失去了可依靠的支撑，企业陷入苦苦挣扎的境地。在一个产业的重大创新需要集中的巨额投资时，如何进行投融资体制和机制创新、政府该不该介入和如何介入等，是要应对的新挑战。

产业案例五：光纤光缆业案例[*]

一、案例摘要

中国光纤光缆产业最初的发展是按照产业链顺序进行的，即先引进设备生产光纤预制棒（制棒），然后引进设备拉成光纤（拉丝），最后制造成光缆（成缆）。但这一做法确实所有进入的企业遭受到群体性失败，而且失败者全

---

[*] 本案例节选自王彦、李纪珍调研写作的案例。

部退出了该行业。后来者按照先生产光缆（成缆），然后生产光纤（拉丝），最后进入光纤预制棒的生产（制棒）的"逆产业链"方式进入这一行业并取得了成功，同时其能力的培养也是先生产能力后创新能力，即通过"逆技术链"的方式提高。本案例将"逆产业链"和"逆技术链"统称为"逆向创新"，并提出其他很多产业也有类似现象。最后，案例提出了研究启示以及相关政策建议。

二、案例描述

（一）光纤光缆业及技术简介

我国光纤产业正式起步于20世纪80年代中期，到2006年，中国已经成为世界光纤光缆业的主要消费国和生产国。2006年，我国光纤光缆业497家生产企业实现销售收入573.12亿元，同比增长38.72%；出口额10.9亿美元，同比增长53.17%。

光纤光缆是电信网络的基础构架，处于电信网络的物理层，是其他设备运行的基础平台。电信业的飞速发展，是光纤光缆产业不断提升的原动力，光纤光缆在电信产业链中的地位如图12-32所示。

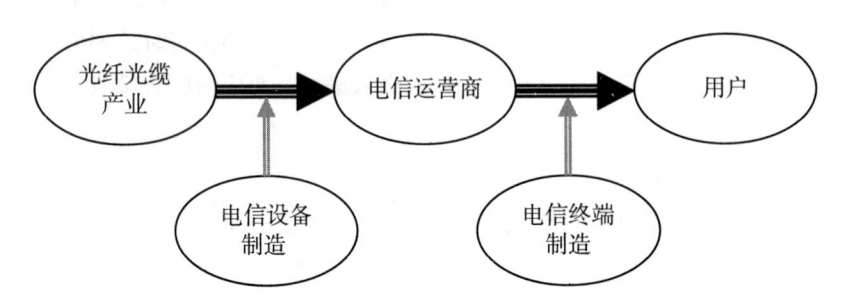

图12-32 光纤光缆产业在电信产业中的地位

资料来源：王彦、李纪珍：《我国光纤光缆产业的逆向技术学习》，载于《创新与创业管理》（第3辑），清华大学出版社2007年版。

光纤光缆产业的上游供应商为气体原料与设备供应商，下游客户为光纤通信的设备供应商与通信运营商。产业链包括三个环节，分别是制棒（芯棒制造和外包层制造，原材料主要为石英玻璃）、拉丝（将预制棒拉成丝，即光纤）和成缆（将光纤制成光缆），如图12-33所示。

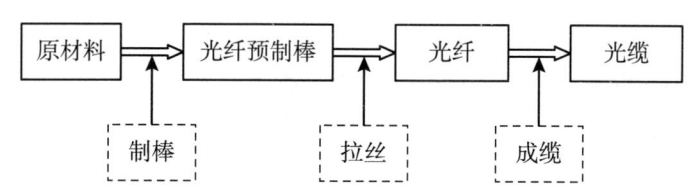

```
原材料 → 光纤预制棒 → 光纤 → 光缆
              ↑         ↑      ↑
             制棒       拉丝    成缆
```

图 12-33　光纤光缆产业链

资料来源：王彦、李纪珍：《我国光纤光缆产业的逆向技术学习》，载于《创新与创业管理》（第 3 辑），清华大学出版社 2007 年版。

光纤光缆价值链决定了产业内部的利益分配格局（见表 12-28）。光纤预制棒对光纤（包括光缆）的性能、质量起着至关重要的作用，同时预制棒的生产技术含量及工艺要求高，资金投入量大，因而光纤预制棒利润约占整个产业链利润的 70%~80%。光纤生产需要一定的高技术和高投入，即使购买拉丝设备，也需要根据光纤产品的生产工艺和特殊要求对设备进行大量的改进才能生产出合格的光纤，投资至少几亿元人民币，但利润分配受到预制棒和成缆环节的影响。成缆环节处于底层，且与客户最接近，与上游光纤环节的谈判能力较强，不过光缆受到市场容量的影响最大，而且光缆厂一般只需要几百万元到几千万元的投资即可起步，其技术难度比传统的电缆产业高不了多少。

表 12-28　　　　　　　光纤光缆产业链利润分配　　　　　　　单位：%

产业链	2000 年前高峰期产业链利润占比	2000 年后产业链利润占比	未来（预测）产业链利润占比
预制棒	70	80	70
光纤	20	0	15
光缆	10	20	15
合计	100	100	100

资料来源：中国光纤在线网，《中国光纤光缆产业研究（2005）》，2005 年 3 月。

不同时期产业链利润分配存在差异，主要原因在于，在网络投资高峰期（2000 年前），光纤短缺，这个时候光缆厂家可以获得预期利润，利润占行业利润的 10%；同时该时期的光纤制造能力大多集中在掌握预制棒核心技术的少数企业手中，因此，此时光纤利润在 20% 左右；预制棒环节则得到了 70% 的产业利润。

2000 年之后，在世界范围内出现光纤供给过剩的局面，行业整体利润水平下降。受利益驱动，国内很多厂家大量引进拉丝设备，造成光纤过剩。此时，下游光缆厂家谈判能力增强，使得光纤环节利润急剧下降。这个时期，光缆环节获得的利润占行业的比例估计上升到 20%。

目前我国企业已经形成光纤光缆产业的制棒、拉丝、成缆三道工序齐备的产业体系，并且各环节（制棒、拉丝、成缆）都有企业拥有的自主知识产权，但是研发能力和技术水平（主要是制棒）与世界最好水平还有一定差距。

（二）中国光纤光缆产业的"顺向"技术创新实践[①]

我国光纤光缆产业的发展历程，对应其技术能力的提高过程可以分为四个阶段，如表12-29所示。

表12-29　　　　中国光纤光缆产业发展过程及技术能力提高路径

产业发展路径	时间	产业发展过程	技术能力提高路径	代表性企业
"顺向"	1984~1990年	引进预制棒制造设备和拉丝机，但全部失败	制棒、拉丝、再成缆	北京玻璃总厂
"逆向"	1991~1995年	进口光纤，国内企业成缆，90%的光纤依靠进口	先成缆	成都电缆股份公司
	1996~2000年	合资成立企业生产光纤，光纤进口比例下降	在成缆基础上拉丝	上海朗讯科技光纤有限公司
	2001年至今	研制光纤预制棒，建设生产厂	在成缆拉丝基础上研制棒	江苏法尔胜股份有限公司

资料来源：王彦、李纪珍：《我国光纤光缆产业的逆向技术学习》，载于《创新与创业管理》（第3辑），清华大学出版社2007年版。

1984年4月8日，我国开始在长途通信线路上使用单模光纤，光纤光缆的市场需求开始大量增加。为满足这一需求，从1984年开始至1986年，全国7家企业（北京玻璃总厂、上海石英玻璃厂、上海新沪玻璃厂、安徽淮南光纤通信公司、山西太原矿棉厂等）先后引进了英国SGC（Special Gas Control）公司的预制棒制造设备34台，拉丝机17台，耗资1.4亿多美元，平均每个企业2000万美元，到1986年多数企业正式投产。

以北京玻璃总厂为例，于1958年投产，是我国最早做单晶硅和锗材料的企业之一，20世纪80年代，主要经营的产品有石英玻璃、单晶硅材料等。1984年，北京市政府考虑到光纤的主要原料是石英玻璃，而北京玻璃总厂在北京市最

[①] 本部分中的数据源于课题组的光纤光缆产业项目组在2006~2008年对中国光纤光缆行业企业和行业协会实地调研的结果。

有优势,掌握了包括对石英玻璃的提纯这一关键工艺的技术;同时工厂周边(北京市酒仙桥区域)有很多光纤光缆产业的配套企业,如上游有化工厂、氧气厂等,下游有北京电缆厂。因此,政府确定北京玻璃总厂作为制作预制棒和生产光纤的企业,并出资2 000万美元引进预制棒制造设备和拉丝机(王彦,2005)。但是,这次对光纤光缆产业的进军遇到了严重挫折,出现了如下主要问题:

首先,由于当时光纤光缆的技术价格昂贵,因此没有选择类似康宁这样的权威技术供应商,而是选择了预制棒设备和拉丝机设备生产商,因为设备生产商一方面提供低价设备;另一方面还表示愿意提供相关的工艺,但是设备生产商的工艺相比康宁等处于绝对落后的水平。

其次,中国企业的技术基础非常薄弱,因而对引进的设备难以有效利用,对相关工艺技术的消化吸收非常困难。北京玻璃总厂就曾经为一个非常简单的工艺窍门花了100多万美元。

最后,更为严重的问题是产业配套。就材料石英玻璃的提纯而言,国内由于产业基础比较薄弱,对于石英玻璃的提纯(以及掺入相关杂质)难以满足要求;预制棒的强度最多只能达到合格强度指标的90%;还有,由于这一阶段引进设备的7家企业多数是生产石英玻璃的企业,但生产石英玻璃和生产光纤的工艺技术是不一样的,而且国内的这7家企业自己都不作电缆,因此生产出来的预制棒和光纤在成缆的过程中也出现了缺乏下游厂家支持的问题。

由于以上三方面的原因,引进设备的7家企业的光纤生产单元/项目先后关闭,对应的设备停车或者报废,甚至还有几家企业在设备的安装过程中就出现相当多的问题,使得设备几乎不能使用。虽然北京玻璃总厂605厂在工艺的掌握和技术的学习上在7家企业中是最好的,但也于1991年(最后一个)倒闭。

"顺向"阶段的7家企业在技术引进受挫之后,得出的共同结论是:我国没有能力生产和制造光纤及预制棒。结果,7家企业在第一阶段失败后全部退出光纤光缆行业。

(三) 中国光纤光缆产业的"逆向"技术创新实践[①]

1991年后,国内市场迅速增长的需求对具有机会意识的企业和企业家产生了巨大的吸引力。他们在吸取"顺向"路径挫折的教训之后,尝试一条新的道路——进口光纤,自己成缆(买丝成缆)。这就使得我国光纤光缆产业的发展进入了第二阶段。

[①] 本部分中的数据源于课题组的光纤光缆产业项目组在2006~2008年对中国光纤光缆行业企业和行业协会实地调研的结果。

买丝成缆的原因，一方面是由于国内有大量的生产电缆的企业，而生产光缆和生产电缆的生产工艺相近，企业积累的电缆生产技术为光缆生产提供了技术基础；另一方面是由于外方不愿意转让核心技术但愿意出口光纤。

买丝成缆的典型企业是原成都电缆厂（1994年12月在中国香港上市后更名为成都电缆股份有限公司）。成都电缆股份公司称这个过程是"倒排引进法"，并取得了成功（石柱成等，1998）。

1996年后，国内电信产业通信业务量以高于国民经济增长率2~3倍的速度发展，这一时期是光纤光缆国内市场需求最快的时期（也是国外需求最快的时期）。这一时期中国企业大量进口国外企业的预制棒，部分国外企业与国内企业合资/合作拉丝，然后国内成缆。典型代表是我国与美国朗讯公司合资建设的上海朗讯科技光纤有限公司（2002年7月，美国朗讯科技公司将上海朗讯科技光纤有限公司的全部股份转让给美国康宁公司，上海朗讯光纤改名为上海光纤公司）。合资后，以上海朗讯光纤为代表的合资企业生产的光纤进入市场，所占市场份额迅速增长，上海朗讯光纤占到国内市场的20%左右。上海朗讯光纤的合资以及买棒拉丝是成功的。它表现在，一方面，通过合资替代了进口；另一方面，合资后技术引进和设备引进真正同时实现，而且解决了技术配套的问题。再者，公司通过合资，获得了光纤生产的核心设备——拉丝塔的图纸（宋金声，1998）。

到2000年，国内已经形成了规模相当可观的光纤光缆制造能力，中国已经成为国外光纤预制棒企业巨头重要的产业链下游环节，国内企业已经掌握了拉丝的生产工艺，并能够生产出合格的光纤。

2000年4月，中国电信集团公司和中国移动通信集团公司正式成立，加上中国联通，中国主要电信运营商对光纤光缆的需求大量增加（全球市场的需求也在大增），使得国内外光纤供应严重不足。原来每公里400元人民币左右的普通G652光纤市场价格上涨到每公里1500元人民币以上，而且供不应求。巨大的市场空间，为中国的光纤生产企业带来了发展机遇。但到了2000年末，通信业低潮席卷全球，光纤光缆市场进入"寒冬"。国际光纤光缆大企业加紧调整全球战略，一方面加紧在世界范围的重组；另一方面积极实施中国策略。比如，美国朗讯全面出售其光纤业务，其美国部分2001年出售给日本古河，中国部分2002年由美国康宁购得。最终使得2000年扩产和新投产的光纤企业生产能力迅速扩张，以致大大超过市场需求。同时，国内光纤生产企业一方面受制于上游拥有核心技术的预制棒企业；另一方面受制于直接联系市场的光缆企业，因而几乎所有光纤企业的平均销售价格都低于平均成本，出现严重亏损。为了实现"突围"，一些企业开始向上游——预制棒环节"进军"。

最早进入预制棒的是江苏法尔胜股份有限公司，1999年底，法尔胜成功进入光纤预制棒领域。这主要源于四方面的因素：

第一是资金。法尔胜于 1998 年上市，解决了研发光纤预制棒所需要的资金问题。

第二是配套。国外很多气体供应公司看到中国硅材料发展的勃勃生机，纷纷进入中国市场，包括美国的普来克斯、法国的法液空、德国的梅塞尔和英国的比欧西等四大气体巨头。这实际上为生产光纤预制棒解决了高纯气体供应的问题。

第三是技术。当时的一个重要契机是，预制棒制造工艺 OVD（Outside Vapour Deposition，外气相沉积）技术的专利很快就要到期，这给制棒企业的进入带来了机会。同时，法尔胜还采取了与澳大利亚国家光电子研究中心合资筹建江苏法尔胜光子有限公司的做法。

第四是政府支持。国家科技部将该项目作为"十五"国家科技攻关计划重点项目，江苏省将其作为省重点科技攻关项目予以支持。

2002 年 4 月，"光纤预制棒产业化技术开发"项目取得重大突破，法尔胜开发生产的 G652 光纤预制棒质量已达到国际同类产品先进水平，这意味着我国首次在光纤光缆产业取得全产业链的能力。

三、案例分析

中国光纤光缆产业的发展过程中能力提高的路径，就产业链来说，先是光缆技术能力的提高，然后是光纤技术能力的提高，最后是预制棒技术能力的提高；就技术链来说，是先形成低端生产能力，然后逐渐形成研究开发和创新能力，如图 12–34 所示。

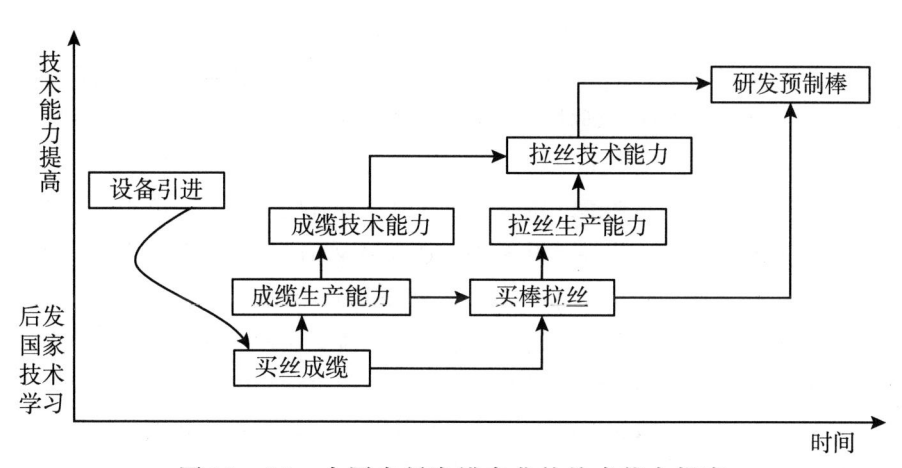

图 12–34 中国光纤光缆产业的技术能力提高

资料来源：案例作者根据调查和研究提出、绘制（2008）。

如图 12-35 所示，光纤光缆产业的产业链可以概括为：制棒—拉丝—成缆，顺着这一链条从上游往下游推进，可称为"顺产业链"路径；中国走的是成缆—拉丝—制棒的路径，本书称这种路径为"逆产业链"路径。光纤光缆产业的核心技术主要体现在制棒工艺上，其技术难度最高；其次是拉丝技术，成缆技术最简单。产业技术发展的一般路径是，先攻克核心技术（这是一个研究开发和创新过程），然后再发展生产技术，即先研发，后生产；产业链的前端往往凝聚着核心技术，后端体现的是一般技术，通常是从前端向后端推进。我国光纤光缆产业发展，是一个先生产后研发、从产业后端向前端推进的道路，即"逆技术链"路径。本案例将"逆技术链"和"逆产业链"路径统称为"逆向创新"。

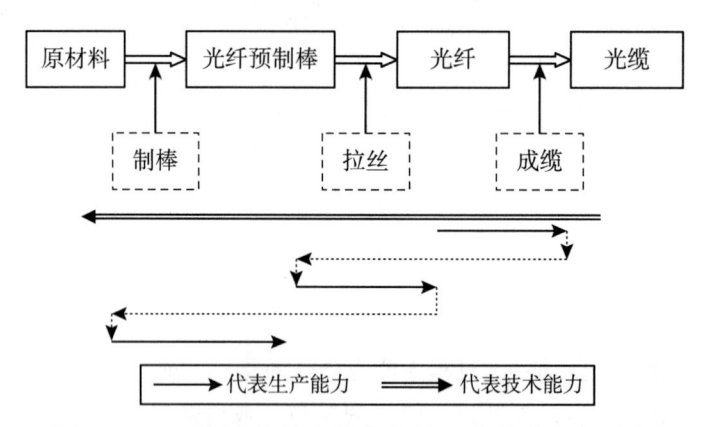

图 12-35 中国光纤光缆产业的逆向技术创新路径

资料来源：案例作者根据调查和研究提出、绘制（2008）。

逆向技术创新过程不但是中国光纤光缆产业的显著特征，在其他很多产业追赶过程也出现类似现象。比如，我国大多数装配型产品的技术创新是从产业链下游的总装环节开始，再逐渐延伸到上游的零部件环节，通过"反求工程"实现追赶以及自主创新。

对于后来的追赶企业来说，逆向创新过程至少有两个含义：第一，对于初始技术能力不足的追赶企业来说，从相对较低的技术环节（一般来说处于技术链下游）入手，和从最贴近消费市场的产业链下游环节切入，是可行的选择；第二，对于技术能力得以提升的追赶企业来说，认清产业发展的规律，依靠积累的技术知识向产业链上游的延伸，则是获取进一步竞争优势的必然选择。

为了帮助后来企业完成追赶，通过公共资源投入积累相关知识、扩展外部知识获取渠道、培养相关技术人才、改善产业配套环境，满足企业进行技术创新的需要，是政府发挥作用的主要领域。同时，政府通过多种渠道促进国内市场的需求和竞争是激励企业进行技术创新的有效措施。正是由于国内通信市场的蓬勃发展，吸引了许多企业加入到光纤光缆行业中来；由于国外领先厂商的强大竞争压力，促使本土企业不断提高自己的技术能力，以更好地应对竞争。在这样的市场环境中，产业（企业群体）的技术能力才得以不断提高。

第十三章

企业案例

企业案例一：浙江吉利公司[①]

一、案例摘要

吉利是本土汽车企业自主品牌创新的一面旗帜。本案例重点关注吉利的创新战略、能力成长和竞争力之间的关系。从成立伊始到现在，吉利经历了从成本领先向自主创新战略的转型。吉利开创了按职能建厂、低固定资产投资等很多汽车产业低成本制造方式的先河，使吉利初始阶段的低端切入成为可能；在完成早期的资本和能力积累后，吉利适时向自主创新战略转型，在核心技术和关键零部件总成的设计开发方面作出不懈的努力和尝试。吉利的能力在发展中逐步提升，首先具备了低成本制造能力，随后通过多种方式积累、加强研发能力和营销能力。目前，吉利已经在低端市场站稳脚跟，占据了一定的市场份额，体现了良好的增长潜力；在向中端市场升级的过程中，吉利与合资企业仍然存在品牌、技术实力等方面的较大差距。在国际市场上，吉利的出口也主要以欠发达的国家和地区市

---

① 本案例由课题组的汽车产业项目组基于 2006~2008 年对浙江吉利集团的实地调研编写而成。

场为主，吉利提升国际竞争力的道路将很漫长。

二、案例描述

（一）吉利的发展历程

浙江吉利控股集团有限公司（以下简称吉利）是国内一家民营轿车生产经营企业，始建于 1986 年，经过 20 余年的建设与发展，在汽车整车、汽车发动机、变速器、汽车电子电气及汽车零部件方面取得很大进步。

根据发展过程中的关键事件，可将吉利汽车的发展划分三个阶段，如图 13-1 所示。这三个阶段并非截然分开，而是存在一定的时间重叠。这是由于在上一个阶段结束之前，吉利就开始为下一个阶段做准备，不同阶段之间存在密切的关联与衔接。

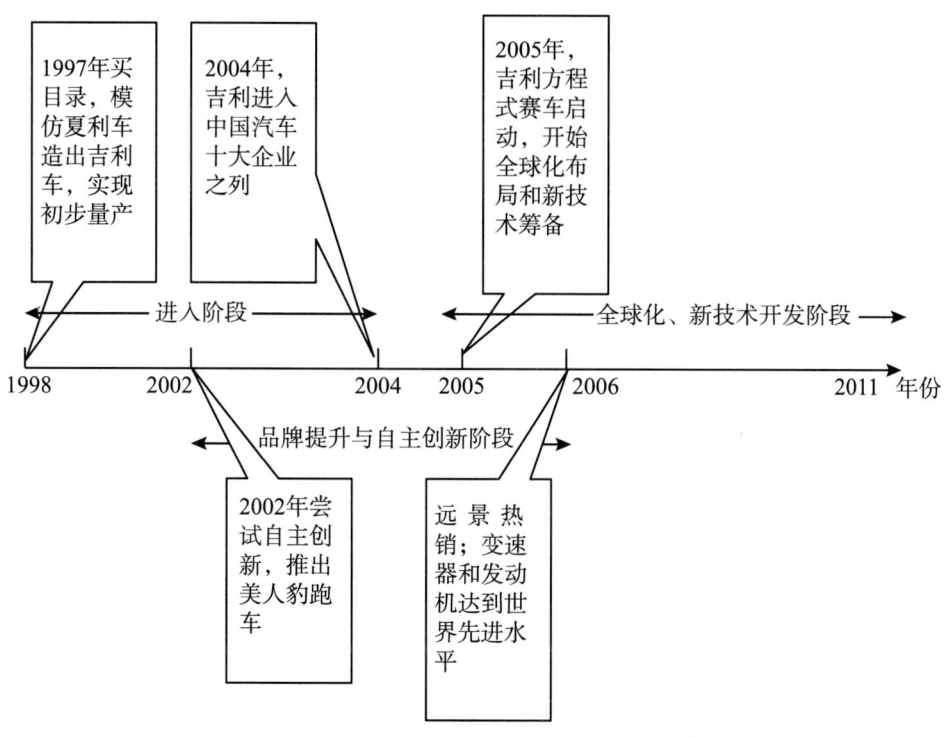

图 13-1 吉利汽车发展的三个阶段

资料来源：案例作者根据调查和研究提出、绘制（2008）。

1. 进入阶段（1998~2004年）

在该阶段，通过低成本策略，吉利实现了"造3万元车"的目标，成功进入了低端汽车市场。该阶段生产的车是6字头两厢车，豪情和美日是代表车型，第一步战略目标得以实现。详细内容见第八章第二节，在此不再赘述。

2. 自主创新与品牌提升阶段（2002~2006年）

该阶段又可以划分为两个子阶段。

（1）品牌提升和市场占有率快速提高阶段（2002~2004年）。2001年，吉利通过公共关系运作，正式获得生产三厢轿车的7字头目录；2002年吉利在自身产品质量并不完善的状况下，巧妙地运用媒体运作和中国市场特点，极大提升了吉利品牌的影响力，弥补了产品质量不足的问题。

2002~2004年的2年时间里，吉利实现了高速增长，2002~2003年吉利的增长率达到200%。吉利也开始由老三样（吉利、美日、豪情）向新三样（优利欧、美人豹、自由舰）迈进。在中国汽车业处于"战国时代"的背景下，吉利脱颖而出，实现了"乱世立足"的战略目标。

（2）自主创新阶段（2004~2006年）。该阶段的吉利的目标是确立企业在中国汽车工业中的地位。以自由舰为标志，吉利开始了基于核心部件（发动机、自动变速器）自主研发的自主创新历程。吉利通过在内部管理、品牌运作、营销管理、公司治理、质量控制等方面采取了一系列卓有成效的创新手段，初步实现了自主创新的战略意图。

3. 全球化布局和新技术开发阶段（2005~2011年）

2005年，国内首个方程式赛车项目——吉利方程式赛车项目启动，标志着吉利进入了第三阶段。在这个阶段，吉利通过网罗全球汽车人才，开始了全球化布局。目前吉利已在国内的西南湘潭、西北兰州和华北济南设厂，在海外马来西亚、俄罗斯和墨西哥设厂。考虑到未来汽车新技术和新能源发展的趋势，吉利着手开始混合动力汽车的研发。这是吉利所做的前瞻性战略准备。

（二）吉利的创新战略

1. 进入战略

汽车行业是典型的高技术壁垒、高投资壁垒和高规模经济壁垒、高无形资源（品牌等）壁垒行业，外资入主中国更是竖起了难以逾越的高墙。吉利在初始阶段的战略关键是破除高壁垒，实现产业进入。

（1）低成本切入。为了解决进入初期的资金劣势、迎合国内较大规模的低端市场需求、弥补品牌影响力的不足，吉利实施了低成本切入战略。以早期开发的豪情车为例，为了实现低成本造车，吉利在设计方面模仿夏利，节省了大量研发成本；在零部件配套方面，豪情全部采用国产零部件；建厂方面，设备均在国内采购，并通过测绘自制模具，极大的降低了固定投入。详细内容见第八章第二节。

（2）模仿创新。吉利通过模仿创新绕过了开发设计的技术障碍，采用最简单的"描红式"模仿方式，最早期的车型完全测绘、模仿了夏利车型，只在前脸与后尾部分做了简单的特征改变，因此不需要核心零部件的开发，直接采用天汽的夏利底盘，通过和天汽公司技术人员的交流，得到很多技术启发。模仿夏利车可以利用已经成熟的夏利零部件供应体系，避免了零部件生产体系的高额投资。

（3）企业家精神。按照常规分析，吉利并不具备进军汽车业的软、硬件条件，即吉利造汽车的可行性有限。企业家李书福打破了这个常规。李书福身上凝聚的企业家精神，对吉利敢于进入汽车业起到了关键作用。

2. 技术领先战略

吉利刚开始生产汽车时，购买配备丰田在天津工厂生产的8A四缸发动机。之后吉利扩大产能、实现量产从而导致对发动机需求成倍增加时，丰田非但没有把价格降下来，反而大幅度上涨。同时，丰田也拒绝将发动机生产设备卖给吉利。正是受制于发动机的瓶颈，吉利开始了针对核心部件（发动机、自动变速箱等）的自主研发。此外，随着加入WTO对于知识产权的日益重视，吉利已经很难获取技术模仿的对象资源，这迫使企业不能不走正向开发的创新路径，由此掀开了吉利技术领先战略转型的序幕。

在没有任何合资的条件下，吉利先后成立了吉利汽车研究院、发动机研究所、自动变速器研究所。以赵福全为领军人物的研发团队已达到1000余人的规模，拥有较强的轿车整车、发动机、变速器和汽车电子电器（EPS）的开发能力。吉利迄今获得专利成果266项，其中发明专利13项，自行研制的4G18（VVT-i）和CVVT发动机处于国际同类机型的先进水平；自主研发的Z系列自动变速器打响了中国自动变速器的第一枪；自主研发的EPS，开创了国产品牌汽车电子助力转向系统的先河。目前吉利正在研发节能环保型混合动力、无级变速器（ECVT）、轮胎防爆预警系统等国内外汽车热门攻关项目，并取得初步成效。2005年，吉利集团被评定为"国家级企业技术中心"和"省级高新技术研究开发中心"。

（三）吉利的能力成长

纵观吉利从进入汽车业发展到今天，其技术能力的升级过程具有自身的独特性。吉利汽车的技术能力升级过程，是一个由模仿到改进到研发的逐步升级过程。按照代表性产品和所达到的技术能力，可以将吉利的技术能力升级划分为三个阶段，如图 13-2 所示。

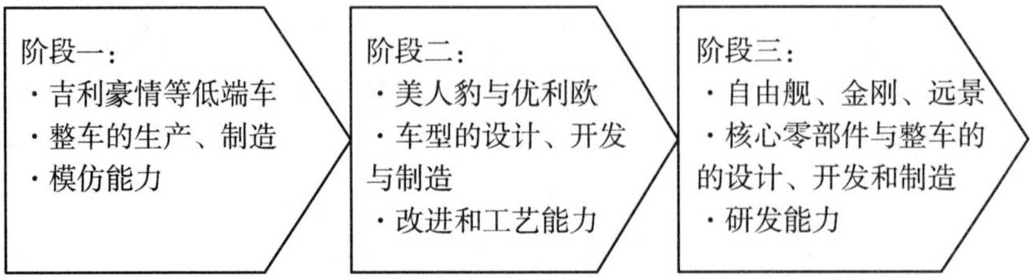

```
┌─────────────────┐    ┌─────────────────┐    ┌─────────────────┐
│ 阶段一：         │    │ 阶段二：         │    │ 阶段三：         │
│ ·吉利豪情等低端车│───▶│ ·美人豹与优利欧 │───▶│ ·自由舰、金刚、远景│
│ ·整车的生产、制造│    │ ·车型的设计、开发│    │ ·核心零部件与整车的│
│ ·模仿能力       │    │  与制造         │    │  的设计、开发和制造│
│                 │    │ ·改进和工艺能力 │    │ ·研发能力       │
└─────────────────┘    └─────────────────┘    └─────────────────┘
```

图 13-2 吉利汽车技术能力升级的三阶段模型

资料来源：案例作者根据调查和研究提出、绘制（2008）。

吉利首先从最简单的整车生产和制造能力入手，这是一种模仿能力的体现，模仿夏利的吉利豪情和美日车是这种能力的代表产品。之后，吉利通过车型的开发与制造，逐步提升自己的工艺能力，以达到质量改善的目的。目前，吉利已升级到通过核心零部件、整车的设计、开发与制造，逐步掌握核心技术的研发能力。

从零部件与整车的关系看，吉利走了一条从整车的开发能力（车型设计、车身开发、制造能力）到核心零部件（发动机、自动变速器）的设计、开发与制造能力这样一条由"整到分"、"由外到内"的能力提升路径。在模仿阶段，吉利的技术能力成长主要表现为以整车仿制开发为代表的系统知识的存量增长，实现了技术能力在整车开发方面的复制模仿成长，而核心部件在该阶段只停留在能够独立自主进行采购、生产和组装的水平。到了改进阶段，整车开发已经能够实现合作协助下的正向开发能力，提升了整车开发如设计、制造等的系统知识存量；而核心零部件的开发处于刚起步的研究阶段，主要的途径是技术学习。到了研发阶段，吉利已经能够实现快速高效的整车开发活动，而核心零部件的设计开发刚刚取得突破性进展，还有待提升匹配能力。由此可以发现，吉利走出了一条从架构能力到关键的元件能力的技术能力提升路径。

此外，吉利的技术能力还有一点独特之处，即它具备的非核心零部件的采购和管理能力。这种能力是吉利在低成本领先战略阶段形成的，并一直贯穿在吉利的整个发展过程中。

（四）吉利的竞争力

吉利通过成本领先战略向技术领先战略的转型，意在实现技术能力的逐步提升，不断增强产品的竞争力。下面从国内市场的份额和国际市场的出口绩效描述吉利汽车的竞争力状况。

1. 国内市场销量和市场份额

通过市场的精耕细作和品牌的有效推广，吉利汽车销售创造了良好业绩，2006年吉利汽车年销售量为20.4万辆，占中国汽车市场份额的5.33%；2007~2008年吉利汽车在整体乘用车市场中的市场份额达到4.1%，在自主品牌企业中仅次于奇瑞。

以上统计数据显示，吉利在本土企业中具有较强的竞争力，特别是在经济型轿车市场占据了近1/4的市场。然而在整个汽车市场中，吉利车型占据的市场份额仍然很低，主要原因在于吉利产品市场覆盖的单一性，而其他合资企业已通过形成不同档次的产品来覆盖不同层次的消费者市场。随着经济型轿车市场竞争的日益激烈，加上吉利向中端轿车市场迈进的较大障碍，吉利车型在轿车市场的竞争力必将受到更大威胁。

2. 海外市场的出口绩效

吉利秉承"走出去比引进来更重要"的理念，从2003年起，吉利开始进军海外的探索，当年8月，首批吉利轿车出口；2004年，吉利汽车出口4 846辆，名列中国轿车出口第一名，比2003年增长近10倍，出口达30个国家和地区；2005年实现出口近7 000辆，同比增长60%以上；2006年实现出口近1.5万辆，同比增长达110%。

吉利做出了产品出口的尝试，并且取得了不错的增长趋势，体现了吉利产品在一些国际市场具有相当的竞争力，这种竞争力主要体现为低廉的价格优势。吉利的海外销售战略基本按照"由易到难"的思路展开，目前吉利出口的产品主要集中在东南亚、中东和俄罗斯、乌克兰等汽车产业不太发达的国家和地区。如果要实现出口规模的迅速增长，具有较大消费基础的发达国家是吉利必须争夺的市场。作为吉利这样一个技术和品牌劣势明显的后起者，要进入发达国家的成熟市场，接受成熟汽车消费者的挑剔和检验，不是一件容易的事情，吉利要取得产品的国际竞争力，任重道远。

三、案例分析

吉利的自主创新之路，是一条企业家和企业利用创新战略不断突破创新壁垒、逾越创新障碍的过程。

吉利明确地将进入初期的战略定位为成本领先战略。通过实施成本领先战略，吉利得以克服进入过程中遭遇的诸多壁垒，比如，市场壁垒、技术壁垒、资金壁垒等。成本领先战略的实施还为吉利创造了不错的市场绩效。吉利在自身实力达到一定水平之后适时地开始战略转型，由成本领先战略向自主研发和自主创新战略转移，逐渐培养、提升企业各个方面的能力。

吉利的企业战略与企业能力呈现协同演化的态势。早期阶段，吉利在技术上只具备规模制造能力和模仿设计能力，在市场中拥有销售摩托车建立的渠道能力，这是吉利成本创新的能力基础。通过对于低成本造车的追求，吉利的制造能力得到强化。随后，吉利通过合作创新、建立正式的研发机构、非正式学习等途径突破了技术能力爬坡障碍，逐步提升自己的技术能力，规范自身的新产品开发流程，开始形成在发动机、自动变速箱等核心零部件的开发能力。

企业案例二：一汽集团商用车[①]

一、案例摘要

一汽是新中国成立之后成立的第一家汽车企业，一汽的发展历史在很大程度上代表着中国汽车产业发展的历史。一汽集团的主要产品覆盖了商用车和乘用车的各个层次。本案例重点关注一汽解放商用车的开发历程，尤其是解放 J6 的创新。本案例重在考察一汽解放商用车市场战略和技术研发战略。其中，市场战略呈现出从满足消费者需求到引领消费者需求乃至走向国际化市场的转变；技术研发战略则从简单的引进消化吸收转向自我积累和集成创新，再转向有选择的原始创新。一汽解放的技术能力和营销能力在战略转型过程中得到稳步提升。目前，一汽解放在国内商用车领域具有较强的竞争力，在国际市场竞争中崭露头角。

二、案例描述

（一）一汽解放 J6 开发

一汽解放汽车具有辉煌的历史，从 1956 年 7 月第一辆国产解放牌汽车驶下总装配线，经过 50 多年的发展，一汽解放共研发了 5 代产品。

---

① 本案例由课题组中的汽车产业项目组基于 2006~2008 年对一汽集团商用车的实地调研编写而成。

自 2001 年以来，中国就是全球最大的商用车市场，国内重卡需求旺盛，合资合作或自主平台竞争异常激烈，斯太尔平台占据半壁江山。此前，虽然一汽解放品牌在中国市场占有量具有绝对优势，但缺乏真正意义上的大马力、大吨位的重型车产品。2001 年，一汽集团拒绝了国外跨国公司提出的放弃"解放"自主品牌的合作条件，决定自主开发具有完全自主知识产权的新一代重卡产品——解放 J6。

历时 6 年、斥资近百亿元自主研发的、面向国内高端的解放 J6 于 2007 年 7 月 15 日在一汽解放卡车新基地下线，不但证明一汽解放产品结构和企业结构调整已经取得成效，同时表明一汽解放的自主研发能力达到了国际水准。

解放 J6 是一汽在继承以往几代解放重型车优点的基础上，定位高端、对标欧洲且完全自主开发的产品，具有"高技术含量、高可靠性和高寿命、高动力性和高承载能力、高舒适性和高平顺性、高安全性、高操纵性、低油耗"的优势。

解放 J6 在开发过程中，取得创新技术 300 多项，申报国家专利 197 项，其中包括奥霸 13 升柴油发动机、500 单级后驱动桥和三大总成"体系节油"新概念等原创性成果。同时，还建立了工艺装备水平和生产质量控制水平均达到国际先进卡车制造企业水准的解放卡车新基地，焊装工艺水平实现了与国际的接轨；涂层质量达到了中级以上轿车的涂装标准；同时采用一汽完全自主研发的生产组织控制系统，还采用装配全自动进口设备的出厂检测线，大大提高了检测精度，保证了产品质量。

（二）一汽解放汽车创新战略

下面从市场战略和研发战略来剖析一汽解放汽车的创新战略。

1. 市场战略

（1）满足市场基本需求。一汽解放早期的主要战略目标是迅速完成车型的改进和产品的升级，尽快满足市场对于解放载货车在功能上日益增加的需求。一汽解放的前 4 代产品都属于满足市场基本需求条件下的产物。例如，20 世纪 90 年代中期，为了满足市场柴油化和平头化的需求，一汽推出了解放第 3 代产品——解放柴油平头车。之后，用户对运煤车和工程车辆可靠性和承载性又提出了更高的要求，一汽解放先后推出以解放长头拉煤王和解放加强型工程自卸车为主导车型的解放第 4 代产品。

（2）调整产品结构，引导市场需求。随着一汽解放销售规模的不断攀升，对于消费者的需求有了更加深入的了解，一汽解放开始转变战略重心，通过调整产品结构实现对消费者功能需求的全面覆盖，通过营销能力的提高更好地引导市场需求，满足消费者个性化需求。从产品开发看，这种市场战略主要体现在解放第 5 代产品的推出。2004 年以后，基于对国内重卡市场迅速发展趋势的判断，一汽陆续推出了解放奥威、悍威、大威重型车，以及解放骏威中型车、解放三赛等经济型车，适应了国内卡车市场需求结构的变化。

（3）国际化战略。解放 J6 作为解放第 6 代产品，是解放实施国际化经营战略，打造世界级品牌的历史转折点。经过 50 年的历史积淀，一汽在卡车领域已经积累了成熟的生产制造经验和技术开发实力，形成了比较完整的具有自己特色的开发、采购、制造、营销等管理体系。充分利用国际合作平台，整合国际资源，形成研发体系和国际化的生产经营管理体系以及自主知识产权体系，这也是一汽解放自主—开放式发展的核心内容。

2. 研究开发战略

在研究开发上，一汽解放汽车实施了"四步走"战略。第一步是引进消化吸收；第二步实现自主研发数据和知识积累，包括建立知识体系、知识积累、数据积累、流程管理、体系建设等；第三步是集成创新；第四步目标是在 2012～2015 年实现原始创新。

（1）引进消化吸收。一汽解放从全盘接受苏联技术起步，以苏联吉斯为原型设计出 CA10 载货车和 CA30 越野车。之后，在消化吸收的基础上设计出换型产品 CA140 型 5 吨载货车和改型产品 CA30A 型越野车。改型的成功证明一汽解放已经通过消化吸收初步具备了载货车的改进和开发能力。后来一汽解放的消化吸收成果一直停留在车型改进的基础上。直到改革开放后，开发出第 2 代产品 CA141 型 5 吨载货车，才初步实现对苏联技术的引进消化吸收基础上的创新。

（2）技术积累。中国巨大的卡车市场吸引众多国际卡车制造巨头前来寻求合作，一汽解放为了保住并发展自主品牌，坚定地选择走自主研发的道路。在自主研发中，技术积累具有特别重要的意义。

一汽解放的技术积累主要包括知识积累和数据积累。知识积累集中在车型的开发设计知识、实验方法、开发流程等方面，这些都需要通过实实在在的车型开发的"干中学"来获取。事实上，一汽解放从早期的车型开发就开始关注专业知识的积累。数据积累主要依靠试验验证，只有通过新车型开发或改进后的试验验证，才能逐步积累形成数据库，而这些数据库积累的参数又可以被利用到下次的车型开发和试验验证中。

知识积累和数据积累需要比较长的时间，一汽解放从第 3 代产品开发直到现在一直致力于技术积累，这成为解放能够在载货车市场竞争优势的重要保证。

（3）集成创新。在技术积累达到一定水平之后，一汽解放开始进行集成创新的努力。一汽解放的电控单元单体泵技术就是典型的发动机电控系统集成创新的例子。一汽解放从德尔福买壳,从卡特皮勒买喷油器,然后由国内泵厂组装,最后自己完成集成。通过集成创新的发动机电控系统总成本由 10 000 多元降到 5 000 元,迫使国内外的供应商降价,实际受益者除一汽外,还有二汽、重汽等其他国内企业。

通过集成创新,一汽解放汽车还与国外很多汽车零部件供应商建立了良好的合作关系。例如,在发动机电控系统的集成创新时,一汽解放与博世建立了合作关系;一汽解放与德国道依茨合作建立的柴油机有限公司已经形成批量生产能力,为解放 J6 提供稳定的发动机供应。这种合资合作关系已经不同于改革开放初期的合资合作,一汽解放在合作双方技术能力的比较上已经不再处于劣势地位,而具有较强的合作伙伴的选择以及谈判收益分配的地位。

(4) 原始创新。一汽解放立志于成为国际品牌,希望在国际市场中具有竞争力。在国外厂商的老路上创新必然受其限制,因此一汽解放明确定位要通过原始创新,另辟蹊径。

(三) 一汽解放汽车的创新能力成长

实施自主研发战略和市场战略,一汽解放卡车的创新能力稳步提升。以下从技术能力和营销能力两个方面剖析创新能力的成长过程。

1. 技术能力

一汽解放始终将自主研发、自有品牌的战略思路贯穿到业务运营和产品开发过程中,通过各种渠道的技术学习和创新活动成为解放创新能力最重要的基础。解放的技术能力突出体现为产品开发的能力。新产品开发通常包括设计能力、试验能力、设计分析能力和试制能力。例如,设计分析能力中的计算机辅助工程(CAE)能力,是缩短开发周期、降低研发成本、提高产品质量的关键。随着解放车技术能力的提升,CAE 已经得到了广泛的应用,一汽解放已经掌握了金属件、曲轴连杆、变速箱、齿轮和塑料件的 CAE 分析。再如,通过产品开发,一汽解放在软件和硬件两个方面逐渐形成了国内较强的试制能力。

2. 营销能力

一汽解放将"用户第一"的理念作为经营活动的最高准则,并且通过持续的投入和改革培养产品的营销能力。例如,在营销体系建设方面,一汽解放通过全面营销系统(TDS)的应用,减少库存,提升计划管理水平;一汽解放采取精益营销模式,充分利用一汽解放在营销服务网络上的资源优势和成熟经验,为用户提供周全的运营保障。又如,一汽解放率先推出的"新六项服务承诺",制定了我国卡车售后服务领域内的最高标准。

（四）一汽解放汽车的竞争力

1. 国内市场竞争力

一汽解放在国内载货车市场具备较强的竞争力，与进口产品相比具有明显的价格优势。2007 年，一汽解放共销售中、重型载货车 15.6 万辆，同比增长 27%，其中，解放牵引车市场份额达 26%，载货车市场份额达 23%。解放品牌价值增长至 128.59 亿元，蝉联中国卡车制造业榜首。

2. 国际市场竞争力

一汽解放参与国际市场竞争的传统优势是低廉价格，就目前国内重型载货车的售价来看，一汽解放的价格往往是国际厂商同等车型售价的一半甚至更低。但是一汽解放有更高的目标，希望自己开发的车型达到国际领先的水平。例如，2008 年解放 J6 的两款最高档车型之一的 CA4180 可以匹配自己研发生产的 9 升 CA6DL2 发动机和 13 升 CA6DN1 发动机，功率覆盖 350～420 马力，车桥采用同等车型的解放 475 盘式制动桥，并应用了先进的制动防抱死系统（ABS）、加速防滑（ASR）系统等，已达到欧Ⅳ排放标准。

伴随着研发能力的增强和海外市场的拓展，解放卡车出口量逐年增加，2007年解放卡车全年实现出口 6 000 多辆，是 2006 年出口量的 3.5 倍。目前解放产品已销往欧洲、非洲等 20 多个国家和地区。为了在国外树立和维护良好的解放品牌形象，一汽解放不但重视产品出口的质量和数量，更加重视售后服务。解放卡车已经显示出成为世界卡车市场有力竞争者的潜在实力。

三、案例分析

一汽解放是我国汽车产业半个多世纪发展历史的缩影，体现了我国在商用车领域的最高技术水平。一汽解放的创新战略体现出技术和市场齐头并进的特点，即在掌握先进成熟的整车制造技术的基础上向设计技术和关键零部件总成设计制造技术迈进；日益重视消费者需求，为客户需求量身定做进行新产品开发。一汽解放的技术战略体现了与时俱进的特征，经历了从引进消化吸收到自主创新的战略转型；在自主创新的征程中，从以集成创新为主向原始创新迈进。解放的市场战略则是由被消费者需求引导转变为能够定制化的满足消费者个性需求，进而进军国际市场。

企业案例三：上海通用泛亚[①]

一、案例摘要

本案例在对泛亚重要部门负责人访谈的基础上完成，案例总结了泛亚富有特色的"六步走"创新战略。在泛亚创新战略指引下，泛亚设计开发和车型改进能力逐步提升，这种能力主要体现在设备的不断高精尖化、概念车开发和常规车型的改进三个方面。由于技术供给的源头仍然控制在外方手中，所以泛亚从事的创新活动的范围仍然受到限制，而且还受到通用全球战略的影响。

二、案例描述

（一）泛亚的创新战略

泛亚汽车技术中心有限公司（以下简称泛亚）成立于 1997 年，是国内首家专业汽车技术与设计中心，由通用汽车中国公司和上海汽车工业（集团）总公司合资组建。泛亚业务主要包括造型设计、工程开发和试验认证，其中造型设计和工程开发是泛亚目前的主要业务，而试验认证的能力还在进一步培养中。

泛亚从成立伊始即确定了自主开发的基本原则："合资引进、吸收消化、提高改进、创新自主"。具体说来，泛亚将其创新战略规划分为六个具体的步骤：全球选、任我改、提能力、创新车、树品牌、出国门。

第一步，全球选。泛亚可以在全球的范围内根据需要选择适合市场需要的任何通用车型。这样泛亚就可以集成全球资源。这一举措对提升泛亚的能力具有举足轻重的意义：开拓了工程师的视野，提供了技术交流合作的机会；丰富了工程数据库资源，还推动了前期产品研究的发展。

第二步，任我改。中国市场需求差异性对于本地化改进提出了现实的需求，因此泛亚需要根据这些市场差异化的需求进行零部件和匹配的修改，同时将中国

[①] 本案例由课题组的汽车产业项目组基于 2006～2008 年对上海通用泛亚的调研编写而成。

本地数据发布。

第三步，提能力。这是指以自我能力提高为前提、以市场机制和市场竞争为背景、以自主知识产权的整车开发为目标的能力的提高。泛亚主要把本土工程师的培养作为工作的重中之重，通过项目锻炼、能力发展规划、工程师论坛、双轨制、导师制和培训等措施，大力推动本土专业人员能力的提升。

第四步，创新车。通用全球结构开发中心（Homeroom）是通用全球工程中心之一，负责集成区域性平台需求并完成某类车型平台的开发。从市场需求、技术需求、成本可行性和对通用空白点的补充来看，小型低成本车是泛亚创新车合适的切入点。因此泛亚的创新车战略可以简练总结为：以微型车为切入点，通过全面提高工程开发能力，成为微型商用车全球结构开发中心，并更好地设计全系列车型。

第五步，树品牌。消费者真正关心的是品牌中折射出来的企业综合能力、产品的设计和技术含量以及产品质量和服务，因此，通用的"树品牌"战略体现为基于产品研发、产品制造和产品销售以及企业文化培植起强有力的产品综合竞争能力，辅以市场机遇形成具有市场竞争力的自主品牌。

第六步，出国门。这包含两个层次的内容：第一个层次是技术服务走出国门，这就需要实现在平等对话的基础上参与通用汽车项目的全球联合开发，自主开发的全球结构开发中心共享到通用全球网络，同时为通用北美等其他技术中心提供技术服务。第二个层次是产品走出国门，指需要利用通用的全球化资源不断探索走出国门的机会，发挥地区成本优势，争取产品走出国门，低成本小型车和微型车是实现产品走出国门的重要突破口。

除了"六步走"的基本创新战略之外，泛亚另外两个有特色的技术创新战略是：与供应商建立战略合作伙伴关系，建立有特色的人才培养模式。

泛亚通过与供应商建立长期稳定的战略合作伙伴关系来弥补自身人力、物力不足的劣势。邀请主要供应商参与造型设计成为泛亚的一种工作模式。主要内容是：待零部件总成的主要接口参数确定后，由供应商承担该零部件总成的开发认证工作，泛亚则通过整车认证等手段来确认性能指标，评判是否达到整车的设计要求。这种与零部件厂商的战略合作不仅保证了开发质量，节约了开发成本，缩短了开发周期，更重要的是对与之配套的国内供应商开发水平提高起到了助推器作用。

重视对本土工程师开发能力的培养是泛亚在人才培养模式上的特色之一，也是它有别于其他合资企业的一大特点。泛亚每年都输送大量工程师到国外参与通用公司其他研发中心进行的同期项目的长短期在职培训，仅 2005 年泛亚完成的国内培训量就达到 7 万多小时。公司内部还设立了每周固定的工程师论坛，目的就是希望能促进泛亚工程师的快速成长。另外，泛亚要求每个来工作的外国专家在华期间除了完成自己的工作外，还必须带出几个优秀的本土工程师。通用汽车为泛亚的工程师培养也提供了支持，通用全球"设计工程数据库"中所有车型及零件的详细参数，为泛亚的工程师开放，通用汽车的"经验及教训"数据库也欢迎泛亚工程师浏览学习。

（二）泛亚的能力成长

在创新战略的引导下，泛亚的能力得到迅速稳定的发展，其能力成长过程可分为四个阶段：

阶段一（企业成立~2002年），掌握内饰、外饰、动力总成标定及底盘调整四项核心技术能力；

阶段二（2002~2005年），具备国际水平工程开发效率；

阶段三（2005~2007年），具备全新车型开发能力，并达到国际技术中心现有水平；

阶段四（2008~2010年），将成为中国领先的、具有自身特色的世界级汽车设计、开发和试验中心，能参与通用汽车全球市场的整车工程项目。这种能力的发展轨迹主要体现在装备先进的开发设备、概念车设计能力和车型改进能力三个方面。

1. 装备先进的开发设备

泛亚在发展过程中不断引进先进的开发设备，使其研发能力不断提高。如表13-1所示的是近年的重大实验室建设和设备引进情况。

表13-1　　　　　　　泛亚先进设备的引进情况

时间	设备完善	能力提升
2004年4月	样车试制车间	通过样车试制，以便在新车型设计开发的早期阶段能够解决各种问题和潜在的产品缺陷，从而缩短新车型开发周期、减少工程开发风险、降低工程设计及更改成本
2004年10月	虚拟现实中心	为产品开发团队提供了一个实时的交互式的协同工作环境，使电子样机的可视化成为现实，从而得以进行各种仿真研究
2005年5月	引进底盘运动及动力学参数测量设备	提高了泛亚根据中国道路情况的底盘调试能力，而且提升了泛亚自主开发的能力，对泛亚的工程开发工作起到了巨大的推动作用

续表

时间	设备完善	能力提升
2006年4月	建立噪声实验室	在工作方法上，从原来的"发现问题后被动解决问题"转到"在产品开发早期避免问题的发生"
2006年6月	建立动力总成实验室	有利于加快产品的市场进入，通过提升本地的工程开发能力以加快响应速度，同时提高产品对本地市场的适应性以提升质量
2007年8月	建立材料实验室	形成了非金属材料测试及开发、颜色测试及开发、整车空气质量分析及测试和金属及紧固件分析及测试四大核心能力
2007年9月	建立结构实验室	建立起了基本的整车、系统和关键零部件的结构力学性能、运动学性能和密封性能的试验能力
2007年9月	建立子系统安全实验室	能够帮助工程师在整车集成开发过程中快速准确的对各子系统的安全性匹配，做出验证和评价，从而能更早的发现可能存在的安全性隐患，大大促进整车安全性能的提升
2008年	排放实验室	具备CVS采样分析、微型袋稀释采样和双路"微型模态分析"功能，可以解决低排放、超排放测试精度问题

资料来源：作者根据企业内部资料整理得到（2009）。

2. 概念车设计能力

1999年6月在泛亚诞生了第一辆由中国人设计、开发的概念车——麒麟。之后，泛亚陆续推出了自主设计的凤凰燃料电池汽车、鲲鹏概念车、畅意概念车和别克未来等概念车，显示了泛亚在概念车开发方面的能力。其中，2005年推出的畅意概念车的设计、开发全程采用数字开发技术，大大缩短了造型设计、工程开发和验证的时间，代表泛亚在汽车设计开发领域达到了又一新高度，同时也为中国汽车数字开发技术的应用创造了一个范例。畅意概念车是泛亚第一款采用数字开发技术进行造型设计的概念车，开发过程完全颠覆了传统流程：设计师首先建立数模，经过虚拟评审后，再根据数模制作出油泥模型，同时数字化技术也被大量运用于概念车的工程开发、分析、认证的全过程。

3. 车型改进能力

在产品车的改型上，泛亚形成了三个本地化改型平台——小车平台、商务车平台和中高级车平台。

在小车平台上，泛亚将欧洲的一款车型进行全新改型，最后设计出赛欧。之后，泛亚又对其进行全新外饰设计和功能性改进，于是又有了新赛欧。按照类似小车平台的改进模式，泛亚在商务车平台上选择了北美的雪佛兰 Venture，设计出了 GL8，再通过 GL8 的改型设计出了后来的陆尊。

在中高级车平台上泛亚走得更远。基于 97 款北美别克，泛亚先后设计出了别克新世纪、君威、君越。其中，君越是泛亚成立以来开发力度最大的整车开发项目，对泛亚整车开发的能力具有里程碑式的意义。在君越的开发过程中，泛亚经历了从前期分析直到产品生产启动这一完整体系的开发，泛亚第一次全面运用通用全球整车开发流程，整合全球设计、工程资源，实现海外三地同步开发、问题同步解决。同时泛亚还充分运用了一系列先进的开发手段，例如，数字化虚拟技术，不仅缩短了开发周期，还大大降低了开发成本。君越车型的新零件和沿用件的使用比例已经达到 60%∶40%，第一次实现了新零件超过一半比例的突破。新零件的采用上，泛亚在君越车型上实现了几乎全部车身设计和内饰设计的零部件改型，在底盘和动力总成系统中的改型介入程度也日益提高。

（三）泛亚的竞争力

泛亚通过概念车开发和产品车改型，已经显示出了较强的整车和关键零部件总成的开发实力。经过泛亚改型的赛欧、新赛欧和君威、君越在同类型的产品中取得了相当优异的市场绩效，这也得益于泛亚始终坚守基于中国消费者需求和消费特色的开发原则。泛亚已经成为中国汽车产业领先的技术中心之一。应该看到，泛亚高度依赖于通用汽车在产品原型和开发技术的供应，所谓"全球选"，只能在通用全球已有的成熟车型中选取作为改型模板的样车，并且泛亚改型的产品只能依托上海通用的平台实现销售。因此，泛亚虽然具备较强的产品设计开发竞争力，但是这种竞争力发挥作用的范围有限，利用泛亚的设计开发实力的技术外溢从而带动中国汽车产业设计开发实力的全面提升效果也十分有限。

泛亚的国际竞争力主要体现在创新战略的最高层次，通过"出国门"，将技术和产品推向国际市场。由于有通用的合资背景，这种实现国际竞争力的路途也不是一帆风顺的。通用对于其全球技术资源和产品布局有非常明确的规划，泛亚作为全球布局中的一颗棋子，技术和产品的出口受到了严格限制。目前这种出口限制有放宽的趋势，据泛亚内部人士透露，通用已经同意泛亚自行开发一款1.4L排量小车，除了知识产权将归属泛亚和上海通用外，还准备向海外市场出口。不过这是以泛亚在通用研发体系内的地位降低为代价的，因为上汽必须因此为通用另建独资研发中心提供方便。

三、案例分析

泛亚是汽车产业合资企业创新的典型代表，当合资企业不创新遭到国内相关人士的诸多诟病之后，泛亚的创新还是体现出了上海通用对于创新活动在战略上的重视，并且采取了实实在在的行动。泛亚"上海通用First"的理念[①]试图超越合资双方的利益纠葛及由此而来的决策局限，以实现一切创新活动以合资企业的利益为根本出发点。在这样的理念指导下，泛亚日益重视通用车的本地化改进，注重培养泛亚的车型改造能力，因为从市场反响以及企业内部的成本考虑，这都是最佳选择。通用对于泛亚的支持，也为泛亚的创新活动提供了空间和难得的机遇。这种理念是对合资企业经营理念的突破，对探索合资企业在中国本土的创新是一个有意义的尝试。

所谓"上海通用First"是指泛亚既不考虑通用的利益，也不考虑上汽集团利益，而是优先考虑合资企业上海通用的利益。

在泛亚创新战略的指引下，泛亚的技术能力得以有针对性的提升。例如，设计检验设备得以不断升级，很多技术的造型设备、开发设备以及试验试制设备都得以投入使用。通过几代概念车的开发，泛亚已展示了对于未来科技的把握能力和实现能力。泛亚的车型改进能力也有了长足进步，负责了陆尊、君威、君越等一系列通用在中国市场推行的新车型改进工作，其改型能力从市场反应中得到了很好的验证。

当然，泛亚的探索还只是初步的，泛亚毕竟是合资的产物，通用对于技术供给控制权使源头"全球选"和"任我改"都存在局限性，"出国门"更是受到通用全球战略的限制。

---

① 指以合资企业的利益为根本出发点，而不单独考虑合资企业中的任何一方，如通用或上汽集团。

企业案例四：东风猛士[①]

一、案例摘要

东风汽车集团是我国汽车产业发展主力企业之一。目前东风的整车业务主要集中以合资企业为主的乘用车和以本部为主的商用车。本案例研究的是东风猛士的研发项目，在对参与该项目关键参与人物的访谈基础上整理完成。

东风猛士是汽车产业创新中一个比较特殊的案例，其产品供军方使用，这与一般企业的创新项目所考虑的因素有所不同。按照项目要求、完全自主的、在国内掌握关键总成的基础上实现创新是其基本特点。在这种强制性的要求下，企业的技术能力得以迅速提高，高强度的创新活动更是培养了一批专业人才。也应该看到，由于定制化的需求，该项目对于企业市场能力的成长贡献不大。

二、案例描述

（一）东风猛士项目的发展历程

1. 研制背景

（1）各国对于悍马的仿制。美军第3代轻型高机动性战术车辆悍马在其轮式车辆中比例高达76%。悍马采用多项先进技术，突出大动力、高通过性和坏路无路地区平顺性，并可以配备武器直接作战突击，在海湾战争中一举成名，开启了新的陆军装备战术理念的革命，成为各国新一代战术车辆的共同模式。在海湾战争之后，先后有50多个国家装备了"悍马"；另外还有多个国家仿制或者根据美国通用汽车公司的授权，生产了各种型号的"悍马"，例如，瑞士的"鹰"式侦察车、土耳其的"眼镜蛇"系列装甲车和日本的轻型高机动越野车等。各种型号的"悍马"具体结构各不相同，并且技术壁垒森严。

（2）军方的需求。我国一直保持着对于高机动车和轻型越野车研制的高度

[①] 本案例由课题组的汽车产业项目组基于2006~2008年对东风汽车集团的实地调研编写而成。

关注和投入。20世纪六七十年代我国利用苏联汽车技术研制第一代军用越野汽车，八九十年代改造换型补充型谱完成第2代研制。前两代军用越野车主要承担的是货运任务，而能够担任在前方作战型的高机动越野车极度匮乏，军方急需新一代具备架设榴弹炮、机枪功能，同时又具备实现突击、战略防护和战略救护等功能的高机动越野车。另外，第2代军用越野车已经服役很长年限，多项性能达不到现代战争的要求，因此也需要有高性能的新一代产品来完成更新换代任务。出于军事安全的考虑，总装备部在对于重大型号越野汽车研制命令中明确规定，新产品基本型必须实现100%的知识产权，国产化率必须达到100%，并且对于新产品研制和完成装备部队的时间做出了严格限制。

（3）东风的预研。早在1997年，东风汽车公司技术中心通过各种途径了解悍马的各项技战术指标，期待着能有机会开发出中国自己研制的悍马。但由于严重短缺的研制经费与实际研发需求实在差距太大，中国悍马无法正式进入研制阶段。

进入新世纪后，中国经济快速发展，国防经费有了一定程度的增加。2001年初，总装备部向相关单位发出研制高机动性越野军车的竞标通知。东风闻风即动，投入高机动性越野军车研发。经过努力，2003年总装备部与东风汽车公司签订了1.5吨级高机动性军用越野汽车研制合同。

2. 猛士的开发过程

总装备部对第3代高机动性越野军车的型号提出了极为严格和极高的战术技术要求。同时，提出了严格的研制进度表，按照要求，整个开发研制工作分为以下三个阶段：概念样车阶段（2002年10月～2003年9月），主要包括方案设计、工程设计、样车试制、样车性能和可靠性试验；初样车阶段（2003年9月～2005年7月），主要内容是整车部件优化设计、多轮次样车试制，台架试验和性能可靠性试验，该阶段整车零部件可靠性基本到达战术技术基本要求；正样车验证阶段（2005年8月～2006年10月），主要内容包括全面落实改进项目、短头车设计和设计定型；试制长头车12辆、短头车2辆；试验为军方试验和基地试验。2006年10月，东风"猛士"全部定型试验完成。试验结果表明：该车型全部达到研制总要求的各项规定。2006年12月，东风"猛士"通过了设计定型审查。

（二）东风猛士的创新

东风猛士实现了多项技术创新，同时培养了创新人才。

1. 建立高机动性越野汽车指标论证、开发设计、试验验证技术体系

东风汽车公司建立了高机动性越野汽车整车目标定义、计算分析、工程设计、试制、总成台架试验、改进、考核等高起点技术体系。为充分考核东风"猛士"，东风汽车公司建立了包括企业、部队试验基地、使用部队等多方位全流程的试验验证体系。

2. 东风猛士的技术创新

东风猛士的创新主要体现在以下几个方面：

(1) 高机动性。东风猛士提出新的稳态转向设计方法，新定义中性转向线等概念，优化前轴内外转角差和转向横拉杆布置，使"猛士"具有铺装路面轿车驾驶感受、恶劣路面的快速机动能力，能够通过其他车型不能通过的路面和障碍，提升了越野高速行驶平顺性和稳定性。东风猛士的越野行驶最大平均车速达到 40 千米/小时，达到了高机动性能指标的国际先进水平。

(2) 极限环境适应性。通过技术创新，东风"猛士"的极限高低温、制动、极限路面、电磁环境等极限适应能力达到国际同类先进水平。例如，发明冷却风扇传动装置，同时利用流体仿真计算，解决多层散热器倾斜布置冷却难题，高温环境适应温度达到 55℃；创新轮边减速器双向密封油封，发明主减速器密封轴承，发明新型油水分离器，创新底盘总成集中通气系统，提升电子电器部件的防护等级，整车可长时间涉水泥泞行驶等。

(3) 可靠性和轻量化。通过技术创新，"猛士"较悍马在装载质量提高 17%、质量利用系数提高 10%、发动机功率提高 30%、平均行驶速度提升的情况下，整车的耐久性提高 2 倍，整车轻量化、承载能力和可靠性达到国际先进水平。例如，应用坡道起步载荷设计传动系方法，解决了精确确定高机动性越野汽车传动系负荷难题，在匹配大动力发动机情况下，提高了传动系的承载能力，保持了传动系轻量化水平。

(4) 模块化设计。东风"猛士"一方面要面对国外的技术壁垒；另一方面国产化率又要达到 100%，因此没有现成的总成部件可以直接采用。东风公司充分利用模块化设计方法和全国各方面的技术优势，完成了东风"猛士"全部总成部件的创新，共获得专利 32 项，涵盖了各重要零部件。例如，在发动机总成及系统方面，东风公司共取得 3 项专利：车辆高温极限适应力、车辆低温极限快速启动和 ISDe 越野电控共轨发动机。其中，前两项为东风公司独有，最后一项由东风公司与东风康明斯公司联合开发。

(5) 创新人才的培养。猛士开发项目开始之初，技术人员非常有限。后来虽然随着研发中心的不断壮大，技术研发人员达到了 1 200 余人，但是很多技术人员都是后期招入的应届毕业生，他们没有任何产品研制和开发的实践经验。东风通过猛士项目的锤炼，培养出了一批能攀登技术高峰、能拿下世界高难度的汽车开发的人才队伍，为我国汽车技术的发展培养和储备了人才。

(三) 东风猛士的能力提升

通过自主创新的实践，东风逐步掌握了很多现代军用越野车开发的知识和技能，尤其是实现了很多关键技术能力的提升。这些关键技术包括总体设计、造型设计、车身设计、动力传动系统和底盘系统开发等方面。

1. 总体设计能力

中置发动机、人员乘坐在车架外侧、室内中央有战斗平台，使整车得到最小的高度和最大的离地间隙，是东风猛士的总体设计要求。东风应用可靠性设计理论，通过传动系静强度和疲劳强度优化匹配、采用轻质材料、零部件多功能化，实现整车轻量化；通过承载系统结构件优化设计，采用优质材料和先进工艺，在提高承载能力的同时实现了整车轻量化，使质量利用系数提高10%。

2. 造型设计能力

东风猛士采用计算机造型，绘制内外效果图，制作1:1模型，整车外型符合国际军车发展潮流，内饰舒适、简洁，发动机罩盖、灯具、前格栅等造型组合突出猛士形象，形成东风新一代军车标志，使得整体风格威武、霸气。

3. 车身设计能力

车身设计达到作战与运载统一，长头、短头，硬顶、软顶相结合，单排、双排、溜背、厢式结构并存。腰线上下两部分相对独立，方便地实现了车身不同型式，零部件通用化程度高。

通过计算机辅助设计，完成车身结构、风道流体动力学分析。采用钢铝混合，铆钉连接，突出军车效果。实现了柔性车身多点悬置、SMC发动机罩在大扭转情况下的等应力设计，提高了可靠性、密封性。

4. 动力传动系统设计能力

东风发明了独特的冷却风扇驱动装置，解决了总布置引起的斜置水箱和大功率发动机的冷却问题，大功率工况下比悍马最高环境适应温度提高17℃。

此外，还实现了小直径离合器盖，大直径摩擦片，离合器压盘力大、分离力小的设计。东风还全面掌握了全时四驱分动器的设计和制造技术；攻克了薄壁铝合金壳体、小模数行星齿轮、前后扭矩合理分配及轴间差速锁止，无声大扭矩链条传动的设计和制造难题。

通过分体式铝合金壳体驱动桥、大承载大滑移等速万向节半轴、轮边减速器的开发，东风攻克了自适应限滑差速器的开发和制造技术难关，解决了桥边、轮边、万向节双向防渗漏、防尘、防泥水等密封性技术难题。

5. 底盘系统设计能力

东风进一步实现了柔性车架的等应力设计，使车架寿命提高3倍。同时，东风全面掌握了双横臂独立悬架、螺旋弹簧的开发和制造技术。加大悬架动行程70%，提高缓冲能力2.89倍，成功解决了车架、螺旋弹簧、三角臂耐久性难题，发明球头新结构，寿命提高3倍。

根据东风新创立的转向系统设计理论,东风转向梯形矩形化,优化前轮侧偏角在内外轮的分配,得到了满意的操纵稳定性。

东风发明了中央充放气系统和泄气可行驶、整体式聚氨酯内支撑体技术,发明了内支撑装拆技术,攻克了大直径、宽断面、无内胎子午线轮胎和对开式车轮的设计和制造技术。

东风掌握了盘式制动器、转向油压为动力快速响应的助力器的开发、匹配和制造技术,发明了盘式滚动摩擦摇臂推杆驻车制动技术,掌握了 ABS(ASR 驱动防滑)系统的集成匹配技术。

(四)东风猛士的竞争力

军用越野车的竞争力主要体现为军车具备较高水平的参数指标、性能指标,这也是军方招标合同中对于东风猛士最直接的要求。经过 5 年的研制,东风猛士的参数指标、性能指标全面达到和超过研制总要求 12 大项规定;与目标样车悍马相比,12 项中有 10 项实现了超越:(1)承载能力:质量利用系数提高 10%;(2)动力性经济性:动力性提高 25%,油耗降低 30%;(3)生存性:续驶里程增加 220~500 千米;(4)适应性:炎热环境适应温度提高 17℃;(5)安全性:制动力加大,驻车制动坡度从 17% 提高到 40%;(6)平顺性:悬架上跳动行程提高 70 毫米;(7)操纵稳定性:稳态转向由中性转向转为不足转向;(8)人机工程:车身密封性、隔音降躁、舒适性大大提高;(9)维修性:发动机具有故障自诊断系统;(10)耐久性:悬架转向球头、车架、车身耐久性提高。东风"猛士"指标、研制总要求情况与悍马 A2 技术指标对比如表 13-2 所示。

表 13-2 东风猛士指标、研制总要求、悍马(Humvee)
A2 技术指标水平对比

项 目		"猛士"指标		研制总要求		悍马 A2 指标	猛士技术水平
		V8 发动机	四缸发动机	研制总要求	满足情况		
承载能力	装载质量(千克)	1 750		1 750	满足	1 540	高
	质量利用系数	0.54		0.54	满足	0.49	高
动力性	最高车速(千米/小时)	125	115	100	超过	113	高
	0~80 千米/小时(加速时间/秒)	18.4	21.3	26	超过	21.3	高

续表

项　目		"猛士"指标		研制总要求		悍马A2指标	猛士技术水平
		V8发动机	四缸发动机	研制总要求	满足情况		
生存性	50千米/小时等速油耗/升·(100千米)	14.9	10.5	19	超过	15.6	高
	续驶里程（千米）	670	980	600	超过	443	高
环境适应性	极限高温（℃）	55	52	46	超过	46	高
安全性	ABS（ASR）系统	装备	装备	满足		未装备	高
	驻车制动器能力(%)	40	40	满足		18	高
	制动系统承受总质量（吨）	7	5	满足		5	高
	稳态转向特性	不足	不足	满足		过多	高
平顺性	悬架动行程（毫米）	270	200	超过		200	高
	驾驶员座椅处疲劳——工效降低界限（小时）	17.4	10	超过		11.7	高
舒适性——防雨密封性（人机工程）		86分	80	超过		60分	高
维修性——故障自诊断系统		有	无	超过		无	高
可靠性	平均故障间隔里程（千米）	4 298	3 000	超过		4 200	高
耐久性	车架纵梁、球头、车身地板发动机（强化路面）（千米）	18 000	18 000	满足		5 000	高
车型多样化	短头、高硬顶车型	有	有	满足		无	高
通过性参数		同悍马	—	满足		—	相当
运输性指标		同悍马	—	满足		—	相当

资料来源：作者根据调研和从互联网上获取的技术参数绘制（2008）。

三、案例分析

东风猛士的开发受益于国内汽车业装备水平的提高和东风通过合资学习积累的经验：其一，虽然东风猛士几乎实现了100%国产化率，所有零部件、配套设备、元器件、原材料在国内均有稳定可靠的供货来源，但部分零部件也是来自于东风旗下的合资公司，如猛士基本型装备的发动机是东风合资公司生产的东风康明斯EQB150—20；其二，东风旗下合资公司的先进质量控制、成本控制手段在猛士的研发生产过程中得到了大量运用，如采用的车辆评价系统（Vehicle Evaluation System，VES）、联合新产品质量程序（Aliance New Product Quality Procedure，ANPQP）供应商品质保证等。

东风猛士自主创新具有其特殊背景，军方的需求和不遗余力的支持为自主创新创造了较好条件，体现了"集中力量办大事"的优越性。汽车民品与军品创新条件有很大差异，如何将东风猛士创新的实践经验扩展到民品创新，是一个有待研究的问题。

尽管东风猛士实现了性能指标的全面超越，但仍有很多技术细节的问题没有解决，这些技术难题与汽车产业的基础研究紧密相关，仅凭军工企业无法完成。如何找到一种合适的制度和组织安排来推动中国汽车产业的基础研究，是东风猛士案例反映出来的汽车产业自主创新亟待解决的重要课题。

企业案例五：沈阳机床[①]

一、案例摘要

沈阳机床（集团）有限责任公司（简称"沈阳机床"）一直是我国机床行业的骨干企业，也是我国目前最大的机床生产基地。改革开放后沈阳机床经历国有企业改革、集团化经营、上市融资、海外并购，尤其是20世纪90年代中后期由逆境重新起步，通过自主创新实现快速发展的过程，在机床行业具有代表性。本案例研究对复杂技术的成熟行业技术追赶具有借鉴意义。

---

① 本案例由课题组的机床产业项目组基于2006~2008年对沈阳机床的实地调研编写而成。

本案例回顾了沈阳机床技术创新的历程，剖析了其自主创新战略，透视了自主创新能力发展过程。本案例研究表明，沈阳机床的四大创新战略应对产业环境的变化，提高效率的机制和组织创新战略是发展的前提；满足快速增长需求的规模扩张战略是站稳市场的保证；摆脱低端竞争的自主研发战略是自主创新的核心；赢得用户的服务创新是创新战略的提升。沈阳机床的创新战略是以竞争力为导向的，在战略实施和竞争力提升过程中，能力得到加强；同时能力也是影响战略的一个重要因素。

二、案例描述

（一）沈阳机床自主创新历程

沈阳机床是在原沈阳第一机床厂、中捷友谊厂（原沈阳第二机床厂）和沈阳第三机床厂3家机床厂的基础上组建并逐渐扩张发展起来的。最初的技术基础来自苏联，在消化吸收的基础上自行研制出改型产品，到20世纪80年代初，沈阳机床主要依靠自己的力量已经在普通机床的生产制造和设计方面奠定了扎实的基础，也具有了一定的数控机床开发能力，在品牌方面在国内外有较高的知名度。

改革开放后沈阳机床开始了新的发展征程，更多地通过对外部技术的学习和融合进行技术追赶，技术引进和合资合作是20世纪80年代和90年代主要的技术进步模式，技术能力和产品结构逐步提高，各阶段特点如表13-3所示。

表13-3　　　　　　　　沈阳机床自主创新历程

时间	1981~1995年	1996~2000年	2001年至今
发展阶段	缓慢发展		快速增长扩张阶段
技术来源	引进技术	合资合作	自主创新
技术能力	制造能力	设计能力	集成能力
创新模式	模仿创新	消化吸收	开放创新
产品结构	普通车床为主	经济型数控机床批量生产	中高档数控机床有所突破

资料来源：作者根据调研和从互联网上获取的资料总结得出（2008）。

2001年是沈阳机床发展的转折年，通过战略上的一系列调整，沈阳机床的生产经营出现转机，各项经济指标和新产品指标连年创新高，并进入世界机床10强，进入了"以我为主"的自主研发阶段（陈惠仁，2007）。"十五"期间沈阳机床实现技术创新23项，合作开发新产品45种，开发中高档数控机床产品300余种，多种机床填补了国内空白，五轴联动加工中心和五轴龙门加工中心等打破了国际技术垄断，并进入汽车和航天等应用领域。

（二）沈阳机床自主创新战略

根据对沈阳机床的访谈和对文献及媒体报道的研究，本案例将沈阳机床的创新战略归纳为三个方面。

1. 研究开发战略

"PRD"是沈阳机床2005年底提出的产品研发计划，实际是研究开发战略，旨在面向汽车、航空航天、船舶、能源电力、电子等不同领域的需求开发具有很强竞争力的高中档产品。同时，开展数控机床高性能功能部件的研制与应用和数控机床共性关键技术的研究。该战略体现了沈阳机床三个方面的转变：

第一，产品结构升级。沈阳机床在2002年前都以普通机床为主导产品，虽然近年市场迅速增长，但是盈利能力逐渐降低。以普通车床为例，其毛利率由2003年的17.39%下降到2007年的7.7%。从上市公司年报中对经营情况的分析可以看出，沈阳机床一直致力于进行产品结构升级，但是进展缓慢。

第二，将单纯技术引进转变为开放式的集成创新，通过整合国内外的技术资源提高产品创新能力。国际方面，沈阳机床与世界顶尖机床设计公司和高等学校合作，如2006年沈阳机床派遣50名工程师到德国，与R+P机床设计院、西门子公司联合开发龙门式五轴联动加工中心等13款具有国际先进水平的自主知识产权的高档机床。在国内，沈阳机床与同济大学、北京航空航天大学合作建造了上海、北京两个开放式技术研发平台，分别开展数字化设计、汽车典型零部件和航空航天典型零件用户工艺的研究与优化等基础、共性关键技术研究。

第三，完善内部研发体系。沈阳机床建立了分工明确的三大技术创新机构：一是制造统筹和保障部，主要面向企业内部，重点优化工艺过程，精化制造技术；二是事业部和技术部，主要面向市场和客户，重点提供整体解决方案，最大限度地满足用户要求；三是中央研究院，面向未来，重点开展机床基础、关键和共性技术研究，开发系列重点数控机床等。

2. 规模扩张战略

2000年后由于市场的迅速扩张沈阳机床产能不断扩大，2007年产量达到

2000年的12倍，这主要是通过增量的外部扩张来实现，包括兼并收购和整体搬迁两种途径。2004年和2005年沈阳机床连续并购重组了陷入停产的云南机床厂（车床为主，产品与沈阳机床有竞争，质量较高，出口能力强）、以29%股权控股昆明机床厂（具有国内一流大型精密机床的研发能力和制造技术）、全资收购德国希斯公司（重大型机床世界顶级制造商）。2005年借助振兴东北老工业基地的优惠政策，开始在沈阳经济技术开发区建立世界上管理方式先进、单体规模最大的数控机床制造基地，2007年基本搬迁完成，搬迁重组后，制造能力提高60%。

3. 服务创新战略

为提高"沈阳机床"服务水平和品牌声誉，集团进行了服务创新，主要包括三项行动：

第一，"A计划"，召回2000年以前提供给首批重点客户的数控机床，实施免费大修、项修和换货。此行动是世界机床行业的首创。共为29家用户的78台数控机床实施了召回，投入资金2 010万元。通过此活动沈阳机床赢得了用户的信任，有些用户主动要求再次订货。

第二，"B计划"，通过全程、全方位的优质服务实现客户"零投诉"。主要包括在目标领域实行"一站式"全方位服务；建立"绿色专用通道"，对批量客户实行专项经理负责制；首台、首套产品实行贴身服务，3年"三包"；建立客户对沈阳机床的综合评价体系，对客户提出的合理化改进建议给予奖励；与客户建立长期战略合作伙伴关系，联合开发满足客户需求的高端产品。"B计划"行动是通过更系统的服务与客户建立长期的互动关系。

第三，建立沈阳机床特许销售和服务中心，在国内机床行业率先建立"4S"店，进行统一管理。这种营销模式打破了传统的代理商为主导的经营模式，避免了代理商之间的无序竞争，改善了只管卖产品不管服务的状态。通过"4S"店的设立，沈阳机床把销售渠道和对客户的管理中心直接移到市场前沿，更直接地和用户接触，既有利于为客户提供专业化服务，也能获取更多的市场信息。

（三）沈阳机床自主创新能力和竞争力

1. 能力提升

沈阳机床在创新发展中，各方面的能力得到显著提升。

设计能力通过与海外设计院、高校和企业的联合开发中获得提升，设计出龙门式五轴联动加工中心、高速卧式加工中心、车铣复合加工中心、卧式车削中心、高速立式加工中心、龙门五面加工中心等8个系列高档数控机床产品，在

2007 年中国国际机床展会（CIMT）上得到各方好评。

在生产方面，沈阳机床通过搬迁全面改善了生产环境，实现了生产设备全数控化，保证了产品生产的精度和质量要求。引入丰田精益管理理念，缩短制造时间，如电装事业部，改善前平均每人每天生产 0.37 台，改善后平均每人每天生产 0.83 台，劳动生产率提高 112.8%；制造周期由 12 小时下降到 4.7 小时，缩短 61%。

重视人才培养，通过与东北大学、大连理工大学联合办学的模式，常年开设工程硕士进修班，为技术人才的再深造奠定了基础；派出专门技术人才深入到国内大型汽车集团用户，研究汽车典型零部件制造工艺等。如 2002 年招聘 60 名研究生，进行了整整 3 年的各类培训，如今，这 60 名都成了技术骨干。

通过"A 计划"、"B 计划"和 4S 店的建立，沈阳机床树立了在用户中的良好形象，增强了同用户的联系，加强了对用户需求的了解，提高了市场反应能力。

2. 竞争力及来源

沈阳机床多种产品在国内市场占据主导地位，普通机床市场占有率约为 20%，数控机床市场占有率约 20%，其中数控车床国内市场占约 28%，昆明机床的落地式铣镗床占国内市场份额的 30%，摇臂钻床国内市场占有率为 85%。沈阳机床设计生产的中高档数控机床和成套装备已批量进入汽车、国防和航空等重要制造领域，为上海磁悬浮列车项目提供 4 条轨道梁加工生产线，为奇瑞汽车配套 4 条发动机缸体、缸盖生产线，都标志着沈阳机床在自主创新和产品升级方面的新突破。

机床作为资本品为工业企业提供生产设备，市场竞争围绕用户的要求展开，主要集中在满足用户需求、性价比和交货周期三个方面。沈阳机床产品优势在于普通机床和经济型数控机床，由于实现了批量生产在性价比和交货周期方面都处于国内领先水平；而中高端产品的竞争优势主要来自于低成本；由于高端产品订货少，在交货期上具有优势，也能在一定程度上提高竞争力。服务创新也为沈阳机床提高市场竞争力做出了贡献。

三、案例分析

（一）沈阳机床自主创新战略选择的影响因素

沈阳机床开展自主创新的时期也是国内机床行业大发展的时期，与国内机床骨干企业有很多相同和相似之处；但沈阳机床另辟蹊径走出了具有特色的创新之路，如服务创新和开放的集成创新。

1. 政府政策

近年来，政府逐渐加大了对装备制造业的支持力度，连续发布相关政策支持行业和企业自主创新，相关的规划和政策有《国家中长期科学和技术发展规划纲要（2006~2020年）》、《国民经济和社会发展第十一个五年规划纲要》、《国务院关于加快振兴装备制造业的若干意见》等。2008年出台的《数控机床产业发展专项规划》更是提出科研、首台套、财税等专项辅助措施扶持数控机床产业发展。

沈阳机床还受惠于国家振兴东北发展战略实施的国企改制、税收和用地方面优惠政策，如装备制造业企业和石化冶金类企业购进固定资产的增值税抵扣政策，直接增加了机床企业的效益，又间接拉动装备市场增长。

政府对装备制造业和东北地区发展的关注对沈阳机床发展提供了有力的宏观环境，这也是沈阳机床成功发展不可缺少的要素。

2. 需求

重化工业时代的到来和我国以投资拉动为主的高速经济增长，为机床行业提供了快速增长的市场。从1999~2005年，我国机床消费量年增长率平均为28.2%，消费额平均增长率平均为34.6%。除需求数量方面的增长外，需求结构方面也在逐渐发生变化。由于我国正处在工业化初级阶段，普通机床和经济型数控机床还存在很大的市场，而且经济型数控机床还是我国特有的产品（韩金池，2006），这种与工业发展阶段相关的低端机床产品需求也为国内机床行业提供了市场机会。同时，我国汽车、航天、电力、船舶和工程机械等领域快速发展所需要的重大型机床和中高档数控机床也是国内机床行业未来发展的主要增长点。沈阳机床的规模扩张战略和产品升级战略正是适应国内市场变化的反应。

3. 竞争

市场的高速成长也加剧了竞争，主要来自两个方面：一方面外资企业纷纷在国内设厂，并将产品向中低端延伸，如仅2003年就有7家国外知名企业在我国建立独资企业；另一方面竞争来自民营企业的崛起，民营企业数占行业全部企业数由2002年的23%，增长到2007年的71%。

国内机床企业受技术能力所限在产品结构上呈现"低端混战，高端失守"竞争局面，全功能型高档数控机床需求75%~95%靠进口满足。低端的激烈竞争导致利润逐渐减少，沈阳机床普通车床毛利率由2003年的17.39%，降到2007年的7.7%，而数控机床的毛利率2007年为24.05%。因此，沈阳机床力图通过自主创新提升产品结构，摆脱低端市场的激烈竞争。

资本品用户更注重产品的技术性能,当技术难关被攻克后,竞争的焦点转变成品牌和服务。沈阳机床通过服务创新增加竞争优势,如"A 计划"帮助沈阳机床在用户心中树立了负责任的形象。在向中高端进军的过程中,沈阳机床碰到的很大问题就是"首台首套"难以获得认可和订单的障碍,通过增强服务提升用户信心有利于突破"首台首套"障碍,例如,为奇瑞汽车提供的发动机缸体和缸盖生产线能够中标的原因之一就是为其提供终身售后服务。

(二) 自主创新战略、能力与竞争力

1. 规模扩展战略、生产能力与规模优势

沈阳机床的规模扩张战略并不是行业的独特事件,而是行业发展的普遍现象。近3年整个行业平均增长率达到40%以上。行业的这种共识性选择是由外部环境决定的:第一,政府对机床行业高度关注;第二,国内长期经济增长为机床行业提供了巨大的而且快速增长的市场。

沈阳机床规模扩张包括三种形式,即新增产能、提高效率和兼并扩张。通过连年规模扩张,沈阳机床已经是世界上产量最高的机床集团。产能扩张带来的规模优势已经成为沈阳机床的核心竞争力之一。

2. 研发战略、研发能力和技术竞争力

沈阳机床的研发战略以我为主,摆脱了技术引进和合资合作阶段技术对外部的依赖,同时开展合作创新。通过联合设计、合作研发、海外并购和外聘专家等多方式的技术学习,逐步提高了研发能力,产品也由低端向高端渗透。

缺乏核心技术一直是我国机床行业发展的瓶颈,沈阳机床在不同时期采取了不同的技术学习策略,从引进到自主创新,从被动到主动,与技术能力积累有关。早期技术引进与合资合作经过20多年沉淀,使沈阳机床有能力组织以我为主的研发,这表明技术能力会影响研发战略的选择。

3. 服务创新战略、市场能力和品牌竞争力

沈阳机床的服务创新在机床行业中行动最早,也最具特色。通过"A 计划"、"B 计划"和"4S"店的建设赢得了用户信任。"4S"店销售模式还打破了机床行业以代理为主的销售模式,在市场上更具有主动性,提高了品牌竞争力。

通过以上分析,可以看出沈阳机床的创新战略以提升竞争力为导向,在战略实施和竞争力提升过程中,能力得到加强;能力的提升又反过来影响战略的定位。

企业案例六：陕西鼓风机（集团）有限公司[①]

一、案例摘要

2001年以前，依靠产品优势，陕西鼓风机（集团）有限公司（以下简称"陕鼓"）的发展过程比较顺畅，但发展速度平缓。2001年以后，陕鼓从"好日子"中察觉到潜在的危机，制定和实施了"两个转变"的发展战略，从制造商向系统集成商与服务提供商转型。为实现战略转型，陕鼓进行了组织结构调整、管理制度创新，整合和利用外部资源。陕鼓的战略转型取得了显著效果，成为同行业的佼佼者。

二、案例描述

陕鼓始建于1968年，1975年正式建成投产，1996年成立集团公司。陕鼓是国内生产透平鼓风机、压缩机的大型重点骨干企业，从2002年起稳居国内风机行业龙头位置。陕鼓建有行业最大的6 300千瓦试车站和国家级技术中心，有完整的研制试验体系、生产管理系统和营销网络。企业拥有大型轴流压缩机和TRT等五大类800多个品种规格的鼓、压风机，分布在全国29个省、市、自治区的冶金、石油、化工、电力、制药、城建、环保等行业，成为国民经济支柱产业重要的不可缺少的机械装备。主导产品轴流压缩机和高炉煤气余压回收发电装置（TRT），均属中国名牌产品。

（一）战略转型

2001年以前，陕鼓作为传统的制造型企业，其发展战略一直以制造单一的风机产品为主营业务。依靠产品优势，陕鼓的发展过程比较顺畅，但发展速度平缓。2001年以后，新上任的陕鼓领导班子没有满足于现有成绩，而是从"好日子"中察觉到潜在的危机：若想在激烈的市场竞争中长盛不衰，必须转变传统

[①] 本案例源自《中国式管理》课题，作者参加了本案例调研和写作。本案例引用了蔡曙涛教授等写作的内容，特此致谢！

的经营模式，抓住市场机遇，积极探索新型经营模式。为此，陕鼓制定了"两个转变"的发展战略，即：从出售单一风机产品向出售个性化的透平成套机组问题的完整解决方案和出售系统服务转变；从产品经营向品牌转变。其实质是转变企业盈利模式，使陕鼓从制造商向服务商转型，从价值链低端向价值链高端转移，创造新的利润源泉。陕鼓的定位是成为风机行业的系统集成商与服务提供商，其盈利模式如图13－3所示。

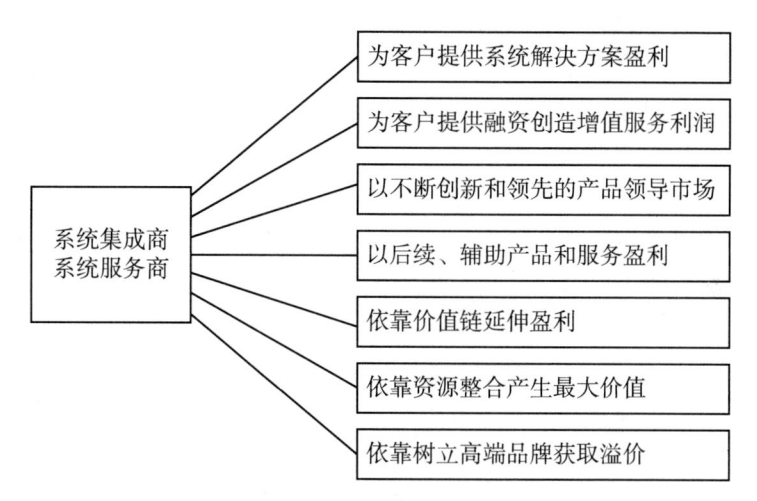

```
                    ┌─────────────────────────────┐
                    │ 为客户提供系统解决方案盈利 │
                    ├─────────────────────────────┤
                    │ 为客户提供融资创造增值服务利润 │
                    ├─────────────────────────────┤
   ┌──────────┐    │ 以不断创新和领先的产品领导市场 │
   │ 系统集成商 │────├─────────────────────────────┤
   │ 系统服务商 │    │ 以后续、辅助产品和服务盈利 │
   └──────────┘    ├─────────────────────────────┤
                    │ 依靠价值链延伸盈利 │
                    ├─────────────────────────────┤
                    │ 依靠资源整合产生最大价值 │
                    ├─────────────────────────────┤
                    │ 依靠树立高端品牌获取溢价 │
                    └─────────────────────────────┘
```

图13－3　陕鼓不同于传统制造业的盈利模式

资料来源：作者根据调研和企业内部资料总结绘制（2008）。

强化服务的重点措施是向客户提供能满足其各种需求的多样化服务，包括：①向客户提供专业化的核心设备日常维修服务与升级换代改造服务，节约客户维修人员与维修费用支出，提高维修效率。②向客户提供设备远程状态管理服务，通过实时远程监测，将设备故障消灭于萌芽之中，或在设备发生故障时做出快速反响，保证客户设备经常处于良好的运行状态。③向客户提供备品备件零库存服务，化解客户因保存备品备件而产生的资金占用、储备不足、保管不便的烦恼。④向缺乏资金的客户提供金融服务，拉动主导产品市场，扩展利润空间。

（二）转型战略的实施

陕鼓战略实施的重点措施集中在三个领域：组织结构调整、建立与完善管理制度及整合与利用外部资源。

1. 组织结构调整

陕鼓组织结构调整的目的是根据企业发展战略目标与实现路径，根据新的盈利模式与业务流程特点，整合管理职能部门的职责与分工，优化组织结构的功能。组织结构调整的核心是科学设计合同管理中心、成套销售部、工程成套中心这三个配套管理部门之间的分工协作关系，强化其为客户提供系统集成与系统服务的核心职能，使支持战略实施所需要的各种资源能够通过相应的管理职能部门配置到位。同时，按照现代企业管理的特点与要求，将其他管理职能进行梳理和分类，撤并了一些临时性、过渡性或带有典型计划经济时代特征的管理机构，增设了市场部、战略管理部、人力资源部、产品服务中心等新型管理中心，调整与充实了财务总监办公室、审计处（审计与财务职能分离）、质量保证部的职能，使企业整个组织结构系统能够适应系统集成与系统服务业务流程的基本要求。

2. 建立与完善管理制度

建立与完善管理制度的目的是使战略实施的各项措施规范化、制度化、便于操作与考核，保证战略实施的力度与持久性。因此，陕鼓根据企业战略目标和重点对原有的财务业务管理流程、合同管理业务流程、人力资源管理业务流程、党群工作部流程进行重新规划、设计和实施。在业务流程重组的基础上完善经济责任考核与管理制度、员工绩效考核与管理制度、战略管理考核制度，使企业发展战略目标能够分解为公司、部门、个人不同层次的绩效考核指标，将战略实施措施真正落到实处。诚信体系建设制度与企业人才流动管理制度的建立与完善，也都是以制度保证人才与员工品质足以支持企业战略实施为出发点的。

3. 整合与利用外部资源

陕鼓主要通过以下方式整合与利用企业的外部资源。

（1）与重点客户合作，获取稳定的市场。陕鼓的系统集成与系统服务业务以主导产品为核心开展。陕鼓将产品销售后所需要的服务作为目标市场迅速切入，深度发掘新老客户的潜在资源。因此，陕鼓注重与大客户建立战略合作伙伴关系，从售前、售中和售后（远程监备件零库存）三个阶段优先为合作伙伴提供全程、专业、系统的服务，全方位满足合作伙伴在技术、质量、进度与售后服务等各方面的要求。同样，作为回报，战略合作伙伴在建设项目采购时会优先考虑陕鼓的产品与服务。这种延续不断的密切合作能够保证双方实现"共赢"，也巩固了陕鼓的传统市场与新开发的市场。

（2）与配套厂商合作，获取配套支持。陕鼓的主导产品是主机设备，自身并不具备雄厚的配套设备加工与工程设计和施工能力。因此，向客户提供的设备配套与工程配套服务需要依靠企业外部的厂商共同完成。为了更好地协调与配套厂商之间的合作与分工关系，陕鼓在2003年成立了"陕鼓成套技术暨设备协作网"，通过市场化运作，使陕鼓与供应商的成为利益共同体，利益共享，风险共担，通过项目合作，实现共赢发展。

（3）与重点外协厂商合作，向虚拟制造转移。陕鼓在没有大规模增加投资的情况下，为保证原有主导产品制造业务与新增的系统集成与系统服务业务保持同步快速发展，必须对企业内部资源进行优化与整合，进行流程再造，减少在产品加工制造环节的资源投入，增加向重点外协厂商购买专业零部件的比例，使陕鼓向虚拟制造逐渐转移。同时，保留企业的核心能力优势，将重要资源与能力投入市场开拓、产品研发及服务改善等领域，最大限度提高资本与人力的产出价值。

（4）与金融机构合作，获取理财收益。陕鼓拥有充裕的现金流，在银行有良好的信誉。陕鼓与金融机构密切合作，深入研究企业资金运用的规律，通过向客户提供担保和其他融资支持，启动重大项目，拉动市场，取得了良好的效益。

（5）与原材料供应商合作，实现原材料零库存。库存对于企业应付市场波动有缓冲作用，但传统存货管理模式没有合理利用供应商的资源，占用了企业大量资金并造成库存积压，增加了企业的经营风险。陕鼓与主要原材料供应商建立了战略合作伙伴关系，实现了零库存管理（供应商根据陕鼓的经营计划及时进行原材料配送，统一结算），不仅有效保证了原材料供应的及时性与稳定性，也减少了企业的存货成本。

（6）与外部专家合作，获得"外脑"的智力支持。陕鼓建立了专家库，聘请社会上的技术、管理与市场专家为企业出谋划策，弥补了专业人才缺乏的不足。

（三）战略转型的实施效果

（1）陕鼓企业产值中服务业创造的价值比重持续上升。2005年陕鼓25亿元产值构成中，企业自己制造加工产品的产值已降至约占44%，而通过"技术＋管理＋服务"完成的产值占到56%，表明陕鼓从制造商向服务商的战略转型已经实现了阶段性目标。

（2）陕鼓企业经济指标快速增长。2000年末，陕鼓净资产为2.24亿元，2005年末增至9.32亿元，是2000年的4.14倍。目前，陕鼓人均劳动生产率为29.86万元/年，比2000年提高了8.86倍，是国内制造业平均水平（9.24万元/年）的3.23倍。

（3）陕鼓在产业链中的主导地位逐渐确立。由于陕鼓掌握了大量的市场资源，拥有明显的系统技术整合优势，因此具备了主导产业供应链的能力。基于这种控制优势，国际知名的跨国公司，如德国西门子公司、美国爱默森公司和美国通用电器公司都与陕鼓有战略合作关系，在很多项目中甘愿充当配角。

（4）陕鼓企业品牌价值快速增值。2004年，陕鼓牌轴流压缩机荣获国家科技进步二等奖，2006年，陕鼓牌商标被国家工商行政管理总局授予"中国驰名商标"，经中国品牌资产评价中心综合评估，品牌价值为23.03亿元。

（5）陕鼓行业地位迅速提升。2002年，陕鼓主要经济指标在行业内首次排名第一。2005年和2006年,陕鼓在风机行业依旧排名第一,而且经济规模和经济效益指标均较大幅度领先国内同行企业。

(6)陕鼓与国外一流企业的差距明显缩小。目前,陕鼓的经济规模与经济效益与世界标杆企业相比,差距快速缩小。例如,陕鼓的人均销售收入从2001年不足德国MAN透平公司的1/20,达到现在的1/4强。人均利润趋于接近。销售利润率和净资产收益率已经超过了MAN透平公司。

三、案例分析

我国多数传统制造业企业都已进入低利润时代,这主要是由产业特性决定的。处于传统机械设备制造业中的陕鼓之所以跳出传统"陷阱",关键在于拓展了发展空间,从单一的制造拓展到包括制造和与制造紧密结合的服务的更长价值联机更广的领域,使企业业务和效益大大提高。陕鼓的实践不仅为本企业的发展带来质的飞跃,而且给制造业企业提供了宝贵启示。陕鼓的创新实践表明,制造与服务的融合可以大大提升企业竞争力,是制造企业发展的战略方向。

企业案例七:大型液压支架国产化[①]

一、案例摘要

首台(套)应用难是我国装备制造业企业自主创新和产品升级面临的重要难题,因此用户如何引导并参与装备制造业企业自主创新是具有现实意义的命题。神华集团是我国最大的煤炭生产和销售企业,为了摆脱国外高端采掘设备供应商的高价垄断,它们从液压支架入手,为国内煤机企业和科研院所的技术学习和创新提供技术、资金和试验等方面的条件,共同努力实现了大型液压支架国产化,探索了一条用户和装备制造业企业合作实现双赢的成功之路。本案例回顾了由神华集团主导的大型液压支架国产化的决策和实施过程,并通过比较和分析将此归纳为"用户主导型创新",主要经验包括以下几点:用户主导为需求驱动创

---

① 本案例由课题组的装备制造业项目组基于2006~2008年对神华集团神东煤炭分公司的调研编写而成。

新提供了市场基础；用户参与自主创新过程并发挥了重要作用；具有实力的行业领先用户是其能够实现主导的基础，创新合作是成功的保证。

二、案例描述

（一）大型液压支架国产化的决策

神华集团神东煤炭分公司自成立以来迅速发展，产量以每年超1 000万吨的速度递增，高性能、高可靠性和高效率的现代化采煤设备是其实现高产高效的保证。由于我国煤炭机械行业技术水平与发达国家存在较大差距，产品性能，尤其是大型高端产品的性能不能满足神华集团这种行业龙头企业的需要，因此神华一直从国外采购包括采煤机、刮板运输机和液压支架等在内的采掘设备，累计采购费用超过100亿元。

液压支架属于矿井支护设备，由于用量大、单架费用高，一般情况下液压支架占矿井采掘设备价值的50%左右。近年来，世界市场上大型液压支架（本案例指支护高度在3.5米以上，并实现电液自动控制的液压支架）逐渐被JOY和DBT两家公司所垄断，价格也逐渐提高。在2004年国际招标中，以每套150架计算，JOY公司投标价格为2 397.2万美元，DBT公司投标价格为1 922.7万美元，与上年相比，同样架型的液压支架，两公司的报价分别高出928.8万美元和524.3万美元。如果加上运费、保险费和关税等，总价格比2003年高出近1倍。另外，由于国际液压支架市场的快速增长，JOY公司和DBT公司生产任务繁重，进口液压支架的交货周期和备件供应周期都有不同程度的延长，这会对神华未来的生产产生严重影响。为了摆脱长期以来对进口液压支架的依赖，保证生产顺利进行，并有效降低成本，神东公司决定逐渐用国产设备替代进口设备。

2004年初，神华集团成立了以相关院士和专家组成的前期咨询小组，召开了一系列的研讨会，对大型液压支架国产化的技术可行性和经济性进行了论证。

在技术方面，我国已经有30多年的液压支架制造历史，设计和加工焊接水平有了很大提高。主要结构件（如顶梁、掩护梁、底座、连杆等）性能已经接近进口主体结构件性能，能够完全替代进口支架的主体结构件。支架用阀类在流量、过滤精度和可靠性等方面与进口阀有一定差距，如国内的过滤精度最大只能达到60微米，而进口的能达到25~40微米，因此，阀类需要使用进口产品。

在经济方面，国产化装备虽然成本低，一般是进口装备的1/2左右，但由于研发投入大、风险大、市场无保证，因此综合成本很高，很多情况下与进口装备相比并没有优势，这是阻碍设备国产化和装备技术研发一个重要因素。神华正处于快速发展时期，规划到2010年和2020年煤炭产量将分别达到2.49亿吨/年和4.27亿吨/年，生产规模的扩大预示着煤炭装备需求的增加。到2020年，仅神东矿区、榆神矿区和万利矿区所需采购的大功率、高性能综采设备就超过100套，所需设备采购资金超过300亿元；连采装备近200套，需设备采购资金超过70亿元。此外，目前国内多家大型煤炭企业集团也正在研究采用重型现代采煤设备，这也将为我国未来的装备提供很大的市场，从而为现代化装备的销售提供了广阔的空间。

为了打破国外少数企业对高端采掘设备的垄断，降低采购成本，提升竞争优势，经过技术和经济等方面的分析和论证，神化集团决定以大型液压支架为突破口开展采掘设备的国产化研制。

（二）大型液压支架国产化过程

1. 大型液压支架国产化步骤

为了确保液压支架国产化的成功，神华实施了三步走的方案：

第一步，把研制和装备采购有机结合起来，先用科研的方式研制一批样架（15～30架），经试用改进成功后再扩大采购量。

第二步，用战略合作与招标相结合的方式选择研发和制造承担单位，在充分调研和论证的基础上，提出科学合理的技术经济指标和及实现手段，用招标的方法确定研发、设计和制造单位。

第三步，确定总承包单位。参照国内外重大装备研制的经验，根据神华的实际，通过招标的方式选定一个有经济和技术实力的单位作为液压支架本地化研发和制造的总承包商。

三步走的好处是：一是可充分利用社会资源，把复杂问题简单化，最大程度地明确总承包单位的责权利，避免出现相互推卸责任的情况发生；二是可最大限度地保护神华的利益。如果国产化成功了，既可以解决国产化问题，又可以获取知识产权；如果失败，可以最大程度地减少损失。

2. 大型液压支架国产化难点及突破

我国煤炭支护设备在技术方面与国外存在差距，主要表现在设计落后、不掌握核心部件技术和质量保证体系落后三个方面。针对这三个方面问题，神华和合作伙伴采取了相应的措施，取得了突破。

（1）提高设计能力。国内企业在支架设计理念和设计手段上与DBT和JOY等国际知名公司存在较大差距。例如，国外在设计上已经广泛采用有限元全应力分析计算和三维模拟,实现等强度不对称设计,而国内企业当时采用对称设计,普遍使用二维模拟和局部有限元应力分析。神东公司在多年使用国外设备的过程中,不但熟悉了设备的使用性能,作为专业设备用户的神东公司还掌握了设备图纸和操作技巧。神东公司将这些知识、信息和资料都提供给国内煤炭机械制造企业,为它们提供了设计参考。神东公司还为国内企业提供了国外先进设备作为样板,使得国内企业更容易理解和掌握设计要点。

国内企业通过国产化项目的实施,在设计手段和设计能力方面取得了长足进步。如郑州煤炭机械集团有限责任公司(简称郑州煤机)在设计中已经开始运用三维仿真设计、有限元分析和模拟压架试验等现代设计手段,从最初模仿 4.5 米采高液压支架的设计,到 2008 年已经自主设计并成功研制世界上支护高度最大的 6.3 米液压支架。该支架也是我国第一套拥有全部自主知识产权的液压支架。

(2) 掌握核心部件技术。液压支架主要由电液控制系统和结构件构成,其中电液控制系统是液压支架的"大脑和心脏",结构件是液压支架的"躯干",两者的配合实现支架在矿井下的支护功能。电液控制系统我国与国外技术差距较大,基本不具备制造能力,国内液压支架制造商使用的控制系统均从国外采购。在结构件方面,国内的技术差距主要体现在高强度材料不过关和大型结构件的焊接加工工艺落后两个方面。

在电液控制系统国产化方面,神华集团采取了"两条腿"走路的方式。一方面,以委托的方式,由航天科技集团研发电液控制系统。中国航天科技集团公司迅速整合其在航天电液控制系统方面的技术力量投入研发,而神华本身作为电液控制系统的最大用户,了解国外各种先进电液控制系统的技术特点和性能,双方在合作中取长补短,共同进行电液控制系统的研发。另一方面,由于电液控制系统是液压支架的核心装置,短期内很难实现技术突破,为了避免盲目利用不成熟的国产化技术为煤矿生产带来不必要的损失,神华集团决定其他承担液压支架国产化项目的机械制造商仍然安装国外控制系统,通过研究和试验用国产系统代替国外系统,逐步实现国产化。

随着煤矿开采机械化程度的提高,对液压支架工作阻力、支护强度和可靠性的要求越来越高,导致对钢材强度的要求也逐渐提高。国产强度中厚板不能满足液压支架国产化的需要。神华集团联合宝钢集团引进了中厚板生产线,以保证国产液压支架所用材料能够达到要求。

国内液压支架质量和可靠性落后于国外产品的重要原因之一是结构件的焊接技术和工艺落后,国内企业长期没有实现突破。神华集团打破行业界限,从军工行业获得技术支持,利用航天科技集团掌握的航天特种焊接工艺和大型结构件焊接变形控制技术,与国外机器人自动焊接技术相结合,开发出高强钢结构自动焊接工艺,保证液压支架制造质量达到标准。另外,煤炭机械制造企业也积极进行焊接工艺研发,例如,2005年郑州煤机立项开展80千克级以上高强钢板焊接工艺试验研究,经过3年多实验,结合焊接设备特点、焊接材料及环境温度等因素,确定了包括焊接方法、焊缝型式、层间控制等内容的具有郑州煤机特色的焊接工艺,并首创了对整体结构件采用"不完全回火应力消除法"的热处理工艺方法。

(3) 完善质量保证体系。国产液压支架之所以不过关,除技术因素外,一个很重要的原因就是产品质量保证体系不健全。为了完善质量保证体系,神东公司派出人员进驻国产液压支架承造厂,与承造厂成立技术委员会,对国产化设备的设计和制造进行监理。以郑州煤机为例,企业领导人在回顾4.5米采高液压支架由研到形成批量生产的过程时,都异口同声地将这一过程定义为"脱胎换骨"的过程。在此过程中神华提出了多项产品技术参数的要求,严格按照国外产品标准监督设计和制造过程,甚至细致到对焊缝进行检查,很多生产细节被神华人称为用"放大镜"监察,发现问题后相互协商进行改进。通过这种方式,郑州煤机在产品质量控制方面有了很大提高,逐渐形成了完整的质量控制体系。

(三) 大型液压支架国产化的效果

自2004年神华确定支持大型液压支架国产化以来,与郑州煤机、北京煤矿机械有限责任公司和四川神坤装备股份有限公司等在3.5米、4.5米和5.5米采高的液压支架国产化方面展开了合作。到2008年底,3家企业分别研制成功6.3米采高液压支架、5.5米采高液压支架和电液控制系统,神华集团牵头组织的液压支架国产化取得成功。其成效主要体现在:

首先,打破了国外垄断,降低了国内煤矿开采企业成本。2005年以前,神东矿区所用液压支架全部依靠进口,由于高端液压支架被国外DBT和JOY两家国外公司垄断,在卖方市场情况下,整机和备件价格连年上涨。液压支架国产化的成功,大大降低了矿区设备采购成本,对相关进口采掘装备的报价也起到一定的抑制作用。以300米工作面使用179台5.5米采高的液压支架为例。按照2006年初的投标报价,如果全部引进,需要3.5亿元人民币,而国产装备只需要1.7亿元人民币,不到进口价格的1/2。每年神东矿区液压支架采购费用可节约15亿元左右。

其次,国内煤炭机械行业得到快速发展。以郑州煤机为例,该企业是我国煤机行业中历史最长、规模最大的专业设计和制造煤炭综合支护设备的国有企业,也是与神东公司合作时间最长、国产化成果最突出的企业。郑州煤机通过液压支架国产化已经形成了系列液压支架设计和制造能力，2008年研制成功世界上工作阻力最大、支护高度最高、具有自主知识产权的6.3米采高液压支架，其价格只有国外厂商报价的一半。随着技术能力提高和产品线的形成，郑州煤机的竞争力不断提高，2007年国内市场占有率为40%，其中高端市场占有率超过80%，目前产品已开始向俄罗斯、美国等地出口。

三、案例分析

国内用户不用国货，尤其是"首台首套"应用难的问题一直困扰着我国装备制造业的发展，而神华集团作为煤炭机械行业的用户，牵头调动社会各方面的力量参与煤炭采掘设备国产化，成功实现自主创新的实践，为我国装备的创新和发展提供了有益的新鲜经验和启示。

（一）需求在装备制造业自主创新中的作用

由于我国装备制造业企业技术落后，不能满足下游行业的需求，国内很多装备主要依靠进口，因此装备制造业也是我国为数不多的保持贸易逆差的行业，2005年进出口顺逆差97.03亿美元。随着我国经济发展进入重工业化时代，对装备产品的需求还在不断增加，2001年我国装备制造业市场为23 700亿元，2006年增长为89 700亿元。国内巨大的需求为装备制造业发展提供了市场机遇，国内产值也连年增长，从2001~2006年销售收入年平均增长率为30%左右，同时进口也占整个市场需求的40%。我国装备制造业的需求并没有完全转变成对国内装备行业的有效需求，有近40%的需求转化成对国外企业的驱动力，高端产品领域尤为严重。液压支架就是典型的例子，国内的煤炭机械企业只能提供小采高、半自动的液压支架，高端液压支架全部依赖进口。在神华集团组织国产化项目之前，国家也曾组织过液压支架国产化攻关，力图通过组织各方面的力量在技术上取得突破，效果并不理想。其中一个主要原因就是与需求脱节，体现在两个方面：一方面，当时国内采煤生产以小型煤矿为主，年产10万吨的煤矿企业已经被认定为大型矿务局，因此对大型采煤设备的需求量有限；另一方面，对大型液压支架的需求主要依赖进口，大量重复引进设备保生产，并没有通过需求拉动液压支架研制的技术进步。神华组织液压支架国产化的意义在于，将对于国内煤机制造企业来讲可望而不可即的市场转化成现实的需求，采用对"首台首套"提供试验环境并进行"研制带采购"的做法，降低了煤机企业研发的风险，增强了它们创新的动力。神华通过用户主导实现了需求对创新的驱动，并通过机制创新充分调动煤机行业创新的积极性。

（二）用户在装备制造业自主创新中的作用

神东是世界级的煤矿开采企业，所使用的是世界上最先进的设备。作为具有实力的行业领先用户，神华在液压支架国产化过程中扮演了三个角色：组织者、知识源和试验者。

第一，神华牵头组织并协调了整个国产化的过程。包括：立项论证、可行性研究和方案确定；项目进度的安排、实施过程的监督检查和最后验收；确定主要技术参数和标准；协调各有关单位协力攻关。

第二，为煤机企业提供相关技术知识。包括：样机、图纸和操作方法等显性知识，以及使用诀窍、心得和潜在改进方向等缄默知识。这些知识可以帮助企业解决一些技术难题，大大加快了研发进程。国外的实践也提供了同样的经验，例如，日本装备制造业发展过程中，用户参与其中，并提供缄默知识是开发成功的重要原因之一（中马宏之，2001）。

第三，提供试用平台。和一般工业产品可以在实验室做试验不同，煤矿机械必须在生产现场试验。神华提供了试验条件，并将国产设备与进口设备放在同一条件下进行对比应用性试验，检验国产化支架的性能和可靠性。很多新产品并不是一次试验成功，如在郑州煤机4.5米采高液压支架试用中，就出现了支护故障，但是神东矿区并没有放弃国产设备，而是总结失败的经验教训，积极配合煤机厂进行国产设备的改进。

（三）用户主导型自主创新的成功因素

在推动煤炭重大采掘装备国产化努力中，神华集团改变了过去用户订货、由制造企业独立进行创新的传统模式，扮演了整条创新链的诸多角色，主动参与、积极引导，协调、整合。

第一，神华在技术和经济上都具有其他企业所不具备的实力，在技术方面是各种先进设备的使用者，积累了丰富的设备使用经验，同时在设备管理和维修方面对技术也有一定的积累；在经济方面，有实力支持巨额的研发投入，对风险有相当的抵御能力；每年设备采购需求量很大，为设备制造企业提供了发展空间。因此，神华的技术、资金和市场需求的强大后盾，在很大程度上降低了装备制造企业在投入、技术和市场方面的风险。

第二，长期以来，重大装备国产化研制多以制造企业为主体，用户参与的深度和力度不够，供需双方没有密切合作。神华作为用户，组织国产化，解决了供需双方合作的问题，形成了以市场需求为导向、技术合作为支撑的联合研发机制。

第三,"以研制代采购"等创新机制。神华集团遇到的情况,在其他装备制造业领域都或多或少存在,随着产品结构升级和高技术的运用,研发难度越来越大,费用也越来越高,单个企业的资金能力和知识技术储备条件很难进行重大装备的研发,同时制造企业还面临研发成果难以得到用户认可等难题,因此技术和市场风险形成了企业自主创新的阻力。神华提出了"以研制代采购"的办法,即用户提出国产化目标以及主要技术参数和技术标准,制造企业根据用户需求垫资组织技术攻关、设计和生产,首台套样机根据用户提出的标准进行试验和工业试用,获得成功后,用户按照市场价格采购,并承认研制单位具有该系列产品的生产业绩,在以后的市场化采购中具有投标资格。如果不成功,研发费用由制造企业承担,这样既解决了首台套的业绩问题,也有利于促进制造企业加大研发力度,保证产品质量。创新的研发组织形式分散了制造企业的技术和市场风险,同时通过需求的激励鼓励企业进行研发,因此国内企业更积极地参与其中。目前,除大型液压支架外,采煤机和运输机等设备的国产化也已经展开,如三一重工正积极进行采煤机关键功能部件的研发。

企业案例八:重大装备——三峡水轮发电机组与高速铁路[①]

一、案例摘要

装备制造业是为国民经济发展提供技术装备的基础性、战略性产业,具有高度的关联性、技术密集性和资金密集性的特点,体现了一个国家工业化水平、技术创新能力和综合国力。经过几十年的发展,我国装备制造业在总量规模上已居世界第4位,但是整体技术水平与发达国家仍然差距较大。造成装备制造业"大而不强"的主要原因之一就是创新能力薄弱,大部分核心技术依赖进口,而在技术引进后又陷入"引进—落后—再引进—再落后"的不良循环。曾经流行的"市场换技术"战略并没有取得预期的效果。与以往不成功的实践形成鲜明对照的是,三峡工程和高速铁路项目在技术引进的基础上,掌握了70万千瓦水

---

① 本案例由课题组的重大装备制造业项目组基于2006~2008年对三峡水电机组与高速铁路的调研编写而成。

轮发电机组和高速铁路的核心技术，形成了自己的研发平台，并实现了"再创新"，在市场上可以与国外厂商一较高下。被称为"三峡模式"和"高铁模式"的两个领域的实践提供了新的"市场换技术"模式，本案例旨在通过研究重新发现"市场换技术"模式的实际价值。

本案例首先介绍三峡工程和高速铁路技术引进、消化吸收和再创新的情况，随后分析总结"市场换技术"的新经验。本案例总结出技术引进和消化吸收方面的九大特点，即以"大而整"的市场为基础，以政府为主导；以用户为中心；以捆绑招标为条件；以竞争为形式的技术"转"与"接"，有准备的技术引进；以联合设计、合作制造为形式，有组织的消化吸收。最后概括了重大装备"市场换技术"新模式，其要点是：战略买家、竞争性组织和以产品为依托的高水平技术实践。

二、案例描述

子案例一：三峡工程水轮发电机组从市场换技术到自主创新

（一）三峡水电机组左岸机组的技术引进

长江三峡水利枢纽工程（简称三峡工程）是具有防洪、发电、航运等巨大综合效益的特大型工程，其中发电是产生直接经济效益的主要途径。三峡电站设计装机容量1 820万千瓦，由26台（左岸14台，右岸12台）单机70万千瓦的机组组成，装机容量几乎是曾经世界之最巴西泰伊普水电站的2倍，建成后将成为世界第一大水电站。

1. 采购决策

1993年9月，经过国务院批准，成立三峡工程开发总公司（简称三峡总公司），主要负责三峡工程的建设与运营，三峡装备的采购是重要任务之一。

单机发电70万千瓦的水轮机属于巨型水轮机，在三峡机组采购前全世界投入运行的只有21台。我国在此之前没有该机型的装机，更没有设计和制造经验，当时国内企业最大设计生产能力为32万千瓦机组。

为了既确保三峡工程的质量达到一流，又不失时机地提升民族工业制造水平，国务院三峡建委决定将"技贸结合、转让技术、联合设计、合作制造"作为三峡重大装备的采购原则，即三峡左岸电站机组实行国际采购，同时引进国外先进技术,逐步实现三峡工程装备国产化,提高我国水电装备制造整体水平和自主创新能力。技术转让的受让方主要是我国最具优势的哈尔滨电机有限责任公司(哈电)和东方电机股份有限公司(东电)。

2. 左岸水轮机招标

1996年6月24日,三峡总公司正式对外宣布:三峡左岸电站将一次采购14台单机额定容量为70万千瓦的机组。中国三峡总公司在发出的机组招标文件中规定:投标者对供货设备的经济和技术负全部责任,投标者必须联合中国有资格的制造企业,参加联合设计、合作制造,中国制造企业分包份额的比例不低于合同总价的25%;要求投标者必须向中国制造企业转让技术,并培训技术人员;规定最后2台机组必须以中国制造企业为主制造。

世界上最大的水电设备采购项目一经公布,立刻吸引了全球著名水电设备制造厂商和跨国公司组成6个投标体竞争投标。1997年9月三峡工程左岸电站国际招标采购揭标,机组中标总金额为7.4亿美元,夺标的是两个跨国集团:一个是由德国伏依特(Voith)、加拿大通用电气(GE)和德国西门子(Siemens)组成的VGS集团,它们具有在美国大古力、巴西伊泰普提供70万千瓦水轮发电机组的技术和经验。VGS集团负责供应三峡左岸1号、2号、3号、7号、8号、9号共6台机组,合同金额为3.2亿美元,东电参与联合设计和合作制造,并分包其中2台,金额1.24亿美元,占合同金额的39%。另一个是法国阿尔斯通(Alstom)和瑞士ABB组成的Alstom集团,它们也具有设计制造伊泰普70万千瓦机组的技术和经验,该联合体负责三峡左岸4号、5号、6号、10号、11号、12号、13号、14号机组共8台机组的设计和制造,合同金额为4.22亿美元。哈电参与合作,并分包其中2台水轮机制造,金额1.39亿美元,占合同额的33%。

为配合技术转让,中国三峡总公司支付了1 635万美元的技术转让费,并在合同执行过程中,通过合同中的经济约束条款,根据技术转让的进程和执行情况分期支付,确保核心技术转让到位。

(二)三峡左岸水电机组国产化

1. 技术引进与学习

按技术转让合同规定,从1998年开始,哈电的科研、设计、工艺、项目管理和质量保证等方面的技术人员陆续前往国外,接受Alstom–ABB–KEN集团的全面技术转让。根据技术转让协议规定的内容,哈电共接受设计分析软件42个,涉及三峡机组设计制造的各项关键技术,如水力设计与试验、电磁通风计算、推力轴承、结构刚强度、绝缘、关键工艺等,其中有商业软件和自开发软件。

东电接受了 VGS 相似内容的开发软件、计算机硬件和商业软件，项目实施阶段，派人参加试验、联合设计和技术转让培训，先后 264 人次接受了 VGS 的技术培训。

2. 技术改造

在接受技术转让的同时，为达到三峡机组的技术要求，哈电和东电在厂房、设备、科研检测等方面投巨资进行了大规模的技术改造。以东电为例，投资数亿元修建了 550 吨级重跨厂房、添置了 550 吨吊车、6.9 米五轴数控天桥铣、4.5 米五轴数控天桥铣、Φ22 米三轴数控立车、Φ260 五轴数控镗铣床、Φ225 三轴数控镗铣床、大型喷丸室、大型退火炉、光电经纬仪、窄间隙焊机、焊接变位机、800 吨冲床、400 吨自动冲床、激光数控切割机、6 轴数控包带机，对电机试验室、绝缘试验室和水轮机试验室进行了改造扩建，制造能力得到进一步提高，具备了年产 2～3 套三峡水电机组生产能力。

3. 国产化

在承揽左岸分包任务的设计生产制造过程中，哈电和东电向国外合作伙伴派出了最强的技术力量，全过程参与机组的设计、制造、安装和调试，培养、锻炼了队伍。左岸 14 台水轮机转轮有 10 台是中国制造，其中哈电合作制造 3 台、独立制造 3 台、东电制造 2 台、上海希科制造 2 台。另外，Alstom 的 8 台发电机机座、转子支架、上机架、下机架焊接都是在哈电完成的，VGS 的 6 根水轮机和发电机轴都是由东电制造的，哈电和东电采用国内熟悉的环氧玻珋多胶粉云母带连同半导体带一次模压成型工艺各完成 1 台发电机定子线棒的制造。最终，两家企业在三峡左岸机组中参与建设的分包额超过 50%。

整机制造也实现了突破。2003 年 8 月投产的左岸 3 号机组，除关键部件转轮外，其他部件均由东电配套。2005 年 7 月投入运行的左岸 14 号机组以哈电为主进行制造，国产化率达到 71%。2005 年 9 月投产的三峡左岸最后一台机组 9 号机组以东电为主进行设计生产，国产化率达到 85%。

（三）三峡右岸水电机组的自主创新

2003 年 10 月三峡右岸机组 12 台 70 万千瓦机组开始国际招标，三峡总公司提出竞标企业要把模型统一拿到第三方试验平台上进行测试。共有 3 家有资格的制造商参与了投标，分别是哈电、东电、Alstom。按照要求，中国水利水电科学研究院将 3 家企业对三峡右岸开发的模型试验装置及转轮水轮机的能量、空化、稳定性进行对比试验，参加竞标的 3 家企业都做了全新的水力设计。结果表明，其水力特性均优于左岸机组。阿尔斯通公司总体评价第一，哈电和东电紧随其后。在一些单项技术指标上，哈电和东电还优于阿尔斯通。国内研发的水力模型效率接近甚至部分超出国外厂商的制造水平，机组的稳定性达到了当前的国际水准。最终，3家企业分别承担4台机组的制造任务。

2007年7月由哈电负责设计制造的右岸26号机组投产，这是国内首台自主研制、并拥有自主知识产权的巨型国产化机组。之后，哈电和东电承造的其他6台机组相继投产，2008年10月29日，三峡右岸最后一台机组，由东电提供的右岸15号机组投产，性能指标完全达到合同要求。至此，宣告了我国巨型水轮机组国产化的成功。

三峡右岸机组的成功运行，不但标志着国产化的成功，而且标志着自主创新的成功实现。三峡右岸机组研制的过程中，哈电和东电在部分核心技术上实现了突破，主要包括哈电的"L型"叶片转轮和全空冷技术，东电的无特殊振动转轮技术。

子案例二：高速铁路从以市场换技术到自主创新

为了缓解铁路对国民经济和社会发展的制约，2004年1月，国务院批准了我国历史上第一个《中长期铁路网规划》，规划提出到2020年，建立省会城市及大中城市间的快速客运通道，以及环渤海地区、长江三角洲地区、珠江三角洲地区3个城际快速客运系统，建设客运专线1.2万公里以上。之后，铁道部与国家发改委制定了《时速200公里及以上动车组技术引进与国产化实施方案》，标志着中国国产化高速列车制造正式进入实施阶段。

（一）高速铁路及其技术

根据国际铁路联盟（UIC）的定义，高速铁路是指营运时速达到每小时200公里以上的铁路系统。在20世纪初，火车的最高速度超过200公里/小时，但是直到1964年日本"东海道"新干线实现了210公里的营运时速，并成功实现商业运营，才被视为世界上第一条高速铁路正式面世。之后，法国（TGV技术）、德国（ICE技术）、西班牙（Talgo技术）和意大利（摆式列车技术）等国相继发展了自己的高速铁路技术，并成功实现商业化铁路的建设和运营。目前世界上公认，代表当今高铁最高水平的三大成熟技术体系为日本新干线技术、法国TGV技术和德国ICE技术。

（二）我国高速铁路技术发展

1. 早期的研制实践

20世纪90年代，我国开始高速铁路技术的研发，铁道部组织力量在高速动车组和大功率交流传动机车等技术领域进行了积极探索,研制了"中华之星号"、"长白山号"、"蓝箭号"和"大白鲨号"高速列车。这些高速列车虽然通过了试验,并且部分车辆实现了商业运营,但是由于没有形成成熟的技术体系,不能满足我国高速铁路快速发展需要。国家最终决定放弃自主研发,走通过技术引进消化吸收再创新的技术创新之路。虽然没有将自主研制之路进行到底,但是在此过程中积累了技术经验,为后来进行的引进、消化、吸收、再创新积累了人才,增强了国外企业进行谈判的筹码。

2. 高速列车技术引进

(1) 时速200公里高速列车技术引进。2004年4月,国务院明确提出了高速铁路技术引进的原则,即"引进先进技术、联合设计生产、打造中国品牌",确定了"引进、消化、吸收、再创新"技术路线。

2004年技术引进的招标工作全面展开,铁道部作为用户成为这次技术引进的组织者,设定了招标采购的目标,即坚持以我为主,引进成熟产品、实现全面技术转让,以较短时间、较低成本实现技术引进,推进国产化进程,培育国内高速动车组研发能力。为了保证能够用市场换到技术,招标提出三个条件:一是外方关键技术必须转让;二是价格必须优惠;三是必须使用中国的品牌。铁道部指定由南车集团所属的四方公司(简称南车四方)和北车集团所属的长春轨道客车股份有公司(简称北车长客)两家与国外厂商谈判,其他企业一概不与外方接触。

2004年10月,160列时速200公里列车的订单被法国阿尔斯通、日本川崎重工、加拿大庞巴迪3家公司获得:庞巴迪分得40列订单,川崎重工和阿尔斯通分别得到60列订单。同时,南车四方和北车长客分别与外方企业相继签署合作协议,包括《时速200公里铁路动车组项目技术转让协议》和《时速200公里铁路动车组项目国内制造合同》等。所引进的技术涵盖了当今世界最先进的机车车辆技术,其中时速200公里动车组技术涵盖了时速300公里动车组的技术平台。例如,合同商定,阿尔斯通对于列车和部件的生产给予技术支持和技术转让,涉及的技术转让部分有动车组列车的一般性组装、车体、转向体、牵引变压器、牵引逆变器、牵引机车、牵引控制系统和列车网络控制系统。除设计技术外,外方企业还要提供制造、检测试验调试技术资料和制造工艺设备,并负责对中方员工进行全面技术培训,表13-4列出了所承接技术引进的高速列车的技术和经济指标。

表 13-4　　　　　　　　　　　引进高速铁路列车组情况

内容	CRH1	CRH2	CRH5	CRH3
原车型	Regina C2008	E2-1000	SM3	ICE3
供货公司	BSP	日本川崎/南车四方	阿尔斯通/北车长客	西门子/北车唐山
编组构成	2M1T×2+1M1T	4M4T	3M1T+2M2T	4M4T
运营时速（公里）		200		300
最高时速（公里）		250		350
定员（人）	670	610	608	422
最大轴重（吨）	16	14	17	16
列车长（米）	213.5	201.4	211.5	200
列车宽（米）	3.328	3.38	3.2	3.38
列车高（米）	4.04	3.7	3.89	3.7
车轮径（毫米）	915	860	890	860
牵引电机（千瓦）	265	300	550	500
引进列数	20+20	60	60	60
合同总额（亿元）	63.78	106.8	137.4	127.25
外方合同额	3.82 亿美元	800 亿日元	63 亿美元	63.5 亿美元
技术转让费			9 亿美元	8 000 万欧元

注：①CRH 是 China Railway High-speed 的缩写，意为"中国高速铁路"。
②BSP 是由青岛四方—庞巴迪—鲍尔铁路运输设备有限公司组成的合资公司，四方占 BSP 公司的股权比例为 50%。
③M 代表动车，T 代表拖车。
④BSP 2004 年 10 月获得 20 列的订单，2005 年 5 月 31 日又追加 20 列。
资料来源：《装备制造业自主创新战略研究》，高等教育出版社 2007 年版。

（2）时速 300 公里高速列车技术引进。2005 年初，铁道部开始筹备运营时速为 300 公里高速列车的采购招标，6 月份开始招标，采用了小范围内展开报价谈判和竞争性谈判的方式。此次招标是为京津城际高铁项目进行采购，德国西门子与北车集团唐山机车厂（简称北车唐山）的联合体和我国南车四方各获得了 60 列动车组的订单①。

2005 年 11 月 11 日，铁道部与德国西门子在德国签下框架协议，西门子成

---

① 此次招标并未公开发表公告，没有详细报道资料。2008 年 8 月 1 日京津高铁正式运营，该铁路列车的供应商为西门子与北车唐山和南车四方。

为时速 300 公里高铁技术的唯一转让方。西门子承诺，全面转让时速 300 公里列车 9 项关键技术。其中，动车组总成、车体与转向架部分关键技术由唐山机车车辆厂负责吸收；牵引变流、牵引变压、牵引控制、列车网络和制动系统技术则由铁道科学院机车车辆研究所负责消化吸收；牵引电机技术由北车集团永济电机厂负责引进、消化、吸收。

本次采购的 60 列时速 300 公里动车组将全部使用中国品牌，其中整列进口 3 列，在德国西门子公司生产；其余 57 列全部由北车唐山制造。合同生效后 24 个月，即 2007 年底到 2008 年初整列进口动车组顺次下线，2008 年首列国内制造动车组下线，2009 年 12 月 60 列动车组全面交付。

3. 高速铁路技术消化吸收

（1）高速列车的国产化。时速 200 公里高速列车技术引进后，经过近 3 年的消化吸收，到 2007 年我国已完全掌握了动车组九大关键技术及 10 项主要配套技术。时速 200 公里 CRH 的国产化程度已达到 70% 以上，远期可以达到 85%。2007 年 4 月 18 日第六次大提速投入时速 200 公里列车 52 列，其中 10 列 CRH1 在广深线运行，5 列 CRH5 在京哈上运行，37 列 CRH2 在沪杭线和沪宁线上运行。

在生产方式上，以南车四方为例。与日本川崎的合作中，3 列在日本完成；另有 6 组以散件形式付运，由四方负责组装；最后提供四方制造剩余的 51 列列车所需要的设备等知识产权。虽然一些高技术部件仍会采用进口产品，但后 51 列列车由掌握了国外技术的国内企业设计制造。长客与法国阿尔斯通合作的 60 列和四方与川崎的情况完全相同，CRH3 动车组的国产化率达到了 75%。

在技术学习过程中，南车四方先后有 142 人次的专业技术人员、192 人次的操作技术工人和 55 人次的管理人员到国外企业实地学习，累计 10 737 天的学习让 242 人取得了 414 个资格证书。

为了掌握核心技术，国内企业进行了实验条件和生产条件的改善。例如，南车四方在竞标成功前，环行实验线、转向架生产线和不锈钢车体生产线等硬件就已建设完成。随后又逐步建设了动车组总装流水线、电气综合实验台、转向架综合实验台和制动系统实验台等。

国产化过程中，国内企业并没有直接照搬国外技术，而是对其进行适应性修改。例如，长客引进的是阿尔斯通的技术，但是对原型车做了大量修改，几乎等于设计了一款新车。比如，原型车宽度只有 2.9 米，难以满足国内大运量的要求，中方把宽度增加到了 3.3 米，整整多出来一排座位。目前在京哈线上投入运营的 5 型车，整车专利属于中国。

在 300 公里时速高速列车技术学习开始后，唐山客车全厂 1 300 多名技术人员，几乎全部被派到德国学习培训，并投资 7.5 亿元进行技术改造。由北车唐客制造的列车于 2008 年 8 月 1 日正式通车，商用运营时速达 350 公里，是当今世界时速最快的轮轨高速列车。全部 60 列定于 2009 年底交付使用，国产化率达 70%。

北车唐山在国产化的同时，为适应中国铁路客运需求特点，进行了优化设计，并借助研究机构的力量进行基础研究。例如，采用高速转向架、防撞车体结构、独特的防火设计结构，不仅具有速度快、乘坐舒适的特点，还具备很高的安全性能；开展"采用空气动力学措施作为高速列车辅助控制手段预研"项目，为高速列车减少阻力、节能降耗提供了基础。

铁道部副总工程师张曙在《对话》节目中表示，经过引进、消化、吸收、再创新，中国制造企业已成功掌握了高速动车组总成、车体、转向架、牵引变流、牵引变压、牵引电机、牵引控制、列车网络和制动系统等 9 项关键技术以及受电弓、空调系统等 10 项主要配套技术。

（2）高速铁路技术自主创新。高铁技术自主创新的典型当属 CRH2 – 300 型列车，该车型在京津高铁运营，是南车四方在引进日本川崎时速 200 公里 CRH2 技术后，消化吸收再创新的成果。南车四方以引进时速 200 公里动车组项目为载体，在消化中吸收，在吸收中创新，使产品的设计理念、设计方法、设计程序与国际接轨。在创建新的研发平台的同时，南车四方还搭建国际先进的工艺设计平台，推行将工艺融入设计的理念，提升了产品的制造水平，实现了产品制造的精细化、精良化。南车四方完全掌握了轻量化车体制造、转向架制造和集成总装等高速动车组关键技术，搭建了国际先进的高速动车组的产品技术平台。

除了整车的研制，一些关键零部件也实现了自主创新，例如，南车四方在引进吸收日本川崎重工转向架先进技术的基础上，研发制造出具有自主技术的 SW – 220K 转向架，该转向架以优越的性能和高可靠性，成为全国铁路大提速的主导产品。

三、案例分析

（一）"三峡模式"和"高铁模式"技术引进特点

1. 以"大而整"的市场为基础

"市场换技术"战略的初衷就是通过让出一部分市场换来技术。技术，尤其是核心技术，外方企业是不会轻易转让的，而我国巨型水轮机组和高速铁路的大市场无疑对国外企业有很大的吸引力。西方发达国家水电资源在 20 世纪 90 年代已开发殆尽，水电市场萧条。中国目前尚有大约 5 个三峡装机容量的水电资源有待开发，占世界待开发市场的 90% 以上，国外企业都希望在我国水电市场分得一杯羹。我国高速铁路发展刚刚开始，"十一五"期间规划建设 7 000 公里，而世界高铁运行 40 多年总共也只有 6 763 公里，发达国家铁路市场已接近饱和。

我国拥有大市场的领域有很多，但是并没有换来技术，除了其他方面的原因外，市场结构也是一个重要因素。这里的市场结构是指分散的市场还是集中控制的市场。三峡和高铁的市场结构是"整"。巨型水轮机市场和高速铁路市场分别由三峡总公司和铁道部掌控。"大而整"的市场增加了中方的谈判力量，有利于形成"合力"。如果市场分散，各自采购和引进，多头出击，很容易被对手各个击破，而很难让外方在技术转让方面妥协。事实上，哈电在三峡工程之前就多次同 Alstom 合作并引进技术，外方开出了很高的价格，中方只能得到很少的技术。"大而整"的市场为外方转让技术提供了可能的基础和条件。

2. 以政府为主导

三峡工程和高速铁路项目都是国家重点建设项目，对国民经济发展有重大影响。中央政府非常重视这两项工程的进展，三峡工程成立了国务院三峡工程建设委员会，由国务院副总理直接领导；高速铁路项目由铁道部负责组织实施。政府主导的重大建设工程容易体现国家意志，不但要完成工程建设，还要为长远发展考虑。虽然短期内全部采用国外设备，投产速度快、质量有保证，而且不用支付技术转让费。但是，从国家长远利益出发，国内企业不但失去市场机会，更失掉了技术进步的机会，未来我国同类设备的采购将永远受制于国外。因此，政府试图借助重大工程项目的技术引进提升国内技术水平。三峡工程制定了"引进技术、联合设计、合作制造、消化吸收"的技术引进方针，高速铁路确定了"引进先进技术、联合设计生产、打造中国品牌"的总体思路。政府干预是保证国内企业能够参与其中的决定因素，例如，若没有政府强力推行技术引进的方针，三峡总公司原本计划全部采购国外设备。另外，政府主导的项目可以发挥"集中力量办大事"的优势，一方面统一全国市场，增强谈判能力；另一方面构建产学研相结合的快速高效再创新平台。

3. 以用户为中心

与以往由装备制造业生产企业为技术引进组织单位不同，三峡和高铁的技术引进是以用户为中心进行组织，并支付技术转让费用的。三峡工程的技术引进在三峡公司的统一布置下完成，负责与外商谈判，并选择重点企业参与实施。高铁由铁道部对技术引进工作全面负责，支付技术引进费用，选择国内能力最强的制造企业进行重点扶持，各制造企业按照铁道部的统一部署进行技术引进和项目实施。拥有"大而整"市场的用户作为技术引进的主导更代表了市场的力量。以用户为中心一致对外，还避免了国内企业之间的恶性竞争，降低了技术转让的费用。

4. 以捆绑招标为条件

用户需要的是最终的产品，因此用户为中心的技术引进是以产品为中介的。三峡总公司和铁道部为了获得所需的装备进行招标采购，同时设置一定附带技术转让条件，不同意技术转让条件的企业自然也失去了市场。国内企业的技术能力不能达到采购要求，但是通过捆绑招标和技贸结合的方式，帮助国内企业参与到产品的设计和制造过程中，获取相关技术。捆绑招标的方式提高了外方进入中国市场的门槛，把不愿意转让技术的外商隔离在中国市场之外，巧妙地利用了市场力量。

5. 以竞争促技术的"转"与"接"

两种模式都很好地利用了竞争性的市场组织关系，调动技术转让方和技术接受方的积极性。

三峡和高铁项目在招标阶段就采用竞争性的方式，让国外多家企业之间展开竞争，使得能以较低价格实现采购和技术引进。例如，在高铁时速200公里采购谈判中，Alstom 为了能够战胜竞争对手，在开标前夜被迫减少15亿元的技术转让费。[①]

三峡模式和高铁模式的技术源都不是一家企业，而是从多家企业引进技术。三峡工程从 Alstom 和 VGS 联合体引进技术，高速铁路则先后选择从日本川崎、法国 Alstom、加拿大庞巴迪和德国西门子引进技术。从多家企业进行技术引进可以博采众长，更重要的是避免将"鸡蛋"放在一个篮子里，如果某个企业不转让核心技术，还有其他企业转让的可能，而不肯转让技术的企业将失去中国市场。

两个项目技术引进的承接单位也不止一家。70万千瓦水轮机组指定了哈电和东电两家具有相当实力的企业接受技术转让，高速铁路指定了南车四方、北车长客和北车唐山进行技术引进。这样做是为了让国内企业展开竞争，逼出国内企业的技术学习和创新的动力，增加其紧迫感和危机感。

（二）"三峡模式"和"高铁模式"消化吸收的特点

1. 有准备的技术引进

三峡和高铁都是国家重大工程，前期经过长时间的论证，国内进行了大量的前期研究，有了一定的技术积累。三峡工程的重大装备科研攻关连续列入5个

---

① 引自周伟：《中国高速列车到底是不是中国造》，载于《中国青年报》，2007年6月4日。

"五年计划",从20世纪80年代三峡工程论证开始,国家先后组织了哈电、东电、哈尔滨大电机研究所、中国水利水电科学研究院、长江水利委员会、电力部南京自动化院、清华大学、天津大学、河海大学、华中科技大学、武汉大学等单位开展科技攻关。高铁在90年代也进行了研究开发,并试制成功了"中华之星"等型号的高速列车,培养了大批的技术骨干。这些技术积累成为工程项目可行性论证和初步设计的重要依据,缩小了我国与国外的技术差距,为技术引进和消化吸收奠定了基础,同时还增加了我国与外方谈判的砝码。

2. 在合作实施的实践中成长能力

三峡和高铁项目的技术学习都是以联合设计、合作制造的形式开展,完成由组装到制造、再到设计的循序渐进的技术学习过程。以南车四方为例,在时速200公里高速铁路技术引进中与日本川崎合作中,3列在日本完成,6列由四方负责组装,最后51列列车由国内企业设计制造。通过产品生产中的合作设计和联合制造,一方面国内企业有了实践的机会;另一方面在参与中逐渐掌握技术。这种消化吸收方式与早期的技术引进不同,它以产品开发、设计、生产实践为依托,在实践的过程中容易发现问题,并得到反馈,有利于技术的消化和吸收。

3. 组织相关部门协同攻关

两个项目在技术引进后,不仅有接受技术的国内企业进行消化和吸收,而且在用户强有力的组织下,搭建了公共技术的研发平台,通过产学研联合攻关的方式解决技术问题。例如,"高铁模式"的自主创新打破部门、行业、院校、企业的界限,开放的研发团队充分调动各方的积极性;高速铁路创新平台共吸纳8名院士、近百名教授和研究员、960余名高级工程师、5 000余名工程技术人员参与,2004年以来,铁路部门系统安排了110项重大科研课题,开展高速铁路技术攻关工作。

(三)"市场换技术"模式讨论

"三峡模式"和"高铁模式"的成功经验告诉我们,"市场换技术"之路是可行的,关键在于用什么样的方式保证让出市场而获得技术。通过对两个案例特点的分析发现,"战略买家"、"竞争性组织"和"以产品为依托高起点的技术实践"是两个案例"市场换技术"的成功所在。

1. 战略买家

"市场换技术"过程中,市场是外方转让技术的动力。我国市场之"大"在很多领域属世界之最,但是如果市场被分割则必将降低换技术的砝码。以上两个案例中"战略买家"代表了"大而整"的市场。战略买家在某种意义上形成了买方垄断,体现了集中力量办大事的好处:对外是一个强势的用户,集中采购增强了技术转让中的谈判能力；对内又是强有力的组织者，可以调动国内企业和相关研究机构，形成合力进行技术引进。

2. 竞争性组织

战略买家的实质就是通过足够强的市场来吸引各方力量为自己服务，通过利用企业之间的竞争关系更好地组织技术引进。对外方面，通过竞争性招标，形成国外企业之间的竞争，削弱外方谈判的力量；对内选择具有技术优势的多家企业共同参与引进；在内外协调上，把国内和国外企业搭配分组，分头进行技术引进。通过竞争性的组织，降低了国外在技术上有所保留的可能性，也降低了技术学的不确定性，使市场换技术的可能性得到增强。

3. 以产品为依托高起点的技术实践

三峡和高铁都是世界级的高水平工程，国内企业在相关技术上落后，不能为工程提高可靠的产品。但是如果国内企业不能参与其中，将失去市场机会和技术实践的机会。在两个案例中，战略买家都希望通过扶植国内企业来制约外方在我国市场的垄断，这样就为国内企业提供了技术实践的机会。以产品为依托加强了技术实践的可能性，通过产品的设计和生产能够判定引进的技术是否有用，在"做"的过程中掌握技术，培养了技术能力。三峡由左岸引进到右岸自主创新，南车四方由高铁时速 200 公里引进到 300 公里自主研发就是很好的例证。"以产品为依托高起点的技术实践"给我们两点启示：一方面，"市场换技术"可能并不是直接由市场到技术，而要以产品为中间技术载体；另一方面，"技术引进"不但是获得技术，更重要的是获得技术实践机会，以提高企业技术能力。

企业案例九：通信设备制造企业[①]

一、案例摘要

为研究本土企业在开放竞争的条件下如何进入产业、发展能力并取得长期竞争优势，本案例选择华为、中兴、大唐、普天 4 家企业展开研究。这些企业有较好的代表性：大唐、普天的前身分别是原中国邮电部直属的电信科学技术研究院和中国邮电工业总公司，基础较好、实力雄厚，在改革开放后相当长的一段时间

[①] 本案例由课题组的通信设备制造业项目组基于 2006~2008 年的实地调研编写而成。

内曾经发挥了产业的"主力军"和"领头羊"作用;华为、中兴分别于1988年和1986年成立于深圳,初始条件很差,但它们从程控用户交换机的低端产品市场进入产业,抓住时机自主开发了小容量局用程控交换机、大容量局用程控交换机,然后向光传输、移动通信、数据通信等相关领域扩展,不断提升企业创新能力,不仅代替了大唐、普天成为中国通信设备产业的"领头羊",而且频频击败西门子、朗讯等跨国公司,显示出较强的国际竞争力。

本案例以公司的创新战略和能力成长为线索,对华为、中兴、大唐、普天4家企业分阶段描述创新和发展历程。案例研究表明,企业自主创新战略决定了企业的基本走向;技术能力是企业长期生存和发展的基本保障,而技术能力只有通过以产品和工艺为导向的技术研发活动才能形成;根据本土市场需求特点、从低端产品开始研发是可行的战略选择;企业在技术爬坡的过程中还必须致力于市场营销、人力资源等各方面能力的投资和战略管理;此外,企业内部的制度文化是企业竞争优势的根基。

二、案例描述

(一) 华为技术有限公司

华为技术有限公司(以下简称"华为")于1988年创立于深圳。创立20年来,华为以惊人的速度高速成长,员工人数从最初的7人[①]发展到2008年9月的9.6万人,2007年的销售收入达到了125.6亿美元。

以企业创新战略和能力成长为线索,本案例分三个阶段描述华为的发展历程:第一阶段(1988~1994年)创建营销和研发能力;第二阶段(1995~2000年)实施大公司战略;第三阶段(2001年至现在)开拓海外市场,跻身世界一流。

1. 第一阶段(1988~1994年)创建营销和研发能力

1988年1月,华为公司成立,注册资金2.1万元人民币,任正非、纪平等6人均持有1/6的股份。公司初始只有员工14人,业务为代理销售香港鸿年公司研制生产的HAX-100型模拟程控用户交换机。当时国内用户程控交换机市场供不应求,香港鸿年HAX-100用户交换机的性价比较好,华为公司迅速打开了市场。华为在北京、沈阳、武汉、西安等地建立了10多个销售联络点,招收公关

[①] 根据访谈记录,华为是7个人起家,最初的办公地点是租来的两套三居室。

能力强的销售人员,很快成为鸿年交换机销量最大的代理商[①]。

但是,华为绝不是一家简单的销售代理公司,它有更加远大的志向。做了几个月"纯代理"的业务之后,华为决定走自主开发的道路。1988年下半年,华为开始散发人才招聘广告,声称要在全国范围内招贤纳士、开发程控交换机。清华大学电子工程系的乐正友老师就收到了这样的一份广告,他回忆说:

当时他们宣传很大,到处发广告,招聘人,这在当时是很少有的……也就是一张纸的宣传单,电话号码、联系地址都有,介绍华为公司的开发理念和人才政策,我当时看了以后很动心。它给你的印象就是:你有才能,你就能得到发挥,就这么一个印象;这是我所希望有的环境,我当时就希望能够自己干,干得不好是自己能力不行,但是自己有才能发挥不出来这是最难受的……

陈康宁(2006)描述了华为在1991年开发BH-03型(24/224门)用户程控交换机的经历。从中可知,华为早期从事产品开发的条件非常差:

(1)物质设施差。一层楼分隔为单板、电源、总测、准备4个工段,库房、厨房也设在同层楼;整层楼没有空调,只有吊扇,高温下作业,经常是汗流浃背。

(2)资金力量弱。现金流非常紧张,到处借贷困难,到账的订货合同预付款,都全部投入到生产和开发;公司账上已没有资金,再发不出货,公司就要破产了。

(3)技术装备落后。开发项目组只有五六个人;没有任何测试设备,外协加工的电路板用放大镜一个一个地目测检查;交换机的性能要用话机一项一项地测试;大话务量测试需要全厂人一起上,每人两部话机。

除了条件差之外,华为进行产品开发的起点也非常低。华为1989年推出的BH-03型用户程控交换机基本是仿制珠通的BH-01型,最大容量只有40门。1991年底推出的HJD48是在BH-03的基础上改进而成,最大容量可达256门,性能比较稳定,但是仍然还是模拟空分制式的用户交换机;而模拟空分程控交换机在技术上比数字时分程控交换机要简单得多。

华为的自主开发是从最简单的小容量模拟程控交换机开始起步的,并且这种小容量的模拟用户交换机由于价格较低,当时在国内有很大的市场。华为1991年底推出的HJD48型空分用户交换机取得了极大的市场成功,1992年产值突破1.2亿元,利润上千万元。

华为自主开发产品的脚步一刻也没有停留,继HJD48型空分用户交换机开

[①] 根据访谈记录10,当时在国内市场,代理鸿年HAX-100用户交换机销售量最大的,一是华为;二是鸿年在威海的合资公司;三是北京华科。

发成功之后，它们于 1992 年马上着手研制 2 000 门的局用模拟程控交换机——JK1 000 型，1993 年下半年又成立了万门程控交换机的开发项目组。

华为以市场需求为导向，高度重视市场营销。华为在成立之初就及时做到了从销售向营销的转变：1992 年前后，孙亚芳、纪平、江西生接手市场部，开始地毯式的强力推广产品，每个县城都是占领的目标；同时坚定地反对内部的腐败。紧紧抓住干部培训、教育、考核和组织建设，奋力推行矩阵式管理。在全国一片滑坡的情况下，仍然保持市场高速增长。

华为以 7 个人、2.1 万元人民币为基础，从销售代理开始起步，把赚到的钱都投入到用户小交换机和配套电源开发上；进一步，把赚到的钱加上"高利贷"借来的钱，又投入到局用交换机、数字程控交换机的开发上。通过几年的艰苦奋斗，华为从小到大一步步发展起来。1994 年，华为交换机销售近 70 万线，销售收入近 8 亿元人民币。公司员工 1 000 多人，其中研发人员和市场营销人员都超过了 300 人，在全国建立了 27 个销售、服务网点，初步建立起营销和研发能力。

2. 第二阶段（1995～2000 年） 实施大公司战略

1994 年，C&C08 万门局用数字程控交换机研制成功并取得了市场突破，华为公司呈现出良好的发展态势。但此时跨国公司"七国八制"的程控交换机早已全面占领了中国局用程控交换机的高端市场，7 家生产局用程控交换机的中外合资企业先后成立。同时，巨龙、大唐、中兴、金鹏等本土企业也先后推出了不同品牌的大容量程控数字交换机。面临着激烈的市场竞争，华为的处境不容乐观。

1995 年，华为明确提出了"大公司战略"。持续 10 年的中国通信大发展催生了中国的通信制造业，并迅速成长。由于全世界厂家都寄希望于这块当前世界最大、发展最快的市场，导致中、外产品撞车，形成巨大危机。大家开始恶性价格竞争。外国厂家经济实力巨大，已占领大部分中国市场，中国厂家仍然是分散经营，困难重重，这是华为推行大公司战略的背景。1995 年，华为采取了以下的战略行动：

（1）成立中央研究院、北京研究所，从单一的交换机产品进入数据通信、光传输、可视电话系统、异步传统模式（Asynchronous Transfer Mode，ATM）会议电视系统、无线通信等领域。

（2）加强营销力量，"技术市场化、市场技术化"，把一大批博士、硕士投入到营销前线；在全国 33 个大中城市设立了办事处和用户服务中心，承诺接到客户电话 24 小时之内赶到事故现场，依靠完善的售后服务体系与高水平的服务赢得客户的信任。

（3）投资近 1 亿元，建立用户服务中心大厦，开通集中维护系统，为用户提供远程支援。

（4）从 9 月开始，内部发起"华为兴亡，我的责任"的企业文化大讨论；开始进行体制改革、组织改革、工资改革等制度创新；推行矩阵管理，反对官僚主义，提高工作效率及主动积极灵敏的协作响应；实行有限授权原则，要让最明白的人最有权，让最有责任心的人最明白。

（5）在全公司范围推行 ISO9000 质量管理标准，获得国际权威机构颁发的 ISO9002 证书。

1995 年华为公司的销售额达到了 14 亿元，比 1994 年增长 175%。1996 年，华为推出了 C&C08－INtess 综合智能业务系统、接入网、7 号信令设备、800M AMPS 无线本地环路蜂窝系统、800M CDMA 无线本地环路蜂窝系统以及 SBS－68 光传输系统、Quidway2500 中低端路由器等新产品；还成立了上海研究所，从事 GSM 设备的开发；成立了华为电气（前身为莫贝克公司），与全国 22 个省邮电管理局建立了合资公司；设立了俄罗斯销售代表处；与香港和记黄埔签订合同，为其提供商业网、智能网和接入网解决方案；聘请中国人民大学教授进行管理咨询，开始起草《华为公司基本法》；与美国 HAY 管理咨询公司合作，建立起任职资格评价体系。

1996 年，华为完成销售额 26 亿元，净利润超过 5 亿元，首次进入全国电子百强，位列第 21 名；年底员工总人数为 3 100 人，其中 40% 从事开发与研究、35% 从事市场销售和技术支持、12% 从事行政管理、13% 左右的人员从事生产制造。

1996 年底 1997 年初，华为公司领导层对公司的市场地位进行了回顾，发现存在诸多问题。在市场迅速增长的移动通信、数据通信、光传输等领域，华为的产品研发才刚刚起步，比跨国公司的先进水平有很大差距；在已经推出的产品市场上，华为的品牌知名度还不大，外国竞争对手在品牌、技术实力、资金等各方面都明显比华为高出很多。华为还根本无法对这些电信设备巨头造成任何威胁，只能在价格战中逼迫它们降价。

这时，任正非为华为人提出了更高的追求目标：1997 年、1998 年两年要确立在国内的地位，在国内要尽快地走到最前面，21 世纪初要确立国际地位。强调只有在 20 世纪末打好在中国的地位基础，21 世纪初才能真正走向世界。[①]

1997 年，华为的研发投入达到 4 亿元，加大了对预研、中试的投入，推出了 C&C08 的 Centrex 商业群系统、2.5G SDH 光传输系统、以太交换机 Quidway

---

[①] 任正非：《团结起来接受挑战，克服自我溶入大我——在公司各条战线优秀员工报告会上的讲话》，载《华为人》1997 年第 41 期。

S2000、PS 系列智能通信电源系统、GSM900 移动交换中心（MSC）、基站系统等新产品。员工人数增加到 5 600 人，全年实现销售额 41.9 亿元，位列全国电子百强企业第 18 名。

1998 年初，任正非决定引入 IBM 的集成产品开发（IPD）管理模式对华为公司的研发体系进行重组。经过准备、关注、发明、推行等四个阶段，2002 年底基本结束，取得的阶段性成果如下：

新产品平均上市时间（TTM）从 1998 年的 18～22 个月缩短为 2002 年的 9～12 个月；新产品研发投资决策失误率从 1998 年的大约 30% 下降为 2002 年的大约 10%；产品结构升级，1998 年华为只有基于 GSM 的移动智能网可以算是世界一流的产品，到 2002 年华为的移动智能网、电信级互联网接入服务器、大容量光交叉设备都已经成为世界领先产品，大容量 DWDM 光传输设备、NGN 设备、高端路由器、WCDMA 第三代移动通信系列产品全面进入世界一流产品的行列。

2001 年和 2002 年，华为公司的销售额分别为 255 亿元和 223 亿元，并始终保持了良好的盈利状况。这是在 2001～2002 年期间全球 IT 泡沫破灭，全球电信设备市场大幅度萎缩，朗讯、北电、西门子等国际电信设备巨头大幅度亏损和裁员的背景之下取得的良好业绩。[①]

截至 2000 年底，华为员工人数发展到 1.6 万，其中研究开发人员近 8 000 人。华为的光传输网络产品（包括 10G SDH 设备、320G WDWM 密集波分复用设备、光连接设备等）、数据通信产品（包括核心路由器和接入服务器等）、移动通信产品（GSM 移动智能网、WCDMA 系统设备等）都达到了世界先进水平。华为 2000 年完成销售收入 220 亿元，在国内通信设备市场的市场份额达到了 30% 左右。在赢得大量国内市场的同时，华为把目光投向了国际市场。

3. 第三阶段（2001 年至现在）开拓海外市场，跻身世界一流

华为从 1996 年开始拓展国际市场，在俄罗斯建立了第一个国外销售代表处。随后的几年里，又在巴西、乌兹别克、津巴布韦等 40 多个国家建立了遍及全球的销售代表处。但是华为公司的海外市场销售一直没有取得大的突破，2000 年华为的海外市场销售额只有 10 亿元人民币，仅占公司总销售收入的 4.5%。

2001 年，华为开始大规模地把国内营销系统的"精兵强将"派往海外市场。在大量增派销售人员的同时，华为建立了全新的国际市场营销组织结构。除了财权和少部分人的人事权之外，将所有权力下放到国际市场第一线，大规模精简了位于深圳总部的庞大国际营销管理机关；建立 8 个大的地区营销部（独联体地区部、中东北非地区部、南部非洲地区部、欧洲地区部、亚太地区部、东太平洋

---

① 吴建国、冀勇庆：《华为的世界》，中信出版社 2006 年版，第 26 页。

地区部、拉美地区部、北美地区部),实行地区主管负责制,加快公司对国际市场一线的反应速度,避免错失市场机会。到 2003 年,华为公司整个国际营销系统人员数量已经达到了 1 700 人左右(其中有外国本地员工约 1 000 人),加上为国际市场服务的中方用户服务人员和研发人员,华为公司的国际系统共有大约 2 500 人。①

经过长期艰苦努力,华为逐渐赢得了外国电信运营上的信任,取得了海外市场的巨大成功。表 13-5 提供了华为 1999~2006 年国际市场销售额的数据。

表 13-5　　　　　　　华为 1999~2006 年销售额数据

年份 类别	1999	2000	2001	2002	2003	2004	2005	2006
国际市场销售额(亿元)	4	10	27	46	87	189	387	428
全球市场销售额(亿元)	115	213	255	221	317	462	666	656
国际市场比例(%)	3.7	4.8	10.6	20.7	27.4	40.9	58.1	65.3

资料来源:吴建国、冀勇庆:《华为的世界》,中信出版社 2006 年版,第 26 页;华为年报。

2003 年以来,华为在世界最大通信设备供应厂商中的排名越来越靠前。据业界权威咨询机构高德纳公司公布的统计分析报告,在 2006 年全球二十大通信设备供应商中,华为位居第 11 名。

(二) 中兴通讯股份有限公司

中兴通讯股份有限公司(以下简称"中兴")于 1985 年创立于深圳。创立 23 年来,中兴高速成长,员工人数从最初的 10 余人发展到 2008 年的 3.6 万人,2007 年的销售收入达到了 500 亿元人民币。

以企业创新战略和能力成长为线索,本案例分三个阶段来描述中兴的发展历史:第一阶段(1985~1995 年)创建研发和营销能力;第二阶段(1996~2001 年)实施相关多元化战略;第三阶段(2002 年至现在)国际化,建设世界级企业。

1. 第一阶段(1985~1995 年) 创建研发和营销能力

1984 年 8 月,航天工业部下属西安 691 厂派出当时的技术科长侯为贵等人到深圳经济特区开设"窗口"企业,"外引内联",以求发展。1985 年 2 月,691 厂、长城工业公司深圳分公司(后更名为深圳广宇集团工业公司)和香港运兴电子贸易公司共同投资成立深圳市中兴半导体有限公司,注册资金为 280 万元人

---

① 梁国世:《"土狼"突围》,华城出版社 2004 年版,第 56~57 页。

民币，691厂占65%的股份，侯为贵任总经理。

公司初创时，通过加工电子表、电子琴、电话机、冷暖风机等产品赚取加工费来支撑企业发展。1986年6月，在扩展来料加工业务的同时，为寻求自己的产品和市场，中兴公司决定成立研究开发小组，共8人，研制68门模拟空分用户小交换机。由于对交换机技术是"外行"，中兴公司采取了与陕西邮电器材厂合作开发的方式。中兴在做贸易卖电话机的过程中，与陕西省邮电管理局及其下属的陕西邮电器材厂有了接触。陕西邮电器材厂的主要业务是生产纵横制电话交换机，它们于1986年初步开发出了程控用户交换机的试验样机。当中兴提出与陕西邮电器材厂合作的时候，双方一拍即合，决定在深圳合作开发生产程控用户交换机。为此691厂让出一部分股权给陕西邮电器材厂，陕西邮电器材厂以较低的价格入股中兴。①

在仿制香港怡富公司的ESX-60型程控用户交换机的基础上，中兴公司的开发人员根据国内元器件供应的技术条件进行了重新设计。1987年7月，ZX-60型小容量程控空分用户交换机在深圳中兴公司开发成功，通过技术鉴定并取得原邮电部的入网许可证。

1987年10月，在成功开发ZX-60型模拟程控用户交换机的基础上，中兴提出开发数字程控用户交换机的设想。当时的数字程控用户交换机的市场，全部被国外厂家的产品所垄断。1986年3月，国家有关部委在苏州召开了"程控用户交换机引进生产线择优定点评定会议"，确定了航空航天部北京239厂、上海新光电讯厂、北京有线电厂等10个程控用户交换机的定点生产厂。在这种环境下，中兴存在两种截然相反的意见：大多数领导人认为公司的技术、资金、人才等条件都不够，开发数字程控交换机风险很大；但侯为贵总经理和绝大部分技术开发人员都坚信公司能够成功开发出数字程控交换机并赢得市场。在得到股东支持后，中兴从1987年底开始研制小容量的数字程控用户交换机。1988年6月，中兴与北京邮电学院程控交换系合作，利用3名教师带领应届本科生作毕业实践的方式共同进行开发，参加开发设计的人员增加到30多人。1989年3月，中兴公司第二届董事会召开，做出全力支持公司数字程控交换机研发项目的决定。

1989年11月，在仿制韩国500门数字程控交换机的基础上，中兴开发的500门数字程控用户交换机在北京通过了邮电部的全部测试，并由航天部主持进行了部级技术鉴定，被认定为具有自主知识产权的第一台国产化数字程控用户交换机，产品命名为ZX-500。1990年8月，ZX-500数字用户交换机通过部级生

---

① 米周、尹生：《中兴通讯：全面分散企业风险的中庸之道》，当代中国出版社2005年版，第221~222页。

产鉴定，并获原邮电部颁发的入网许可证。由于 ZX-500 型数字用户交换机的开发成功，中兴产生的利税由 1989 年的 81.5 万元迅速增长为 1990 年的 135 万元、1991 年的 350 万元。

1990 年，随着大容量局用程控数字交换机的逐步推广，江苏省邮电管理局考虑用国产化的数字程控交换机来装备农话端局，因此对中兴进行了考察。中兴敏感地抓住农话端局的市场机会，于 1990 年 9 月成立了数字局用程控交换机的开发小组，将产品的目标市场定位在 C5 级农话端局。经过 1 年多时间的奋战，1991 年 12 月中兴研制成功适合中国农话 C5 端局数字化改造的小容量数字程控交换机 ZX-500A，并在江苏吴江开通了试验局。1992 年 5 月，中兴公司的 ZX-500 型数字用户交换机被评定为国家级新产品，ZX-500A 型数字局用交换机获得了邮电部颁发的入网许可证。

1992 年中兴公司的销售收入超过 1 亿元，实现利税 6 000 万元，其中利润近 2 000 万元。但是，公司股东对技术研发导向产生了很大分歧，这种状况严重影响到中兴的下一步发展。1992 年底，侯为贵、殷一民等一批管理、技术人员毅然离开深圳市中兴半导体有限公司，自筹资金 300 万元，注册了一家新的民间科技企业——深圳市中兴维先通设备有限公司。按照原定计划，中兴维先通马上开始研制 2 500 门的局用数字程控交换机，开发项目组长殷一民带领一批技术人员来到远离深圳市区的大梅沙镇，全力投入到新型局用数字交换机的研发。当时的大梅沙镇人烟稀少，没有公共汽车，电话很少，开发条件非常艰苦，但是中兴维先通的开发人员士气高昂，工作进展很快，于 1993 年 3 月研制成功 2 500 门的局用数字程控交换机（命名为 ZXJ2000），并开通了试验局。

1993 年 3 月，中兴维先通与航天部西安 691 厂、深圳广宇工业公司共同投资创建了深圳市中兴新通讯设备有限公司（简称"中兴"）。初期注册资金为 300 万元，其中 51% 的股份为两家国有企业所有，公司的性质为全民所有制的内联企业。鉴于以往的经验教训，中兴新的董事会创建了"国有控股，授权经营"（简称"国有民营"）的经营机制。这种新型的经营机制把企业与员工的利益紧密地结合在一起，调动了公司管理者、技术人员和其他员工的工作积极性。

1993 年 9 月，中兴新成立了南京研究所，开始研制万门局用数字程控交换机。1993 年 11 月，中兴新的 ZXJ2000 局用数字程控交换机通过技术鉴定，取得原邮电部颁发的入网许可证书。公司 1993 年年度销售收入突破 1.7 亿元，ZXJ2000 局用数字程控交换机装机量占全国农话年新增容量（包括进口机型）的 18%，居国内厂家同类产品首位。

1994 年 5 月，中兴研制开发的 2 500 门数字用户/专网程控交换机（命名为

ZXJ2000A），获得了邮电部颁发的入网许可证。中兴的交换机产品不仅面向农话市场，也面向大、中型企事业单位以及铁道、电力、军队等专用通信网市场。中兴新于 1994 年 8 月设立了上海研究所，开始着手无线和接入网产品的开发工作。公司 1994 年年度销售收入 2.4 亿元，ZXJ2000 局用数字程控交换机装机量占全国农话年新增容量（包括进口机型）的 13.5%，在深圳市高新技术企业综合排序中名列第二。1994 年 12 月深圳市中兴新通讯设备有限公司获深圳市政府授予的"高新技术企业"称号，并获得深圳市 AAA 级企业信用等级证书。

  1995 年 3 月，中兴南京研究所开发成功大容量局用数字程控交换机并开通了试验局，命名为 ZXJ10。1995 年 10 月，ZXJ10 局用数字程控交换机经过国内 17 位著名专家组成的鉴定委员会的测试与评审，通过了生产定型鉴定，获得了邮电部颁发的设备入网证书。ZXJ10 局用数字程控交换机的终局容量可以达到 17 万线，可作为中国电话网的 C3、C4、C5 端局使用，各项性能指标已经达到 20 世纪 90 年代国际水平。

  到 1995 年底，中兴有 900 多名员工，其中技术、管理人员 600 余人，熟练工人 200 余人，硕士以上高级技术人员占技术人员总数的 40%。公司拥有年产 100 万线规模的数字程控交换机生产线和相应的办公、培训、科研和生产基地，在全国各大中城市设立了 26 个销售处和 21 个维护中心，并在南京、上海设有两个研究所。公司工程部设置 24 小时热线电话，开展技术咨询服务，建立用户档案，记载产品使用情况，并通过远程维护系统，保证以最快的速度处理用户使用中兴公司程控交换机产品中出现的问题，为客户提供了良好的技术服务。截至 1995 年底，中兴公司自行研制生产的 ZXJ2000 局用数字程控交换机已安装使用了 2 000 多个系统、100 多万线；公司开发生产的 ZXJ2000A 用户、专网数字程控交换机累计装机 15 万线，受到用户好评；公司最新研制的 ZXJ10 大容量局用数字程控交换机已经在江苏、安徽、浙江等省份开通使用。中兴新 1995 年度销售收入 2.7 亿元。

  2. 第二阶段（1996～2001 年）实施相关多元化战略

  1996 年 2 月，中兴提出了"三大转变"的战略构想，即产品结构突破单一的交换设备，向交换、传输、接入、视讯、电源等多元化产品领域扩展；国内目标市场由农话向本地网、市话网扩展；市场区域由国内市场向国际市场扩展。这标志着中兴通讯开始进入以多元化扩张为核心的发展阶段，开始向更高的目标迈进。

  1996 年，公司开始大量引进人才，员工人数从 1995 年的 900 多人发展到 1 400 人。其中，中兴南京研究所由 70 人扩充为 120 人，中兴上海研究所由 50 人扩充为 170 人。除了进一步完善公司已经推出的程控交换机产品以外，中兴南京研究所新的开发方向包括 ZXJ10 局用程控交换机的各种增强性功能开发（如智能网、接入网 V5 接口、7 号信令功能等）、交换机相关产品的开发（如集中网管系统、电话业务计算机综合管理系统、多媒体培训系统、宾馆管理系统等）、图像通信产品的开发（如会议电视、可视电话、桌面视讯系统等）以及计算机数据通信产品的开发；中兴上海研究所新的开发方向包括光纤数字传输设备、ISDN 图像业务产品、无线集群和数字蜂窝通信系统，等等①。

1996 年 3 月，就在公司大多数员工对"三大转变"尚未完全理解的时候，侯为贵总裁一改过去低调的作风，向研发部门下达了一项几乎不可能实现的命令——高调参加 1996 年 7 月和 11 月将要举办的"96 上海国际通信展"和"96 北京国际邮电通信及办公自动化设备展"，要求到时候必须在交换、传输、接入、视讯、电源等 5 个领域拿出有吸引力的产品参展。中兴的研发人员以惊人的速度开展了卓有成效的工作。在 1996 年 7 月举行的"96 上海国际通信展"上，公司展出了以 ZXJ10 大容量局用交换机为主体的网管系统、接入网系统、光传输、会议电视、智能电源等具有国际 90 年代水平的多种产品；参展产品之多、展位面积之大，创造了国内参展商之最，引起各方人士的极大重视。河南、四川等地的邮电部门当场与中兴签订了 2.7 万线的交换机订货合同。接着，中兴以更大的阵容参加了 1996 年 11 月的"96 北京国际邮电通信及办公自动化设备展"，同样收到了很好的效果。

1996 年，中兴新公司开发、生产的交换机以外的新产品主要有四大类：①接入网产品，包括光纤用户接入网 ZXFTTL、高速数字用户环路 HDSL、CDMA 无线接入系统 ZXDWLL、蜂窝无线接入系统 ZXWLL、ATM 宽带介入交换机等；②会议电视系统产品，包括 ISDN 桌面视讯系统 ZXMVC2000、标准会议电视系统 ZXM-VC3000；③光传输系列产品，包括 84M PDH 光传输设备、SDH 传输设备；④智能电源系统 ZXDU90、ZXDU300。除此之外，中兴新 1996 年还推出了基于 ZXJ10 局用程控交换机的新产品：网管系统 ZXNetMan、智能排队系统、114 系统、分布式 160 系统等②。

1997 年 1 月，中兴新开始筹备成立深圳市中兴通讯股份有限公司，1997 年 7 月得到了深圳市政府的批准，10 月 6 日正式发行中兴通讯股份有限公司的人民币普通股（A 股），10 月 15 日召开了公司创立和首届股东大会。1997 年 11 月 18 日，公司股票（中兴通讯，0063）的社会流通股在深圳证券交易所正式挂牌交易。公司总股本 25 000 万股，其中中兴新占有 15 700 万股，约占 63% 的股

---

① 《中兴新通讯》1995 年第 2 期，第 54～55 页。
② 钟欣雯：《中兴新迈入产品多元化的新时代》，载于《世界电信》1996 年第 6 期，第 55 页。

份，社会流通股为 6 500 万股，约占 26%，职工股 650 万股，约占 2.6%。发行价每股为 6.81 元，挂牌交易首日，开盘价便直冲 21.81 元。此后在股市大盘连续震荡的情况下，作为深圳股市的高科技板块中的绩优股一直保持着良好的发展势头，不断地稳步攀升。资本市场给中兴通讯的发展提供了做强做大的有利平台，公众的广泛参与极大地提升了中兴通讯的品牌知名度和美誉度。这次上市融资解决了中兴经营的资金来源问题，程控交换机生产线进行了改造，形成单班年产 ZXJ10 局用程控交换机 200 万线的生产能力；同时 CDMA 无线接入研发项目也获得了较充足的资金保证。

1994 年 3 月和 11 月，ITU 分别通过了接入网新的 V5.1 和 V5.2 接口标准规范，使得不同厂家的程控交换机设备和接入网设备之间可以任意互联互通，这给中兴、华为等新进入的通信设备制造商带来了超越老牌程控交换机厂商的难得机会。① 中兴南京研究所从 1996 年初开始开发交换机 V5 接口和接入网设备，及时推出了 ZXWLL、ZXFITL 等技术先进的接入网产品。1997 年，经过 1 年多的比较试验②，中国电信开始在全国范围内大规模建设接入网，中兴成为邮电部电信总局推荐的 3 家中国接入网设备供应商之一③。

1997 年，中兴通讯的销售额由 1996 年的 6.8 亿元上升为 13.5 亿元，其中主营业务销售收入 6.31 亿元，利税 1.13 亿元，员工人数由 1996 年的 1 400 人上升到 2 600 人。

1998 年，侯为贵明确指出了中兴的市场战略——不断提高公司产品的市场占有率，包括市场份额占有率和市场区域覆盖率。在公司全体员工的共同努力下，1998 年中兴的 ZXJ10 程控交换机在市话和本地网市场上取得较大的突破，全年销售量超过 500 万线，占全国新增程控交换机市场份额的 12.7%；接入网产品开始大量商用，全年销售额达到 10 亿元，成为公司继程控交换机之后的第二个主打产品。在新产品方面，1998 年中兴推出了 SDH 光传输设备及相应的网管系统、数字交叉连接系统、动力设备与环境集中监控系统等新产品。

1999 年，中兴与广州新太数据通信有限公司合作，推出了互联网协议电话（IP）网关、接入服务器、路由器、接入交换机和复用器、骨干交换机等宽带交换产品，可以广泛用于 PSTN、DDN、FR、X.25、163/169 数据网络、校园网、企业网、城域网、未来综合宽带网。中兴明确提出了新的产品开发战略：

---

① 这是因为 V5 标准下的接入网设备与程控交换机的用户模块设备之间存在着互相替代的竞争关系，参见刘建新、王毅（2007）。

② 随着国际上接入网概念的提出，为了加速我国用户接入网的技术开发、研制和应用，指导我国用户接入网发展，从 1995 年 12 月开始，中国邮电电信总局组织了"中国电信用户接入网试验"工作（周起河、王作强：《中国电信用户接入网试验》，载于《电信科学》1997 年第 4 期，第 46 页）。

③ 邮电部电信总局推荐的三家中国接入网设备供应商是华为、中兴和巨龙。

继续完善并提升原有产品技术，不断开发新的产品领域；中兴交换技术将向宽窄带结合、语音数据结合的综合业务交换的方向发展，将 ATM、IP 技术引入现有的交换产品中，以处理互联网、局域网业务和宽带业务；向移动通信、数据通信、多媒体通信及其他信息产业类产品全面发展，为客户提供一体化解决方案。①

在移动通信领域，中兴的 ZXG GSM900/1800 数字移动通信系统于 1999 年 4 月全面通过了信息产业部组织的测试，并于 1999 年 6 月在安徽六安开通了首个试验局；中兴还推出了 GSM900/1800 数字移动通信网络设计系统"规划大师 PlanMater"及中兴双频中文手机等产品。

为了更准确地了解行业技术的最新进展，1998 年 6 月，中兴在美国设立开发机构（新泽西、圣地亚哥、硅谷共 3 家），分别从事软件交换机、CDMA1x 高层协议的研究和世界信息领域最新技术发展动态的跟踪引进；2000 年 4 月，成立韩国研究所，致力于 CDMA 产品研发。"中兴通讯"还加强了与元器件供应商的合作，1998 年 8 月与美国得州仪器（TI）合作在深圳建立 TI－ZTE DSP 实验室。1999 年 8 月，与 MOTOROLA 在南京签署战略合作协议，成立"ZTE－MOTOROLA 联合通信实验室"。2002 年 5 月 10 日，与世界排名第一的通信应用半导体供货商杰尔系统公司（Agere Systems）在深圳成立联合实验室，进一步加强双方在光电子、微电子及数据传输等技术领域的合作。

2000 年前后，在国内传统固定电话网络设备投资增速趋缓、电信重组的情况下，中兴通讯正式确定了移动通信、数据通信、光通信三大战略领域。结果是移动通信明显见效，尤以 CDMA 和 PHS 为代表，而数据通信和光通信收效不大。为此，提出重点由固话通信向移动通信转移。2002 年 1 月，手机事业部组建，中兴通讯成为全球极少数在 GSM、CDMA、PHS 三大制式上同时进行研发、生产的终端厂商之一。

CDMA 方面，1995 年，中兴通讯凭借对行业的深刻理解，在全球 CDMA 技术刚刚兴起之时，就开始有关技术的跟踪。2001 年 5 月，中兴通讯与中国联通签订了容量 110 万线、覆盖全国 10 个省份的 CDMA 网络设备采购合同。这是中国自主产权的通信设备厂商获得的首个大规模移动通信网络建设项目。此后，在中国联通 CDMA 二、三期网络建设中，中兴通讯市场份额不断扩大，整体份额超过 18%，成为本土第一大 CDMA 设备厂商。在海外，中兴通讯陆续中标阿尔及利亚、科威特、越南、印度等国 CDMA 网络建设，全球应用超过 2 000 万线，位列中国第一大出口通信设备，并跻身全球"CDMA 设备厂商

---

① 《中兴面向网络通信进行二次突破》，载于《世界电信》1999 年第 8 期，第 55 页。

第一阵营"。

2001年是中兴通讯的质量年,康讯公司开始实施6σ管理。公司引进了朱昆宇为项目带头人,他加入中兴以前曾经在摩托罗拉、GE就职,并成功地取得了GE的6σ"黑带"大师资格,这是中兴通讯推行6σ管理最稀缺的资源。由朱昆宇提出方案并不断调整指导,2001年,中兴从研发、市场、综合管理、物流等部门选了27名业务骨干参加培训,由摩托罗拉大学组织41天的课程,代价是170万元人民币。第一期培训结束后,中兴选择了康讯公司试点6σ项目。康讯是整个公司采购和生产制造中心,有员工1 500多人。公司要求:如果经过培训考试,半年内不能取得"绿带"资格证书,领导岗位就要让出,由公司进行竞聘,这与GE公司的做法相同。考试包括理论考试及与本职工作相关的项目实践考核(从立项到执行都需要评审),然后管理干部再给下属灌输思想,逐层推进,并制定了一套实施机制实施。

中兴成立了由侯为贵挂帅的6σ战略委员会和办公室,将实施6σ管理作为公司长期的战略任务。6σ办公室(完全独立于质量部),由殷一民高级副总裁整体协调各优化项目实施,包括侯为贵在内的公司高层给予了极大的支持。这对6σ的最终成功起了决定性的作用。一般而言,开始阶段的6σ工作必须是从上(领导)往下(基层员工)压;到了实施阶段,才应该关注由下往上的推力。大的方向确定之后,6σ体系也就成了企业文化的一部分,成为员工习惯遵循的法则。

到2002年第一季度末,6σ项目比2001年增长了3倍,并覆盖了所有以提高客户满意度、提升产品品质和服务质量及工作流程效率为目的的业务领域。

经过多年努力,中兴通讯建立了全球电信设备供应商中最长的产品线,可以为客户提供其所需的几乎所有设备和系统,大大便利了运营商日常的设备维护,特别受到发展中国家运营商的青睐。

3. 第三阶段(2002年至现在)国际化,建设世界级企业

2002年,中兴通讯确立了三大核心战略,其中之一就是国际化战略。其实早在1996年开始,中兴已经着手国际化方面的准备和初步尝试。其主要的驱动因素在于公司的高速增长与国内市场容量有限性之间的矛盾,这使得公司不得不将眼光放到了更为广阔的国际市场上。随着中兴在国际市场上的不断开拓和进取,国际市场规模不断扩大,2005年中兴确立了全面实施国际化的战略。中兴通讯在持续10多年国际化的发展历程中大致经历了四个阶段,表13-6描述了中兴的国际化战略演变过程。

表 13-6　　　　　　　　　　中兴国际化战略发展过程

时间阶段	战略描述	具体内容
1995~1997年	海外探索期	确立进军国际市场战略，并有少量产品在海外市场实现突破。这一时期，中兴在个别国家设立"据点"，初步了解了国际市场的一些运行规则
1998~2001年	规模突破期	开始进行大规模海外电信工程承包并将多元化的通信产品输出到国际市场。这一时期，中兴通讯陆续进入南亚、非洲多个国家，海外市场实现了由"点"到"面"的突破。1998年先后中标孟加拉、巴基斯坦交换总承包项目，其中巴基斯坦交换总承包项目金额为9700万美元，是当时中国通信制造企业在海外获得的最大一个通信"交钥匙"工程项目，令世界瞩目。国际通信界第一次聆听了来自中国的强有力的"声音"
2002~2004年	全面推进期	国际化战略开始在市场、人才、资本等三个方面全方位实现推进。这一时期，中兴通讯前后进入印度、俄罗斯、巴西等市场潜力巨大、人口众多的若干战略性市场，海外市场逐步进入稳定发展阶段，并开始在发达国家设立代表处，为进军欧美高端市场奠定了基础
2005年至今	高端突破期	这一时期争取通过"本地化"战略的有效实施和与跨国运营商全面深入的合作，既巩固在亚非拉多个发展中国家的市场基础，又扩大在发达国家的市场份额和品牌影响力，实现对西欧、北美等市场的全面突破

资料来源：案例作者根据实际调研获取的企业内部资料绘制（2008）。

（三）大唐电信科技产业集团

大唐电信科技产业集团（以下简称大唐电信集团）成立于1999年，是信息产业部电信科学技术研究院（以下简称电信院）遵循国家科技体制改革的方针、按照现代企业模式组建的高科技企业集团。大唐电信集团以电信院为母公司，下设2个上市公司、10个独资/合资/控股公司、8个研究所、1个电信工程设计院，分别位于北京、西安、上海、成都和香港等地，在美国硅谷还建有新技术开发基地，共有员工近万人。

本案例以该企业创新战略和能力成长为线索，分三个阶段来描述大唐的发展历史：第一阶段（1957~1992年）创建研发能力；第二阶段（1993~1999年）从研究院所向企业转变；第三阶段（2000年至现在）参与国际标准竞争。

1. 第一阶段（1957~1992年）创建研发能力

大唐的前身是原中国邮电部邮电科学研究院及其下设的研究所。新中国成立后，1957年4月，原中国邮电部创建了邮电科学研究院，总部设在北京，后来又先后下设了邮电部第一研究所（上海）、邮电部第四研究所（西安）、邮电部第五研究所（成都）、邮电部第十研究所（西安）、邮电部北京仪表研究所、邮电部数据通信技术研究所、邮电部半导体研究所等7个专业研究院所。这7个研究所都具有独立的法人地位，其产权关系直接隶属于邮电部；但在行政关系上隶属于邮电科学研究院，邮电科学研究院通过行政手段对下属研究所进行人事任免、科研经费管理、项目评估考核、国家事业费转发、财务汇总管理。

改革开放前，中国公用电信网上的电话交换机、传输系统等几乎所有主要设备都是由邮电科学研究院及其下属的研究所自行研究开发、由邮电部下属工厂进行批量生产。改革开放后，邮电科学研究院、电信院及其下属的研究所在程控交换机、光传输设备、数据通信、移动通信等领域也取得了一些科研成果。以下是邮电科学研究院成立后至1992年的主要研究成果大事记[①]：

1959年，一所等研制出我国最早实用的纵横制市内电话自动交换机，定名为SAA型，在上海市吴淞电话分局安装1 000门。

1964~1966年，院研制出600路微波、载波终端、数据传输等设备，在我国邮电、国防通信和我国当时发射人造地球卫星中均发挥了良好的作用。

1974年，院研制的中同轴电缆1 800路载波通信系统通过了国家鉴定。鉴定结果表明，这套设备可以投入生产，作为我国干线通信网建设的主要设备之一。

1976年，院研制的京沪杭中同轴电缆1 800路载波通信干线全面开通。

1977年1月29日，院研制的4千兆赫960路电话/彩色电视微波接力通信系统（二型机）通过了国家鉴定。国家科委主任方毅担任国家鉴定委员会主任。

1983年，四所研制的6千兆赫1 800路微波通信系统（16种设备）通过部级鉴定。

1986年，一所DS-2000程控数字电话交换机通过部级鉴定。该设备研制成功是我国在电话交换技术上的一个重大突破。

1990年，数据所研制的"分组装拆设备"（PAD）通过部级鉴定。四所研制的1920路大容量数字微波通信系统和点对点微波通信技术设备通过生产定性鉴定。

[①] 资料来源：大唐电信集团网站，http://www.datanggroup.cn/templates/T_Contents/index.aspx? nodeid=16。

1991年，十所研制的 DS－30 中大容量程控数字市话交换机通过鉴定。

1992年6月，国家计委、原邮电部将数字移动通信技术研究（GSM）项目的攻关任务下达给原邮电研究院（大唐电信集团的前身），标志着我国正式向第二代移动通信技术研究发起进攻。

2. 第二阶段（1993～1999年）从研究院所向企业转变

从 1993～1999 年，邮电科学研究院逐步实现了从传统的研究院所事业单位向现代企业制度的组织形式转变，以下是邮电科学研究院 1993～1999 年发生重要事件[①]：

1993年，西安大唐电信有限公司成立。邮电科学研究院分为电信科学技术研究院、电信科学研究规划院、邮政科学研究规划院。

1995年，西安大唐公司开发的 SP30 超级数字程控交换机通过生产定型鉴定。五所研制的 155、622Mb/s SDH 光通信系统及设备通过鉴定。

1996年，一所研制的数字移动通信系统设备联网试验通过了国家鉴定验收。

1997年，信威公司研制的 SCDMA 无线用户环路系统研制成功，其技术水平领先世界 2～3 年，标志着我国通信科研实现了从跟踪到创新的巨大转变。

1998年，一所、西安大唐公司等研制的 GSM900/1800 全套系统设备通过鉴定，标志着我国在移动通信领域的重大突破。高鸿公司研制的 ATM 宽带交换机通过鉴定，技术水平达到 20 世纪 90 年代国际先进水平。大唐微电子公司国内第一个国产电话 IC 卡芯片通过鉴定。大唐电信科技股份有限公司成立，大唐电信 A 股上市。

大唐无线公司研制开发的 2×155Mb/s SDH 系统微波通信系统实现商用。信息产业部发文，同意组建大唐电信科技产业集团。

1999年，大唐电信科技产业集团正式成立。西安大唐公司研制的 CDMA 交换机率先通过鉴定。大唐光通信分公司 8×2.5Gb/s 波分复用系统试验工程通过验收，被评为"优良工程"。

3. 第三阶段（2000年至现在）参与国际标准竞争

2000年，大唐电信集团的销售合同额达到 80 多亿元，销售收入为 28 亿元，产品覆盖程控交换、数据通信、移动通信、光通信、微波通信、芯片等多个领域。集团制定了新的发展战略：以移动通信、数据通信、光通信、微电子为主攻方向，大力发展高术技产业，以"联合开发、虚拟制造、委托经营"为基本方

---

① 资料来源：大唐电信集团网站，http://www.datanggroup.cn/templates/T_Contents/index.aspx?nodeid=16。

针,走"技、工、贸、经"并举的发展道路,争取 2010 年进入世界知名通信制造企业的行列。集团总的产品战略目标是:提供从有线到无线、从边缘到核心的端到端的产品和服务。①

2000 年 5 月 5 日,大唐电信集团代表中国提出的 3G 标准——TD-SCDMA 被国际电联正式确认为 3G 国际标准之一。当天的人民邮电报高度评价了这一事件:"这是百年电信史上我国第一次提出完整的电信系统标准并被国际电联所采纳,一举改写了我国电信业在国际标准领域'零'的记录,这是百年来我国电信技术史上的重大突破。"但是,在随后的技术验证阶段(从 2000 年 5 月到 2002 年 2 月),大唐电信集团在推动 TD-SCDMA 标准产业化过程中遇到了很大的困难。

为了推动 TD-SCDMA 标准产业化,大唐电信集团于 2001 年 11 月成立了中央研究院;以中央研究院为主体,并集中上海大唐、西安大唐的 3G 研发力量,2002 年 2 月成立了大唐移动通信设备有限公司,致力于 TD-SCDMA 技术标准的产业化。

(四) 中国普天信息产业股份有限公司

中国普天信息产业股份有限公司(以下简称"中国普天")的前身是成立于 1980 年的中国邮电工业总公司(PTIC);PTIC 的前身是原中国邮电部工业局直接管理的 28 家部属国营工厂。1998 年底,PTIC 公司与信息产业部脱钩,从一个带有政府行政色彩的行业性总公司转变成为一家中央直属大型企业。1999 年 9 月,中国邮电工业总公司更名为中国普天信息产业集团公司。普天信息产业集团是由中国普天信息产业集团公司为核心企业,包括控股上市公司、国有企业和合资经营企业三个系统共 46 家企业组成的国内最大的通信信息产业集团。

本案例以企业创新战略和能力成长为线索,分三个阶段来描述中国普天的发展过程:第一阶段(1955~1980 年)创建生产能力;第二阶段(1981~1999 年)合资合作、引进技术,发展制造能力;第三阶段(2000 年至现在)培育研究开发能力。

1. 第一阶段 (1950~1980 年):创建生产能力

中国普天下属工厂生产的产品品种有载波通信设备、微波通信设备、短波通信设备、电报通信设备等 46 项产品。表 13-7 列出了原邮电部直属的 29 个电信设备企业的名称、主要产品和人数。

---

① 《历史性跨越——中国电信业"九五"发展回顾》,信息产业部办公厅,2001 年 2 月,第 158~159 页。

表 13-7　　原邮电部直属的电信设备工厂和主要产品

序号	生产企业名称	主要产品	人数
1	长春电话设备厂	长途交换设备、人工长途台、交换配套设备、机电元件	1 709
2	天津电话设备厂	纵横制交换机、自动电话机	2 183
3	上海电话设备厂	纵横制交换机	1 476
4	洛阳电话设备厂	纵横制交换机、自动电话机	1 986
5	天津通信机械厂	人工市话交换机	904
6	杭州通信设备厂	载波通信设备、交换配套设备	1 679
7	景德镇通信设备厂	交换配套设备、机电元件	750
8	兴安通信设备厂	高速传真机、交换配套设备、通信电源	1 773
9	广州通信设备厂	载波通信设备、短波通信设备、电报通信设备	1 174
10	眉山通信设备厂	载波通信设备、载波测量仪表、半导体/集成电路、机电元件	3 188
11	重庆通信设备厂	光通信设备、载波通信设备、通信电源配套设备	1 331
12	南京通信设备厂	数据传输设备、载波通信设备	992
13	贵阳通信设备厂	载波配套设备	743
14	西安微波设备厂	微波通信设备、微波测量仪表	1 801
15	北京通信设备厂	微波通信设备、微波测量仪表	1 544
16	上海通信设备厂	数字通信设备、电报通信设备、载波测量仪表	2 458
17	武汉通信电源厂	通信电源、载波通信设备	1 288
18	武汉通信仪表厂	电信测量仪表	699
19	成都电缆厂	长途/市话/局内通信电缆	2 239
20	侯马电缆厂	长途/市话/局内通信电缆	2 189
21	北京电信元件厂	元器件	1 126
22	桂林邮政机械厂	捆扎机	546
23	株洲电信元件厂	元器件	680
24	明水邮电机械厂	水泥电杆	754
25	阳新电话设备厂	人工市话交换机	1 056
26	偃师邮电摩托车厂	邮电摩托车	952
27	贵州邮政机械厂	包裹分拣机	724
28	南昌邮电摩托车厂	邮电摩托车	911
29	天津邮袋厂	邮袋	367

资料来源：《邮电统计资料汇编》（原国家邮电部每年编印的行业材料）1980 年第 228 页；1986 年，第 30~32 页。

2. 第二阶段（1981~1999 年）：合资合作、引进技术，发展制造能力

PTIC 在成立之初就受到来自外国公司先进产品的巨大冲击。国外公司的程控交换机的体积是当时邮电工厂生产的纵横制交换机在同等容量下体积减小的1/10，而数字传输设备、全塑市话电缆等产品比邮电工厂生产的模拟传输系统、纸绝缘市话电缆等产品在性能成本上要优越得多。相比之下，PTIC企业生产的产品落后一个时代，用户（邮电局）不愿意购买使用。1980年，国家打破了传统的指令性计划生产的体制，PTIC下属工厂的生产订单突然削减了75%，许多工厂面临生产任务严重不足、"吃不饱饭"的严峻局面。

面对危难，PTIC开始在中国邮电系统之外寻求用户，提出"改变单一产品结构、积极进入国内国外两个市场"的战略。在1年多时间内使日用机电产品发展到14大类100多个品种，缓解了部分工厂生产任务不足的矛盾，保存了生产技术力量，提高了工艺技术和管理水平。①

同时，PTIC在转轨变型中从生产经营上实行了三大转变：从以产定销转变为以销定产；从市场是生产的终点转变为市场是生产的起点；从工厂生产什么就向用户推销什么，转变为用户需要什么工厂就生产什么。

在技术相对落后的情况下，为了摆脱困境，PTIC采取了大量引进技术、建立合资公司的战略。从1980年开始，PTIC的高级管理人员将主要精力放在了出国考察、选择合作对象、项目谈判、政府关系等工作上，大力开展对外合作。从1980～1999年，PTIC通过对外合作，协议利用外资9亿多美元，先后与16个国家和地区的54个集团建立中外合资企业60多个，其中包括上海贝尔、上海朗讯科技、北京诺基亚、北京松下等公司。

从1980～1999年，PTIC共引进专项技术生产线20多条，共使用外汇1.2亿多美元，产品覆盖交换、传输、终端、配套等方面，生产线的来源以美国、西欧、日本为主。其中包括东方通信从美国摩托罗拉公司引进的手机和移动基站设备生产线、成都电缆厂从美国ESSEX公司引进的全塑市话电缆生产线，等等。

通过引进生产线、建立中外合资企业，PTIC发展了较强的产品制造能力。在1999年信息产业部公布的电子百强企业名单上，PTIC下属的10家企业榜上有名，它们是：北京邮电通信设备厂（第9名，与诺基亚合资）、东方通信股份有限公司（第13名，与摩托罗拉合资）、巨龙通信设备有限责任公司（第28名，与解放军信息工程学院合资）、广州邮电通信设备有限公司（第61名，与西门子合资）、上海邮电通信设备股份有限公司（第63名，与美国朗讯合资）、北京松下通信设备有限公司（第66名，与松下合资）、上海无线通信设备制造有限公司（第71名，与摩托罗拉合资）、南京普天通信股份有限公司（第81名）、

---

① 张庆忠：《普天·中国制造》，中国言实出版社2000年版，第162页。

武汉洲际通信电源集团有限责任公司（第 89 名）。1998 年，PTIC 总公司的销售额达到 248 亿元，其中外商投资企业的销售额为 153.2 亿元，占总销售额的 62%。

3. 第三阶段（2000 年至现在）：培育研究开发能力

长期以来，PTIC 的产品技术来源主要依靠合资、合作、技术引进，自主创新的能力比较低下。1988 年，PTIC 在总部组织结构中建立了一个研究开发中心，试图协调下属企业的研究开发资源加，形成统一的产品开发体系。但是总公司的这一目标 10 多年一直未能实现，主要是总公司研究开发中心的实力弱小，远不如一些直属企业的研发力量。由于总公司没有能力对所属企业的研发资源加以控制，所以 PTIC 的产品研究开发高度分散、下属企业各自为政，自主决定开发什么产品、如何开发、每年投入多少经费。PTIC 总部有一个主管技术开发的副总裁和一个职能部门技术发展部，每年制定公司研发计划和目标，实际上都是下属企业报上来的数据的汇总，总部进行所谓的"综合平衡"。但是每个企业报上来的计划执行的进度、是否完成等，总部都并不考核。①

1997 年 6 月，PTIC 召开了集团改革和科技发展大会，会议决定成立 PTIC 技术研究院，但是一直没有落实。下属企业仍然各自为政，不愿受总部的约束，尤其是整体实力较强的下属企业首信集团、东方通信、南京普天、武汉洲际等公司，在研究开发方面几乎不听总公司的，自己每年投入的研发经费都相对较大，都在总部研发经费投入的 10 倍以上。表 13-8 是 PTIC 公司 1996~2000 年的研究开发经费投入数据。

表 13-8   PTIC 1996~2000 年研究开发经费投入

类别 \ 年份	1996	1997	1998	1999	2000
经费投入（亿元人民币）	2	2.1	3	4	17
占收入比例（%）	1.5	1.3	1.5	1.6	3.7
其中：总部投入（万元人民币）	450	400	560	800	1 214

注：2000 年以前的数据不包含下属合资企业的研究开发投入。
资料来源：PTIC 2000 年年报。

从表 13-8 可以看出，PTIC 在 2000 年之前的研究开发经费投入一直较低，与行业平均 10% 的研发投入水平相差很大。同时，PTIC 的研发经费大部分由下属合资、控股公司投入和控制，总部直接控制的研究开发经费少得可怜。1998 年底，PTIC 公司与信息产业部脱钩，成为中央直属大型企业；1999 年，中国普

---

① 王治义：《中国普天信息产业集团公司研究开发策略研究》，第 16~18 页。

天信息产业集团成立。普天内部把 1999 年定为"战略重组年",决定对原有二级法人的联合体模式进行重组和整合,构建一个整体化的混合式控股集团公司模式。公司提出了"300 亿、高科技、三统一"的经营战略目标,即:销售收入达到 300 亿元人民币;成立中央研究院,在 IP、移动通信、光纤通信等领域自主研究开发新产品;统一分散的资源,实现投资决策统一、市场统一、品牌的统一。

  1999 年,普天战略管理委员会确定,普天集团的发展目标是使集团的整体实力达到国内第一、世界前 10 名,主要产品的市场占有率超过 20%,成为国际一流企业。该目标分三步实现:第一步是建立控股平台;第二步是将优质资产注入控股平台;第三步,PTIC 与控股平台吸收合并,实现一体化经营。

  在完成统一品牌、统一商号、统一全系统的对外形象工作之后,普天集团于 2001 年 11 月创立了中央研究院——普天信息技术研究院。

  普天信息技术研究院的主要职能是为普天集团承担新技术发展规划和组织新产品研究开发,为集团企业提供具有市场前景和产业规模能力的新技术与新产品。作为集团新产品的提供基地,以技术创新方式培育产业和支撑产业的发展,使普天集团产业实现自主可控和可持续发展。

  2002 年,普天信息技术研究院设立了东信、首信、润汇、慧讯等 4 个研究分院,在总院和 4 个分院之间进行了具体的产业分工。总院将承担 TD–SCDMA 基站系统设备的研发工作,一方面是对中国自主知识产权通信标准的支持;另一方面也希望借此机会在第 3 代移动通信设备方面迎头赶上,跻身中国移动通信设备系统解决方案主要提供商行列,支持普天集团"做强、做精、做实、做大"的长远战略目标。东信分院和首信分院,负责从基站到核心网的 WCDMA 和 EDMA2000 整体解决方案产品研发,从而提升中国普天网络设备的市场竞争能力。润汇分院、慧讯分院通过向运营商提供各种增值业务、运营支撑平台、应用平台,扩大产品领域及中国普天在业界的影响。

三、案例分析

  虽然以上 4 家企业都长期致力于发展创新能力和竞争能力,但是却采取了不同的发展战略,走出了不同的发展路径,最终导致了不同的企业竞争力。

  华为、中兴、大唐采取了自主开发为主的技术战略,而普天采取的是引进技术为主的技术战略。普天虽然在 04 机的开发上投入了风险资金,但是 04 机的主要开发人员是来自解放军信息工程学院的邬江兴等人。04 机的知识产权归解放军信息工程学院,普天每生产 1 线 04 机需要向解放军信息工程学院交 5 元人民币的知识产权费。普天从 1994~1998 年共生产 3 200 万线 04 机,共向解放军信息工程学院支付了 1.6 亿元人民币。[①] 从 1980~1999 年,PTIC 通过对外合作,协议利用外资 9 亿多美元,先后与 16 个国家和地区的 54 个集团建立中外合资企业 60 多个,其中包括上海贝尔、上海朗讯科技、北京诺基亚、北京松下等公司。从 1980~1999 年,PTIC 共引进专项技术生产线 20 多条,共使用外汇 1.2 亿多美元,产品覆盖交换、传输、终端、配套等方面,生产线的来源以美国、西欧、日本为主。普天集团直到 2001 年 11 月才创立了普天信息技术研究院,走上了自主开发的道路。迄今为止,普天的技术能力还比较薄弱,这直接造成普天在市场竞争中处于劣势地位。

华为、中兴、大唐都采取了自主开发的技术战略,但是华为、中兴从最低端的小容量程控用户交换机开始研发,逐渐向高端发展的路线,而大唐由于历史地位原因走的是"高端"路线。大唐从一开始就瞄准局用程控交换机进行开发,实际上是"强攻"技术壁垒。虽然邮电部上海一所用 4 年时间于 1986 年开发出了 2 000 门的 DS-2000 局用程控交换机,但是开通试验局之后发现不少技术问题。在跨国公司局用程控交换机的竞争压力之下,邮电部上海一所也没有成功地将 DS-2000 局用程控交换机改进成熟并大规模商用。

华为、中兴、大唐技术战略的另外一个相似之处是实施了多元化的产品开发战略。它们都专注于发展迅速的通信设备行业,瞄准世界高水平的技术进行研发并都取得了技术突破。但是 3 家公司在市场营销、人力资源管理等方面的战略和投资有较大差别:华为投入最早、最大,中兴次之,大唐的投入最小。结果是华为公司的能力迅速成长,率先实现了大公司战略,于 1999 年取代合资企业上海贝尔成为中国通信设备产业的"领头羊";目前华为已经成为世界一流的通信设备制造商,国际竞争力仅次于爱立信和阿尔卡特朗讯,名列第三。中兴也已经发展出较强的国际竞争力。大唐虽然推出了 TD-SCDMA 3G 中国标准,得到了国家的资金支持,但是其产业化和国际化能力离华为和中兴还有较大差距。

从 4 个企业发展历程可以看出,技术能力是企业长期生存和发展的基本保障,而技术能力只有通过以产品和工艺为依托的技术研发活动才能形成。对于技术落后的后发国家中小企业来说,根据本土市场需求特点、从低端产品开始研发是比较可行的战略选择。后发国家企业在技术爬坡的过程中还必须致力于市场营销、人力资源等各个企业价值链上的投资和战略管理,企业内部的制度文化则是企业获取竞争优势的关键要素之一。

---

① 王治义:《中国普天信息产业集团公司研究开发策略研究》,第 54 页。

企业案例十：第三代移动通信标准 TD – SCDMA 的诞生[①]

一、案例摘要

本案例将把 TD – SCDMA 国际技术标准创新过程分为三个阶段：方案的提出阶段（1997 年 ~ 1998 年 6 月）、实验室研制阶段（1998 年 7 月 ~ 2002 年 2 月）、产业化阶段（2002 年 3 月至今）。在方案提出阶段，几乎是从零起步，在企业、技术专家、政府官员的合力奋斗下，终于向国际电联提出了正式提案；在实验室研制阶段，经历了标准确立和技术验证过程；在产业化阶段，开展了一系列的合作，组建了包括产业上下游企业在内的产业联盟，取得全产业链的突破。

二、案例描述

（一）方案的提出（1997 年 ~ 1998 年 6 月）

1997 年 4 月，国际电信联盟向全世界各国发出了征集函，征集第三代移动通信技术标准，确定了 IMT – 2000 标准[②]的基本要求，并制定了详细的标准形成时间表和步骤，要求全部提案在 1998 年 6 月 30 日之前提交到国际电联。

中国当时接到征集函后，有关部门组织了好几次关于"中国要不要做、究竟怎么做"的集中讨论。"这是一次非常难得的机会，中国应该参与。" 1997 年 5 月，邮电部科技司召开了一次小型研讨会，得出了这样的结论[③]。

[①] 本案例完成于 2006 年 5 月。在案例写作过程中，我们除了取材于三次去大唐移动访谈所获得的一手调研资料之外，还参考和引用了互联网上的相关报道（已经在文中注明）。在此我们向被引用的作者表示诚挚的谢意。

[②] 第三代移动通信系统最早于 1985 年由国际电信联盟（ITU）提出，当时称为未来公众陆地移动通信系统（FPLMTS），1996 年更名为 IMT – 2000（International Mobile Telecommunications – 2000，即：国际移动通信 – 2000），意即该系统工作在 2000MHz 频段，最高业务速率可达 2000kb/s，预期在 2000 年左右得到商用。

[③] 蔺玉红：《从 3S 到 3G 中国来了》，http：//www.sina.com.cn，2006 年 1 月 27 日；光明网—光明日报。

怎么参与？当时，国际电联制定了 3G 标准形成的 9 个步骤，其中有一步是各国成立评估组，对提交的候选技术进行评估。

邮电部决定成立 3G 无线传输技术评估协调组，当时的想法是，就算没有中国自己的标准，也可以通过评估工组参与国际 3G 标准的活动，对其他国家提出的 3G 标准予以评估，并借此机会获得更多学习新技术的机会。1997 年 7 月底，由李金清、曹淑敏、李默芳、丁怀远、沈少艾等一批无线通信领域权威专家组成的 3G 无线传输技术评估协调组（CHEG）正式成立，并在国际电联进行了注册，成为国际上第 11 个评估组。时任邮电部电信传输研究所副所长的曹淑敏，在 1997 年 11 月被任命为评估组组长。

1997 年 10 月初，曹淑敏和当时在原中国电信移动局工作的李默芳到欧洲考察 3G 情况，并作为中国代表第一次参加了欧洲的（欧洲标准化组织 ETSI）会议。这次会议，不仅让曹淑敏和李默芳获知了好多欧洲标准的新进展，更让她们深有感慨。"当时谁也没有奢望中国可以提交自己的候选技术，因为我们心里都没有底，甚至没有什么头绪"，曹淑敏坦言当时的压力，"可以想象，1997 年的时候，中国在移动通信领域是一片空白，华为、中兴当时也主要是生产程控交换机设备，在移动通信上也没有任何经验。但是我们也不想就此放弃，毕竟每一个标准背后，都是一个国家的利益。"

回忆起那一段经历，李默芳说她"当时特别着急"。各国开始准备提交待选标准时，中国待选的标准是：无。李默芳说"我们也不认为中国一定要有一个完整的标准，但是有了自己的标准以后，我们就可以多少摆脱一些被动的地位，可以获得更多的主动权啊！"[1]

在评估组开始积极地与国外的公司进行交流，想了解它们的 3G 技术做得怎么样时，一个颇有意思的场面出现了：欧洲的 WCDMA 和 TD-CDMA 两个派系、日本的派系、美国的派系，大家都来借机拉拢中国，因为看到中国市场大，几乎每一个派系都来说服中国加入到它们当中去。

这个时候，中国也开始思考自己的战略问题：到底自己该怎么做。为集中探讨下一代移动通信怎么做，中国有什么技术可以提交等话题，邮电部、国家"863"计划通信主题组临时决定 1998 年 1 月在北京香山联合召开一次会议。

香山会议 10 天前，周寰（当时任邮电部科技司司长）找到李世鹤（当时任信威公司董事长），商讨是否能在信威公司的 SCDMA 技术上形成一个满足 3G 要求的框架，如果能通过专家评估，就做下去。李世鹤立刻感到这是一个艰巨的任

---

[1] 乔楠、鲁义轩：《TD-SCDMA 正传》，http://www.sina.com.cn，2006 年 3 月 17 日；通信世界。

务，他回忆说："周寰要我们在一周内拿个方案出来。时间太紧了。那有什么办法？我们只好以最快的速度，搞了一个很不成熟的框架出来。"[①]

在这份不成熟的框架中，李世鹤提出在 SCDMA 技术的基础上引入时分多址（TDMA）技术，用 TDD 方式做下一代移动通信，并将这项技术命名为 TD－SCDMA。他解释说，这种技术的优势是不需要对称频段，可以见缝插针，灵活方便地规划使用日益紧张的频谱资源。此外，还可以灵活地设置上下行业务占用时间，最大限度地利用带宽和系统资源，非常适合未来数据业务的需求。

在这里有必要介绍一下李世鹤、周寰、陈卫、徐广涵等人和开发出 SCDMA（同步码分多址）技术的信威公司，这与 TD－SCDMA 创新方案的提出密切相关。

李世鹤是重庆人，1963 年毕业于成都电讯工程学院，后于南京大学物理系攻读硕士，1968 年进入中国邮电部第四研究所。1978 年被派赴加拿大蒙特利尔大学留学，获博士学位。1983 年回到了邮电部第四研究所，成为总工程师，他开始对移动通讯产生了浓厚兴趣。1985 年，根据国际研究的基础，他到重庆主持了中国第一个蜂窝移动通信网的设计和设备选型，1991 年他又帮助江阴市开发了模拟制式下的移动通话终端，而当时国内无论是移动通信设备还是终端都被国外厂商一统天下。

和李世鹤谈得投机的两位中国留学生——陈卫和徐广涵也介入了方案讨论。在美国先后获得博士学位后，陈卫于 1990 年加入摩托罗拉公司，从事集成电路的设计工作，徐广涵于 1992 年到得州大学奥斯汀分校任教，参加了美国军方资助的智能天线研究项目。1994 年，陈卫和徐广涵开始设想把智能天线和其他一些先进技术结合起来，开发出一种无线通信系统。他们开始是想做一个兼容的 CDMA 方案，但与高通公司谈判专利无法达成妥协，只得放弃 CDMA，研究新的方案。这与李世鹤的想法一拍即合。在北京的 3 天闭门长谈，激发了创新的思想火花，他们讨论了不少新技术设想，并确定了利用时分双工模式，即"TDD"这个关键模式，来设计新的方案。

李世鹤回忆说，"我们认识到光谈不行，必须动手做，于是就组织了一支队伍。1995 年春天，我带了一个小组到美国去考察，当时原邮电部科技司司长、现大唐电信董事长周寰也在美国，我们约好就在美国碰面。我们在美国的得克萨斯大学租了一间教室，又讨论了三四天，最后决定干。周寰的魄力和远见对这个技术的成功起到了关键作用。干什么？名字取好了，叫做 SCDMA，就是要超过

---

① 《IT 时代周刊》，记者：佟风　张蓝　特约记者：范端胜，《TD 成为国际通信标准台前幕后：三闯生死关》，http://bbs.cnii.com.cn/redirect.php?fid=108&tid=24897&goto=nextoldset 2006－6－9。

CDMA。要采用的新技术在当时是根本不成熟的。于是就鼓励在美国的朋友成立一个公司（注：即1995年陈卫和徐广涵在美国注册的高技术创业公司CWILL），让他们和我们研究院成立一个合资企业，专攻这个技术。"1995年11月合资公司[①]运转起来。1998年1月，香山会议如期召开了。会议一共开了3天。第一天是听各国有名的设备商讲他们的3G技术。第二天是国内移动通信专家发言，曹淑敏在会上代表评估组传达了ITU征集3G方案的时间要求及与提候选标准有关的事宜，她介绍说："ITU为了最广泛地集中世界各国科研界的智慧，给各成员国无偿提供了模拟软件，该软件可以设定通信容量、运动速度、干扰、基站功率、终端发射功率等移动通信的要素，为判断某一项技术是否合乎第三代移动通信的要求提供了最大的方便，在座的各位专家只要有创造性的技术，都可以使用这个软件在计算机上进行检测。"

在中国科技大学朱近康、北京邮电大学张平、东南大学游肖虎等专家和科研院所代表发表了一些新见解和研究成果后，徐广涵以"科学技术研究院的高级顾问"的身份，代表邮电科学技术研究院介绍了以SCDMA为基础构建3G标准框架的设想。李世鹤总结说："我们这个方案最大的突破，是我们依据的不仅仅是实验室的东西，而是已经做成了活生生的产品，我们在重庆已经建成了SCD-MA试验网，通过了邮电部的验收。在它的基础上我们进行一些扩展，完全可以满足ITU对TDD方式的要求。"

这个设想立刻成为了专家们集中讨论的热点。"能不能组织起来大家一起提一个标准？""这个方案是有点新意。不过，ITU要统一全球标准，有欧美在前面，就算我们能提一个标准，不也是白提吗？""做标准可不是纸上谈兵，我们国家从来没有做过标准，没有任何经验，单是那几百页纸的英文文本，谁来写？连怎么开头我们恐怕都不知道！""有希望提出标准固然可喜，但被采纳的可能究竟有多大，谁也不知道。欧、日、美的标准互不相让是事实，但看起来似乎怎么也轮不到中国。WCDMA、CDMA2000都已经研究10年了，我们还是白纸一张！退一万步说，就算因为ITU难以摆平这些国际巨头，决定既不用欧洲的，也不用美国的，难道就会用中国的标准吗？那些国际巨头财大气粗，做WCDMA的几个公司销售量加起来比整个中国的国内生产总值还多，我们拼得过人家吗？"专家们提出了一系列的问题，总的气氛是鼓舞加怀疑。第三天的会议规模小了很

---

① 即邮科院和CWILL合资成立的北京信威通信技术股份有限公司，简称信威公司。李世鹤任董事长，陈卫任总经理。SCDMA被列入"九五"科技攻关计划，得到1 500万元的资助，还得到国家计委的1 000万元资助。1996年9月，第一套SCDMA移动试验原型系统在北京通县演示成功，1997年通过了国家鉴定（2000年获国家科委一等奖），1997年8月，第一套SCDMA商用试验网在重庆西彭开通；1998年5月，信息产业部无线电管理局正式颁布1 800~1 805MHz作为SCDMA无线通信系统专有频率。

多，参加者是邮电部科技委和评估组成员，会议的重点是：是否向国际电联提交 TD-SCDMA 技术提案。时任电信科学技术研究院副院长的杨毅刚说明了研究院在 3G 标准上的"最高目标"与"最低目标"。所谓"最高目标"，就是提出完整的第三代的标准提案；所谓"最低目标"，就是努力将大唐的某些关键技术放到 WCDMA 或者西门子 TD-CDMA 上去。大家都感到，如果实现"最低目标"，支持欧洲 TDD 提案，对中国更有利，原因有两个：其一，该提案与中国的主流 2G 标准 GSM 比较接近；其二，该技术与 SCDMA 比较接近。

有专家提出，李世鹤提出的方案还只是一个非常粗线条的东西，技术上也还值得推敲，离 ITU 的要求恐怕还比较远。也有专家认为，能提标准当然是个好事，问题是，现在 TG81 要的是一个全球的标准，中国能够提出一个让所有发达国家接受的全球标准吗？邮电部科技委的老领导宋直元说："当然不可能！我是电联的顾问，我知道这些人都是为了市场利益，所谓讨论技术实际上是为了市场，就算你的标准再好，他们也不会用你的。问题是这是一个机遇，我们如果有这个技术积累，为什么不提呢？"李世鹤说："我认为这对中国来说，是一个机遇，一个在技术上摆脱国外控制的机遇。我们搞 SCDMA，目的不也是如此吗？不是我们个人要拿多少钱，要得到多少好处，是要让我们在国际上有立足之地。现在，这个机会来了，我们很珍惜。当然，我知道，它的难度不亚于当初造原子弹。"曹淑敏说："即使不能成功，我个人认为，我们也没有什么损失，至少我们可以积累一些与国际对手打交道的经验。"

当时周寰坚决支持，最后宋直元下了非常重要的结论："我并不奢望将来全世界都统一到我们国家提出的标准上去，这是个幻想。大家提出了一些疑问，这并没错。不过，什么事都有第一次，我赞成研究院提标准，一定要提，中国移动通信到了一个重要的转折点。结果也可能不行，不行我们也会有一些国际方面的交流，你们不要有太多压力，不行可以退回来。还剩下 6 个月时间，拿得出来就上，拿不出来也没有关系！"①

此次香山会议为 TD-SCDMA 一锤定音。

按照国际电联的要求，技术方案提交到 1998 年 6 月 30 日就截止了。李世鹤等人被要求提前 2 个月拿出草案，再由评估组一起来评估完善。经过 3 个多月的紧张奋战，他们在 1998 年 4 月底把方案拿出来了。

通过评估组的审定后，信息产业部 3 位副部长在 TD-SCDMA 技术方案的文本上签了字。

1998 年 6 月 30 日，凝聚着多少人心血的 TD-SCDMA 技术方案被送到国际

---

① 乔楠、鲁义轩：《TD-SCDMA 正传》，http://www.sina.com.cn，2006 年 3 月 17 日；通信世界。

电联。这项 3G 候选技术的署名是：China[①]。

（二）实验室研制（1998 年 7 月～2002 年 2 月）

这个阶段又可以进一步分为两个子阶段：标准确立阶段（从 1998 年 7 月～2000 年 5 月）和技术验证阶段（从 2000 年 5 月～2002 年 2 月）。

1. 标准确立阶段（1998 年 7 月～2000 年 5 月）

这一阶段历时将近两年，从 1998 年 6 月 30 日 TD－SCDMA 第三代移动通信系统标准建议稿提交到 ITU 开始，到 2000 年 5 月 5 日在国际电联行政大会上 TD－SCDMA 被正式确立为国际标准。

截至 1998 年 6 月 30 日，提交到 ITU 的地面第三代移动通信无线传输技术提案共有 10 个，其中美国 4 个、欧洲 2 个、韩国 2 个、中国 1 个、日本 1 个[②]。

然后，ITU 开始了对 10 个候选标准的技术评估和融合工作。比较有影响的是下面几次会议。

（1）1998 年 11 月的伦敦会议。1998 年 11 月，国际电联第八组织要在伦敦召开第 15 次会议，确定把哪项技术筛出去。这项工作由第八组织下设的第五工作组负责完成。曹淑敏首次作为第五工作组的主席，召集小组成员先在伦敦开了 3 天的会，李世鹤、李默芳（现为中国移动通信集团公司总工程师）等人也参加了。

曹淑敏回忆说，伦敦会议上外方专家对 TD－SCDMA 所表露的态度先是不信，后是不屑，因为中国在 2G 上什么都没有，创新根本就谈不上，突然提出个技术标准方案来，人家不相信。当时，中国提的技术方案和别人比确实粗一些，差得很远。但是，在中国代表团全体成员的共同努力下，TD－SCDMA 在候选技术中的地位大大提高，由原来的支持两个测试环境（室内和室外步行环境）上升为三个环境，即增加了汽车环境，TD－SCDMA 的很多关键参数被列入 ITU 建议草案之中，创造了一个以 TD－SCDMA 为基础的 TDD 技术融合的良好气氛，扩大了 TD－SCDMA 技术在国际上的影响[③]。

谈到为什么 TD－SCDMA 能成为 ITU RTT 候选技术之一，李世鹤说："TD－

---

① 蔺玉红：《从 3S 到 3G 中国来了》，http：//www.sina.com.cn，2006 年 1 月 27 日；光明网－光明日报。

② 中国提出的 TD－SCDMA 技术与两种宽带 CDMA 技术——WCDMA 和 CDMA2000——相比差异很大，可以说是完全不同的技术。主要区别在于关键技术的不同。宽带 CDMA 的关键技术为功率控制、软切换等。TD－SCDMA 的关键技术为智能天线、同步 CDMA、软件无线电技术。它的功率控制很简单，初期可不用软切换。TD－SCDMA 技术是一种 TDD 技术，适应环境一般为室内和低速移动环境。根据仿真结果亦可应用于速度低于 120KM/h 的高速环境中。作为 TDD 技术，它比较适合非对称业务的传输。TD－SCDMA 与欧洲的 TDD 方案（即 TD－CDMA 技术）有很多相似之处，存在融合成一种方案的可能性。

③ 蔺玉红：《从 3S 到 3G 中国来了》，http：//www.sina.com.cn，2006 年 1 月 27 日；光明网－光明日报。

SCDMA 与 WCDMA 和 CDMA2000 不同，其核心是我们采用了三项最新的技术，即智能天线、同步 CDMA、软件无线电技术。正因为这三项技术的应用使该系统具有国际上最高的频谱利用率。因此，作为标准的提出，我们的优势在于，第一是技术优势，第二我们代表的是中国。"

1998 年 11 月伦敦会议结束后，TD - SCDMA 技术在国际上引起强烈反响，引起一些著名公司的重视。特别是，提出了欧洲 CDMA - TDD 技术方案的德国西门子公司对 TD - SCDMA 在技术上完全认同。出于完全一致的技术判断，中德双方于 1998 年 12 月在北京组建了西门子（中国）移动通信研发中心，共同开发 TD - SCDMA 技术。

1999 年 1 月，由信息产业部、国家计委、巨龙、大唐电信、中兴通讯、华为等 8 家企业联合投资组建的第三代移动通信系统总体组的研发工作正式启动，初期投资近 3 亿元人民币，计划在 2000 年底前就 WCDMA、CDMA2000、TD - SCDMA 等不同的网络制式标准进行研发。

1999 年 3 月，国家科技部、信息产业部、国家计委等有关部门联合成立了中国第三代移动通信系统研究开发领导小组，正式启动了中国第三代移动通信系统研究开发项目。项目的主要目标是通过自主科研，开发出一批拥有核心专利的通信技术，提高中国通信企业技术能力；建立 TD - SCDMA、WCDMA 以及 CD-MA2000 实验系统，为制定未来中国第三代移动通信系统体制标准提出建议。

（2）1999 年 3 月的巴西会议。1999 年 3 月的 ITU - R TG8/1 巴西会议确定了第三代无线接口技术的大格局，第三代无线接口技术分为两大类：CDMA 与 TDMA，其中 CDMA 占据主导地位。CDMA 又分成了 FDD 直接序列、FDD 多载波以及 TDD 三种技术。TDMA 主要由 UWC136 与 DECT 技术构成。在此会议之后，不同的第三代技术间呈现出融合与统一的趋势。

在 TG8/1 巴西会议结束后不久，爱立信与高通达成了专利相互许可使用协议。1999 年 5 月，国际营运者组织在多伦多会议上，30 多个世界最大的无线营运商以及 10 多个无线设备制造商对宽带 CDMAFDD 技术的融合达成了协议。6 月份召开的 ITUTG8/1 北京会议在第三代移动通信技术融合方面取得重大成果。国际营运者组织多伦多会议协议得到了与会代表的广泛支持，为 CDMAFDD 技术融合开辟了广阔的道路。与此同时，在中方代表的努力下，各方面对 CDMATDD 技术也给予了高度重视。

在这次会议上，中国提交了几篇关于 TD - SCDMA 与其他 TDD 技术融合的文稿。由于中国表示对欧洲的 TDD 方案的支持，也由于不是分歧焦点，所以得到了几乎所有与会者的积极响应，而且会后还积极探索技术上的融合方案。

1999 年 4 月，ITU - R TG8/1 巴西会议结束后不久，李世鹤博士率领电信科学技术研究院和重庆邮电学院的 6 位技术人员到德国与西门子公司讨论 TDD 标准融合与系统设计问题，开始了 TD‐SCDMA 的技术验证工作。

随着标准工作的进展，有关中国专家认识到，虽然 ITU 在第三代移动通信标准的发展过程中起着积极的推动作用，但是它主要负责标准的发布和管理工作，而标准的技术细节主要有 3GPP 和 3GPP2 这两个国际组织①根据 ITU 的建议进一步完成；如果想让 TD‐SCDMA 成为真正可商用的标准，中国必须加入这两个国际标准化组织。1999 年 4 月，中国成立了无线通信标准研究组（CWTS），同年 5 月，曹淑敏代表研究组签署了正式加入这两个组织的协议。

1999 年 8 月，已经担任信息产业部电信科学技术研究院院长的周寰访问欧洲，偶然得知，美国公司要联合欧日公司在两月后的国际电联芬兰赫尔辛基会议上联合提案封杀 TD‐SCDMA。周寰马上把这一消息报告国内，国家邮电科技委员会召开了紧急会议，会议决定，"即使国际电联'枪毙'掉 TD‐SCDMA，中国也有足够的市场空间来支持中国标准，中国政府应采用中国标准。"周寰向记者转述说。这一建议得到了信息产业部最高层的同意。中国电信业主管部门的强硬姿态起到了作用，中国移动、中国联通也公开表示支持此标准。欧洲方面终于做出了友善的表态。

（3）1999 年 10～11 月的芬兰会议。加入 3GPP 组织后，中国加快了 TD‐SCDMA 和 CDMA‐TDD 技术的融合工作。"在 1999 年 9 月份的一次会上，我们提交了一篇文稿，希望 TD‐SCDMA 能在 3GPP 中标准化，最后，这次会议接受了我们提出的 1.28M 的码片速率，而这一速率正是 TD‐SCDMA 技术的码片速率。这意味着，TD‐SCDMA 的一只脚已经迈进了 3GPP 的大门。"曹淑敏回忆道，"但这并不表明，我们就完全进来了。欧洲人当时有一种想法：你进来可以，但要跟我融合。爱立信、诺基亚公司都提出了这样的看法。当时，TD‐SCDMA 面临着很大的危险，一融合，很多关键技术就消失了。我们于是想了一个主意，提出'一个 TDD，两个选项'，即这两种技术的高层协议是一样的，只不过物理层协议有所不同。对外就说，3GPP 组织中没有定两个 TDD 模式的标准，后来这一说法被他们接受了。"这些问题解决了，TD‐SCDMA 的前景就开始变明朗了。

1999 年 10 月 25 日，ITU‐R TG8/1 在芬兰赫尔辛基召开最后一次会议。会上 3G 技术委员会主席宣布：将 TD‐SCDMA 标准写入 ITU‐R M.1457 建议书。这次芬兰会议非常重要，通过了 IMT‐2000 无线接口技术的 5 个融合的候选方

---

① 3GPP 是由欧洲的、日本的、美国的、韩国的为核心成员发起的，3GPP 完成 WCDMA 和 CDMA‐TDD 的标准细节，其特点是主要基于 GSM MAP 核心网。3GPP2 是由美国的、日本的、韩国的为核心成员发起的，3GPP2 完成 CDMA2000 的标准细节，主要是基于 IS‐41 核心网。

案，最终完成了 IMT-2000 无线接口技术的制定工作。

"在芬兰会议上，TD-SCDMA 这个名称差点就没有了，我们一直和 3GPP 的人在争，最终才得到了保留。"曹淑敏说。芬兰会议确认了 3G 技术的格局，该会议形成的报告 2000 年 5 月在土耳其举行的国际电联行政大会上，获得了正式批准。

1999 年 10 月，在芬兰会议前夕，大唐集团与西门子公司宣布将合作开发从 GSM 平滑演进到 3G 的 TSM 系统（在 GSM 核心网基础上，无线接入采用 TD-SCDMA）。CATT 成立了专门的 TDD 开发部负责 TSM 设备，在基站开发方面与西门子公司合作，在测试终端开发方面与重庆邮电学院合作。芬兰会议结束后，1999 年 12 月，中德核心研发人员互访开始。大唐集团派出 15 名技术人员分为三个小组分别去德国慕尼黑、意大利米兰、奥地利维也纳，与西门子公司的当地雇员一起从事射频、RNC 等产品的研究开发。西门子公司也派出一个研发小组来到北京，和大唐集团的技术人员一起从事智能天线和物理层算法方面的研究开发工作。

2000 年 2 月 25 日，信息产业部电信科学技术研究院向国内主要电信运营商和通信设备制造商以及相关高校公开了第三代移动通信 TD-SCDMA 标准部分关键技术，目的在于使人们更加深入地了解 TD-SCDMA 的技术优势，从而实现国内电信运营业、科研院所、高校、产业界的密切合作，在国内形成具有相当规模的 TD-SCDMA 产业群，形成冲击占领世界市场的合力。这次关键技术介绍会上，被公开的关键技术主要有：TD-SCDMA 标准的组成和基本思路、TD-SCDMA 无线系统的基本设计原理、智能天线、联合检测技术的算法和用此算法的仿真结果，以及电信科学技术研究院部分已申请的专利内容。

（4）2000 年 5 月土耳其大会。2000 年 5 月在土耳其举行的国际电联行政大会上，经投票表决，正式确认了 5 个 IMT-2000 无线接口标准：IMT-DS（即 WCDMA/UTRA-FDD）、IMT-MC（即 CDMA2000）、IMT-TD（包括 UTRA-TDD 作为高码片速率选项和 TD-SCDMA 作为低码片速率选项）、IMT-SC（即 UWC-136）、IMT-FT（即 E-DECT）。

信息产业部科技司司长闻库和曹淑敏代表中国参加了土耳其大会。曹淑敏在会上发言时说："我代表我们国家，我很骄傲。中国在这个过程中，提交了自己的技术，也积极参与，和大家一起为制定 3G 标准做出了贡献。"

就这样，由中国大唐集团提出的 TDD 模式的 TD-SCDMA 系统，与欧洲、日本提出的 WCDMA 和美国提出的 CDMA2000 同列为国际 3G 三大标准之一。2000 年 5 月 5 日的人民邮电报高度评价了这一事件："这是百年电信史上我国第一次提出完整的电信系统标准并被国际电联所采纳，一举改写了我国电信业在国际标准领域'零'的记录,这是百年来我国电信技术史上的重大突破。"

2000年6月后,美国《华尔街日报》的记者在北京西郊学院路40号电信科学院的一幢三层小楼找到了李世鹤。稍后,一篇以"中国本土标准挑战国外通信巨头"的报道在《华尔街日报》发表。文中提到,基于GSM网络基础上的TD-SCDMA会是"中国的一个金鹅",并预言这将得到中国政府的支持,成为未来中国3G格局中重要的标准之一。

2. 技术验证阶段(2000年5月~2002年2月)

TD-SCDMA的技术验证工作在标准确立阶段早已开始,只不过在2000年5月标准确立后更加快了进程。

2000年6月底,在TD-SCDMA被正式确认为国际标准后不久,德国西门子公司宣布,计划2002年在亚洲投资超过15亿美元,扩大其在移动通信领域的市场份额,其中超过10亿美元将投资于中国。西门子移动通信公司总裁兰普雷西特表示,投资的关键是与中国电信科学技术研究院联合开发TD-SCD-MA标准。

2000年8月15日,中国通信学会在北京组织了一场大规模的TD-SCDMA技术研讨会。参加会议的有来自科技部、信息产业部、铁道部的相关领导,来自中国电信、中国移动、中国联通、吉通通信等运营商的代表,来自大唐、中兴、华为、巨龙、普天、金鹏等国内通信设备制造企业的代表,还有来自国外通信企业西门子、摩托罗拉、诺基亚、北电、爱立信、朗讯、NEC、松下、阿尔卡特等公司的代表。

李世鹤(当时是CATT移动通信中心TDD项目负责人)向与会的200余位领导和专家详细介绍了TD-SCDMA系统和终端设备的研发进展和计划。他说:TD-SCDMA系统的研发可分为五个阶段,第一阶段是预分析阶段,这一阶段已于2000年1月结束;第二阶段是分析阶段,为2000年1~7月;第三阶段是产品设计和制造阶段,在该阶段,所有硬件都开始做正式的电路板,所有软件都已经开始编程,此阶段大约需要4个月的时间;第四阶段是整机集成和测试阶段,将从2000年11月开始;第五阶段是现场试验阶段,可望从2001年第一季度开始。

李世鹤还介绍说,与世界上其他3G系统的研发工作相比,中德合作开发的TD-SCDMA系统研发工作具有一个突出的特点,就是直接面对产品开发。它将不仅是一个演示系统,而且是一个可以实际应用、可以批量生产的3G系统。为了确保系统按时开发成功,在预分析阶段,中德合作双方花费了大量的精力,并采用世界上最先进的仿真技术进行研发工作。另外,还邀请了北京、慕尼黑、柏林、米兰、维也纳、伦敦等地的几十名专家对每一个技术细节进行了深入细致的审查，以确保系统设计开发的整体成功。

信息产业部副部长娄勤俭到会并讲话，他鼓励 CATT 与西门子公司要以更加开放的姿态迎接新一轮的挑战，希望国内外制造企业积极参与 TD-SCDMA 系统的研究和开发，要求国内运营企业继续关心和支持 TD-SCDMA 的发展。

2001 年 3 月，基于 TD-SCDMA 标准的基站和测试终端先后开发完成，实现了语音呼叫。

2001 年 3 月 16 日，3GPP 第 11 次全会正式接纳由中国提出的 TD-SCDMA 第三代移动通信标准全部技术方案。被 3GPP 接纳，就标志着 TD-SCDMA 已被全球电信运营商和设备制造商所接受。

从 2001 年 3 月份开始，大唐完成了一系列大动作：3 月，TD-SCDMA 被 3GPP 所接纳，正式成为 3GPP 标准的一部分；4 月，TD-SCDMA 完成了其全球的首次呼叫演示；7 月，完成了终端到基站的图像传输。

2001 年 9 月 20 日，大唐开始了 2001 年最大的一个动作：大唐电信科技产业集团与中电东方通信研究中心有限公司（CECW）、飞利浦半导体 3 家公司联手签署了 TD-SCDMA 终端方面合作意向书，并宣布将以成立合资公司的方式共同开发 TD-SCDMA 终端芯片。手机芯片是手机中最关键、最昂贵的一个部件，也正是因为这个部件，制约了 3G 服务的发展。李世鹤认为，3G 服务一再推迟，其中很重要的一个原因就是始终缺乏一个完整的 3G 芯片，新的合资公司就是要力争做出在世界上第一个 3G 芯片。为此，3 家公司都拿出自己的看家本事：大唐将为新公司提供 TD-SCDMA 技术解决方案；作为全球第二大的手机芯片供应商，飞利浦将提供 3G 核心芯片开发所用的标准通信平台；CECW 则将提供终端有关的协议软件和终端测试技术。CECW 是中电通信（CEC）底下最大的，也是国内最大的手机研发中心。飞利浦对此次合资异乎寻常地重视，签约仪式上，他们派出了以飞利浦半导体全球通讯产品副总裁彼得·鲍姆戈特纳（Peter Baumgartner）为首的包括全球相关部门和中国总部几乎所有的负责人。彼得郑重其事地告诉记者："我们将全力投入 TD-SCDMA。"这是大唐自和西门子在标准和基站方面的合作后的最大一次与外合作，但前后只花了 2 个多月——7 月份接触，9 月份达成协议。

2002 年 1 月，电信科学技术研究院承担的"TD-SCDMA 移动通信系统实用化研究开发"课题顺利通过了中国第三代移动通信系统（C3G）研究开发项目总体组组织的结题验收。就在当月，由诺基亚、TI、LG、普天、迪比特（Dbtel）和 CATT 6 家核心成员联合发起成立凯明信息科技股份有限公司（Commit），主要投资方为大唐、普天、得州仪器、诺基亚、LG 电子及迪比特等 17 家中外著名企业。

2002年2月3日，大唐电信与西门子合作，进行了全球首次TD-SCDMA系统的户外移动话音和图像传输公开演示。演示中，TD-SCDMA基站的覆盖半径达到15公里，在70公里时速下同时实现了清晰的语音和图像通信。信息产业部副部长娄勤俭观看后，对TD-SCDMA向商用化迈进了一大步表示祝贺。

（三）产业化（2002年3月至今）

2002年3月，大唐移动通信设备有限公司（简称大唐移动）挂牌成立，拉开了TD-SCDMA从系统到终端全面产业化的序幕。

2002年2月大唐移动公司正式成立后，唐如安出任大唐移动公司总裁。当时，大唐移动公司是由三部分组成的：一部分是原电信科学技术研究院从事TD-SCDMA研发的人员；一部分是上海大唐移动曾经从事过GSM产品开发的人员；还有一部分是大唐股份公司WCDMA事业部成员，他们一部分人员在西安。这三批人马被整合为一个公司，专注于TD-SCDMA的产业化。

2002年，在大唐内部正进行着一场规模空前的产品选择大讨论：是做LCR还是做TSM？事实上，大唐和西门子早在2001年就对LCR或TSM产品技术方向的选择发生了严重分歧。因为中国移动开始大规模上马GPRS设备，对GSM网络进行升级，能够实现TSM系统计划提供的许多低速数据业务功能，大唐觉得继续开发TSM产品的风险太大，转向开发TD-SCDMA的LCR系统，这是一套全新的3G系统。西门子公司的专家却认为，TSM系统的平滑演进思想很有价值，应该继续做下去。

实际上，从2002年到2003年上半年，大唐下决心做LCR的时候，仍然在和西门子合作做TSM。这就相当于大唐当时是三线并举：一条是LCR；一条是和西门子合作的TSM；一条是大唐自己做的TSM。当时大唐仅有130人的研发队伍，又要兵分两路进行TSM和LCR的研发，这对人才紧缺而又缺少资金的大唐来说，难以支撑。后来大唐的LCR研发直接影响到了和西门子合作，而大唐自己的TSM也因人员不足、资金紧缺而被迫放弃了。直到2003年下半年，大唐才将主要精力集中到了LCR一条主线上。

同样是在2002年，就在大唐内部针对产品选择进行激烈讨论的同时，业界也引发了一场关于TD-SCDMA的论战，在这场空前的论战中，大唐技术研发能力、管理机制、市场运作能力也由此受到了前所未有的挑战。

当时，TD-SCDMA的产业化进程不尽如人意，与其他两大国际3G标准相比，TD-SCDMA的影响力极其微弱。在时间上，当时TD-SCDMA的开发时间不过两年，而WCDMA和CDMA2000的研发时间已经接近10年；在资金上，世界各大厂商，甚至国内的华为、中兴等企业都在WCDMA、CDMA2000

标准上投入了巨额研发资金，而对 TD-SCDMA 的投入则几乎为零。在参与企业的数量上，国际、国内大多数通信企业均在其他两大标准方面进行研发和跟踪，其中参与 WCDMA 研发的企业多达 27 家，在 CDMA2000 阵营里，也聚焦了高通、朗讯、摩托罗拉等企业，在 TD-SCDMA 标准中只有大唐一家企业在苦苦支撑。

大到基站、系统，小到测试仪表、终端、芯片，所有的重担都落到了大唐一家企业的肩上，而此时的大唐，正面临着严重的来自资金方面的压力。自大唐移动公司成立起，通过向银行贷款而来的 5 亿元资金，已全部用于 TD-SCDMA 项目，而作为大唐移动上级单位的大唐集团，也难以承受由此带来的巨大经济压力。

虽然，大唐移动也使出浑身解数想通过私募的办法摆脱这种困境，总经理唐如安亲自挂帅，与各大投资公司进行交涉。但是由于当时全球 IT 行业大幅度衰退，国际银行界、投资界对通信业，特别是 3G 的投资缩小，投资商"闻 3G 而色变"，使得融资工作也一度陷入困境。

中国 3G 市场的巨大潜力和 TD-SCDMA 可能会对中国及全球移动通信市场产生的深远影响，使国外大型通信公司感受到了前所未有的威胁。为了能够在中国的 3G 市场中获取更多的利益，它们对 TD-SCDMA 展开了大规模的打压。

刚刚踏上产业化之路的 TD-SCDMA，一方面要面临资金、技术、人才的挑战；另一方面还要承受来自各方包括媒体界的猜测和质疑，使 TD-SCDMA 的产业化推进工作陷入困境。

在产品测试方面，2002 年 5 月，大唐移动接受了由信息产业部组织的 MTnet 第一阶段测试（以话音业务为主），所测项目一次通过。12 月 9 日开始 MTnet 第二阶段测试（以数据业务为主），对 TD-SCDMA 测试的 52 项指标一次性通过。

另外，在 2002 年 8 月，中国工程院与国家经贸委组织 14 位院士以及 8 名知名专家对 TD-SCDMA 进行考察，确定 TD-SCDMA 已不存在颠覆性的技术问题，也就是说，整个技术已完全突破和掌握，并建议国家继续给予政策和资金上的大力支持。

不久，情况发生了转机。2002 年 6 月 12 日，正在上海出差的杨骅接到了周寰院长的电话，电话里，周寰让杨骅尽快写出一份向无线电管理局提出频率申请的报告，这让杨骅兴奋地预感到，TD-SCDMA 的频段分配快有结果了。下午，杨骅乘晚班飞机回到北京，飞机刚一落地，就又接到周寰的电话，要求他明早 8 点把报告送到集团。其实，关于频率的问题杨骅已经有了一个基本的思路，在回公司的路上，他给唐如安打了一个电话，汇报了一下自己的思路。出乎他意料的是，唐如安一口否定了他提出的"55MHz 频段"，而是直接表示要申请 155MHz

频段。晚上，杨骅在公司的办公室里，熬了一个通宵，报告完成了。第二天，在与信息产业部无线电管理局的领导一起讨论这件事情的时候，杨骅的报告得到了相关人员的认同。

2002年10月23日，信息产业部通过正式文件公布了3G的TDD频谱规划，为TD-SCDMA标准划分了总计155MHz的非对称频段。中国政府对TD-SCDMA的政策倾斜使TD-SCDMA同时也获得了政治上的优势。有外电由此分析说，中国政府已敦促国内产业界采取行动支持中国自己的电信业标准。国内一些相关部委的官员也在一些非公开场合透露，不排除将TD-SCDMA标准采用和3G牌照挂钩的方式，进行政策性推动。

就在TD-SCDMA频段消息发布的第二天，西门子信息与移动通讯集团董事保利即在上海表示，在移动通信技术研发上，西门子将同时兼顾W-CDMA和中国的TD-SCDMA两大标准，西门子将再追加投入5 000万欧元用于TD-SCDMA的研发。

大唐移动成立后，TD-SCDMA产业化进程大大加速，尤其是在"连横"工作上。早在2001年底，在大唐移动公司筹备阶段，唐如安就提出了成立产业联盟的想法，用唐如安的话说，这叫"连横"，在战国时代就有"连横"之说，现在，WCDMA和CDMA2000比TD-SCDMA强，因此必须"连横"。在联盟内部，部分知识产权共享，看似大唐吃了小亏，但整个产业起来了，大唐才能生存下来，实则是占了"最大的便宜"。当时，唐如安把这项工作交给了主要负责市场工作的杨骅。2002年5月，杨骅（现任大唐移动公司副总裁，TD-SCDMA产业联盟的秘书长）将这项工作向发改委的领导做了汇报，发改委领导对这个想法表示了极大支持。

2002年10月30日，在庄严肃穆的人民大会堂，大唐、南方高科、华立、华为、联想、中兴、中电、中国普天等8家国内知名通信企业的手挽在了一起，TD-SCDMA产业联盟正式成立。在TD-SCDMA产业联盟章程中写道：联盟的宗旨为整合及协调产业资源，提升联盟成员在TD-SCDMA领域的研究开发、生产制造水平，促进TD-SCDMA产业的快速健康发展，实现TD-SCDMA标准在中国及全球的推广和应用。大唐承诺TD-SCDMA技术专利在联盟内部许可使用，联盟其他成员则注入必要资源，保证TD-SCDMA标准及产品的研发、生产、制造等方面的顺利开展。

虽然在产业联盟的成立大会上各企业均是慷慨激昂，但真正到了推动这个产业发展的时候，各个企业都面临着一些实际的问题。比如华为在WCDMA和CDMA2000方面已经投入了巨额的资金，在投入还没有得到任何回报的情况下，再在TD-SCDMA产业上投入大量的资金，必然会承受一定的现实压力。因此，在产业联盟成立初期，工作始终没有得到实质性的推进。2003年春节刚过，TD-SCDMA产业联盟在西苑饭店召开了"TD-SCDMA产业联盟峰会"，之所以称之为"峰会"，就是要求各企业的"一把手"必须到场。当时，任正非、侯为贵、周寰都来了，这次会议的重点是转变"一把手"的观念。大家在会上就TD-SCDMA的知识产权共享、资金投入以及整个市场前景，进行了深入持久的讨论，并达到了一致共识。这次会议的成功召开，成为TD-SCDMA产业联盟发展的重要转折点。此后，产业化进程进入了一个全新的发展阶段[①]。

155MHz非对称频段的划分、产业联盟的成立以及国家3G专项的全面启动，使TD-SCDMA产业的发展迅速驶向快车道，TD-SCDMA产业的格局也由此发生根本性的转变。

2002年11月22日，UT斯达康与大唐移动签约合作开发TD-SCDMA系统。同时，大唐移动还与安捷伦、雷卡等公司在仪器仪表方面进行合作。

2003年1月16日，大唐移动授权意法半导体公司使用TD-SCDMA专利技术开发多模式多媒体的片上系统（System-on-Chip）。这是继飞利浦之后，另一家全球芯片巨头进入TD-SCDMA产业圈。意法半导体是全球第三大半导体公司，也是微电子应用领域开发供应半导体解决方案的世界级主导厂商。对意法半导体的技术授权是TD-SCDMA标准产业化的一次高潮，提升了TD-SCDMA终端的开发实力，加快了TD-SCDMA手机终端的开发速度。

2003年1月20日，大唐移动、飞利浦电子和三星电子联手组建天碁科技有限责任公司，为终端用户设备和移动终端提供核心TD-SCDMA芯片组和参考设计以及相关技术使用授权，提供包括参考设计、硬件和软件在内的完整解决方案。凭借飞利浦的手机系统芯片设计能力和三星的整体方案设计能力，天碁科技将解决功耗大、手机待机时间短、通话时终端温度偏高和性能不稳定等3G终端瓶颈。计划于2004年推出首部商用化TD-SCDMA手机，使大唐移动、飞利浦半导体和三星电子形成了资本、技术、人员和市场资源领域的全方位合作格局。大唐移动首席运营官唐如安说："大唐移动、飞利浦半导体和三星电子的合作是基于优势互补的合作。大唐移动精于TD-SCDMA的技术标准并自行研发出TD-SCDMA测试终端，而飞利浦在GSM、GPRS和3G手机技术领域拥有卓越的IC设计和生产能力，是全球领先的手机核心芯片供应商之一；三星电子则在终端产品技术领域居于世界领先地位，目前居于全球第三并在亚洲处于领先地位。这样的合作有利于尽快研发出TD-SCDMA的核心芯片组，推出TD-SCDMA商用化终端。"

---

① 乔楠、鲁义轩：《TD-SCDMA正传》，http://www.sina.com.cn，2006年3月17日，通信世界。

2003年3月3日，大唐移动在上海建设TD-SCDMA产业园，即一个基于研发、制造（总装）、验证测试、工程支援、培训、客服在内的完整的产品制造体系，实现TD-SCDMA产业资源的优化配置，加速TD-SCDMA生产技术的提高及技术转化进程。产业园的建设标志着大唐商用终端设备即将投入制造。

2003年3月19日，美国泰克公司加入TD-SCDMA标准开发，6月23日，TD-SCDMA技术论坛加入3GPP合作伙伴计划，7月25日，北电、大唐成立TD-SCDMA联合试验室，全力推进TD-SCDMA的成功商用。

得益于联盟策略的实施，TD-SCDMA技术方面取得了重大进展，2003年4月，重邮3G手机实现与大唐基站通话。7月，进行世界首次TD-SCDMA手持电话演示。10月"3G在中国"峰会举行，信息产业部宣布对TD-SCDMA进行MTNet外场测试计划。

技术的突破，更加坚定了联盟主体对TD-SCDMA标准的信心，也获得了政府以及其他各界的认可和支持。2003年8月，TD-SCDMA国际峰会在北京举行，TD-SCDMA标准得到了中国政府的强力支持和社会各界的广泛认同；国内业界厂商也纷纷投入TD-SCDMA标准的产业化进程。同年10月，中国电子、南方高科、海信、三星、LG、迪比特、联想、波导、夏新等九大厂商研发TD-SCDMA；运营商也表示了极大兴趣，11月24日，国内六大运营商均要求测试大唐TD-SCDMA标准。

2003年12月26日，TD-SCDMA产业联盟迎来了第二次扩军，第二批6家成员，海信、上海凯明科技、北京天碁、重庆重邮信科、展讯通信等5家终端厂商和西安海天天线加入联盟。围绕产业链条，生产终端的实力厂商和天线厂商的加盟，形成了TD-SCDMA更加完整、趋向商用的产业链。

伴随产业化程度的深化，TD-SCDMA引起了国际运营商的重视。2004年1月，日本研讨3G规划，TD-SCDMA成为候选方案。2004年2月13日，西门子和华为共同组建专注于TD-SCDMA技术及产品的开发、生产、销售和服务的合资公司TDTech，开发基于TD-SCDMA的技术与产品。

一连串的技术、应用方面的突破，也赢得了政府等相关机构的肯定和好评。2004年2月底，中国国家发展与改革委员会批复了TD-SCDMA的研究开发和产业化专项，该专项同年启动，TD-SCDMA标准得到了中国政府政策、资金的强力支持。同年3~8月大唐移动陆续推出了全球第一个TD-SCDMA LCR手机解决方案、第一款TD-SCDMA LCR手机和PCMCIA无线网卡。5月TD-SCDMA系统MTNet外场测试进入第二阶段。8月天碁科技、展讯推出TD-SCDMA终端芯片，TD-SCDMA商用终端开发获得突破性进展。11月由信息产业部组织的MTNet外场试验结果公布，TD-SCDMA顺利通过试验，试验结果充分证明了其独立组网的商用能力和突出的技术优势。

通过联盟形式与重点厂商合作，推出 TD-SCDMA 产品和解决方案，形成了 TD-SCDMA 标准中协作、竞争的态势。进一步加速了 TD-SCDMA 系统、设备、终端的研究进程。2004 年 11 月大唐移动与上海贝尔阿尔卡特签署战略合作协议，上海贝尔阿尔卡特投资 2.5 亿促进 TD-SCDMA 的研发和产业化进展，相关设备计划 2005 年推出。同时，西门子与华为结盟、北电与普天结盟、爱立信选择了中兴通讯作为进入 TD-SCDMA 领域的合作伙伴。值得注意的是，这些合作的中方主体都是 TD-SCDMA 产业联盟的发起成员。

伴随联盟合作成员重量级别的上升和合作深度的加强，TD-SCDMA 业界的技术突破也捷报频传。2004 年 11 月天碁科技成功打通全球第一个基于 ASIC 芯片的 TDD-LCR 商业手机全网络电话。12 月，三星推出全球首款 GSM/TD-SCDMA 双模终端，大唐移动实现 TD-SCDMA 视频电话业务功能，TD-SCDMA 成功实现国际电话业务，中国总理温家宝在荷兰接听了全球第一个 TD-SCDMA 国际电话。2005 年 1 月大唐移动 TD-SCDMA 数据卡率先实现 384K 数据业务，该款数据卡是大唐移动自主开发的业界第一款 TD-SCDMA 数据终端。

联盟再次扩军，体现了联盟的价值，打造完成产业链网络。2005 年 4 月 16 日，UT 斯达康、上海贝尔阿尔卡特、众友科技、迪比特、英华达、中山通宇、中创信测等 7 家企业加入 TD-SCDMA 联盟的申请获得通过，联盟成员企业达 21 家，全面覆盖从芯片、系统设备、手机终端在内的所有产业环节。此次联盟扩军也体现了 TD-SCDMA 标准在产业厂商中的地位，在提高标准、强化门槛的基础上进行的扩军，体现了 TD-SCDMA 标准的产业影响力。

在这个阶段，TD-SCDMA 联盟的目标已经面向商用化发展。表现在，联盟成员的准入标准从解决产业链的薄弱和瓶颈环节到吸收成员提供全线商用产品和解决方案。TD-SCDMA 产业链主体已经不再是向运营商、政府和最终用户说明哪一个"薄弱"环节不是制约 TD-SCDMA 标准商用的障碍，而是积极推出可商用的整体解决方案，以改变 TD-SCDMA 标准起步晚、经验缺乏和技术整体欠成熟的形象。面对众多厂商对于 TD-SCDMA 标准的认可，联盟成员的筛选变得严格，从填补产业链空白以及数量方面的考虑逐步转为考察联盟成员的质量和对于 TD-SCDMA 标准商用化的贡献，在这个基础上进行扩军，使得 TD-SCDMA 成员全面覆盖从芯片、系统设备、手机终端在内的产业环节。这个阶段，TD-SCDMA 标准上游产业链（主要包括基于 TD-SCDMA 标准的芯片、设备、系统、方案供应商）向基于 TD-SCDMA 标准的 3G 服务产业链发展，表现为国际电信运营商和服务、内容供应商也加入了 TD-SCDMA 标准的关注和研发行列。

基于 TD-SCDMA 标准技术，产品进一步突破，逐步产品化、商品化。2005

年4月，支持384kbit/s数据传输的TD-SCDMA/GSM双模终端商用芯片组面世。同期，TD-SCDMA国际峰会举行，来自国内外的14个厂商开发的近20款TD-SCDMA手机集体亮相。至此，一直被业界看作TD-SCDMA商用瓶颈的终端问题获得整体突破。

2005年6月30日，TD-SCDMA产业化专项测试的最后一个测试任务如期完成，国家权威部门正式公布测试结果："TD-SCDMA完全具备大规模独立组网能力"，TD-SCDMA的技术性能和运营价值，经受住了国家权威部门的检验。7月，TD-SCDMA首次实现多媒体业务功能，同时，TD-SCDMA相关测试工作全面收尾，鼎桥、大唐等厂商相继推出商用产品，TD-SCDMA进入预商用阶段。

此阶段，联盟继续扩军，严格筛选成员并稳定扩展TD-SCDMA联盟，2005年11月25日又吸收了5家厂商进入联盟，进一步增强了系统厂商和终端厂商的实力，也首次引入了软件开发商，推动了由TD-SCDMA标准上游产业链向基于TD-SCDMA标准的3G服务产业链的转换。

联盟内部进一步协同共享和解决专利和知识产权问题的同时，TD-SCDMA标准体系和其他两大标准间的专利谈判进入攻坚时期。TD-SCDMA标准从前期的研发技术到了面对商用必须解决的与其他标准的关系和专利问题处理上；也进入了关于TD-SCDMA标准和其他标准系统、设备兼容和漫游等问题的实质性研究阶段。

同时，在TD-SCDMA的资金方面也取得了实质性突破，TD-SCDMA融资渠道迅速扩展。2005年9月，大唐集团与中国工商银行总行签署战略合作暨财务顾问协议，中国工商银行将为大唐集团主要支柱产业TD-SCDMA提供财务顾问服务，并为大唐集团及所属企业提供全方位的金融支持。随后，国家开发银行宣布将全面支持大唐集团自主创新战略实施及其产业发展，特别是TD-SCDMA产业。此外，国际投行与基金高度关注TD-SCDMA在中国日新月异的发展，国际资本市场，已经与中国通信产业开始了实质性握手，在资本市场，TD-SCDMA获得了突破。

2005年中，信息产业部副部长奚国华在国际3G峰会上公开表示："中国3G系列标准的起草、制订工作已取得积极进展，特别是TD-SCDMA标准的技术研发和产业化进程，中国已逐步形成了从系统设备到终端、芯片、软件及无线研发制造的完整的产业。"

更加成熟的产业链群体，联盟内更加充分的合作与竞争，使得整个TD-SCDMA系统的也不断产出成果。2005年11月6日，尚未在本土实现商用的中国3G标准TD-SCDMA进入欧洲市场，开始海外布局。罗马尼亚运营商决定由中国公司提供从系统到终端的全套 TD-SCDMA 产品,建设海外第一个 TD-SCDMA 试验网。

2006 年 1 月,在中国"科技创新重大成就展"上,TD-SCDMA 产业联盟联合联盟内外近 20 家厂商展示了包括核心网、NodeB、RNC、微基站、直放站等全系列基站产品,TD-SCDMA 终端、智能天线阵、终端测试仪表等外围产品,以及可视电话、VOD 视频点播、互联网以及 HSDPA 等多项基于 TD-SCDMA 技术的业务,得到广泛关注。

2006 年 1 月 20 日,国家信息产业部正式将 TD-SCDMA 标准颁布为中国通信行业国家标准。

三、案例分析

与本书的其他案例不同,本案例提供了一个从创新链的源头开始的、原创性的"正向创新"的典型。中国 TD-SCDMA 国际 3G 移动技术标准,从几近于零的基础起步,却取得了出人意料的重大突破。其中蕴涵着极其丰富的启示,值得正在实施自主创新战略的我国各界深思。

为什么被普遍认为不可能达到的目标却实实在在地实现了?TD-SCDMA 的实践告诉我们,自主创新需要有勇气。在长期依靠技术引进、不可避免会产生技术依赖的氛围下,这种勇气尤其宝贵。经过改革开放 30 年来的引进、消化、学习、积累,我们已经有了较好的基础和较强的实力,我们需要有更大的信心去攻克更坚固的堡垒。

为什么在几乎不可能的情况下,中国提出的标准会被国际接受?中国提出的技术方案一定的独特性会起作用;更为重要的是,中国巨大市场的支撑发挥了关键作用。这表明,中国的巨大市场不仅可以成为"市场换技术"的筹码(如同三峡案例和高铁案例所表明的那样),而且可以成为自主创新的坚强后盾。

在我国的创新实践中,跨部门、跨产业上下游的合作和整合一直是个难题,为什么 TD-SCDMA 这样一个涉及从技术研发到产品生产、从设备提供到网络运营的庞大系统工程能够成功实现?政府的强力引导支持与协调、产业联盟的组织创新、合作共赢的理念、开放合作的创新模式等等起了重要作用。这是创新系统建设和运作的成功。TD-SCDMA 的实践为产业创新系统的建设,尤其是重大创新所涉及的系统,提供了新的经验。

企业案例十一：长虹电视[①]

一、案例摘要

长虹是我国彩电产业中最早发展起来的企业，曾经是其他企业学习和追赶的榜样；同时，长虹的发展战略、经营管理模式和竞争方式在很长一段时间影响了整个产业的发展。因此，长虹公司在彩电业具有典型性和代表性，以其为对象进行案例分析，对研究我国彩电企业的创新路径和创新战略具有启发意义。

本案例回顾了长虹的发展历程，将其分为三个阶段：快速发展，规模扩张阶段（1998年前）；持续扩张，进军海外阶段（1998~2004年）；战略转型阶段（2004年以后）。阐述了长虹面对电视显示技术重大变革挑战所作的抉择，从专注于应用技术和产品开发向关键元器件核心技术进军的转型。分析了长虹能力和竞争力的演进和现状。在对案例描述之后，从长虹的战略转型、影响战略选择的内外部因素、技术获取及投融资等方面进行了案例分析。

二、案例描述

（一）长虹发展历程

根据长虹财务报表数据和公司历史上发生的重大事件，本案例将长虹发展过程分为三个阶段：分别以1998年的囤积彩管事件和2003年的巨额出口坏账事件作为时间分界点。这两次重大事件导致了公司经营业绩波动以及主要领导的变更，后者也直接导致了长虹战略的变化。

1. 第一阶段，快速发展，规模扩张（1998年以前）

1972年，政府鼓励军工企业开发民用产品，长虹以电子管式的黑白电视作为起点，逐步摸索黑白电视和彩色电视的显示技术、机芯主电路的设计和调试技术，积累了宝贵经验。

[①] 本案例由课题组的电视机产业项目组基于2006~2008年的实地调查编写而成。

1979年，长虹引进日本松下14英寸彩电生产线和相关质检设备，以进口散件组装的形式生产彩电。直到20世纪80年代中期，长虹都基本上没有研发活动，但是在此期间积累了彩电生产的经验和彩电结构与原理的相关知识。

20世纪80年代后期，长虹开始模仿创新，一边引进新电视机型的生产线，如松下18英寸彩电生产线，一边进行仿制。到1989年长虹自己制造了十几条生产线，规模迅速扩张。在产品技术方面，长虹通过此前的技术消化和知识积累，开始在模仿国外产品设计的基础上进行一些开发尝试。到1987年，长虹已经能够设计20英寸和21英寸电视产品。

进入20世纪90年代，长虹向大屏幕、多功能和高保真彩电进军。在遭到松下拒绝进行技术合作之后，长虹争取到东芝的技术支持，开始介入整个彩电开发的全过程。1994年，长虹参与研发出29寸大屏幕彩电，联合开发的成功使长虹完全具备了彩电整机架构设计的技术能力，建立了包括工业设计、架构设计、软/硬件设计等在内的较为完整的设计开发队伍和技术体系。与此同时，长虹强大的自制装配生产线的能力使其能够不断扩大规模。例如，1994年和1995年先后完工投产7条彩电生产线，使彩电年生产规模达到250万台。

在1996年以前，长虹的主要发展战略就是加速发展、占领市场、实现规模扩张。长虹当时提出的主要战略有"航空母舰"战略和"独生子女"战略。"航空母舰"战略源自长虹当时总经理倪润峰的发展思路："要想在市场经济的海洋中永不沉没，就要使企业成为能够全方位出击的航空母舰"。"独生子女"战略，就是优先发展彩色电视机，把所有的资金放在彩电上，让它迅速扩大产量和品种，实现规模效益。1997年，长虹总营业收入达到156.73亿元，是1992年的9倍，年均复合增长率55%，每年的增长率都超过了39%。1997年，长虹彩电的国内市场占有率达到了35%的历史最高水平。

2. 第二阶段，持续扩张，进军海外（1998~2004年）

长虹成为中国最大的彩电企业之后，国外彩电整机公司出于竞争目的，不再愿意联合开发。形势逼迫长虹不得不进行自主的产品开发。长虹此时已经完全掌握了整机架构、外围电路和电源等方面的技术，而最关键的元器件——机芯芯片也由于长虹的生产规模和在国内市场中的地位，可以要求国外供应商提供非标准的芯片。

为满足市场对平面化显示的需求，长虹不断推陈出新，先后开发了纯平彩电、网络电视和逐行扫描彩电等新产品。该阶段长虹的创新重点是集CRT技术之大成的产品——背投电视。与此前传统电视机的工作原理不同，背投采用的是投影原理，可以突破传统电视机38英寸上限。1998年，长虹推出了首台国产背投彩电"东方影都"。到2002年长虹攻克了一系列技术难题，又先后推出了三代新产品。这些新产品自 2001 年开始在国内高端市场大受欢迎，之后的几年时间里，成为这个领域的头名。

该阶段长虹虽然在产品和技术上有所突破，但在市场扩张方面却受到挫折。为了在竞争中取得垄断地位，长虹于 1998 年底开始囤积彩管，此行动造成了彩管在短期内的市场短缺，但是由于种种原因，长虹囤积彩管行动失败，业绩大幅下滑。

2001 年，长虹迎来了中国加入 WTO 的历史机遇。为了拓展美国市场，长虹将全部的外销业务交给 Apex Digital Inc.（以下简称 Apex）。Apex 的经营特点是以低价抢夺市场，实现规模扩张。超低的产品价格和迅速扩大的市场规模最终导致美国的反倾销诉讼。2004 年 5 月，美国正式宣布对中国出口美国的 CRT 彩电征收反倾销税，使长虹产品在美国失去了竞争力。此时，由 Apex 引起的巨额应收账款的问题暴露了出来，直接导致了长虹的巨额坏账和亏损。

3. 第三阶段，战略转型（2004 年以后）

2004 年，新领导层提出战略转型，将企业经营管理的关注点从过去的量的增长，转移到质的提升上来。为此，长虹制定了"三坐标"产业发展战略，如图 13-4 所示。

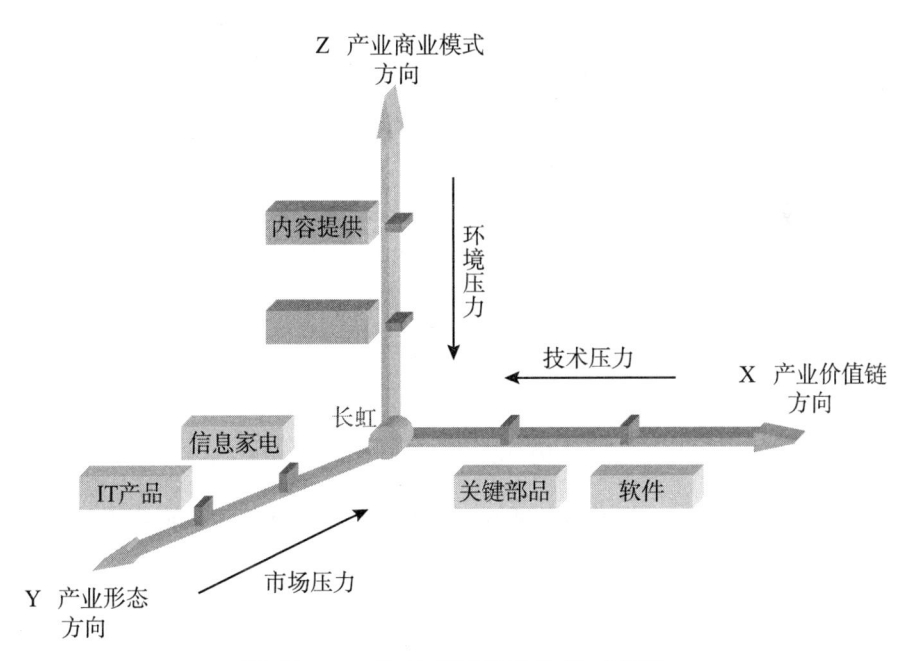

图 13-4 长虹"三坐标"发展战略

资料来源：《长虹"十一五"发展规划》。

在技术创新方面，长虹提出"突破核心技术，涉足关键器件，整合优势资源,结成战略联盟"的战略思路。此时,"核心技术"和"关键元器件"已经取代了过去的"应用技术",处于技术创新战略的首要位置。

在产业形态方向上,长虹侧重从传统消费电子向3C融合的信息化消费电子方向转移,通过兼并、收购的方式,形成3C另外两极(计算机与通讯产业)的基础。在此基础上,整合3C核心技术,开发数字家庭技术平台,实现家用电器、移动电子设备与家庭其他电子设备的无线、互联、互通、互控。

在产业价值链方向上,长虹开始由单一整机生产向高附加价值、高核心技术含量的关键零部件和软件方向拓展,形成完整的产业价值链,强化三项核心技术能力:重点发展集成电路(IC)设计、嵌入式软件开发、面向用户的工业设计,建立核心零部件产业平台,如新型平板显示器、集成电路设计等。

在产业商业模式方向上,长虹开始由完全的终端产品提供者向系统服务提供的参与者转型。在信息时代,顺应整机厂商与客户之间的关系由离散交易模式向连续交易模式转化的潮流,通过与系统服务商和内容提供商结成战略联盟,打通与他们的垂直联系,改善企业商业模式,取得技术标准制定的话语权和市场渠道方面在一定程度上的主动权。

战略转型使长虹进入了一个新的发展时期。尽管彩电业务的比重有所下降,但企业的整体赢利能力比前一个发展阶段有了显著提高,2005年和2006年的净资产收益率分别达到了2.9%和3.4%。

(二)长虹面对技术变革的抉择

20世纪末、21世纪初,电视业面临着数字化和平板化两大技术变革。在这种形势下,发达国家企业纷纷加大对平板显示技术的研发力度,突破了平板电视原有的一些技术瓶颈;液晶和等离子面板的产业化取得了很大进展,生产规模扩大,制造成本持续下降。因此,在世界范围内,平板电视销量不断增加,逐渐取代传统CRT彩电。

在国内平板电视市场开始爆发的2003年之前,液晶面板领域日本、韩国、中国台湾地区三强的局面已经形成,构筑了规模优势和专利技术优势。长虹直到2003年和2004年才开始投资液晶领域,而且并不是投向上游的液晶面板,而是下游的液晶电视的组装和集成。

2004年以后,长虹将向核心技术和关键元器件迁移作为战略转型的关键内容。在LCD和PDP两种主流平板电视技术之间,长虹最终做出了投资PDP的重大决策。经过两年积累和运作,2006年12月长虹正式启动PDP模组项目。项目分三期进行,成功后长虹有望掌握平板电视的关键元器件——PDP面板资源,实现公司平板电视产业向上游的战略延伸,进而将打破日、韩等国(地区)对于

PDP 屏的垄断格局，有利于公司充分整合已有资源，形成完整的产品定义权和定价权。

2008 年 1 月，长虹成立合资公司——虹视公司，布局下一代显示技术 OLED。虹视公司的主要业务即是 OLED 模组、头戴式显示器及移动式显示器，电子产品的研发、制造、销售及服务。长虹此举的目的是及时跟进 OLED 技术的新进展，并在技术成熟时迅速形成产业规模，在未来的竞争中赢得优势。

（三）长虹能力现状

从技术能力角度看，长虹在应用技术和生产技术方面实力较强，结合其贴近国内市场、把握消费者需求的能力，长虹的应用技术开发水平与国外同行相比甚至略有胜出。长虹所欠缺的是在核心组件——芯片和面板等方面的研发能力。21 世纪初，长虹开始介入部分关键技术的开发；2005 年长虹开始集成芯片的研制。截至 2006 年 2 月，长虹先后成功地开发出了"虹芯一号"数字自动会聚芯片、"虹芯二号"数字智能遥控芯片、"虹芯三号"网络数字音视频处理芯片、"虹芯四号"数字高清图像自动处理专用芯片等。

从制造能力角度看，长虹长期在业内首屈一指。长虹的规模不断扩张，使其一直雄踞国内彩电市场上的老大地位。同时，长虹自建的零配件体系，满足了规模化制造的配套要求。到 20 世纪末，长虹许多零配件的生产能力已经达到全国甚至亚洲最大。这些配套体系和庞大的总装生产线结合在一起，使长虹拥有了巨大的成本优势。

从资金能力角度看，由于长虹以规模扩张为基本方针，资源配置必然以此为导向。因此，在资源有限的前提下，长虹很难两线出击，在扩大规模的同时介入核心技术和平板显示技术的研发，更何况投资平板所需的资金巨大，企业难以承受。

（四）长虹的竞争力

长虹竞争力的直接体现是其市场份额。凭借成本优势和价格战策略，长虹自 1990~2004 年，连续 14 年保持全国销量冠军的地位；2002 年产销量仅次于当时的世界头号彩电厂商三星。然而，这种竞争力在平板电视时代并未得到延续，2005 年长虹彩电在世界市场的销售量排名第九，销售额未进入前 10 名；在等离子电视领域，长虹虽然名列第九，但市场份额仅为 1% 左右，与松下、LG、三星等所占的 10%~20% 的份额相比，差距明显。在开放的市场条件下，国外彩电企业纷纷在中国投资设厂，本土企业过去的比较优势已不复存在。另外，平板时代的市场竞争已经转化成为产业链对产业链的系统竞争。日本、韩国企业通过垄断屏幕资源把自有品牌的整机价格降低到与国内品牌的整机价格相当。长虹在没有掌握产业链的核心技术和关键资源的情况下，无法争取整机产品的定价权，过去赖以成功的价格战利器如今难以为继。

由于缺乏核心技术能力，长虹彩电处于低附加值位置，产品档次不高，与其他同类产品的差异化程度不明显。这一点，从毛利率数据也能够看出：1998～2004年之间，长虹彩电毛利率总体呈下降趋势，基本徘徊在20%以下；2004年以后毛利率稳步回升，表明长虹在实施战略转型以后，收到了一定成效。

三、案例分析

（一）长虹可能的战略转型

长虹在不同的发展阶段有两条战略转型之路：

第一条路径是，在CRT时代，长虹可以通过进军核心技术领域（例如集成芯片）实现战略转型：一方面，以自产组件取代进口组件，建立起新的成本优势；另一方面，以核心技术为支撑，掌握完整的产品定义权，建立起产品差异化的优势，攫取更高的附加值。至少在1997年前后，当净利润和彩电市场占有率达到顶峰时，长虹是有能力这样做的。

第二条路径是，在平板技术出现时，长虹可以较早地介入技术变革，在跑马圈地式的专利争夺中占据一席之地，进入专利俱乐部，掌握关键元器件——面板的开发和制造技术，进而在平板时代赢得主动。

当然，这两条途径都存在风险。一方面，集成芯片是典型的高技术产品，存在着高技术壁垒，需要很强的开发设计水平和精密的制造工艺技术。平板电视则在技术、资金和市场等方面都存在较高壁垒：平板显示技术的专利数量众多，对知识积累的要求很高，隐性知识含量也较多；等离子和液晶面板生产线耗资巨大（例如，投资一座年产300万片等离子面板的工厂需要8.4亿美元，投资一条五代液晶面板生产线需要15亿美元，七代线更高达40亿美元。为第一条五代线上马，上广电筹齐了10亿美元，这还被称为"行业最省投资水平"）。另一方面，平板市场的周期性波动十分剧烈，面板供给及需求之间呈现供不应求和供给过剩的交替循环现象。对于试图进入面板领域的企业而言，承担较大的财务风险对企业财务能力提出了很高的要求。

（二）长虹战略内外部影响因素

1. 企业决策者的动机

我国目前的现实情况是，企业规模的扩大有助于提升领导者的政治地位和社会影响，因此国有企业领导人更倾向于将企业做大，而把企业的效益（利润）放在次要地位。当规模和效益二者不可兼得，甚至存在矛盾时，国企领导者会将规模放在首位。

2. 企业发展环境及经营哲学

在产业发展的早期，地方利益、地方权利和企业家创新、创业的冲动相结合，导致了产业的过度进入。

在既缺乏技术积累、又缺乏远见和现代经营理念的情况下，企业间的竞争主要靠的是价格竞争，在成熟行业更是如此。在这种环境中，企业只有采取比竞争对手更加猛烈的降价行动才能赢得竞争优势。

企业只有在夺取到足够大的市场份额时，才能左右整个行业（倪润峰也曾认为过度的价格战没有必要，但必须占据50%的市场份额，才能有足够的垄断力量去抑制它）。在这个意义上，长虹规模化的战略决策也是迫不得已的。

（三）寻求产业重大投融资的新途径

在CRT时代，政府通过直接出资或发放银行贷款的形式投入150亿美元，启动七大彩管厂、八大玻壳厂，随后各地引进113条彩电整机生产线，打造出一个涵盖上下游的完整CRT产业链，这是我国CRT彩电具有竞争力的重要原因。在平板时代，产业链的关键环节出现缺失，上游面板资源基本被国外竞争对手垄断，国内企业在再次追赶的过程中陷入了由巨大的资金壁垒和技术壁垒所导致的困局。目前，中国7家最大的彩电企业的净资产加起来也不到40亿美元，不到建设一条七代以上液晶面板生产线的投资金额。长虹案例提出了一个重要问题：在政府作为主要产业投资主体的体制革除后，如何构筑新的产业重大投融资体制、制度和机制？

（四）技术的获取

20世纪80年代初，CRT彩电技术在国际上已是成熟技术，国外供货厂家众多，不存在技术封锁的问题。因此，国内企业可以相对容易地以直接购买为主要方式从国外引进。

在平板时代，国内企业面临的主要问题是无法控制上游平板资源，而平板显示技术代表的是新兴的市场机会和利润增长点，国外掌握平板电视核心技术的厂商对专利施行严格控制。国内企业只能利用有限的机会，采用技术合作、合资和并购等方式获取技术。这表明，已有必要将掌握核心技术提升到战略的高度，加大超前研究和开发的力度。

参 考 文 献

[1]《新帕尔格雷夫经济学大辞典》，经济科学出版社1992年版。

[2] 奥古斯托·洛佩兹—克拉罗斯、迈克尔·E·波特、克劳斯·施瓦布著，锁箭等译：《全球竞争力报告：2006～2007》，经济管理出版社2007年版。

[3] 北京大学中国经济研究中心课题组：《中国出口贸易中的垂直专门化与中美贸易》，载于《世界经济》2006年第5卷。

[4] 陈劲、陈钰芬：《开放创新体系与企业技术创新资源配置》，载于《科研管理》2006年第3卷。

[5] 陈劲、柳卸林：《自主创新与国家强盛——建设中国特色的创新型国家中的若干问题与对策研究》，科学出版社2008年版。

[6] 陈劲：《永续发展——企业技术创新透析》，科学出版社2001年版。

[7] 陈明森著：《市场进入退出与企业竞争战略》，中国经济出版社2001年版。

[8] 陈卫平：《中国农业国际竞争力——理论、方法与实证研究》，中国人民大学出版社2005年版。

[9] 陈钰芬、陈劲：《开放式创新：机理与模式》，科学出版社2008年版。

[10] 大卫·C·莫厄里、理查德·R·纳尔逊著，胡汉辉等译：《领先之源：七个行业的分析》，人民邮电出版社2003年版。

[11] 樊纲：《关于科技进步与经济效益关系的思考》，载于《管理世界》1998年第3卷。

[12] 冯俊文：《组织习惯域理论》，载于《系统工程与电子技术》2001年第6期。

[13] 弗里曼、苏特：《工业创新经济学》，北京大学出版社2004年版。

[14] 傅家骥、雷家骕、程源：《技术经济学前沿问题》，经济科学出版社2003年版。

[15] 傅家骥：《技术创新学》，清华大学出版社1998年版。

[16] 干春晖:《产业经济学》,机械工业出版社 2006 年版。

[17] 高旭东:《"后来者劣势"与我国企业发展新兴技术的对策》,载于《管理学报》2005 年第 3 期。

[18] 高旭东:《从技术立国的高度认识发放 3G 牌照与发展 TD–SCDMA 的关系》,载于《移动通信》2005 年第 3 卷。

[19] 高旭东:《自主创新:转变经济发展方式的关键》,载于《西部论丛》2007 年第 11 卷。

[20] 高旭东:《自主创新的理论基础》,载于《创新与创业管理(第 2 辑)》,清华大学出版社 2006 年版。

[21] 高旭东:《自主技术创新需要国家的大力支持》,载于《高科技与产业化》2008 年第 7 卷。

[22] 郭熙保、胡汉昌:《后发优势新论——兼论中国经济发展的动力》,载于《武汉大学学报(哲学社会科学版)》2004 年第 3 卷。

[23] 郭熙保、胡汉昌:《后发优势研究述评》,载于《山东社会科学》2002 年第 3 卷。

[24] 郭熙保、张进铭:《论发展中国家的后发障碍与后发劣势》,载于《经济评论》2000 年第 5 卷。

[25] 洪银兴:《从比较优势到竞争优势——兼论国际贸易的比较利益理论的缺陷》,载于《经济研究》1997 年第 6 卷。

[26] 侯经川、黄祖辉、钱文荣:《创新、动态比较优势与经济竞争力提升》,载于《数量经济技术经济研究》2007 年第 5 卷。

[27] 胡锦涛:《在全国科学技术大会上的讲话:"坚持中国特色自主创新道路为建设创新型国家而努力奋斗"》,2006 年 1 月 9 日。

[28] 加里·杰里菲、唐纳德·怀曼编,俞新天等译:《制造奇迹:拉美与东亚工业化的道路》,上海远东出版社 1996 年版。

[29] 金碚:《产业国际竞争力研究》,载于《经济研究》1996 年第 11 卷。

[30] 金碚:《中国工业国际竞争力——理论、方法和实证研究》,经济管理出版社 1997 年版。

[31] 金碚:《中国企业竞争力报告(2007):盈利能力与竞争力》,社会科学文献出版社 2007 年版。

[32] 金仁秀:《模仿是为了创新》,远流出版事业股份有限公司 2000 年版。

[33] 金吾伦:《自主创新不可忘记自主的"人本文化"》,载于《理论视野》2006 年第 6 期。

[34] 克雷顿·克里斯滕森著,吴潜龙译:《创新者的窘境》,江苏人民出版

社 2001 年版。

[35] 李浩、戴大双：《基于技术轨道识别的高新技术企业成长战略研究》，载于《科技管理研究》2002 年第 5 期。

[36] 李具恒：《自主创新新解："概念硬核"视角的集成》，载于《科学学与科学技术管理》2007 年第 7 期。

[37] 李清均著：《后发优势：中国缺发达地区发展转型研究》，经济管理出版社 2000 年版。

[38] 林毅夫、李永军：《比较优势、竞争优势与发展中国家的经济发展》，载于《管理世界》2003 年第 7 卷。

[39] 林毅夫、张鹏飞：《适宜技术、技术选择和发展中国家的经济增长》，载于《经济学（季刊）》2006 年第 4 期。

[40] 蔺雷、吴贵生：《制造业发展与服务创新——机理、模式与战略》，科学出版社 2008 年版。

[41] 刘传江、李雪：《西方产业组织理论的形成与发展》，载于《经济评论》2001 年第 6 卷。

[42] 刘凤朝：《基于集对分析法的区域自主创新能力评价研究》，载于《中国软科学》2005 年第 11 期。

[43] 柳卸林：《技术轨道和自主创新》，载于《中国科技论坛》1997 年第 2 期。

[44] 柳卸林：《全球化、追赶与创新》，科学出版社 2008 年版。

[45] 柳卸林：《什么是中国未来的比较优势？》，载于《科学学与科学技术管理》1999 年第 1 卷。

[46] 卢峰：《产品内分工：一个分析框架》，CCER Discussion Paper，2004，No. C2004005.

[47] 路风、封凯栋：《发展我国自主知识产权汽车工业的政策选择》，北京大学出版社 2005 年版。

[48] 路风、慕玲：《本土创新、能力发展和竞争优势——中国激光视盘播放机工业的发展及其对政府作用的政策含义》，载于《管理世界》2003 年第 12 卷。

[49] 路风：《经济日报》，2005 年 7 月 20 日；转引自吴贵生、刘建新：《对自主创新的理解》，载于《创新与创新管理专辑（第 2 辑）》2006 年第 6 期。

[50] 路风：《我国大型飞机发展战略的思考》，载于《中国软科学》2005 年第 4 卷。

[51] 罗伯特·伯格曼、莫德斯托·麦迪奎、史蒂文·惠尔赖特著，陈劲、

王毅译:《技术与创新的战略管理》,机械工业出版社 2004 年版。

[52] 迈克尔·波特著,李明轩、邱如美译:《国家竞争优势》,华夏出版社 2002 年版。

[53] 迈克尔·德托佐斯等:《美国制造:如何从渐次衰落到重振雄风》,科学技术文献出版社 1998 年版。

[54] 南亮进著:《日本的经济发展》,经济管理出版社 1992 年版。

[55] 彭纪生、刘春林:《自主创新与模仿创新的博弈分析》,载于《科学管理研究》2003 年第 6 期。

[56] 青木昌彦、安藤晴彦著,周国荣译:《模块时代:新产业结构的本质》,上海远东出版社 2003 年版。

[57] 尚勇:《自主创新与民族振兴座谈会发言稿》,载于《科技日报》2005 年 3 月 2 日。

[58] 施培公著:《后发优势:模仿创新的理论与实证研究》,清华大学出版社 1999 年版。

[59] 施振荣:《再造宏碁》,上海远东出版社 1996 年版。

[60] 帅传敏、程国强、张金隆:《中国农产品国际竞争力的估计》,载于《管理世界》2003 年第 1 卷。

[61] 速水佑次郎著,李周译:《发展经济学:从贫困到富裕》,社会科学文献出版社 2003 年版。

[62] 藤本隆宏:《能力构筑竞争:日本的汽车产业为何强盛》,中信出版社 2007 年版。

[63] 万君康:《论技术引进与自主创新的关联与差异》,载于《武汉汽车工业大学学报》2000 年第 4 期。

[64] 汪琦:《美日技术创新与贸易竞争优势演变差异的结构性因素分析——基于固定市场份额模型的分析》,载于《世界经济研究》2007 年版。

[65] 王瑞杰、徐汉明:《开放经济中的中国自主技术创新能力培育》,载于《辽宁师范大学学报(社会科学版)》2005 年第 5 期。

[66] 王玉、文丰:《企业持续自主技术创新的研究:概念、关键因素、路径选择》,载于《商业经济与管理》2006 年第 7 期。

[67] 王志新:《体制改革是提高我国科技自主创新能力的关键》,载于《科技导报》2006 年第 2 期。

[68] 温瑞珺:《企业自主创新能力评价研究》,载于《集团经济研究》2005 年第 9 期。

[69] 邬贺铨:《科技日报》,2005 年 3 月 21 日;转引自吴贵生、刘建新:

《对自主创新的理解》，载于《创新与创新管理专辑（第 2 辑）》，2006 年版。

[70] 谢伟：《技术学习过程的新模式》，载于《科研管理》1999 年第 4 期。

[71] 谢伟：《全球生产网络中的中国轿车工业》，载于《管理世界》2006 年第 12 卷。

[72] 熊彼特：《资本主义、社会主义与民主》，商务印书馆 1999 年版。

[73] 杨德林、陈春宝：《模仿创新、自主创新与高技术企业成长》，载于《中国软科学》1997 年第 8 期。

[74] 杨起全：《关于自主创新的内涵》，载于《中国科技论坛》2006 年第 2 期。

[75] 姚洋、章林峰：《中国本土企业出口竞争优势和技术变迁分析》，载于《世界经济》2008 年第 3 卷。

[76] 姚战琪：《发展中国家高新技术产业贸易竞争力问题研究——兼论新世纪中国对外贸易结构转换及高技术产品贸易的发展》，载于《财贸经济》2002 年第 3 卷。

[77] 余江、方新：《高技术企业比较优势与竞争优势的转化：技术战略视角》，载于《科研管理》2005 年第 4 期。

[78] 曾铮、张路路：《全球生产网络体系下中美贸易利益分配的界定——基于中国制造业贸易附加值的研究》，载于《世界经济研究》2008 年第 1 卷。

[79] 张其仔：《开放条件下我国制造业的国际竞争力》，载于《管理世界》2003 年第 8 卷。

[80] 张小蒂、孙景蔚：《基于垂直专业化分工的中国产业国际竞争力分析》，载于《世界经济》2006 年第 5 卷。

[81] 赵昌平：《跨国公司战略联盟的形成机制与管理研究》，经济管理出版社 2005 年版。

[82] 周寄中：《关于自主创新与知识产权之间的联动》，载于《管理评论》2005 年第 11 期。

[83] Abernathy W. J., Utterback J. M. Patterns of Industrial Innovation [J]. Technology Review, 1978, Vol. 80, No. 7.

[84] Abramovitz M. Catching Up, Forging Ahead, and Falling Behind [J]. Journal of Economic History, 1986, Vol. 46, pp. 385 – 406.

[85] Ahuja G. Collaboration Networks, Structural holes, and innovation: A longitudinal study [J]. Administrative Science Quarterly, 2000, Vol. 45, No. 3, pp. 425 – 455.

[86] Alan M. Rugman. Insight: Diamond in Rough [J]. Business Quarterly,

Winter 1991.

[87] Amsden A., Chu Wan-wen. Second mover advantage: Latercomer upscaling in Taiwan [M]. 2001.

[88] Andrea Bonaccorsi, Paola Giuri. Network structure and industrial dynamics. The long-term evolution of the aircraft-engine Industry [J]. Structural Change and Economic Dynamics, 2001, Vol. 12, pp. 201 – 233.

[89] Bain J. S. Economics of scale, concentration and the condition of entry in twenty manufacturing industries [J]. The American Review, 1954, Vol. 44, No. 1, pp. 15 – 39.

[90] Baldwin C. Y., Clark K. B. Design Rules: The Power of Modularity [M]. MIT Press, 2000.

[91] Baran P. A. The Political Economy of Growth [M]. New York: Monthly Review Press, 1957.

[92] Baumol W., Panzar J., Wilig R. Contestable Markets and the Theory of Market Structure [M]. New York: Harcourt Brace Javanovich Inc., 1982.

[93] Belay Seyoum. The role of factor conditions in high-technology exports: An empirical examination [J]. Journal of High Technology Management Research 15 (2004) 145 – 162.

[94] Breschi S., Malerba F. Sectoral innovation systems: technological regimes, Schumpeterian dynamics and spatial boundaries. In System of Innovation [M]. Routledge, 1997.

[95] Brezis E. S., Krugman P. R., Tsiddon D. Leapfrogging in International Competition: A Theory of Cycles in National Technological Leadership [J]. The American Economic Review, 1993, Vol. 83, No. 5, pp. 1211 – 1219.

[96] Castellacci F. Technology Gap and Cumulative Growth: models and outcomes [J]. International Review of Applied Economics, Vol. 16, No. 3, pp. 333 – 346.

[97] Chang S. J., Xu D. Spillovers and competition among foreign and local firms in China [J]. Strategic Management Journal, 2008, Vol. 29, pp. 495 – 518.

[98] Chesbrough H. Open Innovation: The new imperative for creating and profiting from technology [M]. Boston: Harvard Business School Press, 2003.

[99] Cho D. S., Moon H. C. From Adam Smith to Michael Porter: evolution of competitiveness theory [J], World Scientific, 2000.

[100] Christenson C. M., Bower J. Customer Power, Technology Investment and the Failure of Leading Firms [J]. Strategic Management Journal, 1996, Vol. 17,

No. 3, pp. 197 – 218.

[101] Christenson C. R., Rosenbloom R. S. Explaining the attacker's advantage [J]. Research Policy, 1995, Vol. 24, pp. 233 – 257.

[102] Clark K. B. The interaction of design Hiearchies and Market Concepts in Technologyical Evolution [J]. Research Policy, 1985, Vol. 14, No. 5, pp. 235 – 251.

[103] Cohen W. M., Levinthal D. A. Absorptive Capacity: A New Perspective on Learning and Innovation [J]. Administrative Science Quarterly, 1990, Vol. 35, No. 1, pp. 128 – 152.

[104] Cole D. C., Park Y. C. Financial Development in Korea: 1945 – 1978 [M]. Harvard: Harvard University Asia Center, 1983.

[105] Dierickx I., Cool K. Asset stock accumulation and sustainability of competitive advantage [J]. Management Science, 1989, 35: pp. 1504 – 1511.

[106] Dixit A. Entry and exit decisions under uncertainty [J]. Journal of Political Economy, 1989.

[107] Dosi G. Sources, procedures, and microeconomics of innovation [J]. Journal of Economic Literature, 1988, 26: pp. 1127 – 1128.

[108] Dosi G. Technological paradigms and technological trajectories: A suggested interpretation of the determinants and directions of technical change [J]. Research Policy, 1982, 11 (3): pp. 147 – 162.

[109] Dunning J. The global economy, domestic governance, strategies and transnational corporations: Interactions and policy implications [J]. Transnational Corporations, 1992, Vol. 1, No. 1, pp. 7 – 45.

[110] Eisenhardt K. M. Building theories from case study research [J]. Academy of Management Review, 1989, Vol. 14, No. 4, pp. 532 – 550.

[111] Elkan R. V. Catching up and slowing down: Learning and growth patterns in an open economy [J]. Journal of International Economics, 1996, Vol. 41, Issue. 1 – 2, pp. 95 – 111.

[112] Ernst D. and Kim L. Global production networks, knowledge diffusion and local capability formation [J]. Research Policy, 2002, Vol. 31, pp. 1417 – 1429.

[113] European competitiveness report (foreign government document) 2006 [M]. Luxembourg : Office for Official Publications of the European Communities, 2006.

[114] Eve D. Rosenzweig, Aleda V. Roth. Towards a Theory of Competitive Progression: Evidence from High-Tech Manufacturing [J]. Production and Operations

Management. Vol. 13, No. 4, Winter 2004, pp. 354 – 368.

［115］Ferrell R. H., Bemis S. F. The American Secretaries of State and Their Diplomacy［M］. Cooper Square Publishers, 1980.

［116］Foster R. N. Innovation: The Attacker's Advantage［M］. New York: Summit Books, Simon, and Schuster, 1986.

［117］Freeman, C. Technological infrastructure and international competitiveness［J］. Industrial and Corporate Change, 2004, Vol. 13, No. 3, pp. 541 – 569.

［118］Fulvio Castellacci. Innovation and the competitiveness of industries: Comparing the mainstream and the evolutionary approaches［J］. Technological Forecasting & Social Change, 2008, Vol. 75, pp. 984 – 1006.

［119］Geroski P. A. Dynamics and Entry［M］. London: Basil Blackwel Inc., 1991.

［120］Gerschenkron A. Economic Backwardness in historical perspective［M］. Cambridge: Mass, 1962.

［121］Giddens A. Globalization and World Society［M］. Oxford: Oxford University Press, 1996.

［122］Grieder W. One World Ready or Not: The Manic Logic of Global Capitalism［M］. New York: Simon and Schuster, 1997.

［123］Grossman G. M., Helpman E. Quality Ladders in the Theory of Growth［J］. The Review of Economics Studies, Vol. 58, No. 1, pp. 43 – 61.

［124］Guo B. Technology acquisition channels and industry performance: an analysis-level analysis of Chinese large and medium size manufacturing enterprises［J］. Research Policy, 2008, Vol. 37, pp. 194 – 209.

［125］Hamel G., Doz Y., Prahalad C. K. Collaborate with Your Competitors and Win［J］. Harvard Business Review, 1989, Vol. 67, No. 1, pp. 133 – 139.

［126］Henderson R., Clark N. Architectural Innovation: The Reconfiguring of Existing Technologies and the Failure of Established Firms［J］. Administrative Science Quarterly, 1990a, pp. 9 – 30.

［127］Henderson R., Cockburn I. Measuring competence, Exploring firm effects in pharmaceutical research［J］. Strategic Management Journal, 1994, Vol. 15, pp. 63 – 84.

［128］Henderson R. M., Clark K. Architectural Innovation: The Reconfiguration of Existing Product Technologies and the Failure of Established Firms［J］. Administrative Science Quarterly, 1990b, Vol. 35, No. 1, pp. 9 – 30.

[129] Hirst P., Thompson G. Globalisation of Production and Technology [M]. London: Belhaven, 1996.

[130] Hobday M., Rush H., Bessant J. Approaching the innovation frontier in Korea: the transition phase to leadership [J]. Research Policy, 2004, Vol. 33, pp. 1433 – 1457.

[131] Hobday M. Innovation in East Asia: The Challenge to Japan [M]. London: Edward Elgar Press, 1995.

[132] Hobday M. Telecommunications in Developing Countries: The Challenge from Brazil [M]. London: Routledge, 1990.

[133] Howells J., Michie J. Technological competitiveness in an international arena [J]. International Journal of the Economics of Business, 1998, Vol. 5, No. 3, pp. 279 – 294.

[134] Huntington S. P. The clash of civilizations and remaking of world order [M]. Chicago: University of Chicago Press, 1996.

[135] Håkan Håkansson. Technological collaboration in industrial networks [J]. European Management Journal, September 1990, Vol. 8, Iss. 3, pp. 371 – 379.

[136] Johnson, C. MITI and the economic miracle [M]. Stanford: Stanford University Press, 1984.

[137] Katz R., Allen T. J. Investigation the Not Invented Here (NIH) Syndrome: A look at the Performance, Tenure, and Communication Patterns of 50 R&D Project Groups [J]. R&D Management, 1982, Vol. 12, No. 1, pp. 7 – 19.

[138] Kemmis D. S., Chitravas C. Revisiting the Learning and Capability Concepts-Building Learning Systems in Thai Auto Components Firms [J]. Asian Journal of Technology Innovation, 2007, Vol. 15, Issue. 2, pp. 67 – 100.

[139] Kim L. Imitation to Innovation: The Dynamics of Korea's Technological Learning [M]. Harvard: Harvard Business Press, 1997.

[140] Krugman P. Competitiveness: a dangerous obsession [J]. Foreign Affairs, 1994, Vol. 73, No. 2, pp. 28 – 44.

[141] Lall S. The technological structure and performance of developing country manufactured exports, 1985 – 98 [J]. Oxford Development Studies, 2000, Vol. 28, No. 3, pp. 337 – 369.

[142] Langlois R. N., Steinmueller W. E. The Evolution of Competitive Advantage in the Worldwide Semiconductor Industry: 1947 – 1996. Chapter 2 of Source of Industrial Leadership [M] by Mowery D. and Nelson R. Cambridge University Press,

1999.

[143] Lee H., Kelley D. Building dynamic capabilities for innovation: an exploratory study of key management practices [J]. R&D Management, 2008, Vol. 38, No. 2, pp. 155 – 168.

[144] Lee K., Lim C., Song W. Emerging digital technology as a window of opportunity and technological leapfrogging: catch-up in digital TV by the Korean firms [J]. International Journal of Technology Management, 2005, Vol. 29, No. 1 – 2, pp. 40 – 63.

[145] Lee K., Lim C. Technological regimes, catching-up and leapfrogging: findings from the Korean industries [J]. Research Policy, 2001, Vol. 30, Issue. 3, pp. 459 – 483.

[146] Lee K., Lim C. Technological Regimes, Catching-up and Leapfrogging: Findings from Korea Industries [J]. Research Policy, 1998, Vol. 30, No. 3, pp. 459 – 483.

[147] Levy M. J. Modernization and the Structure of Societies: A Setting for International Affairs [M]. Princeton: Princeton University Press, 1966.

[148] List F. The National System of Political Economy [M]. London: Longmans, 1841.

[149] Lundvall, B. National Systems of Innovation: Towards a Theory of Innovation and Interactive Learning [M]. New York: ST. Martin's Press, 1992.

[150] Marshall, A., The Principles of Economics [M]. London: Macmillan, 1922.

[151] Mathews J. A. Competitive Advantage of the Latercomer Firm: A Resource-Based Account of Industrial Catch-up Strategies [J]. Asia Pacific Journal of Management, 2000, Vol. 19, No. 4, pp. 476 – 488.

[152] Mathews J. A. Latecomer strategies for catching-up: the cases of renewable energies and the LED programme [J]. International Journal of Technological Learning, Innovation and Development, 2007, Vol. 1, Issue. 1, pp. 34 – 42.

[153] Myrdal G. Economic development and underdeveloped regions [M]. London: Duckworth, 1957.

[154] Nelson R. R., Winter S. G. An Evolutionary Theory of Economic Change [M]. Cambridge, MA: Harvard University Press, 1982.

[155] Nelson R. R., Winter S. G. An Evolutionary Theory of Economic Change [M]. Cambridge, MA: Harvard University Press, 1982.

[156] Nieuwenhuis F. M. Innovation and Learning in agriculture [J]. Journal of European Industrial Training, Vol. 26, Issue. 6, pp. 283 – 291.

[157] Ohmae K. The Evolving Global Economy: Making Sense of the New World Order [M]. Harvard: Harvard Business School Press, 1995.

[158] Park K., Lee K. Linking technological regime to technological catch-up: an empirical analysis using the US patent data [C]. Proceedings of Globelics Conference held in Beijing, China, 2004.

[159] Perez C. Soete L. Catching up in technology: entry barriers and windows of opportunity. Chapter 21 in Dosi G. Technical Change and Economic Theory [M]. London: Pinter, 1988.

[160] Porter M. E., Schwab J. The Global Competitiveness Report 2008 – 2009 [R]. Geneva: World Economic Forum, 2008.

[161] Porter M. E. The Competitiveness Advantage of Nations [M]. New York: Free Press, 1990.

[162] Porter M. On competition [M]. Boston, MA: Harvard Business School Press, 1998a.

[163] Powell W. W. et al. Interorganizational Collaboration and the Locus of Innovation: Networks of Learning in Biotechnology [J]. Administrative Science Quarterly, 1996, Vol. 41, No. 1, pp. 116 – 145.

[164] Prahalad C. K., Hamel G. The Core Competence of the Corporation [J]. Harvard Business Review, 1990, Vol. 68, No. 3, pp. 79 – 91.

[165] Ruggie M. Winning the Peace: America and World Order in the New Era [M]. New York: Columbia University Press, 1996.

[166] Scherer F. Industrial market structure and economic performance [M]. Chicago: Rand McNally, 1980.

[167] Schmitz C. The Rise of Big Business in the World Copper Industry 1870 – 1930 [J]. The Economic History Review, Vol. 39, Issue. 3, pp. 392 – 410.

[168] Schumpeter J. A. The Theory of Economic Development [M]. Cambridge, MA: Harvard University Press, 1934.

[169] Shimbo H. Economic History of Modern Japan [M]. Tokyo: Sobunsha, 1995.

[170] Shonefield, A. Modern capitalism: The changing balance of public and private power [M]. New York: Oxford University Press, 1965.

[171] Stigler G. J. Production and Distribution Theories: the Formative Period

[M]. New York: Agathon Press, 1968.

[172] Streb J. Shaping the National System of Inter-industry Knowledge Exchange: Vertical Integration, Licensing and Repeated Knowledge Transfer in the German Plastics Industry [J]. Research Policy, Vol. 32, Issue. 6, pp. 1125 – 1140.

[173] Teece D., Pisano G., Shuen A. Dynamic Capabilities and Strategic Management [J]. Strategic Management Journal, 1997, Vol. 18, Issue. 7, pp. 509 – 533.

[174] Tushman M., Anderson D. Technological Discontinuities and Organizational Environments [J]. Administrative Science Quarterly, 1986.

[175] Tushman M. L., Rosenkopf L. Organizational Determinants of Technological Change [J]. Research in Organizational Behavior, 1992, Vol. 14, pp. 311 – 347.

[176] Utterback J. M. Mastering the Dynamics of Innovation: How companies can seize opportunities in the face of technological change [M]. Boston, MA: Harvard Business School Press, 1994.

[177] Wade R. Governing the market economic theory and the role of government in East Asian industrialization [M]. Princeton: Princeton University Press, 1990.

[178] Wang C., Ahmed P. K. Dynamic Capabilities: A review and research agenda [J]. International Journal of Management Reviews, 2007, Vol. 9, Issue. 1, pp. 31 – 51.

[179] Wilkinson I. F., Mattsson L. G.. Easton G. International Competitiveness and Trade Promotion Policy from a Network Perspective [J]. Journal of World Business, 2000, Vol. 35, No. 3.

[180] Winter S. G. Understanding Dynamic Capabilities [J]. Strategic Management Journal, 2003, Vol. 24, Issue. 10, pp. 991 – 995.

[181] Xie W., Wu G. Differences between learning processes in small tigers and large dragons Learning processes of two color TV (CCTV) firms within China [J]. Research Policy, 2003, Vol. 32, pp. 1463 – 1479.

[182] Yamazawa I. Japan's economic development and international division of labor [M]. Tokyo: Toyokeizai Shinposha, 1984.

[183] Young A. Learning by Doing and the Dynamic Effects of International Trade [J]. The Quarterly Journal of Ecnomics, Vol. 106, No. 2, pp. 369 – 405.

[184] Zeng M., Williamson P. J. Dragons at your door: How Chinese cost innovation is disrupting global competition [M]. Harvard Business School Press, 2007.

[185] Zirger B. J., Maidique M. A model of new product development: An em-

pirical test [J]. Management Science, 1990, Vol. 36, No. 7, pp. 867 – 883.

[186] Özçelik, E. and Taymaz, E. Does innovativeness matter for international competitiveness in developing countries? The case of Turkish manufacturing industries [J]. Research Policy, 2004, Vol. 33, pp. 409 – 424.

附录 A

42 城市制造业企业跟踪调查问卷

表　　号：XI　508　表
制表机关：国家统计局
文　　号：国统字〔2008〕136 号
有效期至：2008 年 11 月

尊敬的企业领导：

为贯彻落实中央提出的提高自主创新能力、建设创新型国家的战略部署，了解我国企业的创新活动和创新环境，为企业改进创新管理提供依据，为政府了解情况和制定政策提供支持，国家统计局决定在全国 42 个城市开展一次有关企业自主创新的跟踪调查。

本次调查以我国企业在过去三年内（2005 年 1 月 1 日～2007 年 12 月 31 日）从事企业各项创新的基本情况为主要调查内容。

鉴于你企业的代表性，特占用您的宝贵时间，请协助我们完成此项调查。您的积极支持和客观回答是我们此次调查取得成功的保证。依据中国统计法的相关规定，我们将对您提供的所有企业和个人信息保密。如果您需要，我们将为您提供一份基于本次调查结果的研究报告。感谢您的支持和配合！

国家统计局
2008 年 10 月

一、企业基本信息（请在合适的选项上打"√"）

Q01 A 企业名称_____；　　B 企业法人代码□□□□□□□－□；
　　C 企业成立于_____年；　　D 企业联系电话（包括区号）_____；
　　E 企业地址_____；　　F 邮政编码□□□□□□

Q02 企业是否为集团公司（或者跨国企业）的子公司①？（限选一项）
  （1）是　　　　　　　　　　　（2）否
  如果你企业是集团公司（或者跨国企业）的子公司，那么：
  A 集团公司（或者跨国企业）的总部所在地：_____
  B 集团公司（或者跨国企业）在中国大陆和境外设有多少研发机构？
    境内机构数量_____　　　　境外机构数量_____

Q03 你企业登记注册类型：（限选一项）
  （1）国有企业　　　　　　　　（5）股份有限公司
  （2）集体企业　　　　　　　　（6）有限责任公司
  （3）私营企业　　　　　　　　（7）其他内资企业
  （4）股份合作企业　　　　　　（8）外商及港澳台投资企业

Q04 你企业的规模：（每行限选一项）
  A　2007年平均从业人数　（1）300人以下　（2）300～2 000人
    　　　　　　　　　　　（3）2 000人以上
  B　2007年销售额　（1）不足3千万　（2）3千万～3亿元
    　　　　　　　　（3）3亿元以上
  C　2007年资产总额　（1）不足4千万　（2）4千万～4亿元
    　　　　　　　　　（3）4亿元以上

Q05 你企业主要属于哪种细分的制造业：（限选一项）_____
  （1）农副食品加工业
  （2）食品制造业
  （3）饮料制造业
  （4）烟草制造业
  （5）纺织业
  （6）纺织服装、鞋、帽制造业
  （7）皮革、毛皮、羽毛（绒）及其制品业
  （8）木材加工及木、竹、藤、棕、草制品业
  （9）家具制造业
  （10）造纸及纸制品业
  （11）印刷业和记录媒介的复制

---

① 集团公司一般包括两个或以上在相同控制权下经营的独立法人单位，每个单位可能服务不同的市场或生产不同的产品。如果你企业是集团公司（或者跨国企业）的子公司，请仅针对您所管理的、在中国大陆境内经营的企业创新活动回答下述所有适用的问题。请不要包括你企业在中国大陆以外其他地区的子公司或者母公司的创新活动情况。

(12) 文教体育用品制造业

(13) 石油加工、炼焦及核燃料加工业

(14) 化学原料及化学制品制造业

(15) 医药制造业

(16) 化学纤维制造业

(17) 橡胶制品业

(18) 塑料制品业

(19) 非金属矿物制品业

(20) 黑色金属冶炼及压延加工业

(21) 有色金属冶炼及压延加工业

(22) 金属制品业

(23) 通用设备制造业

(24) 专用设备制造业

(25) 交通运输设备制造业

(26) 电气机械及器材制造业

(27) 通信设备、计算机及其他电子设备制造业

(28) 仪器仪表及文化、办公用机械制造业

(29) 工艺品及其他制造业

(30) 废弃资源和废旧材料回收加工业

Q06 在过去的三年（2005~2007年）内，你企业为下述地区提供的产品、服务比重如何？（每行限选一项）

类别	在该地区没有市场	在该地区有市场，占本企业全部市场比重为		
		<10%	10%~50%	>50%
(1) 本省（或直辖市、自治区）	1	2	3	4
(2) 除本省外的大陆内其他省市区	1	2	3	4
(3) 其他国家和地区	1	2	3	4

Q07 在过去的三年（2005~2007年）内，你企业产品和服务的主要客户类型是什么？（每行限选一项）

类 别	没有服务该类型的客户	在该部门有客户，占本企业全部销售额比重为		
		<10%	10%~50%	>50%
（1）政府部门	1	2	3	4
（2）事业单位	1	2	3	4
（3）企业	1	2	3	4
（4）个人消费者	1	2	3	4

Q08 2007年，你企业在主营业务方面的市场地位和排名如何？（每行限选一项）

类 别	第1名	第2~5名	第6~10名	第11~50名	第50名之后
（1）中国大陆境内市场	1	2	3	4	5
（2）全球市场	1	2	3	4	5

Q09 目前来看，你企业主要产品/服务寿命周期为多长时间？（限选一项）

（1）不到1年　　（2）1~3年　　（3）4~10年　　（5）超过10年

二、企业创新相关信息（请在合适的选项上打"√"）

1. 产品创新

产品创新是指将一项全新的、或在质量或性能上有重要改进的产品推向市场的行业。

Q10 在过去的三年（2005~2007年）内，你企业是否推出过产品创新（不包括代理销售或者转售的其他公司的产品）：（限选一项）　　（1）是　　（2）否

如果上述回答为是，请继续回答下述问题。否则，请直接开始回答Q14。

Q11 你企业推向市场的上述产品创新主要是由谁开发出来的（可多选）：

（1）本企业　　　　　　　　（4）本企业与其他企业或者研究机构合作
（2）本企业集团（境内）　　（5）其他企业或者研究机构
（3）本企业集团（境外）

Q12 你企业推向市场的上述产品创新的新颖程度如何？（可多选）

		创新销售收入占2007年销售收入的比重
（1）在世界范围都是新的	即企业的创新是原创性的，该创新在任何市场上从未出现过	_____%
（2）只在中国大陆是新的	即在竞争对手之前推向所服务的市场（如在中国大陆率先推出海外已有的产品）	_____%
（3）仅对企业而言是新的	即你企业推向市场的全新的或者具有重要改进的产品在所服务的市场上已经出现	_____%

Q13 你企业的上述产品创新中，最具有新颖性的产品在投放市场之前的研发周期为：（限选一项） （1）不到1年 （2）1~3年 （3）4~10年 （4）超过10年

2. 工艺（或流程）创新

> 工艺创新是指企业在产品生产活动中采取了一种全新的、或者重要改进的生产工艺流程，或者其他有助于提高产品生产效率、降低生产成本或节能减排的方法。

Q14 在过去三年内（2005~2007年）你企业推出工艺方面创新的情况（限选一项）：
　　（1）10次以上　　（2）5~10次　　（3）5次以内　　（4）没有

Q15 如果你企业有工艺创新，那么这些工艺创新主要是由谁开发出来的（可多选）：
　　（1）本企业　　　　　　　　　（4）本企业与其他企业或者研究机构合作
　　（2）本企业集团（境内）　　　（5）其他企业或者研究机构
　　（3）本企业集团（境外）

3. 技术创新活动和成本

Q16 在过去的三年（2005~2007年）内，你企业从事下述各项创新活动的情况如何？

	从来没有	有些	很多	2007年费用支出
（1）企业内部的研究和开发（R&D）活动	1	2	3	_____万元
（2）企业外部的研究和开发（R&D）活动	1	2	3	_____万元
（3）机器、设备以及软件的购买	1	2	3	_____万元
（4）获取外部技术知识	1	2	3	_____万元
（5）培训和市场活动	1	2	3	_____万元

Q17 在过去的三年（2005~2007年）内，你企业从事创新活动的资金来源比例如何？

（1）企业内部筹集	_____%
（2）政府资金	_____%
（3）金融机构贷款	_____%
（4）资本市场	_____%
（5）国内和国外合作伙伴	_____%
（6）其他（请注明）：_____	_____%
合计	100%

4. 技术创新的信息来源和创新活动的合作情况

Q18 请评价不同信息来源对你企业过去三年（2005~2007年）内的创新活动的重要性：（每行限选一项）

	信息来源	无信息	有信息，信息重要性程度 低 中 高
内部	（1）企业或所属集团内部	1	2　3　4
市场信息	（1）设备、原材料、零部件或软件供应商	1	2　3　4
	（2）客户或消费者	1	2　3　4
	（3）市场竞争者或同行其他企业	1	2　3　4
	（4）咨询公司、私立研发机构	1	2　3　4
机构信息	（1）高等学校	1	2　3　4
	（2）政府或公共科研机构	1	2　3　4
	（3）政府科技计划	1	2　3　4
其他来源	（1）商品交易会/展销会、专业会议	1	2　3　4
	（2）科技杂志/文献、贸易/专利文献	1	2　3　4
	（3）专业行业协会	1	2　3　4

Q19 在过去的三年（2005~2007年）内，你企业是否与其他企业或研究机构在创新活动中进行过合作（不包括没有积极参与的合同外包）？（限选一项）

　　（1）是　　　　　　　　（2）否

如果上述回答为"是"，请继续回答下述问题。否则，请直接开始回答问题 Q21。

Q20 这些合作伙伴的类型和所在地区分别是：（可多选）

合作伙伴类型	中国大陆	中国香港、中国台湾、新加坡、韩国	欧洲、美国、日本	其他国家	没有合作
（1）集团公司内其他分公司	1	2	3	4	5
（2）设备、原材料或软件供应商	1	2	3	4	5
（3）客户或消费者	1	2	3	4	5
（4）市场竞争者或同行其他企业	1	2	3	4	5
（5）咨询公司、私立研发机构	1	2	3	4	5
（6）高等学校或公共科研机构	1	2	3	4	5
（7）其他（请注明）：					

5. 影响创新活动的主要因素

Q21 请评价下述各种不利因素在过去三年（2005~2007年）对创新的影响：（每行限选一项）

	不利因素	无影响	不利影响的程度 低	中	高
资金方面	（1）技术创新活动的经济风险太大	1	2	3	4
	（2）技术创新所需的资金太多	1	2	3	4
	（3）技术创新融资成本太高	1	2	3	4
	（4）在引进大的技术创新（需要投入资金量大）时，现有的融资渠道难以支持	1	2	3	4
知识方面	（1）科技人力资源短缺	1	2	3	4
	（2）缺乏技术积累	1	2	3	4
	（3）缺乏相关技术信息	1	2	3	4
	（4）缺乏市场信息	1	2	3	4
	（5）缺少技术创新合作伙伴	1	2	3	4
市场方面	（1）市场被主要竞争对手所垄断或控制	1	2	3	4
	（2）行业存在过度竞争	1	2	3	4
	（3）行业利润率太低	1	2	3	4
	（4）同行企业较少从事创新活动	1	2	3	4
	（5）与竞争对手的技术差距较大	1	2	3	4
	（6）创新产品需求存在不确定性	1	2	3	4
导致企业未从事创新活动的因素	（1）缺乏创新所需的资金	1	2	3	4
	（2）缺乏创新所需的人才	1	2	3	4
	（3）存在现成的（包括国外）技术	1	2	3	4
	（4）市场缺乏对技术创新的需求	1	2	3	4
	（5）创新的知识产权不能得到保护	1	2	3	4
	（6）行业规则或标准的不确定或限制	1	2	3	4

Q22 请评价下述环境因素在过去三年（2005~2007年）对创新的影响程度：（每行限选一项）

环境因素		对创新活动影响程度				
		非常不利	不利	中立	有利	非常有利
基础设施	（1）交通运输、电信、物流等基础设施	1	2	3	4	5
	（2）教育、医疗等公共服务设施	1	2	3	4	5
	（3）高级管理人才竞争市场	1	2	3	4	5
	（4）高级专业技术人才竞争市场	1	2	3	4	5
	（5）技术交易市场	1	2	3	4	5
经济社会环境	（1）生活条件	1	2	3	4	5
	（2）文化和社会环境	1	2	3	4	5
专业服务	（1）专业商务服务公司	1	2	3	4	5
	（2）专业的技术服务公司	1	2	3	4	5
	（3）金融、信贷服务	1	2	3	4	5
	（4）本地的大学、研究机构	1	2	3	4	5
	（5）当地行业协会	1	2	3	4	5
政府支持	（1）政府的技术创新政策	1	2	3	4	5
	（2）政府部门的采购政策	1	2	3	4	5
	（3）政府对产品价格的限制	1	2	3	4	5
	（4）政府在招投标方面的限制	1	2	3	4	5
	（5）政府对营业范围的限制	1	2	3	4	5
	（6）政府的审批程序和办事效率	1	2	3	4	5
	（7）地方保护、所有制歧视	1	2	3	4	5
	（8）行业规则或行业标准	1	2	3	4	5
	（9）知识产权保护状况	1	2	3	4	5
	（10）税收、法治环境	1	2	3	4	5

6. 技术创新的效果

Q23 请评价你企业过去三年（2005~2007年）的产品创新和工艺创新在下述各方面的作用：（每行限选一项）

| | | 无作用 | 有作用，作用的程度 | | |
			低	中	高
产品和工艺方面	（1）增加了产品种类或服务范围	1	2	3	4
	（2）开拓了新的市场	1	2	3	4
	（3）增加了国内市场份额	1	2	3	4
	（4）增加了国际市场份额	1	2	3	4
	（5）提高产品或服务质量	1	2	3	4
	（6）改善产品生产的灵活性	1	2	3	4
	（7）提高生产能力	1	2	3	4
	（8）降低单位产出的劳动成本	1	2	3	4
	（9）降低单位产出的原材料和能源消耗	1	2	3	4
综合影响	（1）减少对环境的污染	1	2	3	4
	（2）满足行业管制的要求	1	2	3	4
	（3）更容易获得资金支持	1	2	3	4
	（4）提高了公司的公众形象	1	2	3	4
	（5）保留和吸引人才	1	2	3	4

7. 技术创新成果的保护方式

Q24 请分别评价下述各种措施在过去三年（2005～2007年）内保护企业创新成果的有效性：（每行限选一项）

| | 保护方式 | 未采用此措施 | 对创新成果保护的有效性 | | |
			低	中	高
正式手段	（1）申请专利权	1	2	3	4
	（2）注册商标权	1	2	3	4
	（3）申请和注册版权	1	2	3	4
其他措施	（1）技术保密	1	2	3	4
	（2）产品设计复杂化	1	2	3	4
	（3）产品推出时间上领先竞争对手	1	2	3	4
	（4）提升企业销售能力和服务质量	1	2	3	4

Q25 依据企业过去三年（2005～2007年）的知识产权实践，下列各项描述是否符合实际：

在本企业内	完全不符合	基本不符合	中立	基本符合	完全符合
A 有专职部门或设有专职人员负责日常知识产权管理工作	1	2	3	4	5
B 定期对管理、技术人员进行专门知识产权宣传或培训	1	2	3	4	5
C 在员工雇佣合同中有明确的企业知识产权保护条款	1	2	3	4	5
D 将获得的知识产权数量和质量作为部门或人员绩效考核指标	1	2	3	4	5
E 在研发、技术改造立项阶段经常进行知识产权的调查和论证	1	2	3	4	5
F 与外单位合作研发时会在合同中明确知识产权的归属和保护	1	2	3	4	5
G 对技术创新成果进行知识产权分析和评价以确定保护措施	1	2	3	4	5
H 主动监视、跟踪国内外竞争对手的专利情况	1	2	3	4	5
I 建立有专利、技术文献的收集、整理和利用信息系统	1	2	3	4	5

Q26 企业目前拥有的已经获得授权的三种国内专利数量：

（1）发明专利：_____；（2）实用新型专利：_____；（3）外观设计专利：_____

Q27 在过去的三年（2005～2007年）内，企业申请的三种类型的国内专利量为：

（1）发明专利：_____；（2）实用新型专利：_____；（3）外观设计专利：_____

Q28 如果企业在过去三年（2005～2007年）内申请过上述类型的专利，那么申请专利的主要考虑是（限选三项）：_____、_____、_____

（1）有利于技术出让　　　　　　（4）建立技术壁垒和竞争优势

（2）用于日后的商务谈判和合作　（5）提高企业技术声誉

（3）防止其他企业仿冒和抄袭

Q29 如果企业在过去三年（2005～2007年）内没有申请过专利，那么未申请的原因是什么：

（1）没有可供申请的技术　　　　（2）其他，请具体说明：_____

Q30 您认为在国内保护和实施知识产权的主要问题是（限选三项）：

（1）法律法规不完善　　　　　　（4）诉讼过程漫长，成本太高

（2）制度完善但执行不力　　　　（5）遭受损失难以得到有效补偿

（3）监督监管或取证困难　　　　（6）其他（请注明）：_____

8. 企业创新的环境和战略

Q31 关于企业在过去三年（2005~2007年）内的创新环境，您是否同意下述各项判断：（每行限选一项）

	环境因素	完全不同意	基本不同意	中立	基本同意	完全同意
行业特征	（1）本行业核心技术发展较快	1	2	3	4	5
	（2）本行业的研发投资成本较高	1	2	3	4	5
	（3）本行业先前技术积累非常重要	1	2	3	4	5
	（4）本行业的企业间竞争非常激烈	1	2	3	4	5
	（5）本行业推出的新产品非常多	1	2	3	4	5
	（6）本行业的总体需求变化非常大	1	2	3	4	5
	（7）上游供应商的技术发展很快	1	2	3	4	5
	（8）模仿创新是本行业普遍采取的策略	1	2	3	4	5
	（9）技术创新成果可以通过专利、技术秘密等	1	2	3	4	5
合作情况	（1）本行业企业之间合作比较普遍	1	2	3	4	5
	（2）本行业产学研合作比较普遍	1	2	3	4	5
	（3）政府对本行业的技术进步和发展提供了有力支持	1	2	3	4	5
	（4）高校和研究机构的基础研究成果对本行业技术发展非常重要	1	2	3	4	5
技术获取	（1）通过引进获得国外关键技术的难度加大	1	2	3	4	5
	（2）通过合作或合资来获得国外关键技术的难度加大	1	2	3	4	5
	（3）从国外技术供应商（如设计公司或技术咨询公司）获得关键技术的可能性增大	1	2	3	4	5
	（4）通过并购获取国外技术的可能性增加	1	2	3	4	5

Q32 下述各项描述是否符合你企业在过去三年（2005~2007年）所采取的主要战略：（每行限选一项）

战略选择	完全不符合	基本不符合	中立	基本符合	完全符合
（1）在创新方向上，优先选择进入新的行业，其次是将现有产业做精做强	1	2	3	4	5
（2）在投资上，优先安排在开拓市场和改进销售环节上投资，其次是技术开发	1	2	3	4	5
（3）在行业技术发生较大变革时，为规避风险，更倾向于等待时机而不是马上参与	1	2	3	4	5
（4）在技术研发定位上，主要是做应用技术开发，较少做基础性研究	1	2	3	4	5
（5）在市场上出现新的产品时，优先采取模仿创新来尽快缩短与竞争对手的差距；其次是争取开发差异性产品	1	2	3	4	5
（6）优先考虑能将已有产品成本降低的创新，其次是发展差异化产品	1	2	3	4	5
（7）在产品和工艺创新上，优先选择产品创新	1	2	3	4	5
（8）在面对强大竞争对手时，采取从低端（技术、市场）切入，逐步向中高端进军的策略	1	2	3	4	5
（9）在创新的定位上，优先考虑扩大企业规模和占有率，其次是将已有业务做精做强	1	2	3	4	5
（10）当复杂技术可分解时，采取将技术拆解，部分或全部外包开发，再由本企业集成的策略	1	2	3	4	5

Q33 您认为下列哪些应该属于自主创新（可多选）：
　　（1）技术完全自己开发　　　（4）拆解分包给企业外开发，自己集成
　　（2）核心技术自己开发　　　（5）基本外部开发，但拥有自主品牌
　　（3）部分技术自己开发

Q34 您对自主创新与引进消化吸收的主张是（可多选）：
　　（1）当能引进时还是引进更合理，这样可以减少风险和缩短周期
　　（2）不论能否引进，都要以自主开发为主，只有这样才能掌握主动权
　　（3）把培养创新能力放在首位，选择性地引进和自主开发，逐步提高自主开发比重

Q35 您对市场的开放与保护的主张（限选一项）：_____

（1）市场完全开放　　　　　（2）进行市场保护，以保护自主创新
（3）开放的同时，适度保护　　（4）中外企业一视同仁，公平公正

Q36 您以企业创新战略路径的看法（限选一项）：

（1）中国企业规模太小，难有大的创新，因此企业应首先把企业做大、积累实力后再创新

（2）依靠创新，先在一个领域做专、做强，取得竞争优势，再图做大

Q37 您对技术创新与金融创新的看法（限选一项）：

（1）大的突破性创新需要巨额资金投入，仅靠企业自我积累和银行贷款难以支持，需要其他融资渠道，为此需要金融创新相配合

（2）融资风险大，突破性创新的巨额投入主要靠自我积累

（3）企业应当根据自身实力做出战略选择，即使有其他融资渠道，对大的创新投入也要量力而行

Q38 请评估目前的政策、环境对企业创新的影响（非医药生产企业不填）（请在您认为符合你企业实际情况的选项上打"√"，其中，5代表非常正面，1代表非常负面）（每行限选一项）：

	非常负面	←	←→	→	非常正面
（1）专利保护、数据保护	1	2	3	4	5
（2）对创新产品的审批流程	1	2	3	4	5
（3）对创新产品在医保列名方面的优惠政策	1	2	3	4	5
（4）对创新企业、产品在税收方面的优惠政策	1	2	3	4	5
（5）对创新产品在定价方面的优惠政策	1	2	3	4	5
（6）对创新产品在招标方面的优惠政策	1	2	3	4	5
（7）政府对创新的投入	1	2	3	4	5
（8）政府对企业创新的其他鼓励政策	1	2	3	4	5
（9）政府对制药行业的税收政策	1	2	3	4	5
（10）制药行业是否有明确的政府主管部门来领导	1	2	3	4	5
（11）是否有明确的创新标准	1	2	3	4	5
（12）政府对无生产能力的研发企业进行政策倾斜	1	2	3	4	5
（13）政府对基础科学的投入	1	2	3	4	5
（14）政府所提供的全球研发、创新信息的及时性	1	2	3	4	5
（15）制药企业之间的合作	1	2	3	4	5
（16）制药企业与研发企业之间的合作	1	2	3	4	5

Q39 请问您对目前医药企业创新所面临的环境有什么意见和建议？（非医药生产企业不填）

Q40 请分别评价下述各种因素对你公司在中国的创新的影响程度：（非IT企业不填）（请在您认为符合你企业实际情况的选项上打"√"，其中，5代表非常正面，1代表非常负面）（每行限选一项）

	非常负面	←	←→	→	非常正面
（1）部门标准：即有关部门为制定统一规格而设定的标准和程度	1	2	3	4	5
（2）产品授权和认证：强制性要求产品符合非全球的标准以及其他规则要求	1	2	3	4	5
（3）对业务范围的限制	1	2	3	4	5
（4）政府采购	1	2	3	4	5
（5）节能要求	1	2	3	4	5
（6）信息内容的管制	1	2	3	4	5
（7）环保法规	1	2	3	4	5
（8）政府机构的职能重复交替	1	2	3	4	5
（9）反垄断法	1	2	3	4	5
（10）对知识产权和资产的保护	1	2	3	4	5
（11）政府部门公务活动的透明度	1	2	3	4	5

Q41 请问你公司在创新方面面临的最大障碍是什么？（非IT企业不填）

Q42 哪方面的改善将会增强你公司创新方面的能力？（非IT企业不填）

请提供问卷填报人的联系信息：
姓　　名：　　　　　　　　　　　　职　　务：
电　　话：　　　　　　　　　　　　传　　真：
电子邮件：
您是否希望得到最后的研究报告：　　□是　　　　　　□否
填报日期：_____

附录 B

访谈提纲

一、访谈对象

企业高级管理层、研发或技术部门经理、技术创新项目经理等。

二、访谈问题

A：公司层次的问题

[1] 公司基本情况
- 战略、组织结构与文化
- 核心业务，当前的经营状况、竞争地位
- 成长历程
- 未来的市场定位和基本竞争战略

[2] 贵企业的主要竞争对手是谁？全球的产业格局，以及跨国公司的进入对于国内市场和本公司业务有何影响？

[3] 公司整体战略中，技术与创新处于何种地位？是否制定过专门的技术创新战略规划？

[4] 公司历年的技术创新资源投入情况：人员、资金等。

[5] 公司历年的技术来源情况。

[6] 公司是否有足够的动力实施创新？若有，主要包括哪些要素的推动？公司的技术创新激励机制演变。

[7] 您认为自主创新对公司在短期和长期内的影响包括哪些方面？对竞争力（财务绩效与市场增长绩效）的提升的影响如何体现？如何评价自主创新的影响与效果？能否提出几个您认为重要的指标？

B：技术能力积累问题

[8] 公司的历史发展阶段，技术创新在各个阶段所起的作用，各个阶段上的技术能力特征。公司技术水平提升的若干个关键节点、阶段划分，具体标志是

什么？

［9］公司过去和现在主要技术的相对水平？公司过去和现在得以立足的核心技术有哪些？不同技术轨道下企业产品在同行业的地位？

［10］公司的技术能力在业内的地位如何（包括合资企业在内），跟随或领先？是否有具有一定优势的技术？这些技术是核心技术还是外围技术？

［11］技术能力提高策略。

• 公司技术能力提高的主要途径有哪些？（自主研发、引进技术、战略联盟等）

• 公司主要技术来源是什么？公司当前的技术能力体系中，引进消化吸收的比例占多大比例，完全外购的技术占多大比例，具有自主知识产权的技术占多大比例？

• 您对自主创新与合作创新各自优、劣势的看法？公司是否展开合作创新？效果如何？

• 企业在技术引进过程中投入多少资源进行消化吸收，效果如何？

• 获取外来技术过程中有哪些情况导致自主创新能力的衰退？在获取外来技术后，企业的技术是否有了较高的提升，技术能力是否也有了较大的提升，如果没有，原因何在？

• 企业如果自己独立研发，是否有超越竞争对手的可能？

［12］公司技术能力积累与技术学习的方式、手段包括哪些？技术学习中遇到的瓶颈包括哪些？

［13］公司技术研发部门是什么时候设立的，规模多大，取得了哪些重要研发成果？

［14］如果有过合资的话，合资过程中对技术或技术中心是如何安排和处理的？合资前后技术创新情况的变化？

［15］公司的研究开发制度，在激励研发人员积极性方面采取了哪些措施？在鼓励技术知识的获取和内部知识共享方面采取了哪些措施？

［16］公司与国内外的科研院所、大学是否存在技术合作关系，你们的收益是什么？如果国内的科研院所宣称自己做出了国际水平的科技成果，你们相信吗？您相信自己可以做出超过国际水平的科技成果吗？

［17］技术中介有没有对公司起到作用？

［18］公司是否针对国外市场进行创新，有无海外研究机构？建立海外研究机构的目标是什么？与国外著名企业在创新方面的差距或特点是什么？与国内企业相比的创新特色是什么？

［19］公司在专业人才、尤其是技术研发人才是否稀缺以及存在流失现象？

人才的来源包括哪些途径？

C：技术创新项目层次的问题

［20］对公司发展有重要影响的 3~5 项技术创新？

［21］这些技术创新项目的决策背景是什么？主要的信息来源，公司如何对技术创新项目进行经济评价？（包括研发费用的分摊方式、效益如何衡量，如技术能力的提高是否考虑？）

［22］这些技术创新项目的人员、资金投入、基本过程如何？

［23］这些技术创新项目的完成过程有哪些重大障碍？通过这些项目取得的经验是什么？

［24］这些技术创新项目对公司的能力积累的作用体现在哪些方面？

［25］这些技术创新项目对公司的能力竞争力的提高体现在哪些方面？

D：行业层次的问题

［26］本地区的产业配套状况如何？公司是如何解决配套问题的？与配套厂商存在哪些技术关系？

［27］您认为本行业要实现自主创新最关键要做好哪几项工作？

E：政府政策

［28］如何评价国家以前的技术政策存在哪些不足？它对公司的技术创新与技术能力的影响有哪些？

［29］政府政策采取哪些措施来改进和完善技术创新环境？

［30］您认为创新是企业基于内外部环境推动的行为（自下而上）还是政府推动下的行为（自上而下）？

［31］您认为政府能在自主创新过程中提供哪些支持？（包括资金、政策、保护等）

三、访谈中希望提供的资料

- 公司年报/公司组织结构图
- 公司年度总结报告
- 相关技术创新项目的总结材料
- 与公司相关新闻/报道相关的详细材料

教育部哲学社会科学研究重大课题攻关项目成果出版列表

书　名	首席专家
《马克思主义基础理论若干重大问题研究》	陈先达
《马克思主义理论学科体系建构与建设研究》	张雷声
《人文社会科学研究成果评价体系研究》	刘大椿
《中国工业化、城镇化进程中的农村土地问题研究》	曲福田
《东北老工业基地改造与振兴研究》	程　伟
《全面建设小康社会进程中的我国就业发展战略研究》	曾湘泉
《自主创新战略与国际竞争力研究》	吴贵生
《当代中国人精神生活研究》	童世骏
《弘扬与培育民族精神研究》	杨叔子
《当代科学哲学的发展趋势》	郭贵春
《面向知识表示与推理的自然语言逻辑》	鞠实儿
《当代宗教冲突与对话研究》	张志刚
《马克思主义文艺理论中国化研究》	朱立元
《现代中西高校公共艺术教育比较研究》	曾繁仁
《楚地出土戰國簡册［十四種］》	陳　偉
《中国市场经济发展研究》	刘伟
《全球经济调整中的中国经济增长与宏观调控体系研究》	黄达
《中国特大都市圈与世界制造业中心研究》	李廉水
《中国产业竞争力研究》	赵彦云
《东北老工业基地资源型城市发展接续产业问题研究》	宋冬林
《中国民营经济制度创新与发展》	李维安
《中国加入区域经济一体化研究》	黄卫平
《金融体制改革和货币问题研究》	王广谦
《人民币均衡汇率问题研究》	姜波克
《我国土地制度与社会经济协调发展研究》	黄祖辉
《南水北调工程与中部地区经济社会可持续发展研究》	杨云彦
《我国民法典体系问题研究》	王利明
《中国司法制度的基础理论问题研究》	陈光中
《多元化纠纷解决机制与和谐社会的构建》	范　愉
《生活质量的指标构建与现状评价》	周长城
《中国公民人文素质研究》	石亚军
《城市化进程中的重大社会问题及其对策研究》	李　强
《中国农村与农民问题前沿研究》	徐　勇
《中国大众媒介的传播效果与公信力研究》	喻国明
《媒介素养：理念、认知、参与》	陆　晔
《教育投入、资源配置与人力资本收益》	闵维方

书　名	首席专家
《创新人才与教育创新研究》	林崇德
《中国农村教育发展指标体系研究》	袁桂林
《高校思想政治理论课程建设研究》	顾海良
《网络思想政治教育研究》	张再兴
《高校招生考试制度改革研究》	刘海峰
《基础教育改革与中国教育学理论重建研究》	叶　澜
《中国青少年心理健康素质调查研究》	沈德立
《处境不利儿童的心理发展现状与教育对策研究》	申继亮
《WTO主要成员贸易政策体系与对策研究》	张汉林
《中国和平发展的国际环境分析》	叶自成
*《马克思主义整体性研究》	逄锦聚
*《转轨经济中的反行政性垄断与促进竞争政策研究》	于良春
*《中国现代服务经济理论与发展战略研究》	陈　宪
*《历史题材创新和改编中的重大问题研究》	童庆炳
*《西方文论中国化与中国文论建设》	王一川
*《中国抗战在世界反法西斯战争中的历史地位》	胡德坤
*《中国水资源的经济学思考》	伍新木
*《转型时期消费需求升级与产业发展研究》	臧旭恒
*《中国政治文明与宪政建设》	谢庆奎
*《中国法制现代化的理论与实践》	徐显明
*《中国和平发展的重大国际法律问题研究》	曾令良
*《知识产权制度的变革与发展研究》	吴汉东
*《中国能源安全若干法律与政策问题研究》	黄　进
*《农村土地问题立法研究》	陈小君
*《中国转型期的社会风险及公共危机管理研究》	丁烈云
*《中国边疆治理研究》	周　平
*《边疆多民族地区构建社会主义和谐社会研究》	张先亮
*《数字传播技术与媒体产业发展研究》	黄升民
*《新闻传媒发展与建构和谐社会关系研究》	罗以澄
*《数字信息资源规划、管理与利用研究》	马费成
*《创新型国家的知识信息服务体系研究》	胡昌平
*《公共教育财政制度研究》	王善迈
*《非传统安全合作与中俄关系》	冯绍雷
*《中国的中亚区域经济与能源合作战略研究》	安尼瓦尔·阿木提
*《冷战时期美国重大外交政策研究》	沈志华

……

* 为即将出版图书